A CONCORDANCE OF THE ARMENIAN APOCRYPHAL ADAM BOOKS

HEBREW UNIVERSITY ARMENIAN STUDIES

SERIES EDITOR

MICHAEL E. STONE

HEBREW UNIVERSITY ARMENIAN STUDIES 1

A Concordance of the Armenian Apocryphal Adam Books

Michael E. Stone

PEETERS
LEUVEN – PARIS – STERLING, VIRGINIA
2001

Library of Congress Cataloging in Publication Data

Stone, Michael E., 1938-
A concordance of the Armenian Apocryphal Adam Books / M.E. Stone.
p. cm. -- (Hebrew University Armenian studies; 1)
Includes bibliographical references and index.
ISBN 9042909412 (alk. paper)
1. Apocryphal Adam books--Translation into Armenian. 2. Religious literature, Armenian--Concordances. 3. Armenian language, Classical--Glossaries, vocabularies, etc. 4. Bible. O.T. Genesis I-IV--Concordances, Armenian, I. Title. II. Series.

BS1830.A262 S76 2000
229'.911--dc21

Peeters – Bondgenotenlaan 153 – B-3000 Leuven – Belgium

D. 2000/0602/146
ISBN 90-429-0941-2

ACKNOWLEDGMENTS

The support of the Israel Science Foundation is gratefully acknowledged. Without it the work entailed in the preparation of this book would not have been possible. The initial inputting of the text was done into Microsoft Word. The first run of the concordance was made using Conc, A Concordance Generator Version 1.70beta by John Thomson. The assignation of lemmata to the forms was done using a custom implementation of 4th Dimension we developed in Jerusalem, while the final output was prepared for production in Microsoft Word. Thanks are expressed to Peeters Publishers of Leuven for undertaking this endeavour.

Michael E. Stone
Jerusalem

TABLE OF CONTENTS

INTRODUCTION

The Israel Science Foundation made a grant to the author to study the traditions relating to Adam and Eve deriving from the first chapters of the Book of Genesis, in the Armenian tradition. One of the bodies of writings selected for study was the apocryphal literature[1]. The study of this literature has led us to publish a number of previously unknown texts. We also decided that, as a basis for all future work in this field, concordances should be prepared of the published Armenian Adam apocrypha. These concordances and their concomitant texts will form a basis from which the further study of these developments of biblical traditions can be traced within Armenian literature. Moreover, they will serve students of Jewish and Christian apocryphal literature in general.

This book is the second volume of concordances of the Armenian Adam literature that we have prepared. The first volume was published in 1996 and it included concordances to Genesis 1-4, *Penitence of Adam* and *Book of Adam*[2]. The *Book of Adam* was published by Yovsēp'ianc', while the *Ապաշխարութիւն Ադամայ* or *Penitence of Adam* was first edited and translated by the writer[3]. The present volume contains the concordances of the well-known Armenian apocryphal Adam texts most recently edited and translated by W. Lowndes Lipscomb[4].

[1] There are numerous Armenian apocrypha relating to Adam and Eve. Michael E. Stone, *A History of the Literature of Adam and Eve* (Early Judaism and its Literature, 3; Scholars Press: Atlanta, 1992) 101-110 lists the main works.

[2] Michael E. Stone, *Texts and Concordances of the Armenian Adam Literature* (Society of Biblical Literature Early Judaism and its Literature, 12; Atlanta: Scholars, 1996).

[3] Michael E. Stone, *The Penitence of Adam* (CSCO, 429-30, Scriptores Armeniaci, 13-14; Leuven: Peeters, 1981). This is a quite different work from the *Book of Adam*, and is an independent translation of the primary Adam book from Greek into Armenian. The English translation made in 1981 has since been revised and is published on the Internet site entitled *Adam and Eve in Jewish and Christian Tradition* (URL: http://jefferson. village. virginia.edu:80/anderson/vita/vita.html). It is also contained in Gary A. Anderson and Michael E. Stone, *A Synopsis of the Books of Adam and Eve: Second Revised Edition* (Society of Biblical Literature Early Judaism and its Literature, 17; Atlanta: Scholars, 1999). An on-line form is now being mounted, together with manuscript scans, on the Jerusalem Armenian Studies Internet site (http://unixware.mscc. huji.ac.il/~armenia).

[4] W. Lowndes Lipscomb, *The Armenian Apocryphal Adam Literature* (University of Pennsylvania Armenian Texts and Studies, 8; Atlanta: Scholars Press, 1990).

The next volume of concordances will include various additional texts we have edited in recent years[5].

The first collection of Armenian Adam literature was edited by Sargis Yovsēp'ianc' in 1898[6]. He published two groups of Adam apocrypha in his broader collection of Armenian apocryphal writings. The first, on pp. 1-26, is the *Գիրք Ադամայ* or *Book of Adam*[7], which is an Armenian translation of the Greek *Apocalypse of Moses*, followed by *Մահ Ադամայ Death of Adam*. The second group of texts containing six documents is found on pp. 307-332 of Yovsēp'ianc''s edition. These documents were re-edited on a wider manuscript base and translated into English by W.L. Lipscomb in 1990 and his work forms the second major published corpus of Armenian Adam books to be mentioned here[8]. Further corpora of Armenian Adam texts have been edited by the writer and are referred to in footnote 5 above.

The present book contains concordances of all the works published by Lipscomb. Full bibliographical references may be found in *History of the Literature of Adam and Eve*, pp. 102-105. Thus the two volumes of concordances published so far include all the works published by Yovsēp'ianc' and Lipscomb except for *Death of Adam*, which will be included in the next volume.

The works in this volume are listed in the following table. In the Concordance, the references are given in strict alphabetical order, and the verse references are those of Lipscomb's divisions.

[5] Particularly those in the two collections M.E. Stone, *Armenian Apocrypha Relating to the Patriarchs and Prophets* (Jerusalem: Israel Academy of Sciences and Humanities, 1982) and M.E. Stone, *Armenian Apocrypha: Relating to Adam and Eve* (Pseudepigrapha Veteris Testamenti Graece, 14; Leiden: Brill, 1996).

[6] S. Yovsēp'ianc', *Անկանոն Գիրք Հին Կտակարանաց (Uncanonical Books of the Old Testament)* (Venice: Mechitarist Press, 1898).

[7] Concerning Yovsēp'ianc''s manuscripts and text, see Stone, *History of the Literature of Adam and Eve*, 12-13. English translations were published by J. Issaverdens, *The Uncanonical Writings of the Old Testament found in the Armenian MSS. of the Library of St. Lazarus* (2 ed.; Venice: Mechitarist Press, 1932) 21-42 and F.C. Conybeare, "On the Apocalypse of Moses," *JQR* 7 (1894-95) 216-235. A German translation is to be found in E. Preuschen, "Die apokryphen gnostischen Adamschriften, aus dem Armenischen übersetzt und untersucht," *Festgruss B. Stade* (Giessen: Ricker, 1900) 7-24.

[8] W.L. Lipscomb, *The Armenian Apocryphal Adam Literature* (University of Pennsylvania Armenian Texts and Studies, 8; Atlanta: Scholars, 1990). Older translations may be found in the works of Issaverdens and Preuschen, cited in note 4, above. For additional information and further modern editions of certain of these works, see Stone, *History of the Literature of Adam and Eve*, 101-105.

Title	*Abbreviation*
History of the Creation and Transgression of Adam, 2 recensions	Creat1 and Creat2
History of the Expulsion of Adam from the Garden, 2 recensions	Exp1 and Exp2
History of Cain and Abel, Sons of Adam, 2 recensions	AbCn1 and AbCn2
Concerning the Good Tidings of Seth, 2 recension	Tid1 and Tid2
History of the Repentance of Adam and Eve	Rep
Adam's Words to Seth	WdsAd

Principles of Concordancing

1. The lemma contains the "dictionary" form of the word in Classical Armenian and indicates what part of speech it is. Non-classical (usually medieval) forms are classified under the classical lemmata. Thus, e.g., the spelling *aw* is used in lemmata, even where all the manuscripts give *ō*. Following this principle, forms such as *կու գամ* are listed under *գամ*; *ափ* is listed under *ամպ*, and so forth.

2. Verbs which occur in the *-em* conjugation in *ARB* or *NBH*[9] are always attributed to this conjugation, even when the cited form derives from the *-im* conjugation.

3. When a word is listed in *ARB* or *NBH* as both noun and adjective, the first definition in the dictionary is followed.

4. *-ek'ean* is always listed under *-ek'in*.

5. Elatives in *-agoyn* are always listed under the simple form.

6. All the demonstratives like *ays* are categorized as pronouns.

7. The inseparable prefixes *c'-*, *č'-*, *y-* and *z-* are treated as separate words.

8. The following compound lemmata are treated as single entries:

ի բաց
ի դէմ

[9] *Առձեռն Բառարան Հայկազեան Լեզուի* (*Manual Dictionary of the Armenian Language*; Vienna: Mechitarist Press, 1865) referred to henceforth as *ARB* and G. Awetik'ian, X. Siwrmēlian and M. Awk'erian, *Նոր Բառգիրք Հայկազեան Լեզուի* (*New Dictionary of the Armenian Language*; Venice: Mechitarist Press, 1837) referred to henceforth as *NBH*.

ի դէպ
ի դուռս
ի զուր
ի Հեռաստանէ
ի ձեռաց
ի ձեռն
ի ձեռս
ի մէջ
ի միասին
ի յ-
ի ներքոյ
ի ներքուստ
ի վեր
ի վերայ
մինչեւ ի
մինչեւ յ-
մինչեւ ց-
վասն զի
փոխանակ զի

9. It should be observed that the syntactic analysis of Classical and Medieval Armenian is still not satisfactory. Therefore, there is unclarity about the categorization of certain words. In particular, I am not completely satisfied with the analysis used here of *իբրեւ*, *իբրեւ զ-* and *քան զ-* and it must be regarded as tentative.

Homographs

Homographs are the bane of all those involved in morphological analysis. In an inflected language, like Armenian, they are abundant and the following homographs have been encountered in the course of our work on concordances. They do not exhaust the homographs of Armenian[10].

[10] See Andrea de Leuw van Weenen, *The Lemmatization of the Armenian Deuteronomy* (Reports of the Leiden Armenian Data Base, 1; Leiden University: 1989) 51-54; eadem, *The Lemmatization of Eusebius; Commentary on Genesis* (Reports of the Leiden Armenian Data Base, 2; Leiden University: 1990) 27-31. In both those works, she also gives lists of compound lemmata. These works are very interesting discussions of the procedures used in the morphological analysis of Classical Armenian.

*ամէն*1	adjective	
*ամէն*2	adverb	
այլ 1	conjunction	but
*այլ*2	adjective	other
*այսր*1	pronoun	genitive
*այսր*2	adverb	
*այր*1	noun	man
*այր*2	noun	cave
*անդ*1	adverb	
*անդ*2	noun	field
*անուանէ*1	verb	3 person singular
*անուանէ*2	noun	ablative singular
*անցաւ*1	verb	*անցանեմ*
*անցաւ*2	adjective	*ան-ցաւ*
*առ*1	preposition	
*առ*2	verb	
*ասեր*1	name	
*ասեր*2	verb	
*ատեան*1	noun	
*ատեան*2	verb	< *ատեամ*
*արարի*1	noun	oblique
*արարի*2	verb	
*արար*1	noun	
*արար*2	verb	
*արբի*1	noun	
*արբի*2	verb	
*արբ*1	noun	
*արբ*2	verb	
*արդ*1	adverb	
*արդ*2	noun	
*արտաքոյ*1	adverb	
*արտաքոյ*2	preposition	with genitive
*աւրէն*1	noun	nominative singular
*աւրէն*2	*աւր* abl sing + n	noun
*բանակին*1	verb	*բանակիմ*
*բանակին*2	noun	
*բաց*1	adjective	
*բաց*2	adverb	
*բերից*1	noun	*բեր*
*բերից*2	verb	
*գնացից*1	verb	*գնամ*
*գնացից*2	noun	*գնաց*
*դան*1	name	
*դան*2	pronoun	*դա+ն*
*դարձեալ*1	verb	*դառնամ*
*դարձեալ*2	adverb	
*դարձ*1	verb	
*դարձ*2	noun	
*դից*1	noun	*դիք*

դից2	verb	դնեմ
դիք1	verb	
դիք2	noun	
եբեր1	verb	
եբեր2	name	Eber
եկաց1	verb	< կամ
եկաց2	noun	< եկ
ես1	pronoun	
ես2	verb	
ետ1	verb	
ետ2	preposition	from յետ
զի1	conjunction	
զի2	adverb	
է1	numeral	
է2	verb	
ընդդէմ1	adverb	
ընդդէմ2	preposition	
իբրեւ1	conjunction	
իբրեւ2	preposition	
իմ1	pronoun	
իմ2	adjective	
ինչ1	noun	
ինչ2	pronoun	
ի1	numeral	
ի2	prepostion	
իւր1	adjective	
իւր2	pronoun	
լուր1	verb	լսեմ
լուր2	noun	
խաւարէ1	noun	
խաւարէ2	verb	
խաւարի1	noun	
խաւարի2	verb	
կամ1	verb	to stand
կամ2	conjunction	or
կամ3	noun	will
կային1	name (Cain)	Cain
կային2	verb	կամ
կատարեալ1	adjective	
կատարեալ2	verb	կատարեմ
կարեմ1	verb	be able
կարեմ2	verb	to sew
կէտ1	noun	dot
կէտ2	noun	whale
համդերձ1	preposition	with
համդերձ2	noun	garment
հետ1	preposition	
հետ2	noun	footstep
հետ3	adverb	< յետ2 adverb

*հետ*4	preposition	< *յետ*1 preposition
*ձեր*1	pronoun	
*ձեր*2	adjective	
*մարք*1	noun	mothers
*մարք*2	name	Medes
*մեր*1	pronoun	
*մեր*2	adjective	
միանգամ	adverb	
*միանգամ*2	adjective	
*մինչեւ*1	adverb	
*մինչեւ*2	conjunction	
*մինչեւ*3	preposition	
*մի*1	adverb	not
*մի*2	numeral	one
*մտաւ*1	noun	*միտ*
*մտաւ*2	verb	*մտանեմ*
Յ	preposition	
Յ	numeral	
*յաւիտեան*1	noun	
*յաւիտեան*2	adverb	
*յետ*1	preposition	
*յետ*2	adverb	
նա	pronoun	
*նա*2	interjection	
*ով*1	pronoun	who
*ով*2	interjection	O!
որ	pronoun	
*որ*2	conjunction	
*որս*1	pronoun	
*որս*2	noun	prey
*որպէս*1	conjunction	
*որպէս*2	adverb	
*սուր*1	noun	sword
*սուր*2	adjective	
սքանչելի	adjective	
սքանչելիք	noun	
*տան*1	verb	*տամ*
*տան*2	noun	*տուն*
*տարին*1	noun	
*տարին*2	verb	
*տարի*1	noun	
*տարի*2	verb	
*տես*1	noun	
*տես*2	verb	
*ցոյց*1	verb	*ցուցանեմ*
*ցոյց*2	noun	
*քո*1	pronoun	
*քո*2	adjective	

CONCORDANCE

Աբէլ name

AbCn1	1	ՈՐԴԻՈՑՆ ԱԴԱՄԱՑ	ԱԲԵԼԻ	ԵՒ ԿԱՅԵՆԻ [1] Իսկ յորժամ
AbCn1	3	տարեկան, ապա ծնաւ	Աբէլ	եւ քոյր նորա: [4] Եւայ երեսու
AbCn1	5	եւ մին տղայ: [5] Երբ	Աբել	եղեւ քան տարեկան խաչանց
AbCn1	6	Հանէք Աստուծոյ. զի	Աբելի	ոչխարն ծնաւ Հազար եւ մի պուտ
AbCn1	6	մի պուտ ունէր, զայն	Հաբէլ	ընտրեաց Աստուծոյ բաժին. բայց
AbCn1	8	Աստուծոյ: [8] Եւ եբեր	Հաբէլ	զզառն իւր, զոր ընտրեալ էր եւ
AbCn1	11	երեսն սեւ: [11] Իսկ	Հաբէլ	մատուց զանդրանիկ զառն
AbCn1	12	լուսաւորեցան երեսն	Աբելի	եւ եկն յերկնից բարբառ որ ասէր
AbCn1	13	եւ ընկալաւ զզառն	Աբելի	եւ վերացաւ յերկինս: [14] Իսկ
AbCn1	13	Հովանի եղեւ ի վերայ	Հաբելի	եւ ընկալաւ զզառն Աբելի եւ
AbCn1	14	Կայէն ոխացաւ ընդ	Աբելի	կամէր սպանանել զնա բայց ոչ
AbCn1	15	էր եղեալ: [15] Բայց	Աբել	ոչ գիտէր զչար խորհուրդն եղբօր
AbCn1	15	խորհուրդն եղբօրն, եւ	Աբէլ	սիրէր զեղբայրն իւր, եւ Համապա
AbCn1	17	զեղբայրն իւր. բայց	Աբէլ	ժիր էր աւելի քան զԿայէն, վասն
AbCn1	18	եւ ոչ կարաց յաղթել զ	Աբէլ	[19] Եւ ելեալ Կայէն Հայեցաւ ա
AbCn1	20	…աղաւացուք>: [20] Ասէ	Աբէլ	Ո՞րպէս <խաղաւացուք> մատնեաւ
AbCn1	23	<է>: [23] Իբրեւ գնաց	Աբէլ	ի ծառն Կայէն առեալ զուռն որթի
AbCn1	23	եւ ապա իմացաւ	Աբէլ	զչարութիւն եղբօրն. աղաչէր եւ
AbCn1	25	ցգլուխն: [25] Լայր	Աբէլ	եւ ասէր. Եղբայր, արձկեա զիս.
AbCn1	28	քարն, եւ եկեալ առ	Աբէլ	Իսկ Աբէլ լայր, եւ ասէր. Ո՞չ
AbCn1	28	եւ եկեալ առ Աբէլ. Իսկ	Աբէլ	լայր, եւ ասէր. Ո՞չ ողորմիս մեր
AbCn1	30	լալով ասաց	Աբէլ	Եղբայր, բեր զերեսդ Համբուրեմ
AbCn1	52	իմացան զսպանումն	Աբելի	<գնացին բերին արիւնիւ
AbCn1	52	չաղախեալ մարմինն	Աբելի	լային եւ սգային բազում
AbCn1	53	որ թաղէին զմարմին	Աբելի	ելանէր յերեսս Հողին. իսկ
AbCn1	55	եւ ոչ ցամաքէր արիւնն	Աբելայ	[56] Մինչեւ Ադամայ մահն
AbCn1	55	Մինչեւ ի մարմինն	Աբելի	ոչ ոք էր մեռեալ, եւ այնու ոչ
AbCn1	56	ապա թէ մարմինն	Աբելի	ի գերեզմանն մտաւ: [57] Բայց
AbCn1	57	յորժամ որ Կայէն զ	Աբէլ	եսպան, Կայէն զեօթն ցաւով կոծէ
AbCn1	57	եւ Եւայ, տեսանէին զ	Աբէլ	արեամբ չաղախեալ եւ Կայէն
AbCn2	1	ՑԱՂԱԳՍ ԿԱՅԷՆԻ ԵՒ	ԱԲԷԼԻ	[1] Այս էր պատուէրն Ադամայ զ
AbCn2	4	յիսուն ամաց եւ	Աբէլ	քան ամաց, Կայէն Հողագործ էր ե
AbCn2	4	Կայէն Հողագործ էր եւ	Աբէլ	Հովիւ ոչխարաց: [5] Իսկ Ադամ
AbCn2	6	ծնունդն ոչխարաց	Աբէլի	նա մէկն Հազար եղեւ. ապա
AbCn2	8	դէզ մի: [8] Ապա եբեր	Աբէլ	զընտրեալ գառինսն եւ մեծարեաց
AbCn2	11	գործելի: [11] Իսկ	Աբէլ	մատոյց զողջակէզսն անդրանիկ
AbCn2	12	լուսաւորեաց զերեսս	Աբէլի	եւ եկն բարբառ որ ասէր լսելի
AbCn2	13	Հովանի եղեւ ի վերայ	Աբէլի	[14] Իսկ Կայէն ոխացաւ ընդ
AbCn2	14	Կայէն ոխացաւ ընդ	Աբէլի	եւ կամէր սպանանել զնա բայց ոչ

AbCn2	15	երկրի: [15] Եւ եւս	Աբէլ	ոչ գիտէր զչար խորհուրդն Կայէն
AbCn2	16	Կայէն ցեղբայր իւր	Աբէլ	գնասցուք ի դաշտ ման գալ: [17]
AbCn2	17	ի դաշտն. ապա	Աբէլ	ուժով էր քան զԿայէն վասն այն
AbCn2	19	ասմայ ասի. նա ասաց	Աբէլի	թէ եկ ասմայի մատիւ խաղասցուք
AbCn2	22	Իբրեւ զրկեաց զծառն	Աբէլ	նա Կայէն առեալ զուռն պատեաց
AbCn2	23	[23] Ապա իմացաւ	Աբէլ	զչարութիւնն Կայէնի. զոր զոչէ
AbCn2	29	Իբրեւ շատ աղաչեաց	Աբէլ	զեղբայրն եւ ոչ լսեց նմա: [30
AbCn2	30	նմա: [30] Եւ ասաց	Աբէլ	եկ եղբայր մի անգամ համբուրեմ զ
AbCn2	34	ու՞ր է եղբայրն քո	Աբէլ	[35] Ասէ Կայէն, ե՞րբ տուիր ին
AbCn2	52	եւ Եւայ զսպանումն	Աբէլի	գնացեալ բերին արեամբ
AbCn2	52	…ղախեալ զմարմինն	Աբէլի	որ եւ կոծ մեծ առին լալով եւ
AbCn2	53	թաղեցին զմարմինն	Աբէլի	նա ելանէր յերես հողոյն. զի
AbCn2	55	դառնայր մարմինն	Աբէլի	[56] Ապա երբ Ադամ մեռաւ եւ
AbCn2	56	եաուր որ թաղեցին զ	Աբէլ	ի գերեզմանի: [57] Բայց յորժամ
AbCn2	57	կինն իւր տեսանէին զ	Աբէլ	արեամբ շաղախեալ, եւ զԿայէն
AbCn2	58	…իթարութիւն ետ վասն	Աբէլի	[59] Որ եւ զձեզ մխիթարեսցէ յ
Rep	29	առ Եւայ եւ ծնաւ զ	Աբէլ	եւ զՍամայն քոյր նորա
Rep	30	Եւայ ի վերայ մահուն	Հաբելի	զամս հարիւր եւ քսան եւ
Rep	30	ամաց սպան Կային զ	Հաբէլ	եւ դարձեալ սուգ առին Ադամ
Rep	31	նուն նորա Սէթ փոխանակ	Հաբելի	զոր սպան Կային [32] Եւ
Rep	32	յերազի որ զարիւնն	Աբելի	Կային ի բերանն առեալ ըմպէր
Rep	32	զսպանանելն Կայենի զ	Հաբէլ	յաւուր միում տեսիլս պատմեաց
Rep	33	փսխէր ի դուրս զարիւնն	Հաբելի	[34] Իբրեւ լուաւ զայս
Rep	33	ըմպէր [33] Եւ	Հաբէլ	աղաչէր զնա թէ Թող յարենէդ եւ
Rep	34	ի Կայենէ որ ասէր ց	Հաբէլ	թէ Եկ երթիցուք ի դաշտի անդ
Rep	35	զի սպանեալ էր Կային զ	Աբէլ	զեղբայր իւր եւ ինքն Կային
Rep	36	Տարեալ Կային զ	Հաբէլ	յիւրատունկ դրախտն եւ կալեալ
Rep	38	ի միասին լայցեն զ	Հաբէլ	եւ ամփոփեալ թաղեսցեն զ
Rep	39	այլ ոչ եգիտ զմարմինն	Հաբելի	զի ամփոփեալ էր ի
Rep	40	եւ զԵւայ վասն	Հաբելի	որդւոյն իւրեանց [41] Եւ
Rep	43	ի սպանանելն Կայենի զ	Հաբել	եկն Գաբրիէլ առ Ադամ եւ
Rep	43	հարցանէք զԿային վասն	Հաբելի	այլ Աստուած հարցանէ զնա եւ
Rep	45	զԿային թէ ո՞ւր է	Աբէլ	եղբայրն քո [46] Եւ նա ստեաց
Tid1	2	ելանելն իմ. զի զ	Աբէլ	արեամբ տեսանեմ սիրտս
Tid1	7	սպանեց Կայէն զ	Աբէլ	եւ Աբէլ այն տարին կամէր
Tid1	7	Կայէն զԱբէլ. եւ	Աբէլ	այն տարին կամէր
Tid2	0	ԱԴԱՄԱՑ ՑԱՂԱԳՍ	ԱԲԷԼԻ	ԶՈՐ ՍՊԱՆ ԿԱՅԷՆ Ի ՄԽԻԹԱՐԵԼ Զ
Tid2	2	աղիք իմ. ապա զ	Աբէլ	տեսանեմ արեամբ
Tid2	3	վասն Կայէնի եւ	Աբէլի	նոյնչափ խնդաս եւ
Tid2	7	ամուսնացաւ. եւ	Աբէլ	քան տարեկան էր: [8] Եւ

***Աբուսաքր* name**

Rep	28	եւ ծնաւ զԿայէն եւ զ	Աբուսաքր	քոյր նորա ընդ նմա եւ ասէ

***ագռաւ* noun**

AbCn2	27	եղեալ ի կերպս երկու	ագռաւի	եւ առեալ մինն քարասուրիկ քար
Tid1	45	եւ արձակեաց	ագռաւ	մի, զի գնացեալ նշան
Tid2	45	եւ առաքեաց զ	ագռաւն	զի բերցէ նշան ցամաքի

Ադամ name

AbCn1	1	[1] Իսկ յորժամ	Ադամ	յետ խաբէութեան Սատանայի երբ
AbCn1	1	…ՄՈՒԹԻՒՆ ՈՐԴԻՈՑՆ	ԱԴԱՄԱՑ	ԱԲԵԼԻ ԵՒ ԿԱՅԵՆԻ [1] Իսկ
AbCn1	3	Աստուծոյ: [3] Զի	Ադամայ	առաջին զաւակն Կայեն էր. երբ
AbCn1	6	էր: [6] Զի ասաց նոցա	Ադամ	թէ ի վաստակոց ձերոց <տասնէն>
AbCn1	52	Ղամեքայ: [52] Իսկ	Ադամ	եւ Եւայ իբրեւ իմացան զ
AbCn1	54	պիտէր յառաջ	Ադամ	մեռնէր եւ Հող դառնայր, ապա
AbCn1	54	[54] Քանզի Աստուած	Ադամայ	ասաց Հող լինի եւ ապա իւր
AbCn1	56	կենդանի ի քուն. երբ	Ադամ	մեռաւ, ապա թէ մարմինն Աբելի
AbCn1	56	Աբելայ: [56] Մինչեւ	Ադամայ	մաՀն այնպէս անփորձ մնաց
AbCn1	57	…ոնապէս. իսկ ծնօղքն	Ադամ	եւ Եւայ, տեսանէին զԱբէլ
AbCn1	57	վիրաւորեալ. իսկ	Ադամ	եւ Եւայ լային եւ ողբային վասն
AbCn1	58	երկերիւր տարի	Ադամ	ոչ մերձեցաւ ի կինն, ասէր թէ
AbCn1	59	եւ Սէթ> մխիթարեաց զ	Ադամ	եւ զկինն իւր զԵւայ:
AbCn2	1	[1] Այս էր պատուէրն	Ադամայ	զոր պատուիրեաց որդւոցն
AbCn2	3	[3] Վասն որոյ	Ադամ	պատուէր ետ զնոյն կատարել
AbCn2	3	որդւոց իւրոց զի	Ադամայ	առաջին զաւակն Կայէն էր եւ
AbCn2	5	ոչխարաց: [5] Իսկ	Ադամ	խրատեաց զորդիքն իւր եւ ասէ. յ
AbCn2	52	յորժամ իմացան	Ադամ	եւ Եւայ զսպանումն Աբէլի
AbCn2	54	որոյ պիտէր յառաջ	Ադամ	մեռանէր եւ ի Հող դառնայր
AbCn2	54	Քանզի Աստուած նախ	Ադամայ	ասաց Հող լինիլ. եւ ապա ի
AbCn2	55	[55] Մինչեւ ի մաՀն	Ադամայ	այլ ոչ ոք մեռաւ. վասն այն ոչ
AbCn2	56	Աբէլի: [56] Ապա երբ	Ադամ	մեռաւ եւ թաղեցաւ, նա ապա տեղ
AbCn2	57	[57] Բայց յորժամ	Ադամ	եւ կինն իւր տեսանէին զԱբէլ
Creat1	0	ՍՏԵՂԾՄԱՆ ԵՒ ՑԱՆՑՄԱՆՆ	Ադամայ	[1Y] Յորժամ ստեղծ Տէր
Creat1	6	եւ իբրեւ զարթեաւ	Ադամ	ի քնոյ, տեսաւ զկին
Creat1	6	…ութիւն ի վերայ	Ադամայ	եւ առ զմի ի կողիցն
Creat1	7	[7] Եւ ասաց	Ադամ	ԱՀա ոսկր ի յոսկերաց իմ
Creat1	9	վասն այն եդ զ	Ադամ	ի միջաստՀման դրախտին
Creat1	9	եթէ պաՀեալ էր	Ադամ	զպատուիրանս Տեառն
Creat1	12	խաբել զԵւայ եւ զ	Ադամ	[13] Իբրեւ գնաց օձն եւ
Creat1	13	օձն եւ տեսաւ զ	Ադամ	եւ զԵւայ, զի շրջէին եւ
Creat1	19	[19] Իբրեւ եկն	Ադամ	եւ ետես զկինն
Creat1	19	տրտմեցաւ	Ադամ	եւ ասէ. <ընդէ՞ր> կերար ի
Creat1	21	պտղոյդ: [21] Ասէ	Ադամ	Ոչ կարեմ ուտել ի դմանէ
Creat1	23	…չակեայ: [23] Ասէ	Ադամ	Ոչ կարեմ ճաշակել եւ քեզ
Creat1	27	ի քէն: [27] Իսկ	Ադամ	երբ Հայէր ի կնոջ
Creat1	28	…դարեալ: [28] Իսկ	Ադամ	բազում քննութիւն արար
Creat1	31	զօձին լսեց. եւ	Ադամ	զԱստուծոյ խօսքն եւ զ
Creat1	33	ասելով. Ո՞ւր ես	Ադամ	[34] Ասէ. Տէր, զքո ձայնն
Creat1	36	թաքեար: [36] Ասէ	Ադամ	Վասն այն փախեայ եւ
Creat1	38	պտղոյն: [38] Ասէ	Ադամ	Այս կինս, որ դու ստեղծեր
Creat1	41	նոցա, եւ ասաց	Ադամայ	Փոխանակ զի արարեր զ
Creat1	45	[45] Եւ Հանին զ	Ադամ	եւ զԵւայ ի դրախտէն: [46]
Creat1	48	Իսկ իբրեւ տեսին	Ադամ	եւ կին իւր < զլոյս
Creat1	48	եւ խնդացին	Ադամ	եւ կինն իւր>, ասացին
Creat2	0	ՃԱՌ, ՎԱՍՆ ՍՏԵՂԾՄԱՆՆ	ԱԴԱՄԱՑ	ԵՒ ՄԱՐԴԱՆԱԼՈՑՆ ՔՐԻՍՏՈՍԻ
Creat2	6	իբրեւ զարթեալ	Ադամ	ի քնոյ, ետես զկինն եւ

Creat2	6	…ութիւն ի վերայ	Ադամայ	եւ էառ զմի կողիցն
Creat2	10	նախանձեալ վասն	Ադամայ	կամէր մտանել ի
Creat2	12	օձին եւ խաբեաց զ	Ադամ	[13] Քանզի օձն ետես զԵւա
Creat2	14	Իբրեւ Հեռացաւ	Ադամ	եւ չրջէր ի դրախտն, օձն
Creat2	19	[19] Իսկ եկն	Ադամ	եւ ետես զկինն
Creat2	20	կամէր խաբել զ	Ադամ	[21] Ասէ Ադամ. ուտեմ եւ ես
Creat2	21	զԱդամ։ [21] Ասէ	Ադամ	ուտեմ եւ ես քեզ նման
Creat2	23	կեր։ [23] Ասէ	Ադամ	ոչ կարեմ ճաչակել եւ
Creat2	25	Իբրեւ զայս լուեց	Ադամ	էառ զպտուղն ի ձեռն
Creat2	27	…անիմք։ [27] Իսկ	Ադամ	բազում քննութեամբ
Creat2	31	փայլէր։ [31] Իսկ	Ադամ	վասն սիրոյն կնոջն ոչ
Creat2	33	եւ ասէ ո՞ւր ես	Ադամ	[34] Ասէ Ադամ. Տէր զքո
Creat2	33	[33] Եւ տեսեալ	Ադամայ	եւ Եւայի զտնաձայնն
Creat2	34	ես Ադամ։ [34] Ասէ	Ադամ	Տէր զքո ձայնդ լուայ եւ
Creat2	37	կերար։ [37] Ասէ	Ադամ	Տէր այս կինն զոր դու
Creat2	43	Եւ դարձեալ առ	Ադամ	ասաց. փոխանակ զի թողեր
Creat2	45	պտուղն պագ եղիր	Ադամայ	[46] Թէ պաՀեալ էր զ
Creat2	48	թէ ու՞ր ես	Ադամ	վասն այն Հարցանէր
Creat2	51	…եչտակն Հանել զ	Ադամ	ի խաւարային տեղեաց. եւ
Creat2	53	առ այս վասն	Ադամայ	[54] Զոր Տէր Աստուած
Exp1	0	ՊԱՏՄՈՒԹԻՒՆ ԵԼԱՆԵԼՈՅՆ	ԱԴԱՄԱՅ	Ի ԴՐԱԽՏԷՆ [1] Իսկ երբ անկաւ
Exp1	4	էք։ [4] Ասէ	Ադամ	վասն այն տրտմինք
Exp1	8	ի լոյս։ [8] Ասէ	Ադամ	Եւ ոչ ինչ։ [9] Ասէ
Exp1	10	ձերովք։ [10] Ասէ	Ադամ	Ցիմարութիւն կալաւ զմեզ
Exp1	12	լուսոյ։ [12] Ասէ	Ադամ	Եթէ մի անգամ լոյս
Exp1	14	եւ Հայէին	Ադամ	եւ Եւայ դէպ յ արեւելից
Exp1	16	զձեզ։ [16] Ասէ	Ադամ	ծառայ եմ քեզ եւ աւետեաց
Exp1	17	մի եւ եդ առաջի	Ադամայ	եւ ասաց Ադամայ. Դիր զ
Exp1	17	Ադամայ, եւ ասաց	Ադամայ	Դիր զձեռդ ի վերայ
Exp1	19	քո։ [19] Իսկ	Ադամ	եդեալ ձեռն ի վերայ
Exp1	21	եղեւ ձեռագիր	Ադամայ	ի ձեռն Սատանայի։ [22]
Exp1	22	եւ խնդացին	Ադամ	եւ Եւայ <ի վերայ
Exp1	22	մտաւ գիտացին	Ադամ	եւ Եւայ> որ խաբեցան ի
Exp1	23	ասէ. Մի երկնչիր	Ադամ	թէ խաբեաց զքեզ Սատանայ
Exp1	23	ետ ի ձեռն	Ադամայ	եւ ասէ. Մի երկնչիր
Exp1	24	օրն որ պաՀեաց	Ադամ	այն ասի առաջաւոր։ [25]
Exp1	27	<աւետիս> լուաւ	Ադամ	ուրախացաւ յոյժ. վեց
Exp2	0	[0] ՎԱՍՆ ԵԼԱՆԵԼՈՅՆ	ԱԴԱՄԱՅ	ԵՒ ԵՒԱՅԻ Ի ԴՐԱԽՏԷՆ [1]
Exp2	2	եղեւ ձեռագիր	Ադամայ	ի ձեռն Սատանայի. իսկ
Exp2	3	…եչտակի եւ ասէ ց	Ադամ	ընդէ՞ր տրտմիք։ [4] Ասէ
Exp2	4	տրտմիք։ [4] Ասէ	Ադամ	վասն այն տրտմիմք եւ
Exp2	8	աչխարՀ։ [8] Ասէ	Ադամ	ի՞նչ ունէաք որ տայաք
Exp2	10	զձեզ։ [10] Ասէ	Ադամ	յափչութիւն կալաւ զմեզ
Exp2	12	լուսոյ։ [12] Ասէ	Ադամ	եթէ միւսանգամ լոյս
Exp2	14	մի Հեռացաւ. իսկ	Ադամ	եւ Եւայ Հայէին ընդ
Exp2	16	զձեզ։ [16] Ասէ	Ադամ	ծառայ եմք քեզ եւ
Exp2	17	մի եւ եդ առաջի	Ադամայ	եւ ասէ. դիր զձեռն քո
Exp2	19	առ ձեզ։ [19] Իսկ	Ադամ	զձեռն ի վերայ եղեալ

Exp2	22	ի մայրն. գիտաց	Ադամ	որ խաբեցաւ, լացին եւ
Exp2	23	իւր. եւ աւետեաց	Ադամայ	վասն մարդանալոյն
Exp2	24	մի տրտմիր	Ադամ	խաբեաց զքեզ Սատանայ
Exp2	24	[24] Եւ ետուր	Ադամայ	զձեռագիրն Աստուծոյ
Rep	1	ԱՊԱՇԽԱՐՈՒԹԵԱՆ	ԱԴԱՄԱՑ	ԵՒ ԵՒԱՅԻ ՆԱԽԱՍՏԵՂԾԻ ԹԷ ՈՐՊԷՍ
Rep	1	[1] Յետ ելանելոյն	Ադամայ	ի դրախտէն առեալ զԵւայ
Rep	5	էր այն ապաշխարութիւն	Ադամայ	եւ կնոջ նորա Եւայի [6]
Rep	7	ամենայն կորուսեալ	Ադամայ	վասն որոյ սկսաւ լալ եւ
Rep	103	ի Հրէիցն ի վերայ գլխոյն	Ադամայ	եւ արար զփրկութիւն ի մէջ
Rep	103	Եւայի [103] Եւ զ	Ադամայն	եղ ի Գողգոթայ ուր
Rep	16	մաՀապարտիս Վայ ինձ	Ադամայս	[17] Վայ իմ կողածին Եւայիս
Rep	23	կայք ընդէ՞ր ոչ լայք զ	Ադամ	՞նդէ՞ր ոչ լայք զզրկեալս ի
Rep	26	[26] Եւ այնպէս սգացին	Ադամ	եւ Եւայ անսուաղ եւ անաւթի զ
Rep	27	եւ տեսեալ զ	Ադամ	եւ զԵւայ ի սուգ եւ ի լաց
Rep	28	ի դրախտէն մերժեցաւ	Ադամ	առ Եւայ եւ ծնաւ զԿայէն եւ զ
Rep	28	ամաց ելանելոյն	Ադամայ	ի դրախտէն մերժեցաւ Ադամ
Rep	29	մերժեցաւ	Ադամ	առ Եւայ եւ ծնաւ զԱբէլ եւ զ
Rep	30	Աստուծոյ եկն առ	Ադամ	Հրեշտակապետն Գաբրիէլ եւ
Rep	30	դարձեալ սուգ առին	Ադամ	եւ Եւայ ի վերայ մաՀուն
Rep	31	[31] Եւ ետ	Ադամայ	ճեւղ մի ի ծառոց դրախտին եւ
Rep	32	պատմեաց Եւայ	Ադամայ	եւ ասաց թէ Տեսի գիշերս
Rep	34	Եւայի զերազն լուաւ	Ադամ	ի Կայենէ որ ասէր զՀաբէլ թէ Եկ
Rep	34	Իբրեւ լուաւ զայս	Ադամ	յԵւայէ ի կարծիս իմն անկաւ վասն
Rep	35	[35] Եւ գնացեալ	Ադամ	փութանակի եւ ետես զի
Rep	37	[37] Եւ գնացեալ	Ադամ	ետես այնպէս եւ յոյժ
Rep	38	դառնացեալ Հոգով գնաց	Ադամ	ասել Եւայի զի եկեալ ի միասին
Rep	40	սաստիկ տրտմութիւն զ	Ադամ	եւ զԵւայ վասն Հաբելի
Rep	43	եկն Գաբրիէլ առ	Ադամ	եւ ասաց նմա Դուք մի Հարցանէք
Rep	61	սաստկացաւ սուգն	Ադամայ	եւ Եւայի [62] Նախ զի մեղան
Rep	72	անմխիթար սուգ էր	Ադամայ	եւ դառն կսկիծ Եւայի եւ
Rep	78	եւ վայիւ եկեաց	Ադամ	սգով եւ տառապանաւք ամս ինն
Rep	79	Եւ ժողովեցան առ	Ադամ	ամենայն ուստերք եւ
Rep	79	զորս ծնեալ էր Եւայ	Ադամայ	ծնունդս երեսուն արու եւ
Rep	80	առ նախաստեղծն մարդն	Ադամ	[81] Եւ նա խիստ ի վտանկի կայր
Rep	82	ողբային զԱդամ եւ	Ադամ	կայր առաջի նոցա չարաչար
Rep	82	լային եւ ողբային զ	Ադամ	եւ Ադամ կայր առաջի նոցա
Rep	83	[83] Յայնժամ ասէ Եւայ ց	Ադամ	Տէր իմ ասա զժամանակ
Rep	85	ոչ ինչ իմանամ [85] Ասէ	Ադամ	Ոչ յամես այլ ի միասին
Rep	87	վասն առողջութեանն	Ադամայ	[88] Եւ Հանդիպեալ նոցա
Rep	92	եւ գնացէք զի մեռաւ	Ադամ	յերեկոյին ժամուն ընդ մտանել
Rep	93	եւ տեսին զ	Ադամ	մեռեալ եւ արարին կոծ մեծ ի
Rep	94	նա եւս մեռաւ ընդ	Ադամայ	[95] Ի ստեղծանելն ընդ
Rep	94	ի վերայ մեռանելոյն	Ադամայ	մինչ դեռ լայր եւ ողբայր
Rep	95	ուրբաթուն ստեղծաւ	Ադամ	եւ յերրորդ ժամու աւուրն
Rep	95	ստեղծաւ Եւայ ի կողէն	Ադամայ	[96] Իսկ ի մեռանելն
Rep	96	ի մեռանելն մեռաւ	Ադամ	երեկի ժամու ուրբաթուն եւ
Rep	99	յետ մեռանելոյն	Ադամայ	Հազար երեք Հարիւր եւ
Tid1	1	զՀրեշտակ իւր առ	Ադամ	եւ ասէ. Մերժեցիր ի կին

Tid1	1	*Տէրն ի վերայ*	*Ադամայ*	*եւ առաքեաց զհրեշտակ*
Tid1	2	*Աբելի*: [2] *Ասաց*	*Ադամ*	*Զ կարեմ մերձենալ կնոջս*
Tid1	3	*Մի երկնչիր*	*Ադամ*	*քանզի տալոց է քեզ*
Tid1	10	*թէ պապն մեր*	*Ադամ*	*ընդէ՞ր տրտում* <է>: [11]
Tid1	17	*որդիքն Սեթայ եւ*	*Ադամայ*	*իբրեւ տեսին զԵնովք*
Tid1	27	*է, եւ լինիս նոր*	*Ադամ*	*զի ի զաւակէ քումմէ լցցի*
Tid2	0	ԿԱՅԷՆ Ի ՄԽԻԹԱՐԵԼ Զ	ԱԴԱՄ	ԵՒ ՋԵՒԱՅ [1] *Եւ Տէրն*
Tid2	0	ՋՈՐ ԵՏ ԱՍՏՈՒԱԾ	ԱԴԱՄԱՅ	ՅԱՂԱԳՍ ԱԲԷԼԻ ՋՈՐ ՍՊԱՆ ԿԱՅԷՆ Ի
Tid2	1	...*գրացաւ ի վերայ*	*Ադամայ*	*եւ առաքեաց զհրեշտակ*
Tid2	1	*Սէթայ, եւ ասաց*	*Ադամայ*	*թէ մերձեցիր առ կին*
Tid2	2	...*հապետաց*: [2] *Ասէ*	*Ադամ*	*ոչ կամիմ մերձենալ ի*
Tid2	17	*որդիքն Սէթայ եւ*	*Ադամայ*	*երբ տեսին որ Ենովք*
Tid2	27	*դու եղիցիս նոր*	*Ադամ*	*զի սոքա ամենեքեան*
WdsAd	1	ԲԱՆՔ	ԱԴԱՄԱՅ	ԱՌ ՍԷԹ [1] *Ասէ Ադամ ցՍէթ*
WdsAd	7	*տարաւ առ Հայրն իւր*	*Ադամ*	*եւ ասէ. Հայր, այս ի*
WdsAd	8	(*է*): [8] *Եւ առեալ*	*Ադամ*	*զճիւղն զայն եդ ի վերայ աչաց*
WdsAd	11	*եղեւ*: [11] *Եւ օրհնեաց*	*Ադամ*	*զԱստուած եւ զՍէթ զորդին իւր*
WdsAd	12	*ասէր Հայրն իմ*	*Ադամ*	*թէ ոչ էր այս բնակութիւնս մեր*

ազատեմ **verb**

Creat2	54	*Աստուած փրկեալ*	*ազատեսցէ*	*զձեզ ի խաբէութենէ*
Exp1	26	*զձեռագիր քո, եւ*	*ազատեսցէ*	*զքեզ ի գերութենէ*
Exp2	23	*Աստուծոյ եւ*	*ազատիլն*	*ի ձեռաց Սատանայի*

ազգ **noun**

Tid1	4	...*ւակացն քոց ընդ*	*ազգին*	*Կայենայ. երբ խառնին*
Tid1	4	*երբ խառնին ընդ*	*ազգս*	*բարի որդիքն քո*
Tid1	5	*բայց ի Կայենայ*	*ազգէն*	[6] *Երեք Հարիւր*
Tid1	9	*խառնակէին ընդ*	*ազգին*	*Կայենի, այլ սրբութեամբ*
Tid1	9	[9] *Եւ բազմացան*	*ազգն*	*Սէթայ եւ այլ եղբարքն*
Tid1	9	*բայց Հալածէին զ*	*ազգն*	*Կայենի եւ ոչ խառնակէին*
Tid1	18	*ճգնէին*: [18] *Բայց*	*ազգն*	*Կայենի յոյժ բազմացան*
Tid1	19	*բազումք*: [19]	*Ազգն*	*Սեթայ եւ եղբայրք նորա*
Tid1	19	...*ութեամբ կային*	*ազգն*	*Սեթայ*: [20] *Այնչափ բարի*
Tid1	20Y	*խառնակելոյ ընդ*	*ազգն*	*Կայենի*: [20D] *էին ի*
Tid1	21D	[21D] *Իբրեւ տեսին*	*ազգն*	*Կայենայ որ ոչ*
Tid1	21Y	*Իսկ աղջկունքն*	*ազգին*	*Կայենի, Հնարիւք*
Tid1	22 Y	*զգեստիւք եւ*	*ազգի*	*ազգի եղանակօք գնացին ի*
Tid1	22 Y	...*եստիւք եւ ազգի*	*ազգի*	*եղանակօք գնացին ի*
Tid1	22D	*եւ քնարիւ եւ այլ*	*ազգի*	*ազգի երգօվք ելին ի*
Tid1	22D	*եւ այլ ազգի*	*ազգի*	*երգօվք ելին ի լերինն*
Tid2	4	...*ռնակեսցիս ընդ*	*ազգն*	*Կայէնի. զի ընդ անիծիւք*
Tid2	4	*երբ խառնակին*	*ազգն*	*Կայէնի ընդ ազգն Սէթայ եւ*
Tid2	4	*ազգն Կայէնի ընդ*	*ազգն*	*Սէթայ եւ այլ զաւակաց*
Tid2	9	*Հալածէին զ*	*ազգն*	*Կայէնի եւ սրբութեամբ*
Tid2	9	*Ժառանգէին ընդ*	*ազգն*	*Կայէնին*: [10] *Իսկ բարի*
Tid2	18	*ոգի*: [18] *Բայց*	*ազգին*	*Կայէնի յոյժ բազմացան*
Tid2	19	*խառնակիլ յ*	*ազգն*	*Սէթայ*: [20] *Եւ նոքա ոչ*

Tid2	22	*երգս եւ գքնարս*	*ազգի*	*ազգի տաղերօք, խաղօք եւ*
Tid2	22	*եւ գքնարս ազգի*	*ազգի*	*տաղերօք, խաղօք եւ*

***աթոռ* noun**

Creat1	3	*եւ կամեցաւ զ*	*աթոռ*	*իւր բարձրացուցանել*
Creat1	3	*Աստուծոյ*	*աթոռին*	[4] *Եւ հրամայեաց Տէր*
Creat2	3	*յաթոռս Հաւասար*	*աթոռոյն*	*Աստուծոյ։* [4] *Եւ*
Creat2	3	*բազմիլ յ*	*աթոռս*	*Հաւասար աթոռոյն*

***աթոռակից* noun**

Creat1	17	*եւ փառակից եւ*	*աթոռակից*	*Աստուծոյ։* [18]

***ալիք* noun**

Rep	56	*իբրեւ գծով որ ծփի յ*	*ալեաց*	[57] *Եւթներորդ զի նշան*

***ախորժ* adjective**

Rep	6	*երգս հրեշտակացն զ*	*ախորժ*	*բարբառ երկնաւորացն եւ զ*

***ածելի* noun**

AbCn1	27	*մի կայր, սուր իբրեւ*	*ածելի*	*այնով սպանին մինն զմիւսն եւ զ*
AbCn2	27	*եւ քարն սուր էր որպէս*	*ածելի*	[28] *Եւ Կայէն ուսեալ ի*

***ածեմ* verb**

AbCn1	47	<*մորթ*> *մի* <*վայրենի*>	*էած*	*եւ ծածկեաց զինքն։* [48Y] *Իբրեւ*
Rep	6	*նորա Եւայի* [6] *Զմտաւ*	*ածեալ*	*յիշէին զվայրն վայելչութեան*
Rep	50	[50] *Եւ եաւթն պատիժ*	*էած*	*ի վերայ նորա* [51] *Նախ զի ասաց*
Tid1	22 Y	…*անելով, երկայն*	*ածելով*	*եւ պէսպէս ձայնիւ*
Tid1	54	*քո, այլ ոչ*	*ածից*	*ջրհեղեղ ի վերայ*

***ականջ* noun**

Tid1	38D3	*նոցա եւ խփանէր*	*ականջս*	*նոցա ոչ ի սիրտս*

***Ակոռի* name**

Tid1	55	*եւ բնակեցաւ*	*Ակոռի*	[56] *Երբ բազմացան զաւակ*

***ահ* noun**

Creat1	11	*եւ Սատանայ յ*	*ահէն*	*հրեշտակաց ոչ իշխէր ի*
Rep	3	*գիշեր յայնժամ անկաւ*	*ահ*	*մեծ ի վերայ նախաստեղծիցն եւ*
Rep	3	*մեռանելոց էին եւ*	*ահիւ*	*մեծաւ սարսեալ տագնապէին մինչ ո*

***ահա* adverb**

AbCn2	9	*ստեղծօղ ամենայնի*	*ահա*	*քրտամբք իմովք վաստակեցի եւ*
Creat1	7	[7] *Եւ ասաց Ադամ*	*Ահա*	*ոսկր ի յոսկերաց իմ, եւ*
Creat2	7	[7] *Եւ ասաց*	*ահա*	*սա ոսկր յոսկերաց իմոց*
Creat2	11	*ի դրախտն։* [11] *Եւ*	*ահա*	*բեկեալ ի հրեշտակաց եւ ոչ*
Rep	22	[22] *Ի՞ւ ապրիմ զի*	*ահա*	*քաղցեալ եմ Ո՞րպէս ցանեմ*
Rep	24	*պարտակեսցուք Զի*	*ահա*	*մաշկեղէն այս հանդերձ*
Rep	25	*ոչ գիտեմք զի*	*ահա*	*աւր մի եւ գիշեր մի անցաւ ի*

ահագին **adjective**

Rep	88	Եւ հանդիպեալ նոցա	ահագին	գազանն Բեհեմովթ յարձակեցաւ

ահարկու **adjective**

Rep	91	խոժոռ խոլոր եւ	ահարկու	դիմաւք եւ ապա թողեալ զ

ահաւասիկ **adverb**

Tid1	37Y	փայտն ձայնէր թէ	Ահաւասիկ	ջրհեղեղ ելանէ եւ

ահաւոր **adjective**

Creat1	4	Գաբրիէլի եւ	ահաւորին	Միքայէլի, եւ ինն

աղաղակեմ **verb**

AbCn2	11	եւ զձեռսն տարածեալ	աղաղակեաց	եւ ասէ Տէր Աստուած
AbCn2	32	[32] Նա լալով	աղաղակէր	ասելով թէ ինչպէս ճուղապ
AbCn2	50	կինն բարի էր. առ Տէր	աղաղակեաց	եւ այնչափ ելաց որ յ
Rep	58	եղջեւրն գոչէր եւ	աղաղակէր	թէ զայ Կային
Rep	89	ճիչ բարձեալ Եւայ	աղաղակեաց	ընդդէմ գազանին եւ
Tid2	38E	[38E] Իսկ նա	աղաղակեաց	առ Տէր եւ ասէ. Տէր
Tid2	40	ինքեանք եւ	աղաղակէին	[41] Եւ հրամայեաց

աղաչանք **noun**

AbCn2	51	զարտասուսն եւ զ	աղաչանք	կնոջն, ողորմեցաւ Աստուածն
Creat2	28	հայէր կնոջ յ	աղաչանքն	եւ յարտասուքն
Tid1	38D7	եւ Աստուած լսէր	աղաչանացն	Նոյին. տասն տարի

աղաչեմ **verb**

AbCn1	11	բարութեանց	աղաչեմ	զքեզ ընկալ զնուէրս, որ
AbCn1	23	զչարութիւն եղբօրն	աղաչէր	եւ ասէր. Եղբայր, արձակեա զիս
AbCn1	51Y	կինն բարի էր	աղաչեաց	զԱստուած եւ ողորմեցաւ նմա
AbCn2	11	ամենայն բարութեանց	աղաչեմ	զքեզ ընկալ զնուէրս իմ զոր
AbCn2	11	քոց քեզ մատուցանեմ	աղաչեմ	եւ պաղատիմ ընկալ ի հաճոյս
AbCn2	23	եղբայր իմ սիրելի	աղաչեմ	զքեզ արձակեա զիս. եւ որքան
AbCn2	29	[29] Իբրեւ չառ	աղաչեաց	Աբէլ զեղբայրն եւ ոչ լսեց նմա
Creat1	26	կինն լայր եւ	աղաչէր	ասելով. Մեռանիմք ի
Creat2	26	Իսկ Եւա լայր եւ	աղաչէր	զնա եւ ասէր. կեր եւ մի
Exp1	22	կացին եւ զՏէրն	աղաչեցին	[23] Եւ յետ եօթն
Exp2	23	եւ ծարաւ: [23]	Աղաչեցին	զԱստուած եւ յետ
Rep	86	Բայց դու այժմ երթ	աղաչեա	զՏէր զի թերեւս տացէ ի
Rep	87	առ զՍէթ եւ գնաց	աղաչել	զՏէր տալ պտուղ իւղընձիւղ ի
Tid1	38B6	[38B6] Իսկ Նոյ	աղաչեաց	զԱստուած տասն տարի
Tid1	38B7	զձեզ եւ ես	աղաչեցի	վասն ձեր դարձէք ի
Tid1	38D7	[38D7] Իսկ	աղաչէր	զԱստուածն կենդանին
Tid1	38D8	զձեզ եւ ես	աղաչեցի	վասն <ձեր> դարձէք ի
Tid1	38Y	հարեալ եւ	աղաչեաց	զԱստուած, զի

աղաւթեմ **verb**

AbCn1	11	ձեռնատարած	աղօթէր	առ Տէր եւ ասէր. Տէր Աստուած

Rep	92	*որդին Եւայ եւ Սէթ*	*աղօթէին*	*յանդիման դրախտին եկն առ նոսա*
WdsAd	4	[4] *Եւ ասէ առ Տէր յ*	*աղօթելն*	*իւրում. Ամենակալ*

աղաւթք **noun**

AbCn1	9	*Կայէն կանգնեցաւ յ*	*աղօթս*	*առ Աստուած, եւ ասաց. Դու, Տէր*
AbCn1	12	*որ ասէր. լսելի եղեն*	*աղօթքն*	*քո, եւ ընդունելի <եղեւ> ընծայն*
AbCn2	9	*Կայէն կանգնեցաւ յ*	*աղօթս*	*առ Տէր եւ ասաց. դու Տէր*
AbCn2	12	*որ ասէր լսելի եղեն*	*աղօթք*	*քո եւ ընդունեցի զընծայս քո:*
Exp2	23	*լուաւ Աստուած*	*աղօթից*	*նոցա եւ առաքեաց զ*
Tid2	59	*նորա:* [59] *Որոց*	*աղօթիւք*	*փրկեսցէ Տէր Աստուած*

աղաւնի **noun**

Tid1	46	*Իսկ արձակեաց զ*	*աղաւնին*	*եւ գնացեալ աղաւնին*
Tid1	46	*եւ գնացեալ*	*աղաւնին*	*շրջեալ ի գլուխս*
Tid2	46	*արձակեաց զ*	*աղաւնին*	*եւ գնացեալ եգիտ*

աղբերակն **noun**

Tid2	42	*երկիր եւ բղխեաց*	*աղբերակունս*	*եւ ջուրք*

աղեղն **noun**

AbCn1	49A	*թէ այծ է նետիւ*	*աղեղէն*	*սպան զԿայէն:* [50Y]
AbCn1	49D	*գլուխն մազ էր. նետիւ*	*աղեղաւ*	*սպան Կայեն. եւ պատուհասու*
AbCn1	49Y	*եղջիւր է. եհար նետիւ*	*աղեղան*	*եւ սպան զԿայէն:* [49D] *Յանց*
Tid1	53	*Եւ ետես Նոյ նշան*	*աղեղան*	*կարմիր, <կանաչ> իջեալ*
Tid1	54	*երբ տեսանեն զ*	*աղեղն*	*գիտասցեն քաղցրացեալ*
Tid2	53	*երեւեցոյց Նոյի զ*	*աղեղն*	*ընդ ամպս կանանչ եւ*

աղէկիզիմ **verb**

Rep	38	*դառնապէս* [38] *Եւ ապա*	*աղէկիզեալ*	*սրտիւ եւ դառնացեալ*

աղիք **noun**

Rep	9	*սիրտն ճմլէր եւ*	*աղիքն*	*գալարէր* [10] *Որովայնն ցաւէր*
Rep	70	*եղեն եւ*	*աղեաց*	*կսկիծ ընկալան* [71]
Tid2	2	*իմ, եւ գալարին*	*աղիք*	*իմ. ապա զԱբէլ տեսանեմ*

աղջամուղջ **adjective**

Creat2	50	*ի տեղի մթին եւ*	*աղջամղջին*	*քաղցած եւ ծարաւած*

աղջիկ **noun**

AbCn1	4	*ջուխտակ, մին*	*աղջիկ*	*եւ մին տղայ:* [5] *Երբ Աբել եղե*
Tid1	18	*յոյժ բազմացան*	*աղջկունք*	*նոցա. զի մի մարդոյ*
Tid1	18	*էր, կանայք եւ*	*աղջկունք*	*բազումք:* [19] *Ազգն*
Tid1	21D	*ընդ իւրեանց*	*աղջկունք*	*Հնար իմացան եւ*
Tid1	21Y	*ճգնէին:* [21Y] *Իսկ*	*աղջկունքն*	*ազգին Կայենի*
Tid1	38B5	*Նոյ եւ ասէ. երեք*	*աղջիկ*	*առ ի Սեթայ զարմէն վասն*
Tid1	38B5	*Եւ այս երեք*	*աղջկունքս*	*դեռ փոքր են, կուս*
Tid1	38D5	*Նոի եւ ասէ երեք*	*աղջիկ*	*առ Սեթայ զարմէն վասն*
Tid1	38D5	*Եւ այս երեք*	*աղջիկս*	*փոքր էին եւ պզտիկ եւ*
Tid2	18	*յոյժ բազմացան*	*աղջկունք*	*եւ կանայք. զի զմէկ*

Tid2	33	պարտիս. զի	աղջիկ	մի կայ կոյս եւ մաքուր
Tid2	38C	Սէթայ կոյս	աղջկունս	որ են անուանքն

***աղրտաղ* name**

Tid2	44	որ այժմ ասեն	աղրտաղ	[45] Ցորում բացաւ Նոյ զ

***աղքատանամ* verb**

Rep	15	Վայ ինձ մեծատանս որ	աղքատացայ	Վայ ինձ զի ի բարձրութենէ

***աճեմ* verb**

Rep	28	նմանութիւն անասնոց եւ	աճել	որդեծնութեամբ ըստ Հրամանին
Tid1	57	եւ որդիքն	աճեցան	եւ բազմացան եւ լցին զ

***ամ* noun**

AbCn2	4	եղեւ Կայէն յիսուն	ամաց	եւ Աբէլ քսան ամաց, Կայէն
AbCn2	4	ամաց եւ Աբէլ քսան	ամաց	Կայէն Հողագործ էր եւ Աբէլ
Rep	28	եւ յետ երեսուն	ամաց	ելանելոյն Ադամայ ի դրախտէն
Rep	30	Եւ յետ երեսուն	ամաց	սպան Կային զՀաբէլ եւ
Rep	30	մաՀուն Հաբելի զ	ամս	Հարիւր եւ քսան եւ ապա
Rep	41	կացին ի տրտմութեան	ամս	Հարիւր եւ քսան [42] Մինչ որ
Rep	59	այնպէս եկեաց մնաց	ամս	ութ Հարիւր [60] Դողդոջէր միշտ
Rep	78	սգով եւ տառապանաւք	ամս	ինն Հարեւր եւ երեսուն եւ
Rep	99	եւ երկոտասան	ամաց	եկն ջրՀեղեղն եւ Նոյ
Tid2	38F	Աստուած ներեաց	ամս	քսան զոր քարոզէր Նոյ
WdsAd	16	եւ քառասունեւերկու	ամ	եւ (յ)ետ այնորիկ մարմնով յերկ

***ամաչեմ* verb**

Creat1	36	զի մերկ էի եւ	ամաչէի	ի քէն: [37] Ասէ Տէրն. Զի

***ամաւթ* noun**

Creat2	32	մերկութեան	ամօթոյն	մտեալ ի ներքս

***ամենակալ* adjective**

WdsAd	4	Տէր յաղօթելն իւրում	Ամենակալ	ամենակարող Տէր

***ամենակարող* adjective**

WdsAd	4	իւրում. Ամենակալ	ամենակարող	Տէր. կատարեա ի բարի զ

***ամենայն* adjective**

AbCn1	9	գիտութիւն լիցի քեզ. զ	ամենայն	ինչ զոր վաստակեցին եւ
AbCn1	9	Դու, Տէր, ստեղծող	ամենայնի	գիտութիւն լիցի քեզ. զ
AbCn1	10.1B	քամայտար արար զ	ամենայն	խոցունան ցրուեաց, եւ կորոյս զ
AbCn1	10.1B	ցրուեաց, եւ կորոյս զ	ամենայն	[10.1D] որտաց եւ ել Հողմ եւ
AbCn1	10.1D	եւ քամատարեղ եւ	ամենայն	խուացն Կայենին ցրուեաց եւ
AbCn1	10.1D	ցրուեաց եւ կորոյս զ	ամենայն	ինչս նորա [10.2] եւ <Հասկ մի>
AbCn1	10.1Y	նման քամատարաց զ	ամենայն	Հունձան Կայենի ցորենեացն
AbCn1	10.1Y	ցրուեաց, եւ կորոյս զ	ամենայն	ինչս նորա [10.1B] ամպ մի
AbCn1	11	ստեղծօղ եւ արարիչ	ամենայն	բարութեանց, աղաչեմ զքեզ
AbCn1	41	որ ոտիւք եւ ձեռօքն եւ	ամենայն	բոլոր անդամօքն <դողայր>

AbCn2	2	եւ Հրամայեաց ինձ յ	ամենայն	պտղոյ բաժին Հանել
AbCn2	5	զորդիքն իւր եւ ասէ. յ	ամենայն	ընչից ձերոց տասնէն զմէկն
AbCn2	9	դու Տէր ստեղծող	ամենայնի	աՀա քրտամբք իմովք
AbCn2	10	ի նմանէ եւ ցրուեաց զ	ամենայն	Հասկս նորա. եւ ոչ մնաց մի
AbCn2	11	ստեղծող եւ արարիչ	ամենայն	բարութեանց աղաչեմ զքեզ
AbCn2	51	ողորմեցաւ Աստուածն	ամենայնի	եւ բժշկեաց զցաւն Ղամեքայ
AbCn2	59	զձեզ մխիթարեսցէ յ	ամենայն	տրտմութեանց ձերոց. Ամէն։
Creat1	4	Սադայէլի եւ	ամենայն	կամարարացն նորա
Creat1	8	կերիջիք յ	ամենայն	պտղոց ծառերոյդ
Creat1	14	Եւայի. ՞նդէ՞ր <	ամենայն>	ծառոյ պտղոյ
Creat1	2D	էր բարձր քան զ	ամենայն	դասս Հրեշտակաց. իսկ
Creat1	2Y	բարձր քան զ	ամենայն	Հրեշտակք եւ զ
Creat1	2Y	Հրեշտակք եւ զ	ամենայն	դասս Հրեշտակաց. [2D]
Creat1	42	տրտմութիւն զ	ամենայն	աւուրս կենաց քոց
Creat1	43	Անիծեալ լիցիս յ	ամենայն	կենդանեաց մէջ
Creat1	43	եւ Հող կերիցես զ	ամենայն	աւուրս կենաց քոց
Creat2	1	արար քան զ	ամենայն	Հրեշտակս զՍադայէլ
Creat2	2	զնոսա։ [2] Իսկ	ամենայն	Հրեշտակք եւ
Creat2	4	քերովբէիցն, եւ	ամենայն	երկնաւոր զօրացն
Creat2	4	եւ թօթափեցին զ	ամենայն	գունդսն դիւաց. եւ ի
Creat2	8	կերիցէք զ	ամենայն	պտուղ դրախտին բայց ի
Creat2	11	իմաստուն քան զ	ամենայն	կենդանի, մտանէր ի
Creat2	13	Եւա զի ճաշակէր յ	ամենայն	պտղոյ դրախտին. եւ ի
Creat2	14	եւ ասաց ընդէ՞ր յ	ամենայն	ծառոց ճաշակես. եւ յ
Creat2	40	լիցիս ի մէջ	ամենայն	գազանաց եւ ամենայն
Creat2	40	գազանաց եւ	ամենայն	կենդանեաց. ի վերայ
Creat2	40	եւ Հող կերիցես զ	ամենայն	աւուրս կենաց քոց
Creat2	52	լացին զգիշերն	ամենայն	[53] Այսքան առ այս
Exp1	2	թէ աշխարՀս	ամենայն	լուսաւոր եղիցի. զայն
Exp1	9	զձեզ ծառայ նմա	ամենայն	ծնընդովք ձերովք
Exp1	12	լինիմք մեք եւ	ամենայն	ծնունդքն մեր։ [13]
Exp1	16	…աւորեցեր զմեզ	ամենայն	ծնունդքն մեր ծառայ
Exp1	17	եւ ասայ այսպէս	Ամենայն	ծնունդքն իմ ծառայ
Exp1	19	մեռանի, մեք եւ	ամենայն	ծնունդքն մեր ծառայ
Exp2	2	թէ աշխարՀս	ամենայն	լուսով լինի. զի ոչ
Exp2	9	լինիլ նմա եւ զ	ամենայն	ծնունդս ձեր
Exp2	12	քեզ մեք եւ	ամենայն	ծնունդն մեր։ [13] Իսկ
Exp2	16	քեզ մեք եւ	ամենայն	ծնունդն մեր։ [17] Իսկ
Exp2	17	անմաՀն մեռանի	ամենայն	ծնունդն իմ քեզ
Exp2	19	անմաՀն մեռանի	ամենայն	ծնունդն մեր ծառայ
Rep	7	զաւրացն [7] Ջայս	ամենայն	կորուսեալ Ադամայ վասն
Rep	18	Լացէք զիս ծառք	ամենայն	դրախտիդ վայելչութեան
Rep	18	[18] Լացէք զիս	ամենայն	արարածք Լացէք զիս երկինք
Rep	57	նորա Աստուած որ	ամենայն	ոք գիտենայր զնա եւ նշանն
Rep	72	յԱստուծոյ [72] Այս	ամենայն	անմխիթար սուգ էր Ադամայ եւ
Rep	73	լային դէմ դրախտին զ	ամենայն	աւուրս կենաց իւրեանց եւ
Rep	79	ժողովեցան առ Ադամ	ամենայն	ուստերք եւ դստերք նորա
Rep	82	[82] Իսկ Եւայ եւ	ամենայն	ծնունդք նորա լային եւ ողբային

Tid1	14	*այգի մեծ լի*	*ամենայն*	*բարութեամբ*
Tid1	15	*այգւոյն:* [15]	*Ամենայն*	*մարդ ճաշակէր ի*
Tid1	27	*զի զաշխարհս*	*ամենայն*	*ջրով անցուցանելոց է*
Tid1	38B1	*ջրհեղեղ կու գայ*	*ամենայն*	*մարդ տնազ արարին զ*
Tid1	38C1	*ի Տեառնէ:* [38C1]	*Ամենայն*	*մարդ տնազ արարին զ*
Tid1	38D7	*ստեղծող*	*ամենայնին*	*տասն տարի*
Tid1	40	*կու գայ:* [40]	*Ամենայն*	*կենդանիքն երկու*
Tid1	47	*Նոյ արձակեաց զ*	*ամենայն*	*թռչունս:* [48] *Եւ իբրեւ*
Tid1	49	[49] *Արձակեաց զ*	*ամենայն*	*կենդանիսն:* [50] *Իսկ*
Tid2	42	*Ժողովեաց զ*	*ամենայն*	*ի ներքս տապանին*
Tid2	44	*ծածկեցան*	*ամենայն*	*գլուխ լերանցն եւ ի*
Tid2	47	*եւ արձակեաց զ*	*ամենայն*	*թռչունսն:* [48] *Եւ յետ*
Tid2	49	*իւր:* [49] *եւ զ*	*ամենայն*	*կենդանիսն արձակեաց*
Tid2	54	*նշանն իմացին*	*ամենայն*	*որդիքն քո. զի*
Tid2	59	*Տէր Աստուած զ*	*ամենայն*	*Հաւատացեալս ի*
WdsAd	15	*դրախտ վայելուչ, եւ զ*	*ամենայն*	*պտղաբեր տնկեաց ի նմա*

ամենաչար **adjective**

Creat2	12	*ելանէր:* [12] *Իսկ*	*ամենաչարն*	*Սատանայ ուսոյց*

ամենեքին **adjective**

AbCn2	1	*կենդանիք կային զ*	*ամենեսեան*	*Հնազանդեցոյց ինձ:* [2] *Եւ զ*
AbCn2	33	*վերայ երկրի:* [33] *Եւ*	*ամենեւին*	*ոչ լսեց. այլ չարաչար*
AbCn2	42	*այն էր, որ յաչքն*	*ամենեւին*	*քուն չէր մտանէր:* [43]
Rep	79	*արու եւ էգ որ էին*	*ամենեքեան*	*վաթսուն* [80]
Tid1	4	*քո չարանան, եւ զ*	*ամենեսեան*	*միատեղ*
Tid1	15	*ոչ ճաշակեաց*	*ամենեւին*	*այլ երկաթի*
Tid1	22 Y	*որդւոցն Սեթայ, զ*	*ամենեսեան*	*խաբեցին:* [22A]
Tid1	22D	*որդիս Սեթայ, զ*	*ամենեսեան*	*խաբեցան եւ*
Tid1	23Y	*կոյս, եւ այլ*	*ամենեքեան*	*խառնեցան ընդ*
Tid1	27	*…ցուցանելոց է, զ*	*ամենեսեան*	*խեղդելոց է, եւ*
Tid1	38B1	*եկեալ պատմեաց*	*ամենեցունց*	*թէ ջրհեղեղ կու*
Tid1	38B2	*տապանին:* [38B2]	*Ամենեքեան*	*գնային եւ*
Tid1	38B8	*պարեսջիք:* [38B8]	*Ամենեքեան*	*տնազէին զնա եւ*
Tid1	38C	*տապանին:* [38C] *Իսկ*	*ամենեքեան*	*գնային եւ*
Tid1	38D9	*…եղեղէն:* [38D9] *Եւ*	*ամենեքեան*	*տնազ առնէին*
Tid2	14	*եւ ինքն ոչ*	*ամենեւին*	*ուտէր ի պտղոյն:* [15]
Tid2	23	*զշուն ըկեցին զ*	*ամենեսին*	*ոչ Հայելով զքոյր*
Tid2	23	*խաբել. եւ այլք*	*ամենեքեան*	*խառնակեցան եւ*
Tid2	27	*Ադամ. զի սոքա*	*ամենեքեան*	*ջրով խեղդին:* [28]
WdsAd	14	*եւ զքառասուն գիշեր*	*ամենեւին*	*ոչ ճաշակեաց:* [15] *Եւ յետ*

ամէն **adjective**

AbCn1	25	*ինձ. աշխարհս*	*ամէն*	*քեզ լինի:* [26] *Իսկ Կայէն սատ*

ամէն **adverb**

AbCn2	59	*տրտմութեանց ձերոց*	*Ամէն*	
Creat2	54	*…ութեան լուսոյն*	*ամէն*	

Exp2	28	*ձեզ եւ մեզ*	*Ամէն*	
Tid2	59	*աշխարհիս*	*Ամէն*	

***ամիս* noun**

Tid1	48	*իբրեւ եղեւ երեք*	*ամիս*	*բացեալ զտապանն, ետես*
Tid2	48	[48] *Եւ յետ երեք*	*ամսոյն*	*ելաւ ինքն ի տապանէն*

***ամուսնանամ* verb**

Tid1	7	*այն տարին կամէր*	*ամուսնանալ*	*բայց ոչ եղեւ*
Tid1	7	*Երեսուն տարի էր*	*ամուսնացեալ*	*երբ սպանեց*
Tid1	13	[13] *Վասն այն ոչ*	*ամուսնացաւ*	*Ենովք* [14] *Տնկեաց այգի*
Tid1	25	*տապան չինել, եւ*	*ամուսնանալ*	[26] *Իբրեւ եկն*
Tid1	26	*եւ ասաց Նոյի*	*ամուսնանալ*	*եւ Նոյ ոչ կամէր*
Tid1	26	*եւ Նոյ ոչ կամէր*	*ամուսնանալ*	*զի հինգհարիւր*
Tid1	36	[36] *Եւ Նոյ*	*ամուսնացաւ*	[37Y] *Եւ ի տապան*
Tid1	38B5	*Սեթայ են. եւ մի*	*ամուսնասցին*	*որդիք քո*
Tid1	38B5	*գայ. զի յորժամ*	*ամուսնացաւ*	*Նոյ եւ սկսաւ*
Tid1	38D5	*որդւոցդ եւ մի*	*ամուսնասցին*	*որդիք քո*
Tid2	6	*տարի էր որ*	*ամուսնացեալ*	*էր երբ Սէթ ծնաւ*
Tid2	7	*տարու էր որ*	*ամուսնացաւ*	*եւ Աբէլ քսան*
Tid2	13	…*բոքն*: [13] *Եւ ոչ*	*ամուսնացաւ*	[14] *Այլ տնկեաց*
Tid2	24	*որ ասաց Նոյի զի*	*ամուսնասցի*	[25] *Ասէ Նոյ. ոչ*
Tid2	25	*Ասէ Նոյ. ոչ կամիմ*	*ամուսնանալ*	*վասն անցաւոր*
Tid2	36	*զՆեմզար եւ*	*ամուսնացաւ*	*ընդ նմա*: [37] *Եւ*

***ամուսնութիւն* noun**

Rep	28	*նոցա մերձաւորիլ*	*ամուսնութեամբ*	*ի նմանութիւն անասնոց*

***ամպ* noun**

AbCn1	10.1B	*մինչս նորա* [10.1B]	*ամպ*	*մի սեւացեալ եկն ի վերայ խոցոյն*
AbCn1	10.1D	*որոտաց եւ ել հողմ եւ*	*ամպ*	*մի սեւ եկաւ ի վերայ դիզուն*
AbCn1	10.1Y	*վերայ Կայենի.* [10.1Y]	*ափ*	*մի հողոյ նման քամատարաց զ*
AbCn1	13	[13] *Եւ լուսափայլ* <	*ամպ*	> *հօվանի եղեւ ի վերա Հաբելի, ե*
AbCn2	10	*Կայէնի. վասն որոյ*	*ամպ*	*մի սեւացեալ եկն ի վերայ Կայէնի*
AbCn2	13	*քո*: [13] *Եւ լուսափայլ*	*ամպն*	*հովանի եղեւ ի վերայ Աբէլի*: [1
AbCn2	34	*Աստուած ի վերայ*	*ամպոյ*	*յիսուն կանգնաչափ հեռի. եւ*
Creat1	4	*զկարկուտ ի յ*	*ամպէն*	[5] *Իսկ բարեբարն*
Creat2	4	*կարկուտ ի յ*	*ամպոյն*	[5] *Իսկ բարեբարն*
Tid2	53	*Նոյի զաղեղն ընդ*	*ամպս*	*կանանչ եւ կարմիր ընդ*

***ամփոփեմ* verb**

Rep	102	*տուն* [102] *Եւ անդ*	*ամփոփեաց*	*զնոսա դնելով զԵւայ ի*
Rep	38	*լայցեն զՀաբէլ եւ*	*ամփոփեալ*	*թաղեսցեն զնա* [39]
Rep	39	*զմարմինն Հաբելի զի*	*ամփոփեալ*	*էր ի հրեշտակաց*

***այգեգործ* noun**

Tid1	15	…*ունեւչորս տարի*	*այգեգործ*	*եղեւ եւ ոչ ճաշակեաց*

այգի **noun**

Rep	73	*Ով վայելուչ*	*այգի*	*Ով աստուածատունկ դարաստան*
Tid1	14	[14] *Տնկեաց*	*այգի*	*մեծ լի ամենայն*
Tid1	14	*սպասաւորեաց*	*այգւոյն*	[15] *Ամենայն մարդ*
Tid1	38B8	*վարի կամ որ տեղ*	*այգի*	*կու տնկէ*: [38B9] *Իբրեւ*
Tid2	14	[14] *Այլ տնկեաց*	*այգի*	*մի յօրինակ դրախտին. եւ*
Tid2	15	*տարի ի մէջ*	*այգւոյն*	*կեցաւ եւ ոչ կերաւ ի*
Tid2	38A	*ցան ցանես եւ*	*այգի*	*տնկես թէ երկիրս*

այդ **pronoun**

Creat1	39	*դո՞ւ արարեր զ*	*այդ*	[40] *Իսկ կին ասաց. Տէր, <այն*
Creat1	41	*արարեր զ*	*այդ*	*ոչ լուար խրատոյ իմոյ*
Creat1	42	*արարեր զ*	*այդ*	*բազմացուցանելով*
Creat2	14	*ճաշակես. եւ յ*	*այդ*	*մին ծառոյն ոչ ճաշակես*
Creat2	40	*արարեր զ*	*այդ*	*անիծեալ լիցիս ի մէջ*
Creat2	42	*արարեր զ*	*այդ*	*տրտմութեամբ եւ ցաւօք*
Exp1	10	*կալաւ զմեզ եւ զ*	*այդ*	*ոչ իմացաք ասել*: [11] *Ասէ*
Exp2	9	*նմա. երբ զ*	*այդ*	*ոչ արարիք վասն այն խաւար*
Exp2	10	*կալաւ զմեզ եւ զ*	*այդ*	*ոչ իմացաք*: [11] *Ասէ*
Rep	31	*դրախտին եւ ասաց*	*այդ*	*քեզ նշան որ ծնանի քեզ Եւայ որդ*
WdsAd	5	*եւ ետ ի Սէթ, եւ ասէ*	*Այդ*	*է մխիթարութիւն Հօր քում*: [6]

այժմ **adverb**

Rep	86	*տեղի* [86] *Բայց դու*	*այժմ*	*երթ աղաչեա զՏէր զի*
Tid2	44	*Մասխոյ որ*	*այժմ*	*ասեն աղրտաղ*1 [45] *Ցորում*

այլ **adjective**

AbCn1	14	*գիտէր սպանանել, զի*	*այլ*	*սպանումն ոչ էր եղեալ*: [15] *Բա*
AbCn2	55	*ի մահն Ադամայ*	*այլ*	*ոչ ոք մեռաւ. վասն այն ոչ ի հող*
AbCn2	57	*առ միմեանս, զի մի*	*այլ*	*մեծ սուգ գայ ի վերայ ինքեանց*
Creat1	29	*քան զայն եւ*	*այլ*	*գեղեցիկ կին ստեղծանել*
Exp2	2	*իմացան թէ*	*այլ*	*չի լուսանայր. վասն որոյ*
Rep	58	*նշանն պիսակն էր* [58]	*այլ*	*եւ եղջեւր բուսաւ ի ճակատն զի*
Tid1	17	*այսօր*: [17] *Իսկ*	*այլ*	*որդիքն Սեթայ եւ Ադամայ*
Tid1	2	*կու թափեմ. զի թէ*	*այլ*	*մերձենամ ի կինս, լինի*
Tid1	21Y	…*արմրացուցին, եւ*	*այլ*	*զարդարանօք զմարմինս*
Tid1	21Y	*սահմանեցին, եւ*	*այլ*	*պէսպէս սազ եւ երգարանս*
Tid1	22A	*եւ քնարիւք եւ*	*այլ*	*երգարանօք զոր*
Tid1	22D	*եւ քնարիւ եւ*	*այլ*	*ազգի ազգի երգօվք ելին ի*
Tid1	23D	*անունն էր Նոյ, եւ*	*այլքն*	*խառնակեցան ընդ նոսա*
Tid1	29	*հարիւր տարի*	*այլ*	*պիտի ապրիս*: [30] *Ասաց Նոյ*
Tid1	38B4	*ջուրն հասանէ եւ*	*այլ*	*բարձրանայ. ութսուն*
Tid1	4	*ընդ Կայենայ, կամ*	*այլ*	*զաւակացն քոց ընդ ազգին*
Tid1	5	*վասն Սէթայ, դեռ*	*այլ*	*զաւակ չունէր բայց ի*
Tid1	50	*յԱստուծոյ, զի*	*այլ*	*մի ջրով անցուցանել զ*
Tid1	54	*ընդ <որդւոց> քո*	*այլ*	*ոչ ածից ջրհեղեղ ի վերայ*
Tid1	54	*թէ չար գործեն*	*այլ*	*ուրիշ պատուհասիւ*

Tid1	8	Իբրեւ ծնաւ Սէթ եւ	այլ	եղբայրքն նորա
Tid1	9	ազգն Սէթայ եւ	այլ	եղբարքն. բայց Հալածէին
Tid2	17	այսօր: [17] Իսկ	այլ	որդիքն Սէթայ եւ Ադամայ
Tid2	2	զաւակ, վախեմ թէ	այլ	նոր սուգ բերէ ինձ: [3] Ասէ
Tid2	23	խաբել. եւ	այլք	ամենեքեան խառնակեցան
Tid2	30	տարեկան ես	այլ	եւս երեքՀարիւր եւ յիսուն
Tid2	38G	զփայտն նորա. եւ	այլ	բազում բանիւ տնազ առնէին
Tid2	4	ազգն Սէթայ եւ	այլ	զաւակաց քոց նա նոքա եւս
Tid2	52	թէ մեղանչեն ինձ	այլ	ուրիշ խրատով խրատեցից զ
Tid2	9	…ւնդքն Սէթայ եւ	այլ	եղբարցն, ի բաց Հալածէին
WdsAd	12	զազանաց էր եւ	այլ	ստեղծուածոցն, եւ մեր բնակութիւ

այլ conjunction

AbCn1	24	Եւ Կայէն ոչ արձակէր	այլ	պնդագոյն կապէր այնչափ ուռով
AbCn1	45	մաՀ ոչ Հրամայեաց	այլ	ասաց Տէրն. Ով որ սպանիցէ զԿայ
AbCn1	58	ասէր թէ վախեմ թէ	այլ	չարագոյն զաւակ <ծնցի> իւրեանց
AbCn2	2	եւ լիանալ եւ ապրիլ	այլ	եւ Հրամայեաց ինձ յամենայն
AbCn2	24	ես ոչ թշնամի եմ քեզ	այլ	բարեկամ եւ միշտ Հնազանդ
AbCn2	31	կարօտ ի քէն: [31]	այլ	Կայէն ոչ ետ պատասխանի
AbCn2	33	Եւ ամենեւին ոչ լսեց	այլ	չարաչար բռնութեամբ Հազիւ
AbCn2	45	Կայէնի: [45]	այլ	ասաց թէ ինչ մարդ որ զԿայէն
AbCn2	57	եւ սգոյն իւրեանց	այլ	ոչ մերձեցան առ միմեանս, զի մի
Creat1	31	մէջն ոչ կայր	այլ	չարն այն էր, որ Եւայ զ
Creat1	41	խրատոյ իմոյ	այլ	փութապէս լսեցեր զ
Creat2	3	զԱստուած	այլ	կամէր եւս բարձրագոյն
Creat2	46	կերեալ զպագն	այլ	յետոյ ուտէր, բարձրանայր
Creat2	47	խրատն Աստուծոյ	այլ	փութապէս լսեցին զխրատ
Exp1	2	կալաւ զնոսա	այլ	ոչ տեսանեն զլոյս. քանզի
Exp1	2	Հանց գիտացին թէ	այլ	ոչ լուսանայ, լացին եւ
Exp2	2	թէ մութ եղեւ եւ	այլ	ոչ լուսանայ. քանզի
Exp2	6	լոյս աշխարՀ: [6]	այլ	ոչ գիտեմք թէ ինչ չար
Rep	33	եւ ոչ մնայր ի փորն	այլ	փսխէր ի դուրս զարիւնն Հաբելի
Rep	39	զԵւայ եւ եկն անդ	այլ	ոչ եգիտ զմարմինն Հաբելի զի
Rep	43	զԿային վասն Հաբելի	այլ	Աստուած Հարցանէ զնա եւ պատժէ
Rep	85	Ասէ Ադամ Ոչ յամես	այլ	ի միասին մեռանիմք եւ դիցեն զի
Tid1	15	ամենեւին	այլ	երկաթի սաղաւարտ ի գլուխն
Tid1	22D	սաՀմանեցին [22D]	այլ	զարդարեալ մարմնով եւ
Tid1	23Y	մնաց կոյս, եւ	այլ	ամենեքեան խառնեցան ընդ
Tid1	23Y	քան զշուն	այլ	ոչ Հայր զդուստրն
Tid1	45	զէշերուն	այլ	ոչ դարձաւ: [46] Իսկ
Tid1	9	ազգին Կայենի	այլ	սրբութեամբ կային: [10] Իսկ
Tid2	14	ամուսնացաւ: [14]	այլ	տնկեաց այգի մի յօրինակ
Tid2	15	ի պտղոյն: [15]	այլ	յերկաթէ գտակ մի եդ ի
Tid2	19	ի միմեանց: [19]	այլ	եւ գնացին խառնակիլ յ
Tid2	20	ոչ տային թոյլ	այլ	ծեծէին եւ վարէին զնոսա
Tid2	45	անկաւ ի լեշն	այլ	ոչ դարձաւ: [46] Եւ յետ երեք
Tid2	50	յԱստուծոյ	այլ	ոչ պատուՀասել Ջրով զ
WdsAd	12	այս բնակութիւնս մեր	այլ	այս բնակութիւնս զազանաց էր եւ

այծ noun

AbCn1	49A	Եւ Ղամէք գիտաց թէ	այծ	է նետիւ աղեղէն սպան զԿայէն
AbCn1	49D	[49D] Ցանց գիտաց թէ	այծ	էր, եւ մազն իւր մէն էր, եւ թէ
AbCn2	47	գնաց ի լեառն եւ եղեւ	ընծոյ	նման եւ անկաւ ի ճանապարհին

այն pronoun

AbCn1	6	եւ մի պտուղ ունէր, զ	այն	Հաբէլ ընտրեաց Աստուծոյ բաժին
AbCn1	7	էր փունջ անէր, եւ զ	այն	խուրձն կապէր եւ ուրիշ դնէր ի
AbCn1	17	քան զԿայէն, վասն	այնորիկ	ոչ յայտնել կարէր Կայէն զ
AbCn1	22	[22] Եւ նա ուժով էր	այնու	փորձեաց թէ ում ուժն աւելի <է>
AbCn1	26	թէ իրք մի գոցէ, եւ	այնով	սպանանիցէ զեղբայրն, եւ ոչ
AbCn1	27	սուր իբրեւ ածելի	այնով	սպանին մինն զմիւսն եւ զսուր
AbCn1	36	յինէն: [36] Վասն	այն	Հարցանէր Աստուած թերեւս մեղայ
AbCn1	38	ա. Մէկ պատուհասն	այն	է, որ երկու կոտոշ բուսաւ ի վեր
AbCn1	39	Երկրորդ պատուհասն	այն	էր, որ կոտոշն ձայնէր եւ ասէր
AbCn1	41	Երրորդ պատուհասն	այն	է, որ ոտիւք եւ ձեռօքն եւ ամենա
AbCn1	42	Չորրորդ պատուհասն	այն	էր, <որ քանի> ուտէր ոչ լիանայր
AbCn1	43	պատուհասն	այն	էր, որ ինչ սիրտն ուզէր եւ ուտե
AbCn1	44	պատուհասն	այն	էր, որ քուն չունէր ոչ գիշերն
AbCn1	45	պատուհասն	այն	էր, որ Աստուած նմա մահ ոչ
AbCn1	55	ոչ ոք էր մեռեալ, եւ	այնու	ոչ հողանայր եւ ոչ ցամաքէր
AbCn2	17	էր քան զԿայէն վասն	այն	ոչ կարէր յայտնել զխորհուրդն ի
AbCn2	39	Երկրորդ պատուհասն	այն	էր, որ բոլոր մարմինն դողդոջէր
AbCn2	40	Երրորդ պատուհասն	այն	էր, որ քանի ուտէր, ոչ կշտանայր
AbCn2	41	Չորրորդ պատուհասն	այն	էր, որ ինչ որ ուզէր նա ոչ հասա
AbCn2	42	պատուհասն	այն	էր, որ յաչքն ամենեւին քուն չ
AbCn2	43	պատուհասն	այն	էր, զի հանապազ լալով եւ դողալո
AbCn2	44	պատուհասն	այն	էր, որ Աստուած մահ ոչ
AbCn2	47	[47] Ի ժամանակին յ	այնմիկ	Ղամէք ձիաւորեալ հանապազ
AbCn2	55	այլ ոչ ոք մեռաւ. վասն	այն	ոչ ի հող դառնայր մարմինն Աբէլի
Creat1	6	նորա եւ ելից ընդ	այնր	մարմին. եւ իբրեւ զարթեաւ
Creat1	9	[9] Իսկ վասն	այն	եդ զԱդամ ի միջասահման
Creat1	10	…ակացն: [10] Վասն	այն	Սատանայ նախանձեալ եմուտ
Creat1	17	հասաւ: [17] Վասն	այն	ասաց ձեզ չուտել ի պտղոյդ
Creat1	22	Շատ կերայ, վասն	այն	մերկացայ. դու սակաւ
Creat1	29	Աստուած քան զ	այն	եւ այլ գեղեցիկ կին
Creat1	31	կայր. այլ չարն	այն	էր, որ Եւայ զԱստուծոյ
Creat1	32	լսեց: [32] Վասն	այնորիկ	<մերկացան> ի լուսոյն
Creat1	36	Աւէ Ադամ. Վասն	այն	փախեայ եւ թաքեայ, զի
Creat1	40	կին ասաց. Տէր, <	այն	օձն որ> ստեղծեր նա
Creat1	47	նոցա զպտղաբերս	այնով	լիանալ եւ ապրիլ: [48]
Creat2	6	նորա եւ ելից ընդ	այնր	մարմին եւ եղեւ կինն
Creat2	9	…եսջիք: [9] Վասն	այն	պատուէր եդ ի վերայ նոցա
Creat2	16	ի պտղոյ անտի, նա	այն	մեծ փառքին հասաւ: [17]
Creat2	17	հասաւ: [17] Վասն	այն	ասաց ձեզ չուտել. զի մի
Creat2	22	չատ կերայ վասն	այն	մերկացայ. դու սակաւ կեր
Creat2	45	բայց Աստուած զ	այն	պտուղն պագ եդիր Ադամայ

Creat2	47	…ւածութիւն. վասն	այն	բարկացաւ Աստուած: [48]
Creat2	48	[48] Դարձեալ վասն	այն	եկն ի վերայ թզենւոյն եւ
Creat2	48	ես Ադամ. վասն	այն	հարցանէր թերեւս մեղայ
Creat2	49	ասացին. վասն	այն	բարկացեալ Աստուած
Exp1	2	…ւսաւոր եղիցի. զ	այն	ոչ գիտէին թէ յաշխարհս
Exp1	2	ցերեկ կայ. վասն	այն	տրտմեցան իբրեւ մտաւ
Exp1	4	[4] Ասէ Ադամ. վասն	այն	տրտմինք, քանզի
Exp1	6	եւ խափանեաց զ	այն	սակաւ լոյսն. վասն այն
Exp1	6	լոյսն. վասն	այն	կոծամք եւ լամք: [7] Ասէ
Exp1	7	զի՞նչ ետուք	այն	հրեշտակին, որ զձեզ եհան
Exp1	23	Սատանայ. վասն	այն	ասաց քեզ թէ մինչեւ
Exp1	23	ունի զմահ. վասն	այն	այսպէս խաբէութեամբ էառ
Exp1	24	նորա: [24] Զի	այն	եօթն օրն որ պահեաց Ադամ
Exp1	24	որ պահեաց Ադամ	այն	ասի առաջաւոր: [25] Եւ ի
Exp2	2	քարին: [2:]	Այն	եղեւ ձեռագիր Ադամայ
Exp2	4	[4] Ասէ Ադամ. վասն	այն	տրտմիմք եւ լամք զի
Exp2	7	Ի՞նչ տուիք	այն	հրեշտակին որ եբեր զձեզ
Exp2	9	ոչ արարիք վասն	այն	խաւար կալաւ զձեզ: [10] Ասէ
Exp2	24	Սատանայ. վասն	այն	որ ասաց թէ մինչեւ անծինն
Rep	3	այնպէս կարծեցին թէ	այն	էր մահն որով մեռանելոց էին եւ
Rep	5	վտանկէր զնոսա եւ էր	այն	ապաշխարութիւն Ադամայ եւ կնոջ
Rep	5	մահու մեռանիցիք եւ	այն	բաւթ սաստիկ վտանկէր զնոսա եւ
Rep	25	մեռանել մեզ եւ	այն	ե՞րբ իցէ եւ յորո՞ւմ աւուր
Rep	47	[47] Եւ Աստուած վասն	այն	եհարց զԿային որ զղջանայր եւ
Rep	61	զցերեկ [61] Եւ	այնու	առաւել սաստկացաւ սուգն
Rep	86	ի ծառոյն ուծմանէ որ	այնու	ուծանէք զանձն իմ զի զիւրանամ
Tid1	2	…րձեցայ ի կինս	այն	մեծ պատուհաս էր ինձ, քան
Tid1	2	եւ կսկծայ. զ	այն	թողի եւ զԿայենի
Tid1	7	զԱբէլ. եւ Աբէլ	այն	տարին կամէր ամուսնանալ
Tid1	11	ի դրախտէն, վասն	այն	տրտում է: [12] Իսկ Ենովք
Tid1	13	…արել>: [13] Վասն	այն	ոչ ամուսնացաւ Ենովք: [14]
Tid1	58	Նախիջեւան. եւ	այն	է գերեզման Նոյի: [59]
Tid2	16	անտի: [16] Վասն	այն	քաղցրացաւ Աստուած եւ
Tid2	27	ջրով: [27] Վասն	այն	հրամայեաց Աստուած քեզ
Tid2	54	ցուցանեմ զ	այն	նշանն իմացին ամենայն
WdsAd	7	[7] Եւ առեալ ճեղն զ	այն	Սէթ, տարաւ առ հայրն իւր Ադամ
WdsAd	8	Ադամ զճիւղն զ	այն	եդ ի վերայ աչաց եւ բացան աչք
WdsAd	8	զճիւղն, զի (յ)	այն	ծառոյն էր յորմէ զմահ ճաշակեա
WdsAd	9	Որդեակ իմ Սէթ. այս ի	այն	ծառոյն է յորմէ հրամայեաց մեզ
WdsAd	15	…չակեաց: [15] Եւ յետ	այնորիկ	տնկեաց դրախտ վայելուչ, եւ
WdsAd	16	կացեալ ի դրախտին	այնմիկ	հինգհարիւր եւ քառասուներկու
WdsAd	16	ամ, եւ (յ)ետ	այնորիկ	մարմնով յերկինս համբարձաւ

***այնչափ* adverb**

AbCn1	24	այլ պնդագոյն կապէր	այնչափ	ուռով որթիւ պատեաց զնա
AbCn2	50	Տէր աղաղակեաց, եւ	այնչափ	ելաց որ յաչերէն արիւն
Creat1	13	էր ի Սատանայէ	այնչափ	որսաց, որ զԵւայ միայն
Tid1	20	ազգն Սեթայ: [20]	Այնչափ	բարի մարդ կայր

այնպէս adverb

AbCn1	9	որպէս Հաճոյ է քեզ	այնպէս	եղիցին կամք քո: [10.1] Եւ
AbCn1	10.2	իբրեւ զգործելի, եւ	այնպէս	մնաց երեսն սեւ: [11] Իսկ Հաբէլ
AbCn1	37	Իբրեւ ետես Տէրն որ	այնպէս	ասաց Կայէն, բարկացաւ ի
AbCn1	46	անկանիցի: [46] Եւ	այնպէս	մնաց մինչեւ ութ Հարիւր եւ
AbCn1	56	Մինչեւ Ադամայ մաՀն	այնպէս	անփորձ մնաց մարմինն, որպէս
AbCn2	9	իմ որպէս Հաճոյ է քեզ	այնպէս	արա: [10] Եւ Տէրն բարկացեալ
AbCn2	33	եւ եդ կապեալ	այնպէս	ի ծառին: [34] Եւ ինքն գնաց
Exp2	2	եւ երեկոյ եղեւ	այնպէս	թուեցաւ նոցա թէ մութ
Exp2	2	եւ մթացաւ օրն, նա	այնպէս	իմացան թէ այլ չի
Rep	3	նախաստեղծիցն եւ	այնպէս	կարծեցին թէ այն էր մաՀն որով
Rep	26	ոչ մեռաք [26] Եւ	այնպէս	սգացին Ադամ եւ Եւայ անսուաղ
Rep	37	Ադամ ետես	այնպէս	եւ յոյժ սգացեալ ելաց
Rep	59	բայրասպանն [59] Եւ	այնպէս	եկեաց մնաց ամս ութ Հարիւր
Tid2	2	տեսանեմ որ	այնպէս	ցաւագնեալ դողդոջայ
Tid2	38D	տապանէն, եւ արար	այնպէս	եւ դարձեալ երեւեցաւ
Tid2	44	քառասուն օր	այնպէս	առատանայր որ մինչեւ

այնպիսի adjective

Rep	24	աքսեցեր զմեզ յ	այնպիսի	վայելչութեանցն Ով կին ես
Rep	24	զրկեցեր զմեզ յ	այնպիսի	փափկութենէն Ով կին ընդէ՞ր
Rep	24	որոշեցեր զմեզ յ	այնպիսի	գրգանացն Ով կին ընդէ՞ր
Tid1	22Y	դեղ գնէին: [22Y] Եւ	այնպիսի	պճնեալ զգեստիւք եւ
Tid1	23Y	զեղբայր, եւ	այնպիսի	կենօք Հանապազ
Tid2	17	եւ պաՀուց Հասաւ	այնպիսի	փառացն. ըստ որում

այնքան adverb

Rep	36	քար մի գայլախազ եւ	այնքան	քարագոՀ արար զանմեղ

այս pronoun

AbCn1	1		ԱՅՍ	Է ՊԱՏՄՈՒԹԻՒՆ ՈՐԴԻՈՑՆ ԱԴԱՄԱՅ
AbCn1	25	Եղբայր, արձկեա զիս	այս	անցաւոր աչխարՀիս Համար մի
AbCn2	1	ԵՒ ԱԲԷԼԻ [1]	Այս	էր պատուէրն Ադամայ զոր
AbCn2	38	առաջին պատուՀասն	այս	է. թէ սա է եղբայրասպանն Կայէն
Creat1	14	ճաչակես, եւ <	այս	> գեղեցիկ պտղոյս ոչ
Creat1	29	կնոջէս: [29] Ջի զ	այս	ոչ իմացաւ, թէ պաՀեալ էր զ
Creat1	38	[38] Ասէ Ադամ	Այս	կինս, որ դու ստեղծեր, սայ
Creat2	19	դառնացաւ եւ ասէ	այս	ի՞նչ է զոր դու գործեցեր
Creat2	25	[25] Իբրեւ զ	այս	լսեց Ադամ, էառ զպտուղն
Creat2	37	[37] Ասէ Ադամ. Տէր	այս	կինն զոր դու ստեղծէր սա
Creat2	39	[39] Ասէ Եւա. Տէր	այս	օձս զոր դու ստեղծեր սա
Creat2	53	[53] Այսքան առ	այս	վասն Ադամայ: [54] Զոր Տէր
Exp1	14	ասաց Սատանայ զ	այս	բանս, եւ ինքն սակաւ մի
Exp1	21	Ցորդանան: [21]	Այս	եղեւ ձեռագիր Ադամայ
Exp1	27	քո: [27] Իբրեւ զ	այս	<ւեռխս> լուաւ Ադամ
Exp2	4	անկաք ի տեղիս	այս	խաւար մթին: [5] Ապա կրկին
Exp2	14	զլոյս: [14] Զ	այս	ասաց Սատանայ եւ սակաւ մի
Exp2	27	քո: [27] Իբրեւ զ	այս	ււեռխսն լուաւ ուրախ եղեւ

Rep	7	*զաւրացն [7] Ջ*	*այս*	*ամենայն կորուսեալ Ադամայ*
Rep	104	*երկրի [104] Վասն*	*այսորիկ*	*կարգեցաւ եւ սաՀմանեցաւ*
Rep	24	*Ջի աՀա մաշկեղէն*	*այս*	*Հանդերձս դիւրամաշ է եւ*
Rep	25	*Եւայ մեր կենացս*	*այս*	*բաւական է զի Հրամայեաց*
Rep	34	[34] *Իբրեւ լուաւ զ*	*այս*	*Ադամ յԵւայէ ի կարծիս իմն անկաւ*
Rep	36	*կամ զի՞նչ աւրինակաւ*	*այս*	*է զոր ասեմս Տարեալ Կային զ*
Rep	72	*յԱստուծոյ* [72]	*Այս*	*ամենայն անմխիթար սուգ էր Ադամա*
Rep	91	*զառնամք ձեզ* [91] *Ջ*	*այս*	*Հրամանաւն Աստուծոյ*
Tid1	38B5	…*նազան*: [38B5] *Եւ*	*այս*	*երեք աղջկունքս դեռ*
Tid1	38B5	*եւ անուանքն են*	*այսոքիկ*	*Ջանազան*
Tid1	38B5	*եւ անուանքն են*	*այսոքիկ*	*Սեմ, Քամ, եւ Աբէթ*
Tid1	38D5	…*նազան*: [38D5] *Եւ*	*այս*	*երեք աղջիկս փոքր էին եւ*
Tid1	54	*Աստուած Նոյի*	*Այս*	*եղիցի նշան Հաշտութեան*
Tid1	54	*ի վերայ նոցա. զի*	*այս*	*եղիցի ուխտ իմ ընդ քեզ եւ*
Tid1	59	[59] *Այսքան առ*	*այս*	
Tid2	12	*երբ լսեց զ*	*այս*	*նա ասաց ես վճարեմ զձեր*
Tid2	35	…*քնատուն*: [35] *զ*	*այս*	*ասաց Հրեշտակն եւ գնաց ի*
Tid2	38A	*ասելով. թէ յ*	*այս*	*քան բարձր տեղիս ջուր*
Tid2	53	*արեւելս եւ ասէ*	*այս*	*է նշան ուխտին իմոյ*: [54] *Ջի*
WdsAd	1	*զՍէթ. Որդեակ, ոչ է*	*այս*	*բնակութիւնս մեր. զի այս*
WdsAd	1	*բնակութիւնս մեր. զի*	*այս*	*բնակութիւն գազանաց եւ անասնոց*
WdsAd	3	…*թարութեան զբանն զ*	*այս*	*լուեալ ի Հօրէն եւ ի միտ առ, եւ*
WdsAd	7	*Ադամ, եւ ասէ. Հայր*	*այս*	*ի բնակութենէն քումմէ (է)*: [8]
WdsAd	9	*իւր. Որդեակ իմ Սէթ*	*այս*	*ի այն ծառոյն է յորմէ Հրամայեա*
WdsAd	12	*իմ Ադամ, թէ ոչ էր*	*այս*	*բնակութիւնս մեր, այլ այս*
WdsAd	12	*բնակութիւնս մեր, այլ*	*այս*	*բնակութիւնս գազանաց էր եւ այլ*
WdsAd	14	[14] *Եւ Ենովք զբանս զ*	*այս*	*ի միտ էառ, եւ զ.քառասուն տիւ ե*

***այսաւր* adverb**

Tid1	16	*եւ է մինչեւ ց*	*այսօր*	[17] *Իսկ այլ որդիքն*
Tid2	16	*եւ է մինչեւ ց*	*այսօր*	[17] *Իսկ այլ որդիքն*

***այսինքն* adverb**

Tid1	38D4	*ծնաւ երեք որդի*	*այսինքն*	*Սեմ, Քամ, Աբէթ*: [38D5]

***այսպէս* adverb**

Creat1	49	*մնամք*: [49]	*Այսպէս*	*ուրախ կացին*:
Exp1	17	*քարին եւ ասայ*	*այսպէս*	*Ամենայն ծնունդքն իմ*
Exp1	18	[18] *Եւ թէ ոչ ասես*	*այսպէս*	*խոր խաւար բերեմ*
Exp1	23	*զմաՀ. վասն այն*	*այսպէս*	*խաբէութեամբ էառ զ*
Exp2	17	*քարիդ եւ ասա*	*այսպէս*	*մինչեւ անծինն ծնանի*
Exp2	18	*Եւ եթէ ոչ ասէք*	*այսպէս*	*դարձեալ խաւար բերեմ*
Exp2	24	*եւ էր գրեալ*	*այսպէս*	*մի տրտմիր Ադամ*
Tid1	22D	*չարն Սատանայ*	*այսպէս*	*չարութիւն սերմանեաց*
Tid1	23D	*եւ զմարս*	*այսպէս*	*չարութիւն գործէին, եւ*
WdsAd	12	*խօսեցաւ եւ ասէ*	*Այսպէս*	*ասէր Հայրն իմ Ադամ, թէ ոչ էր*

այսպիսի adjective

Rep	78	*զաւսացայք* [78] *Եւ*	*այսպիսի*	*լալով եւ վայիւ եկեաց*
Tid2	51	*ոչ կորուսանեմ*	*այսպիսի*	*պատուհասիւ*։ [52] *Թէ*

այսքան adverb

Creat2	53	*ամենայն*։ [53]	*Այսքան*	*առ այս վասն Ադամայ*
Tid1	59	*Նոյի*։ [59]	*այսքան*	*առ այս*։

այր noun

Rep	104	*սրբոցն եւ ի հոգելի*	*արանցն*	*յաւուր ուրբաթու յիշատակել զ*
Rep	102	*նոսա գնելով զԵւայ ի յ*	*այրն*	*Բեթղահեմի ուր յետոյ ծնաւ*
Tid1	6	*քսանեւչորս*	*այր*	*որ Սէթ ծնաւ*։ [7] *Երեսուն*

այրեմ verb

Rep	9	*յոգւոց հանէր լեարդն*	*այրէր*	*սիրտն ճմլէր եւ աղիքն գալարէր*
Tid1	2	*տեսանեմ սիրտս*	*այրէ*	*եւ կսկծայ. զայն թողի եւ*

անասուն noun

Rep	18	*Լացէք զիս գազանք եւ*	*անասունք*	*Լացէք զիս սողունք եւ*
Rep	20	*զիս զվտանկեալս Ով*	*անասունք*	*Հայեցարուք յիս ի*
Rep	28	*ւթեամբ ի նմանութիւն*	*անասնոց*	*եւ աճել որդեծնութեամբ*
Rep	69	[69] *Ութերորդ զի*	*անասնոց*	*Հաւասարեցան* [70]
Tid1	40	*տապանն, եւ սուրբ*	*անասունքն*	*եօթն եօթն*։ [41] *Իսկ*
Tid1	41	[41] *Իսկ անբան*	*անասունքն*	*իմացան զ*
Tid1	50	…*զանիսն*։ [50] *Իսկ*	*անասնոց*	*սրբոց եւ թռչնոց, որ*
Tid2	40	*Իսկ գազանք եւ*	*անասունք*	*լսեցին եւ*
Tid2	41	*թռչնոց. եւ յ*	*անասնոցն*	*եւթն եւթն. եւ եզ զ*
Tid2	41	*գազանքն եւ*	*անասունքն*	[42] *Եւ յետ եւթն*
WdsAd	1	*գազանաց եւ*	*անասնոց*	*էր. եւ մեր բնակութիւնն յԵդեմ*
WdsAd	13	*եւ հաւասար եղեալ*	*անասնոց*	*անբանից*։ [14] *Եւ Ենովք զ*

անարատ adjective

Exp1	25	*ի սուրբ եւ յ*	*անարատ*	*կուսէն. զի նայ եղիցի*
Exp2	25	*առցէ ի սուրբ եւ յ*	*անարատ*	*կուսէ. զոր ի զաւակէն*

անարգ adjective

Rep	21	*ողորմեցարուք ինձ*	*անարգ*	*Հողոյս Ողորմեցարուք ինձ*

անաւթ noun

Exp1	22	*մինչեւ եօթն օրն*	*անօթի*	*կացին եւ զՏէրն*
Exp2	22	*մինչեւ հինգ օր*	*անօթի*	*եւ ծարաւ*։ [23] *Աղաչեցին*

անաւթի adjective

Rep	26	*եւ Եւայ անսուաղ եւ*	*անաւթի*	*զաւուրս հինգ ոչինչ ճաշակեալ*

անբան adjective

Tid1	41	*եօթն*։ [41] *Իսկ*	*անբան*	*անասունքն իմացան զ*
WdsAd	13	*եղեալ անասնոց*	*անբանից*	[14] *Եւ Ենովք զբանս զայս ի*

անգամ adverb

AbCn2	20	զծառն եւ ես երեք	անգամ	պատեմ ուռամբս. տեսանեմ թէ
AbCn2	21	արա նոյնպէս երեք	անգամ	պատէ զիս, տեսանեմք թէ որս է
AbCn2	30	Աբէլ. եկ եղբայր մի	անգամ	Համբուրեմ զքեզ. զի ոչ մնամ
Exp1	12	Ասէ Ադամ. Եթէ մի	անգամ	լոյս տեսանիցեմք, քեզ
Tid1	2	կնոջս. զի երկու	անգամ	մերձեցայ ի կինս, այն
Tid2	2	ի կինդ. զի երկու	անգամ	մերձեցայ եւ ինձ մեծ

անգիտութիւն noun

Tid1	38B3	ասէին տեսէք զ	անգիտութիւնն	Նոյեայ որ ասէ

անդ adverb

AbCn1	19	Հայեցաւ աստ եւ	անդ	եւ ետես մատն խաղողի բազում
AbCn1	26	Իսկ Կայէն աստ եւ	անդ	շրջէր թէ իրք մի գտցէ, եւ այնով
AbCn2	19	Հայեցաւ աստ եւ	անդ	եւ ետես զխաղողի ճուղն որ ասմա
AbCn2	26	Իսկ Կայէն աստ եւ	անդ	շրջէր եւ ոչ գիտէր թէ որով պիտի
Creat1	46	խաւար, <վեց օր>	անդ	մնացին, առանց ուտելոյ
Exp1	13	Հայեցարուք եւ	անդ	տեսանիցէք լոյս: [14]
Rep	102	տուն [102] Եւ	անդ	ամփոփեաց զնոսա դնելով զ
Rep	34	Եկ երթիցուք ի դաշտի	անդ	եւ տեսցուք զդրախտն իմ զոր
Rep	39	զԵւայ եւ եկն	անդ	այլ ոչ եգիտ զմարմինն Հաբելի զ
Tid1	56	<յ> Իջեւան եւ	անդ	ապրեցան երեք Հարիւր
Tid2	55	յարկուռի եւ	անդ	բնակեցան դեռեւս դաշտն նա
Tid2	56	ի նախիջըւան, եւ	անդ	բնակեցաւ: [57] Եւ յետ
Tid2	57	յիսուն տարի. եւ	անդ	է գերեզմանն Նոյի: [58] Եւ

անդադար adjective

Rep	34	ապաշաւեն եւ լան	անդադար	ծնաւղքդ մեր [35] Եւ
Rep	60	շրջէր ի վերայ երկրի	անդադար	զցայգ եւ զցերեկ [61]

անդամ noun

AbCn1	41	եւ ամենայն բոլոր	անդամօքն	<դողայր> իբրեւ զուռ: [42] դ

Անդուն name

Tid1	57	Եւ երկու որդիքն	Անդուն	եւ Մանետուն եւ որդիքն

անդրանիկ adjective

AbCn1	11	Իսկ Հաբէլ մատուց զ	անդրանիկ	զառն Աստուծոյ
AbCn2	11	մատոյց զողջակէզսն	անդրանիկ	զառանցն առաջի Աստուծոյ
Rep	71	[71] Տասներորդ զի զ	անդրանիկ	որդին իւրեանց տեսին

անէծք noun

Rep	65	Չորրորդ զի յերկիրս	անիծից	անկան [66] Հինգերորդ զի ընդ
Tid2	4	Կայէնի. զի ընդ	անիծիւք	են նոքա. երբ

անթառամ adjective

Rep	74	զձեզ տերեւք	անթառամք	Ո°վ տայ մեզ ճաշակել ի

անթառամութիւն noun

Rep	6	Հոտութիւն ծաղկանցն զ	անթառամութիւն	տերեւոցն եւ զ

անիծանեմ **verb**

Creat1	43	*ասաց ցօձն*	*Անիծեալ*	*լիցիս յամենայն*
Creat2	40	*արարեր զայդ*	*անիծեալ*	*լիցիս ի մէջ ամենայն*
Rep	51	[51] *Նախ զի ասաց թէ*	*Անիծեալ*	*լիջիր* [52] *Երկրորդ Ի վերայ*

անծին **adjective**

Exp1	19	*եւ ասաց. Մինչեւ*	*անծինն*	*ծնանի եւ անմահն*
Exp1	23	*ծնանի, զի*	*անծին*	*ես եմ որ ոչ ոք ծնաւ*
Exp1	23	*քեզ թէ մինչեւ*	*անծինն*	*ծնանի, զի անծին ես եմ*
Exp2	17	*այսպէս. մինչեւ*	*անծինն*	*ծնանի, եւ անմահն*
Exp2	19	*ասաց թէ մինչեւ*	*անծինն*	*ծնանի եւ անմահն*
Exp2	24	*ասաց թէ մինչեւ*	*անծինն*	*ծնանի. եւ անմահն*
Exp2	24	*մեռանի. զի*	*անծինն*	*ես եմ. եւ անմահ*
Exp2	26	*որդի քո։* [26] *Զի*	*անծինն*	*ծնանի եւ ջնջէ զ*

անկանիմ **verb**

AbCn1	18	*կչտի <բռնեաց> վայր*	*անկաւ*	*եւ ոչ կարաց յաղթել զԱբէլ։* [1
AbCn1	45	*ի վերայ սպանողին*	*անկանիցի*	[46] *Եւ այնպէս մնաց մինչեւ*
AbCn1	50Y	[50Y] *Պատուհասն*	*անկաւ*	*ի վերայ Ղամեքայ։* [51Y] *Իսկ*
AbCn2	1	*ելայ ի դրախտէն եւ*	*անկայ*	*յաշխարհս խաւարային*
AbCn2	47	*եւ եղեւ ընծոյ նման եւ*	*անկաւ*	*ի ճանապարհին։* [48] *Իսկ Ղամէք*
AbCn2	49	*Ապա ցաւն Կայէնի*	*անկաւ*	*ի վերայ Ղամէքայ. եւ բուսաւ*
Creat1	5	*լցուցեն զտեղի*	*անկելոց*	*հրեշտակացն։* [6] *Եւ արկ*
Creat1	9	*…ուսաղէմ ի տեղի*	*անկեալ*	*հրեշտակացն։* [10] *Վասն*
Creat2	28	*ողորմութիւն*	*անկանէր*	*ի սիրտն։* [29] *Երբ զ*
Creat2	50	*դրախտնէն։* [50] *Եւ*	*անկան*	*ի տեղի մթին եւ*
Exp1	1	*ԴՐԱԽՏԷՆ* [1] *Իսկ երբ*	*անկաւ*	*Ադամ ի դրախտէն յ*
Exp1	4	*ի դրախտէն, եւ*	*անկանք*	*ի խաւար ժամանակս ինչ*
Exp2	1	[1] *Յորժամ Ադամ*	*անկաւ*	*ի լուսոյն, սակաւ մի*
Exp2	4	*ի դրախտէն. եւ*	*անկաք*	*ի տեղիս այս խաւար մթին*
Rep	3	*խաւար գիշեր յայնժամ*	*անկաւ*	*ահ մեծ ի վերայ նախաստեղծիցն*
Rep	34	*յԵւայէ ի կարծիս իմն*	*անկաւ*	*վասն բանին եւ զի յառաջ քան զ*
Rep	65	*զի յերկիրս անիծից*	*անկան*	[66] *Հինգերորդ զի ընդ մահու*
Tid2	45	*եւ նա գնացեալ*	*անկաւ*	*ի լեշն այլ ոչ դարձաւ*
WdsAd	13	*լուսոյն եւ արտաքս*	*անկեալ*	*ի դրախտէն եւ հաւասար եղեալ*

անհնարին **adjective**

Rep	40	[40] *Յայնժամ կալաւ*	*անհնարին*	*եւ սաստիկ տրտմութիւն զԱդամ*

անձն **noun**

Creat1	46	*եւ կոծէին զ*	*անձինս*	*իւրեանց։* [47] *Իսկ <հետ*
Rep	81	*որ կալեալ էր զ*	*անձն*	*նորա* [82] *Իսկ Եւայ եւ*
Rep	86	*որ այնու ածանէք զ*	*անձն*	*իմ զի դիւրանամ ի ցաւոցս* [87]

անձրեւ **noun**

Tid2	42	*եւ յերկնից*	*անձրեւն*	*իբրեւ գետօրէն*

անճար **adjective**

AbCn1	46	*եւ վաթսուն տարի. յետ*	*անճար*	*մնաց, մահուն փափաք ունէր, եւ*

AbCn2	47	*որսանել. իսկ Կայէն*	*անճար*	*մնաց վասն մահուն իւրոյ ապա*
Tid2	21	[21] *Իսկ նոքա*	*անճար*	*մնացին. նա սկսան պճնիլ*

անճարութիւն noun

Tid2	38G	*ես եւ վասն*	*անճարութեան*	*քոյ քարոզես. եւ*

անմահ adjective

Creat1	41	*քո. փոխանակ*	*անմահ*	*տնկոյս փուշ բուսանի*
Creat2	43	*քոյ փոխանակ*	*անմահ*	*տնկոցս փուշ բուսանի*
Exp1	19	*անծինն ծնանի եւ*	*անմահն*	*մեռանի, մեք եւ*
Exp1	23	*որ ոչ ոք ծնաւ*	*անմահն*	*իմ աստուածութեան*
Exp2	17	*անծինն ծնանի, եւ*	*անմահն*	*մեռանի ամենայն*
Exp2	19	*անծինն ծնանի եւ*	*անմահն*	*մեռանի ամենայն*
Exp2	24	*անծինն ես եմ. եւ*	*անմահ*	*աստուածութիւն. զոր ի*
Exp2	24	*անծինն ծնանի. եւ*	*անմահն*	*մեռանի. զի անծինն ես*

անմարմին adjective

Rep	6	*զհեշտալի եղանակս*	*անմարմին*	*զաւրացն* [7] *Զայս ամենայն*

անմեղ adjective

Rep	36	*քարազոհ արար զ*	*անմեղ*	*պատանին մինչ որ աւանդեաց զ*

անմխիթար adjective

Creat1	46	*առանց ուտելոյ*	*անմխիթար*	*լային եւ կոծէին զ*
Rep	72	[72] *Այս ամենայն*	*անմխիթար*	*սուգ էր Ադամայ եւ դառն*

անոյշ adjective

Rep	97	*զնոսա եւ պատեցին*	*անոյշ*	*խնկաւք եւ մաքուր կտաւօք եւ*

անուանեմ verb

Rep	24	*ես զքեզ կեանք*	*անուանեցի*	*եւ դու զիս ի կենաց*
Tid2	1	*քեզ որդի. եւ*	*անուանեսցես*	*զանուն նորա Սէթ*

անուն noun

Rep	31	*եւ կոչեսցես զ*	*անուն*	*նորա Սէթ փոխանակ Հաբելի զոր*
Tid1	3	*եւ կոչեսցես զ*	*անուն*	*նորա Սէթ, որ թարգմանի*
Tid1	23D	*մնաց կոյս որում*	*անունն*	*էր Նոյ, եւ այլքն*
Tid1	33	*իւր մաքուր>*	*անուն*	*նորա Նոյեմզառա. զնա առ*
Tid1	38B5	*որդւոց քոց, եւ*	*անուանքն*	*են այսոքիկ*
Tid1	38B5	*եղեւ նմայ. եւ*	*անուանքն*	*են այսոքիկ Սեմ, Քամ*
Tid1	38D5	*վասն որդւոց … եւ*	*անուանս*	*ասաց Զանէզան*
Tid1	58	*զաշխարհս:* [58] *Եւ*	*անուն*	*տեղւոյն կոչեցաւ*
Tid2	1	*անուանեսցես զ*	*անուն*	*նորա Սէթ, որ թարգմանի*
Tid2	3	*բարի որդի, եւ*	*անուն*	*նորա Սէթ որ թարգմանի*
Tid2	33	*…երացն Սէթայ եւ*	*անուն*	*նորա Նեմզար. առ զնա ի*
Tid2	38C	*աղջկունս. որ են*	*անուանքն*	*Զանազան*
Tid2	58	*է. որ մայր ասի*	*անուն*	*նորա:* [59] *Որոց աղօթիւք*

անուշահոտ **adjective**

Rep	73	*գեղեցիկ ծաղկոց Ով*	*անուշահոտ*	*բուրաստան Ով վայելուչ*
Rep	74	*գձեղ ծաղկունք*	*անուշահոտք*	*Ո՞վ տայ մեզ տեսանել*

անուշահոտութիւն **noun**

Rep	6	*վարդիցն եւ զ*	*անուշահոտութիւն*	*ծաղկանցն զ*

անսուաղ **adjective**

Rep	26	*սգացին Ադամ եւ Եւայ*	*անսուաղ*	*եւ անաւթի զաւուրս հինգ ոչինչ*

անտի **adverb**

AbCn1	2	*հրամայեաց ի պտղոյ*	*անտի*	*բաժին հանել Աստուծոյ:* [3] *Զի*
Creat2	16	*կերաւ ի պտղոյ*	*անտի*	*նա այն մեծ փառքին*
Creat2	35	*մի ուտեր ի պտղոյ*	*անտի*	*զի յորժամ ուտես*
Exp2	13	*արեւելս եւ ասաց*	*անտի*	*տեսանէք զլոյս:* [14] *Զ*
Tid2	15	*ոչ կերաւ ի պտղոյ*	*անտի*	[16] *Վասն այն քաղցրացաւ*
Tid2	55	*նոցա:* [55] *Եւ*	*անտի*	*իջին յարկուսի եւ անդ*

անցանեմ **verb**

Rep	24	*դիւրամաչ է եւ չուտով*	*անցանէ*	[25] *Աւէ Եւայ մեր կենացս*
Rep	25	*աւր մի եւ գիշեր մի*	*անցաւ*	*ի վերայ մեր եւ ոչ մեռաք*
Rep	94	*յետ երեք ժամու*	*անցանելոյ*	*ի վերայ մեռանելոյն*
Tid1	30	*գերազ գիշերոյ*	*անցանի*	*վասն միոյ անցաւոր*
Tid2	14	*եւ ով ոք որ*	*անցանէր*	*նա ի պտղոյն ճաշակէր*
Tid2	31	*երազ գիշերոյ*	*անցնի*	[32] *Զիա՞րդ խառնիմ ի*
Tid2	44	*եւ ի սարերէն*	*էանց*	*յիսուն մարդուչափ աւելի*
WdsAd	12	*Եւ յետ ժամանակաց*	*անցելոց*	*Սէթ գրանն ընդ Ենովս*

անցաւոր **adjective**

AbCn1	25	*արձկեա զիս. այս*	*անցաւոր*	*աշխարհիս համար մի հեղուր զ*
Tid1	30	*վասն միոյ*	*անցաւոր*	*երազոյ ընդէ՞ր*
Tid2	25	*…ունանալ վասն*	*անցաւոր*	*աշխարհիս:* [26] *Աւէ*
Tid2	31	*մահ է եւ աշխարհս*	*անցաւոր*	*զի երեքհարիւր եւ*

անցուցանեմ **verb**

Tid1	27	*ամենայն ջրով*	*անցուցանելոց*	*է, զամենեսեան*
Tid1	50	*զի այլ մի ջրով*	*անցուցանել*	*զաշխարհս*

անփորձ **adjective**

AbCn1	56	*մահն այնպէս*	*անփորձ*	*մնաց մարմինն, որպէս*

աշխատանք **noun**

AbCn2	32	*առնէի. քանզի բազում*	*աշխատանք*	*ունին յինձ վերայ. եւ դու*
Rep	53	*վաստակաւք եւ*	*աշխատանաւք*	[54] *Զորրորդ Եւ երկիր*

աշխարան **noun**

Rep	11	*բերանն բարբառէր զ*	*աշխարանաց*	*զբանս եւ ասէր* [12] *Վայ*

***աշխարհ* noun**

AbCn1	25	*զիս. այս անցաւոր*	*աշխարհիս*	*համար մի հեղուր զարիւնն*
AbCn1	25	*ընդէ՞ր բարկանաս ինձ*	*աշխարհս*	*ամէն քեզ լինի։* [26] *Իսկ*
AbCn1	33	*եղբայրն. Ես գնացի յ*	*աշխարհէս*	*եւ դու շահեա զսիրտ*
AbCn2	1	*դրախտէն եւ անկայ յ*	*աշխարհս*	*խաւարային, դարձեալ*
Creat1	1D	*յառաջ քան զ*	*աշխարհս*	*ստեղծեաց ինն դաս*
Creat1	42	*ցաւօք կերիցես զ*	*աշխարհս*	*եւ եղիցի քե զ*
Creat1	47	*զնոսա ի լոյս*	*աշխարհս*	*եւ եցոյց նոցա զ*
Creat1	48	*չէ բարութիւն, եւ*	*աշխարհիս*	*լոյս եւ պտուղս չեն*
Creat1	48	*կին իւր < զլոյս*	*աշխարհս*	*ուրախացան եւ*
Creat2	9	*թէ ոչ զփշալից*	*աշխարհն*	*ժառանգեսցեն։* [10] *Իսկ*
Creat2	51	*եւ բերել ի լոյս*	*աշխարհ*	*եւ եցոյց նմա գործել զ*
Exp1	1	*ի դրախտէն յ*	*աշխարհս*	*ուրախութեամբ կացին*
Exp1	2	*գիտացին թէ*	*աշխարհս*	*ամենայն լուսաւոր*
Exp1	2	*ոչ գիտէին թէ յ*	*աշխարհս*	*գիշեր լինի, կամ*
Exp1	5	*եւ բերեալ ի լոյս*	*աշխարհս*	*թէպէտ չէր հաւասար*
Exp2	2	*գիտէին թէ*	*աշխարհս*	*ամենայն լուսով լինի*
Exp2	5	*եբեր ի լոյս*	*աշխարհ*	[6] *Այլ ոչ գիտեմք թէ*
Exp2	7	*զձեզ ի լոյս*	*աշխարհ*	[8] *Ասէ Ադամ. ի՞նչ*
Rep	83	*իմ թէ յամեմ ես յ*	*աշխարհիս*	*թէ չուտով մեռանիմ* [84]
Tid1	4	*եւ նոքօք լցցին*	*աշխարհս*	*եւ ապա մի*
Tid1	27	*կատարես. զի զ*	*աշխարհս*	*ամենայն ջրով*
Tid1	27	*քումմէ լցցի*	*աշխարհս*	[28] *Ասէ Նոյ. Ո՞րչափ է*
Tid1	28	*իմ ապրիլ յ*	*աշխարհս*	[29] *Ասէ հրեշտակ*
Tid1	37Y	*եւ ապականէ զ*	*աշխարհս*	[37A] *Սկիզբն արար*
Tid1	38D3	*Ցիմարութիւն*	*աշխարհի*	*կուրացուցանէր զաչս*
Tid1	38D9	*յեփ ջուրն յ*	*աշխարհս*	*կուլլվի եւ ապա Նոյ*
Tid1	50	*անցուցանել զ*	*աշխարհս*	*ընդունելի եղեն*
Tid1	54	*…հեղեղ ի վերայ*	*աշխարհիս*	*թէ չար գործեն այլ*
Tid1	57	*եւ նովաւ լցին զ*	*աշխարհս*	[58] *Եւ անուն տեղւոյն*
Tid2	4	*եւ նոքօք լցվի*	*աշխարհս*	*բայց մի*
Tid2	17	*հրաժարիլ յ*	*աշխարհէս*	*եւ կուսութեամբ*
Tid2	25	*վասն անցաւոր*	*աշխարհիս*	[26] *Ասէ հրեշտակն*
Tid2	28	*սերմ եւ հայր*	*աշխարհի*	[29] *Ասէ Նոյ. քանի*
Tid2	31	*վերջն մահ է եւ*	*աշխարհս*	*անցաւոր. զի*
Tid2	32	*խառնիմ ի մեղս*	*աշխարհի*	[33] *Ասէ հրեշտակն*
Tid2	59	*ցանկութեան*	*աշխարհիս*	*Ամէն։*

***աչք* noun**

AbCn2	42	*այն էր, որ յ*	*աչքն*	*ամենեւին քուն չէր մտանէր։* [4
AbCn2	50	*եւ այնչափ ելաց որ յ*	*աչերէն*	*արիւն կաթեցաւ փոխանակ*
Rep	8	*վայրս դրախտին յանդիման*	*աչաց*	*իւրոց եւ լայր կողկողագին*
Rep	10	*խորովէր եւ*	*աչքն*	*զարտասուս բերէր* [11] *Միտքն*
Rep	75	*վայելջալի* [75] *Ով*	*աչք*	*որ հայեցայք ի պտուղն ընդէ՞ր ոչ*
Tid1	21D	*քաշէին եւ յ*	*աչս*	*ծարուր դնէին եւ պէսպէս*
Tid1	21Y	*քաշեցին եւ զ*	*աչսն*	*դեղեցին եւ ծարուր դրին*
Tid1	38D3	*կուրացուցանէր զ*	*աչս*	*նոցա եւ խփանէր ականջս*

WdsAd	8	*զայն եղ ի վերայ*	*աչաց*	*եւ բացան աչք նորա, եւ Հայեցեալ*
WdsAd	8	*աչաց եւ բացան*	*աչք*	*նորա, եւ Հայեցեալ տեսանէ զճիւ*

***ապա* adverb**

AbCn1	3	*երեսուն տարեկան*	*ապա*	*ծնաւ Աբէլ եւ քոյր նորա:* [4] *Ե*
AbCn1	6	*Հունձն եղբօրն իմ*	*ապա*	*ի միասին մատուցուք զբաժինն*
AbCn1	21	*զնա եւ արձակիլ*	*ապա*	*ես զրկեմ զծառդ, եւ դու պատեա*
AbCn1	23	*եւ քամակովն, եւ*	*ապա*	*իմացաւ Աբէլ զչարութիւն եղբօրն*
AbCn1	54	*ասաց Հող լինի եւ*	*ապա*	*իւր ծնունդն. պիտէր յառաջ Ադամ*
AbCn1	54	*եւ Հող դառնայր*	*ապա*	*ծնունդն նորա:* [55] *Մինչեւ ի*
AbCn1	56	*երբ Ադամ մեռաւ*	*ապա*	*թէ մարմինն Աբելի ի գերեզմանն*
AbCn2	6	*նա մէկն Հազար եղեւ*	*ապա*	*ընտրեաց զլաւն եւ զընտիրն*
AbCn2	6	*եւս Համնին Հունձք*	*ապա*	*ի միասին մատուցուք զբաժինն*
AbCn2	8	*իբրեւ դէզ մի:* [8]	*Ապա*	*եբեր Աբէլ զընտրեալ գառինսն եւ*
AbCn2	8	*բաժինն Աստուծոյ. եւ*	*ապա*	*ես:* [9] *Իսկ Կայէն կանգնեցաւ*
AbCn2	17	*գնացին ի դաշտն*	*ապա*	*Աբէլ ուժով էր քան զԿայէն վասն*
AbCn2	18	*զխորՀուրդն իւր:* [18]	*Ապա*	*սկիզբն արար խաղալ ընդ եղբօրն*
AbCn2	23	*մինչեւ ցգլուխն:* [23]	*Ապա*	*իմացաւ Աբէլ զչարութիւնն*
AbCn2	27	*սպանանել զնա:* [27]	*Ապա*	*Սատանայ եղեալ ի կերպս երկու*
AbCn2	34	*իբրեւ ուրախութեամբ*	*ապա*	*երեւեցաւ Աստուած ի վերայ*
AbCn2	47	*վասն մաՀուն իւրոյ*	*ապա*	*Հնարս իմացաւ առեալ մորթ մի*
AbCn2	49	*եւ սպան զնա:* [49]	*Ապա*	*ցաւն Կայէնի անկաւ ի վերայ*
AbCn2	53	*ժամանակս:* [53]	*Ապա*	*յորժամ թաղեցին զմարմինն*
AbCn2	54	*ասաց Հող լինիլ. եւ*	*ապա*	*ի նմանէ ծնելոցն. վասն որոյ*
AbCn2	54	*եւ ի Հող դառնայր*	*ապա*	*ծնունդ նորա մեռանէր եւ ի Հող*
AbCn2	56	*մարմինն Աբէլի:* [56]	*Ապա*	*երբ Ադամ մեռաւ եւ թաղեցաւ, նա*
AbCn2	56	*եւ թաղեցաւ, նա*	*ապա*	*տեղ ետուր որ թաղեցին զԱբէլ ի*
Creat1	25	*սիրէ:* [25] *Եւ*	*ապա*	*առաւ զպտուղն քննէր, եւ*
Creat2	11	*եւ ոչ կարէր*	*ապա*	*օձն էր թեւաւոր եւ ունէր*
Creat2	32	*ի լուսոյն:* [32]	*Ապա*	*վասն մերկութեան ամօթոյն*
Creat2	47	*զնա Աստուած:* [47]	*Ապա*	*ետես որ ոչ պաՀեաց զխրատն*
Creat2	51	*վեց օր:* [51]	*Ապա*	*դարձեալ ողորմեցաւ Տէրն*
Creat2	52	*մտանէ եւ ելանէ*	*ապա*	*Հանց որ մտաւ արեգակն եւ*
Exp2	5	*խաւար միթին:* [5]	*Ապա*	*կրկին ողորմեցաւ մեզ*
Rep	4	*ծագեաց արեգակն* [4]	*Ապա*	*դիւրացան սակաւ մի յերկիւղէ*
Rep	27	*ճաշակեալ* [27] *Եւ*	*ապա*	*յետ Հինգ աւուրն ի վեցերորդում*
Rep	30	*Հարիւր եւ քսան եւ*	*ապա*	*Հրամանաւն Աստուծոյ եկն առ Ադամ*
Rep	38	*դառնապէս* [38] *Եւ*	*ապա*	*աղէկիզեալ սրտիւ եւ դառնացեալ*
Rep	78	*եւ երեսուն եւ*	*ապա*	*Հիւանդացաւ ի փորոյն* [79] *Եւ*
Rep	91	*աՀարկու դիմաւք եւ*	*ապա*	*թողեալ զնոսա գանց արար եւ*
Tid1	4	*աշխարՀս. եւ*	*ապա*	*մի խառնակեսցեն Սէթայ*
Tid1	38D9	*կուլլվի եւ*	*ապա*	*Նոյ յորտեղ կու վարէ կամ*
Tid2	2	*աղիք իմ*	*ապա*	*զԱբէլ տեսանեմ արեամբ*
Tid2	5	*Հետ նոցա:* [5]	*Ապա*	*Կայէնի զաւակքն բազմացան*
Tid2	38A	*մեք խեղդուիմք*	*ապա*	*դու ու՞ր պիտի ցանցանես եւ*
Tid2	38B	*ութսուն տարւոյն*	*ապա*	*աւարտ եղեւ տապանն.* [38C]
Tid2	38I	*ինքն եւ կին իւր*	*ապա*	*որդիքն եւ որդւոց*
Tid2	42	*ներքս տապանին*	*ապա*	*ծեփեաց զդրունսն*

Tid2	42	*եւ արտաքուստ. եւ*	*ապա*	*բացան սաՀմանք երկնից. եւ*
Tid2	43	*իջանէր: [43] Եւ*	*ապա*	*մարդիկք կամեցան փախչիլ*
Tid2	50	*արձակեաց: [50]*	*Ապա*	*ի սուրբ կենդանեացն էառ յ*

***ապականեմ* verb**

Rep	99	*գնոսա ի տապանին զի մի*	*ապականեալ*	*կորիցեն ի ջուրցն*
Tid1	30	*երազոյ ընդէ՞ր*	*ապականեմ*	*զկուսութիւնս իմ*
Tid1	37Y	*ելանէ եւ*	*ապականէ*	*զաշխարՀս: [37A]*

***ապաշաւեմ* verb**

Rep	34	*դրախտին վասն որոյ*	*ապաշաւեն*	*եւ լան անդադար ծնաւղքդ*

***ապաշխարութիւն* noun**

AbCn2	37	*զնա քաղցրութեամբ յ*	*ապաշխարութիւն*	*կոչեաց. թէ զղջացեալ*
Rep	1	ՊԱՏՄՈՒԹԻՒՆ	ԱՊԱՇԽԱՐՈՒԹԵԱՆ ԱԴԱՄԱՅ ԵՒ ԵՒԱՅԻ	
Rep	5	*զնոսա եւ էր այն*	*ապաշխարութիւն*	*Ադամայ եւ կնոջ նորա*
Rep	72	*աւելորդ զղջման եւ*	*ապաշխարութեան*	*նախաստեղծիցն [73] Որ*

***ապշութիւն* noun**

Exp2	10	[10] *Ասէ Ադամ յ*	*ափշութիւն*	*կալաւ զմեզ եւ զ*

***ապրեմ* verb**

AbCn2	2	*նորա եւ լիանալ եւ*	*ապրիլ*	*այլ եւ Հրամայեաց ինձ յ*
AbCn2	46	*դարձցի: [46] Եւ*	*ապրեցաւ*	*Կայէն եօթն Հարիւր յիսուն եւ*
Creat1	26	*ի միասին եւ թէ*	*ապրիմք*	*ի միասին, մի <որոշիր*
Creat1	30	*թէ ոչ կարեմ*	*ապրիլ*	*առանց կնոջս. եւ եթող զ*
Creat1	47	*այնով լիանալ եւ*	*ապրիլ*	*[48] Իսկ իբրեւ տեսին*
Creat2	26	*իս ի քեզանէ. թէ*	*ապրիմք*	*ի միասին ապրիմք. եւ*
Creat2	26	*ի միասին*	*ապրիմք*	*եւ թէ մեռանիմք ի*
Rep	22	*նստելոյս [22] Ի՞ւ*	*ապրիմ*	*զի աՀա քաղցեալ եմ Ո՞րպէս*
Rep	24	*արասցուք եւ որպէս*	*ապրեսցուք*	*Ձի՞նչ կերիցուք եւ կամ*
Tid1	28	*աւուրց կենաց իմ*	*ապրիլ*	*յաշխարՀս: [29] Ասէ*
Tid1	29	*տարի այլ պիտի*	*ապրիս*	*[30] Ասաց Նոյ. Ձորս*
Tid1	38B7	*ի մեղաց եւ*	*ապրեսջիք*	*[38B8] Ամենեքեան*
Tid1	38D8	*ի չարէ եւ*	*ապրեսջիք*	*ի գալոյ ջրՀեղեղէն*
Tid1	38D9	*վարէ կամ որպէս*	*կապրի*	*[38D[10] Եւ իբրեւ*
Tid1	56	*<յ> Իջեւան եւ անդ*	*ապրեցան*	*երեք Հարիւր տարի*
Tid2	28	[28] *Եւ դու միայն*	*ապրիս*	*որդւովքդ եւ կանամբքդ*
Tid2	29	*դեռեւս պիտի*	*ապրիմ*	*[30] Ասէ Հրեշտակն. վեց*
Tid2	30	*եւ յիսուն տարի*	*ապրիս*	*[31] Ասէ Նոյ. վերջն մաՀ է*
Tid2	38A	*չինես դու պիտի*	*ապրիս*	*եւ մեք խեղդուիմք. ապա*
Tid2	57	*յետ ջրՀեղեղին*	*ապրեցաւ*	*Նոյ երեքՀարիւր եւ*

***առ* preposition**

AbCn1	9	*կանգնեցաւ յաղօթս*	*առ*	*Աստուած, եւ ասաց. Դու, Տէր*
AbCn1	11	*ձեռնատարած աղօթէր*	*առ*	*Տէր եւ ասէր. Տէր Աստուած, ստեղ*
AbCn1	28	*զսուր քարն, եւ եկեալ*	*առ*	*Աբէլ. Իսկ Աբէլ լայր, եւ ասէր.*
AbCn2	9	*կանգնեցաւ յաղօթս*	*առ*	*Տէր եւ ասաց. դու Տէր ստեղծող*

AbCn2	23	*զոր գոչեաց լալով*	*առ*	*եղբայրն եւ ասէր. եղբայր իմ սիր*
AbCn2	45	*սպանանէ, նա ցաւն*	*առ*	*սպանօղն դարձցի: [46] Եւ ապրեց*
AbCn2	50	*կինն բարի էր*	*առ*	*Տէր աղաղակեաց, եւ այնչափ ելաց*
AbCn2	57	*այլ ոչ մերձեցան*	*առ*	*միմեանս, զի մի այլ մեծ սուգ գա*
Creat2	43	[43] *Եւ դարձեալ*	*առ*	*Ադամ ասաց. փոխանակ զի*
Creat2	53	[53] *Այսքան*	*առ*	*այս վասն Ադամայ:* [54] *Զոր*
Exp1	3	*Հաւախօսին, եկն*	*առ*	*նա Սատանայ ի կերպ*
Exp1	15	*արեգակն, եկն*	*առ*	*նոսա պիղծն Սատանայ, ասէ*
Exp2	15	*բարձրացաւ, եկն*	*առ*	*նա Սատանայ եւ ասէ. տեսանէք*
Exp2	18	*խաւար բերեմ*	*առ*	*ձեզ:* [19] *Իսկ Ադամ գձեռն*
Rep	20	*Թողունք երկնից իջէք*	*առ*	*իս եւ տեսէք զլաց իմ Ով գազանք*
Rep	27	*երկրին որ կայր մաւտ*	*առ*	*նոսա* [28] *Եւ ասաց նոցա*
Rep	27	*աւուրն եկեալ*	*առ*	*նոսա Հրեշտակապետն Գաբրիէլ բանի*
Rep	28	*մերձեցաւ Ադամ*	*առ*	*Եւայ եւ ծնաւ զԿայէն եւ զ*
Rep	29	*մերձեցաւ Ադամ*	*առ*	*Եւայ եւ ծնաւ զԱբէլ եւ զՍամայ*
Rep	30	*Աստուծոյ եկն*	*առ*	*Ադամ Հրեշտակապետն Գաբրիէլ*
Rep	43	*զՀաբէլ եկն Գաբրիէլ*	*առ*	*Ադամ եւ ասաց նմա Դուք մի*
Rep	79	[79] *Եւ ժողովեցան*	*առ*	*Ադամ ամենայն ուստերք եւ*
Rep	80	*դստերաւք իւրեանց*	*առ*	*նախաստեղծն մարդն Ադամ* [81] *Եւ*
Rep	92	*յանդիման դրախտին եկն*	*առ*	*նոսա Հրեշտակապետն Գաբրիէլ եւ*
Tid1	1	*զՀրեշտակ իւր*	*առ*	*Ադամ, եւ ասէ. Մերձեցիր ի կին*
Tid1	33	*Նոյեմզառա. զնա*	*առ*	*քեզ ի կնութիւն:* [34] *Եւ*
Tid1	38B5	*Եկն Հրեշտակն*	*առ*	*Նոյ եւ ասէ. երեք աղջիկ առ ի*
Tid1	38B9	*Հրեշտակն*	*առ*	*Նոյ եւ ասէ մտիր ի տապանն*
Tid1	59	*Նոյի:* [59] *Այսքան*	*առ*	*այս:*
Tid2	1	*թէ մերձեցիր*	*առ*	*կին քո, եւ լինի քեզ որդի*
Tid2	38E	*նա աղաղակեաց*	*առ*	*Տէր եւ ասէ. Տէր տուր*
Tid2	51	[51] *Եւ ձայն եղեւ*	*առ*	*նա թէ ոչ կորուսանեմ*
WdsAd	1	*ԲԱՆՔ ԱԴԱՄԱՅ*	*առ*	*Սէթ* [1] *Ասէ Ադամ ցՍէթ. Որդեա*
WdsAd	4	*ոչ էարբ:* [4] *Եւ ասէ*	*առ*	*Տէր յաղօթելն իւրում. Ամենակալ*
WdsAd	7	*զայն Սէթ, տարաւ*	*առ*	*Հայրն իւր Ադամ, եւ ասէ. Հայր,*

առանց **preposition**

AbCn2	24	*Հրամանաց քոց. ես*	*առանց*	*քեզ ոչ կարեմ ժամ մի կենալ*
AbCn2	25	*զիա՞րդ կատես զիս եւ*	*առանց*	*ինձ մնալ ի վերայ երկրի. եւ զ*
Creat1	30	*ոչ կարեմ ապրիլ*	*առանց*	*կնոջս. եւ եթող զխօսքն*
Creat1	46	*օր> անդ մնացին*	*առանց*	*ուտելոյ, անմխիթար*

առաջաւոր **noun**

Exp1	24	*Ադամ, այն ասի*	*առաջաւոր*	: [25] *Եւ ի մտանել*

առաջի **preposition**

AbCn1	51A	*եւ խոստովանեցաւ*	*առաջի*	*կանանց իւրոց. եւ վասն երկիւղին*
AbCn2	11	*անդրանիկ զառանցն*	*առաջի*	*Աստուծոյ. եւ զձեռսն*
Creat1	2D	*Հրեշտակաց.* [2D]	*Առաջի*	*Հրեշտակին դասն*
Exp1	17	*քար մի եւ եդ*	*առաջի*	*Ադամայ, եւ ասաց Ադամայ*
Exp2	17	*քար մի եւ եդ*	*առաջի*	*Ադամայ եւ ասէ. դիր զ*
Rep	82	*Ադամ եւ Ադամ կայր*	*առաջի*	*նոցա չարաչար տանջեալ ի*

առաջին **adjective**

AbCn1	3	[3] Զի Ադամայ	առաջին	զաւակն Կայեն էր. երբ Կայէն
AbCn2	3	իւրոց զի Ադամայ	առաջին	զաւակն Կայէն էր եւ յետ նորա
AbCn2	38	ձայն կու տայր կօտօչ	առաջին	պատուհասն այս է. թէ սա է
Exp1	26	եւ տացէ քեզ զ	առաջին	փառսն քո: [27] Իբրեւ զ
Exp2	26	...ձուսցէ զքեզ յ	առաջին	փառսն քո: [27] Իբրեւ զ
Rep	13	ինձ նախահաւրս Վայ ինձ	առաջին	մարդոյս [14] Վայ առաջնորդիս

առաջնորդ **noun**

Rep	14	մարդոյս [14] Վայ	առաջնորդիս	կորստեան Վայ ինձ մահու

առաջնորդեմ **verb**

Creat1	47	ի խաւարէն, եւ	առաջնորդեալ	եբեր զնոսա ի

առատանամ **verb**

Tid2	44	օր այնպէս	առատանայր	որ մինչեւ

առատութիւն **noun**

Rep	23	լայք զկարաւտեալս	առատութեանց	ձերոց [24] Եւ

առաւաւտ **noun**

Exp1	2	մինչեւ ց	առաւօտն	[3] Իսկ առաւօտին
Exp1	3	առաւօտն: [3] Իսկ	առաւօտին	հաւախօսին, եկն առ
Exp2	2	մինչեւ ց	առաւօտն	[3] Իսկ ի հաւախօսին
Rep	95	[95] Ի ստեղծանելն ընդ	առաւաւտս	ուրբաթուն ստեղծաւ Ադամ

առաւել **adverb**

Rep	20	ձեզ հաւասար եւ	առաւել	եւս վաթար [21] Ով
Rep	61	[61] Եւ այնու	առաւել	սաստկացաւ սուգն Ադամայ

առաքեմ **verb**

AbCn1	1	նմա Աստուած եւ	առաքեաց	զհրեշտակ իւր եւ պատմեաց
AbCn1	59	Իսկ ողորմեցաւ Տէր, եւ	առաքեաց	<աւետիս> վասն Սեթայ
AbCn2	1	ինձ Աստուած եւ	առաքեաց	զհրեշտակ իւր եւ եբեր զիս ի
AbCn2	58	ողորմեցաւ եւ	առաքեաց	աւետիք վասն ծնանելոյն
Creat1	47	նոցա Տէր, եւ	առաքեաց	զհրեշտակ իւր հանել
Creat2	51	ի վերայ նոցա եւ	առաքեաց	զհրեշտակն հանել զ
Exp1	5	ողորմեցաւ Տէր եւ	առաքեաց	զհրեշտակ իւր, <եւ>
Exp1	23	նոցա Տէրն, եւ	առաքեաց	զհրեշտակ իւր, եւ
Exp1	25	վեց դարուն	առաքեցից	ի լուսոյ
Exp2	5	մեզ Աստուած. եւ	առաքեաց	զհրեշտակ իւր
Exp2	23	աղօթից նոցա եւ	առաքեաց	զհրեշտակ իւր. եւ
Exp2	24	որ ի վեց դարուն	առաքեցից	զմիածին որդին իմ
Tid1	1	Ադամայ, եւ	առաքեաց	զհրեշտակ իւր առ
Tid2	1	Ադամայ եւ	առաքեաց	զհրեշտակ իւր եւ ետ զ
Tid2	45	զպատուհանն եւ	առաքեաց	զագռաւն զի բերցէ

***առժամայն* adverb**

Creat2	18	*ի պտղոյն. եւ*	*առժամայն*	*մերկացաւ: [19] Իսկ*
WdsAd	5	*իմ: [5] Եւ*	*առժամայն*	*տեսանէր զհրեշտակն, զի գայր*

***առնեմ* verb**

Creat2	27	*քննութեամբ*	*առնէր*	*զպտուղն ի ձեռն մինչեւ*
AbCn1	7	*տուեալ էր փունջ*	*անէր*	*եւ զայն խուրձն կապէր եւ ուրիշ*
AbCn1	10.1B	*ի նմանէ քամայտար*	*արար*	*զամենայն խոցունսն ցրուեաց, եւ*
AbCn1	18	*իւր: [18] Սկիզբն*	*արար*	*խաղալ ընդ եղբօրն իւր եւ արար*
AbCn1	18	*ընդ եղբօրն իւր եւ*	*արար*	*զօտամարտիլ, եւ կչտի բռնել*
AbCn1	25	*քեզ ի՞նչ չարութիւն <*	*արարի*	*> ընդէ՞ր բարկանաս ինձ*
AbCn1	31	*զի զկաթն իւր Հալալ*	*արասցէ*	*ինձ: [32] Քանզի քարն փոքր էր*
AbCn2	9	*Հաճոյ է քեզ այնպէս*	*արա*	*[10] Եւ Տէրն բարկացեալ ի վերա*
AbCn2	18	*իւր: [18] Ապա սկիզբն*	*արար*	*խաղալ ընդ եղբօրն կչտի բռնելով*
AbCn2	21	*[21] Դարձեալ դու ինձ*	*արա*	*նոյնպէս երեք անգամ պատէ գխ*
AbCn2	32	*ի նոցանէ Հալալութիւն*	*առնէի*	*քանզի բազում աշխատանք ունին*
AbCn2	48	*ելաւ գնաց յորս*	*առնել*	*եւ ետես զԿայէն եՀար նետիւ եւ*
Creat1	1Y	*եւ զերկիր, եւ*	*արար*	*նախ զզօրս Հրեշտակաց ի*
Creat1	28	*քննութիւն*	*արար*	*ասաց. Մի թէ Աստուած*
Creat1	30	*ձեռն քննութիւն*	*արար*	*ասաց թէ ոչ կարեմ ապրիլ*
Creat1	39	*ասաց. կին, զո՞ւ*	*արարեր*	*զայդ: [40] Իսկ կին ասաց*
Creat1	41	*Փոխանակ զի*	*արարեր*	*զայդ, ոչ լուար խրատոյ*
Creat1	42	*Փոխանակ զի*	*արարեր*	*զայդ, բազմացուցանել...*
Creat2	1	*ի վեր եւ բարձր*	*արար*	*քան զամենայն Հրեշտակս*
Creat2	2	*եւ փառաւոր*	*առնէին*	*զԱստուած: [3] Եւ պիղծն*
Creat2	40	*որ փոխանակ զի*	*արարեր*	*զայդ անիծեալ լիցիս*
Creat2	42	*փոխանակ զի*	*արարեր*	*զայդ. տրտմութեամբ եւ*
Creat2	45	*չար պտուղն ի՞նչ*	*կանէր*	*ի դրախտն. զի պտուղն*
Creat2	54	*եւ արժանի*	*արասցէ*	*արդար դատաստանին. եւ*
Exp2	9	*նմա. երբ զայդ ոչ*	*արարիք*	*վասն այն խաւար կալաւ*
Rep	1	ՆԱԽԱՍՏԵՂԾԻ ԹԷ ՈՐՊԷՍ	ԱՐԱՐԻՆ	*[1] Յետ ելանելոյն Ադամայ ի*
Rep	103	*գլխոյն Ադամայ եւ*	*արար*	*զփրկութիւն ի մէջ երկրի [104]*
Rep	22	*Զի՞նչ ուտեմ զի՞նչ*	*առնեմ*	*Ի՞ւ մխիթարիմ Որո՞վ խնդամ*
Rep	24	*Ով կին արդ զի՞նչ*	*արասցուք*	*եւ որպէս ապրեսցուք*
Rep	36	*եւ այնքան քարազոՀ*	*արար*	*զանմեղ պատանին մինչ որ*
Rep	44	*[44] Որպէս եւ*	*արարն*	*իսկ [45] Վասն զի եՀարց*
Rep	84	*մեռանիմ [84] Զի՞նչ*	*առնեմ*	*զկնի քո զի ես ոչ ինչ իմանամ*
Rep	91	*թողեալ զնոսա զանց*	*արար*	*եւ գնաց [92] Եւ մինչ դեռ*
Rep	93	*զԱդամ մեռեալ եւ*	*արարին*	*կոծ մեծ ի վերայ նորա [94] Եւ*
Tid1	34	*[34] Եւ սկիզբն <*	*արա*	*> տապան շինելոյ. Հարիւր*
Tid1	37A	*[37A] Սկիզբն*	*արար*	*շինել զտապանն. եւ*
Tid1	38B1	*մարդ տնազ*	*արարին*	*զնա. իսկ Նոյ*
Tid1	38C1	*մարդ տնազ*	*արարին*	*զնոսա. իսկ Նոյ*
Tid1	38D3	*նոցա ոչ ի սիրտս*	*առնէին*	*ոչ զառնէին ի*
Tid1	38D9	*ամենեքեան տնազ*	*առնէին*	*բանին եւ քարոզին*
Tid2	37	*[37] Եւ սկիզբն*	*արաւ*	*տապան շինել ի վերայ*
Tid2	38A	*լսէին, նա ծաղր*	*առնէին*	*ասելով. թէ յայս քան*
Tid2	38D	*ի տապանէն, եւ*	*արար*	*այնպէս. եւ դարձեալ*

Tid2	38G	Դարձեալ ծառր	առնէին	զՆոյ եւ ասէին. գիտեմք
Tid2	38G	բանիւ տնազ	առնէին	զՆոյ: [38H] Եւ յետ քսան
WdsAd	6	զՔրիստոսէ, որ	արար	եւ կատարեաց զխնդրուածս նորա

***առնում* verb**

AbCn1	23	Աբէլ ի ծառն Կայէն	առեալ	զուռն որթի եւ պատէր երեք պատ
AbCn1	28	ուսեալ ի նմանէ եւ	առեալ	զսուր քարն, եւ եկեալ առ Աբէլ
AbCn2	22	ծառն Աբէլ, նա Կայէն	առեալ	զուռն պատեաց ոտիւքն եւ
AbCn2	27	երկու ագռաւի եւ	առեալ	մինն քարասուրիկ քար մի, եւ
AbCn2	28	ի Սատանայէ, եւ	առեալ	զքարն եւ վազեաց ի վերայ
AbCn2	47	ապա Հնարս իմացաւ	առեալ	մորթ մի վայրենի ի ծոցն, գնաց ի
AbCn2	52	Աբէլի. որ եւ կոծ մեծ	առին	լալով եւ ողբալով. եւ միշտ սուգ
Creat1	6	Ադամայ, եւ	առ	զմի ի կողիցն նորա եւ ելից
Creat1	18	[18] Յայնժամ	առեալ	ի պտղոյն եւ կերաւ. ընդ
Creat1	20	...բազոյն պտուղ է	առ	եւ դու ճաշակեայ եւ տես զ
Creat1	25	սիրէ: [25] Եւ ապա	առաւ	զպտուղն քննէր, եւ վախէր
Creat2	6	Ադամայ, եւ	էառ	զմի կողիցն նորա եւ ելից
Creat2	20	եւ բարեՀամ	առ	դու եւս կեր. նա կամէր խաբել
Creat2	25	զայս լսեց Ադամ	էառ	զպտուղն ի ձեռն բայց
Exp1	20	քեզ: [20] Եւ	առեալ	Սատանայ զքարն, եւ
Exp1	23	խաբէութեամբ	էառ	զձեռնագիրն ի քէն, որ
Exp2	25	[25] Եւ մարմին	առցէ	ի սուրբ եւ յանարատ
Rep	1	Ադամայ ի դրախտէն	առեալ	զԵւայ Հրամանաւն Աստուծոյ
Rep	101	իւր ի Սէմ [101] Եւ նա	առեալ	տարաւ ի վիճակն իւր որ արդ եւս
Rep	30	եւ դարձեալ սուգ	առին	Ադամ եւ Եւայ ի վերայ մաՀուն
Rep	32	Աբելի Կային ի բերանն	առեալ	ըմպէր [33] Եւ Հաբէլ աղաչէր զ
Rep	36	ընդ ծառով միոյ եւ	առեալ	քար մի գայլախազ եւ այնքան
Rep	39	զնա [39] Եւ յորժամ	առեալ	զԵւայ եւ եկն անդ այլ ոչ
Rep	87	Եւ յարուցեալ Եւայ	առ	զՍէթ եւ գնաց աղաչել զՏէր տալ
Rep	99	ՋրՀեղեղն եւ Նոյ	առեալ	զնոսա ի տապանին զի մի
Tid1	32	մնացեալ է, զի	առից	զնա ի կնութիւն: [33] Ասէ
Tid1	38B5	ասէ. երեք աղջիկ	առ	ի Սեթայ զարմէն վասն
Tid1	38D5	ասէ երեք աղջիկ	առ	Սեթայ զարմէն վասն որդւոց
Tid1	38D5	եւ զարմէն Սէթայ	առ	զնոսա վասն որդւոցդ եւ մի
Tid1	55	նոսա: [55] Իսկ Նոյ	առեալ	զօրՀնութիւն Աստուծոյ
Tid2	27	Աստուած քեզ կին	առնուլ	զի դու եղիցիս նոր
Tid2	33	նորա Նեմզար	առ	զնա ի քեզ կնութիւն: [34] Եւ
Tid2	36	[36] Իսկ նա	առեալ	զՆեմզար եւ ամուսնացաւ
Tid2	38C	Նոյի եւ ասաց թէ	առ	երեք որդւոց քոց կին ի
Tid2	38H	Աստուած Նոյի	առնուլ	զորդիսն եւ մտանել ի
Tid2	38H	մինչեւ եւթն օր յ	առնուլ	զորդիսն իւր ի տապանն
Tid2	39	Եւ երկու տախտակ	էառ	ի ծառքն եւ եՀար զ
Tid2	41	...մայեաց Աստուած	առնուլ	զնոսա երկու երկու ի
Tid2	50	կենդանեացն	էառ	յեւթնէն զմէկն եւ
WdsAd	3	ի Հօրէն եւ ի միտ	առ	եւ երթեալ զքառասուն տիւ եւ զ
WdsAd	7	նորա ի բարի: [7] Եւ	առեալ	ճեղն զայն Սէթ, տարաւ առ
WdsAd	8	քումմէ (է): [8] Եւ	առեալ	Ադամ զճիւղն զայն եդ ի վերայ
WdsAd	14	զբանս զայս ի միտ	էառ	եւ զքառասուն տիւ եւ զքառասու

առողջութիւն **noun**

Rep	87	*ի ծառոց դրախտին վասն*	*առողջութեանն*	*Ադամայ* [88] *Եւ*

ասեմ **verb**

AbCn1	1	*յորժամ յառաջուոր*	*ասեմք*	*քաղձրացաւ նմա Աստուած եւ*
AbCn1	6	*հողագործ էր:* [6] *Զի*	*ասաց*	*նոցա Ադամ, թէ ի վաստակոց*
AbCn1	6	*սիրոյ եղբօրն. քանզի*	*ասէր*	*երբ հասանէ հունձն եղբօրն իմ*
AbCn1	9	*առ Աստուած, եւ*	*ասաց*	*Դու, Տէր, ստեղծող ամենայնի*
AbCn1	11	*աղօթէր առ Տէր եւ*	*ասէր*	*Տէր Աստուած, ստեղծօղ եւ*
AbCn1	12	*յերկնից բարբառ որ*	*ասէր*	*լսելի եղեն աղօթքն քո, եւ ընդու*
AbCn1	16	*Իսկ ի միում աւուր*	*ասէ*	*Կայէն ցեղբայր իւր. Գնասցուք ի*
AbCn1	19	*երկայն. իսկ Կայէն*	*ասէր*	*Եկ եղբայր մատնաւ <խաղասցուք>*
AbCn1	20	*<խաղասցուք>:* [20]	*Ասէ*	*Աբէլ. Ո՞րպէս <խաղասցուք>*
AbCn1	21	*մատնեաւ:* [21]	*Ասէ*	*Կայեն. Դու <գրկեա> զծառս, եւ*
AbCn1	23	*եղբօրն. աղաչէր եւ*	*ասէր*	*Եղբայր, արձակեա զիս ի կապէն*
AbCn1	25	[25] *Լայր Աբէլ եւ*	*ասէր*	*Եղբայր, արձկեա զիս. այս*
AbCn1	28	*Իսկ Աբէլ լայր, եւ*	*ասէր*	*Ո՞չ ողորմիս մեր ծնօղացն:* [29]
AbCn1	30	*եկն ի սպանումն լալով*	*ասաց*	*Աբէլ. Եղբայր, բեր զերեսդ*
AbCn1	31	*յայնժամ եղբայրն*	*ասաց*	*Իմ մօրս ասես զի զկաթն իւր*
AbCn1	31	*ասաց. Իմ մօրս*	*ասես*	*զի զկաթն իւր հալալ արասցէ ինձ*
AbCn1	33	*ի ժամ մորթելոյ*	*ասէր*	*եղբայրն. Ես գնացի յաշխարհէս ե*
AbCn1	34	*կանգնաչափ բարձր*	*ասաց*	*Կայենի. Ո՞ւր է եղբայրն քո:* [3
AbCn1	35	[35] *Եւ նա լրբութեամբ*	*ասաց*	*Ո՞վ ետ ինձ պահ որ խնդրես յինէ*
AbCn1	36	*թերեւս մեղայ*	*ասիցէ*	[37] *Իբրեւ ետես Տէրն որ այնպէ*
AbCn1	37	*ետես Տէրն որ այնպէս*	*ասաց*	*Կայէն, բարկացաւ ի վերայ*
AbCn1	39	*որ կոտոշն ձայնէր եւ*	*ասէր*	*բարձր բարբառով. թէ, Կայէն*
AbCn1	40	*քար եւ ձոր ձայնէր եւ*	*ասէր*	*Կայէն եղբայրասպան է:* [41] *զ*
AbCn1	45	*ոչ հրամայեաց, այլ*	*ասաց*	*Տէրն. Ով որ սպանիցէ զԿայէն, ն*
AbCn1	54	*Աստուած Ադամայ*	*ասաց*	*Հող լինի եւ ապա իւր ծնունդն*
AbCn1	58	*ոչ մերձեցաւ ի կինն*	*ասէր*	*թէ վախեմ թէ այլ չարագոյն*
AbCn2	1	*որդւոցն իւրոց եւ*	*ասաց*	*թէ յորժամ ելայ ի դրախտէն եւ*
AbCn2	5	*զորդիքն իւր եւ*	*ասէ*	*յամենայն ընչից ձերոց տասնէն զ*
AbCn2	8	*վասն Աստուծոյ*	*ասելով*	*սիրելի եղբայր իմ, դու մեծ ես ե*
AbCn2	9	*յաղօթս առ Տէր եւ*	*ասաց*	*դու Տէր ստեղծօղ ամենայնի. ահա*
AbCn2	11	*աղաղակեաց եւ*	*ասէ*	*Տէր Աստուած ստեղծօղ եւ արարիչ*
AbCn2	12	*եւ եկն բարբառ որ*	*ասէր*	*լսելի եղեն աղօթք քո եւ ընդունե*
AbCn2	16	*Իսկ ի միում աւուր*	*ասէ*	*Կայէն ցեղբայր իւր. Աբէլ գնասց*
AbCn2	19	*որ ամմայ ասի. նա*	*ասաց*	*Աբէլի թէ եկ ամմայի մատիւ*
AbCn2	19	*ճուղն որ ամմայ*	*ասի*	*նա ասաց Աբէլի թէ եկ ամմայի*
AbCn2	23	*լալով առ եղբայրն եւ*	*ասէր*	*եղբայր իմ սիրելի աղաչեմ զքեզ*
AbCn2	30	*ոչ լսեց նմա:* [30] *Եւ*	*ասաց*	*Աբէլ. եկ եղբայր մի անգամ*
AbCn2	32	*Նա լալով աղաղակէր*	*ասելով*	*թէ ինչպէս ճուղապ կու տաս*
AbCn2	34	*կանգնաչափ հեռի. եւ*	*ասաց*	*Կայէնին ու՞ր է եղբայրն քո Աբէլ*
AbCn2	35	*եղբայրն քո Աբէլ:* [35]	*Ասէ*	*Կայէն, ե՞րբ տուիր ինձ պահ, որ*
AbCn2	45	*Կայէնի:* [45] *Այլ*	*ասաց*	*թէ ինչ մարդ որ զԿայէն*
AbCn2	54	*նախ Ադամայ*	*ասաց*	*Հող լինիլ. եւ ապա ի նմանէ*
Creat1	7	*հաւանեցաւ:* [7] *Եւ*	*ասաց*	*Ադամ. Ահա ոսկր ի յ*
Creat1	8	*Տէր Աստուած եւ*	*ասէ*	*Ուտելով կերիջիք յ*

Creat1	14	միայն գտաւ։ [14]	Ասէ	օձն Եւայի. ընդէ՞ր
Creat1	15	ոչ ճաշակես։ [15]	Ասէ	Եւայ. Զի Տէր Աստուած
Creat1	15	իբրեւ ուտիցէք	ասէ	մահու մեռանիցիք։ [16]
Creat1	16	մեռանիցիք։ [16]	Ասէ	օձն. Խաբել կամի զձեզ
Creat1	17	[17] Վասն այն	ասաց	ձեզ չուտել ի պտղոյդ զի
Creat1	19	...րտմեցաւ Ադամ եւ	ասէ	<ընդէ՞ր> կերար ի պտղոյն
Creat1	20	ի պտղոյն։ [20]	Ասէ	Եւայ. Զի քաղցրագոյն պտուղ
Creat1	21	պտղոյդ։ [21]	Ասէ	Ադամ. Ոչ կարեմ ուտել ի
Creat1	22	քեզ նման։ [22]	Ասէ	Եւայ. Շատ կերայ, վասն այն
Creat1	23	ճաշակեայ։ [23]	Ասէ	Ադամ. Ոչ կարեմ ճաշակել եւ
Creat1	24	մերկանալ։ [24]	Ասէ	Եւայ. Թէպէտ ուտես ոչ
Creat1	26	լայր եւ աղաչէր	ասելով	Մեռանիմք ի միասին եւ
Creat1	28	քննութիւն արար	ասաց	Մի թէ Աստուած ողորմի՞
Creat1	30	քննութիւն արար	ասաց	թէ ոչ կարեմ ապրիլ առանց
Creat1	33	եւ ձայնեաց	ասելով	Ու՞ր ես Ադամ։ [34] Ասէ
Creat1	34	Ու՞ր ես Ադամ։ [34]	Ասէ	Տէր, զքո ձայնն լուայ
Creat1	35	թաքեայ։ [35]	Ասէ	Տէրն. ընդէ՞ր փախեար եւ
Creat1	36	եւ թաքեար։ [36]	Ասէ	Ադամ. Վասն այն փախեայ եւ
Creat1	37	ի քէն։ [37]	Ասէ	Տէրն. Զի լուսով ծածկեցի զ
Creat1	38	ի պտղոյն։ [38]	Ասէ	Ադամ. Այս կինս, որ դու
Creat1	39	ընդ կնոջն, եւ	ասաց	կին, դո՞ւ արարեր զայդ
Creat1	40	այդ։ [40] Իսկ կին	ասաց	Տէր, <այն օձն որ>
Creat1	41	...րկացաւ նոցա, եւ	ասաց	Ադամայ. Փոխանակ զի
Creat1	42	ընդ Եւայի	ասաց	Փոխանակ զի արարեր զ
Creat1	43	[43] Եւ դարձեալ	ասաց	ցօձն. Անիծեալ լիցիս յ
Creat1	48	եւ կինն իւր>	ասացին	թէպէտ չէ բարութիւն
Creat2	7	Հաւանեցաւ։ [7] Եւ	ասաց	աՀա սա ոսկր յոսկերաց
Creat2	8	նոցա պատուէր եւ	ասաց	թէ ուտելով կերիցէք զ
Creat2	14	ընդ Եւայի եւ	ասաց	ընդէ՞ր յամենայն ծառոց
Creat2	15	Եւայ, զի Աստուած	ասաց	յորժամ ուտէք ի ծառոյդ
Creat2	15	է տեսլեամբ։ [15]	Ասէ	Եւայ, զի Աստուած ասաց
Creat2	16	[16] Իսկ օձն	ասէ	Աստուած զձեզ խաբեաց. զի
Creat2	17	[17] Վասն այն	ասաց	ձեզ չուտել. զի մի
Creat2	19	դառնացաւ եւ	ասէ	այս ի՞նչ է զոր դու
Creat2	20	եւ մերկացար։ [20]	Ասէ	Եւա, խիստ քաղցր է պտուղս
Creat2	21	զԱդամ։ [21]	Ասէ	Ադամ. ուտեմ եւ ես քեզ
Creat2	22	մերկանամ։ [22] Եւ	ասէ	Եւա. ես շատ կերայ վասն այն
Creat2	23	սակաւ կեր։ [23]	Ասէ	Ադամ. ոչ կարեմ ճաշակել եւ
Creat2	24	նման լինիլ։ [24]	Ասէ	Եւա. թէպէտ եւ դու շատ
Creat2	26	աղաչէր զնա եւ	ասէր	կեր եւ մի որոշեր զիս ի
Creat2	33	բարկութեամբ եւ	ասէ	ո՞ւր ես Ադամ։ [34] Ասէ Ադամ
Creat2	34	ո՞ւր ես Ադամ։ [34]	Ասէ	Ադամ. Տէր զքո ձայնդ
Creat2	35	Աստուած. ո՞չ	ասացի	քեզ թէ մի ուտեր ի
Creat2	35	եւ թաքեայ։ [35]	Ասէ	Աստուած. ո՞չ ասացի քեզ թէ
Creat2	37	կերար։ [37]	Ասէ	Ադամ. Տէր այս կինն զոր
Creat2	39	ի պտղոյն։ [39]	Ասէ	Եւա. Տէր այս օձս զոր դու
Creat2	40	ի վերայ սոցա եւ	ասէ	դու օձդ որ փոխանակ զի
Creat2	42	[42] Եւ դարձեալ	ասաց	ցկինն. փոխանակ զի

Creat2	43	դարձեալ առ Ադամ	ասաց	փոխանակ զի Թողեր զ
Creat2	48	Թերեւս մեղայ	ասեն	եւ Թողութիւն գտանեն: [49]
Creat2	49	ի ստեղծողն	ասացին	վասն այն բարկացեալ
Exp1	3	Հրեշտակի, եւ	ասէ	՞նդէ՞ր տրտում էք: [4] Ասէ
Exp1	4	տրտում էք: [4]	Ասէ	Ադամ. վասն այն տրտմինք
Exp1	7	եւ լամք: [7]	Ասէ	Սատանայ. զի՞նչ եռուք այն
Exp1	8	երեր ի լոյս: [8]	Ասէ	Ադամ. Եւ ոչ ինչ: [9] Ասէ
Exp1	9	Զի է, ընդէ՞ր ոչ	ասացիք	զձեզ ծառայ նմա
Exp1	9	Եւ ոչ ինչ: [9]	Ասէ	Սատանայ. Զի է, ընդէ՞ր ոչ
Exp1	10	զայդ ոչ իմացաք	ասել	[11] Ասէ Սատանայ. զի՞նչ
Exp1	10	ձերովք: [10]	Ասէ	Ադամ. Ցիմարութիւն կալաւ զ
Exp1	11	ասել: [11]	Ասէ	Սատանայ. զի՞նչ <տայք> ինձ
Exp1	12	լուսոյ: [12]	Ասէ	Ադամ. Եթէ մի անգամ լոյս
Exp1	13	<կողմն>, եւ	ասաց	Հայեցարուք եւ անդ
Exp1	14	լոյս: [14] Իբրեւ	ասաց	Սատանայ զայս բանս, եւ
Exp1	15	պիղծն Սատանայ	ասէ	Տեսայ՞ք զաւետիսն զի
Exp1	16	զձեզ: [16]	Ասէ	Ադամ. ծառայ եմ քեզ եւ
Exp1	17	քարին եւ	ասայ	այսպէս. Ամենայն
Exp1	17	առաջի Ադամայ, եւ	ասաց	Ադամայ. Դիր զձեռդ
Exp1	18	[18] Եւ Թէ ոչ	ասես	այսպէս, խոր խաւար բերեմ
Exp1	19	քարին, եւ	ասաց	Մինչեւ անծինն ծնանի եւ
Exp1	23	վասն այն	ասաց	քեզ Թէ մինչեւ անծինն
Exp1	23	Ադամայ, եւ	ասէ	Մի երկնչիր Ադամ Թէ
Exp1	23	աստուածուԹեան <	ասէ>	որ ոչ ունի զմահ. վասն
Exp1	24	Ադամ, այն	ասի	առաջաւոր: [25] Եւ ի
Exp2	3	Հրեշտակի եւ	ասէ	ցԱդամ. ընդէ՞ր տրտմիք: [4]
Exp2	4	տրտմիք: [4]	Ասէ	Ադամ. վասն այն տրտմիմք
Exp2	7	կալաւ զմեզ: [7]	Ասէ	Սատանայ. Ի՞նչ տուիք այն
Exp2	8	լոյս աշխարհ: [8]	Ասէ	Ադամ. ի՞նչ ունէաք որ
Exp2	9	որ տայաք: [9]	Ասէ	Սատանայ պարտ էր ձեզ
Exp2	10	կալաւ զձեզ: [10]	Ասէ	Ադամ. յափշուԹիւն կալաւ զ
Exp2	11	ոչ իմացաք: [11]	Ասէ	Սատանայ. զի՞նչ տայք ինձ
Exp2	12	լուսոյ: [12]	Ասէ	Ադամ. եԹէ միւսանգամ լոյս
Exp2	13	յարեւելս եւ	ասաց	անտի տեսանէք զլոյս
Exp2	14	զլոյս: [14] Զայս	ասաց	Սատանայ եւ սակաւ մի
Exp2	15	առ նա Սատանայ եւ	ասէ	տեսանէք զաւետիսն իմ որ
Exp2	16	զձեզ: [16]	Ասէ	Ադամ. ծառայ եմք քեզ եւ
Exp2	17	քարիդ եւ	ասա	այսպէս. մինչեւ անծինն
Exp2	17	առաջի Ադամայ եւ	ասէ	դիր զձեռն քո ի վերայ
Exp2	18	[18] Եւ եԹէ ոչ	ասէք	այսպէս. դարձեալ խաւար
Exp2	19	ի վերայ եղեալ	ասաց	Թէ մինչեւ անծինն ծնանի
Exp2	24	վասն այն որ	ասաց	Թէ մինչեւ անծինն ծնանի
Rep	5	մահուն [5] Քանզի	ասաց	Աստուած Թէ մահու մեռանիցիք
Rep	11	աշխարանաց զբանս եւ	ասէր	[12] Վայ ինձ աստուածաստեղծ
Rep	24	զբանն ի կինն եւ	ասէ	Ով կին դու զի՞նչ գործեցեր ընդ
Rep	25	շուտով անցանէ [25]	ասէ	Եւայ մեր կենացս այս բաւական
Rep	27	մխիԹարեաց զնոսա եւ	ասաց	ուտել ի պտղոյ երկրին որ կայր
Rep	28	մատ առ նոսա [28] Եւ	ասաց	նոցա մերձաւորիլ

Rep	28	*քոյր նորա ընդ նմա եւ*	*ասէ*	*ծնայ մարդ Աստուծով* [29] *Եւ յե*
Rep	30	*Գաբրիէլ եւ*	*ասաց*	*նմա մերձենալ յԵւա վասն*
Rep	31	*մի ի ծառոց դրախտին եւ*	*ասաց*	*Այդ քեզ նշան որ ծնանի քեզ*
Rep	32	*Եւայ Ադամայ եւ*	*ասաց*	*թէ Տեսի գիշերս յերազի որ զ*
Rep	34	*Ադամ ի Կայենէ որ*	*ասէր*	*զՀաբէլ թէ Եկ երթիցուք ի դաշտի*
Rep	36	*ւրինակաւ այս է զոր*	*ասեմս*	*Տարեալ Կային զՀաբէլ*
Rep	38	*Հոգով գնաց Ադամ*	*ասել*	*Եւայի զի եկեալ ի միասին*
Rep	43	*Գաբրիէլ առ Ադամ եւ*	*ասաց*	*նմա Դուք մի Հարցանէք զԿային*
Rep	46	*ստեաց Աստուծոյ եւ*	*ասաց*	*Ոչ գիտեմ* [47] *Եւ Աստուած*
Rep	47	*զղջանայր եւ մեղայ*	*ասէր*	[48] *Իսկ նա լրբութեամբ ասաց*
Rep	48	*Իսկ նա լրբութեամբ*	*ասաց*	*Ոչ գիտեմ մի թէ պաՀապա՞ն իցեմ*
Rep	49	*իմոյ* [49] *Եւ*	*ասաց*	*նմա Աստուած ՊաՀապան չես*
Rep	51	*նորա* [51] *Նախ զի*	*ասաց*	*թէ Անիծեալ լիջիր* [52] *Երկրորդ*
Rep	73	*կենաց իւրեանց եւ*	*ասէին*	*Ով պանծալի դրախտ Ով գեղեցիկ*
Rep	83	*Եւայ զԱդամ Տէր իմ*	*ասա*	*զժամանակ իմ թէ յամեմ ես*
Rep	83	*իւրմէ* [83] *Յայնժամ*	*ասէ*	*Եւայ զԱդամ Տէր իմ ասա զ*
Rep	85	*ես ոչ ինչ իմանամ* [85]	*ասէ*	*Ադամ Ոչ յամես այլ ի միասին*
Rep	89	*ընդդէմ գազանին եւ*	*ասաց*	*Սանձեա զբերան քո եւ մի*
Rep	90	*որ կալեալ ուտէր եւ*	*ասաց*	*Եւայի Ձեզ Հնազանդ յայնժամ էի*
Rep	91	*խաւսեցաւ գազանն եւ*	*ասաց*	*ընդ Եւայ մարդկային բարբառով*
Rep	92	*Գաբրիէլ եւ*	*ասաց*	*Արիք եւ գնացէք զի մեռաւ*
Rep	94	*գլուխ նորա եւ*	*ասաց*	*Վայ գլուխս վայ գլուխս եւ նա*
Tid1	1	*իւր առ Ադամ, եւ*	*ասէ*	*Մերձեցիր ի կին քո, զի*
Tid1	2	*Աբելի*: [2]	*Ասաց*	*Ադամ. Ձկարեմ մերձենալ*
Tid1	3	*տրտմութիւն*: [3]	*Ասէ*	*Հրեշտակն. Մի երկնչիր Ադամ*
Tid1	10	*Հրեշտակն եւ*	*ասաց*	*Նոյի մտանել տապանն*
Tid1	11	*տրտում* <*է*>: [11]	*Ասէ*	*Սէթ. վասն ճաշակելոյ*
Tid1	12	*է*: [12] *Իսկ Ենովք*	*ասէ*	*զՀայրն. Հօր պարտքն պիտի*
Tid1	26	*եկն Հրեշտակ եւ*	*ասաց*	*Նոյի ամուսնանալ, եւ Նոյ*
Tid1	27	*էր*: [27] *Եւ*	*ասաց*	*Հրեշտակն. զԱստուծոյ*
Tid1	28	*աշխարՀս*: [28]	*Ասէ*	*Նոյ. Ո՞րչափ է աւուրց կենաց*
Tid1	29	*յաշխարՀս*: [29]	*Ասէ*	*Հրեշտակ. ՀինգՀարիւր տարի*
Tid1	30	*պիտի ապրիս*: [30]	*Ասաց*	*Նոյ. Ձորս Հարիւր տարին*
Tid1	31	*...ութիւնս իմ*: [31]	*Ասէ*	*Հրեշտակն. Հրամանք Տեառն*
Tid1	32	*արգելուլ*: [32]	*Ասէ*	*Նոյ. Ոչ գիտեմ եթէ մաքուր*
Tid1	33	*ի կնութիւն*: [33]	*Ասէ*	*Հրեշտակն. Կուս մի կայ*
Tid1	38B10	*ի տապանն*: [38B10]	*Ասէ*	*Նոյ մինչեւ եւթն օր*
Tid1	38B2	*եւ խիզարին որ*	*ասէին*	*ՋրՀեղեղ կու գայ*: [38B3]
Tid1	38B3	*Նոյեայ որ*	*ասէ*	*թէ ՋրՀեղեղ կու գայ*: [38B4]
Tid1	38B3	[38B3] *Տնազէին եւ*	*ասէին*	*տեսէք զանգիտութիւնն*
Tid1	38B5	*առ Նոյ եւ*	*ասէ*	*երեք աղջիկ առ ի Սեթայ*
Tid1	38B8	*տնազէին զնա եւ*	*ասէին*	*երբ Ջուր գայ Նոյ որ*
Tid1	38B9	*առ Նոյ եւ*	*ասէ*	*մտիր ի տապանն*: [38B10] *Ասէ*
Tid1	38C	*ձայնն որ*	*ասէին*	*ՋրՀեղեղ կու գայ*: [38D3]
Tid1	38D5	... *եւ անուանս*	*ասաց*	*Ձանէզան, Ձարմանէզան*
Tid1	38D5	*երեւեցաւ Նոի եւ*	*ասէ*	*երեք աղջիկ առ Սեթայ*
Tid1	51	*ի Տեառնէ եւ*	*ասաց*	*Տուր ինձ նշան*
Tid1	52	*...տութեան*: [52] *Եւ*	*ասաց*	*Տէրն. Հայեաց ի յ*

Tid1	54	*իջեալ էին: [54] Եւ*	*ասաց*	*Աստուած Նոյի. Այս եղիցի*
Tid2	1	*վասն Սէթայ, եւ*	*ասաց*	*Ադամայ թէ մերձեցիր առ*
Tid2	2	*նաՀապետաց: [2]*	*Ասէ*	*Ադամ. ոչ կամիմ մերձենալ ի*
Tid2	3	*բերէ ինձ: [3]*	*Ասէ*	*Հրեշտակն. տալոց է քեզ*
Tid2	11	*...ախանայք: [11] Նա*	*ասաց*	*յաղագս ճաշակման*
Tid2	12	*լսեց զայս նա*	*ասաց*	*ես վճարեմ զձեր պարտքն*
Tid2	24	*Հրեշտակին որ*	*ասաց*	*Նոյի զի ամուսնացիր: [25]*
Tid2	25	*ամուսնացիր: [25]*	*Ասէ*	*Նոյ. ոչ կամիմ ամուսնանալ*
Tid2	26	*աշխարՀիս: [26]*	*Ասէ*	*Հրեշտակն. բարկացեալ է*
Tid2	29	*աշխարՀի: [29]*	*Ասէ*	*Նոյ. քանի տարի դեռեւս*
Tid2	30	*պիտի ապրիմ: [30]*	*Ասէ*	*Հրեշտակն. վեց Հարիւր*
Tid2	31	*տարի ապրիս: [31]*	*Ասէ*	*Նոյ. վերջն մաՀ է եւ*
Tid2	33	*աշխարՀի: [33]*	*Ասէ*	*Հրեշտակն. Հրամանք*
Tid2	35	[35] *զայս*	*ասաց*	*Հրեշտակն եւ գնաց ի*
Tid2	38A	*նա ծաղր առնէին*	*ասելով*	*թէ յայս քան բարձր*
Tid2	38C	*...րեշտակն Նոյի եւ*	*ասաց*	*թէ առ երեք որդւոց քոց*
Tid2	38D	*Հրեշտակն եւ*	*ասաց*	*մուտ ի տապան քո. զի լինի*
Tid2	38E	*առ Տէր եւ*	*ասէ*	*Տէր տուր Համբերութիւն զի*
Tid2	38F	*որ քարոզէր Նոյ*	*ասելով*	*թէ դարձիք ի մեղաց զի*
Tid2	38G	*առնէին զՆոյ եւ*	*ասէին*	*գիտեմք զի ընդ վայր*
Tid2	44	*Մասիսոյ որ այժմ*	*ասեն*	*աղրտաղ1 [45] Ցորում բացաւ*
Tid2	53	*ընդ արեւելս եւ*	*ասէ*	*այս է նշան ուխտին իմոյ*
Tid2	58	*է. որ մայր*	*ասի*	*անուն նորա: [59] Որոց*
WdsAd	1	ԱԴԱՄԱՑ ԱՌ ՍէԹ [1]	*Ասէ*	*Ադամ զՍէթ. Որդեակ, ոչ է այս*
WdsAd	4	*եւ Ջուր ոչ էարբ: [4] Եւ*	*ասէ*	*առ Տէր յաղօթելն իւրում*
WdsAd	5	*իւրում. եւ ետ ի Սէթ, եւ*	*ասէ*	*Այդ է մխիթարութիւն Հօր քում:*
WdsAd	7	*Հայրն իւր Ադամ, եւ*	*ասէ*	*Հայր, այս ի բնակութենէն քումմէ*
WdsAd	9	*ճաշակեաց: [9] Եւ*	*ասէ*	*զորդին իւր. Որդեակ իմ Սէթ. այ*
WdsAd	10	*չուտել մեզ: [10] Եւ*	*ասէ*	*Սէթ զՀայրն. Հայր, գիտեա զի*
WdsAd	12	*ընդ Ենովս խօսեցաւ եւ*	*ասէ*	*Այսպէս ասէր Հայրն իմ Ադամ, թէ*
WdsAd	12	*եւ ասէ. Այսպէս*	*ասէր*	*Հայրն իմ Ադամ, թէ ոչ էր այս*

ամայ **noun**

AbCn2	19	*զխաղողի ճուղն որ*	*ամայ*	*ասի. նա ասաց Աբէլի թէ եկ*
AbCn2	19	*նա ասաց Աբէլի թէ եկ*	*ամայի*	*մատիւ խաղացուք: [20] Դու*

աստ **adverb**

AbCn1	19	*ելեալ Կայէն Հայեցաւ*	*աստ*	*եւ անդ, եւ ետես մատն խաղողի*
AbCn1	26	*լինի: [26] Իսկ Կայէն*	*աստ*	*եւ անդ շրջէր թէ իրք մի գտցէ, ե*
AbCn2	19	*Եւ ել Կայէն Հայեցաւ*	*աստ*	*եւ անդ, եւ ետես զխաղողի ճուղն*
AbCn2	26	*դու: [26] Իսկ Կայէն*	*աստ*	*եւ անդ շրջէր եւ ոչ գիտէր թէ որ*
Tid1	38B4	*զտապանն թէ*	*աստ*	*Ջուրն Հասանէ եւ այլ*
Tid1	38D4	*բլրի չինէր եւ*	*աստ*	*Ջուր Հասանի Հարիւր*

Աստուած **noun**

AbCn1	1	*քաղձրացաւ նմա*	*Աստուած*	*եւ առաքեաց զՀրեշտակ իւր եւ*
AbCn1	1	*նմա զմարդանալն*	*Աստուծոյ*	*եւ զփրկութիւն նորա ի ձեռաց*
AbCn1	2	*անտի բաժին Հանել*	*Աստուծոյ*	[3] *Ջի Ադամայ առաջին*

AbCn1	6	մին բաժին Հանէք	Աստուծոյ	զի Աբելի ոչխարն ծնաւ
AbCn1	6	զայն Հաբէլ ընտրեաց	Աստուծոյ	բաժին. բայց ոչ մատոյց վասն
AbCn1	6	մատուցուք զբաժինն	Աստուծոյ	[7] Իբրեւ Հասին Հունձքն
AbCn1	7	ուրիշ դնէր ի բաժինն	Աստուծոյ	[8] Եւ եբեր Հաբէլ զգառն իւր
AbCn1	8	ընտրեալ էր եւ բաժին	Աստուծոյ	խոստացեալ: [9] Իսկ Կայէն
AbCn1	9	յաղօթս առ	Աստուած	եւ ասաց. Դու, Տէր, ստեղծող
AbCn1	11	առ Տէր եւ ասէր. Տէր	Աստուած	ստեղծօղ եւ արարիչ ամենայն
AbCn1	11	զանդրանիկ զառն	Աստուծոյ	ձեռնատարած աղօթէր առ
AbCn1	30	զիտես դատաստանն	Աստուծոյ	[31] Իբրեւ քարիւն կորէր
AbCn1	36	Վասն այն Հարցանէր	Աստուած	թերեւս մեղայ ասիցէ: [37]
AbCn1	45	...տուՀասն այն էր, որ	Աստուած	նմա մաՀ ոչ Հրամայեաց, այլ
AbCn1	51A	եթող նմա Տէր	Աստուած	զպատուՀասն Ղամեքայ: [52]
AbCn1	51Y	բարի էր, աղաչեաց զ	Աստուած	եւ ողորմեցաւ նմա Տէրն վասն
AbCn1	54	մարմինն: [54] Քանզի	Աստուած	Ադամայ ասաց Հող լինի եւ
AbCn2	1	ողորմեցաւ ինձ	Աստուած	եւ առաքեաց զՀրեշտակ իւր եւ
AbCn2	2	պտղոյ բաժին Հանել	Աստուծոյ	[3] Վասն որոյ Ադամ
AbCn2	5	զմէկն բաժին Հանել	Աստուծոյ	[6] Իբրեւ եղեւ ծնունդն
AbCn2	6	եւ զպարարտն տալ	Աստուծոյ	բաժին. բայց ոչ մատոյց
AbCn2	6	բայց ոչ մատոյց	Աստուծոյ	վասն եղբօրն թէ քոյն եւս
AbCn2	6	մատուցուք զբաժինն	Աստուծոյ	[7] Իբրեւ Հասին Հունձք
AbCn2	7	զփուճն Հանեց բաժին	Աստուծոյ	եւ ժողովեաց իբրեւ դէզ մի
AbCn2	8	զԿայէն վասն	Աստուծոյ	ասելով սիրելի եղբայր իմ, դու
AbCn2	8	դու մատո զբաժինն	Աստուծոյ	եւ ապա ես: [9] Իսկ Կայէն
AbCn2	11	...ղակեաց եւ ասէ Տէր	Աստուած	ստեղծօղ եւ արարիչ ամենայն
AbCn2	11	զառանցն առաջի	Աստուծոյ	եւ զձեռսն տարածեալ
AbCn2	34	ապա երեւեցաւ	Աստուած	ի վերայ ամպոյ լիսուն
AbCn2	36	[36] Եւ բարկացաւ	Աստուած	ի վերայ Կայէնի. թէ երբ
AbCn2	37	զի ի Հարցանելն	Աստուծոյ	զնա քաղցրութեամբ յ
AbCn2	44	...տուՀասն այն էր, որ	Աստուած	մաՀ ոչ Հրամայեաց Կայէնի
AbCn2	51	[51] Զոր ետես	Աստուած	զարտասուսն եւ զաղաչանք
AbCn2	51	կնոջն, ողորմեցաւ	Աստուածն	ամենայնի. եւ բժշկեաց զ
AbCn2	54	Հող լինէր: [54] Քանզի	Աստուած	նախ Ադամայ ասաց Հող լինիլ
AbCn2	58	զաւակացն: [58] Իսկ	Աստուած	ողորմեցաւ եւ առաքեաց
Creat1	3	օրՀնաբանել զ	Աստուած	եւ Հպարտացաւ ի սրտի
Creat1	3	...ւցանել Հաւասար	Աստուծոյ	աթոռին: [4] Եւ
Creat1	4	Եւ Հրամայեաց Տէր	Աստուած	յուռնաւոր սեռովբէից
Creat1	5	[5] Իսկ բարերարն	Աստուած	վասն Հպարտութեանն
Creat1	6	[6] Եւ արկ Տէր	Աստուած	թմբրութիւն ի վերայ
Creat1	8	զնոսա Տէր	Աստուած	եւ եդ ի մէջ դրախտին
Creat1	8	նոցա Տէր	Աստուած	եւ ասէ. Ուտելով
Creat1	15	Ասէ Եւայ. Զի Տէր	Աստուած	պատուէր ետ չուտել ի
Creat1	16	Խաբել կամի զձեզ	Աստուած	զի Աստուած իբրեւ զ
Creat1	16	ձեզ Աստուած. զի	Աստուած	իբրեւ զձեզ նման էր
Creat1	17	եւ աթոռակից	Աստուծոյ	[18] Յայնժամ առեալ ի
Creat1	1D	իւրոյ: [1D] Տէր	Աստուած	յառաջ քան զաշխարՀս
Creat1	1Y	ստեղծ Տէր	Աստուած	զերկինս եւ զերկիր
Creat1	24	բարկանայ քեզ	Աստուած	զի Աստուած զքեզ
Creat1	24	քեզ Աստուած, զի	Աստուած	զքեզ յոյժ սիրէ: [25]

Creat1	27	…րաստեղծ էր, զի	Աստուած	իւր ձեռօքն էր
Creat1	28	արար, ասաց. Մի թէ	Աստուած	ողորմի՞ ինձ եւ ոչ
Creat1	29	կարող էր	Աստուած	քան զայն եւ այլ
Creat1	2YD	եւ փառաբանէին զ	Աստուած	[3] Իսկ պիղծն Սատանայ
Creat1	30	եւ եթող զխօսքն	Աստուծոյ	եւ կնոջ խօսքով
Creat1	31	այն էր, որ Եւայ զ	Աստուծոյ	խօսքն եւ զ
Creat1	31	լսեց. եւ Ադամ զ	Աստուծոյ	խօսքն եւ զ
Creat1	32	երեւէր նոցա	Աստուած	զի զայր Հանդարտապէս
Creat1	32	ի տեսութենէն	Աստուծոյ	քանզի Համապազ
Creat2	0	ՄԱՐԴԱՆԱԼՈՑՆ ՔՐԻՍՏՈՍԻ	ԱՍՏՈՒԾՈՑ	ՄԵՐՈՑ [1] Նախ ըստեղծ Տէր
Creat2	1	Նախ ըստեղծ Տէր	Աստուած	զդասս Հրեշտակաց եւ
Creat2	2	առնէին զ	Աստուած	[3] Եւ պիղծն Սատանայ
Creat2	3	կամէր օրՀնել զ	Աստուած	այլ կամէր եւս
Creat2	3	աթոռոյն	Աստուծոյ	[4] Եւ բարկացաւ Տէրն
Creat2	5	[5] Իսկ բարերարն	Աստուած	փոխանակ Հպարտութեան
Creat2	8	կին: [8] Իսկ Տէր	Աստուած	տարեալ եդ զնոսա
Creat2	15	[15] Աւէ Եւայ, զի	Աստուած	ասաց յորժամ ուտէք ի
Creat2	16	[16] Իսկ օձն աստ	Աստուած	զձեզ խաբեաց. զի
Creat2	16	զի յառաջ	Աստուած	մարդ էր իբրեւ զձեզ
Creat2	17	Հաւասար լինիք	Աստուծոյ	[18] Իբրեւ լուաւ զ
Creat2	24	զի սիրէ զքեզ	Աստուած	[25] Իբրեւ զայս լսեց
Creat2	32	զի մի տեսցէ	Աստուած	քանզի Համապազ զայր
Creat2	32	Համապազ զայր	Աստուած	եւ խօսէր ընդ նոսա
Creat2	33	Տէրն զալոյն	Աստուծոյ	զոր իբրեւ յիսուն
Creat2	35	թաքեայ: [35]Աւէ	Աստուած	ո՞չ ասացի քեզ թէ մի
Creat2	45	բարի էր բայց	Աստուած	զայն պտուղն պագ
Creat2	46	զի փորձեաց զնա	Աստուած	[47] Ապա ետես որ ոչ
Creat2	46	Թէ պաՀեալ էր զ	Աստուծոյ	խօսքն եւ չէր
Creat2	47	այն բարկացաւ	Աստուած	[48] Դարձեալ վասն այն
Creat2	47	պաՀեաց զխրատն	Աստուծոյ	այլ փութապէս
Creat2	49	այն բարկացեալ	Աստուած	ի վերայ նոցա. եւ
Creat2	54	[54] Զոր Տէր	Աստուած	փրկեալ ազատեսցէ զ
Exp1	4	…ղծեալ էր զմեզ	Աստուած	եւ եդեալ ի մէջ
Exp1	23	ձեռնագիր յ	Աստուծոյ	ետ ի ձեռն Ադամայ, եւ
Exp1	28	[28] ՕրՀնեալ է	Աստուած	
Exp2	4	…ղծեալ էր զմեզ	Աստուած	եւ եդեալ ի մէջ
Exp2	5	ողորմեցաւ մեզ	Աստուած	եւ առաքեաց զ
Exp2	6	որ բարկացաւ	Աստուած	ի վերայ մեր եւ խաւար
Exp2	23	[23] Աղաչեցին զ	Աստուած	եւ յետ Հինգ աւուրցն
Exp2	23	աւուրցն լուաւ	Աստուած	աղօթից նոցա եւ
Exp2	23	…անալոյն Տեառն	Աստուծոյ	եւ ազատիլն ի ձեռաց
Exp2	24	զձեռագիրն	Աստուծոյ	եւ էր գրեալ այսպէս
Exp2	28	…մեցի Քրիստոս	Աստուած	ձեզ եւ մեզ. Ամէն:
Rep	1	զԵւայ Հրամանաւն	Աստուծոյ	եւ բնակեցան յանդիման
Rep	5	[5] Քանզի ասաց	Աստուած	թէ մաՀու մեռանիցիք եւ այն
Rep	17	Վայ ինձ որ մեղայ	Աստուծոյ	[18] Լացէք զիս ամենայն
Rep	27	Գաբրիէլ բանիւն	Աստուծոյ	եւ տեսեալ զԱդամ եւ
Rep	28	ըստ Հրամանին	Աստուծոյ	եւ յետ երեսուն ամաց

Rep	28	*նմա եւ ասէ ծնայ մարդ*	*Աստուծով*	[29] *Եւ յետ երեսուն*
Rep	30	*եւ ապա հրամանաւն*	*Աստուծոյ*	*եկն առ Ադամ*
Rep	39	*էր ի հրեշտակաց*	*Աստուծոյ*	*եւ երկիր կլեալ էր զ*
Rep	42	[42] *Մինչ որ հրամանաւն*	*Աստուծոյ*	*ծնան զՍէթ որդի մխիթարութեան*
Rep	43	*Կային վասն Հաբելի այլ*	*Աստուած*	*հարցանէ զնա եւ պատժէ*
Rep	45	[45] *Վասն զի եհարց*	*Աստուած*	*զԿային թէ ո՞ւր է Աբէլ*
Rep	46	*քո* [46] *Եւ նա ստեաց*	*Աստուծոյ*	*եւ ասաց Ոչ գիտեմ* [47]
Rep	47	*Ոչ գիտեմ* [47] *Եւ*	*Աստուած*	*վասն այն եհարց զԿային որ*
Rep	49	[49] *Եւ ասաց նմա*	*Աստուած*	*Պահապան չես սպանաւղ*
Rep	57	*նշան եդ ի վերայ նորա*	*Աստուած*	*որ ամենայն ոք գիտենայր զնա*
Rep	62	[62] *Նախ զի մեղան*	*Աստուծոյ*	[63] *Երկրորդ զի*
Rep	67	[67] *Վեցերորդ զի յ*	*Աստուծոյ*	*աւտարացան* [68]
Rep	71	*եւ պատժեալ յ*	*Աստուծոյ*	[72] *Այս ամենայն*
Rep	89	*մերձենալ ի ծառայդ*	*Աստուծոյ*	*յիշեա զի ընդ մերով*
Rep	90	*էի որքան դուք հնազանդ*	*Աստուծոյ*	*էիք եւ զպատուիրանս նորա*
Rep	91	[91] *Զայս հրամանաւն*	*Աստուծոյ*	*խաւսեցաւ զազանն եւ ասաց*
Tid1	3	*տալոց է քեզ*	*Աստուած*	*որդի, եւ կոչեսցես զ*
Tid1	16	*ի նմանէ:* [16] *Իսկ*	*Աստուած*	*հրամայեաց*
Tid1	23D	*եւ ոչ յիշէին զ*	*Աստուած*	[24] *Իսկ վասն բազում*
Tid1	23Y	*եւ ոչ յիշեցին զ*	*Աստուած*	[23D] *Հինգհարիւրեւք…*
Tid1	24	*նոցա բարկացաւ*	*Աստուած*	*ի վերայ նոցա, եւ*
Tid1	25	[25] *Հրամայեաց*	*Աստուած*	*Նոյի տապան շինել, եւ*
Tid1	27	*հրեշտակն. զ*	*Աստուծոյ*	*հրամանքն պիտի*
Tid1	38B6	*Նոյ աղաչեաց զ*	*Աստուած*	*տասն տարի համբերել*
Tid1	38B6	*համբերել եւ*	*Աստուած*	*բաշխեաց Նոյի*
Tid1	38B7	*թէ կամէր*	*Աստուած*	*կորուսանել զձեզ եւ*
Tid1	38D11	*…ութիւն խնդրեաց*	*Աստուծէ*	[39] *Եւ իբրեւ ել Նոյ ի*
Tid1	38D7	*համբերել. եւ*	*Աստուած*	*լսէր աղաչանացն Նոյին*
Tid1	38D7	*Իսկ աղաչէր զ*	*Աստուածն*	*կենդանին ստեղծօղ*
Tid1	38D8	*քարոզել Նոյ եթէ*	*Աստուած*	*կամեցաւ կորուսանել զ*
Tid1	38Y	*եւ աղաչեաց զ*	*Աստուած*	*զի քսանեւեօթն օր*
Tid1	50	*մատոյց բաժին*	*Աստուծոյ*	*եւ խնդրեաց յ*
Tid1	50	*եւ խնդրեաց յ*	*Աստուծոյ*	*զի այլ մի ջրով*
Tid1	54	*էին:* [54] *Եւ ասաց*	*Աստուած*	*Նոյի. Այս եղիցի նշան*
Tid1	55	*զօրհնութիւն*	*Աստուծոյ*	*էջ ի լեռնէն եւ*
Tid2	0	ՍԷԹԱՑ ԶՈՐ ԵՏ	ԱՍՏՈՒԱԾ	ԱԴԱՄԱՑ ՑԱՂԱԳՍ ԱԲԷԼԻ ԶՈՐ
Tid2	3	*տալոց է քեզ*	*Աստուած*	*բարի որդի, եւ անուն*
Tid2	16	*այն քաղցրացաւ*	*Աստուած*	*եւ հրամայեաց*
Tid2	24	*դուստր:* [24] *Որ եւ*	*Աստուած*	*բարկացաւ վասն մեղաց*
Tid2	26	*բարկացեալ է*	*Աստուած*	*վասն մեղաց մարդկան*
Tid2	27	*այն հրամայեաց*	*Աստուած*	*քեզ կին առնուլ. զի*
Tid2	33	*հրամանք*	*Աստուծոյ*	*է, կատարել պարտիս*
Tid2	38F	*ի մեղաց:* [38F] *Եւ*	*Աստուած*	*ներեաց ամս քսան զոր*
Tid2	38H	*հրամայեաց*	*Աստուած*	*Նոյի առնուլ զորդիսն*
Tid2	41	[41] *Եւ հրամայեաց*	*Աստուած*	*առնուլ զնոսա երկու*
Tid2	50	*պատարագ մատոյց*	*Աստուծոյ*	*եւ խնդրեաց յ*
Tid2	50	*եւ խնդրեաց յ*	*Աստուծոյ*	*այլ ոչ պատուհասել*
Tid2	59	*փրկեսցէ Տէր*	*Աստուած*	*զամենայն*

WdsAd	2	[2] *Զի եստեղծ զմեզ*	*Աստուած*	*եւ եդ ի դրախտին, եւ*
WdsAd	11	*Եւ օրՀնեաց Ադամ զ*	*Աստուած*	*եւ զՍէթ զորդին իւր. եւ*
WdsAd	13	[13] *Եւ յորժամ ստեղծ*	*Աստուած*	*զՀայրն մեր եւ եդ զնա ի*

***աստուածային* adjective**

WdsAd	2	*եւ մերկացաք յ*	*աստուածային*	*փառացն (եւ) զրկեցաք ի*
WdsAd	13	*մերկացեալ յ*	*աստուածային*	*լուսոյն եւ արտաքս*
WdsAd	16	*Համբարձաւ, եւ*	*աստուածային*	*փառացն եւ լուսոյն*

***աստուածանամ* verb**

Creat2	18	*օձին, ցանկացաւ*	*աստուածանալ*	*փութապէս*

***աստուածաստեղծ* adjective**

Rep	12	*ասէր* [12] *Վայ ինձ*	*աստուածաստեղծ*	*մարդոյս Վայ ինձ*
Rep	98	[98] *Եւ պատուէին զ*	*աստուածաստեղծ*	*մարմինս նախաստեղծիցն*

***աստուածատունկ* adjective**

Rep	73	*Ով վայելուչ այգի Ով*	*աստուածատունկ*	*դարաստան*
Rep	74	*մտանել ի քեզ դրախտ*	*աստուածատունկ*	*Ո՞վ տայ մեզ Հանգիստ ի*

***աստուածութիւն* noun**

Creat1	16	*իբրեւ կերաւ*	*աստուածութեան*	*փառացն Հասաւ*
Creat1	1D	*ծառայութեանն*	*աստուածութեանն*	*իւրոյ:* [2Y] *Իսկ*
Creat1	1Y	*ի ծառայութիւն*	*աստուածութեանն*	*իւրոյ:* [1D] *Տէր*
Creat2	47	*եւ ցանկացան*	*աստուածութիւն*	*վասն այն*
Exp1	23	*ծնաւ. անմաՀն իմ*	*աստուածութեան*	<*ասէ*>*, որ ոչ*
Exp1	25	*ի լուսոյ*	*աստուածութեան*	*իմոյ զորդի իմ*
Exp2	24	*իմ ի լուսոյ*	*աստուածութեան*	*իմոյ:* [25] *Եւ*
Exp2	24	*ես եմ. եւ անմաՀ*	*աստուածութիւն*	*զոր ի վեց*

***ատեմ* verb**

AbCn2	25	[25] *Դու զի՞րդ*	*կատես*	*զիս եւ առանց ինձ մնալ ի վերայ*

***Արագնազան* name**

Tid2	38C	*Զարմանազան*	*Արագնազան*	[38D] *Բայց կոյս*

***արարած* noun**

Rep	18	*Լացէք զիս ամենայն*	*արարածք*	*Լացէք զիս երկինք Լացէք զ*

***արարիչ* noun**

AbCn1	11	*Աստուած, ստեղծող եւ*	*արարիչ*	*ամենայն բարութեանց, աղաչեմ*
AbCn2	11	*Աստուած ստեղծող եւ*	*արարիչ*	*ամենայն բարութեանց աղաչեմ*
Rep	25	*է զի Հրամայեաց*	*արարիչն*	*մաՀու մեռանել մեզ եւ*
Rep	90	*ձերում զՀրաման*	*արարչին*	*յարձակիմք ի վերայ ձեր*

***արբենամ* verb**

Rep	24	*եւ կամ զի՞նչ*	*արբցուք*	*Զի՞նչ զգեցցուք եւ զ*
WdsAd	3	*Հաց ոչ եկեր եւ Ջուր ոչ*	*էարբ*	[4] *Եւ ասէ առ Տէր յաղօթելն*

արգելում **verb**

Tid1	31	*է, ոչ կարես*	*արգելուլ*	[32] *Ասէ Նոյ. Ոչ գիտեմ*

արդ **adverb**

AbCn2	9	*բերի բաժին քեզ*	*արդ*	*ընկալ զզոհս իմ որպէս Հաճոյ է*
Rep	101	*տարաւ ի վիճակն իւր որ*	*արդ*	*եւս կոչի Շամայ տուն որ է*
Rep	20	*իշխան եւ թագաւոր եւ*	*արդ*	*եմ ձեզ Հաւասար եւ առաւել*
Rep	24	*ի կենաց Հաներ Ով կին*	*արդ*	*զի՞նչ արասցուք եւ որպէս*

արդար **adjective**

AbCn1	9	*եւ տասանորդ, ըստ*	*արդար*	*վաստակոց իմ մատուցի քեզ. իսկ*
Creat2	54	*արժանի արասցէ*	*արդար*	*դատաստանին. եւ*
Rep	54	*պտուղ իւր զի արեամբ*	*արդարոյ*	*ներկեր զնա* [55]

արեգակն **noun**

Creat2	52	*իբրեւ տեսին զ*	*արեգակն*	*եւ զլուսին*
Creat2	52	*եւ ոչ գիտէին թէ*	*արեգակն*	*մտանէ եւ ելանէ. ապա*
Creat2	52	*ապա Հանց որ մտաւ*	*արեգակն*	*եւ մթացաւ երկիր նոցա*
Exp1	1	*կացին ի վերայ*	*արեգական*	*եւ լուսնին մինչեւ յ*
Exp1	2	*երեկուն, երբ որ*	*արեգակն*	*մտաւ, նոքա գիտացին*
Exp1	2	*իբրեւ մտաւ*	*արեգակն*	*Հանց գիտացին թէ այլ*
Exp1	15	*Իբրեւ <ծագեաց*	*արեգակն*	*կատարելապէս*
Exp1	15	*մի բարձրացաւ*	*արեգակն*	*եկն առ նոսա պիղծն*
Exp1	22	*եւ Եւայ <ի վերայ*	*արեգական*	*իսկ յերեկոյն*
Exp1	22	*իսկ յերեկոյն*	*արեգակն*	*իբրեւ մտաւ գիտացին*
Exp2	1	*չէր Հաւասար*	*արեգական*	*լոյսն արքայութեան*
Exp2	1	*ի վերայ լուսոյ*	*արեգականն*	*թէպէտ չէր*
Exp2	1	*ի մայրն մտանէր*	*արեգակն*	[2] *Իսկ որ մթացաւ եւ*
Exp2	2	*որոյ իբրեւ մտաւ*	*արեգակն*	*եւ մթացաւ օրն, նա*
Exp2	14	*լուսոյ երեւէր*	*արեգականն*	*կատարեալ խնդացին*
Exp2	22	*եղեւ մտաւ*	*արեգակն*	*ի մայրն. գիտաց Ադամ*
Rep	3	*լուսացաւ եւ ծագեաց*	*արեգակն*	[4] *Ապա դիւրացան սակաւ մի*
Rep	3	*երեկոյ եմուտ*	*արեգակն*	*եւ եղեւ մութն եւ խաւար*
Rep	21	*եւս վաթար* [21] *Ով*	*արեգակն*	*եւ լուսին ողորմեցարուք*

արեւ **noun**

Rep	92	*ժամուն ընդ մտանել*	*արեւուն*	[93] *Եւ նոքա ելեալ գնացին*

արեւելք **noun**

Exp1	13	*ցուցանէր նոցա յ*	*արեւելից*	*<կողմն>, եւ ասաց*
Exp1	14	*եւ Եւայ զէպ յ*	*արեւելից*	*կողմն, տեսանէին զ*
Exp2	13	*ցոյց ետ նոցա յ*	*արեւելս*	*եւ ասաց. անտի*
Exp2	14	*Եւայ Հայէին ընդ*	*արեւելս*	*եւ տեսանէին զի նշան*
Tid1	52	*Տէրն. Հայեաց ի յ*	*արեւելից*	*կողման:* [53] *Եւ ետես*
Tid2	53	*եւ կարմիր ընդ*	*արեւելս*	*եւ ասէ. այս է նշան*
WdsAd	1	*...կութիւնն յԵդեմ ընդ*	*արեւելս*	*ի դրախտն էր:* [2] *Ջի եատեղծ զ*
WdsAd	12	*...կութիւնն յԵդեմ ընդ*	*արեւելս*	*էր:* [13] *Եւ յորժամ ստեղծ*

արժանաւորեմ **verb**

WdsAd	16	*փառացն եւ լուսոյն*	*արժանաւորեցաւ*	

արժանի **adjective**

Creat2	54	*Սատանայի. եւ*	*արժանի*	*արարց է արդար*

արիւն **noun**

AbCn1	25	*Համար մի Հեղուր զ*	*արիւնն*	*իմ. ես քեզ ի՞նչ չարութիւն*
AbCn1	52	*Աբելի, <գնացին բերին*	*արիւնիւ*	*չաղախեալ մարմինն Աբելի,>*
AbCn1	53	*Հողին. իսկ Համապազ*	*արիւնն*	*ոչ ցամաքէր, եւ ոչ Հոտէր եւ ոչ*
AbCn1	55	*եւ ոչ ցամաքէր*	*արիւնն*	*Աբելայ: [56] Մինչեւ Ադամայ*
AbCn1	57	*տեսանէին զԱբէլ*	*արեամբ*	*չաղախեալ եւ Կայէն*
AbCn2	50	*ելաց որ յաչերէն*	*արիւն*	*կաթեցաւ փոխանակ*
AbCn2	52	*Աբէլի, գնացեալ բերին*	*արեամբ*	*չաղախեալ զմարմինն Աբէլի*
AbCn2	53	*Հողոյն. զի Համապազ*	*արիւնն*	*ոչ ցամաքէր. ոչ Հոտէր եւ ոչ*
AbCn2	57	*իւր տեսանէին զԱբէլ*	*արեամբ*	*չաղախեալ, եւ զԿայէն*
Rep	32	*գիշերս յերազի որ զ*	*արիւնն*	*Աբելի Կային ի բերանն առեալ*
Rep	33	*աղաչէր զնա թէ Թող յ*	*արենէդ*	*եւ նա ոչ լսէր եւ ոչ մնայր*
Rep	33	*այլ փախէր ի դուրս զ*	*արիւնն*	*Հաբելի [34] Իբրեւ լուաւ զ*
Rep	39	*երկիր կլեալ էր զ*	*արիւն*	*նորա որ բնաւ ոչ երեւեցաւ*
Rep	52	*երկրի ուր Հեղեր զ*	*արիւն*	*եղբաւր քոյ [53] Երրորդ*
Rep	54	*քեզ զպտուղ իւր զի*	*արեամբ*	*արդարոյ ներկեր զնա*
Tid1	2	*իմ. զի զԱբէլ*	*արեամբ*	*տեսանեմ սիրտս այրէ*
Tid2	2	*զԱբէլ տեսանեմ*	*արեամբ*	*չաղախեալ, նա ցաւի*
Tid2	2	*իմ իբրեւ*	*արիւն*	*կու Հեղանի. թէ դարձեալ*

արկանեմ **verb**

Creat1	6	*…եչտակացն: [6] Եւ*	*արկ*	*Տէր Աստուած թմբրութիւն*
Creat2	6	*տեղի նորա: [6] Եւ*	*արկ*	*զթմբրութիւն ի վերայ*

Արկուռի **name**

Tid2	55	*Եւ անտի իջին յ*	*Արկուռի*	*եւ անդ բնակեցան*

արձակեմ **verb**

AbCn1	21	*կարես կտրել զնա եւ*	*արձակիլ*	*ապա ես գրկեմ զծառդ, եւ դու*
AbCn1	23	*եւ ասէր. Եղբայր*	*արձակեա*	*զիս ի կապէն: [24] Եւ Կայէն*
AbCn1	24	*[24] Եւ Կայէն ոչ*	*արձակէր*	*այլ պնդագոյն կապէր*
AbCn1	25	*Աբէլ եւ ասէր. Եղբայր*	*արձկեա*	*զիս. այս անցաւոր աշխարՀիս*
AbCn2	23	*սիրելի աղաչեմ զքեզ*	*արձակեա*	*զիս. եւ որքան կենդանի եմ*
Tid1	45	*տապանակին, եւ*	*արձակեաց*	*ագռաւ մի, զի*
Tid1	46	*դարձաւ: [46] Իսկ*	*արձակեաց*	*զաղաւնին, եւ*
Tid1	47	*Նոյի: [47] Իսկ Նոյ*	*արձակեաց*	*զամենայն թռչունս*
Tid1	49	*ծածկեալ էին: [49]*	*Արձակեաց*	*զամենայն*
Tid2	39	*…խտակսն նա ձայն*	*արձակեցաւ*	*ի տախտակէն թէ*
Tid2	46	*յետ երեք աւուրն*	*արձակեաց*	*զաղաւնին եւ*
Tid2	47	*լերանցն եւ*	*արձակեաց*	*զամենայն թռչունսն*
Tid2	49	*կենդանիսն*	*արձակեաց*	*[50] Ապա ի սուրբ*

արու **adjective**

Rep	79	*ծնունդս երեսուն*	*արու*	*եւ էգ որ էին ամենեքեան*
Tid2	5	*քսանեւչորք*	*արու*	*մարդ եւ երեք Հարիւր*

արտ **noun**

Tid1	38B8	*Ջուր գայ Նոյ որ*	*արտն*	*կու վարի կամ որ տեղ այգի*

արտաՀոսեմ **verb**

Tid2	42	*Ջուրք գետերաց*	*արտաՀոսեալ*	*եւ յերկնից*

արտասուեմ **verb**

AbCn1	51Y	*Տէրն վասն բազում*	*արտասուելոյ*	*կնոջն, բժշկեցաւ ցաւն եւ*

արտասուք **noun**

AbCn2	50	*կաթեցաւ փոխանակ*	*արտասուացն*	[51] *Զոր ետես Աստուած*
AbCn2	51	*Զոր ետես Աստուած զ*	*արտասուսն*	*եւ զաղաչանք կնոջն*
Creat2	28	*յաղաչանքն եւ յ*	*արտասուքն*	*ողորմութիւն*
Rep	8	*զկուրծս իւր յորդ*	*արտասուաւք*	[9] *Եւ ի խորոց սրտին*
Rep	10	*խորովէր եւ աչքն զ*	*արտասուս*	*բերէր* [11] *Միտքն ծնանէր*
Tid1	2	*կու տեսանեմ*	*արտասուք*	*կու թափեմ. զի թէ*
Tid1	38Y	*յայնժամ յ*	*արտասուս*	*Հարեալ եւ աղաչեաց զ*
Tid2	2	*ցաւի սիրտ իմ եւ*	*արտասուք*	*իմ իբրեւ արիւն կու*

արտաքուստ **adverb**

Tid2	42	*ներքուստ եւ*	*արտաքուստ*	*եւ ապա բացան*

արտաքս **adverb**

Creat1	46	[46] *Եւ ելեալ*	*արտաքս*	*ի տեղի մութն եւ խաւար*
WdsAd	13	…*ուածային լուսոյն եւ*	*արտաքս*	*անկեալ ի դրախտէն եւ*

արտաքսեմ **verb**

Creat2	49	*ի վերայ նոցա. եւ*	*արտաքսեաց*	*զնոսա ի դրախտէն*
Exp2	4	*ի պտղոյն. եւ*	*արտաքսեցաք*	*ի դրախտէն. եւ*
Rep	19	*ի ձէնջ Ողբացէք զ*	*արտաքսեալս*	*ի փափկութենէ ձերմէ*
Rep	24	*զրգանացն Ով կին ընդէ՞ր*	*արտաքսեցեր*	*զմեզ յայնպիսի*
Rep	64	[64] *Երրորդ զի*	*արտաքսեցան*	*ի դրախտէն* [65] *Չորրորդ*
Tid2	11	*պտղոյն եւ*	*արտաքսելոյն*	*ի դրախտէն:* [12]

արքայութիւն **noun**

Creat2	54	*դատաստանին. եւ*	*արքայութեան*	*լուսոյն ամէն:*
Exp1	5	*Հաւասար լուսոյ*	*արքայութեան*	*բայց լոյս էր*
Exp2	1	*արեգական լոյսն*	*արքայութեան*	*լուսոյն. բայց*

աւագ **adjective**

Rep	100	*մարմինս նախաստեղծիցն յ*	*աւագ*	*որդին իւր ի Սէմ* [101] *Եւ նա*

աւանդեմ **verb**

Rep	36	*անմեղ պատանին մինչ որ*	*աւանդեաց*	*զՀոգին* [37] *Եւ գնացեալ*

աւարտ noun

Tid2	38B	տարւոյն ապա	աւարտ	եղեւ տապանն. [38C] Իսկ

աւելի adverb

AbCn1	17	իւր. բայց Աբէլ ժիր էր	աւելի	քան զԿայէն, վասն այնորիկ ոչ
AbCn1	22	փորձեաց թէ ում ուժն	աւելի	<է>: [23] Իբրեւ գնաց Աբէլ ի ծ
Tid2	17	եւ եղեւ թիւք	աւելի	քան զՀինգ Հարիւր եւ
Tid2	44	մարդուչափ	աւելի	եւ մինչ ի մէկ տարի

աւելորդ adjective

Rep	72	դառն կսկիծ Եւայի եւ	աւելորդ	զղջման եւ ապաշխարութեան

աւետիք noun

AbCn1	59	Տէր, եւ առաքեաց <	աւետիս	> վասն Սեթայ <ծննդեանն, եւ
AbCn2	58	եւ առաքեաց	աւետիք	վասն ծնանելոյն Սեթայ. զոր եւ
Exp1	11	ինձ <թէ> տամ ձեզ	աւետիք	լուսոյ: [12] Ասէ Ադամ
Exp1	15	ասէ. Տեսայ՞ք զ	աւետիսն	զի ուրախացուցի զձեզ
Exp1	16	ծառայ եմ քեզ եւ	աւետեաց	քոց, զի դու
Exp1	27	[27] Իբրեւ զայս <	աւետիս	> լուաւ Ադամ, ուրախացաւ
Exp2	11	ինձ թէ տամ ձեզ զ	աւետիքն	լուսոյ: [12] Ասէ Ադամ
Exp2	15	ասէ. տեսանէք զ	աւետիսն	իմ որ ուրախացուցի զ
Exp2	16	եմք քեզ եւ	աւետեաց	քոց. զի դու
Exp2	23	զՀրեշտակ իւր. եւ	աւետեաց	Ադամայ վասն
Exp2	27	մի Համարէր վասն	աւետեացն	Հրեշտակին: [28] Որ
Exp2	27	[27] Իբրեւ զայս	աւետիսն	լուաւ ուրախ եղեւ. զի
Tid1	0	[0] ՎԱՍՆ	ԱՒԵՏԵԱՑՆ	ՍԷԹԱՑ ԶՈՐ ՊԱՐՏ Է ՄԵԶ ՈՒՆԿՆ
Tid1	5	որ Հրեշտակն	աւետիս	ետ վասն Սէթայ, դեռ այլ
Tid1	8	Հրեշտակն	աւետեաց	[9] Եւ բազմացան ազգն
Tid2	0	[0] ՎԱՍՆ	ԱՒԵՏԵԱՑՆ	ՍԷԹԱՑ ԶՈՐ ԵՏ ԱՍՏՈՒԱԾ
Tid2	1	իւր եւ ետ զ	աւետիս	վասն Սէթայ, եւ ասաց

աւծանեմ verb

Rep	86	աւծմանէ որ այնու	աւծանէք	զանձն իմ զի զիւրանամ ի

աւծումն noun

Rep	86	տացէ ի ծառոյն	աւծմանէ	որ այնու աւծանէք զանձն իմ զի

աւձ noun

Creat1	10	…անձեալ եմուտ յ	օձն	[11] Յայնժամ օձն թեւաւոր
Creat1	11	օձն: [11] Յայնժամ	օձն	թեւաւոր էր, լեզու ունէր
Creat1	12	դրախտին, ուստից	օձին	խաբել զԵւայ եւ զԱդամ
Creat1	12	[12] Իբրեւ ետես զ	օձն	ի դրախտին, ուստից օձին
Creat1	13	[13] Իբրեւ գնաց	օձն	եւ տեսաւ զԱդամ եւ զԵւայ
Creat1	13	դրախտին. իսկ	օձն	<խրատեալ> էր ի Սատանայէ
Creat1	14	զատաւ: [14] Ասէ	օձն	Եւայի. ընդէ՞ր <ամենայն>
Creat1	16	…նիցիք: [16] Ասէ	օձն	Խաբել կամի զձեզ Աստուած
Creat1	31	եթող եւ զ	օձին	լսեց. եւ Ադամ զԱստուծոյ
Creat1	40	ասաց. Տէր, <այն	օձն	որ> սատեղծեր նա խաբեաց զ

Creat1	43	դարձեալ ասաց ց	օձն	Անիծեալ լիցիս յամենայն
Creat2	11	եւ ոչ կարէր. ապա	օձն	էր թեւաւոր եւ ունէր լեզու
Creat2	12	Սատանայ ուսոյց	օձին	եւ խաբեաց զԱդամ: [13]
Creat2	13	Ադամ: [13] Քանզի	օձն	ետես զԵւա զի ճաշակէր յ
Creat2	14	չրջէր ի դրախտն	օձն	խօսեցաւ ընդ Եւայի եւ ասաց
Creat2	16	...ռանիք: [16] Իսկ	օձն	ասէ, Աստուած զձեզ խաբեաց
Creat2	18	լուաւ զխրատ	օձին	ցանկացաւ աստուածանալ
Creat2	39	Ասէ Եւա. Տէր այս	օձս	զոր դու ստեղծեր սա
Creat2	40	սոցա եւ ասէ. դու	օձդ	որ փոխանակ զի արարեր զ
Creat2	47	լսեցին զխրատ	օձին	եւ ցանկացան
Exp1	4	եւ պատրանօք	օձին	ճաշակեցաք ի պտղոյն եւ
Exp2	4	եւ պատրանօք	օձին	կերաք ի պտղոյն. եւ

***աւտարանամ* verb**

Rep	19	Ողբացէք զիս զ	աւտարացեալս	ի ձէնջ Ողբացէք զ
Rep	67	զի յԱստուծոյ	աւտարացան	[68] Եւթներորդ զի ի

***աւր* noun**

AbCn1	1	Սատանայի երբ հինգ	օր	պահեաց ծոմով, յորժամ յառաջաւո
AbCn1	16	[16] Իսկ ի միում	աւուր	ասէ Կայէն ցեղբայր իւր
AbCn2	16	[16] Իսկ ի միում	աւուր	ասէ Կայէն ցեղբայր իւր. Աբէլ
Creat1	42	զամենայն	աւուրս	կենաց քոց: [43] Եւ
Creat1	43	զամենայն	աւուրս	կենաց քոց. եղից զ
Creat1	46	եւ խաւար, <վեց	օր	> անդ մնացին, առանց ուտելոյ
Creat1	47	[47] Իսկ <հետ վեց	աւուրն	> ողորմեցաւ նոցա Տէր, եւ
Creat2	40	զամենայն	աւուրս	կենաց քոց: [41] Եւ եդից
Creat2	50	մինչեւ վեց	օր	[51] Ապա դարձեալ ողորմեցաւ
Exp1	22	մինչեւ եօթն	օրն	անօթի կացին եւ զՏէրն
Exp1	23	[23] Եւ յետ եօթն	աւուրն	ողորմեցաւ նոցա Տէրն
Exp1	24	[24] Զի այն եօթն	օրն	որ պահեաց Ադամ, այն ասի
Exp2	2	եւ մթացաւ	օրն	նա այնպէս իմացան թէ այլ
Exp2	22	մինչեւ հինգ	օր	անօթի եւ ծարաւ: [23]
Exp2	23	եւ յետ հինգ	աւուրցն	լուաւ Աստուած աղօթից
Rep	2	ի դէմ դրախտին [2] Եւ	աւր	ըստ աւրէ կարաւտութիւնն
Rep	2	[2] Եւ աւր ըստ	աւրէ	կարաւտութիւնն յաւելոյր եւ
Rep	104	եւ ի հոգելի արանցն յ	աւուր	ուրբաթու յիշատակել զ
Rep	25	իցէ եւ յորո՞ւմ	աւուր	հանդիպի եւ գայ հասանէ մահն ի
Rep	25	ոչ գիտեմք զի ահա	աւր	մի եւ գիշեր մի անցաւ ի վերայ
Rep	26	անսուաղ եւ անաւթի զ	աւուրս	հինգ ոչինչ ճաշակեալ [27] Եւ
Rep	27	ի վեցերորդում	աւուրն	եկեալ առ նոսա
Rep	27	[27] Եւ ապա յետ հինգ	աւուրն	ի վեցերորդում աւուրն
Rep	32	Կայենի զհաբէլ յ	աւուր	միում տեսիլս պատմեաց Եւայ
Rep	73	դէմ դրախտին զամենայն	աւուրս	կենաց իւրեանց եւ ասէին Ով
Rep	95	եւ յերրորդ ժամու	աւուրն	ստեղծաւ Եւայ ի կողէն Ադամայ
Rep	97	նոցա սգացին զնոսա	աւուրս	երեսուն եւ լուացեալ
Tid1	28	Ասէ Նոյ. Ո՞րչափ է	աւուրց	կենաց իմ ապրիլ յ
Tid1	38B10	Նոյ մինչեւ ութն	օր	համբերութիւն խնդրեմ ի
Tid1	38D11	Նոյ մինչեւ ութն	օր	համբերութիւն խնդրեաց

Tid1	38D3	ի չարութենէն եւ	օր	ըստ օրէ չարանային: [38D4]
Tid1	38D3	եւ օր ըստ	օրէ	չարանային: [38D4] Նոյ
Tid1	38Y	զի քաննեւեօթն	օր	Համբերեսցէ ինձ: [38B1] Երբ
Tid1	44	Մինչեւ քառասուն	օր	բարձրացաւ ջուրն եւ կոխեաց
Tid1	45	Եւ յետ քառասուն	աւուր	Նոյ բացեալ զպատուհան
Tid2	38H	մինչեւ եւթն	օր	յառնուլ զորդիսն իւր ի
Tid2	42	[42] Եւ յետ եւթն	աւուր	իբրեւ ժողովեաց զ
Tid2	44	Մինչեւ քառասուն	օր	այնպէս առատանայր որ
Tid2	46	[46] Եւ յետ երեք	աւուրն	արձակեաց զաղաւնին եւ

***աւրինակ* noun**

Rep	36	եսպան եւ կամ զի՞նչ	աւրինակաւ	այս է զոր ասեմս
Tid2	14	այգի մի յ	օրինակ	դրախտին. եւ ով ոք որ

***աւրհնաբանեմ* verb**

Creat1	3	ոչ կամեցաւ	օրհնաբանել	զԱստուած. եւ

***աւրհնեմ* verb**

Creat1	2YD	զարդարեալ. [2YD]	օրհնէին	գովէին, բարեբանէին
Creat2	2	հրեշտակապետք	օրհնէին	գովէին եւ փառաւոր
Creat2	3	եւ ոչ կամէր	օրհնել	զԱստուած. այլ կամէր
Exp1	28	մի երեւեցաւ: [28]	Օրհնեալ	է Աստուած:
Tid1	3	նա եղիցի զաւակ	օրհնեալ	եւ գլուխ նահապետաց
Tid2	1	նա եղիցի զաւակ	օրհնեալ	եւ գլուխ նահապետաց
Tid2	3	նա եղիցի զաւակ	օրհնեալ	զի որչափ դառնացար
WdsAd	11	եղեւ: [11] Եւ	օրհնեաց	Ադամ զԱստուած եւ զՍէթ զ

***աւրհնութիւն* noun**

Tid1	55	Իսկ Նոյ առեալ զ	օրհնութիւն	Աստուծոյ, էջ ի

***բազմանամ* verb**

Tid1	4	ի Սեթայ: [4] Եւ	բազմանայ	զաւակ քո եւ զաւակ
Tid1	9	աւետեաց: [9] Եւ	բազմացան	ազգն Սէթայ եւ այլ
Tid1	18	Կայենի յոյժ	բազմացան	աղջկունք նոցա. զի
Tid1	56	Ակոռի: [56] Երբ	բազմացան	զաւակ նորա իջին <յ>
Tid1	57	աճեցան եւ	բազմացան	եւ լցին զՆախիջեւան
Tid2	4	Սէթաւ: [4] Եւ	բազմանան	զաւակ քո եւ զաւակ
Tid2	5	Կայէնի զաւակքն	բազմացան	եւ եղեն
Tid2	9	ծնաւ Սէթ, եւ	բազմացան	ծնունդքն Սէթայ եւ
Tid2	18	Կայէնի յոյժ	բազմացան	աղջկունք եւ
Tid2	56	ջրով: [56] Իբրեւ	բազմացան	որդիք նորա, գնաց

***բազմաչեայ* adjective**

Creat2	4	սերովբէիցն եւ	բազմաչեայ	քերովբէիցն, եւ

***բազմացուցանեմ* verb**

Creat1	42	արարեր զայդ	բազմացուցանելով	բազմացուցից զտրտմութիւն
Creat1	42	…զմացուցանելով	բազմացուցից	զտրտմութիւն քո

բազմիմ **verb**

Creat2	3	*եւս բարձրագոյն*	*բազմիլ*	*յաթոռս Հաւասար*

բազում **adjective**

AbCn1	19	*եստես մատն խաղողի*	*բազում*	*երկայն. իսկ Կայէն ասէր. Եկ*
AbCn1	51Y	*նմա Տէրն վասն*	*բազում*	*արտասուելոյ կնոջն, բժշկեցաւ*
AbCn1	52	*լային եւ սգային*	*բազում*	*ժամանակս: [53] Քանի որ*
AbCn2	32	*առնէի. քանզի*	*բազում*	*աշխատանք ունին յինձ վերայ*
AbCn2	52	*միշտ սուգ կենային ի*	*բազում*	*ժամանակս: [53] Ապա յորժամ*
Creat1	28	[28] *Իսկ Ադամ*	*բազում*	*քննութիւն արար, ասաց*
Creat2	27	[27] *Իսկ Ադամ*	*բազում*	*քննութեամբ առնէր զ*
Tid1	17	*ի դրախտն*	*բազում*	*Հրաժարեցան եւ ելին ի*
Tid1	18	*եւ աղջկունք*	*բազումք*	[19] *Ազգն Սեթայ եւ*
Tid1	24	[24] *Իսկ վասն*	*բազում*	*մեղաց նոցա բարկացաւ*
Tid1	43	*վայր թափէր:* [43]	*Բազումք*	*կամեցան փախչել եւ*
Tid2	17	*ըստ որում*	*բազումք*	*յօժարեցան Հրաժարիլ*
Tid2	38G	*նորա. եւ այլ*	*բազում*	*բանիւ տնազ առնէին զ*

բաժանեմ **verb**

Creat1	28	*մեռանիլ քան թէ*	*բաժանիլ*	*եւ որոշիլ ի կնոջէս*

բաժին **noun**

AbCn1	2	*ի պտղոյ անտի*	*բաժին*	*Հանել Աստուծոյ:* [3] *Զի Ադամայ*
AbCn1	6	*ձերոց <տասնէն> մին*	*բաժին*	*Հանէք Աստուծոյ. զի Աբելի*
AbCn1	6	*ընտրեաց Աստուծոյ*	*բաժին*	*բայց ոչ մատոյց վասն սիրոյ*
AbCn1	6	*միասին մատուսցուք զ*	*բաժինն*	*Աստուծոյ:* [7] *Իբրեւ Հասին*
AbCn1	7	*եւ ուրիշ դնէր ի*	*բաժինն*	*Աստուծոյ:* [8] *Եւ երեր Հարէլ զ*
AbCn1	8	*զոր ընտրեալ էր եւ*	*բաժին*	*Աստուծոյ խոստացեալ:* [9] *Իսկ*
AbCn1	9	*եւ գործեցի Հանի քեզ*	*բաժին*	*եւ տասանորդ, ըստ արդար*
AbCn1	11	*որ մատուցանեմ քեզ*	*բաժին*	*ի բարեատեղծեալ պարգեւաց քոց*
AbCn2	2	*ինձ յամենայն պտղոյ*	*բաժին*	*Հանել Աստուծոյ:* [3] *Վասն որոյ*
AbCn2	5	*ձերոց տասնէն զմէկն*	*բաժին*	*Հանել Աստուծոյ:* [6] *Իբրեւ եղե*
AbCn2	6	*տալ Աստուծոյ*	*բաժին*	*բայց ոչ մատոյց Աստուծոյ վասն*
AbCn2	6	*միասին մատուսցուք զ*	*բաժինն*	*Աստուծոյ:* [7] *Իբրեւ Հասին*
AbCn2	7	*եւ զփունձն Հանեց*	*բաժին*	*Աստուծոյ. եւ ժողովեաց իբրեւ դէ*
AbCn2	8	*յառաջ դու մատո զ*	*բաժինն*	*Աստուծոյ. եւ ապա ես:* [9] *Իսկ*
AbCn2	9	*ի յուս բարձեալ բերի*	*բաժին*	*քեզ. արդ ընկալ զզոՀս իմ որպէս*
AbCn2	11	*զոր մատուցանեմ քեզ*	*բաժին*	*զի ի քո տուեալ բարի պարգեւաց*
Tid1	50	*մին մատոյց*	*բաժին*	*Աստուծոյ. եւ խնդրեաց յ*

բայց **conjunction**

AbCn1	6	*Աստուծոյ բաժին*	*բայց*	*ոչ մատոյց վասն սիրոյ եղբօրն*
AbCn1	14	*սպանանել զնա*	*բայց*	*ոչ գիտէր սպանանել, զի այլ*
AbCn1	15	*ոչ էր եղեալ:* [15]	*Բայց*	*Աբել ոչ գիտէր զչար խորՀուրդն*
AbCn1	17	*կապել զեղբայրն իւր*	*բայց*	*Աբէլ ժիր էր աւելի քան զԿայէն*
AbCn1	57	*մտաւ:* [57]	*Բայց*	*յորժամ որ Կայէն զԱբէլ եսպան*
AbCn2	6	*տալ Աստուծոյ բաժին*	*բայց*	*ոչ մատոյց Աստուծոյ վասն եղբօրն*
AbCn2	14	*սպանանել զնա*	*բայց*	*ոչ գիտէր թէ որպէս սպանցէ զնա*

AbCn2	57	ի գերեզմանի։ [57]	Բայց	յորժամ Ադամ եւ կինն իւր
Creat1	8	պտղոց ծառերոյդ	բայց	ի ծառոյն կենաց մի
Creat1	27	էր մերկացեալ	բայց	գեղեցիկ էր, զի մարմինն
Creat1	33	ընդ նոսա։ [33]	Բայց	ի ժամուն յորում կերեալ
Creat1	48	պտղոյ դրախտին	բայց	ոչ սովաւ մահ <լինիմք> եւ
Creat2	8	պտուղ դրախտին	բայց	ի պտղոյ գիտութեան մի
Creat2	25	զպտուղն ի ձեռն	բայց	վախէր ուտել։ [26] Իսկ Եւա
Creat2	28	երբեմն ոչ։ [28]	Բայց	երբ Հայէր կնոջ յ
Creat2	30	մերկացեալ էր	բայց	գեղեցիկ էր զի
Creat2	45	պտուղն բարի էր	բայց	Աստուած զայն պտուղն պագ
Exp1	5	արքայութեան	բայց	լոյս էր։ [6] Իսկ ոչ
Exp1	23	Սատանայի	բայց	ոչ թողում զքեզ գերի
Exp2	1	լուսոյն	բայց	լոյս էր. նա ոչ գիտէր թէ ի
Rep	86	քեզ ի մին տեղի [86]	բայց	դու այժմ երթ աղաչեա զՏէր
Tid1	5	զաւակ չունէր	բայց	ի Կայենայ ազգէն։ [6] Երեք
Tid1	7	ամուսնանալ	բայց	ոչ եղեւ, կոյս
Tid1	9	եւ այլ եղբարքն	բայց	Հալածէին զազգն Կայենի
Tid1	18	ճգնէին։ [18]	Բայց	ազգն Կայենի յոյժ
Tid1	48	ցամաքեալ էին	բայց	դաշտք ջրով ծածկեալ էին
Tid2	4	լցվի աշխարհս	բայց	մի խառնակեսցիս ընդ
Tid2	18	եւ քսան ոգի։ [18]	Բայց	ազգին Կայէնի յոյժ
Tid2	38D	Արագնագան։ [38D]	Բայց	կոյս պահեա զորդիքն քո

բան **noun**

Exp1	14	Սատանայ զայս	բանս	եւ ինքն սակաւ մի
Rep	11	զաշխարանաց զ	բանս	եւ ասէր [12] Վայ ինձ
Rep	24	Եւ դարձուցեալ զ	բանն	ի կինն եւ ասէ Ով կին դու զի՞նչ
Rep	27	չտակապետն Գաբրիէլ	բանիւն	Աստուծոյ եւ տեսեալ զԱդամ
Rep	34	ի կարծիս իմն անկաւ վասն	բանին	եւ զի յառաջ քան զպատմելն
Tid1	38D9	տնազ առնէին	բանին	եւ քարոզին Նոյեայ. յեփ
Tid2	38G	եւ այլ բազում	բանիւ	տնազ առնէին զՆոյ։ [38H]
WdsAd	1		ԲԱՆՔ	ԱԴԱՄԱՅ ԱՌ ՍԷԹ [1] Ասէ Ադամ
WdsAd	3	մխիթարութեան զ	բանն	զայս լուեալ ի Հօրէն եւ ի միտ
WdsAd	12	անցելոց, Սէթ զ	բանն	ընդ Ենովս խօսեցաւ եւ ասէ
WdsAd	14	[14] Եւ Ենովք զ	բանս	զայս ի միտ էառ, եւ զքառասուն

բանամ **verb**

Tid1	42	եւ ծեփեաց	բացան	սահմանք երկնից, եւ
Tid1	45	աւուր Նոյ	բացեալ	զպատուհան տապանակին
Tid1	48	եղեւ երեք ամիս	բացեալ	զտապանն, ետես զի
Tid2	42	…տաքուստ. եւ ապա	բացան	սահմանք երկնից. եւ
Tid2	45	[45] Յորում	բացաւ	Նոյ զպատուհանն եւ
Tid2	47	ձիթենւոյ։ [47] Եւ	բացեալ	Նոյի զտապանն եւ ետես
WdsAd	8	եդ ի վերայ աչաց եւ	բացան	աչք նորա, եւ Հայեցեալ տեսանէ

բանիմ **verb**

Tid1	38B1	Նոյ Հաստատուն	բանէր	ի վերայ տապանին։ [38B2]
Tid1	38C1	Նոյ Հաստատուն	բանէր	ի վերայ տապանին։ []]

բաշխեմ **verb**

AbCn1	11	*պարգեւաց քոց, զոր*	*բաշխեցեր*	*մեզ. քո բաշխեալ բարեացդ ի*
AbCn1	11	*որ բաշխեցեր մեզ. քո*	*բաշխեալ*	*բարեացդ ի քեզ մատուցանեմ*
Tid1	38B6	*եւ Աստուած*	*բաշխեաց*	*Նոյի մինչեւ ի տասն*

բառնամ **verb**

AbCn2	9	*ժողովեցի եւ ի յուս*	*բարձեալ*	*բերի բաժին քեզ. արդ ընկալ զ*
Rep	89	*զնա [89] Յայնժամ ճիչ*	*բարձեալ*	*Եւայ աղաղակեաց ընդդէմ*
Tid2	16	*հրեշտակաց որ*	*բարձեալ*	*զԵնովք տարան ի*

բարբառ **noun**

AbCn1	12	*Աբելի. եւ եկն յերկնից*	*բարբառ*	*որ ասէր. լսելի եղեն աղօթքն քո*
AbCn1	39	*եւ ասէր բարձր*	*բարբառով*	*թէ, Կայէն եղբայրասպան է*
AbCn2	12	*զերեսս Աբէլի. եւ եկն*	*բարբառ*	*որ ասէր լսելի եղեն աղօթք քո եւ*
Creat1	32	*եւ քաղցր*	*բարբառով*	*խօսէր ընդ նոսա: [33]*
Rep	6	*հրեշտակացն զախորժ*	*բարբառ*	*երկնաւորացն եւ զհեշտալի*
Rep	91	*ընդ Եւայ մարդկային*	*բարբառով*	*խոժոռ խոլոր եւ ահարկու*

բարբառեմ **verb**

Rep	11	*լեզուն խաւսէր բերանն*	*բարբառէր*	*զաշխարանաց զբանս եւ*

բարեբանեմ **verb**

Creat1	2YD	…*հնէին, զովէին*	*բարեբանէին*	*եւ փառաբանէին զ*

բարեբեր **adjective**

Rep	74	*զձեզ ծառք*	*բարեբերք*	*Ո՞վ տայ մեզ տեսանել*

բարեկամ **noun**

AbCn2	24	*ոչ թշնամի եմ քեզ, այլ*	*բարեկամ*	*եւ միշտ հնազանդ հրամանաց*

բարեհամ **adjective**

Creat2	20	*է պտուղս եւ*	*բարեհամ*	*առ դու եւս կեր. նա*

բարեստեղծանեմ **verb**

AbCn1	11	*քեզ բաժին ի*	*բարեստեղծեալ*	*պարգեւաց քոց, զոր*

բարերար **adjective**

AbCn2	11	*ընկալ ի հաճոյս*	*բարերար*	*կամաց քոց: [12] Նոյն*
Creat1	5	*ի յամպէն: [5] Իսկ*	*բարերարն*	*Աստուած, վասն*
Creat2	5	*ամպոյն: [5] Իսկ*	*բարերարն*	*Աստուած փոխանակ*

բարի **adjective**

AbCn1	11	*մեզ. քո բաշխեալ*	*բարեացդ*	*ի քեզ մատուցանեմ ի հաճոյս*
AbCn1	51Y	*Իսկ Ղամեքայ կինն*	*բարի*	*էր, աղաչեաց զԱստուած եւ*
AbCn2	11	*բաժին, զի ի քո տուեալ*	*բարի*	*պարգեւաց քոց քեզ մատուցանեմ*
AbCn2	50	*Իսկ Ղամէքայ կինն*	*բարի*	*էր. առ Տէր աղաղակեաց, եւ*
Creat2	45	*զի պտուղն*	*բարի*	*էր բայց Աստուած զայն*
Rep	6	*ճաշակումն պտղոցն զ*	*բարի*	*հնչմունս հրեղինացն եւ զ*

Rep	23	*ոչ լայք զքաղցեալս ի*	*բարեաց*	*ձերոց ընդէ՞ր ոչ լայք զ*
Rep	73	*աւտելոյս ձերոցդ*	*բարեաց*	*Ողորմեցարուք փտանկելոյ*
Tid1	4	*խառնին ընդ ազգս*	*բարի*	*որդիքն քո չարանան, եւ զ*
Tid1	10	*Իսկ Սեթայ որդին*	*բարի*	*պտուղն Ենովք, եՀարց ի*
Tid1	20	[20] *Այնչափ*	*բարի*	*մարդ կայր*
Tid2	3	*է քեզ Աստուած*	*բարի*	*որդի, եւ անուն նորա Սէթ*
Tid2	10	*Կայէնին*: [10] *Իսկ*	*բարի*	*պտուղն Ենովք, եՀարց ի*
WdsAd	4	*Տէր. կատարեա ի*	*բարի*	*զխնդրուածս իմ*: [5] *Եւ առ*
WdsAd	6	*զխնդրուածս նորա ի*	*բարի*	[7] *Եւ առեալ ճեղն զայն Սէթ*

***բարկանամ* verb**

AbCn1	10.1	*կամք քո*: [10.1] *Եւ*	*բարկացաւ*	*Տէր ի վերայ Կայենի.* [10.1Y]
AbCn1	25	<*արարի*>, *ընդէ՞ր*	*բարկանաս*	*ինձ. աշխարՀս ամէն քեզ լինի*
AbCn1	37	*այնպէս ասաց Կայէն*	*բարկացաւ*	*ի վերայ Կայենի եւ եօթն*
AbCn2	10	*արա*: [10] *Եւ Տէրն*	*բարկացեալ*	*ի վերայ Կայէնի. վասն որոյ*
AbCn2	36	*էի նմա*: [36] *Եւ*	*բարկացաւ*	*Աստուած ի վերայ Կայէնի*
Creat1	24	*Թէպէտ ուտես ոչ*	*բարկանայ*	*քեզ Աստուած, զի*
Creat1	41	[41] *Յայնժամ Տէր*	*բարկացաւ*	*նոցա, եւ ասաց Ադամայ*
Creat2	4	*Աստուծոյ*: [4] *Եւ*	*բարկացաւ*	*Տէրն Հրամայեաց*
Creat2	40	*զիս*: [40] *Եւ*	*բարկացեալ*	*Տէրն ի վերայ սոցա*
Creat2	47	*վասն այն*	*բարկացաւ*	*Աստուած*: [48] *Դարձեալ*
Creat2	49	*վասն այն*	*բարկացեալ*	*Աստուած ի վերայ*
Exp1	6	*գործեցաք, որ*	*բարկացաւ*	*ի վերայ մեր Տէրն եւ*
Exp2	6	*գործեցաք որ*	*բարկացաւ*	*Աստուած ի վերայ մեր*
Tid1	24	*մեղաց նոցա*	*բարկացաւ*	*Աստուած ի վերայ*
Tid2	24	[24] *Որ եւ Աստուած*	*բարկացաւ*	*վասն մեղաց նոցա. եւ*
Tid2	26	*Աւէ Հրեշտակն*	*բարկացեալ*	*է Աստուած վասն*

***բարկութիւն* noun**

Creat2	33	…*ենւոյն ձայնեաց*	*բարկութեամբ*	*եւ ասէ ո՞ւր ես*

***բարձր* adjective**

AbCn1	34	*յիսուն կանգնաչափ*	*բարձր*	*ասաց Կայենի. Ո՞ւր է եղբայրն քո*
AbCn1	39	*ձայնէր եւ ասէր*	*բարձր*	*բարբառով. Թէ, Կայէն*
Creat1	2D	…*լիարին դասն էր*	*բարձր*	*քան զամենայն դաս*
Creat1	2Y	*զարդարեալ*	*բարձր*	*քան զամենայն*
Creat2	1	…*պետաց, ի վեր եւ*	*բարձր*	*արար քան զամենայն*
Creat2	3	*այլ կամէր եւս*	*բարձրագոյն*	*բազմիլ յաթոռս*
Creat2	33	*կանգնաչափ*	*բարձր*	*ի վերայ Թզենւոյն*
Tid1	15	*եղեալ, զի մի*	*բարձր*	*Հայեսցի ի պտուղն*
Tid1	38B4	*Գնացեալ Նոյ ի*	*բարձր*	*բլրի վերայ շինէր զ*
Tid1	38D4	*տապանն ի վերայ*	*բարձր*	*բլրի շինէր եւ աստ Ջուր*
Tid2	37	*շինել ի վերայ*	*բարձր*	*բլրի միոյ. եւ որքան*
Tid2	38A	*Թէ յայս քան*	*բարձր*	*տեղիս Ջուր պիտի Հասնի*

***բարձրանամ* verb**

Creat2	46	*այլ յետոյ ուտէր*	*բարձրանայր*	*ի վերինն*
Exp1	15	*իբրեւ*> *սակաւ մի*	*բարձրացաւ*	*արեգակն, եկն առ*

Exp2	15	*Իբրեւ սակաւ մի*	*բարձրացաւ*	*եկն առ նա Սատանայ*
Tid1	38B4	*Հասանէ եւ այլ*	*բարձրանայ*	*ութսուն տարումն*
Tid1	38D4	*Հարիւր կանգուն*	*բարձրանայ*	*եւ Հարիւր տարումն*
Tid1	44	*քառասուն օր*	*բարձրացաւ*	*Ջուրն եւ կոխեաց զ*

բարձրացուցանեմ **verb**

Creat1	3	*զաթոռ իւր*	*բարձրացուցանել*	*Հաւասար*

բարձրութիւն **noun**

Rep	15	*ատացայ Վայ ինձ զի ի*	*բարձրութենէ*	*խոնարՀեցայ Վայ ինձ որ*
Tid1	34	*երեսուն կանգուն*	*բարձրութիւն*	[35] *Եւ գնաց ի*
Tid2	34	*երեսուն կանգուն*	*բարձրութիւն*	*եւ չինեա երեք*

բարութիւն **noun**

AbCn1	11	*եւ արարիչ ամենայն*	*բարութեանց*	*աղաչեմ զքեզ ընկալ զ*
AbCn2	11	*եւ արարիչ ամենայն*	*բարութեանց*	*աղաչեմ զքեզ ընկալ զ*
Creat1	48	*թէպէտ չէ*	*բարութիւն*	*եւ աշխարՀիս լոյս*
Tid1	14	*մեծ լի ամենայն*	*բարութեամբ*	*վաթսունեւչորս*

բաւական **adjective**

Rep	25	*մեր կենացս այս*	*բաւական*	*է զի Հրամայեաց արարիչն*

բաւթ **noun**

Rep	5	*մեռանիցիք եւ այն*	*բաւթ*	*սաստիկ վտանկէր զնոսա եւ էր*

ԲեթղաՀեմ **name**

Rep	102	*գնելով զՆւայ ի յայրն*	*ԲեթղաՀեմի*	*ուր յետոյ ծնաւ Քրիստոս*

Բելիար **name**

Creat1	2D	*իսկ չարն*	*Բէլիար*	*որ գլուխ էր դասու*
Creat1	2D	*Հրեշտակին դասն*	*Բէլիարին*	*դասն էր բարձր քան*
Creat1	2Y	*չարն Սադայէլ եւ*	*Բելիար*	*դասագլուխ էին դասուց*
Creat2	1	*զՍադայէլ եւ զ*	*Բելիար*	*եւ մեծ փառօք*

բեկանեմ **verb**

Creat2	11	[11] *Եւ աՀա*	*բեկեալ*	*ի Հրեշտակաց եւ ոչ*

ԲեՀմովթ **name**

Rep	88	*նոցա աՀագին գազանն*	*ԲեՀմովթ*	*յարձակեցաւ ի վերայ*

բերան **noun**

Rep	11	*ծնանէր լեզուն խաւսէր*	*բերանն*	*բարբառէր զաշխարանաց զբանս*
Rep	32	*զարիւնն Աբելի Կային ի*	*բերանն*	*առեալ ըմպէր* [33] *Եւ Հաբէլ*
Rep	89	*եւ ասաց Սանձեա զ*	*բերան*	*քո եւ մի իշխեսցես*

բերեմ **verb**

AbCn1	2	*Սատանայի:* [2] *Եւ*	*բերեալ*	*զեգն Հնազանդեցոյց նմա նովաւ*
AbCn1	8	*Աստուծոյ:* [8] *Եւ*	*եբեր*	*Հաբէլ զգառն իւր, զոր ընտրեալ*
AbCn1	30	*ասաց Աբէլ. Եղբայր*	*բեր*	*զերեսդ Համբուրեմ* <*զի*> *կարօտ չ*

AbCn1	52	Աբելի, <գնացին	բերին	արիւնիւ շաղախեալ մարմինն
AbCn2	1	զՀրեշտակ իւր եւ	եբեր	զիս ի լոյս. եւ որքան կենդանիք
AbCn2	8	դէզ մի։ [8] Ապա	եբեր	Աբէլ զընտրեալ գառինսն եւ
AbCn2	9	եւ ի յուս բարձեալ	բերի	բաժին քեզ. արդ ընկալ զզոհս իմ
AbCn2	52	Աբէլի, գնացեալ	բերին	արեամբ շաղախեալ զմարմինն
Creat1	47	եւ առաջնորդեալ	եբեր	զնոսա ի լոյս աշխարհս
Creat2	51	տեղեաց. եւ	բերել	ի լոյս աշխարհ. եւ եցոյց
Exp1	5	մեզ ի խաւարէն. եւ	բերեալ	ի լոյս աշխարհս, թէպէտ
Exp1	7	տեղուոջէն եւ	եբեր	ի լոյս։ [8] Ասէ Ադամ. Եւ ոչ
Exp1	17	[17] Իսկ Սատանայ	բերեալ	քար մի եւ եդ առաջի
Exp1	18	խոր խաւար	բերեմ	ի վերայ քո։ [19] Իսկ
Exp1	23	Հրեշտակ իւր, եւ	բերեալ	ձեռնագիր յԱստուծոյ
Exp2	5	զմեզ ի խաւարէս	եբեր	ի լոյս աշխարհ։ [6] Այլ ոչ
Exp2	7	Հրեշտակին որ	եբեր	զձեզ ի լոյս աշխարհ։ [8]
Exp2	17	[17] Իսկ Սատանայ	բերեալ	քար մի եւ եդ առաջի
Exp2	18	դարձեալ խաւար	բերեմ	առ ձեզ։ [19] Իսկ Ադամ զ
Rep	10	եւ աչքն զարտասուս	բերէր	[11] Միտքն ծնանէր լեզուն
Tid1	45	զի գնացեալ նշան	բերցէ	եւ նա գնացեալ ի
Tid1	46	երեք ծաղիկ եւ	բերեալ	նշան <մատոյց> Նոյի
Tid2	2	թէ այլ նոր սուգ	բերէ	ինձ։ [3] Ասէ Հրեշտակն
Tid2	45	զագռաւն զի	բերցէ	նշան ցամաքի. եւ նա
Tid2	46	եգիտ ցամաք եւ	եբեր	զճուղ ձիթենւոյ։ [47] Եւ

բժշկեմ verb

AbCn1	51Y	արտասուելոյ կնոջն	բժշկեցաւ	ցաւն եւ վերացաւ պատուհասն
AbCn2	51	ամենայնի. եւ	բժշկեաց	զցաւն Ղամեքայ։ [52]

բլուր noun

Tid1	38B4	Նոյ ի բարձր	բլրի	վերայ շինէր զտապանն թէ
Tid1	38D4	ի վերայ բարձր	բլրի	շինէր եւ սաստ ջուր
Tid1	48	զի լերինք եւ	բլուրք	ցամաքեալ էին. բայց
Tid2	37	ի վերայ բարձր	բլրի	միոյ. եւ որքան շինէին

բղխեմ verb

Tid2	42	երկիր եւ	բղխեաց	աղբերակունս եւ ջուրք

բնակեմ verb

Rep	1	Աստուծոյ եւ	բնակեցան	յանդիման դրախտին զի միշտ
Tid1	55	էջ ի լեռնէն եւ	բնակեցաւ	Ակոռի։ [56] Եբր
Tid2	55	յարկուռի եւ անդ	բնակեցան	դեռեւս դաշտն նա լի
Tid2	56	նախջրւան, եւ անդ	բնակեցաւ	[57] Եւ յետ

բնակիչ noun

Rep	19	կոծեցարուք ի վերայ	բնակչիս	ձերոյ Ողբացէք զիս զ

բնակութիւն noun

WdsAd	1	մեր. զի այս	բնակութիւն	գազանաց եւ անասնոց էր. եւ
WdsAd	1	եւ անասնոց էր. եւ մեր	բնակութիւնն	յԵդեմ ընդ արեւելս ի

WdsAd	1	*Սէթ. Որդեակ, ոչ է այս*	*բնակութիւնս*	*մեր. զի այս բնակութիւն*
WdsAd	7	*եւ ասէ. Հայր, այս ի*	*բնակութենէն*	*քումմէ (է)։ [8] Եւ առեալ*
WdsAd	12	*ստեղծուածոցն, եւ մեր*	*բնակութիւնն*	*յեդեմ ընդ արեւելս էր*
WdsAd	12	*Ադամ, թէ ոչ էր այս*	*բնակութիւնս*	*մեր, այլ այս բնակութիւնս*
WdsAd	12	*մեր, այլ այս*	*բնակութիւնս*	*գազանաց էր եւ այլ*

***բնաւ* adverb**

Rep	39	*էր զարիւն նորա որ*	*բնաւ*	*ոչ երեւեցաւ [40] Յայնժամ*

***բոլոր* adjective**

AbCn1	41	*եւ ձեռօքն եւ ամենայն*	*բոլոր*	*անդամօքն <դողայր> իբրեւ զուռ*
AbCn2	39	*…տուհասն այն էր, որ*	*բոլոր*	*մարմինն դողդոջէր։ [40] Երրորդ*

***բոյս* noun**

Rep	18	*տունկք Լացէք զիս*	*բոյսք*	*եւ զալարք Լացէք զիս ծառք*

***բուռն* noun**

AbCn1	32	*մինչ ի ժամ մի*	*բռանց*	*> մորթեաց։ [33] Դարձեալ ի ժամ*

***բուսանիմ* verb**

AbCn1	38	*այն է, որ երկու կոտոշ*	*բուսաւ*	*ի վերայ գլխոյն։ [39] բ. Երկր*
AbCn2	38	*որոյ ճակատն կոտոշ*	*բուսաւ*	*ուր եւ երթայր ձայն կու տայր*
AbCn2	49	*ի վերայ Ղամէքայ. եւ*	*բուսաւ*	*կոտոշ ի գլուխն։ [50] Իսկ*
Creat1	41	*տնկոյս փուշ*	*բուսանի*	*քեզ. քրտամբ երեսաց*
Creat2	43	*տնկոցս փուշ*	*բուսանի*	*քեզ. քրտամբք*
Rep	58	*Այլ եւ եղջեւր*	*բուսաւ*	*ի ճակատն զի ընդ որ գնայր*

***բուրաստան* noun**

Rep	73	*ծաղկոց Ով անուշահոտ*	*բուրաստան*	*Ով վայելուչ այգի Ով*
Rep	73	*ծաղկոց Ով անուշահոտ*	*բուրաստան*	*Ով վայելուչ այգի Ով*

***բռնեմ* verb**

AbCn1	18	*զնա. քանզի որ կշտի <*	*բռնեաց*	*վայր անկաւ եւ ոչ կարաց*
AbCn1	18	*…տամարտիլ, եւ կշտի*	*բռնել*	*փորձիլ, զի տեսցէ յուժն իւր*
AbCn2	18	*ընդ եղբօրն կշտի*	*բռնելով*	*որ է կիւլէչ. թէ կարէ գետնով*
AbCn2	18	*քանզի որչափ կուշտի*	*բռնեցին*	*Կայէն ոչ կարաց յաղթել զ*

***բռնութիւն* noun**

AbCn2	33	*ոչ լսեց. այլ չարաչար*	*բռնութեամբ*	*հազիւ մորթեց զեղբայրն*

***Գ.* numeral**

AbCn1	41	*եղբայրասպան է։ [41]*	*Գ.*	*Երրորդ պատուհասն այն է, որ ոտի*

***Գաբրիէլ* name**

Creat1	4	*…րովբէից մեծին*	*Գաբրիէլի*	*եւ ահաւորին*
Rep	27	*նոսա հրեշտակապետն*	*Գաբրիէլ*	*բանիւն Աստուծոյ եւ տեսեալ*
Rep	30	*Ադամ հրեշտակապետն*	*Գաբրիէլ*	*եւ ասաց նմա մերձենալ*
Rep	43	*Կայենի զհաբել եկն*	*Գաբրիէլ*	*առ Ադամ եւ ասաց նմա Դուք*
Rep	92	*նոսա հրեշտակապետն*	*Գաբրիէլ*	*եւ ասաց Արիք եւ գնացէք զի*

գազան **noun**

Creat2	40	*ի մէջ ամենայն*	*գազանաց*	*եւ ամենայն*
Rep	18	*էշտակք Լացէք զիս*	*գազանք*	*եւ անասունք Լացէք զիս*
Rep	20	*տեսէք զլաց իմ Ով*	*գազանք*	*տեսէք զիս զվտանկեալս Ով*
Rep	88	*Հանդիպեալ նոցա աՀագին*	*գազանն*	*ԲեՀմովթ յարձակեցաւ ի*
Rep	89	*աղաղակեաց ընդդէմ*	*գազանին*	*եւ ասաց Սանձեա զբերան*
Rep	90	[90] *Յայնժամ եթող*	*գազանն*	*զՍէթ զոր կալեալ ունէր եւս*
Rep	91	*Աստուծոյ խաւսեցաւ*	*գազանն*	*եւ ասաց ընդ Եւայ մարդկային*
Tid2	40	…*Հեղեղն*: [40] *Իսկ*	*գազանք*	*եւ անասունք լսեցին*
Tid2	41	*ի ներքնատունն*	*գազանքն*	*եւ անասունքն*: [42] *Եւ*
WdsAd	1	*զի այս բնակութիւն*	*գազանաց*	*եւ անասնոց էր. եւ մեր*
WdsAd	12	*այլ այս բնակութիւնս*	*գազանաց*	*էր եւ այլ սողնոցն, եւ*

գալարեմ **verb**

Rep	9	*սիրտն ճմլէր եւ աղիքն*	*գալարէր*	[10] *Որովայնն ցաւէր*
Tid2	2	*սիրտ իմ, եւ*	*գալարին*	*աղիք իմ. ապա զԱբէլ*

գամ **verb**

AbCn1	10.1B	*ամպ մի սեւացեալ*	*եկն*	*ի վերայ խոցոցն Կայենի որոտաց ե*
AbCn1	10.1D	*ել Հողմ եւ ամպ մի սեւ*	*եկաւ*	*ի վերայ զիզուն Կայենի եւ*
AbCn1	12	*երեսն Աբելի. եւ*	*եկն*	*յերկնից բարբառ որ ասէր. լսելի*
AbCn1	19	*իսկ Կայէն ասէր*	*Եկ*	*եղբայր մատնաւ* <*խաղացուք*>: [2
AbCn1	28	*առեալ զսուր քարն, եւ*	*եկեալ*	*առ Աբէլ. Իսկ Աբէլ լայր, եւ ասէ*
AbCn1	30	*նմա*: [30] *Իբրեւ*	*եկն*	*ի սպանումն լալով ասաց Աբէլ*
AbCn2	10	*ամպ մի սեւացեալ*	*եկն*	*ի վերայ Կայէնի որոտաց եւ թնդաց*
AbCn2	12	*զերեսս Աբէլի. եւ*	*եկն*	*բարբառ որ ասէր լսելի եղեն աղօթ*
AbCn2	16	*ի դաշտ ման*	*գալ*	[17] *Եւ ելեալ գնացին ի դաշտն*
AbCn2	19	*նա ասաց Աբէլի թէ*	*եկ*	*ասմայի մատիւ խաղացուք*: [20]
AbCn2	30	[30] *Եւ ասաց Աբէլ*	*եկ*	*եղբայր մի անգամ Համբուրեմ զքե*
AbCn2	57	*զի մի այլ մեծ սուգ*	*գայ*	*ի վերայ ինքեանց վասն զաւակացն*
Creat1	19	[19] *Իբրեւ*	*եկն*	*Ադամ եւ եւտես զկինն*
Creat1	32	*նոցա Աստուած, զի*	*գայր*	*Հանդարտապէս, եւ քաղցր*
Creat2	19	…*րկացաւ*: [19] *Իսկ*	*եկն*	*Ադամ եւ եւտես զկինն*
Creat2	32	*քանզի Հանապազ*	*գայր*	*Աստուած եւ խօսէր ընդ*
Creat2	33	*ոտնաձայնն Տէրն*	*գալոյն*	*Աստուծոյ զոր իբրեւ*
Creat2	48	*վասն այն*	*եկն*	*ի վերայ թզենւոյն եւ*
Exp1	3	*Հաւախօսին*	*եկն*	*առ նա Սատանայ ի կերպ*
Exp1	15	*արեգակն*	*եկն*	*առ նոսա պիղծն Սատանայ*
Exp1	25	*իմ սիրելի. որ*	*եկեալ*	*մարմնանայ ի զաւակէ*
Exp2	3	*Իսկ ի Հաւախօսին*	*եկեալ*	*Սատանայ ի կերպս*
Exp2	15	*մի բարձրացաւ*	*եկն*	*առ նա Սատանայ եւ ասէ*
Rep	25	*աւուր Հանդիպի եւ*	*գայ*	*Հասանէ մաՀն ի վերայ մեր եւ*
Rep	27	*ցերորդում աւուրն*	*եկեալ*	*առ նոսա Հրեշտակապետն*
Rep	30	*Հրամանաւն Աստուծոյ*	*եկն*	*առ Ադամ Հրեշտակապետն*
Rep	34	*որ ասէր ցՀաբէլ թէ*	*եկ*	*երթիցուք ի դաշտի անդ եւ*
Rep	38	*Ադամ ասել Եւայի զի*	*եկեալ*	*ի միասին լայցեն զՀաբէլ եւ*
Rep	39	*առեալ զԵւայ եւ*	*եկն*	*անդ այլ ոչ եգիտ զմարմինն*
Rep	43	*Կայենի զՀաբել*	*եկն*	*Գաբրիէլ առ Ադամ եւ ասաց նմա*

Rep	58	*եւ աղաղակէր թէ*	*գայ*	*Կային եղբայրասպանն* [59] *Եւ*
Rep	92	*յանդիման դրախտին*	*եկն*	*առ նոսա հրեշտակապետն Գաբրիէլ*
Rep	99	*երկոտասան ամաց*	*եկն*	*ջրհեղեղն եւ Նոյ առեալ զ*
Tid1	26	[26] *Իբրեւ*	*եկն*	*հրեշտակ եւ ասաց Նոյի*
Tid1	37A	*թէ ջրհեղեղ*	*կու գայ*	[38Y] *Երբ լուաւ Նոյ զ*
Tid1	38B1	*կացնոյն եւ*	*եկեալ*	*պատմեաց ամենեցունց թէ*
Tid1	38B1	*թէ ջրհեղեղ*	*կու գայ*	*ամենայն մարդ տնազ*
Tid1	38B2	*ասէին ջրհեղեղ*	*կու գայ*	[38B3] *Տնազէին եւ*
Tid1	38B3	*ասէ թէ ջրհեղեղ*	*կու գայ*	[38B4] *Գնացեալ Նոյ ի*
Tid1	38B5	*զտապանն:* [38B5]	*Եկն*	*հրեշտակն առ Նոյ եւ ասէ*
Tid1	38B5	*որ ջրհեղեղ*	*կու գայ*	*զի յորժամ ամուսնացաւ*
Tid1	38B8	*ասէին երբ ջուր*	*գայ*	*Նոյ որ արտն կու վարի կամ*
Tid1	38C	*ասէին ջրհեղեղ*	*կու գայ*	[38D3] *Ցիմարութիւն*
Tid1	38D8	*եւ ապրեսջիք ի*	*գալոյ*	*ջրհեղեղէն:* [38D9] *Եւ*
Tid1	39	*թէ ջրհեղեղ*	*կու գայ*	[40] *Ամենայն*
Tid1	40	*երկու երկու*	*եկին*	*եւ մտաւ ի տապանն, եւ*
Tid1	44	*ջրոյն կեցաւ, եւ*	*եկն*	*դադարեաց ի վերայ լեառն*
Tid2	37	*թէ պիտի ջրհեղեղ*	*գայ*	*յերկիրս:* [38A] *Իսկ*
Tid2	40	*եւ հաւատացին. եւ*	*եկին*	*ինքեանք եւ աղաղակէին*
Tid2	44	*ի մէկ տարի չուրջ*	*եկեալ*	*տապանն, եւ գնացեալ*
WdsAd	5	*զհրեշտակն, զի*	*գայր*	*եւ ունէր ճիւղ մի ուրախութեան ի*

գայլախազ **noun**

Rep	36	*եւ առեալ քար մի*	*գայլախազ*	*եւ այնքան քարազոհ արար զ*

գայլաքար **noun**

AbCn1	27	*եղեւ երեկոյն, սեւ*	*գայլաքարաւ*	*եւ քարածեծուքար մի կայր*

գառն **noun**

AbCn1	8	[8] *Եւ եբեր Հաբէլ զ*	*գառն*	*իւր, զոր ընտրեալ էր եւ բաժին*
AbCn1	11	*մատուց զանդրանիկ*	*գառն*	*Աստուծոյ. ձեռնատարած աղօթէր*
AbCn1	13	*Հաբելի, եւ ընկալաւ զ*	*գառն*	*Աբելի եւ վերացաւ յերկինս:* [1
AbCn2	8	*եբեր Աբէլ զընտրեալ*	*գառինսն*	*եւ մեծարեաց զԿայէն վասն*
AbCn2	11	*ողջակէզսն անդրանիկ*	*գառանցն*	*առաջի Աստուծոյ. եւ զձեռսն*

գարշապար **noun**

Creat1	43	*սպասեսցես նորա*	*գարշապարի*	[44] *Եւ հրամայեաց*
Creat2	41	*սպասեսցես զորա*	*գարշապարին*	*եւ դա սպասեսցէ*

գաւազան **noun**

Creat2	44	*եւ հրեղէն*	*գաւազանաւն*	*պահել զճանապարհ*

գաւսանամ **verb**

Rep	77	*զպտուղն ընդէ՞ր ոչ*	*գաւսացայք*	[78] *Եւ այսպիսի լալով եւ*

գաւտեմարտիմ **verb**

AbCn1	18	*եղբօրն իւր եւ արար*	*գօտամարտիլ*	*եւ կշտի բռնել փորձիլ, զի*

գեղեցիկ adjective

Creat1	14	*…չակես, եւ <այս>*	*գեղեցիկ*	*պտղոյս ոչ ճաչակես*
Creat1	27	*մերկացեալ բայց*	*գեղեցիկ*	*էր, զի մարմինն որպէս*
Creat1	29	*քան զայն եւ այլ*	*գեղեցիկ*	*կին ստեղծանել*: [30]
Creat2	11	*լեզու, եւ էր*	*գեղեցիկ*	*եւ իմաստուն քան զ*
Creat2	14	*ոչ ճաչակես, որ*	*գեղեցիկ*	*է տեսլեամբ*: [15] *Աւէ*
Creat2	30	*…կացեալ էր. բայց*	*գեղեցիկ*	*էր զի նորաստեղծ էր*
Rep	73	*Ով պանծալի դրախտ Ով*	*գեղեցիկ*	*ծաղկոց Ով անուշահոտ*

գեղեցկութիւն noun

Creat1	27	*Հայէր ի կնոջ*	*գեղեցկութիւնն*	*խելքն թափէր*
Creat2	29	*ուտել. երբ զ*	*գեղեցկութիւն*	*տեսանէր, խելքն*
Rep	6	*փափկութեան զ*	*գեղեցկութիւն*	*ծառոցն եւ զ*

գետ noun

Exp1	20	*տարեալ թաղեաց ի*	*գետն*	*Յորդանան*: [21] *Այս եղեւ*
Exp2	2	*քարն թաղեաց ի*	*գետն*	*Յորդանանու*: [22] *Դարձեալ*
Tid2	42	*եւ ջուրք*	*գետերաց*	*արտահոսեալ. եւ յ*

գետաւրէն adverb

Tid2	42	*անձրեւն իբրեւ*	*գետօրէն*	*իջանէր*: [43] *Եւ ապա*

գետին noun

AbCn2	18	*որ է կիւլէչ. թէ կարէ*	*գետնով*	*տալ եւ կապել զնա քանզի*

գերեզման noun

AbCn1	56	*թէ մարմինն Աբելի ի*	*գերեզմանն*	*մտաւ*: [57] *Բայց յորժամ որ*
AbCn2	56	*որ թաղեցին զԱբէլ ի*	*գերեզմանի*	[57] *Բայց յորժամ Ադամ եւ*
Rep	102	*Մարիամայ ի վերայ*	*գերեզմանին*	*Եւայի* [103] *Եւ զ*
Tid1	58	*…իջեւան. եւ այն է*	*գերեզման*	*Նոյի*: [59] *Այսքան առ*
Tid2	57	*տարի. եւ անդ է*	*գերեզմանն*	*Նոյի*: [58] *Եւ կնոջ*
Tid2	58	*Նոյի*: [58] *Եւ կնոջ*	*գերեզմանն*	*ի Մարանդ է. որ մայր*

գերի noun

Exp1	23	*քէն, որ մնաս դու*	*գերի*	*ի ձեռն Սատանայի. բայց ոչ*
Exp1	23	*ոչ թողում զքեզ*	*գերի*	*ի ձեռն Սատանայի. զի դու*

գերութիւն noun

Exp1	26	*…ատեսցէ զքեզ ի*	*գերութենէ*	*Սատանայի, եւ տացէ*

գէշ adjective

Tid1	45	*ի ճաչակումն*	*գէշերուն*	*այլ ոչ դարձաւ*: [46]

գէր adjective

AbCn2	6	*զընտիրն խաչանց զ*	*գերն*	*եւ զպարարտն տալ Աստուծոյ*

գին noun

Tid2	38G	*ինչ տամք քեզ զ*	*գին*	*տապանիդ եւ քակեմք եւ*

գիշեր **noun**

AbCn1 44	*էր, որ քուն չունէր ոչ*	*գիշերն*	*եւ ոչ ցերեկն*: [45] *է*
Creat2 52	…*ւթեամբ լացին զ*	*գիշերն*	*ամենայն*: [53] *Այսքան*
Exp1 2	*թէ յաշխարհս*	*գիշեր*	*լինի, կամ ցերեկ կայ*
Exp2 2	*թէ ցերէկն*	*գիշեր*	*կու փոխի. վասն որոյ*
Rep 3	*մութն եւ խաւար*	*գիշեր*	*յայնժամ անկաւ աՀ մեծ ի*
Rep 25	*զի աՀա աւր մի եւ*	*գիշեր*	*մի անցաւ ի վերայ մեր եւ ոչ*
Rep 32	*եւ ասաց թէ Տեսի*	*գիշերս*	*յերազի որ զարիւնն Աբելի*
Tid1 30	*իբրեւ զերազ*	*գիշերոյ*	*անցանի. վասն միոյ*
Tid2 31	*իբրեւ երազ*	*գիշերոյ*	*անցնի*: [32] *Զիա՞րդ*
WdsAd 3	*տիւ եւ զքառասուն*	*գիշեր*	*Հաց ոչ եկեր եւ Ջուր ոչ էարբ*:
WdsAd 14	*տիւ եւ զքառասուն*	*գիշեր*	*ամենեւին ոչ ճաշակեաց*: [15] *Եւ*

գիշերայն **adverb**

Rep 96	*յերրորդ ժամու*	*գիշերւոյն*	[97] *Իսկ որդիք եւ*

գիտեմ **verb**

AbCn1 14	*զնա բայց ոչ*	*գիտէր*	*սպանանել, զի այլ սպանումն ոչ*
AbCn1 15	[15] *Բայց Աբել ոչ*	*գիտէր*	*զչար խորՀուրդն եղբօրն, եւ Աբէ*
AbCn1 26	*զեղբայրն, եւ ոչ*	*գիտէր*	*թէ որոյ տեղ է սպանելոյ*: [27]
AbCn1 49A	[49A] *Եւ Ղամէք*	*գիտաց*	*թէ այծ է նետիւ աղեղէն սպան զ*
AbCn1 49D	*զԿայէն*: [49D] *Ցանց*	*գիտաց*	*թէ այծ էր, եւ մազն իւր մէն էր*
AbCn1 49Y	*Իբրեւ տեսաւ Ղամէք*	*գիտաց*	*թէ եղՋիւր է. եՀար նետիւ աղեղան*
AbCn2 14	*զնա բայց ոչ*	*գիտէր*	*թէ որպէս սպանցէ զնա. զի զեռ*
AbCn2 15	[15] *Եւ եւս Աբէլ ոչ*	*գիտէր*	*զչար խորՀուրդն Կայէնի. զի*
AbCn2 26	*եւ անդ շրՋէր եւ ոչ*	*գիտէր*	*թէ որով պիտի սպանանել զնա*
AbCn1 9	*մատուցի քեզ. իսկ դու*	*գիտես*	*որպէս Հաճոյ է քեզ, այնպէս*
AbCn1 30	*չմնայ ի սրտիս. դու*	*գիտես*	*դատաստանն Աստուծոյ*: [31]
Creat1 32	*տերեւան. քանզի*	*գիտէին*	*տերեւի ծածկելովն*
Creat2 52	*երեկոյն եւ ոչ*	*գիտէին*	*թէ արեգակն մտանէ եւ*
Exp1 2	*մտաւ, նոքա*	*գիտացին*	*թէ խաւար կալաւ զ*
Exp1 2	*էր, նոյնպէս*	*գիտացին*	*թէ աշխարՀս ամենայն*
Exp1 2	*արեգակն, Հանց*	*գիտացին*	*թէ այլ ոչ լուսանայ*
Exp1 2	*եղիցի. զայն ոչ*	*գիտէին*	*թէ յաշխարՀս գիշեր*
Exp1 6	*էր*: [6] *Իսկ ոչ*	*գիտեմք*	*թէ զի՞նչ գործեցաք*
Exp1 22	*իբրեւ մտաւ*	*գիտացին*	*Ադամ եւ Եւայ> որ*
Exp2 1	*լոյս էր. նա ոչ*	*գիտէր*	*թէ ի մայրն մտանէր*
Exp2 2	*էր. եւ նոյնպէս*	*գիտէին*	*թէ աշխարՀս ամենայն*
Exp2 2	*լինի. զի ոչ*	*գիտէին*	*թէ ցերէկն գիշեր կու*
Exp2 6	[6] *Այլ ոչ*	*գիտեմք*	*թէ ինչ չար գործեցաք*
Exp2 22	…*եգակն ի մայրն*	*գիտաց*	*Ադամ որ խաբեցաւ, լացին*
Rep 25	*մեզ մեռուցանէ ոչ*	*գիտեմք*	*զի աՀա աւր մի եւ գիշեր մի*
Rep 46	*եւ ասաց Ոչ*	*գիտեմ*	[47] *Եւ Աստուած վասն այն*
Rep 48	*լրբութեամբ ասաց Ոչ*	*գիտեմ*	*մի թէ պաՀապա՞ն իցեմ*
Tid1 32	[32] *Ասէ Նոյ. Ոչ*	*գիտեմ*	*եթէ մաքուր կին*
Tid1 54	*տեսանեն զաղեղն*	*գիտասցեն*	*քաղցրացեալ է Տէր*
Tid2 38G	*զՆոյ եւ ասէին*	*գիտեմք*	*զի ընդ վայր տանՋեցար*
WdsAd 10	*Սէթ զՀայրն. Հայր*	*գիտեա*	*զի որպէս մաՀարար է, նոյնպէս*

գիտենամ verb

Rep	57	որ ամենայն ոք	գիտենայր	գնա եւ նշանն պիսակն էր

գիտութիւն noun

AbCn1	9	ստեղծող ամենայնի	գիտութիւն	լիցի քեզ. զամենայն ինչ զոր
Creat2	8	բայց ի պտղոյ	գիտութեան	մի ուտիցէք. զի

գլորեմ verb

Rep	21	Ողորմեցարուք ինձ	գլորելոյս	Ողորմեցարուք ինձ

գլուխ noun

AbCn1	24	ոտից մինչեւ ց	գլուխն	[25] Լայր Աբէլ եւ ասէր. Եղբայ
AbCn1	38	կոտոշ բուսաւ ի վերայ	գլխոյն	[39] բ. Երկրորդ պատուհասն
AbCn1	49D	իւր մէն էր, եւ թէ	գլխոյ	եւ թէ մարմնոյ ոտէն մինչ ի
AbCn1	49D	մարմնոյ ոտէն մինչ ի	գլուխն	մազ էր. նետիւ աղեղաւ սպան
AbCn2	22	եւ ձեռօքն մինչեւ ց	գլուխն	[23] Ապա իմացաւ Աբէլ զ
AbCn2	49	եւ բուսաւ կոտոշ ի	գլուխն	[50] Իսկ Ղամէքայ կինն բարի էր
Creat1	27	խելքն թափէր ի	գլխոյն	թէպէտ ի լուսոյ էր
Creat1	2D	չարն Բէլիար որ	գլուխ	էր դասս հրեշտակաց մեծ
Creat1	43	սպասեսցէ քում	գլխոյ	եւ դու սպասեսցես նորա
Creat2	29	…սանէր, խելքն ի	գլխոյն	թափէր։ [30] Թէպէտ
Creat2	41	սպասեսցէ քում	գլխոյ	[42] Եւ դարձեալ ասաց ց
Rep	94	նոյնժամայն ցաւեաց	գլուխ	նորա եւ ասաց Վայ գլուխս վայ
Rep	94	ասաց Վայ գլուխս վայ	գլուխս	եւ նա եւս մեռաւ ընդ
Rep	94	նորա եւ ասաց Վայ	գլուխս	վայ գլուխս եւ նա եւս մեռաւ
Rep	103	ի Հրէիցն ի վերայ	գլխոյն	Ադամայ եւ արար զփրկութիւն ի
Tid1	3	օրհնեալ եւ	գլուխ	նահապետաց, եւ մխիթարիս
Tid1	15	սաղաւարտ ի	գլուխն	եդեալ, զի մի բարձր
Tid1	46	շրջեալ ի	գլուխս	լերանց եւ գտեալ երեք
Tid2	1	օրհնեալ եւ	գլուխ	նահապետաց։ [2] Ասէ Ադամ
Tid2	15	գտակ մի եդ ի	գլխոյն	զի մի տեսցէ զպտուղ
Tid2	44	ամենայն	գլուխ	լերանցն եւ ի սարերէն
Tid2	47	տապանն եւ ետես զ	գլուխ	լերանցն եւ արձակեաց զ

գնամ verb

AbCn1	16	Կայէն ցեղբայր իւր	Գնասցուք	ի դաշտն շրջեսցուք։ [17] Եւ
AbCn1	17	[17] Եւ ելեալ	գնացին	ի դաշտն, եւ կամէր Կայէն
AbCn1	23	աւելի <է>։ [23] Իբրեւ	գնաց	Աբէլ ի ծառն Կայէն առեալ զուռն
AbCn1	33	ասէր եղբայրն. Ես	գնացի	յաշխարհէս եւ դու շահեա զ
AbCn1	48Դ	Ղամէք ձիաւորեալ	գնաց	յորս եւ տեսաւ զԿայէն։ [49Y]
AbCn1	48Y	Իբրեւ ել Ղամէք ի ձի	գնաց	ի յորս, երեւեցաւ Կայեն ի
AbCn1	52	զսպանումն Աբելի, <	գնացին	բերին արիւնիւ շաղախեալ
AbCn2	16	ցեղբայր իւր. Աբէլ	գնասցուք	ի դաշտ ման գալ։ [17] Եւ
AbCn2	17	գալ։ [17] Եւ ելեալ	գնացին	ի դաշտն. ապա Աբէլ ուժով էր
AbCn2	34	ի ծառին։ [34] Եւ ինքն	գնաց	իբրեւ ուրախութեամբ. ապա
AbCn2	47	ձիաւորեալ համապազ	գնայր	որսանել. իսկ Կայէն անճար մնաց
AbCn2	47	մի վայրենի ի ծոցն	գնաց	ի լեառն եւ եղեւ ընծոյ նման եւ
AbCn2	48	[48] Իսկ Ղամէք ելաւ	գնաց	յորս առնել. եւ ետես զԿայէն
AbCn2	52	զսպանումն Աբէլի	գնացեալ	բերին արեամբ շաղախեալ զ

Creat1	13	Ադամ: [13] Իբրեւ	գնաց	օձն եւ տեսաւ զԱդամ եւ զ
Creat1	32	ի լուսոյն. եւ	գնացին	ծածկեցան թզենի
Creat2	40	քոյ սողալով	գնասցես	եւ հող կերիցես զ
Rep	35	ծնաւղքդ մեր [35] Եւ	գնացեալ	Ադամ փութանակի եւ ետես
Rep	37	զհոգին [37] Եւ	գնացեալ	Ադամ ետես այնպէս եւ
Rep	38	եւ դառնացեալ հոգով	գնաց	Ադամ ասել Եւայի զի եկեալ ի
Rep	58	ի ճակատն զի ընդ որ	գնայր	եղջերն գոչէր եւ աղաղակէր
Rep	76	[76] Ով ոտք որ	գնացիք	ի ծառն մահաբեր ընդէ՞ր ոչ
Rep	87	Եւայ առ զՍէթ եւ	գնաց	աղաչել զՏէր տալ պտուղ
Rep	91	զնոսա զանց արար եւ	գնաց	[92] Եւ մինչ դեռ մայրն եւ
Rep	92	եւ ասաց Արիք եւ	գնացէք	զի մեռաւ Ադամ յերեկոյին
Rep	93	[93] Եւ նոքա ելեալ	գնացին	լալով եւ հառաչանաւք եւ
Tid1	22Y	ազգի եղանակօք	գնացին	ի լեառն խնդալով եւ
Tid1	35	…ձրութիւն: [35] Եւ	գնաց	ի նմանէ հրեշտակն: [36] Եւ
Tid1	38B2	[38B2] Ամենեքեան	գնային	եւ տեսանէին զձեւ
Tid1	38B4	կու գայ: [38B4]	Գնացեալ	Նոյ ի բարձր բլրի
Tid1	38C	[38C] Իսկ ամենեքեան	գնային	եւ տեսանէին զձեւ
Tid1	45	ագռաւ մի, զի	գնացեալ	նշան բերցէ. եւ նա
Tid1	45	բերցէ. եւ նա	գնացեալ	ի ճաշակումն
Tid1	46	զաղաւնին, եւ	գնացեալ	աղաւնին, շրջեալ ի
Tid2	19	[19] Այլ եւ	գնացին	խառնակիլ յազգն Սէթայ
Tid2	22	հարկանելով	գնացին	ի լերինս, եւ խաբեցին զ
Tid2	35	հրեշտակն եւ	գնաց	ի նմանէ: [36] Իսկ նա առեալ
Tid2	44	եկեալ տապանն, եւ	գնացեալ	հանգեաւ ի լեառն
Tid2	45	ցամաքի. եւ նա	գնացեալ	անկաւ ի լեշն այլ ոչ
Tid2	46	զաղաւնին եւ	գնացեալ	եգիտ ցամաք եւ եբեր զ
Tid2	56	որդիք նորա	գնաց	էջ ի նախջրւան, եւ անդ

գոհանամ **verb**

WdsAd	6	հօր քում: [6] Եւ Սէթ	գոհանայր	զտվողէն կենդանութեան զ

Գողգոթայ **name**

Rep	103	Եւ զԱդամայն եդ ի	Գողգոթայ	ուր խաչեցաւ Քրիստոս ի

գոմ **verb**

Tid1	20Y	ընդ նոսա, եւ ոչ	գոյր	հնար խառնակելոյ ընդ

գոչեմ **verb**

AbCn2	23	Կայէնի. զոր	գոչեաց	լալով առ եղբայրն եւ ասէր
AbCn2	37	թէ զղջացեալ մեղայ	գոչէ	[38] Ցորոյ ճակատն կոտոչ
Rep	58	որ գնայր եղջերն	գոչէր	եւ աղաղակէր թէ գայ Կային

գովեմ **verb**

Creat1	2YD	[2YD] օրհնէին	գովէին	բարեբանէին եւ
Creat2	2	օրհնէին	գովէին	եւ փառաւոր առնէին զ

գործելի **noun**

AbCn1	10.2	եւ սեւացոյց իբրեւ զ	գործելի	եւ այնպէս մնաց երեսն սեւ
AbCn2	10	սեւացան որպէս	գործելի	[11] Իսկ Աբէլ մատոյց զ

գործեմ verb

AbCn1	2	վարել եւ վաստակել եւ	գործել	զերկիր, եւ զպտուղ նոցա ուտել
AbCn1	9	զոր վաստակեցին եւ	գործեցի	Հանի քեզ բաժին եւ տասանորդ
AbCn2	2	վարել եւ վաստակել եւ	գործել	զերկիր եւ ճաշակել ի պտղոյ
Creat2	19	ի՞նչ է զոր դու	գործեցեր	ընդէ՞ր կերեր ի
Creat2	51	եւ եցոյց նմա	գործել	զերկիր, եւ ի պտղոյ
Exp1	6	թէ զի՞նչ	գործեցաք	որ բարկացաւ
Exp2	6	թէ ինչ չար	գործեցաք	որ բարկացաւ
Rep	24	ասէ Ով կին դու զի՞նչ	գործեցեր	ընդ մեզ Ով կին ընդէ՞ր
Rep	53	քոյ [53] Երրորդ	գործել	զերկիր վաստակաւք եւ
Tid1	23D	չարութիւն	գործէին	եւ ոչ յիշէին զ
Tid1	54	…խարհիս. թէ չար	գործեն	այլ ուրիշ պատուհասիւ

գունդ noun

Creat2	4	զամենայն	գունդսն	դիւաց. եւ ի վայր

գտակ noun

Tid2	15	[15] Այլ յերկաթէ	գտակ	մի եդ ի գլխոյն. զի մի

գտանեմ verb

AbCn1	10.2	[10.2] եւ <հասկ մի> ոչ	գտաւ	կարկտիւ եհար զԿայենի երեսն եւ
AbCn1	26	անդ շրջէր թէ իւր մի	գտցէ	եւ այնով սպանանիցէ զեղբայրն
Creat1	13	որ զԵւայ միայն	գտաւ	[14] Ասէ օձն Եւայի. ընդէ՞ր
Creat2	48	եւ թողութիւն	գտանեն	[49] Երբ տեսաւ Տէրն որ
Rep	39	եւ եկն անդ այլ ոչ	եգիտ	զմարմինն Հաբելի զի ամփոփեալ
Tid1	46	լերանց եւ	գտեալ	երեք ծաղիկ եւ բերեալ
Tid2	46	եւ գնացեալ	եգիտ	ցամաք եւ եբեր զճուղ

գրաւեմ verb

Rep	14	Վայ ինձ մահու	գրաւելոյս	Վայ ինձ մեղաւք
Rep	66	զի ընդ մահու	գրաւեցան	[67] Վեցերորդ զի

գրգանք noun

Rep	24	զմեզ յայնպիսի	գրգանացն	Ով կին ընդէ՞ր արտաքսեցեր

գրեմ verb

Exp2	24	Աստուծոյ. եւ էր	գրեալ	այսպէս. մի տրտմիր Ադամ

գրկեմ verb

AbCn1	21	[21] Ասէ Կայէն. Դու <	գրկեա	> զծառս, եւ ես երեք մատնովս
AbCn1	21	եւ արձակիլ. ապա ես	գրկեմ	զծառդ, եւ դու պատեա
AbCn2	20	խաղասցուք: [20] Դու	գրկէ	զծառն եւ ես երեք անգամ պատեմ
AbCn2	22	եւ ուժով: [22] Իբրեւ	գրկեաց	զծառն Աբէլ, նա Կայէն առեալ

Դ numeral

AbCn1	42	իբրեւ զուռ: [42]	դ	Չորրորդ պատուհասն այն էր, <որ

դա pronoun

Creat1	21	Ոչ կարեմ ուտել ի	դմանէ	եւ <մերկանալ> քեզ
Creat1	43	եւ ի մէջ զաւակի>	դորա	նա սպասեսցէ քում գլխոյ

Creat2	41	*գարշապարին, եւ*	*դա*	*սպասեսցէ քում գլխոյ:* [42]
Creat2	41	*եւ ի մէջ զաւակի*	*դորա*	*դու սպասեսցես դորա*
Creat2	41	*դու սպասեսցես*	*դորա*	*գարշապարին, եւ դա*

***դադարեմ* verb**

Tid1	38D8	*ի մեղացէ եւ*	*դադարեցէք*	*ի չարէ եւ*
Tid1	44	*կեցաւ, եւ եկն*	*դադարեաց*	*ի վերայ լեառն*

***դալար* adjective**

Rep	18	*Լացէք զիս բոյսք եւ*	*դալարք*	*Լացէք զիս ծառք ամենայն*

***դաշտ* noun**

AbCn1	16	*իւր. Գնասցուք ի*	*դաշտն*	*շրջեսցուք:* [17] *Եւ ելեալ գնաց*
AbCn1	17	*Եւ ելեալ գնացին ի*	*դաշտն*	*եւ կամէր Կայէն կապել զ*
AbCn2	16	*իւր. Աբէլ գնասցուք ի*	*դաշտ*	*ման գալ:* [17] *Եւ ելեալ գնացին*
AbCn2	17	*Եւ ելեալ գնացին ի*	*դաշտն*	*ապա Աբէլ ուժով էր քան զ*
Rep	34	*թէ Եկ երթիցուք ի*	*դաշտի*	*անդ եւ տեսցուք զդրախտն իմ զ*
Tid1	48	*էին. բայց*	*դաշտք*	*ջրով ծածկեալ էին:* [49]
Tid2	55	*...նակեցան դեռեւս*	*դաշտն*	*նա լի էր ջրով:* [56] *Իբրեւ*

***դառն* adjective**

Rep	72	*սուգ էր Ադամայ եւ*	*դառն*	*կսկիծ Եւայի եւ աւելորդ զղջման*

***դառնամ* verb**

AbCn1	54	*Ադամ մեռնէր եւ Հող*	*դառնայր*	*ապա ծնունդն նորա:* [55]
AbCn2	45	*նա ցաւն առ սպանօղն*	*դարձցի*	[46] *Եւ ապրեցաւ Կայէն եօթն*
AbCn2	54	*մեռանէր եւ ի Հող*	*դառնայր*	*ապա ծնունդ նորա մեռանէր*
AbCn2	54	*մեռանէր եւ ի Հող*	*դառնայր*	[55] *Մինչեւ ի մահն Ադամայ*
AbCn2	55	*վասն այն ոչ ի Հող*	*դառնայր*	*մարմինն Աբէլի:* [56] *Ապա*
Creat1	41	*Հող էիր եւ ի Հող*	*դարձցիս*	[42] *Եւ դարձեալ ընդ*
Creat2	43	*Հող էիր եւ ի Հող*	*դարձցիս*	[44] *Եւ Հրամայեաց*
Creat2	48	*Աստուած:* [48]	*Դարձեալ*	*վասն այն եկն ի վերայ*
Exp2	22	*Ցորդանանու:* [22]	*Դարձեալ*	*իբրեւ երեկոյ եղեւ*
Exp2	26	*...անցանաց քոց. եւ*	*դարձուցէ*	*զքեզ յառաջին*
Rep	90	*խստանամք եւ ընդդէմ*	*դառնամք*	*ձեզ* [91] *Զայս Հրամանաւն*
Tid1	38B6	*տարի թերեւս*	*դարձցին*	[38B7] *Եւ սկսաւ Նոյ*
Tid1	38B7	*վասն ձեր*	*դարձէք*	*ի մեղաց եւ ապրեսջիք*
Tid1	38D3	*սիրտս առնէին ոչ*	*դառնէին*	*ի չարութենէն եւ օր*
Tid1	38D7	*տարի թերեւս*	*դառնային*	*ի չարութենէն:* [38D8]
Tid1	38D8	*վասն <ձեր>*	*դարձէք*	*ի մեղացէ եւ*
Tid1	45	*գէշերուն, այլ ոչ*	*դարձաւ*	[46] *Իսկ արձակեաց զ*
Tid2	38E	*...ողեցից, թերեւս*	*դարձցին*	*ի մեղաց:* [38F] *Եւ*
Tid2	38F	*Նոյ ասելով, թէ*	*դարձիք*	*ի մեղաց զի դարձուցէ*
Tid2	38F	*ի մեղաց զի*	*դարձուցէ*	*Տէր զջրՀեղեղ*
Tid2	45	*ի լեռն այլ ոչ*	*դարձաւ*	[46] *Եւ յետ երեք աւուրն*

***դառնանամ* verb**

Creat2	19	*կինն մերկացեալ*	*դառնացաւ*	*եւ ասէ, այս ի՞նչ է զ*

Rep	38	*աղէկիզեալ սրտիւ եւ*	*դառնացեալ*	*Հոգով գնաց Ադամ ասել*
Tid2	3	*զի որչափ*	*դառնացար*	*եւ տրտմեցար վասն*

դառնապէս **adverb**

AbCn1	57	*վայ եւ եղուկ լայր*	*դառնապէս*	*իսկ ծնօղքն Ադամ եւ Եւայ*
Rep	37	*յոյժ սգացեալ ելաց*	*դառնապէս*	[38] *Եւ ապա աղէկիզեալ*

դաս **noun**

Creat1	4	*Միքայէլի, եւ ինն*	*դասուց*	*Հրեշտակացն. դիմեցին*
Creat1	1D	*ստեղծեաց ինն*	*դաս*	*Հրեշտակքն վասն*
Creat1	2D	*Հրեշտակին*	*դասն*	*Բէլիարին դասն էր բարձր*
Creat1	2D	*դասն Բէլիարին*	*դասն*	*էր բարձր քան զամենայն*
Creat1	2D	*քան զամենայն*	*դասս*	*Հրեշտակաց. իսկ չարն*
Creat1	2D	*որ գլուխ էր*	*դասս*	*Հրեշտակաց մեծ փառօք*
Creat1	2Y	*դասագլուխ էին*	*դասուց*	*Սատանայի, մեծափառօք*
Creat1	2Y	*եւ զամենայն*	*դասս*	*Հրեշտակաց.* [2D] *Առաջի*
Creat2	1	*Տէր Աստուած զ*	*դասս*	*Հրեշտակաց եւ*
Creat2	4	*որք Հարին զ*	*դասսն*	*Սատանայի եւ թօթափեցին*

դասագլուխ **noun**

Creat1	2Y	*եւ Բելիար*	*դասագլուխ*	*էին դասուց*

դատապարտեմ **verb**

Rep	71	*տեսին եղբայրասպան*	*դատապարտեալ*	*եւ պատժեալ*

դատաստան **noun**

AbCn1	30	*ի սրտիս. դու գիտես*	*դատաստանն*	*Աստուծոյ:* [31] *Իբրեւ*
Creat2	54	*արասցէ արդար*	*դատաստանին*	*եւ արքայութեան*

դատարկանամ **verb**

Rep	68	*զի ի շնորհաց*	*դատարկացան*	[69] *Ութերորդ զի*

դար **noun**

Exp1	25	*Եւ ի մտանել վեց*	*դարուն*	*առաքեցից ի լուսոյ*
Exp2	24	*զոր ի վեց*	*դարուն*	*առաքեցից զմիածին*
Exp2	27	*եղեւ. զի վեց*	*դարն*	*իբրեւ ժամ մի Համարէր*

դարաստան **noun**

Rep	73	*այգի Ով աստուածատունկ*	*դարաստան*	*Ողորմեցարուք զրկելոյս*

դարձեալ **adverb**

AbCn1	33	*մորթեաց:* [33]	*դարձեալ*	*ի ժամ մորթելոյ ասէր եղբայրն*
AbCn2	1	*խաւարային*	*դարձեալ*	*ողորմեցաւ ինձ Աստուած եւ*
AbCn2	21	*կտրել զնա:* [21]	*դարձեալ*	*դու ինձ արա նոյնպէս երեք*
AbCn2	52	*զցաւն Ղամեքայ:* [52]	*դարձեալ*	*յորժամ իմացան Ադամ եւ*
Creat1	39	*սայ խաբեաց:* [39]	*դարձեալ*	*Տէր խօսեցաւ ընդ*
Creat1	42	*դարձցիս:* [42] *Եւ*	*դարձեալ*	*ընդ Եւայի, ասաց*
Creat2	38	*խաբեաց զիս:* [38]	*Դարձեալ*	*Տէրն խօսեցաւ ընդ*
Creat2	42	*գլխոյ:* [42] *Եւ*	*դարձեալ*	*ասաց ցկինն*

Creat1	43	քոց: [43] Եւ	դարձեալ	ասաց ցօձն. Անիծեալ
Creat2	43	...նակեսցի: [43] Եւ	դարձեալ	առ Ադամ ասաց
Creat2	51	վեց օր: [51] Ապա	դարձեալ	ողորմեցաւ Տէրն
Exp1	5	...մանակս ինչ: [5]	դարձեալ	ողորմեցաւ Տէր եւ
Exp2	18	ոչ ասէք այսպէս	դարձեալ	խաւար բերեմ առ ձեզ
Rep	29	երեսուն տարւոյ	դարձեալ	մերձեցաւ Ադամ առ Եւայ
Rep	30	Կային զՀաբէլ եւ	դարձեալ	սուգ առին Ադամ եւ Եւայ ի
Tid1	38D4	տարումն չինեաց	դարձեալ	Նոյայ ծնաւ երեք
Tid1	38D5	Աբէլթ: [38D5] Եւ	դարձեալ	Հրեշտակն երեւեցաւ
Tid2	2	կու Հեղանի. թէ	դարձեալ	մերձենամ ի կին եւ
Tid2	38D	արար այնպէս. եւ	դարձեալ	երեւեցաւ Հրեշտակն եւ
Tid2	38G	պատուՀասն: [38G]	Դարձեալ	ծաղր առնէին զՆոյ եւ

***դարձուցանեմ* verb**

Rep	24	ձերոց [24] Եւ	դարձուցեալ	զբանն ի կինն եւ ասէ Ով

***դեղ* noun**

Tid1	21D	իւրեանց կարմիր	դեղ	դնէին: [22 Y] Եւ այնպիսի

***դեղեմ* verb**

Tid1	21D	...քեանս զուգէին	դեղէին	յունքն քաշէին եւ յ
Tid1	21Y	եւ զաչսն	դեղեցին	եւ ծարուր դրին, զ
Tid2	21	ծարուրս եւ	դեղեցին	զերեսս իւրեանց եւ զ

***դեռ* adverb**

AbCn2	14	սպանցէ զնա. զի	դեռ	չէր սպանումն եղեալ ի վերայ երկ
Rep	92	եւ գնաց [92] Եւ մինչ	դեռ	մայրն եւ որդին Եւայ եւ Սէթ
Rep	94	Ադամայ մինչ	դեռ	լայր եւ ողբայր Եւայ
Tid1	5	ետ վասն Սէթայ	դեռ	այլ զաւակ չունէր բայց ի
Tid1	38B5	աղջկունքս	դեռ	փոքր են, կուս եւ զաւակ

***դեռեւս* adverb**

Tid2	29	Նոյ. քանի տարի	դեռեւս	պիտի ապրիմ: [30] Ասէ
Tid2	55	եւ անդ բնակեցան	դեռեւս	դաշտն նա լի էր ջրով

***դեւ* noun**

Creat2	4	...ենայն զունդսն	դիւաց	եւ ի վայր Հարին որպէս

***դէզ* noun**

AbCn1	10.1D	մի սեւ եկաւ ի վերայ	դիզուն	Կայենի եւ քամատարեղ եւ
AbCn2	7	եւ ժողովեաց իբրեւ	դէզ	մի: [8] Ապա երբ Աբէլ զընտրե

***դէմ* adverb**

Rep	73	[73] Որ Հանապազ լային	դէմ	դրախտին զամենայն աւուրս կենաց

***դէմ* noun**

Rep	73	վտանկելոյ ի ձեր	դիմաց	[74] Ո՞վ տայ ինձ տեսանել զ
Rep	91	խոլոր եւ աՀարկու	դիմաւք	եւ ապա թողեալ զնոսա զանց

դժուարին **adjective**

AbCn1	32	*քարն փոքր էր, <*	*դժուարին*	*մորթեաց մինչ ի ժամ մի*

դիմեմ **verb**

Creat1	4	*Հրեշտակացն*	*դիմեցին*	*ի վերայ Սադայէլի եւ*

դիւրամաշ **adjective**

Rep	24	*այս Հանդերձս*	*դիւրամաշ*	*է եւ շուտով անցանէ* [25]

դիւրանամ **verb**

Rep	4	*արեգական* [4] *Ապա*	*դիւրացան*	*սակաւ մի յերկիւղէ մահուն*
Rep	86	*աւծանէք զանձն իմ զի*	*դիւրանամ*	*ի ցաւոցս* [87] *Եւ*

դնեմ **verb**

AbCn1	7	*կապէր եւ ուրիշ*	*դնէր*	*ի բաժինն Աստուծոյ։* [8] *Եւ եթէ*
AbCn2	33	*մորթեց զեղբայրն. եւ*	*եդ*	*կապեալ այնպէս ի ծառին։* [34] *Ե*
Creat1	8	*Տէր Աստուած, եւ*	*եդ*	*ի մէջ դրախտին Ադենայ, որ է*
Creat1	9	[9] *Իսկ վասն այն*	*եդ*	*զԱդամ ի միջասահման*
Creat1	43	*կենաց քոց*	*եդից*	*զթշնամութիւն ի մէջ քո*
Creat2	8	*Աստուած տարեալ*	*եդ*	*զնոսա ի մէջ դրախտին*
Creat2	8	*եւ միջասահման*	*եդ*	*ի վերայ նոցա պատուէր եւ*
Creat2	9	*այն պատուէր*	*եդ*	*ի վերայ նոցա. զի փորձեսցէ*
Creat2	41	*քոց։* [41] *Եւ*	*եդից*	*զթշնամութիւն ի մէջ քո*
Creat2	45	*զայն պտուղն պագ*	*եդիր*	*Ադամայ։* [46] *Թէ պահեալ էր*
Exp1	4	*զմեզ Աստուած եւ*	*եդեալ*	*ի մէջ լուսեղէն*
Exp1	17	*եւ ասաց Ադամայ*	*Դիր*	*զձեռդ ի վերայ քարին եւ*
Exp1	17	*քար մի եւ*	*եդ*	*առաջի Ադամայ, եւ ասաց*
Exp1	19	*քո։* [19] *Իսկ Ադամ*	*եդեալ*	*ձեռն ի վերայ քարին, եւ*
Exp2	4	*զմեզ Աստուած, եւ*	*եդեալ*	*ի մէջ դրախտին*
Exp2	17	*Ադամայ եւ ասէ*	*դիր*	*զձեռն քո ի վերայ քարիդ*
Exp2	17	*քար մի եւ*	*եդ*	*առաջի Ադամայ եւ ասէ. դիր զ*
Exp2	19	*զձեռն ի վերայ*	*եդեալ*	*ասաց թէ մինչեւ անծինն*
Rep	57	*Եաւթներորդ զի նշան*	*եդ*	*ի վերայ նորա Աստուած որ*
Rep	85	*ի միասին մեռանիմք եւ*	*դիցեն*	*զիս եւ զքեզ ի մին տեղի*
Rep	97	*մաքուր կտաւօք եւ*	*եդին*	*ի փայտեայ տապանի* [98] *Եւ*
Rep	102	*ամփոփեաց զնոսա*	*դնելով*	*զԵւայ ի յայրն Բեթղահեմի*
Rep	103	[103] *Եւ զԱդամայն*	*եդ*	*ի Գողգոթայ ուր խաչեցաւ Քրիստոս*
Tid1	0	ՋՈՐ ՊԱՐՏ Է ՄԵԶ ՈՒՆԿՆ	ԴՆԵԼ	[1] *Եւ քաղձրացաւ Տէրն*
Tid1	15	*ի գլուխն*	*եդեալ*	*զի մի բարձր Հայեսցի ի*
Tid1	16	*վերացուցին եւ*	*եդին*	*ի մէջ դրախտին, եւ է*
Tid1	21D	*զսպիտակադեղն*	*դնէին*	*երեսս իւրեանց. զ*
Tid1	21D	*եւ յաչս ծարուր*	*դնէին*	*եւ պէսպէս սազէրս*
Tid1	21D	*կարմիր դեղ*	*դնէին*	[22Y] *Եւ այնպիսի*
Tid1	21Y	*եւ ծարուր*	*դրին*	*զծամն եւ < զվարսն>*
Tid2	15	*երկաթէ գտակ մի*	*եդ*	*ի գլխոյն. զի մի տեսցէ զ*
Tid2	41	*եւթն եւթն. եւ*	*եդ*	*զթռչունսն ի վերնատունն. ի*
WdsAd	2	*զմեզ Աստուած եւ*	*եդ*	*ի դրախտին, եւ պատուիրեաց մեզ յ*
WdsAd	8	*Ադամ զճիւղն զայն*	*եդ*	*ի վերայ աչաց եւ բացան աչք նորա*
WdsAd	13	*զհայրն մեր եւ*	*եդ*	*զնա ի դրախտին, եւ պատուէր ետ*

***դողամ* verb**

AbCn1	41	*բոլոր անդամօքն <*	*դողայր*	*> իբրեւ զուռ*: [42] *դ. Զորր...*
AbCn2	43	*զի Հանապազ լալով եւ*	*դողալով*	*չրջէր*: [44] *Եօթներորդ*

***դողդոջամ* verb**

Tid2	2	*ցաւագնեալ*	*դողդոջայ*	*սարսափի եւ*

***դողդոջեմ* verb**

AbCn2	39	*էր, որ բոլոր մարմինն*	*դողդոջէր*	[40] *Երրորդ պատուՀասն այն*
Rep	60	*ամս ութ Հարիւր* [60]	*դողդոջէր*	*միշտ եւ երերալի չրջէր ի*

***դու* pronoun**

AbCn1	9	*Աստուած, եւ ասաց*	*Դու*	*Տէր, ստեղծող ամենայնի*
AbCn1	9	*իմ մատուցի քեզ. իսկ*	*դու*	*գիտես, որպէս Հաճոյ է քեզ, այնպ*
AbCn1	9	*գիտութիւն լիցի*	*քեզ*	*զամենայն ինչ զոր վաստակեցին*
AbCn1	9	*եւ գործեցի Հանի*	*քեզ*	*բաժին եւ տասանորդ, ըստ արդար*
AbCn1	9	*իմ մատուցի*	*քեզ*	*իսկ դու գիտես, որպէս Հաճոյ է ք*
AbCn1	9	*որպէս Հաճոյ է*	*քեզ*	*այնպէս եղիցին կամք քո*: [10.1]
AbCn1	9	*այնպէս եղիցին կամք*	*քո*	[10.1] *Եւ բարկացաւ Տէր ի վերա*
AbCn1	11	*...րութեանց, աղաչեմ զ*	*քեզ*	*ընկալ զնուէրս, որ մատուցանեմ*
AbCn1	11	*որ մատուցանեմ*	*քեզ*	*բաժին ի բարեստեղծեալ պարգեւաց*
AbCn1	11	*բաշխեալ բարեացդ ի*	*քեզ*	*մատուցանեմ ի Հաճոյս*: [12]
AbCn1	11	*զոր բաշխեցեր մեզ*	*քո*	*բաշխեալ բարեացդ ի քեզ*
AbCn1	12	*լսելի եղեն աղօթքն*	*քո*	*եւ ընդունելի <եղեւ> ընծայն քո*:
AbCn1	12	*<եղեւ> ընծայն*	*քո*	[13] *Եւ լուսափայլ <ամպ> Հովան*
AbCn1	21	[21] *Ասէ Կայեն*	*Դու*	*<գրկեա> զծառս, եւ ես երեք*
AbCn1	21	*ես գրկեմ զծառդ, եւ*	*դու*	*պատեա մատներաւդ ի վերայ իմ*
AbCn1	21	*մատնովս պատեմ զ*	*քեզ*	*տեսանեմ թէ կարես կորել զնա եւ*
AbCn1	25	*զարիւնն իմ. ես*	*քեզ*	*ի՞նչ չարութիւն <արարի>, ընդէ՞ր*
AbCn1	25	*ինձ. աշխարՀս ամէն*	*քեզ*	*լինի*: [26] *Իսկ Կայէն աստ եւ ա*
AbCn1	30	*չմնայ ի սրտիս*	*դու*	*գիտես զատաստանն Աստուծոյ*: [31
AbCn1	33	*գնացի յաշխարՀէս եւ*	*դու*	*չաՀեա զսիրտ ծնօղաց մերոց*: [3
AbCn1	34	*Ո՞ւր է եղբայրն*	*քո*	[35] *Եւ նա լրբութեամբ ասաց. Ո*
AbCn2	6	*վասն եղբօրն թէ*	*քոյն*	*եւս Հասնին Հունձք. ապա ի միասի*
AbCn2	8	*սիրելի եղբայր իմ*	*դու*	*մեծ ես եւ ես փոքր ծառայ քոյ*
AbCn2	8	*ծառայ քոյ. յառաջ*	*դու*	*մատո զբաժինն Աստուծոյ. եւ ապա*
AbCn2	9	*առ Տէր եւ ասաց*	*դու*	*Տէր ստեղծօղ ամենայնի. աՀա*
AbCn2	9	*բարձեալ բերի բաժին*	*քեզ*	*արդ ընկալ զզոՀս իմ որպէս Հաճո*
AbCn2	9	*իմ որպէս Հաճոյ է*	*քեզ*	*այնպէս արա*: [10] *Եւ Տէրն*
AbCn2	11	*...րութեանց աղաչեմ զ*	*քեզ*	*ընկալ զնուէրս իմ զոր մատուցա*
AbCn2	11	*իմ զոր մատուցանեմ*	*քեզ*	*բաժին, զի ի քո տուեալ բարի*
AbCn2	11	*բարի պարգեւաց քոց*	*քեզ*	*մատուցանեմ աղաչեմ եւ պաղատիմ*
AbCn2	11	*քեզ բաժին, զի ի*	*քո*	*տուեալ բարի պարգեւաց քոց քեզ*
AbCn2	12	*լսելի եղեն աղօթք*	*քո*	*եւ ընդունեցի զընծայս քո*: [13
AbCn2	12	*եւ ընդունեցի զընծայս*	*քո*	[13] *Եւ լուսափայլ ամպն Հովանի*
AbCn2	20	*խաղասցուք*: [20]	*Դու*	*գրկէ զծառն եւ ես երեք անգամ*
AbCn2	21	*զնա*: [21] *Դարձեալ*	*դու*	*ինձ արա նոյնպէս երեք անգամ*
AbCn2	23	*իմ սիրելի աղաչեմ զ*	*քեզ*	*արձակեա զիս. եւ որքան կենդանի*

AbCn2	23	*կենդանի եմ ծառայեմ*	*քեզ*	[24] *Մի սպանաներ զիս. զի ես*
AbCn2	24	*զի ես ոչ թշնամի եմ*	*քեզ*	*այլ բարեկամ եւ միշտ հնազանդ*
AbCn2	24	*քոյ. ես առանց*	*քեզ*	*ոչ կարեմ ժամ մի կենալ։* [25] *Դ*
AbCn2	25	*ժամ մի կենալ։* [25]	*Դու*	*զիա՞րդ կամես զիս եւ առանց ինձ*
AbCn2	25	*իմ ինչպէ՞ս մոռանաս*	*դու*	[26] *Իսկ Կայէն աստ եւ անդ շրջ*
AbCn2	30	*անգամ համբուրեմ զ*	*քեզ*	*զի ոչ մնամ կարօտ ի քէն։* [31]
AbCn2	30	*զի ոչ մնամ կարօտ ի*	*քէն*	[31] *Այլ Կայէն ոչ ետ պատասխան*
AbCn2	32	*ունին յինձ վերայ. եւ*	*դու*	*որպէս կենաս ի վերայ երկրի։* [3
AbCn2	34	*ու՞ր է եղբայրն*	*քո*	*Աբէլ։* [35] *Ասէ Կայէն, ե՞րբ տո*
Creat1	20	*պտուղ է, առ եւ*	*դու*	*ճաշակեայ եւ տես զ*
Creat1	21	*եւ <մերկանալ>*	*քեզ*	*նման։* [22] *Ասէ Եւայ. Շատ*
Creat1	22	*այն մերկացայ*	*դու*	*սակաւ ճաշակեայ։* [23] *Ասէ*
Creat1	23	*ճաշակել եւ*	*քեզ*	*նման մերկանալ։* [24] *Ասէ*
Creat1	24	*ոչ բարկանայ*	*քեզ*	*Աստուած, զի Աստուած զ*
Creat1	24	*զի Աստուած զ*	*քեզ*	*յոյժ սիրէ։* [25] *Եւ ապա*
Creat1	26	*<որոշիր զիս> ի*	*քէն*	[27] *Իսկ Ադամ, երբ հայէր ի*
Creat1	34	[34] *Ասէ. Տէր, զ*	*քո*	*ձայնն լուայ, փախեայ*
Creat1	36	*էի եւ ամաչէի ի*	*քէն*	[37] *Ասէ Տէրն. Զի լուսով*
Creat1	38	*Այս կինս, որ*	*դու*	*ստեղծեր, սայ խաբեաց։* [39]
Creat1	39	*եւ ասաց. կին*	*դո՞ւ*	*արարեր զայդ։* [40] *Իսկ կին*
Creat1	41	*փուշ բուսանի*	*քեզ*	*քրտամբ երեսաց քոց*
Creat1	41	*զխրատոյ կնոջ*	*քո*	*փոխանակ անման տնկոյս*
Creat1	41	*կերիցես զհաց*	*քո*	*զի հող էիր եւ ի հող*
Creat1	42	*եւ եղիցի*	*քեզ*	*տրտմութիւն զամենայն*
Creat1	42	*զտրտմութիւն*	*քո*	*ծնունդ քո մահու չափ*
Creat1	42	*քո, ծնունդ*	*քո*	*մահու չափ եղեցի, եւ ցաւօք*
Creat1	43	*քում զլխոյ եւ*	*դու*	*սպասեսցես նորա*
Creat1	43	*…ամութիւն ի մէջ*	*քո*	*եւ ի մէջ կնոջ եւ ի մէջ*
Creat1	43	*եւ ի մէջ զաւակի <*	*քո*	*եւ ի մէջ զաւակի> զորա, նա*
Creat2	19	*այս ի՞նչ է զոր*	*դու*	*գործեցեր. ընդէ՞ր կերեր ի*
Creat2	20	*եւ բարեհամ առ*	*դու*	*եւս կեր. նա կամէր խաբել զ*
Creat2	21	*Ադամ. ուտեմ եւ ես*	*քեզ*	*նման մերկանամ։* [22] *Եւ ասէ*
Creat2	22	*այն մերկացայ*	*դու*	*սակաւ կեր։* [23] *Ասէ Ադամ. ոչ*
Creat2	23	*ճաշակել եւ*	*քեզ*	*նման լինիլ։* [24] *Ասէ Եւա*
Creat2	24	*Ասէ Եւա. թէպէտ եւ*	*դու*	*շատ ուտիցես ոչ մերկացին*
Creat2	24	*զի սիրէ զ*	*քեզ*	*Աստուած։* [25] *Իբրեւ զայս*
Creat2	26	*մի որոշեր զիս ի*	*քեզանէ*	*թէ ապրիմք ի միասին*
Creat2	34	*Ասէ Ադամ. Տէր զ*	*քո*	*ձայնդ լուայ եւ երկեայ*
Creat2	35	*ո՞չ ասացի*	*քեզ*	*թէ մի ուտեր ի պտղոյ անտի*
Creat2	37	*այս կինն զոր*	*դու*	*ստեղծէր սա խաբեաց զիս*
Creat2	39	*Տէր այս օձս զոր*	*դու*	*ստեղծեր սա խաբեաց զիս*
Creat2	40	*սոցա եւ ասէ*	*դու*	*օձդ որ փոխանակ զի արարեր*
Creat2	41	*զաւակի զորա*	*դու*	*սպասեսցես զորա*
Creat2	41	*…ամութիւն ի մէջ*	*քո*	*եւ ի մէջ զաւակի զորա, դու*
Creat2	42	*ծնցիս եւ ծնունդ*	*քո*	*ի մահ փոխանակեսցի։* [43] *Եւ*
Creat2	43	*փուշ բուսանի*	*քեզ*	*քրտամբք երեսաց քոց*
Creat2	43	*կերիցես զհաց*	*քո*	*զի հող էիր եւ ի հող*
Exp1	12	*տեսանիցեմք*	*քեզ*	*ծառայ լինիմք մեք եւ*

Exp1	16	*ուետեաց քոց, զի*	*դու*	*լուսաւորեցեր զմեզ*
Exp1	16	*Ադամ. ծառայ եմ*	*քեզ*	*եւ ուետեաց քոց, զի դու*
Exp1	17	*իմ ծառայ*	*քո*	*եղիցին: [18] Եւ թէ ոչ ասես*
Exp1	18	*բերեմ ի վերայ*	*քո*	[19] *Իսկ Ադամ եղեալ ձեռն*
Exp1	19	*մեր ծառայ եղիցի*	*քեզ*	[20] *Եւ առեալ Սատանայ զ*
Exp1	23	*ի քէն, որ մնաս*	*դու*	*գերի ի ձեռն Սատանայի*
Exp1	23	*Սատանայի. զի*	*դու*	*պատկեր իմ ես. ոչ կորուսից*
Exp1	23	*թէ խաբեաց զ*	*քեզ*	*Սատանայ. վասն այն ասաց*
Exp1	23	*վասն այն ասաց*	*քեզ*	*թէ մինչեւ անծինն ծնանի*
Exp1	23	*բայց ոչ թողում զ*	*քեզ*	*գերի ի ձեռն Սատանայի. զի*
Exp1	23	*ոչ կորուսից զ*	*քեզ*	*եւ ոչ թողից ի ձեռն նորա*
Exp1	23	*զձեռնագիրն ի*	*քէն*	*որ մնաս դու գերի ի ձեռն*
Exp1	25	*որդի որդւոյ* <	*քո*	*եւ որդի իմ*>: [26] *Եւ որդին իմ*
Exp1	26	*եւ ազատեսցէ զ*	*քեզ*	*ի գերութենէ Սատանայի, եւ*
Exp1	26	...*տանայի, եւ տացէ*	*քեզ*	*զառաջին փառսն քո:* [27]
Exp1	26	*զձեռագիր*	*քո*	*եւ ազատեսցէ զքեզ ի*
Exp1	26	*զառաջին փառսն*	*քո*	[27] *Իբրեւ զայս* <*ուետիս*>
Exp2	12	*ծառայ լինիմք*	*քեզ*	*մեք եւ ամենայն ծնունդն*
Exp2	16	*ուետեաց քոց. զի*	*դու*	*լուսաւորեցեր զմեզ. զի*
Exp2	16	*Ադամ. ծառայ եմք*	*քեզ*	*եւ ուետեաց քոց. զի դու*
Exp2	16	*զի ծառայեմք*	*քեզ*	*մեք եւ ամենայն ծնունդն*
Exp2	17	*ծնունդն իմ*	*քեզ*	*եղիցի: [18] Եւ եթէ ոչ ասէք*
Exp2	17	*ասէ. դիր զձեռն*	*քո*	*ի վերայ քարիդ եւ ասա*
Exp2	19	*մեր ծառայ*	*քո*	*եղիցի: [20] Եւ մնաց նշան*
Exp2	24	*Ադամ. խաբեաց զ*	*քեզ*	*Սատանայ. վասն այն որ*
Exp2	25	*որդին իմ, որդի*	*քո*	[26] *Զի անծինն ծնանի եւ*
Exp2	26	*եւ դարձուսցէ զ*	*քեզ*	*յառաջին փառսն քո:* [27]
Exp2	26	*յառաջին փառսն*	*քո*	[27] *Իբրեւ զայս ուետիսն*
Rep	24	*կեանք անուանեցի եւ*	*դու*	*զիս ի կենաց հաներ Ով կին արդ*
Rep	24	*ի կինն եւ ասէ Ով կին*	*դու*	*զի՞նչ գործեցեր ընդ մեզ Ով կին*
Rep	24	*Ով կին ես զ*	*քեզ*	*կեանք անուանեցի եւ դու զիս ի*
Rep	31	*Այդ քեզ նշան որ ծնանի*	*քեզ*	*Եւայ որդի մխիթարութեան եւ*
Rep	31	*դրախտին եւ ասաց Այդ*	*քեզ*	*նշան որ ծնանի քեզ Եւայ որդի*
Rep	45	*ո՞ւր է Աբէլ եղբայրն*	*քո*	[46] *Եւ նա ստեաց Աստուծոյ եւ*
Rep	54	*Եւ երկիր ոչ տայ*	*քեզ*	*զպտուղ իւր զի արեամբ*
Rep	74	*Ո՞վ տայ մեզ հանգիստ ի*	*քեզ*	*վայրդ վայելչալի* [75] *Ով աչք*
Rep	74	*տայ մեզ մտանել ի*	*քեզ*	*դրախտ աստուածատունկ Ո՞վ տայ*
Rep	84	[84] *Զի՞նչ առնեմ զկնի*	*քո*	*զի ես ոչ ինչ իմանամ* [85] *Ասէ*
Rep	85	*եւ դիցեն զիս եւ զ*	*քեզ*	*ի մին տեղի* [86] *Բայց դու այժմ*
Rep	86	*ի մին տեղի* [86] *Բայց*	*դո՞ւ*	*այժմ երթ աղաչեա զՏէր զի*
Rep	89	*Սանձեա զբերան*	*քո*	*եւ մի իշխեսցես մերձենալ ի*
Tid1	1	*կին քո, զի լինի*	*քեզ*	*որդի փոխանակ Աբելի:* [2]
Tid1	1	*Մերձեցիր ի կին*	*քո*	*զի լինի քեզ որդի*
Tid1	3	*քանզի տալոց է*	*քեզ*	*Աստուած որդի, եւ*
Tid1	4	*բազմանայ զաւակ*	*քո*	*եւ զաւակ Սէթայ, եւ նոքօք*
Tid1	4	*բարի որդիքն*	*քո*	*չարանան, եւ զամենեսեան*
Tid1	33	...*եմզառա. գնա առ*	*քեզ*	*ի կնութիւն:* [34] *Եւ սկիզբն*
Tid1	38B5	*ի տապանէն. եւ*	*դու*	*մուտ ի տապանդ որ ջրհեղեղ*

Tid1	38B5	*…մնացին որդիք*	*քո*	*մինչեւ ելանիցէք ի*
Tid1	38D5	*…մնացին որդիք*	*քո*	*մինչեւ ելանէք ի տապանէն*
Tid1	54	*ուխտ իմ ընդ*	*քեզ*	*եւ ընդ <որդւոց> քո, այլ*
Tid1	54	*իմոյ ընդ որդիս*	*քո*	*երբ տեսանեն զաղեղն*
Tid1	54	*եւ ընդ <որդւոց>*	*քո*	*այլ ոչ ածից Ջրհեղեղ*
Tid2	1	*կին քո, եւ լինի*	*քեզ*	*որդի. եւ անուանեսցես զ*
Tid2	1	*մերձեցիր առ կին*	*քո*	*եւ լինի քեզ որդի. եւ*
Tid2	3	*…եշտակն. տալոց է*	*քեզ*	*Աստուած բարի որդի, եւ*
Tid2	4	*բազմանան զաւակ*	*քո*	*եւ զաւակ Սէթայ. եւ նոքօք*
Tid2	27	*կին առնուլ. զի*	*դու*	*եղիցիս նոր Ադամ. զի սոքա*
Tid2	27	*…մայեաց Աստուած*	*քեզ*	*կին առնուլ. զի դու եղիցիս*
Tid2	28	*խեղդին: [28] Եւ*	*դու*	*միայն ապրիս որդւովքդ եւ*
Tid2	28	*եւ կանամբքդ. եւ*	*դու*	*լինիս սերմ եւ Հայր*
Tid2	33	*Նեմզար. առ զնա ի*	*քեզ*	*կնութիւն: [34] Եւ չինեսցես*
Tid2	38A	*պիտի Հասնի. կամ*	*դու*	*որ զտապանդ չինես դու*
Tid2	38A	*զտապանդ չինես*	*դու*	*պիտի ապրիս եւ մեք*
Tid2	38A	*խեղդուիմք. ապա*	*դու*	*ու՞ր պիտի ցան ցանես եւ*
Tid2	38D	*պաՀեա զորդիքն*	*քո*	*մինչեւ որ ելանես ի*
Tid2	38D	*մուտ ի տապան*	*քո*	*զի լինի Ջրհեղեղ [38E] Իսկ*
Tid2	38G	*եւ զինչ տամք*	*քեզ*	*զգին տապանիդ եւ քակեմք*
Tid2	54	*ամենայն որդիքն*	*քո*	*զի Հասեալ է ողորմութիւն*

դուռն **noun**

Tid1	42	*իւր. փակեաց զ*	*դուռն*	*եւ < զՀերձսն> կպրեաց եւ*
Tid2	42	*ապա ծեփեաց զ*	*դրունսն*	*ներքուստ եւ*

դուստր **noun**

Rep	79	*ուստերք եւ*	*դստերք*	*նորա վաթսուն զորս ծնեալ էր*
Rep	80	*ովեցան որդովք եւ*	*դստերաւք*	*իւրեանց առ նախաստեղծն*
Rep	97	[97] *Իսկ որդիք եւ*	*դստերք*	*նոցա սգացին զնոսա աւուրս*
Tid1	23Y	*այլ ոչ Հայր զ*	*դուստրն*	*ճանաչէր եւ ոչ մայր զ*
Tid2	23	*զքոյր եւ զ*	*դուստր*	[24] *Որ եւ Աստուած*
Tid2	33	*ի մեղաց ի*	*դստերացն*	*Սէթայ եւ անուն նորա*

դուք **pronoun**

AbCn2	59	*Աբէլի:* [59] *Որ եւ զ*	*ձեզ*	*մխիթարեսցէ յամենայն*
Creat1	16	*Խաբել կամի զ*	*ձեզ*	*Աստուած. զի Աստուած իբրեւ*
Creat1	16	*Աստուած իբրեւ զ*	*ձեզ*	*նման էր, քազի չէր*
Creat1	17	*Վասն այն ասաց*	*ձեզ*	*չուտել ի պտղոյդ զի*
Creat1	37	*ծածկեցի զ*	*ձեզ*	*ընդէ՞ր մերկացաք ի*
Creat2	16	*ասէ, Աստուած զ*	*ձեզ*	*խաբեաց. զի յառաջ Աստուած*
Creat2	16	*մարդ էր իբրեւ զ*	*ձեզ*	*երբ կերաւ ի պտղոյ անտի*
Creat2	17	*Վասն այն ասաց*	*ձեզ*	*չուտել. զի մի կերեալ*
Creat2	54	*ազատեսցէ զ*	*ձեզ*	*ի խաբէութենէ չարին*
Exp1	7	*Հրեշտակին, որ զ*	*ձեզ*	*եՀան ի մութ տեղւոՋէն եւ*
Exp1	9	*ոչ ասացիք զ*	*ձեզ*	*ծառայ նմա ամենայն*
Exp1	11	*ինձ <թէ> տամ*	*ձեզ*	*աւետիք լուսոյ:* [12] *Ասէ*
Exp1	15	*ուրախացուցի զ*	*ձեզ*	[16] *Ասէ Ադամ. ծառայ եմ*
Exp2	7	*որ եբեր զ*	*ձեզ*	*ի լոյս աշխարՀ:* [8] *Ասէ*

Exp2	9	Սատանայ պարտ էր	ձեզ	ծառայ լինիլ նմա եւ զ
Exp2	9	խաւար կալաւ զ	ձեզ	[10] Ասէ Ադամ. յափշութիւն
Exp2	9	…ենայն ծնունդս	ձեր	խոստանալ նմա. երբ զայդ
Exp2	11	տայք ինձ թէ տամ	ձեզ	զաւետիքն լուսոյ: [12] Ասէ
Exp2	15	ուրախացուցի զ	ձեզ	[16] Ասէ Ադամ. ծառայ եմք
Exp2	18	խաւար բերեմ առ	ձեզ	[19] Իսկ Ադամ զձեռն
Exp2	28	Քրիստոս Աստուած	ձեզ	եւ մեզ. Ամէն:
Rep	19	զիս զաւտարացեալս ի	ձէնջ	Ողբացէք զարտաքսեալս ի
Rep	20	թագաւոր եւ արդ եմ	ձեզ	Հաւասար եւ առաւել եւս
Rep	20	ինձ որ երբեմն տէր էի	ձեզ	իշխան եւ թագաւոր եւ արդ եմ
Rep	23	ոչ լայք զզրկեալս ի	ձէնջ	ընդէ՞ր ոչ լայք զխաւարեալս ի
Rep	43	Ադամ եւ ասաց նմա	դուք	մի Հարցանէք զԿային վասն Հաբել
Rep	73	փտանկելոյ ի	ձեր	զիմաց [74] Ո՞վ տայ ինձ
Rep	74	տայ մեզ տեսանել զ	ձեզ	տերեւք անթառամք Ո՞վ տայ
Rep	74	տայ մեզ տեսանել զ	ձեզ	ծաղկունք անուշաՀոտք Ո՞վ տայ
Rep	74	տայ ինձ տեսանել զ	ձեզ	ծառք բարեբերք Ո՞վ տայ
Rep	74	տայ մեզ ճաշակել ի	ձէնջ	պտուղ քաղցրաՀամք Ո՞վ տաայ
Rep	90	յայնժամ էի որքան	դուք	Հնազանդ Աստուծոյ էիք եւ զ
Rep	90	եւ ասաց Եւայի	Ջեզ	Հնազանդ յայնժամ էի որքան դուք
Rep	90	եւ ընդդէմ դառնամք	ձեզ	[91] Ջայս Հրամանաւն Աստուծոյ
Rep	90	յարձակիմք ի վերայ	ձեր	եւ խստանամք եւ ընդդէմ
Tid1	38B7	կորուսանել զ	ձեզ	եւ ես աղաչեցի վասն ձեր
Tid1	38B7	ես աղաչեցի վասն	ձեր	դարձէք ի մեղաց եւ
Tid1	38D8	կորուսանել զ	ձեզ	եւ ես աղաչեցի վասն <ձեր>
Tid1	38D8	աղաչեցի վասն <	ձեր	> դարձէք ի մեղացէ եւ
Tid2	12	ես վճարեմ զ	ձեր	պարտքն: [13] Եւ ոչ

***դրախտ* noun**

AbCn2	1	թէ յորժամ ելայ ի	դրախտէն	եւ անկայ յաշխարՀս
Creat1	8	եւ եդ ի մէջ	դրախտին	Ադենայ, որ է փառօք
Creat1	9	ի միջասաՀման	դրախտին	(զի) եթէ պաՀեալ էր
Creat1	11	ունէր, մտանէր ի	դրախտն	եւ Սատանայ յաՀէն
Creat1	11	ոչ իշխէր ի	դրախտն	մտանել: [12] Իբրեւ ետես
Creat1	12	ետես զօձն ի	դրախտին	ուսուց օձին խաբել զ
Creat1	13	…ճանային ի մէջ	դրախտին	իսկ օձն <խրատեալ> էր
Creat1	31	զի չար պտուղն ի	դրախտի	մէջն ոչ կայր. այլ
Creat1	44	…չտակաց Հանել ի	դրախտէն	եւ Հրեղէն սրով
Creat1	44	զճանապարՀս	դրախտին	կենաց: [45] Եւ Հանին զ
Creat1	45	Ադամ եւ զԵւայ ի	դրախտէն	[46] Եւ ելեալ արտաքս
Creat1	48	լուսոյ եւ պտղոյ	դրախտին	բայց ոչ սովաւ մաՀ
Creat2	8	եդ զնոսա ի մէջ	դրախտին	Ադինայ որ է փառօք
Creat2	8	զամենայն պտուղ	դրախտին	բայց ի պտղոյ
Creat2	10	կամէր մտանել ի	դրախտն	[11] Եւ աՀա բեկեալ ի
Creat2	11	մտանէր ի	դրախտն	եւ ելանէր: [12] Իսկ
Creat2	13	յամենայն պտղոյ	դրախտին	եւ ի մի ծառոյն ոչ
Creat2	14	Ադամ եւ չրջէր ի	դրախտն	օձն խօսեցաւ ընդ Եւայի
Creat2	44	Հանել զնոսա ի	դրախտէն	եւ Հրեղէն
Creat2	44	զճանապարՀ	դրախտին	[45] Ջի ոչ թէ պտուղն

Creat2	45	ի՞նչ կանէր ի	դրախտն	զի պտուղն բարի էր
Creat2	49	…քսեաց զնոսա ի	դրախտնէն	[50] Եւ անկան ի տեղի
Exp1	0	ԵԼԱՆԵԼՈՅՆ ԱԴԱՄԱՅ Ի	ԴՐԱԽՏԷՆ	[1] Իսկ երբ անկաւ Ադամ ի
Exp1	1	երբ անկաւ Ադամ ի	դրախտէն	յաշխարհս
Exp1	2	զլոյս. քանզի	դրախտն	հանապազ լոյս էր
Exp1	4	եւ ելաք ի	դրախտէն	եւ անկանք ի խաւար
Exp1	4	ի մէջ լուսեղէն	դրախտին	եւ պատրանօք օձին
Exp2	0	ԱԴԱՄԱՅ ԵՒ ԵՒԱՅԻ Ի	ԴՐԱԽՏԷՆ	[1] Յորժամ Ադամ անկաւ ի
Exp2	2	լուսանայ. քանզի	դրախտն	հանապազ լոյս էր. եւ
Exp2	4	արտաքսեցաք ի	դրախտէն	եւ անկաք ի տեղիս
Exp2	4	եւ եղեալ ի մէջ	դրախտին	լուսեղէն. եւ
Rep	1	ելանելոյն Ադամայ ի	դրախտէն	առեալ զԵւայ հրամանաւն
Rep	1	փափաքանաւք ի դէմ	դրախտին	[2] Եւ աւր ըստ աւրէ
Rep	1	բնակեցան յանդիման	դրախտին	զի միշտ տեսանելով զդրախտն
Rep	1	զի միշտ տեսանելով զ	դրախտն	հանապազ տառապէին փափաքանաւք
Rep	2	վայելչութեան	դրախտին	նեղէր զնոսա [3] Յորժամ
Rep	6	յելչութեան եւ զ	դրախտն	փափկութեան զ
Rep	8	զի տեսանէր զվայրս	դրախտին	յանդիման աչաց իւրոց եւ լայր
Rep	18	զիս ծառք ամենայն	դրախտիդ	վայելչութեան [19]
Rep	28	ելանելոյն Ադամայ ի	դրախտէն	մերձեցաւ Ադամ առ Եւայ
Rep	31	ճեւղ մի ի ծառոց	դրախտին	եւ ասաց Այդ քեզ նշան որ
Rep	34	զոր տնկեցի փոխանակ	դրախտին	վասն որոյ ապաշաւեն եւ լան
Rep	34	անդ եւ տեսցուք զ	դրախտն	իմ զոր տնկեցի փոխանակ դրախտին
Rep	36	զհաբէլ յիւրատունկ	դրախտն	եւ կալեալ կապեաց զնա
Rep	64	զի արտաքսեցան ի	դրախտէն	[65] Զորրորդ զի յերկիրս
Rep	73	եւ աւէին Ով պանծալի	դրախտ	Ով գեղեցիկ ծաղկոց Ով
Rep	73	Որ հանապազ լային դէմ	դրախտին	զամենայն աւուրս կենաց
Rep	74	մեզ մտանել ի քեզ	դրախտ	աստուածատունկ Ո՞վ տայ մեզ
Rep	87	խււրնձիւղ ի ծառոց	դրախտին	վասն առողջութեանն Ադամայ
Rep	92	Սէթ աղօթէին յանդիման	դրախտին	եկն առ նոսա հրեշտակապետն
Tid1	2	էր ինձ, քան զ	դրախտէն	ի դուրս ելանելն իմ
Tid1	11	որ ելաւ ի	դրախտէն	վասն այն տրտում է
Tid1	16	եւ եդին ի մէջ	դրախտին	եւ է մինչեւ ցայսօր
Tid1	17	պահօք վերացաւ ի	դրախտն	բազում հրաժարեցան եւ
Tid2	2	զելանելն իմ ի	դրախտէն	զի զԿայէն տեսանեմ
Tid2	11	արտաքսելոյն ի	դրախտէն	[12] Վասն որոյ Ենովք
Tid2	14	մի յօրինակ	դրախտին	եւ ով ոք որ անցանէր
Tid2	16	զԵնովք տարան ի	դրախտն	եւ է մինչեւ ցայսօր
WdsAd	1	յԵդեմ ընդ արեւելս ի	դրախտն	էր: [2] Զի եստեղծ զմեզ
WdsAd	2	(եւ) զրկեցաք ի	դրախտէն	[3] Եւ Սէթ որդին
WdsAd	2	մեզ Աստուած եւ եդ ի	դրախտին	եւ պատուիրեաց մեզ յորոյ
WdsAd	13	եւ արտաքս անկեալ ի	դրախտէն	եւ հաւասար եղեալ անասնոց
WdsAd	13	մեր եւ եդ զնա ի	դրախտին	եւ պատուէր ետ նմա յորոյ
WdsAd	15	յետ այնորիկ տնկեաց	դրախտ	վայելուչ, եւ զամենայն
WdsAd	16	[16] Եւ կացեալ ի	դրախտին	այնմիկ հինգհարիւր եւ

Ե numeral

AbCn1	43	ոչ լիանայր: [43]	Ե	հինգերորդն պատուհասն այն էր,

Եդեմ **name**

Creat1	8	*ի մէջ դրախտին*	*Ադենայ*	*որ է փառոք մեծ. եւ ետ*
Creat2	8	*ի մէջ դրախտին*	*Ադինայ*	*որ է փառոք լի եւ*
WdsAd	1	*եւ մեր բնակութիւնն յ*	*Եդեմ*	*ընդ արեւելս ի դրախտն էր*: [2]
WdsAd	12	*եւ մեր բնակութիւնն յ*	*Եդեմ*	*ընդ արեւելս էր*: [13] *Եւ յորժա*

եզն **noun**

AbCn1	2	[2] *Եւ բերեալ զ*	*եզն*	*Հնազանդեցոյց նմա նովաւ վարել ե*
AbCn2	2	*ինձ*: [2] *Եւ զ*	*եզն*	*լծեալ ետ ի ձեռս իմ եւ ուսոյց ն*

եթե **conjunction**

Creat1	9	*դրախտին, (զի)*	*եթէ*	*պաՀեալ էր Ադամ զ*
Exp1	12	[12] *Ասէ Ադամ*	*Եթէ*	*մի անգամ լոյս*
Exp2	12	[12] *Ասէ Ադամ*	*եթէ*	*միւսանգամ լոյս*
Exp2	18	*եղիցի*: [18] *Եւ*	*եթէ*	*ոչ ասէք այսպէս. դարձեալ*
Tid1	32	*Ասէ Նոյ. Ոչ գիտեմ*	*եթէ*	*մաքուր կին մնացեալ է, զի*
Tid1	38D8	*քարոզել Նոյ*	*եթէ*	*Աստուած կամեցաւ*

ելանեմ **verb**

AbCn1	10.1B	*Կայենի որոտաց եւ*	*ել*	*Հողմ ի նմանէ քամայտար արար զ*
AbCn1	10.1D	[10.1D] *որոտաց եւ*	*ել*	*Հողմ եւ ամպ մի սեւ եկաւ ի վերա*
AbCn1	19	*յաղթել զԱբէլ*: [19] *Եւ*	*ելեալ*	*Կայէն Հայեցաւ աստ եւ անդ, եւ*
AbCn1	48Y	*զինքն*: [48Y] *Իբրեւ*	*ել*	*Ղամէք ի ձի, գնաց ի յորս, երեւ*
AbCn1	53	*զմարմին Աբելի*	*ելանէր*	*յերեսս Հողին. իսկ Համապազ*
AbCn2	1	*եւ ասաց, թէ յորժամ*	*ելայ*	*ի դրախտէն եւ անկայ յաշխարՀս*
AbCn2	10	*որոտաց եւ թնդաց. եւ*	*ել*	*Հողմ եւ քամի ի նմանէ եւ ցրուեա*
AbCn2	17	*ման գալ*: [17] *Եւ*	*ելեալ*	*գնացին ի դաշտն. ապա Աբէլ*
AbCn2	19	*զեղբայրն*: [19] *Եւ*	*ել*	*Կայէն Հայեցաւ աստ եւ անդ, եւ ե*
AbCn2	48	[48] *Իսկ Ղամէք*	*ելաւ*	*գնաց յորս առնել. եւ ետես զԿա*
AbCn2	53	*զմարմինն Աբէլի, նա*	*ելանէր*	*յերես Հողոյն. զի Համապազ*
Creat1	46	*ի դրախտէն*: [46] *Եւ*	*ելեալ*	*արտաքս ի տեղի մութն եւ*
Creat2	11	*ի դրախտն եւ*	*ելանէր*	[12] *Իսկ ամենաչարն*
Creat2	52	*մտանէ եւ*	*ելանէ*	*ապա Հանց որ մտաւ*
Exp1	0	[0] ՊԱՏՄՈՒԹԻՒՆ	ԵԼԱՆԵԼՈՅՆ	ԱԴԱՄԱՑ Ի ԴՐԱԽՏԷՆ [1] *Իսկ*
Exp1	4	*ի պտղոյն եւ*	*ելաք*	*ի դրախտէն, եւ անկանք ի*
Exp2	0	[0] ՎԱՍՆ	ԵԼԱՆԵԼՈՅՆ	ԱԴԱՄԱՑ ԵՒ ԵՒԱՅԻ Ի ԴՐԱԽՏԷՆ
Rep	1	ՈՐՊԷՍ ԱՐԱՐԻՆ [1] *Յետ*	*ելանելոյն*	*Ադամայ ի դրախտէն առեալ զ*
Rep	28	*յետ երեսուն ամաց*	*ելանելոյն*	*Ադամայ ի դրախտէն*
Rep	93	[93] *Եւ նոքա*	*ելեալ*	*գնացին լալով եւ Հառաչանաւք*
Rep	100	*Հեղեղէ* [100] *Եւ յ*	*ելանել*	*Նոյի ի տապանէն ետ զմարմինս*
Tid1	2	*դրախտէն ի դուրս*	*ելանելն*	*իմ. զի զԱբէլ արեամբ*
Tid1	11	*պտղոյն, որ*	*ելաւ*	*ի դրախտէն, վասն այն*
Tid1	17	*Հրաժարեցան եւ*	*ելին*	*ի լերինս <եւ>*
Tid1	22D	*ազգի երգովք*	*ելին*	*ի լերինն խնդալով եւ*
Tid1	37Y	*ՋրՀեղեղ*	*ելանէ*	*եւ ապականէ զաշխարՀս*
Tid1	38B5	*քո մինչեւ*	*ելանիցէք*	*ի տապանէն. եւ դու*
Tid1	38D5	*քո մինչեւ*	*ելանէք*	*ի տապանէն*: [38D7] *Իսկ*
Tid1	39	[39] *Եւ իբրեւ*	*ել*	*Նոյ ի վերնատունն, երկու*

Tid1	42	*երկնից, եւ ջուրն*	*ելանէր*	*ի ներքուստ եւ*
Tid2	2	*սուք եղեն քան զ*	*ելանելն*	*իմ ի դրախտէն. զի զ*
Tid2	38D	*քո մինչեւ որ*	*ելանես*	*ի տապանէն, եւ արար*
Tid2	48	*երեք ամսոյն*	*ելաւ*	*ինքն ի տապանէն եւ*

***եղանակ* noun**

Rep	6	*եւ զՀեշտալի*	*եղանակս*	*անմարմին զաւրացն* [7]
Tid1	22 Y	*եւ ազգի ազգի*	*եղանակօք*	*գնացին ի լեառն*
Tid1	22D	*զարմին եւ*	*եղանակօվ*	*խառնակեցան ընդ*
Tid1	22D	*պէսպէս ձայնիւ*	*եղանակօք*	*չարն Սատանայ*

***եղանակեմ* verb**

Tid1	22Y	*պէսպէս ձայնիւ*	*եղանակելով*	*խառնեցան ընդ*

***եղանիմ* verb**

AbCn1	3	*Կայեն էր. երբ Կայէն*	*եղեւ*	*երեսուն տարեկան, ապա ծնաւ Աբէլ*
AbCn1	5	*տղայ*: [5] *Երբ Աբել*	*եղեւ*	*քսան տարեկան խաշանց Հովիւ եղեւ*
AbCn1	5	*խաշանց Հովիւ*	*եղեւ*	*իսկ Կայեն Հողագործ էր*: [6] *Զի*
AbCn1	9	*Հաճոյ է քեզ, այնպէս*	*եղիցին*	*կամք քո*: [10.1] *Եւ բարկացաւ*
AbCn1	12	*որ ասէր. լսելի*	*եղեն*	*աղօթքն քո, եւ ընդունելի* <*եղեւ*>
AbCn1	13	<*ամպ*> *Հովանի*	*եղեւ*	*ի վերայ Հաբելի, եւ ընկալաւ զգ*
AbCn1	14	*այլ սպանումն ոչ էր*	*եղեալ*	[15] *Բայց Աբել ոչ գիտէր զչար*
AbCn1	27	*չարն Սատանայ իբրեւ*	*եղեւ*	*երեկոյն, սեւ գայլաքարաւ եւ*
AbCn1	49D	*եւ պատուՀասու Տէր*	*եղաւ*	[49A] *Եւ Ղամէք գիտաց թէ այծ*
AbCn2	4	*Աբէլ*: [4] *Յորժամ*	*եղեւ*	*Կայէն յիսուն ամաց եւ Աբէլ քսան*
AbCn2	6	*Աստուծոյ*: [6] *Իբրեւ*	*եղեւ*	*ծնունդն ոչխարաց Աբէլի, նա մէկն*
AbCn2	6	*նա մէկն Հազար*	*եղեւ*	*ապա ընտրեաց զլաւն եւ զընտիրն*
AbCn2	12	*բարբառ որ ասէր լսելի*	*եղեն*	*աղօթք քո եւ ընդունեցի զընծայս*
AbCn2	13	*ամպն Հովանի*	*եղեւ*	*ի վերայ Աբէլի*: [14] *Իսկ Կայէն*
AbCn2	14	*զի դեռ չէր սպանումն*	*եղեալ*	*ի վերայ երկրի*: [15] *Եւ եւս Աբ*
AbCn2	27	[27] *Ապա Սատանայ*	*եղեալ*	*ի կերպս երկու ագռաւի եւ առեալ*
AbCn2	36	*էիր սպանօղ վասն է՞ր*	*եղեր*	[37] *Վասն որոյ եւթն պատժօք*
AbCn2	47	*ծոցն, գնաց ի լեառն եւ*	*եղեւ*	*ընծոյ նման եւ անկաւ ի*
Creat1	42	*քո մաՀու չափ*	*եղեցի*	*եւ ցաւօք կերիցես զ*
Creat1	42	*զաշխարՀս, եւ*	*եղիցի*	*քեզ տրտմութիւն զ*
Creat2	6	*այնր մարմին եւ*	*եղեւ*	*կինն. իբրեւ զարթեալ Ադամ*
Exp1	2	*լուսաւոր*	*եղիցի*	*զայն ոչ գիտէին թէ յ*
Exp1	17	*իմ ծառայ քո*	*եղիցին*	[18] *Եւ թէ ոչ ասես*
Exp1	19	*մեր ծառայ*	*եղիցի*	*քեզ*: [20] *Եւ առեալ*
Exp1	21	…*բդանան*: [21] *Այս*	*եղեւ*	*ձեռագիր Ադամայ ի ձեռն*
Exp1	25	*կուսէն. զի նայ*	*եղիցի*	*որդի որդւոյ <քո եւ*
Exp2	2	*եւ երեկոյ*	*եղեւ*	*այնպէս թուեցաւ նոցա թէ*
Exp2	2	*նոցա թէ մութ*	*եղեւ*	*եւ այլ ոչ լուսանայ*
Exp2	2	*քարին*: [2:] *Այն*	*եղեւ*	*ձեռագիր Ադամայ ի ձեռն*
Exp2	17	*ծնունդն իմ քեզ*	*եղիցի*	[18] *Եւ եթէ ոչ ասէք*
Exp2	19	*մեր ծառայ քո*	*եղիցի*	[20] *Եւ մնաց նշան*
Exp2	22	*իբրեւ երեկոյ*	*եղեւ*	*մտաւ արեգակն ի մայրն*
Exp2	25	*զաւակէն քումմէ*	*եղիցի*	*որդին իմ, որդի քո*: [26]

Exp2	27	*լուաւ ուրախ*	*եղեւ*	*զի վեց դարն իբրեւ ժամ մի*
Rep	3	*գնոսա* [3] *Ցորժամ*	*եղեւ*	*երեկոյ եմուտ արեգակն*
Rep	3	*եմուտ արեգակն եւ*	*եղեւ*	*մութն եւ խաւար գիշեր*
Rep	49	*չես սպանաւղ ընդէ՞ր*	*եղեր*	[50] *Եւ եաւթն պատիժ լած ի*
Rep	70	*զի որդեկորոյս*	*եղեն*	*եւ աղեաց կսկիծ ընկալան*
Tid1	3	*մխիթարանք. նա*	*եղիցի*	*զաւակ օրհնեալ եւ գլուխ*
Tid1	7	...*նանալ, բայց ոչ*	*եղեւ*	*կոյս նաՀատակեցաւ*: [8]
Tid1	15	*տարի այգեգործ*	*եղեւ*	*եւ ոչ ճաշակեաց ի նմանէ*
Tid1	23D	*եւ չարագործ*	*եղեն*	*իբրեւ գնոսա, եղեն իբրեւ*
Tid1	23D	*իբրեւ գնոսա*	*եղեն*	*իբրեւ գչուն եւ ոչ*
Tid1	23Y	*քան գնոսա, եւ*	*եղեն*	*պղծագործ քան գչուն*
Tid1	38B5	*երեք որդիք*	*եղեւ*	*նմայ. եւ անուանքն են*
Tid1	48	[48] *Եւ իբրեւ*	*եղեւ*	*երեք ամիս, բացեալ զ*
Tid1	50	*ընդունելի*	*եղեն*	*պատարագ նորա, եւ*
Tid1	54	*Նոյի. Այս*	*եղիցի*	*նշան Հաշտութեան իմոյ*
Tid1	54	*նոցա. զի այս*	*եղիցի*	*ուխտ իմ ընդ քեզ եւ ընդ*
Tid2	1	...*իթարութիւն. նա*	*եղիցի*	*զաւակ օրՀնեալ եւ գլուխ*
Tid2	2	*եւ ինձ մեծ սուք*	*եղեն*	*քան զելանելն իմ ի*
Tid2	3	...*իթարութիւն. նա*	*եղիցի*	*զաւակ օրՀնեալ. զի*
Tid2	5	*բազմացան եւ*	*եղեն*	*քսանեւչորք արու մարդ*
Tid2	17	*ի լերինս. եւ*	*եղեւ*	*թիւք աւելի քան զՀինգ*
Tid2	27	*առնուլ. զի դու*	*եղիցիս*	*նոր Ադամ. զի սոքա*
Tid2	38B	*ապա աւարտ*	*եղեւ*	*տապանն.* [38C] *Իսկ Նոյի*
Tid2	38C	[38C] *Իսկ Նոյի*	*եղեւ*	*երեք որդի. Սեմ, Քամ, Աբեթ*
Tid2	51	*նորա*: [51] *Եւ ձայն*	*եղեւ*	*առ նա թէ ոչ կորուսանեմ*
WdsAd	10	*եւ լուսաւորիչ*	*եղեւ*	[11] *Եւ օրՀնեաց Ադամ զԱստուա*
WdsAd	13	*եւ Հաւասար*	*եղեալ*	*անսասնոց անբանից*: [14] *Եւ Ենով*

եղբայր **noun**

AbCn1	6	*մատոյց վասն սիրոյ*	*եղբօրն*	*քանզի աւէր. երբ Հասանէ Հունձն*
AbCn1	6	*երբ Հասանէ Հունձն*	*եղբօրն*	*իմ, ապա ի միասին մատուսցուք*
AbCn1	15	*եւ Աբէլ սիրէր զ*	*եղբայրն*	*իւր, եւ Համապազ ուտէին եւ*
AbCn1	15	*զչար խորՀուրդն*	*եղբօրն*	*եւ Աբէլ սիրէր զեղբայրն իւր, ե*
AbCn1	16	*աւուր աւէ Կայէն ց*	*եղբայր*	*իւր. Գնասցուք ի դաշտն*
AbCn1	17	*կամէր Կայէն կապել զ*	*եղբայրն*	*իւր. բայց Աբէլ ժիր էր աւելի*
AbCn1	18	*արար խաղալ ընդ*	*եղբօրն*	*իւր եւ արար գոտամարտիլ, եւ*
AbCn1	19	*իսկ Կայէն աւէր. Եկ*	*եղբայր*	*մատնաւ <խաղասցուք>*: [20]
AbCn1	23	*աղաչէր եւ աւէր*	*Եղբայր*	*արձակեա զիս ի կապէն*: [24]
AbCn1	23	*Աբէլ գչարութիւն*	*եղբօրն*	*աղաչէր եւ աւէր. Եղբայր*
AbCn1	25	*Լայր Աբէլ եւ աւէր*	*Եղբայր*	*արձկեա զիս. այս անցաւոր*
AbCn1	26	*այնով սպանանիցէ զ*	*եղբայրն*	*եւ ոչ գիտէր թէ որոյ տեղ է*
AbCn1	30	*լալով ասաց Աբէլ*	*Եղբայր*	*բեր զերեսդ Համբուրեմ <զի>*
AbCn1	31	*եղբօրն, յայնժամ*	*եղբայրն*	*ասաց. Իմ մօրս ասես զի զկաթն*
AbCn1	31	*կտրէր <զխոչակն>*	*եղբօրն*	*յայնժամ եղբայրն ասաց. Իմ*
AbCn1	33	*ի ժամ մորթելոյ աւէր*	*եղբայրն*	*Ես գնացի յաշխարՀէս եւ դու*
AbCn1	34	[34] *Իբրեւ սպանեաց զ*	*եղբայրն*	*ուրախութեամբ երթայր*
AbCn1	34	*ասաց Կայենի. Ո՞ւր է*	*եղբայրն*	*քո*: [35] *Եւ նա լրբութեամբ*
AbCn2	6	*Աստուծոյ վասն*	*եղբօրն*	*թէ քոյն եւս Համնին Հունձք. ապա*

AbCn2	8	*ասելով սիրելի*	*եղբայր*	*իմ, դու մեծ ես եւ ես փոքր*
AbCn2	16	*աւուր ասէ Կայէն ց*	*եղբայր*	*իւր. Աբէլ գնասցուք ի դաշտ ման*
AbCn2	18	*ոչ կարաց յաղթել զ*	*եղբայրն*	[19] *Եւ էլ Կայէն Հայեցաւ*
AbCn2	18	*արար խաղալ ընդ*	*եղբօրն*	*կշտի բռնելով որ է կիւլէշ. թէ*
AbCn2	23	*առ եղբայրն եւ ասէր*	*եղբայր*	*իմ սիրելի աղաչեմ զքեզ*
AbCn2	23	*զոր գոչեաց լալով առ*	*եղբայրն*	*եւ ասէր. եղբայր իմ սիրելի*
AbCn2	28	*եւ վազեաց ի վերայ*	*եղբօրն*	[29] *Իբրեւ շատ աղաչեաց Աբէլ*
AbCn2	29	*շատ աղաչեաց Աբէլ զ*	*եղբայրն*	*եւ ոչ լսեց նմա*: [30] *Եւ ասաց*
AbCn2	30	[30] *Եւ ասաց Աբէլ. եկ*	*եղբայր*	*մի անգամ Համբուրեմ զքեզ. զի*
AbCn2	33	*Հազիւ մորթեց զ*	*եղբայրն*	*եւ եդ կապեալ այնպէս ի*
AbCn2	34	*ասաց Կայէնին ու՞ր է*	*եղբայրն*	*քո Աբէլ*: [35] *Ասէ Կայէն, ե՞րբ*
Rep	35	*էր Կային զԱբէլ զ*	*եղբայր*	*իւր եւ ինքն Կային*
Rep	45	*զԿային թէ ո՞ւր է Աբէլ*	*եղբայրն*	*քո* [46] *Եւ նա ստեաց*
Rep	48	*մի թէ պաՀապա՞ն իցեմ*	*եղբաւրն*	*իմոյ* [49] *Եւ ասաց նմա*
Rep	52	*ուր Հեղեր զարիւն*	*եղբաւր*	*քոյ* [53] *Երրորդ Գործել զ*
Tid1	8	*ծնաւ Սէթ եւ այլ*	*եղբայրքն*	*նորա, մխիթարէին զ*
Tid1	9	*Սէթայ եւ այլ*	*եղբարքն*	*բայց Հալածէին զ*
Tid1	19	[19] *Ազգն Սեթայ եւ*	*եղբայրք*	*նորա ոչ խառնէին ընդ*
Tid1	23D	*զքորս զ*	*եղբարս*	*եւ զմարս. այսպէս*
Tid1	23Y	*ոչ քոյր զ*	*եղբայր*	*եւ այնպիսի կենօք*
Tid2	9	*Սէթայ եւ այլ*	*եղբարցն*	*ի բաց Հալածէին զ*

եղբայրական **adjective**

AbCn2	25	*ի վերայ երկրի. եւ զ*	*եղբայրական*	*սէրն իմ ինչպէ՞ս մոռանաս*

եղբայրասպան **adjective**

AbCn1	39	*բարբառով. թէ, Կայէն*	*եղբայրասպան*	*է*: [40] *Սար եւ քար եւ*
AbCn1	40	*եւ ասէր. Կայէն*	*եղբայրասպան*	*է*: [41] *գ. Երրորդ*
AbCn2	38	*այս է. թէ սա է*	*եղբայրասպանն*	*Կայէն*: [39] *Երկրորդ*
Rep	58	*թէ զայ Կային*	*եղբայրասպանն*	[59] *Եւ այնպէս*
Rep	71	*որդին իւրեանց տեսին*	*եղբայրասպան*	*դատապարտեալ եւ*

եղուկ **interjection**

AbCn1	57	*ցաւով կոծէր վայ եւ*	*եղուկ*	*լայր դառնապէս. իսկ ծնօղքն*

եղջեւր **noun**

AbCn1	49Y	*Ղամէք, գիտաց թէ*	*եղջիւր*	*է. եՀար նետիւ աղեղան, եւ սպան*
Rep	58	*էր* [58] *Այլ եւ*	*եղջեւր*	*բուսաւ ի ճակատն զի ընդ որ*
Rep	58	*զի ընդ որ գնայր*	*եղջեւրն*	*գոչէր եւ աղաղակէր թէ*

եմ **verb**

AbCn1	1	*ԱՅՍ*	*Է*	*ՊԱՏՄՈՒԹԻՒՆ ՈՐԴԻՈՑՆ ԱԴԱՄԱՅ*
AbCn1	3	*զաւակն Կայեն*	*էր*	*երբ Կայէն եղեւ երեսուն տարեկան*
AbCn1	5	*իսկ Կայեն Հողագործ*	*էր*	[6] *Զի ասաց նոցա Ադամ, թէ ի*
AbCn1	7	*զորն որ քամի տուեալ*	*էր*	*փունջ անէր, եւ զայն խուրձն կա*
AbCn1	8	*իւր, զոր ընտրեալ*	*էր*	*եւ բաժին Աստուծոյ խոստացեալ*:
AbCn1	9	*գիտես, որպէս Հաճոյ*	*է*	*քեզ, այնպէս եղիցին կամք քո*: [
AbCn1	14	*զի այլ սպանումն ոչ*	*էր*	*եղեալ*: [15] *Բայց Աբէլ ոչ գիտէ*

AbCn1	17	իւր. բայց Աբէլ ժիր	էր	աւելի քան զԿայէն, վասն այնորի
AbCn1	22	թէ ում ուժն աւելի <	է	> [23] Իբրեւ գնաց Աբէլ ի ծառն
AbCn1	22	նա: [22] Եւ նա ուժով	էր	այնու փորձեաց թէ ում ուժն աւել
AbCn1	26	ոչ գիտէր թէ որոյ տեղ	է	սպանելոյ: [27] Իսկ չարն Սատան
AbCn1	32	[32] Քանզի քարն փոքր	էր	<ժուարին մորթեաց մինչ ի ժամ մ
AbCn1	34	ասաց Կայենի. Ո՞ւր	է	եղբայրն քո: [35] Եւ նա լրբութ
AbCn1	38	Մէկ պատուհասն այն	է	որ երկու կոտոշ բուսաւ ի վերայ
AbCn1	39	Կայէն եղբայրասպան	է	[40] Սար եւ քար եւ ձոր ձայնէ
AbCn1	39	պատուհասն այն	էր	որ կոտոշն ձայնէր եւ ասէր բարձր
AbCn1	40	Կայէն եղբայրասպան	է	[41] գ. Երրորդ պատուհասն այն
AbCn1	41	պատուհասն այն	է	որ ոտիւք եւ ձեռօքն եւ ամենայն
AbCn1	42	պատուհասն այն	էր	<որ քանի> ուտէր ոչ լիանայր: [
AbCn1	43	պատուհասն այն	էր	որ ինչ սիրտն ուզէր եւ ուտել չ
AbCn1	44	պատուհասն այն	էր	որ քուն չունէր ոչ գիշերն եւ ո
AbCn1	45	պատուհասն այն	էր	որ Աստուած նմա մահ ոչ
AbCn1	49A	Ղամէք գիտաց թէ այծ	է	նետիւ աղեղէն սպան զԿայէն: [5
AbCn1	49D	Ցանց գիտաց թէ այծ	էր	եւ մազն իւր մէն էր, եւ թէ գլխո
AbCn1	49D	էր, եւ մազն իւր մէն	էր	եւ թէ գլխոյ եւ թէ մարմնոյ ոտէն
AbCn1	49D	մինչ ի գլուխն մազ	էր	նետիւ աղեղաւ սպան Կայեն. եւ
AbCn1	49Y	գիտաց թէ եղջիւր	է	եհար նետիւ աղեղան, եւ սպան զ
AbCn1	51Y	Ղամեքայ կինն բարի	էր	աղաչեաց զԱստուած եւ ողորմեցաւ
AbCn1	55	մարմինն Աբելի ոչ ոք	էր	մեռեալ, եւ այնու ոչ հողանայր ե
AbCn2	1	ԵՒ ԱԲԷԼԻ [1] Այս	էր	պատուէրն Ադամայ զոր
AbCn2	3	զաւակն Կայէն	էր	եւ յետ նորա Աբէլ: [4] Ցորժամ
AbCn2	4	Կայէն հողագործ	էր	եւ Աբէլ հովիւ ոչխարաց: [5] Իս
AbCn2	8	եղբայր իմ, դու մեծ	ես	եւ ես փոքր ծառայ քոյ. յառաջ դո
AbCn2	9	զոհս իմ որպէս հաճոյ	է	քեզ այնպէս արա: [10] Եւ Տէրն
AbCn2	14	սպանցէ զնա. զի դեռ չ	էր	սպանումն եղեալ ի վերայ երկր
AbCn2	17	ապա Աբէլ ուժով	էր	քան զԿայէն վասն այն ոչ կարէր
AbCn2	18	կշտի բռնելով որ	է	կիւլէչ. թէ կարէ գետնով տալ եւ
AbCn2	21	իս, տեսանեմք թէ որս	է	զօրեղ եւ ուժով: [22] Իբրեւ գր
AbCn2	23	իս. եւ որքան կենդանի	եմ	ծառայեմ քեզ: [24] Մի սպանաներ
AbCn2	24	զիս. զի ես ոչ թշնամի	եմ	քեզ, այլ բարեկամ եւ միշտ հնազա
AbCn2	27	կլափէն, եւ քարն սուր	էր	որպէս ածելի: [28] Եւ Կայէն ու
AbCn2	31	եւ քարն փոքր	էր	եւ ոչ կտրատէր: [32] Նա լալով
AbCn2	34	եւ ասաց Կայէնին ու՞ր	է	եղբայրն քո Աբէլ: [35] Ասէ Կայ
AbCn2	35	մի թէ ես պահապան	էի	նմա: [36] Եւ բարկացաւ Աստուած
AbCn2	36	թէ երբ պահապան չ	էիր	սպանօղ վասն է՞ր եղեր: [37] Վա
AbCn2	38	պատուհասն այս	է	թէ սա է եղբայրասպանն Կայէն: [
AbCn2	38	այս է. թէ սա	է	եղբայրասպանն Կայէն: [39] Երկր
AbCn2	39	պատուհասն այն	էր	որ բոլոր մարմինն դողդոջէր: [4
AbCn2	40	պատուհասն այն	էր	որ քանի ուտէր, ոչ կշտանայր: [
AbCn2	41	պատուհասն այն	էր	որ ինչ որ ուզէր նա ոչ հասանէր
AbCn2	42	պատուհասն այն	էր	որ յաչքն ամենեւին քուն չէր
AbCn2	42	աչքն ամենեւին քուն չ	էր	մտանէր: [43] Վեցերորդ պատուհա
AbCn2	43	պատուհասն այն	էր	զի համապազ լալով եւ դողալով շր
AbCn2	44	պատուհասն այն	էր	որ Աստուած մահ ոչ հրամայեաց
AbCn2	50	Ղամէքայ կինն բարի	էր	առ Տէր աղաղակեաց, եւ այնչափ

AbCn2	53	*եւ ոչ որդնէր. զի*	*էր*	*իբրեւ զքուն. ոչ փտէր, եւ ոչ Հ*
Creat1	2D	*Բէլիարին դասն*	*էր*	*բարձր քան զամենայն դասս*
Creat1	2D	*Բէլիար որ գլուխ*	*էր*	*դասս Հրեշտակաց մեծ փառօք*
Creat1	2Y	*դասագլուխ*	*էին*	*դասուց Սատանայի*
Creat1	8	*Ադենայ, որ*	*է*	*փառօք մեծ. եւ ետ պատուէր*
Creat1	9	*(զի) եթէ պաՀեալ*	*էր*	*Ադամ զպատուիրանս Տեառն*
Creat1	11	*օձն թեւաւոր*	*էր*	*լեզու ունէր, մատնէր ի*
Creat1	13	*օձն <խրատեալ>*	*էր*	*ի Սատանայէ. այնչափ որսաց*
Creat1	16	*իբրեւ զձեզ նման*	*էր*	*քաղի չէր կերեալ ի*
Creat1	16	*նման էր, քաղի չ*	*էր*	*կերեալ ի պտղոյդ. իբրեւ*
Creat1	20	*...ղցրագոյն պտուղ*	*է*	*առ եւ դու ճաշակեայ եւ տես զ*
Creat1	27	*թէպէտ ի լուսոյ*	*էր*	*մերկացեալ բայց գեղեցիկ*
Creat1	27	*բայց գեղեցիկ*	*էր*	*զի մարմինն որպէս*
Creat1	27	*սպիտակափայլ*	*էր*	*քանզի նորաստեղծ էր, զի*
Creat1	27	*նորաստեղծ*	*էր*	*զի Աստուած իւր ձեռօքն էր*
Creat1	27	*իւր ձեռօքն*	*էր*	*ստեղծեալ եւ զարդարեալ*
Creat1	28	*...րկանամ. զի լաւ*	*է*	*ինձ մեռանիլ քան թէ*
Creat1	29	*թէ պաՀեալ*	*էր*	*զպատուիրանն, կարող էր*
Creat1	29	*...ուիրանն, կարող*	*էր*	*Աստուած քան զայն եւ այլ*
Creat1	31	*ոչ թէ պտուղն չար*	*էր*	*քան զի չար պտուղն ի*
Creat1	31	*այլ չարն այն*	*էր*	*որ Եւայ զԱստուծոյ խօսքն*
Creat1	33	*ասելով. Ու՞ր*	*ես*	*Ադամ*: [34] *Ասէ. Տէր, զքո*
Creat1	33	*յորում կերեալ*	*էին*	*ի պտղոյն մերկացեալ ի*
Creat1	33	*ծածկեալ*	*էին*	*զմերկութիւնս իւրեանց*
Creat1	36	*թաքեայ, զի մերկ*	*էի*	*եւ ամաչէի ի քէն*: [37] *Ասէ*
Creat1	41	*զՀաց քո. զի Հող*	*էիր*	*եւ ի Հող դարձցիս*: [42] *Եւ*
Creat1	48	*լոյս եւ պտուղս չ*	*են*	*Հաւասար լուսոյ եւ պտղոյ*
Creat1	48	*ասացին. թէպէտ չ*	*է*	*բարութիւն, եւ աշխարՀիս լոյս*
Creat2	8	*Ադինայ որ*	*է*	*փառօք լի եւ միջասաՀման. եդ*
Creat2	11	*կարէր. ապա օձն*	*էր*	*թեւաւոր եւ ունէր լեզու, եւ*
Creat2	11	*ունէր լեզու, եւ*	*էր*	*գեղեցիկ եւ իմաստուն քան զ*
Creat2	14	*որ գեղեցիկ*	*է*	*տեսլեամբ*: [15] *Ասէ Եւայ, զի*
Creat2	16	*Աստուած մարդ*	*էր*	*իբրեւ զձեզ. երբ կերաւ ի*
Creat2	19	*եւ ասէ, այս ի՞նչ*	*է*	*զոր դու գործեցեր. ընդէ՞ր*
Creat2	20	*Եւա, խիստ քաղցր*	*է*	*պտուղս եւ բարեՀամ առ դու եւս*
Creat2	30	*մերկացեալ*	*էր*	*բայց գեղեցիկ էր զի*
Creat2	30	*էր. բայց գեղեցիկ*	*էր*	*զի նորաստեղծ էր եւ իբրեւ*
Creat2	30	*էր զի նորաստեղծ*	*էր*	*եւ իբրեւ սպիտակ մարգարիտ*
Creat2	33	*եւ ասէ ո՞ւր*	*ես*	*Ադամ*: [34] *Ասէ Ադամ. Տէր զքո*
Creat2	34	*եւ երկեայ մերկ*	*էի*	*եւ թաքեայ*: [35]*Ասէ Աստուած*
Creat2	43	*զՀաց քո. զի Հող*	*էիր*	*եւ ի Հող դարձցիս*: [44] *Եւ*
Creat2	45	*ոչ թէ պտուղն չար*	*էր*	*որ կերան եւ մերկացան. զի*
Creat2	45	*զի պտուղն բարի*	*էր*	*բայց Աստուած զայն պտուղն*
Creat2	46	[46] *Թէ պաՀեալ*	*էր*	*զԱստուծոյ խօսքն եւ չէր*
Creat2	46	*խօսքն եւ չ*	*էր*	*կերեալ զպտղն այլ յետոյ*
Creat2	48	*Հարցաւ թէ ու՞ր*	*ես*	*Ադամ. վասն այն Հարցանէր*
Exp1	2	*Հանապազ լոյս*	*էր*	*նոյնպէս գիտացին թէ*
Exp1	3	*ընդէ՞ր տրտում*	*էք*	[4] *Ասէ Ադամ. վասն այն*

Exp1	4	*քանզի ստեղծեալ*	*էր*	*զմեզ Աստուած եւ եղեալ*
Exp1	5	…*խարհս, թէպէտ չ*	*էր*	*հաւասար լուսոյ*
Exp1	5	*բայց լոյս*	*էր*	[6] *Իսկ ոչ գիտեմք թէ զի՞նչ*
Exp1	9	*Ասէ Սատանայ. Զի*	*է*	*ընդէ՞ր ոչ ասացիք զձեզ*
Exp1	16	*Ասէ Ադամ. ծառայ*	*եմ*	*քեզ եւ աւետեաց քոց, զի դու*
Exp1	16	*մեր ծառայ*	*եմք*	[17] *Իսկ Սատանայ բերեալ*
Exp1	23	*զի անծին ես*	*եմ*	*որ ոչ ոք ծնաւ. անմահն իմ*
Exp1	28	[28] *Օրհնեալ*	*է*	*Աստուած:*
Exp2	1	…*գականն թէպէտ չ*	*էր*	*հաւասար արեգական լոյսն*
Exp2	1	*բայց լոյս*	*էր*	*նա ոչ գիտէր թէ ի մայրն*
Exp2	2	*համապազ լոյս*	*էր*	*եւ նոյնպէս գիտէին թէ*
Exp2	4	*զի ստեղծեալ*	*էր*	*զմեզ Աստուած, եւ եղեալ*
Exp2	9	*Սատանայ պարտ*	*էր*	*ձեզ ծառայ լինիլ նմա եւ զ*
Exp2	16	*Ասէ Ադամ. ծառայ*	*եմք*	*քեզ եւ աւետեաց քոց. զի*
Exp2	24	*զի անծինն ես*	*եմ*	*եւ անմահ աստուածութիւն. զ*
Exp2	24	*Աստուծոյ. եւ*	*էր*	*գրեալ այսպէս. մի տրտմիր*
Rep	3	*որով մեռանելոց*	*էին*	*եւ ահիւ մեծաւ սարսեալ*
Rep	3	*կարծեցին թէ այն*	*էր*	*մահն որով մեռանելոց էին եւ*
Rep	5	*վտանկէր զնոսա եւ*	*էր*	*այն ապաշխարութիւն Ադամայ եւ կն*
Rep	20	*եւ թագաւոր եւ արդ*	*եմ*	*ձեզ հաւասար եւ առաւել եւս*
Rep	20	*ինձ որ երբեմն տէր*	*էի*	*ձեզ իշխան եւ թագաւոր եւ արդ*
Rep	22	*զի ահա քաղցեալ*	*եմ*	*Ո՞րպէս ցանեմ զխա՞րդ*
Rep	24	*հանդերձս զիւրամաշ*	*է*	*եւ չուտով անցանէ* [25] *Ասէ Եւա*
Rep	25	*կենացս այս բաւական*	*է*	*զի հրամայեաց արարիչն մահու*
Rep	25	*եւ թէ զի՞նչ մահն*	*իցէ*	*որ զմեզ մեռուցանէ ոչ գիտեմք*
Rep	25	*մեզ եւ այն ե՞րբ*	*իցէ*	*եւ յորո՞ւմ աւուր հանդիպի եւ գա*
Rep	35	*ինքն Կային հեռացեալ*	*էր*	*ի տեղւոջէն* [36] *Եւ թէ ո՞րպէս*
Rep	35	*եւես զի սպանեալ*	*էր*	*Կային զԱբէլ զեղբայր իւր եւ ի*
Rep	36	*զի՞նչ աւրինակաւ այս*	*է*	*զոր ասեմս Տարեալ Կային զՀաբէլ*
Rep	39	*եւ երկիր կլեալ*	*էր*	*զարիւն նորա որ բնաւ ոչ*
Rep	39	*զի ամփոփեալ*	*էր*	*ի հրեշտակաց Աստուծոյ եւ*
Rep	45	*զԿային թէ ո՞ւր*	*է*	*Աբէլ եղբայրն քո* [46] *Եւ նա*
Rep	48	*գիտեմ մի թէ պահապա՞ն*	*իցեմ*	*եղբաւրն իմոյ* [49] *Եւ ասաց*
Rep	57	*զնա եւ նշանն պիսակն*	*էր*	[58] *Այլ եւ եղջեւր բուսաւ ի*
Rep	72	*ամենայն անմխիթար սուգ*	*էր*	*Ադամայ եւ դառն կսկիծ Եւայի եւ*
Rep	79	*արու եւ էգ որ*	*էին*	*ամենեքեան վաթսուն* [80]
Rep	79	*վաթսուն զորս ծնեալ*	*էր*	*Եւայ Ադամայ ծնունդս երեսուն*
Rep	81	*ցաւոյն որ կալեալ*	*էր*	*զանձն նորա* [82] *Իսկ Եւայ եւ*
Rep	89	*մերով իշխանութեամբ*	*էիր*	*եւ մի համարձակիր վնասել զ*
Rep	90	*Զեզ հնազանդ յայնժամ*	*էի*	*որքան դուք հնազանդ Աստուծոյ էի*
Rep	90	*դուք հնազանդ Աստուծոյ*	*էիք*	*եւ զպատուիրանս նորա պահէիք is*
Rep	101	*կոչի Շամայ տուն որ*	*է*	*Սեմայ տուն* [102] *Եւ անդ*
Tid1	0	ՍԻԹԱՑ ԶՈՐ ՊԱՐՏ	Է	ՄԵԶ ՈՒՆԿՆ ԴՆԵԼ [1] *Եւ քաղձրաց*
Tid1	2	*մեծ պատուհաս*	*էր*	*ինձ, քան զղրախտէն*
Tid1	3	*քանզի տալոց*	*է*	*քեզ Աստուած որդի, եւ*
Tid1	7	[7] *Երեսուն տարի*	*էր*	*ամուսնացեալ, երբ սպանեց*
Tid1	10	*ընդէ՞ր տրտում* <	*է*	> [11] *Ասէ Սէթ. վասն*
Tid1	11	*վասն այն տրտում*	*է*	[12] *Իսկ Ենովք ասէ ցհայրն*

Tid1	16	դրախտին, եւ	է	մինչեւ ցայսօր: [17] Իսկ այլ
Tid1	18	զի մարդն սակաւ	էր	կանայք եւ աղջկունք
Tid1	20D	Կայենի: [20D]	էին	ի զաւակէն Սէթայ որ ի
Tid1	23D	ճգնաւորք	էին	մինն մնաց կոյս որում
Tid1	23D	որում անունն	էր	Նոյ, եւ այլքն խառնակեցան
Tid1	23Y	…ւքսան ճգնաւոր	էին	մի Նոյ միայն մնաց կոյս
Tid1	26	տարեկան	էր	[27] Եւ ասաց Հրեշտակն. գ
Tid1	27	անցուցանելոց	է	զամենեսեան խեղդելոց է, եւ
Tid1	27	խեղդելոց	է	եւ լինիս նոր Ադամ. զի ի
Tid1	28	Աւէ Նոյ. Ո՞րչափ	է	աւուրց կենաց իմ ապրիլ յ
Tid1	29	…գՀարիւր տարի <	ես	> չորս Հարիւր տարի այլ
Tid1	31	Հրամանք Տեառն	է	ոչ կարես արգելուլ: [32] Աւէ
Tid1	32	կին մնացեալ	է	զի առից զնա ի կնութիւն: [33]
Tid1	33	Սեթայ որ պաՀեալ	է	զկուսութիւն իւր մաքուր>
Tid1	38B5	եւ անուանքն	են	այսոքիկ, Ջանազան
Tid1	38B5	դեռ փոքր	են	կուս եւ զաւակ Սեթայ են. եւ
Tid1	38B5	եւ զաւակ Սեթայ	են	եւ մի ամուսնացին որդիք
Tid1	38B5	եւ անուանքն	են	այսոքիկ Սեմ, Քամ, եւ Աբէթ
Tid1	38D5	աղջիկս փոքր	էին	եւ պզտիկ եւ զարմէն Սէթայ
Tid1	48	ցամաքեալ	էին	բայց դաշտք ջրով
Tid1	48	ջրով ծածկեալ	էին	[49] Արձակեաց զամենայն
Tid1	50	որ եօթն մտեալ	էին	եօթնէն մին մատոյց բաժին
Tid1	53	<կանաչ> իջեալ	էին	[54] Եւ ասաց Աստուած Նոյի
Tid1	54	քաղցրացեալ	է	Տէր ի վերայ նոցա. զի այս
Tid1	58	…խիջեւան. եւ այն	է	գերեզման Նոյի: [59] Այսքան
Tid2	3	Հրեշտակն. տալոց	է	քեզ Աստուած բարի որդի, եւ
Tid2	4	զի ընդ անիծիւք	են	նոքա. երբ խառնակին ազգն
Tid2	6	երեսուն տարի	էր	որ ամուսնացեալ էր երբ Սէթ
Tid2	6	որ ամուսնացեալ	էր	երբ Սէթ ծնաւ: [7] Քանզի
Tid2	7	երեսուն տարու	էր	որ ամուսնացաւ. եւ Աբէլ
Tid2	7	քսան տարեկան	էր	[8] Եւ էր կոյս երբ սպան զնա
Tid2	8	…արեկան էր: [8] Եւ	էր	կոյս երբ սպան զնա: [9]
Tid2	12	զայս նա ասաց	ես	վճարեմ զձեր պարտքն: [13]
Tid2	16	ի դրախտն. եւ	է	մինչեւ ցայսօր: [17] Իսկ այլ
Tid2	26	բարկացեալ	է	Աստուած վասն մեղաց մարդկան
Tid2	31	Նոյ. վերջն մաՀ	է	եւ աշխարՀս անցաւոր. զի
Tid2	33	Աստուծոյ	է	կատարել պարտիս. զի աղջիկ
Tid2	38C	աղջկունս. որ	են	անուանքն Ջանազան
Tid2	38G	եւ փոշիմանեալ	ես	եւ վասն անճարութեան քոյ
Tid2	53	եւ ասէ. այս	է	նշան ուխտին իմոյ: [54] Զի
Tid2	54	քո. զի Հասեալ	է	ողորմութիւն իմ ի վերայ
Tid2	55	դաշտն նա լի	էր	ջրով: [56] Իբրեւ բազմացան
Tid2	57	տարի. եւ անդ	է	գերեզմանն Նոյի: [58] Եւ կնոջ
Tid2	58	…զմանն ի Մարանդ	է	որ մայր ասի անուն նորա: [59]
WdsAd	1	զՍէթ. Որդեակ, ոչ	է	այս բնակութիւնս մեր. զի այս
WdsAd	1	զազանաց եւ անասնոց	էր	եւ մեր բնակութիւնն յԵդեմ ընդ
WdsAd	1	արեւելս ի դրախտն	էր	[2] Զի եստեղծ զմեզ Աստուած ե
WdsAd	5	ետ ի Սէթ, եւ ասէ. Այդ	է	մխիթարութիւն Հօր քում: [6] Եւ

WdsAd	7	բնակութենէն քումմէ (	է	) [8] Եւ առեալ Ադամ զճիւղն զ
WdsAd	8	զի (յ) այն ծառոյն	էր	յորմէ զմահ ճաշակեաց: [9] Եւ
WdsAd	9	այս ի այն ծառոյն	է	յորմէ հրամայեաց մեզ Տէրն չուտ
WdsAd	10	զի որպէս մահարար	է	նոյնպէս կենդանատու եւ լուսաւոր
WdsAd	12	իմ Ադամ, թէ ոչ	էր	այս բնակութիւնս մեր, այլ այս
WdsAd	12	…ակութիւնս գազանաց	էր	եւ այլ սողունաց, եւ մեր
WdsAd	12	յեղեմ ընդ արեւելս	էր	[13] Եւ յորժամ ստեղծ Աստուած

Ենովս name

WdsAd	12	Սէթ զբանն ընդ	Ենովս	խօսեցաւ եւ ասէ. Այսպէս ասէր

Ենովք name

Tid1	10	բարի պտուղն	Ենովք	եհարց ի հօրէն թէ պապն
Tid1	12	տրտում է: [12] Իսկ	Ենովք	ասէ ցհայրն. Հօր
Tid1	13	ոչ ամուսնացաւ	Ենովք	[14] Տնկեաց այգի մեծ լի
Tid1	15	իսկ ինքն	Ենովք	ոչ ճաշակեաց ամենեւին
Tid1	17	իբրեւ տեսին զ	Ենովք	որ կուսութեամբ եւ
Tid2	10	Իսկ բարի պտուղն	Ենովք	եհարց ի հօրէն թէ վասն
Tid2	12	[12] Վասն որոյ	Ենովք	երբ լսեց զայս նա ասաց
Tid2	16	որ բարձեալ զ	Ենովք	տարան ի դրախտն. եւ է
Tid2	17	երբ տեսին որ	Ենովք	վերացաւ մարմնով յ
WdsAd	14	անբանից: [14] Եւ	Ենովք	զբանս զայս ի միտ էառ, եւ զ

ես pronoun

AbCn1	6	հունձն եղբօրն	իմ	ապա ի միասին մատուցուք զ
AbCn1	9	արդար վաստակոց	իմ	մատուցի քեզ. իսկ դու գիտես, որ
AbCn1	21	<գրկեա> զծառս, եւ	ես	երեք մատնովս պատեմ զքեզ
AbCn1	21	նա եւ արձակիլ. ապա	ես	զրկեմ զծառդ, եւ դու պատեա
AbCn1	21	մատներաւդ ի վերայ	իմ	տեսցուք զի ով կարէ կորել զնա
AbCn1	23	Եղբայր, արձակեա զ	իս	ի կապէն: [24] Եւ Կայէն ոչ արձ
AbCn1	25	հեղուր զարիւնն իմ	ես	քեզ ի՞նչ չարութիւն <արարի>, ըն
AbCn1	25	մի հեղուր զարիւնն	իմ	ես քեզ ի՞նչ չարութիւն <արարի>
AbCn1	25	ընդէ՞ր բարկանաս	ինձ	աշխարհս ամէն քեզ լինի: [26] Ի
AbCn1	25	Եղբայր, արձկեա զ	իս	այս անցաւոր աշխարհիս համար մի
AbCn1	31	եղբայրն ասաց	Իմ	մօրս ասես զի զկաթն իւր հալալ
AbCn1	31	իւր հալալ արասցէ	ինձ	[32] Քանզի քարն փոքր էր
AbCn1	33	ասէր եղբայրն	ես	գնացի յաշխարհէս եւ դու չահեա
AbCn1	35	ինձ պահ որ խնդրես յ	ինէն	[36] Վասն այն հարցանէր
AbCn1	35	ասաց. Ո՞վ ետ	ինձ	պահ որ խնդրես յինէն: [36]
AbCn2	1	դարձեալ ողորմեցաւ	ինձ	Աստուած եւ առաքեաց զհրեշտակ
AbCn2	1	հնազանդեցոյց	ինձ	[2] Եւ զեզն լծեալ ետ ի ձեռս
AbCn2	1	հրեշտակ իւր եւ եբեր զ	իս	ի լոյս. եւ որքան կենդանիք կայի
AbCn2	2	զեզն լծեալ ետ ի ձեռս	իմ	եւ ուսոյց նովաւ վարել եւ վաստա
AbCn2	2	այլ եւ հրամայեաց	ինձ	յամենայն պտղոյ բաժին հանել
AbCn2	8	իմ, դու մեծ ես եւ	ես	փոքր ծառայ քոյ. յառաջ դու մատո
AbCn2	8	Աստուծոյ. եւ ապա	ես	[9] Իսկ Կայէն կանգնեցաւ յաղ
AbCn2	8	ասելով սիրելի եղբայր	իմ	դու մեծ ես եւ ես փոքր ծառայ քո
AbCn2	9	քեզ. արդ ընկալ զզոհս	իմ	որպէս հաճոյ է քեզ այնպէս արա

AbCn2	11	զքեզ ընկալ զնուէրս	իմ	զոր մատուցանեմ քեզ բաժին, զի
AbCn2	20	Դու զրկէ զծառն եւ	ես	երեք անգամ պատեմ ուռամբս
AbCn2	21	նա: [21] Դարձեալ դու	ինձ	արա նոյնպէս երեք անգամ պատէ զ
AbCn2	21	երեք անգամ պատէ զ	իս	տեսանեմք թէ որս է զօրեղ եւ ուժ
AbCn2	23	զքեզ արձակեա զ	իս	եւ որքան կենդանի եմ ծառայեմ քե
AbCn2	24	Մի սպանաներ զիս. զի	ես	ոչ թշնամի եմ քեզ, այլ բարեկամ
AbCn2	24	Հրամանաց քոց	ես	առանց քեզ ոչ կարեմ ժամ մի կենա
AbCn2	24	[24] Մի սպանաներ զ	իս	զի ես ոչ թշնամի եմ քեզ, այլ
AbCn2	25	զեղբայրական սէրն	իմ	ինչպէ՞ս մոռանաս դու: [26] Իսկ
AbCn2	25	կատես զիս եւ առանց	ինձ	մնալ ի վերայ երկրի. եւ զ
AbCn2	25	Դու զիա՞րդ կատես զ	իս	եւ առանց ինձ մնալ ի վերայ երկր
AbCn2	32	աշխատանք ունին յ	ինձ	վերայ. եւ դու որպէս կենաս ի վե
AbCn2	32	ծնողացն իմոց. զի	ինձէն	խապար չունին նոքա որ ի նոցանէ
AbCn2	35	ինձանէ խնդրես. մի թէ	ես	պահապան էի նմա: [36] Եւ
AbCn2	35	Կայէն, ե՞րբ տուիր	ինձ	պահ, որ ինձանէ խնդրես. մի թէ ե
AbCn2	35	տուիր ինձ պահ, որ	ինձանէ	խնդրես. մի թէ ես պահապան էի
Creat1	7	ի յոսկերաց	իմ	եւ մարմին ի մարմնոյ. սա
Creat1	26	մի <որոշիր զ	իս	> ի քէն: [27] Իսկ Ադամ, երբ
Creat1	28	Աստուած ողորմի՞	ինձ	եւ ոչ մերկացուցանէ. ե՞րբ
Creat1	28	…կանամ. զի լաւ է	ինձ	մեռանիլ քան թէ բաժանիլ
Creat1	40	նա խաբեաց զ	իս	[41] Յայնժամ Տէր բարկացաւ
Creat2	21	Ադամ. ուտեմ եւ	ես	քեզ նման մերկանամ: [22] Եւ
Creat2	22	[22] Եւ ասէ Եւա	ես	չատ կերայ վասն այն
Creat2	26	եւ մի որոշեր զ	իս	ի քեզանէ. թէ ապրիմք ի
Creat2	37	սա խաբեաց զ	իս	[38] Դարձեալ Տէրն խօսեցաւ
Creat2	39	սա խաբեաց զ	իս	[40] Եւ բարկացեալ Տէրն
Creat2	43	թողեր զպատուէր	իմ	եւ լսեցեր կնոջ քոյ
Exp1	11	զի՞նչ <տայք>	ինձ	<թէ> տամ ձեզ աւետիք
Exp1	17	ծնունդքն	իմ	ծառայ քո եղիցին: [18] Եւ թէ
Exp1	23	ծնանի, զի անծին	ես	եմ որ ոչ ոք ծնաւ. անմահն
Exp1	23	զի դու պատկեր իմ	ես	ոչ կորուսից զքեզ եւ ոչ
Exp1	23	ոք ծնաւ. անմահն	իմ	աստուածութեան <ասէ>, որ ոչ
Exp1	23	զի դու պատկեր	իմ	ես. ոչ կորուսից զքեզ եւ ոչ
Exp1	25	իմոյ զորդի	իմ	սիրելի. որ եկեալ
Exp1	25	<քո եւ որդի	իմ	> [26] Եւ որդին իմ ջնջեսցէ զ
Exp1	26	իմ>: [26] Եւ որդին	իմ	ջնջեսցէ զձեռագիր քո, եւ
Exp2	11	զի՞նչ տայք	ինձ	թէ տամ ձեզ զաւետիքն
Exp2	15	զաւետիսն	իմ	որ ուրախացուցի զձեզ: [16]
Exp2	17	…ենայն ծնունդն	իմ	քեզ եղիցի: [18] Եւ եթէ ոչ
Exp2	24	զի անծինն	ես	եմ. եւ անմահ աստուածութիւն
Exp2	24	զմիածին որդին	իմ	ի լուսոյ աստուածութեան
Exp2	25	եղիցի որդին	իմ	որդի քո: [26] Զի անծինն
Rep	12	կենդանեացս Վայ	ինձ	կենդանի մեռելոյս [13] Վայ ինձ
Rep	12	մարդոյս Վայ	ինձ	նախաստեղծ կենդանեացս Վայ ինձ
Rep	12	եւ ասէր [12] Վայ	ինձ	աստուածաստեղծ մարդոյս Վայ ինձ
Rep	13	Վայ ինձ նախահաւրս Վայ	ինձ	առաջին մարդոյս [14] Վայ
Rep	13	մեռեալ Հողոյս Վայ	ինձ	նախահաւրս Վայ ինձ առաջին մարդո
Rep	13	մեռելոյս [13] Վայ	ինձ	մեռեալ Հողոյս Վայ ինձ

Rep	14	*մեռելոյս Վայ*	*ինձ*	*զի զպատուիրանն յանցեայ* [15]
Rep	14	*գրաւելոյս Վայ*	*ինձ*	*մեղաւք մեռելոյս Վայ ինձ զի զ*
Rep	14	*կորստեան Վայ*	*ինձ*	*մահու գրաւելոյս Վայ ինձ*
Rep	15	*խոնարհեցայ Վայ*	*ինձ*	*որ յառաջին թագաւորէի եւ*
Rep	15	*որ աղքատացայ Վայ*	*ինձ*	*զի ի բարձրութենէ խոնարհեցայ*
Rep	15	*յանցեայ* [15] *Վայ*	*ինձ*	*մեծատանս որ աղքատացայ Վայ ինձ*
Rep	16	*ինձ մահապարտիս Վայ*	*ինձ*	*Ադամայս* [17] *Վայ իմ կողածին*
Rep	16	*ինձ յանցաւորիս Վայ*	*ինձ*	*մահապարտիս Վայ ինձ Ադամայս*
Rep	16	*ինձ մեղաւորիս Վայ*	*ինձ*	*յանցաւորիս Վայ ինձ մահապարտիս*
Rep	16	*ինձ մոլորելոյս Վայ*	*ինձ*	*մեղաւորիս Վայ ինձ յանցաւորիս*
Rep	16	*կորուսելոյս Վայ*	*ինձ*	*մոլորելոյս Վայ ինձ մեղաւորիս*
Rep	16	*տնանկացայ* [16] *Վայ*	*ինձ*	*կորուսելոյս Վայ ինձ*
Rep	17	*իմ կողածին Եւայիս Վայ*	*իմ*	*կենաց կցորդիս Վայ ինձ որ մեղայ*
Rep	17	*Ադամայս* [17] *Վայ*	*իմ*	*կողածին Եւայիս Վայ իմ կենաց*
Rep	17	*կենաց կցորդիս Վայ*	*ինձ*	*որ մեղայ Աստուծոյ* [18] *Լացէք*
Rep	18	*եւ դալարք Լացէք զ*	*իս*	*ծառք ամենայն դրախտիդ*
Rep	18	*եւ տունկք Լացէք զ*	*իս*	*բոյսք եւ դալարք Լացէք զիս ծառ*
Rep	18	*եւ թռչունք Լացէք զ*	*իս*	*ծառք եւ տունկք Լացէք զիս բոյս*
Rep	18	*եւ անասունք Լացէք զ*	*իս*	*սողունք եւ թռչունք Լացէք զիս*
Rep	18	*հրեշտակք Լացէք զ*	*իս*	*գազանք եւ անասունք Լացէք զիս*
Rep	18	*զիս ցամաք Լացէք զ*	*իս*	*հրեշտակք Լացէք զիս գազանք եւ*
Rep	18	*զիս ծովք Լացէք զ*	*իս*	*ցամաք Լացէք զիս հրեշտակք*
Rep	18	*զիս երկիր Լացէք զ*	*իս*	*ծովք Լացէք զիս ցամաք Լացէք զ*
Rep	18	*զիս երկինք Լացէք զ*	*իս*	*երկիր Լացէք զիս ծովք Լացէք զ*
Rep	18	*արարածք Լացէք զ*	*իս*	*երկինք Լացէք զիս երկիր Լացէք*
Rep	18	[18] *Լացէք զ*	*իս*	*ամենայն արարածք Լացէք զիս*
Rep	19	*ձերոյ Ողբացէք զ*	*իս*	*զաւտարացեալս ի ձէնջ Ողբացէք զ*
Rep	19	[19] *Ողբացէք զ*	*իս*	*եւ կոծեցարուք ի վերայ բնակչիս*
Rep	20	*իս եւ տեսէք զլաց*	*իմ*	*Ով գազանք տեսէք զիսզ*
Rep	20	*Ողորմեցարուք*	*ինձ*	*որ երբեմն տէր էի ձեզ իշխան եւ*
Rep	20	*ուսեալս Տեսէք զ*	*իս*	*զթշուառականս Ողորմեցարուք ինձ*
Rep	20	*իմ Ով գազանք տեսէք զ*	*իս*	*զվտանկեալս Ով անասունք*
Rep	20	*երկնից իջէք առ*	*իս*	*եւ տեսէք զլաց իմ Ով գազանք*
Rep	20	*հայեցարուք յ*	*իս*	*ի տարակուսեալս Տեսէք զիս զ*
Rep	21	*Ողորմեցարուք*	*ինձ*	*ի խաւարի եւ ի ստուերս մահու*
Rep	21	*Ողորմեցարուք*	*ինձ*	*կործանեցելոյս Ողորմեցարուք*
Rep	21	*Ողորմեցարուք*	*ինձ*	*գլորելոյս Ողորմեցարուք ինձ*
Rep	21	*Ողորմեցարուք*	*ինձ*	*մեղուցելոյս Ողորմեցարուք*
Rep	21	*Ողորմեցարուք*	*ինձ*	*տարակուսելոյս Ողորմեցարուք*
Rep	21	*Ողորմեցարուք*	*ինձ*	*վտանկելոյս Ողորմեցարուք ինձ*
Rep	21	*Ողորմեցարուք*	*ինձ*	*տառապելոյս Ողորմեցարուք ինձ*
Rep	21	*լուսին ողորմեցարուք*	*ինձ*	*անարգ հողոյս Ողորմեցարուք ինձ*
Rep	24	*լջութեանցն Ով կին*	*ես*	*զքեզ կեանք անուանեցի եւ*
Rep	24	*անուանեցի եւ դու զ*	*իս*	*ի կենաց հաներ Ով կին արդ զի՞նչ*
Rep	34	*տեսցուք զդրախտն*	*իմ*	*զոր տնկեցի փոխանակ դրախտին վա*
Rep	74	*դիմաց* [74] *Ո՞վ տայ*	*ինձ*	*տեսանել զձեզ ծառք*
Rep	83	*ժամանակ իմ թէ յամեմ*	*ես*	*յաշխարհիս թէ շուտով մեռանիմ*
Rep	83	*Տէր իմ ասա զժամանակ*	*իմ*	*թէ յամեմ ես յաշխարհիս թէ*

Rep	83	ասէ Եւայ ցԱդամ Տէր	իմ	ասա զժամանակ իմ թէ յամեմ ես
Rep	84	Զի՞նչ առնեմ զկնի քո զի	ես	ոչ ինչ իմանամ [85] Ասէ Ադամ Ո
Rep	85	եւ գիցեն զ	իս	եւ զքեզ ի մին տեղի [86] Բայց
Rep	86	որ այնու ածանէք զանձն	իմ	զի զիւրանամ ի ցաւոցս [87] Եւ
Rep	89	վնասել զորդիդ	իմ	[90] Յայնժամ եթող զազանն զՍէ
Tid1	2	ի դուրս ելանելն	իմ	զի զԱբէլ արեամբ տեսանեմ
Tid1	2	մեծ պատուհաս էր	ինձ	քան զդրախտէն ի դուրս
Tid1	2	ի կինս, լինի	ինձ	կրկին նեղութիւն եւ
Tid1	28	է աւուրց կենաց	իմ	ապրիլ յաշխարհս: [29] Ասէ
Tid1	30	զկուսութիւնս	իմ	[31] Ասէ հրեշտակն. Հրամանք
Tid1	38B7	...ւսանել զձեզ եւ	ես	աղաչեցի վասն ձեր դարձէք
Tid1	38D8	...ւսանել զձեզ եւ	ես	աղաչեցի վասն <ձեր> դարձէք
Tid1	51	եւ ասաց. Տուր	ինձ	նշան հաշտութեան: [52] Եւ
Tid1	54	այս եղիցի ուխտ	իմ	ընդ քեզ եւ ընդ <որդւոց> քո
Tid2	2	քան զելանելն	իմ	ի դրախտէն. զի զԿայէն
Tid2	2	մորմոքի սիրտ	իմ	եւ զալարին աղիք իմ. ապա զ
Tid2	2	զալարին աղիք	իմ	ապա զԱբէլ տեսանեմ արեամբ
Tid2	2	նա ցաւի սիրտ	իմ	եւ արտասուք իմ իբրեւ
Tid2	2	իմ եւ արտասուք	իմ	իբրեւ արիւն կու հեղանի. թէ
Tid2	2	մերձեցայ եւ	ինձ	մեծ սուք եղեն քան զ
Tid2	2	նոր սուգ բերէ	ինձ	[3] Ասէ հրեշտակն. տալոց է
Tid2	30	հարիւր տարեկան	ես	այլ եւս երեքհարիւր եւ
Tid2	52	[52] Թէ մեղանչեն	ինձ	այլ ուրիշ խրատով
Tid2	54	է ողորմութիւն	իմ	ի վերայ նոցա: [55] Եւ անտի
WdsAd	4	ի բարի զխնդրուածս	իմ	[5] Եւ առ ժամայն տեսանէր զ
WdsAd	9	ցորդին իւր. Որդեակ	իմ	Սէթ. այս ի այն ծառոյն է յորմէ
WdsAd	12	Այսպէս ասէր հայրն	իմ	Ադամ, թէ ոչ էր այս բնակութիւնս

երազ **noun**

Rep	32	ասաց թէ Տեսի գիշերս յ	երազի	որ զարիւնն Աբելի Կային ի
Rep	34	քան զպատմելն Եւայի զ	երազն	լուաւ Ադամ ի Կայենէ որ ասէր
Tid1	30	տարին իբրեւ զ	երազ	գիշերոյ անցանի. վասն
Tid1	30	միոյ անցաւոր	երազոյ	ընդէ՞ր ապականեմ զ
Tid2	31	տարին իբրեւ	երազ	գիշերոյ անցնի: [32]

երբ **adverb**

AbCn1	1	Սատանայի	երբ	հինգ օր պահեաց ծոմով, յորժամ յ
AbCn1	3	զաւակն Կայեն էր	երբ	Կայէն եղեւ երեսուն տարեկան, ապ
AbCn1	5	եւ մին տղայ: [5]	Երբ	Աբել եղեւ քսան տարեկան խաչանց
AbCn1	6	եղբօրն. քանզի ասէր	երբ	հասանէ հունձն եղբօրն իմ, ապա ի
AbCn1	7	ցորենոյ Կայենի	երբ	հնձէր զցորեանն իւր, զորն որ
AbCn1	56	կենդանի ի քուն	երբ	Ադամ մեռաւ, ապա թէ մարմինն
AbCn2	35	Աբէլ: [35] Ասէ Կայէն	ե՞րբ	տուիր ինձ պահ, որ ինձանէ խնդրե
AbCn2	36	ի վերայ Կայէնի. թէ	երբ	պահապան չէիր սպանօղ վասն է՞ր
AbCn2	56	Աբէլի: [56] Ապա	երբ	Ադամ մեռաւ եւ թաղեցաւ, նա ապա
Creat1	27	[27] Իսկ Ադամ	երբ	հայէր ի կնոջ
Creat1	28	մերկացուցանէ	ե՞րբ	թէ մերկանամ. զի լաւ է
Creat2	16	էր իբրեւ զձեզ	երբ	կերաւ ի պտղոյ անտի, նա

Creat2	28	ոչ: [28] Բայց	երբ	Հայէր կնոջ յաղաչանքն եւ
Creat2	29	ի սիրտն: [29]	Երբ	զմերկութիւն տեսանէր
Creat2	29	վախէր ուտել	երբ	զգեղեցկութիւն տեսանէր
Creat2	49	գտանեն: [49]	Երբ	տեսաւ Տէրն որ զպատճառն ի
Exp1	1	Ի ԴՐԱԽՏԷՆ [1] Իսկ	երբ	անկաւ Ադամ ի դրախտէն յ
Exp1	2	[2] Իսկ երեկուն	երբ	որ արեգակն մտաւ, նոքա
Exp2	9	խոստանալ նմա	երբ	գայց ոչ արարիք վասն այն
Rep	25	մեզ եւ այն	ե՞րբ	իցէ եւ յորո՞ւմ աւուր Հանգիպի
Tid1	4	ազգին Կայենայ	երբ	խառնին ընդ ազգս բարի
Tid1	7	էր ամուսնացեալ	երբ	սպանեց Կայէն զԱբէլ. եւ
Tid1	38B1	նմա: [38B1]	Երբ	լուաւ Նոյ զձայնն կացնոյն
Tid1	38B8	զնա եւ ասէին	երբ	ջուր գայ Նոյ որ արտն կու
Tid1	38D9	Նոյեայ.	յեփ	ջուրն յաշխարՀս կուլլվի եւ
Tid1	38Y	կու գայ: [38Y]	Երբ	լուաւ Նոյ զձայնն, յայնժամ
Tid1	54	ընդ որդիս քո	երբ	տեսանեն զաղեղն
Tid1	56	Ակոռի: [56]	Երբ	բազմացան զաւակ նորա իջին
Tid2	4	են նոքա	երբ	խառնակին ազգն Կայէնի
Tid2	6	ամուսնացեալ էր	երբ	Սէթ ծնաւ: [7] Քանզի Կայէն
Tid2	8	էր: [8] Եւ էր կոյս	երբ	սպան զնա: [9] Իբրեւ ծնաւ
Tid2	12	Վասն որոյ Ենովք	երբ	լսեց զայս նա ասաց ես
Tid2	17	Սէթայ եւ Ադամայ	երբ	տեսին որ Ենովք վերացաւ
Tid2	38A	Իսկ մարդիկն	երբ	լսէին, նա ծաղր առնէին

երբեմն **adverb**

Creat2	27	երեք ժամ	երբեմն	կամէր ուտել եւ երբեմն
Creat2	27	կամէր ուտել եւ	երբեմն	ոչ: [28] Բայց երբ Հայէր
Rep	20	Ողորմեցարուք ինձ որ	երբեմն	տէր էի ձեզ իշխան եւ

երգ **noun**

Rep	6	եւ զքաղցրանուագ	երգս	Հրեշտակացն զախորժ բարբառ
Tid1	22D	եւ այլ ազգի ազգի	երգօվք	ելին ի լերինն
Tid2	22	Եւ սաՀմանեցին զ	երգս	եւ զքնարս ազգի ազգի

երգարան **noun**

Tid1	21Y	պէսպէս սաց եւ	երգարանս	սաՀմանեցին. զոտսն
Tid1	22A	քնարիւք եւ այլ	երգարանօք	զոր սաՀմանեցին

երեկ **noun**

Rep	96	մեռաւ Ադամ	երեկի	ժամու ուրբաթուն եւ Եւա

երեկոյ **noun**

AbCn1	27	Սատանայ իբրեւ եղեւ	երեկոյն	սեւ զայլաքարաւ եւ
Creat2	52	մինչեւ յ	երեկոյն	եւ ոչ գիտէին թէ
Exp1	1	մինչեւ յ	երեկոյին	[2] Իսկ երեկուն, երբ
Exp1	22	[22] Մինչեւ յ	երեկոյն	ուրախացան եւ
Exp1	22	արեգական. իսկ յ	երեկոյն	արեգակն իբրեւ մտաւ
Exp2	2	Իսկ որ մթացաւ եւ	երեկոյ	եղեւ, այնպէս թուեցաւ
Exp2	22	Դարձեալ իբրեւ	երեկոյ	եղեւ մտաւ արեգակն ի

Rep	3	[3] Ցորժամ եղեւ	երեկոյ	եմուտ արեգակն եւ
Rep	92	զի մեռաւ Ադամ յ	երեկոյին	ժամուն ընդ մտանել

երեկուն adverb

Exp1	2	…եկոյին։ [2] Իսկ	երեկուն	երբ որ արեգակն մտաւ

երես noun

AbCn1	10.2	եՀար զԿայենի	երեսն	եւ սեւացոյց իբրեւ զգործելի, ե
AbCn1	10.2	եւ այնպէս մնաց	երեսն	սեւ։ [11] Իսկ Հաբէլ մատուց զ
AbCn1	12	եւ լուսաւորեցան	երեսն	Աբելի. եւ եկն յերկնից բարբառ
AbCn1	30	Աբէլ. Եղբայր, բեր զ	երեսդ	Համբուրեմ <զի> կարօտ չմնայ ի
AbCn1	53	Աբելի ելանէր յ	երեսս	Հողին. իսկ Հանապազ արիւնն ոչ
AbCn2	10	մի ցորեան. եւ Կայէնի	երեսքն	սեւացան որպէս գործելի։ [11]
AbCn2	12	եւ լուսաւորեաց զ	երեսս	Աբէլի. եւ եկն բարբառ որ ասէր
AbCn2	53	Աբէլի, նա ելանէր յ	երես	Հողոյն. զի Հանապազ արիւնն ոչ
Creat1	41	քեզ. քրտամբ	երեսաց	քոց կերիցես զՀաց քո
Creat2	43	քեզ. քրտամբք	երեսաց	քոց կերիցես զՀաց քո
Tid1	21D	…ակադեղն դնէին	երեսս	իւրեանց. զինքեանս
Tid1	21Y	զսպիտակադեղն զ	երեսս	կարմրացուցանէին եւ
Tid2	21	եւ դեղեցին զ	երեսս	իւրեանց եւ զձեռսն

երեսուն numeral

AbCn1	3	էր. երբ Կայէն եղեւ	երեսուն	տարեկան, ապա ծնաւ Աբէլ եւ
AbCn1	4	եւ քոյր նորա։ [4] Եւայ	երեսուն	տարի մի փոր կու ծնանէր
Rep	28	Աստուծոյ եւ յետ	երեսուն	ամաց ելանելոյն Ադամայ ի
Rep	29	[29] Եւ յետ	երեսուն	տարւոյ դարձեալ
Rep	30	նորա [30] Եւ յետ	երեսուն	ամաց սպան Կային զՀաբէլ
Rep	78	ամս ինն Հարեւր եւ	երեսուն	եւ ապա Հիւանդացաւ ի
Rep	79	Եւայ Ադամայ ծնունդս	երեսուն	արու եւ էգ որ էին
Rep	97	սգացին զնոսա աւուրս	երեսուն	եւ լուացեալ զսպեցին զ
Tid1	7	որ Սէթ ծնաւ։ [7]	Երեսուն	տարի էր ամուսնացեալ
Tid1	34	լայնութիւն, <եւ>	երեսուն	կանգուն բարձրութիւն
Tid2	6	երկու Հարիւր	երեսուն	տարի էր որ
Tid2	7	[7] Քանզի Կայէն	երեսուն	տարու էր որ
Tid2	34	լայնութիւն, եւ	երեսուն	կանգուն բարձրութիւն

երերալի adjective

Rep	60	Դողդոջէր միշտ եւ	երերալի	շրջէր ի վերայ երկրի

երերիմ verb

Rep	55	զնա [55] Հինգերորդ	երերեալ	լիցիս որպէս զծառ ի Հողմոց

երեւեցուցանեմ noun

Tid2	53	զնոսա։ [53] Եւ	երեւեցոյց	Նոյի զաղեղն ընդ

երեւիմ verb

AbCn1	34	…ախութեամբ երթայր	երեւեցաւ	Տէրն ի ճանապարՀին յիսուն
AbCn1	48Y	ի ձի, գնաց ի յորս	երեւեցաւ	Կայեն ի Հեռաստանէ կոտոչիւ
AbCn2	34	ուրախութեամբ. ապա	երեւեցաւ	Աստուած ի վերայ ամպոյ
Creat1	32	քանզի Հանապազ	երեւէր	նոցա Աստուած, զի գայր

Exp1	27	*իբրեւ ժամ մի*	*երեւեցաւ*	[28] *Օրհնեալ է*
Exp2	14	*զի նշան լուսոյ*	*երեւէր*	*արեգականն. կատարեալ*
Rep	39	*արիւն նորա որ բնաւ ոչ*	*երեւեցաւ*	[40] *Յայնժամ կալաւ*
Tid1	10	*տասն տարին*	*երեւեցաւ*	*Հրեշտակն եւ ասաց*
Tid1	38B9	*տասն տարի*	*երեւեցաւ*	*Հրեշտակն առ Նոյ եւ*
Tid1	38D5	*Հրեշտակն*	*երեւեցաւ*	*Նոի եւ ասէ երեք*
Tid2	38C	*Սեմ, Քամ, Աբեթ. եւ*	*երեւեցաւ*	*Հրեշտակն Նոյի եւ*
Tid2	38D	*եւ դարձեալ*	*երեւեցաւ*	*Հրեշտակն եւ ասաց*

երեք numeral

AbCn1	21	*<գրկեա> զծառս, եւ ես*	*երեք*	*մատնովս պատեմ զքեզ, տեսանեմ*
AbCn1	23	*զուռն որթի եւ պատէր*	*երեք*	*պատ ձեռներովն եւ քամակովն, եւ*
AbCn2	20	*Դու գրկէ զծառն եւ ես*	*երեք*	*անգամ պատեմ ուռամբս*
AbCn2	21	*դու ինձ արա նոյնպէս*	*երեք*	*անգամ պատէ զիս, տեսանեմք թէ*
AbCn2	46	*եօթն Հարիւր յիսուն եւ*	*երեք*	*տարի. զի զմաՀն կուզէր եւ ոչ*
Creat1	30	[30] *Մինչեւ*	*երեք*	*ժամ պտուղն ի ձեռն*
Creat2	27	*ի ձեռն մինչեւ*	*երեք*	*ժամ. երբեմն կամէր ուտել*
Rep	94	*նորա* [94] *Եւ յետ*	*երեք*	*ժամու անցանելոյ ի վերայ*
Rep	99	*Ադամայ Հազար*	*երեք*	*Հարիւր եւ երկոտասան ամաց*
Tid1	6	*ազգէն:* [6]	*Երեք*	*Հարիւր իննսուն կանայք*
Tid1	38B5	*առ Նոյ եւ ասէ*	*երեք*	*աղջիկ առ ի Սեթայ զարմէն*
Tid1	38B5	[38B5] *Եւ այս*	*երեք*	*աղջկունքս դեռ փոքր են*
Tid1	38B5	*տապանն շինել*	*երեք*	*որդիք եղեւ նմայ. եւ*
Tid1	38D4	*Նոյայ ծնաւ*	*երեք*	*որդի այսինքն Սեմ, Քամ*
Tid1	38D5	*Նոի եւ ասէ*	*երեք*	*աղջիկ առ Սեթայ զարմէն*
Tid1	38D5	[38D5] *Եւ այս*	*երեք*	*աղջիկս փոքր էին եւ*
Tid1	46	*լերանց եւ գտեալ*	*երեք*	*ծաղիկ եւ բերեալ նշան*
Tid1	48	[48] *Եւ իբրեւ եղեւ*	*երեք*	*ամիս, բացեալ զտապանն*
Tid1	56	*եւ անդ ապրեցան*	*երեք*	*Հարիւր տարի:* [57] *Եւ*
Tid2	5	*արու մարդ եւ*	*երեք*	*Հարիւր ութսուն կին:* [6]
Tid2	34	*եւ շինեա*	*երեք*	*տուն. վերնատուն*
Tid2	38C	*Իսկ Նոյի եղեւ*	*երեք*	*որդի. Սեմ, Քամ, Աբեթ. եւ*
Tid2	38C	*եւ ասաց թէ առ*	*երեք*	*որդւոց քոց կին ի*
Tid2	46	[46] *Եւ յետ*	*երեք*	*աւուրն արձակեաց զ*
Tid2	48	[48] *Եւ յետ*	*երեք*	*ամսոյն ելաւ ինքն ի*

երեքՀարիւր numeral

Tid2	30	*ես. այլ եւս*	*երեքՀարիւր*	*եւ յիսուն տարի*
Tid2	31	*անցաւոր. զի*	*երեքՀարիւր*	*եւ յիսուն տարին*
Tid2	34	*շինեցես տապան*	*երեքՀարիւր*	*կանգուն*
Tid2	57	*ապրեցաւ Նոյ*	*երեքՀարիւր*	*եւ յիսուն տարի. եւ*

Երեքնազան name

Tid1	38B5	*Զարմանազան*	*Երեքնազան*	[38B5] *Եւ այս երեք*

երթամ verb

AbCn1	34	*ուրախութեամբ*	*երթայր*	*երեւեցաւ Տէրն ի ճանապարՀին*
AbCn2	38	*կօտոշ բուսաւ. ուր եւ*	*երթայր*	*ձայն կու տայր կօտոշ. առաջին*

Rep	34	*որ ասէր ցՀաբէլ թէ Եկ*	*երթիցուք*	*ի դաշտի անդ եւ տեսցուք զ*
Rep	86	[86] *Բայց դու այժմ*	*երթ*	*աղաչեա զՏէր զի թերեւս*
WdsAd	3	*Հօրէն եւ ի միտ առ, եւ*	*երթեալ*	*գքառասուն տիւ եւ գքառասուն*

երիկամունք **noun**

Rep	10	[10] *Որովայնն ցաւէր*	*երիկամունքն*	*խորովէր եւ աչքն զ*

երկաթ **noun**

Tid1	15	*ամենեւին. այլ*	*երկաթի*	*սաղաւարտ ի գլուխն*
Tid2	15	[15] *Այլ յ*	*երկաթէ*	*գտակ մի եդ ի գլխոյն*

երկայն **adjective**

AbCn1	19	*խաղողի բազում*	*երկայն*	*իսկ Կայէն ասէր. Եկ եղբայր*
Tid1	22Y	*Հնչեցուցանելով*	*երկայն*	*ածելով եւ պէսպէս*

երկայնութիւն **noun**

Tid1	34	*յիսուն կանգուն*	*երկայնութիւն*	*եւ յիսուն*
Tid2	34	…*Հարիւր կանգուն*	*երկայնութիւն*	*յիսուն կանգուն*

երկար **adjective**

Rep	41	*իւրեանց* [41] *Եւ յ*	*երկար*	*սգով կացին ի տրտմութեան ամս*

երկերիւր **numeral**

AbCnl	58	*իւրեանց*: [58] *Մինչեւ*	*երկերիւր*	*տարի Ադամ ոչ մերձեցաւ ի*

երկին **noun**

AbCn1	12	*եւ լոյս ծագեաց յ*	*երկնից*	*եւ լուսաւորեցան երեսն Աբելի. ե*
AbCn1	12	*երեսն Աբելի. եւ եկն յ*	*երկնից*	*բարբառ որ ասէր. լսելի եղեն*
AbCn1	13	*Աբելի եւ վերացաւ յ*	*երկինս*	[14] *Իսկ Կայէն ոխացաւ ընդ*
AbCn2	12	*եւ լոյս ծագեաց յ*	*երկնից*	*եւ լուսաւորեաց զերեսս Աբէլի.*
Creat1	1Y	*Տէր Աստուած զ*	*երկինս*	*եւ զերկիր, եւ արար նախ*
Rep	18	*արարածք Լացէք զիս*	*երկինք*	*Լացէք զիս երկիր Լացէք զ*
Rep	20	[20] *Ով թռչունք*	*երկնից*	*իջէք առ իս եւ տեսէք զլաց*
Tid1	42	*բացան սահմանք*	*երկնից*	*եւ ջուրն ելանէր*
Tid2	17	*մարմնով յ*	*երկինս*	*եւ վասն կուսութեան եւ*
Tid2	42	*բացան սահմանք*	*երկնից*	*եւ պատառեցաւ երկիր եւ*
Tid2	42	*արտահոսեալ. եւ յ*	*երկնից*	*անձրեւն իբրեւ*
WdsAd	16	*այնորիկ մարմնով յ*	*երկինս*	*Համբարձաւ, եւ աստուածային*

երկիր **noun**

AbCn1	2	*վաստակել եւ գործել զ*	*երկիր*	*եւ զպտուղ նոցա ուտել եւ լիանա*
AbCn2	2	*վաստակել եւ գործել զ*	*երկիր*	*եւ ճաշակել ի պտղոյ նորա եւ*
AbCn2	14	*եղեալ ի վերայ*	*երկրի*	[15] *Եւ եւս Աբէլ ոչ գիտէր զչ*
AbCn2	25	*ինձ մնալ ի վերայ*	*երկրի*	*եւ զեղբայրական սէրն իմ*
AbCn2	32	*որպէս կենաս ի վերայ*	*երկրի*	[33] *Եւ ամենեւին ոչ լսեց. այլ*
Creat1	1Y	*զերկինս եւ զ*	*երկիր*	*եւ արար նախ զզօրս*
Creat2	51	*նմա գործել զ*	*երկիր*	*եւ ի պտղոյ նորա*
Creat2	52	*եւ մթացաւ*	*երկիր*	*նոցա եւ խաւար կալաւ զ*
Rep	103	*զփրկութիւն ի մէջ*	*երկրի*	[104] *Վասն այսորիկ*

Rep	18	*իս երկինք Լացէք զիս*	*երկիր*	*Լացէք զիս ծովք Լացէք զիս*
Rep	27	*ասաց ուտել ի պտղոյ*	*երկրին*	*որ կայր մաւտ առ նոսա* [28]
Rep	27	*ասաց ուտել ի պտղոյ*	*երկրին*	*որ կայր մաւտ առ նոսա* [28]
Rep	39	*Աստուծոյ եւ*	*երկիր*	*կլեալ էր զարիւն նորա որ բնաւ*
Rep	52	*Երկրորդ Ի վերայ*	*երկրի*	*ուր հեղեր զարիւն եղբաւր*
Rep	53	[53] *Երրորդ Գործել զ*	*երկիր*	*վաստակաւք եւ աշխատանաւք*
Rep	54	[54] *Չորրորդ Եւ*	*երկիր*	*ոչ տայ քեզ զպտուղ իւր զի*
Rep	60	*չրջէր ի վերայ*	*երկրի*	*անդադար զցայգ եւ զ*
Rep	65	[65] *Չորրորդ զի յ*	*երկիրս*	*անիծից անկան* [66] *Հինգերորդ*
Tid2	37	*ջրհեղեղ գայ յ*	*երկիրս*	[38A] *Իսկ մարդիկն երբ*
Tid2	38A	*եւ այգի տնկես թէ*	*երկիրս*	*ջրասոյզ լինի*: [38B] *Եւ*
Tid2	42	*եւ պատառեցաւ*	*երկիր*	*եւ բղխեաց աղբերակունս*

***երկիւղ* noun**

AbCn1	51A	*իւրոց. եւ վասն*	*երկիւղին*	*եւ խոստովանութեան եթող նմա*
Rep	4	*Ապա դիւրացան սակաւ մի յ*	*երկիւղէ*	*մահուն* [5] *Քանզի ասաց*

***երկնաւոր* adjective**

Creat2	4	*եւ ամենայն*	*երկնաւոր*	*զօրացն, որք հարին զ*
Rep	6	*զախորժ բարբառ*	*երկնաւորացն*	*եւ զհեշտալի*

***երկնչիմ* verb**

AbCn1	51A	[51A] *Ետես Ղամեք եւ*	*երկեաւ*	*եւ խօստովանեցաւ առաջի*
Creat2	34	*ձայնդ լուայ եւ*	*երկեայ*	*մերկ էի եւ թաքեայ*
Exp1	23	*եւ ասէ. Մի*	*երկնչիր*	*Ադամ թէ խաբեաց զ*
Tid1	3	*Ասէ հրեշտակն. Մի*	*երկնչիր*	*Ադամ, քանզի տալոց է*

***երկոտասան* numeral**

Rep	99	*երեք հարիւր եւ*	*երկոտասան*	*ամաց եկն ջրհեղեղն*

***երկու* numeral**

AbCn1	38	*պատուհասն այն է, որ*	*երկու*	*կոտոչ բուսաւ ի վերայ գլխոյն*
AbCn2	27	*եղեալ ի կերպս*	*երկու*	*ագռաւի եւ առեալ մինն*
Tid1	2	*կնոջս. զի*	*երկու*	*անգամ մերձեցայ ի կինս*
Tid1	39	*ի վերնատունն*	*երկու*	*տախտակն ետ ի վերայ մէկ*
Tid1	40	*կենդանիքն*	*երկու*	*երկու եկին եւ մտաւ ի*
Tid1	40	*…նդանիքն երկու*	*երկու*	*եկին եւ մտաւ ի տապանն*
Tid1	57	*տարի*: [57] *Եւ*	*երկու*	*որդիքն Անդուն եւ*
Tid2	2	*ի կինդ. զի*	*երկու*	*անգամ մերձեցայ եւ ինձ*
Tid2	6	*կին*: [6] *Զի Կայէն*	*երկու*	*հարիւր երեսուն տարի էր*
Tid2	39	*կանայքն*: [39] *Եւ*	*երկու*	*տախտակ էառ ի ծառքն եւ*
Tid2	41	*առնուլ զնոսա*	*երկու*	*երկու ի սրբոց թռչնոց. եւ*
Tid2	41	*զնոսա երկու*	*երկու*	*ի սրբոց թռչնոց. եւ յ*

***երկրորդ* numeral**

AbCn1	39	*վերայ գլխոյն*: [39] *բ*	*Երկրորդ*	*պատուհասն այն էր, որ կոտոչն*
AbCn2	39	*Կայէն*: [39]	*Երկրորդ*	*պատուհասն այն էր, որ բոլոր*
Rep	52	*թէ Անիծեալ լիջիր* [52]	*երկրորդ*	*Ի վերայ երկրի ուր*
Rep	63	*Աստուծոյ* [63]	*Երկրորդ*	*զի մերկացան ի լուսոյն* [64]

Երուսաղէմ name

Creat1	9	փառօք ի վերինն	Երուսաղէմ	ի տեղի անկեալ
Creat2	46	ի վերինն	Երուսաղէմ	զի փորձեաց զնա

երրորդ numeral

AbCn1	41	...յրապարն է: [41] զ	Երրորդ	պատուհասն այն է, որ ոտիւք եւ
AbCn2	40	զողզոջէր: [40]	Երրորդ	պատուհասն այն էր, որ քանի
Rep	53	եղբաւր քոյ [53]	երրորդ	Գործել զերկիր վաստակաւք
Rep	64	ի լուսոյն [64]	երրորդ	զի արտաքսեցան ի դրախտէն [65]
Rep	95	ստեղծաւ Ադամ եւ յ	Երրորդ	ժամու աւուրն ստեղծաւ
Rep	96	եւ Եւա մեռաւ յ	երրորդ	ժամու գիշերւոյն [97] Իսկ

եւ conjunction

AbCn1	1	ԱԴԱՄԱՅ ԱԲԵԼԻ	ԵՒ	ԿԱՅԵՆԻ [1] Իսկ յորժամ Ադամ յ
AbCn1	1	նմա Աստուած	եւ	առաքեաց զհրեշտակ իւր եւ
AbCn1	1	զհրեշտակ իւր	եւ	պատմեաց նմա զմարդանալն
AbCn1	1	...րդանալն Աստուծոյ	եւ	զփրկութիւն նորա ի ձեռաց
AbCn1	2	Սատանայի: [2]	Եւ	բերեալ զեզն հնազանդեցոյց նմա
AbCn1	2	նմա նոլաւ վարել	եւ	վաստակել եւ գործել զերկիր, եւ
AbCn1	2	վարել եւ վաստակել	եւ	գործել զերկիր, եւ զպտուղ նոց
AbCn1	2	եւ գործել զերկիր	եւ	զպտուղ նոցա ուտել եւ լիանալ.
AbCn1	2	զպտուղ նոցա ուտել	եւ	լիանալ. եւ հրամայեաց ի պտղոյ
AbCn1	2	նոցա ուտել եւ լիանալ	եւ	հրամայեաց ի պտղոյ անտի բաժին
AbCn1	3	ապա ծնաւ Աբէլ	եւ	քոյր նորա: [4] Եւայ երեսուն ա
AbCn1	4	ջուխտակ, մին աղջիկ	եւ	մին տղայ: [5] Երբ Աբէլ եղեւ ք
AbCn1	6	ոչխարն ծնաւ հազար	եւ	մի պուտ ունէր, զայն Հաբէլ ընտ
AbCn1	7	էր փունջ անէր	եւ	զայն խուրձն կապէր եւ ուրիշ դն
AbCn1	7	զայն խուրձն կապէր	եւ	ուրիշ դնէր ի բաժինն Աստուծոյ:
AbCn1	8	բաժինն Աստուծոյ: [8]	Եւ	եբեր Հաբէլ զգառն իւր, զոր ըն
AbCn1	8	իւր, զոր ընտրեալ էր	եւ	բաժին Աստուծոյ խոստացեալ: [9]
AbCn1	9	աղօթս առ Աստուած	եւ	ասաց. Դու, Տէր, ստեղծող ամենայ
AbCn1	9	ինչ զոր վաստակեցին	եւ	գործեցի հանի քեզ բաժին եւ
AbCn1	9	հանի քեզ բաժին	եւ	տասանորդ, ըստ արդար վաստակոց
AbCn1	10.1	կամք քո: [10.1]	Եւ	բարկացաւ Տէր ի վերայ Կայենի. [
AbCn1	10.1B	Կայենի որոտաց	եւ	ել հողմ ի նմանէ քամայտար արար
AbCn1	10.1B	խոցունսն ցրուեաց	եւ	կորոյս զամենայն [10.1D] որոտա
AbCn1	10.1D	[10.1D] որոտաց	եւ	ել հողմ եւ ամպ մի սեւ եկաւ ի վ
AbCn1	10.1D	որոտաց եւ ել հողմ	եւ	ամպ մի սեւ եկաւ ի վերայ դիզուն
AbCn1	10.1D	վերայ դիզուն Կայենի	եւ	քամատարեղ եւ ամենայն խուղն
AbCn1	10.1D	եւ քամատարեղ	եւ	ամենայն խուղն Կայենին ցրուեաց
AbCn1	10.1D	Կայենին ցրուեաց	եւ	կորոյս զամենայն ինչս նորա [1
AbCn1	10.1Y	ցորենեացն ցրուեաց	եւ	կորոյս զամենայն ինչս նորա [10
AbCn1	10.2	ինչս նորա [10.2]	եւ	<հասկ մի> ոչ գտաւ. կարկտիւ եհա
AbCn1	10.2	եհար զԿայենի երեսն	եւ	սեւացոյց իբրեւ զգործելի, եւ ա
AbCn1	10.2	իբրեւ զգործելի	եւ	այնպէս մնաց երեսն սեւ: [11] Ի
AbCn1	11	աղօթէր առ Տէր	եւ	ասէր. Տէր Աստուած, ստեղծող եւ
AbCn1	11	Աստուած, ստեղծող	եւ	արարիչ ամենայն բարութեանց
AbCn1	12	քաղցր հողմն հնչեաց	եւ	լոյս ծագեաց յերկնից եւ

AbCn1	12	լոյս ծագեաց յերկնից	եւ	լուսաւորեցան երեսն Աբելի. եւ ե
AbCn1	12	երեսն Աբելի	եւ	եկն յերկնից բարբառ որ ասէր. լ
AbCn1	12	լսելի եղեն աղօթքն քո	եւ	ընդունելի <եղեւ> ընծայն քո: [
AbCn1	13	ընծայն քո: [13]	Եւ	լուսափայլ <ամպ> Հովանի եղեւ ի
AbCn1	13	եղեւ ի վերայ Հաբելի	եւ	ընկալաւ զգառն Աբելի եւ վերացա
AbCn1	13	զգառն Աբելի	եւ	վերացաւ յերկինս: [14] Իսկ Կա
AbCn1	15	խորՀուրդն եղբօրն	եւ	Աբէլ սիրէր զեղբայրն իւր, եւ
AbCn1	15	սիրէր գեղբայրն իւր	եւ	Հանապազ ուտէին եւ ըմպէին ի
AbCn1	15	եւ Հանապազ ուտէին	եւ	ըմպէին ի միասին եւ շրջէին: [1
AbCn1	15	եւ ըմպէին ի միասին	եւ	շրջէին: [16] Իսկ ի միում աւու
AbCn1	17	շրջեսցուք: [17]	Եւ	ելեալ գնացին ի դաշտն, եւ կամէր
AbCn1	17	գնացին ի դաշտն	եւ	կամէր Կայէն կապել զեղբայրն իւ
AbCn1	18	խաղալ ընդ եղբօրն իւր	եւ	արար գօտամարտիլ, եւ կշտի բռնել
AbCn1	18	արար գօտամարտիլ	եւ	կշտի բռնել փորձիլ, զի տեսցէ յ
AbCn1	18	<բռնեաց> վայր անկաւ	եւ	ոչ կարաց յաղթել զԱբէլ: [19]
AbCn1	19	յաղթել զԱբէլ: [19]	Եւ	ելեալ Կայէն Հայեցաւ աստ եւ անդ
AbCn1	19	Կայէն Հայեցաւ աստ	եւ	անդ, եւ ետես մատն խաղողի բազու
AbCn1	19	Հայեցաւ աստ եւ անդ	եւ	ետես մատն խաղողի բազում երկայն
AbCn1	21	Դու <գրկեա> զծառս	եւ	ես երեք մատնովս պատեմ զքեզ
AbCn1	21	թէ կարես կորել զնա	եւ	արձակիլ. ապա ես գրկեմ զծառդ,
AbCn1	21	ես գրկեմ զծառդ	եւ	դու պատեա մատներաւդ ի վերայ իմ
AbCn1	22	կորել զնա: [22]	Եւ	նա ուժով էր, այնու փորձեաց թէ
AbCn1	23	առեալ զուռն որթի	եւ	պատէր երեք պատ ձեռներովն եւ
AbCn1	23	երեք պատ ձեռներովն	եւ	քամակովն, եւ ապա իմացաւ Աբէլ զ
AbCn1	23	եւ քամակովն	եւ	ապա իմացաւ Աբէլ զչարութիւն
AbCn1	23	եղբօրն. աղաչէր	եւ	ասէր. Եղբայր, արձակեա զիս ի
AbCn1	24	զիս ի կապէն: [24]	Եւ	Կայէն ոչ արձակէր, այլ պնդագոյն
AbCn1	25	[25] Լայր Աբէլ	եւ	ասէր. Եղբայր, արձկեա զիս. այս
AbCn1	26	[26] Իսկ Կայէն աստ	եւ	անդ շրջէր թէ իրք մի գտցէ, եւ ա
AbCn1	26	շրջէր թէ իրք մի գտցէ	եւ	այնով սպանանիցէ զեղբայրն, եւ
AbCn1	26	...անանիցէ զեղբայրն	եւ	ոչ գիտէր թէ որոյ տեղ է սպանելո
AbCn1	27	սեւ գայլաքարաւ	եւ	քարածեծուքար մի կայր, սուր իբր
AbCn1	27	սպանին միևն զմիւսն	եւ	զսուր քարն ի վայր ձգեաց: [28
AbCn1	28	ի վայր ձգեաց: [28]	Եւ	Կայէն ուսեալ ի նմանէ եւ առեալ
AbCn1	28	ուսեալ ի նմանէ	եւ	առեալ զսուր քարն, եւ եկեալ առ
AbCn1	28	եւ առեալ զսուր քարն	եւ	եկեալ առ Աբէլ. Իսկ Աբէլ լայր,
AbCn1	28	Աբէլ. Իսկ Աբէլ լայր	եւ	ասէր. Ո՞չ ողորմիս մեր ծնօղացն:
AbCn1	33	գնացի յաշխարՀէս	եւ	դու շաՀեա զսիրտ ծնօղաց մերոց
AbCn1	35	է եղբայրն քո: [35]	Եւ	նա լրբութեամբ ասաց. Ո՞վ եմ ինձ
AbCn1	37	ի վերայ Կայենի	եւ	եօթն պատուՀաս եմ Կայենի: [38]
AbCn1	39	էր, որ կոտոշն ձայնէր	եւ	ասէր բարձր բարբառով. թէ, Կայէն
AbCn1	40	է: [40] Սար	եւ	քար եւ ձոր ձայնէր եւ ասէր. Կայ
AbCn1	40	է: [40] Սար եւ քար	եւ	ձոր ձայնէր եւ ասէր. Կայէն
AbCn1	40	եւ քար եւ ձոր ձայնէր	եւ	ասէր. Կայէն եղբայրասպան է: [4
AbCn1	41	այն է, որ ոտիւք	եւ	ձեռօքն եւ ամենայն բոլոր անդամօ
AbCn1	41	է, որ ոտիւք եւ ձեռօքն	եւ	ամենայն բոլոր անդամօքն <դողայր
AbCn1	43	որ ինչ սիրտն ուզէր	եւ	ուտել չկարէր, եւ իբր թէ ուտէր
AbCn1	43	եւ ուտել չկարէր	եւ	իբր թէ ուտէր, ի վայր Հեղոյր:

AbCn1	44	քուն չունէր ոչ գիշերն	եւ	ոչ ցերեկն: [45] է. Եօթներոր
AbCn1	46	անկանիցի: [46]	Եւ	այնպէս մնաց մինչեւ ութ Հարիւր
AbCn1	46	մինչեւ ութ Հարիւր	եւ	վաթսուն տարի. յետ անճար մնաց
AbCn1	46	փափաք ունէր	եւ	ոչ մեռանէր: [47] Իսկ <մորթ> մ
AbCn1	47	մի <վայրենի> էած	եւ	ծածկեաց զինքն: [48Y] Իբրեւ ե
AbCn1	48Y	եւ մորթիւ: [48Դ]	Եւ	իբրեւ Ղամէք ձիաւորեալ գնաց յո
AbCn1	48Y	ձիաւորեալ գնաց յորս	եւ	տեսաւ զԿայէն: [49Y] Իբրեւ տե
AbCn1	48Y	Հեռաստանէ կոտոչիւ	եւ	մորթիւ: [48Դ] Եւ իբրեւ Ղամէք
AbCn1	49A	Տէր եղաւ: [49A]	Եւ	Ղամէք գիտաց թէ այծ է նետիւ
AbCn1	49D	գիտաց թէ այծ էր	եւ	մազն իւր մէն էր, եւ թէ գլխոյ ե
AbCn1	49D	եւ մազն իւր մէն էր	եւ	թէ գլխոյ եւ թէ մարմնոյ ոտէն մի
AbCn1	49D	մէն էր, եւ թէ գլխոյ	եւ	թէ մարմնոյ ոտէն մինչ ի գլուխն
AbCn1	49D	աղեղաւ սպան Կայեն	եւ	պատուՀասու Տէր եղաւ: [49A] Ե
AbCn1	49Y	եՀար նետիւ աղեղան	եւ	սպան զԿայէն: [49D] Ցանց գիտա
AbCn1	51A	[51A] Ետես Ղամեք	եւ	երկեաւ եւ խօստովանեցաւ առաջի
AbCn1	51A	Ղամեք եւ երկեաւ	եւ	խօստովանեցաւ առաջի կանանց
AbCn1	51A	առաջի կանանց իւրոց	եւ	վասն երկիւղին եւ խոստովանութեա
AbCn1	51A	եւ վասն երկիւղին	եւ	խոստովանութեան եթող նմա Տէր
AbCn1	51Y	աղաչեաց զԱստուած	եւ	ողորմեցաւ նմա Տէրն վասն բազում
AbCn1	51Y	կնոջն, բժշկեցաւ ցաւն	եւ	վերացաւ պատուՀասն Ղամեքայ
AbCn1	52	[52] Իսկ Ադամ	եւ	Եւայ իբրեւ իմացան զսպանումն
AbCn1	52	Աբելի,> լային	եւ	սգային բազում ժամանակս: [53]
AbCn1	53	արիւնն ոչ ցամաքէր	եւ	ոչ Հոտէր եւ ոչ որդնէր մարմինն:
AbCn1	53	ցամաքէր, եւ ոչ Հոտէր	եւ	ոչ որդնէր մարմինն: [54] Քանզի
AbCn1	54	ասաց Հող լինի	եւ	ապա իւր ծնունդն. պիտէր յառաջ
AbCn1	54	յառաջ Ադամ մեռնէր	եւ	Հող դառնայր, ապա ծնունդն նորա
AbCn1	55	ոչ ոք էր մեռեալ	եւ	այնու ոչ Հողանայր եւ ոչ ցամաքէ
AbCn1	55	եւ այնու ոչ Հողանայր	եւ	ոչ ցամաքէր արիւնն Աբելայ: [56
AbCn1	57	եօթն ցաւով կոծէր վայ	եւ	եղուկ լայր դառնապէս. իսկ ծնօղք
AbCn1	57	իսկ ծնօղքն Ադամ	եւ	Եւայ, տեսանէին զԱբէլ արեամբ
AbCn1	57	արեամբ շաղախեալ	եւ	Կայէն պատուՀասիւ վիրաւորեալ. ի
AbCn1	57	…րաւորեալ. իսկ Ադամ	եւ	Եւայ լային եւ ողբային վասն
AbCn1	57	Ադամ եւ Եւայ լային	եւ	ողբային վասն զաւակացն իւրեանց
AbCn1	59	Իսկ ողորմեցաւ Տէր	եւ	առաքեաց <աւետիս> վասն Սեթայ
AbCn1	59	Սեթայ <ծննդեանն	եւ	Սէթ> մխիթարեաց զԱդամ եւ զկին
AbCn1	59	մխիթարեաց զԱդամ	եւ	զկինն իւր զԵւայ:
AbCn2	1	ՑԱՂԱԳՍ ԿԱՅԷՆԻ	ԵՒ	ԱԲԷԼԻ [1] Այս էր պատուէրն
AbCn2	1	որդւոցն իւրոց	եւ	ասաց, թէ յորժամ ելայ ի դրախտէն
AbCn2	1	ելայ ի դրախտէն	եւ	անկայ յաշխարՀս խաւարային
AbCn2	1	ինձ Աստուած	եւ	առաքեաց զՀրեշտակ իւր եւ եբեր
AbCn2	1	զՀրեշտակ իւր	եւ	եբեր զիս ի լոյս. եւ որքան կեն
AbCn2	1	իւր եւ եբեր զիս ի լոյս	եւ	որքան կենդանիք կային զամենեսե
AbCn2	2	…ազանդեցոյց ինձ: [2]	Եւ	զեզն լծեալ ետ ի ձեռս իմ եւ ու
AbCn2	2	լծեալ ետ ի ձեռս իմ	եւ	ուսոյց նովաւ վարել եւ վաստակել
AbCn2	2	եւ ուսոյց նովաւ վարել	եւ	վաստակել եւ գործել զերկիր եւ
AbCn2	2	վարել եւ վաստակել	եւ	գործել զերկիր եւ ճաշակել ի պտ
AbCn2	2	եւ գործել զերկիր	եւ	ճաշակել ի պտղոյ նորա եւ լիանալ
AbCn2	2	ի պտղոյ նորա	եւ	լիանալ եւ ապրիլ. այլ եւ Հրամայ

AbCn2	2	նորա եւ լիանալ	եւ	ապրիլ. այլ եւ Հրամայեաց ինձ յ
AbCn2	2	լիանալ եւ ապրիլ. այլ	եւ	Հրամայեաց ինձ յամենայն պտղոյ
AbCn2	3	զաւակն Կայէն էր	եւ	յետ նորա Աբէլ: [4] Ցորժամ եղե
AbCn2	4	Կայէն յիսուն ամաց	եւ	Աբէլ քսան ամաց, Կայէն Հողագործ
AbCn2	4	Կայէն Հողագործ էր	եւ	Աբէլ Հովիւ ոչխարաց: [5] Իսկ Ա
AbCn2	5	զործիքն իւր	եւ	ասէ. յամենայն ընչից ձերոց տաս
AbCn2	6	ապա ընտրեաց զլաւն	եւ	զընտիրն խաշանց զգէրն եւ զ
AbCn2	6	խաշանց զգէրն	եւ	զպարարտն տալ Աստուծոյ բաժին
AbCn2	7	զքամատարն	եւ	զմնացեալ ոտնակոխն եւ զփուճն
AbCn2	7	զմնացեալ ոտնակոխն	եւ	զփուճն Հանեց բաժին Աստուծոյ.
AbCn2	7	բաժին Աստուծոյ	եւ	ժողովեաց իբրեւ դէզ մի: [8] Ապ
AbCn2	8	զընտրեալ զառինսն	եւ	մեծարեաց զԿայէն վասն Աստուծոյ
AbCn2	8	եղբայր իմ, դու մեծ ես	եւ	ես փոքր ծառայ քոյ. յառաջ դու մ
AbCn2	8	զբաժինսն Աստուծոյ	եւ	ապա ես: [9] Իսկ Կայէն կանգնե
AbCn2	9	յաղօթս առ Տէր	եւ	ասաց. դու Տէր ստեղծօղ ամենայնի
AbCn2	9	խնովք վաստակեցի	եւ	վարեցի, ձեռօքս ժողովեցի եւ ի յ
AbCn2	9	ձեռօքս ժողովեցի	եւ	ի յուս բարձեալ բերի բաժին քեզ
AbCn2	10	այնպէս արա: [10]	Եւ	Տէրն բարկացեալ ի վերայ Կայէնի
AbCn2	10	Կայէնի որոտաց	եւ	թնդաց. եւ եղ Հողմ եւ քամի ի նմ
AbCn2	10	որոտաց եւ թնդաց	եւ	եղ Հողմ եւ քամի ի նմանէ եւ ցրո
AbCn2	10	եւ թնդաց. եւ եղ Հողմ	եւ	քամի ի նմանէ եւ ցրուեաց զամեն
AbCn2	10	Հողմ եւ քամի ի նմանէ	եւ	ցրուեաց զամենայն Հասկս նորա.
AbCn2	10	Հասկս նորա	եւ	ոչ մնաց մի ցորեան. եւ Կայէնի ե
AbCn2	10	ոչ մնաց մի ցորեան	եւ	Կայէնի երեսքն սեւացան որպէս
AbCn2	11	առաջի Աստուծոյ	եւ	զձեռսն տարածեալ աղաղակեաց եւ
AbCn2	11	աղաղակեաց	եւ	ասէ Տէր Աստուած ստեղծօղ եւ
AbCn2	11	Աստուած ստեղծօղ	եւ	արարիչ ամենայն բարութեանց
AbCn2	11	մատուցանեմ աղաչեմ	եւ	պաղատիմ ընկալ ի Հաճոյս բարերար
AbCn2	12	քաղցր Հողմն Հնչեաց	եւ	լոյս ծագեաց յերկնից եւ լուսաւ
AbCn2	12	լոյս ծագեաց յերկնից	եւ	լուսաւորեաց զերեսս Աբէլի. եւ
AbCn2	12	զերեսս Աբէլի	եւ	եկն բարբառ որ ասէր լսելի եղեն
AbCn2	12	լսելի եղեն աղօթք քո	եւ	ընդունեցի զընծայս քո: [13] Ե
AbCn2	13	զընծայս քո: [13]	Եւ	լուսափայլ ամպն Հովանի եղեւ ի
AbCn2	14	ոխացաւ ընդ Աբէլի	եւ	կամէր սպանանել զնա բայց ոչ
AbCn2	15	ի վերայ երկրի: [15]	Եւ	եւս Աբէլ ոչ գիտէր զչար խորՀու
AbCn2	15	ընդ իրեար ուտէին	եւ	խմէին եւ շրջէին: [16] Իսկ ի մ
AbCn2	15	ուտէին եւ խմէին	եւ	շրջէին: [16] Իսկ ի միում աւու
AbCn2	17	դաշտ ման գալ: [17]	Եւ	ելեալ գնացին ի դաշտն. ապա Աբէլ
AbCn2	18	թէ կարէ զետնով տալ	եւ	կապել զնա քանզի որչափ կուշտի
AbCn2	19	զեղբայրն: [19]	Եւ	եղ Կայէն Հայեցաւ աստ եւ անդ, ե
AbCn2	19	Կայէն Հայեցաւ աստ	եւ	անդ, եւ ետես զխաղողի ճուղն որ
AbCn2	19	Հայեցաւ աստ եւ անդ	եւ	ետես զխաղողի ճուղն որ ասմայ ա
AbCn2	20	[20] Դու զրկէ զծառն	եւ	ես երեք անգամ պատեմ ուռամբս
AbCn2	21	թէ որս է զօրեղ	եւ	ուժով: [22] Իբրեւ զրկեաց զծա
AbCn2	22	ունն պատեաց ոտիւքն	եւ	ձեռօքն մինչեւ ցգլուխն: [23]
AbCn2	23	լալով առ եղբայրն	եւ	ասէր. եղբայր իմ սիրելի աղաչեմ
AbCn2	23	զքեզ արձակեա զիս	եւ	որքան կենդանի եմ ծառայեմ քեզ
AbCn2	24	եմ քեզ, այլ բարեկամ	եւ	միշտ Հնազանդ Հրամանաց քոց. ես

AbCn2	25	զիա՞րդ կատես զիս	եւ	առանց ինձ մնալ ի վերայ երկրի.
AbCn2	25	մնալ ի վերայ երկրի	եւ	զեղբայրական սէրն իմ ինչպէ՞ս
AbCn2	26	[26] Իսկ Կայէն ասա	եւ	անդ շրջէր եւ ոչ գիտէր թէ որով
AbCn2	26	ասա եւ անդ շրջէր	եւ	ոչ գիտէր թէ որով պիտի սպանանել
AbCn2	27	կերպս երկու ագռաւի	եւ	առեալ մինն քարասուրիկ քար մի,
AbCn2	27	քարասուրիկ քար մի	եւ	նովաւ Հարեալ զմիւսն եւ սպան զ
AbCn2	27	նովաւ Հարեալ զմիւսն	եւ	սպան զնա ի կլափէն, եւ քարն սո
AbCn2	27	սպան զնա ի կլափէն	եւ	քարն սուր էր որպէս ածելի: [28
AbCn2	28	էր որպէս ածելի: [28]	Եւ	Կայէն ուսեալ ի Սատանայէ, եւ
AbCn2	28	ուսեալ ի Սատանայէ	եւ	առեալ զքարն եւ վազեաց ի վերայ
AbCn2	28	եւ առեալ զքարն	եւ	վազեաց ի վերայ եղբօրն: [29] Ի
AbCn2	29	Աբէլ զեղբայրն	եւ	ոչ լսեց նմա: [30] Եւ ասաց Աբէ
AbCn2	30	եւ ոչ լսեց նմա: [30]	Եւ	ասաց Աբէլ. եկ եղբայր մի անգամ
AbCn2	31	զքարն ի խոչակն	եւ	տարբերեալ խազխզէր, եւ քարն փոք
AbCn2	31	…արբերեալ խազխզէր	եւ	քարն փոքր էր եւ ոչ կտրատէր: [
AbCn2	31	եւ քարն փոքր էր	եւ	ոչ կտրատէր: [32] Նա լալով
AbCn2	32	ունին յինձ վերայ	եւ	դու որպէս կենաս ի վերայ երկրի:
AbCn2	33	ի վերայ երկրի: [33]	Եւ	ամենեւին ոչ լսեց. այլ չարաչար
AbCn2	33	մորթեց զեղբայրն	եւ	եդ կապեալ այնպէս ի ծառին: [34
AbCn2	34	ի ծառին: [34]	Եւ	ինքն գնաց իբրեւ ուրախութեամբ
AbCn2	34	կանգնաչափ Հեռի	եւ	ասաց Կայէնին ու՞ր է եղբայրն քո
AbCn2	36	էի նմա: [36]	Եւ	բարկացաւ Աստուած ի վերայ Կայէն
AbCn2	38	կօտոշ բուսաւ. ուր	եւ	երթայր ձայն կու տայր կօտոշ
AbCn2	41	նա ոչ Հասանէր ուտել	եւ	ընդ վայր խուզէր: [42] Հինգերո
AbCn2	43	զի Հանապազ լալով	եւ	դողալով շրջէր: [44] Եօթներորդ
AbCn2	46	դարձցի: [46]	Եւ	ապրեցաւ Կայէն եօթն Հարիւր յիսո
AbCn2	46	եօթն Հարիւր յիսուն	եւ	երեք տարի. զի զմաՀն կուզէր եւ
AbCn2	46	զի զմաՀն կուզէր	եւ	ոչ մեռանէր: [47] Ի ժամանակին
AbCn2	47	ի ծոցն, գնաց ի լեառն	եւ	եղեւ ընծոյ նման եւ անկաւ ի
AbCn2	47	եւ եղեւ ընծոյ նման	եւ	անկաւ ի ճանապարՀին: [48] Իսկ
AbCn2	48	գնաց յորս առնել	եւ	ետես զԿայէն եՀար նետիւ եւ սպա
AbCn2	48	զԿայէն եՀար նետիւ	եւ	սպան զնա: [49] Ապա ցաւն Կայէ
AbCn2	49	ի վերայ Ղամէքայ	եւ	բուսաւ կօտոշ ի գլուխն: [50] Ի
AbCn2	50	առ Տէր աղաղակեաց	եւ	այնչափ ելաց որ յաչերէն արիւն
AbCn2	51	զարտասուսն	եւ	զաղաչանք կնոջն, ողորմեցաւ
AbCn2	51	Աստուածն ամենայնի	եւ	բժշկեաց զցաւն Ղամեքայ: [52]
AbCn2	52	իմացան Ադամ	եւ	Եւայ զսպանումն Աբէլի, գնացեալ
AbCn2	52	զմարմինն Աբէլի. որ	եւ	կոծ մեծ առին լալով եւ ողբալով.
AbCn2	52	կոծ մեծ առին լալով	եւ	ողբալով. եւ միշտ սուգ կենային
AbCn2	52	լալով եւ ողբալով	եւ	միշտ սուգ կենային ի բազում
AbCn2	53	ոչ ցամաքէր. ոչ Հօտէր	եւ	ոչ որդնէր. զի էր իբրեւ զքուն.
AbCn2	53	իբրեւ զքուն. ոչ փտէր	եւ	ոչ Հող լինէր: [54] Քանզի Աստո
AbCn2	54	ասաց Հող լինիլ	եւ	ապա ի նմանէ ծնելոցն. վասն որոյ
AbCn2	54	Ադամ մեռանէր	եւ	ի Հող դառնայր, ապա ծնունդ նորա
AbCn2	54	ծնունդ նորա մեռանէր	եւ	ի Հող դառնայր: [55] Մինչեւ ի
AbCn2	56	երբ Ադամ մեռաւ	եւ	թաղեցաւ, նա ապա տեղ ետուր որ
AbCn2	57	Բայց յորժամ Ադամ	եւ	կինն իւր տեսանէին զԱբէլ արեամ
AbCn2	57	արեամբ շաղախեալ	եւ	զԿայէն պատուՀասեալ, վասն կոծո

AbCn2	57	վասն կռոյն	եւ	սգոյն իւրեանց այլ ոչ մերձեցան
AbCn2	58	Աստուած ողորմեցաւ	եւ	առաքեաց աւետիք վասն ծնանելոյն
AbCn2	58	Սեթայ. զոր	եւ	մխիթարութիւն ետ վասն Աբէլի: [
AbCn2	59	վասն Աբէլի: [59] Որ	եւ	զձեզ մխիթարեսցէ յամենայն
Creat1	0	ՊԱՏՄՈՒԹԻՒՆ ՍՏԵՂԾՄԱՆ	ԵՒ	ՅԱՆՑՄԱՆՆ ԱԴԱՄԱՅ [1Y] Յորժամ
Creat1	1Y	զերկինս	եւ	զերկիր, եւ արար նախ զզօրս
Creat1	1Y	եւ զերկիր	եւ	արար նախ զզօրս Հրեշտակաց
Creat1	2Y	չարն Սաղայէլ	եւ	Բելիար դասագլուխ էին
Creat1	2Y	Հրեշտակք	եւ	զամենայն դասս Հրեշտակաց
Creat1	2YD	բարեբանէին	եւ	փառաբանէին զԱստուած: [3]
Creat1	3	զԱստուած	եւ	Հպարտացաւ ի սրտի իւրում, եւ
Creat1	3	ի սրտի իւրում	եւ	կամեցաւ զաթոռ իւր
Creat1	4	աթոռին: [4]	Եւ	Հրամայեաց Տէր Աստուած յ
Creat1	4	մեծին Գաբրիէլի	եւ	աՀաւորին Միքայէլի, եւ ինն
Creat1	4	Միքայէլի	եւ	ինն դասուց Հրեշտակացն
Creat1	4	ի վերայ Սաղաէլի	եւ	ամենայն կամարարացն նորա
Creat1	4	Հարին զնոսա	եւ	ի վայր տուին, որպէս զ
Creat1	6	Հրեշտակացն: [6]	Եւ	արկ Տէր Աստուած թմբրութիւն
Creat1	6	ի վերայ Ադամայ	եւ	առ զմի ի կողիցն նորա եւ
Creat1	6	ի կողիցն նորա	եւ	ելից ընդ այնր մարմին. եւ
Creat1	6	այնր մարմին	եւ	իբրեւ զարթեաւ Ադամ ի քնոյ
Creat1	7	Հաւանեցաւ: [7]	Եւ	ասաց Ադամ. ԱՀա ոսկր ի յ
Creat1	7	ի յ ոսկերաց իմ	եւ	մարմին ի մարմնոյ. սա
Creat1	8	կոչեսցի կին: [8]	Եւ	տարեալ զնոսա Տէր Աստուած
Creat1	8	Տէր Աստուած	եւ	եդ ի մէջ դրախտին Ադենայ
Creat1	8	որ է փառօք մեծ	եւ	ետ պատուէր նոցա Տէր
Creat1	8	Տէր Աստուած	եւ	ասէ. Ուտելով կերիջիք յ
Creat1	8	մի ուտիցէք	եւ	մի Հուպ լինիցիք. զի յորժամ
Creat1	11	ի դրախտն	եւ	Սատանայ յաՀէն Հրեշտակաց
Creat1	12	խաբել զԵւայ	եւ	զԱդամ: [13] Իբրեւ գնաց օձն
Creat1	13	Իբրեւ գնաց օձն	եւ	տեսաւ զԱդամ եւ զԵւայ, զի
Creat1	13	եւ տեսաւ զԱդամ	եւ	զԵւայ, զի չրջէին եւ պտղոյն
Creat1	13	Եւայ, զի չրջէին	եւ	պտղոյն ուտելովն
Creat1	14	պտղոյ ճաշակես	եւ	<այս> գեղեցիկ պտղոյս ոչ
Creat1	17	լինիցիք	եւ	փառակից եւ աթոռակից
Creat1	17	եւ փառակից	եւ	աթոռակից Աստուծոյ: [18]
Creat1	18	առեալ ի պտղոյն	եւ	կերաւ. ընդ ուտել պտղոյն
Creat1	19	Իբրեւ եկն Ադամ	եւ	ետես զկինն մերկացեալ ի
Creat1	19	տրտմեցաւ Ադամ	եւ	ասէ. <ընդէ՞ր> կերար ի
Creat1	20	պտուղ է, առ	եւ	դու ճաշակեայ եւ տես զ
Creat1	20	եւ դու ճաշակեայ	եւ	տես զքաղցրութիւն պտղոյդ
Creat1	21	ուտել ի դմանէ	եւ	<մերկանալ> քեզ նման: [22]
Creat1	23	կարեմ ճաշակել	եւ	քեզ նման մերկանալ: [24] Ասէ
Creat1	25	յոյժ սիրէ: [25]	Եւ	ապա առաւ զպտուղն քննէր, եւ
Creat1	25	զպտուղն քննէր	եւ	վախէր թէ կնոջ նման
Creat1	26	կինն լայր	եւ	աղաչէր ասելով. Մեռանիմք ի
Creat1	26	ի միասին	եւ	թէ ապրիմք ի միասին, մի
Creat1	27	էր ստեղծեալ	եւ	զարդարեալ: [28] Իսկ Ադամ

Creat1	28	ողորմի՛ ինձ	եւ	ոչ մերկացուցանէ. Ե՞րբ Թէ
Creat1	28	քան Թէ բաժանիլ	եւ	որոշիլ ի կնոջէս: [29] Ջի զ
Creat1	29	քան զայն	եւ	այլ գեղեցիկ կին ստեղծանել
Creat1	30	առանց կնոջս	եւ	եԹող զխօսքն Աստուծոյ եւ
Creat1	30	խօսքն Աստուծոյ	եւ	կնոջ խօսքով կերաւ զ
Creat1	30	կերաւ զպտուղն	եւ	մերկացաւ ի լուսոյն: [31] Ջի
Creat1	31	Աստուծոյ խօսքն	եւ	զպատուիրանն եԹող եւ զ
Creat1	31	...տուիրանն եԹող	եւ	զօձին լսեց. եւ Ադամ զ
Creat1	31	եւ զօձին լսեց	եւ	Ադամ զԱստուծոյ խօսքն եւ զ
Creat1	31	Աստուծոյ խօսքն	եւ	զպատուիրանն եԹող զիւր
Creat1	32	ի լուսոյն	եւ	գնացին ծածկեցան Թզենի
Creat1	32	Հանդարտապէս	եւ	քաղցր բարբառով խօսէր ընդ
Creat1	33	ի լուսոյն	եւ	տերեւովն ծածկեալ էին զ
Creat1	33	Թզենւոյն	եւ	ձայնեաց ասելով. Ո՞ւր ես
Creat1	35	ընդէ՞ր փախեար	եւ	Թաքեար: [36] Ասէ Ադամ. Վասն
Creat1	36	Վասն այն փախեայ	եւ	Թաքեայ, զի մերկ էի եւ
Creat1	36	զի մերկ էի	եւ	ամաչէի ի քէն: [37] Ասէ Տէրն
Creat1	39	ընդ կնոջն	եւ	ասաց. կին, զո՞ւ արարեր զայդ
Creat1	41	բարկացաւ նոցա	եւ	ասաց Ադամայ. Փոխանակ զի
Creat1	41	քո. զի Հող էիր	եւ	ի Հող դարձցիս: [42] Եւ
Creat1	42	Հող դարձցիս: [42]	Եւ	դարձեալ ընդ Եւայի, ասաց
Creat1	42	մաՀու չափ եղեցի	եւ	ցաւօք կերիցես զաշխարՀս
Creat1	42	զաշխարՀս	եւ	եղիցի քեզ տրտմուԹիւն զ
Creat1	43	կենաց քոց: [43]	Եւ	դարձեալ ասաց զօձն
Creat1	43	ի վերայ լանջաց	եւ	որովայնի քում սողասցիս
Creat1	43	քում սողասցիս	եւ	Հող կերիցես զամենայն
Creat1	43	ի մէջ քո	եւ	ի մէջ կնոջ եւ ի մէջ զաւակի
Creat1	43	եւ ի մէջ կնոջ	եւ	ի մէջ զաւակի <քո եւ ի մէջ
Creat1	43	զաւակի <քո	եւ	ի մէջ զաւակի> դորա, նա
Creat1	43	քում գլխոյ	եւ	դու սպասեսցես նորա
Creat1	44	գարշապարի: [44]	Եւ	Հրամայեաց Հրեշտակաց
Creat1	44	ի դրախտէն	եւ	Հրեղէն սրով պաՀել զ
Creat1	45	կենաց: [45]	Եւ	Հանին զԱդամ եւ զԵւայ ի
Creat1	45	Եւ Հանին զԱդամ	եւ	զԵւայ ի դրախտէն: [46] Եւ
Creat1	46	ի դրախտէն: [46]	Եւ	եղեալ արտաքս ի տեղի մուԹն
Creat1	46	ի տեղի մուԹն	եւ	խաւար, <վեց օր> անդ մնացին
Creat1	46	անմխիԹար լային	եւ	կոծէին զանձինս իւրեանց
Creat1	47	նոցա Տէր	եւ	առաքեաց զՀրեշտակ իւր
Creat1	47	նոսա ի խաւարէն	եւ	առաջնորդեալ եբեր զնոսա ի
Creat1	47	ի լոյս աշխարՀս	եւ	եցոյց նոցա զպտղաբերս
Creat1	47	այնով լիանալ	եւ	ապրիլ: [48] Իսկ իբրեւ տեսին
Creat1	48	տեսին Ադամ	եւ	կին իւր < զլոյս աշխարՀս
Creat1	48	ուրախացան	եւ	խնդացին Ադամ եւ կինն իւր>
Creat1	48	եւ խնդացին Ադամ	եւ	կինն իւր>, ասացին. Թէպէտ չէ
Creat1	48	չէ բարուԹիւն	եւ	աշխարՀիս լոյս եւ պտուղս չ
Creat1	48	աշխարՀիս լոյս	եւ	պտուղս չեն Հաւասար լուսոյ
Creat1	48	Հաւասար լուսոյ	եւ	պտղոյ դրախտին. բայց ոչ
Creat1	48	մաՀ <լինիմք>	եւ	կամ <խաւարի> մնամք

Creat2	0	[0] ՊԱՏՄՈՒԹԻՒՆ	ԵՒ	ՃԱՌ, ՎԱՍՆ ՍՏԵՂԾՄԱՆՆ ԱԴԱՄԱՅ ԵՒ
Creat2	0	ՍՏԵՂԾՄԱՆՆ ԱԴԱՄԱՅ	ԵՒ	ՄԱՐԴԱՆԱԼՈՅՆ ՔՐԻՍՏՈՍԻ ԱՍՏՈՒԾՈՅ
Creat2	1	դասս Հրեշտակաց	եւ	Հրեշտակապետաց, ի վեր եւ
Creat2	1	...կապետաց, ի վեր	եւ	բարձր արար քան զամենայն
Creat2	1	զՍադայէլ	եւ	զԲելիար եւ մեծ փառօք
Creat2	1	եւ զԲելիար	եւ	մեծ փառօք զարդարեաց զ
Creat2	2	Հրեշտակք	եւ	Հրեշտակապետք օրՀնէին
Creat2	2	օրՀնէին գովէին	եւ	փառաւոր առնէին զԱստուած
Creat2	3	զԱստուած: [3]	Եւ	պիղծն Սատանայ Հիանայր եւ
Creat2	3	Հիանայր	եւ	զարմանայր ընդ մեծութիւն
Creat2	3	որոյ Հպարտացաւ	եւ	ոչ կամէր օրՀնել զԱստուած
Creat2	4	Աստուծոյ: [4]	Եւ	բարկացաւ Տէրն Հրամայեաց
Creat2	4	սերովբէիցն	եւ	բազմաչեայ քերովբէիցն, եւ
Creat2	4	քերովբէիցն	եւ	ամենայն երկնաւոր զօրացն
Creat2	4	դասսն Սատանայի	եւ	թօթափեցին զամենայն
Creat2	4	զունդսն դիւաց	եւ	ի վայր Հարին որպէս
Creat2	6	զտեղի նորա: [6]	Եւ	արկ զթմբրութիւն ի վերայ
Creat2	6	ի վերայ Ադամայ	եւ	էառ զմի կողիցն նորա եւ
Creat2	6	մի կողիցն նորա	եւ	ելից ընդ այնր մարմին եւ
Creat2	6	ընդ այնր մարմին	եւ	եղեւ կինն. իբրեւ զարթեալ
Creat2	6	եւես զկինն	եւ	Հաւանեցաւ: [7] Եւ ասաց, աՀա
Creat2	7	եւ Հաւանեցաւ: [7]	Եւ	ասաց, աՀա սա ոսկր յոսկերաց
Creat2	7	յոսկերաց իմոց	եւ	մարմին ի մարմնոյ իմոյ. սա
Creat2	8	որ է փառօք լի	եւ	միջասաՀման. եդ ի վերայ
Creat2	8	նոցա պատուէր	եւ	ասաց, թէ ուտելով կերիցէք զ
Creat2	9	զի փորձեսցէ	եւ	տեսցէ թէ պաՀէին զ
Creat2	9	...ուիրանն Տեառն	եւ	թէ ոչ զփչալից աշխարՀն
Creat2	11	ի դրախտն: [11]	Եւ	աՀա բեկեալ ի Հրեշտակաց եւ
Creat2	11	ի Հրեշտակաց	եւ	ոչ կարէր. ապա օձն էր
Creat2	11	օձն էր թեւաւոր	եւ	ունէր լեզու, եւ էր գեղեցիկ
Creat2	11	եւ ունէր լեզու	եւ	էր գեղեցիկ եւ իմաստուն
Creat2	11	եւ էր գեղեցիկ	եւ	իմաստուն քան զամենայն
Creat2	11	մտանէր ի դրախտն	եւ	ելանէր: [12] Իսկ ամենաչարն
Creat2	12	ուսոյց օձին	եւ	խաբեաց զԱդամ: [13] Քանզի
Creat2	13	պտղոյ դրախտին	եւ	ի մի ծառոյն ոչ ուտէր: [14]
Creat2	14	Հեռացաւ Ադամ	եւ	շրջէր ի դրախտն, օձն
Creat2	14	ընդ Եւայի	եւ	ասաց ընդէ՞ր յամենայն
Creat2	14	ծառոց ճաշակես	եւ	յայդ մին ծառոյն ոչ
Creat2	18	...ութապէս կտրեաց	եւ	կերաւ ի պտղոյն. եւ
Creat2	18	կերաւ ի պտղոյն	եւ	առժամայն մերկացաւ: [19] Իսկ
Creat2	19	[19] Իսկ եկն Ադամ	եւ	եւես զկինն մերկացեալ
Creat2	19	դառնացաւ	եւ	ասէ, այս ի՞նչ է զոր դու
Creat2	19	կերեր ի պտղոյդ	եւ	մերկացար: [20] Ասէ Եւա, խիստ
Creat2	20	քաղցր է պտուղս	եւ	բարեՀամ առ դու եւս կեր. նա
Creat2	21	Ասէ Ադամ. ուտեմ	եւ	ես քեզ նման մերկանամ: [22]
Creat2	22	մերկանամ: [22]	Եւ	ասէ Եւա. ես շատ կերայ վասն
Creat2	23	կարեմ ճաշակել	եւ	քեզ նման լինիլ: [24] Ասէ Եւա
Creat2	24	Ասէ Եւա. թէպէտ	եւ	դու շատ ուտիցես ոչ

Creat2	26	[26] Իսկ Եւա լայր	եւ	աղաչէր զնա եւ ասէր. կեր եւ
Creat2	26	եւ աղաչէր զնա	եւ	ասէր. կեր եւ մի որոշեր զիս
Creat2	26	զնա եւ ասէր. կեր	եւ	մի որոշեր զիս ի քեզանէ
Creat2	26	միասին ապրիմք	եւ	թէ մեռանիմք ի միասին
Creat2	27	կամէր ուտել	եւ	երբեմն ոչ: [28] Բայց երբ
Creat2	28	յաղաչանքն	եւ	յարտասուքն, ողորմութիւն
Creat2	30	զի նորաստեղծ էր	եւ	իբրեւ սպիտակ մարգարիտ
Creat2	31	պաՀել զինքն	եւ	կերաւ ի պտղոյն, եւ մերկացաւ
Creat2	31	կերաւ ի պտղոյն	եւ	մերկացաւ ի լուսոյն: [32] Ապա
Creat2	32	գայր Աստուած	եւ	խօսէր ընդ նոսա սիրով եւ
Creat2	32	ընդ նոսա սիրով	եւ	Համդարտութեամբ: [33] Եւ
Creat2	33	...րտութեամբ: [33]	Եւ	տեսեալ Ադամայ եւ Եւայի զ
Creat2	33	տեսեալ Ադամայ	եւ	Եւայի զոտնաձայնն Տէրն
Creat2	33	բարկութեամբ	եւ	ասէ ո՞ւր ես Ադամ: [34] Ասէ
Creat2	34	քո ձայնդ լուայ	եւ	երկեայ մերկ էի եւ թաքեայ
Creat2	34	երկեայ մերկ էի	եւ	թաքեայ: [35] Ասէ Աստուած
Creat2	35	ուտես մերկանաս	եւ	մեռանիս: [36] Ընդէ՞ր կերար
Creat2	40	խաբեաց զիս: [40]	Եւ	բարկացեալ Տէրն ի վերայ
Creat2	40	ի վերայ սոցա	եւ	ասէ. դու օձդ որ փոխանակ զի
Creat2	40	...նայն զազանաց	եւ	ամենայն կենդանեաց
Creat2	40	լանՋաց քոց	եւ	ի վերայ որովայնի քոյ
Creat2	40	...ղալով գնասցես	եւ	Հող կերիցես զամենայն
Creat2	41	կենաց քոց: [41]	Եւ	եդից զթշնամութիւն ի մէՋ
Creat2	41	ի մէՋ քո	եւ	ի մէՋ զաւակի զորա, դու
Creat2	41	զարշապարին	եւ	դա սպասեսցէ քում գլխոյ
Creat2	42	քում գլխոյ: [42]	Եւ	դարձեալ ասաց ցկինն
Creat2	42	տրտմութեամբ	եւ	ցաւօք ծնցիս եւ ծնունդ քո ի
Creat2	42	եւ ցաւօք ծնցիս	եւ	ծնունդ քո ի մաՀ
Creat2	43	...խանակեսցի: [43]	Եւ	դարձեալ առ Ադամ ասաց
Creat2	43	զպատուէր իմ	եւ	լսեցեր կնոՋ քոյ փոխանակ
Creat2	43	քո. զի Հող էիր	եւ	ի Հող դարձցիս: [44] Եւ
Creat2	44	Հող դարձցիս: [44]	Եւ	Հրամայեաց Հրեշտակաց
Creat2	44	նոսա ի դրախտէն	եւ	Հրեղէն զաւազանաւն պաՀել զ
Creat2	45	չար էր որ կերան	եւ	մերկացան. զի չար պտուղն
Creat2	46	Աստուծոյ խօսքն	եւ	չէր կերեալ զպագն այլ
Creat2	47	զխրատ օձին	եւ	ցանկացան աստուածութիւն
Creat2	48	թզենւոյն	եւ	Հարցաւ թէ ու՞ր ես Ադամ
Creat2	48	մեղայ ասեն	եւ	թողութիւն գտանեն: [49] Երբ
Creat2	49	ի վերայ նոցա	եւ	արտաքսեաց զնոսա ի
Creat2	50	ի դրախտնէն: [50]	Եւ	անկան ի տեղի մթին եւ
Creat2	50	ի տեղի մթին	եւ	աղՋամղՋին քաղցած եւ
Creat2	50	...ամղՋին քաղցած	եւ	ծարաւած մինչեւ վեց օր: [51]
Creat2	51	ի վերայ նոցա	եւ	առաքեաց զՀրեշտակն Հանել
Creat2	51	...արային տեղեաց	եւ	բերել ի լոյս աշխարՀ. եւ
Creat2	51	ի լոյս աշխարՀ	եւ	եցոյց նմա գործել զերկիր
Creat2	51	գործել զերկիր	եւ	ի պտղոյ նորա կերակրիլ: [52]
Creat2	52	տեսին զարեգակն	եւ	զլուսին, ուրախացան
Creat2	52	երեկոյն	եւ	ոչ գիտէին թէ արեգակն

Creat2	52	արեգակն մտանէ	եւ	ելանէ. ապա Հանց որ մտաւ
Creat2	52	որ մտաւ արեգակն	եւ	մթացաւ երկիր նոցա եւ խաւար
Creat2	52	երկիր նոցա	եւ	խաւար կալաւ զնոսա
Creat2	54	չարին Սատանայի	եւ	արժանի արասցէ արդար
Creat2	54	դատաստանին	եւ	արքայութեան լուսոյն ամէն
Exp1	1	արեգական	եւ	լուսնին մինչեւ յերեկոյին
Exp1	2	լուսանայ, լացին	եւ	կոծեցան մինչեւ ցառաւօտն
Exp1	3	կերպ Հրեշտակի	եւ	ասէ. ընդէ՞ր տրտում էք: [4]
Exp1	4	էր զմեզ Աստուած	եւ	եդեալ ի մէջ լուսեղէն
Exp1	4	դրախտին	եւ	պատրանօք օձին ճաշակեցաք
Exp1	4	ի պտղոյն	եւ	ելաք ի դրախտէն, եւ անկանք
Exp1	4	ելաք ի դրախտէն	եւ	անկանք ի խաւար ժամանակս
Exp1	5	ողորմեցաւ Տէր	եւ	առաքեաց զՀրեշտակ իւր
Exp1	5	զմեզ ի խաւարէն	եւ	բերեալ ի լոյս աշխարՀս
Exp1	5	զՀրեշտակ իւր, <	եւ	> եՀան զմեզ ի խաւարէն. եւ
Exp1	6	մեր Տէրն	եւ	խափանեաց զայն սակաւ
Exp1	6	այն կոծամք	եւ	լամք: [7] Ասէ Սատանայ. զի՞նչ
Exp1	7	մութ տեղուոջէն	եւ	եբեր ի լոյս: [8] Ասէ Ադամ. Եւ
Exp1	8	[8] Ասէ Ադամ	Եւ	ոչ ինչ: [9] Ասէ Սատանայ. Զի
Exp1	10	կալաւ զմեզ	եւ	զայդ ոչ իմացաք ասել: [11]
Exp1	12	լինիմք մեք	եւ	ամենայն ծնունդքն մեր: [13]
Exp1	13	…եւելից <կողմն>	եւ	ասաց. Հայեցարուք եւ անդ
Exp1	13	Հայեցարուք	եւ	անդ տեսանիցէք լոյս: [14]
Exp1	14	զայս բանս	եւ	ինքն սակաւ մի Հեռացաւ. եւ
Exp1	14	մի Հեռացաւ	եւ	Հայէին Ադամ եւ Եւայ դէպ յ
Exp1	14	եւ Հայէին Ադամ	եւ	Եւայ դէպ յարեւելից կողմն
Exp1	14	յոյժ ուրախացան	եւ	խնդացին: [15] Իբրեւ <ծագեաց
Exp1	16	ծառայ եմ քեզ	եւ	աւետեաց քոց, զի դու
Exp1	17	բերեալ քար մի	եւ	եդ առաջի Ադամայ, եւ ասաց
Exp1	17	առաջի Ադամայ	եւ	ասաց Ադամայ. Դիր զձեռդ
Exp1	17	ի վերայ քարին	եւ	ասայ այսպէս. Ամենայն
Exp1	18	քո եղիցին: [18]	Եւ	թէ ոչ ասես այսպէս, խոր
Exp1	19	ի վերայ քարին	եւ	ասաց. Մինչեւ անծինն ծնանի
Exp1	19	անծինն ծնանի	եւ	անմաՀն մեռանի, մեք եւ
Exp1	19	մեռանի, մեք	եւ	ամենայն ծնունդքն մեր
Exp1	20	եղիցի քեզ: [20]	Եւ	առեալ Սատանայ զքարն, եւ
Exp1	20	Սատանայ զքարն	եւ	տարեալ թաղեաց ի գետն
Exp1	22	ուրախացան	եւ	խնդացին Ադամ եւ Եւայ <ի
Exp1	22	եւ խնդացին Ադամ	եւ	Եւայ <ի վերայ արեգական. իսկ
Exp1	22	գիտացին Ադամ	եւ	Եւայ> որ խաբեցան ի
Exp1	22	Սատանայէ, լացին	եւ	ողբացին, մինչեւ եօթն օրն
Exp1	22	օրն անօթի կացին	եւ	զՏէրն աղաչեցին: [23] Եւ յետ
Exp1	23	աղաչեցին: [23]	Եւ	յետ եօթն աւուրն ողորմեցաւ
Exp1	23	նոցա Տէրն	եւ	առաքեաց զՀրեշտակ իւր, եւ
Exp1	23	զՀրեշտակ իւր	եւ	բերեալ ձեռնագիր յ
Exp1	23	ի ձեռն Ադամայ	եւ	ասէ. Մի երկնչիր Ադամ թէ
Exp1	23	կորուսից զքեզ	եւ	ոչ թողից ի ձեռն նորա: [24]
Exp1	25	առաջաւոր: [25]	Եւ	ի մտանել վեց դարուն

Exp1	25	քումմէ, ի սուրբ	եւ	յանարատ կուսէն. զի նայ
Exp1	25	որդի որդւոյ <քո	եւ	որդի իմ>: [26] Եւ որդին իմ
Exp1	26	եւ որդի իմ>: [26]	Եւ	որդին իմ ջնջեսցէ զ
Exp1	26	զձեռագիր քո	եւ	ազատեսցէ զքեզ ի
Exp1	26	Սատանայի	եւ	տացէ քեզ զառաջին փառսն
Exp2	0	ԵՂԱՆԵԼՈՑՆ ԱԴԱՄԱՑ	ԵՒ	ԵՒԱՑԻ Ի ԴՐԱԽՏԷՆ [1] Յորժամ Ադ
Exp2	2	[2] Իսկ որ մթացաւ	եւ	երեկոյ եղեւ, այնպէս
Exp2	2	թէ մութ եղեւ	եւ	այլ ոչ լուսանայ. քանզի
Exp2	2	...նապա զլոյս էր	եւ	նոյնպէս զիտէին թէ
Exp2	2	մտաւ արեգակն	եւ	մթացաւ օրն, նա այնպէս
Exp2	2	վասն որոյ լացին	եւ	կոծեցին մինչեւ ցառաւօտն
Exp2	3	կերպս Հրեշտակի	եւ	ասէ ցԱդամ. ընդէ՞ր տրտմիք
Exp2	4	այն տրտմիմք	եւ	լամք զի ստեղծեալ էր զմեզ
Exp2	4	զմեզ Աստուած	եւ	եդեալ ի մէջ դրախտին
Exp2	4	լուսեղէն	եւ	պատրանօք օձին կերաք ի
Exp2	4	կերաք ի պտղոյն	եւ	արտաքսեցաք ի դրախտէն. եւ
Exp2	4	ի դրախտէն	եւ	անկաք ի տեղիս այս խաւար
Exp2	5	մեզ Աստուած	եւ	առաքեաց զՀրեշտակ իւր
Exp2	6	ի վերայ մեր	եւ	խաւար կալաւ զմեզ: [7] Ասէ
Exp2	9	ծառայ լինիլ նմա	եւ	զամենայն ծնունդս ձեր
Exp2	10	կալաւ զմեզ	եւ	զայդ ոչ իմացաք: [11] Ասէ
Exp2	12	քեզ մեք	եւ	ամենայն ծնունդն մեր: [13]
Exp2	13	նոցա յարեւելս	եւ	ասաց. անտի տեսանէք զլոյս
Exp2	14	ասաց Սատանայ	եւ	սակաւ մի Հեռացաւ. իսկ Ադամ
Exp2	14	իսկ Ադամ	եւ	Եւայ Հայէին ընդ արեւելս եւ
Exp2	14	ընդ արեւելս	եւ	տեսանէին զի նշան լուսոյ
Exp2	15	առ նա Սատանայ	եւ	ասէ. տեսանէք զաւետիսն իմ
Exp2	16	ծառայ եմք քեզ	եւ	աւետեաց քոց. զի դու
Exp2	16	քեզ մեք	եւ	ամենայն ծնունդն մեր: [17]
Exp2	17	բերեալ քար մի	եւ	եդ առաջի Ադամայ եւ ասէ. դիր
Exp2	17	եդ առաջի Ադամայ	եւ	ասէ. դիր զձեռն քո ի վերայ
Exp2	17	ի վերայ քարիդ	եւ	ասա այսպէս. մինչեւ անծինն
Exp2	17	անծինն ծնանի	եւ	անմաՀն մեռանի ամենայն
Exp2	18	քեզ եղիցի: [18]	Եւ	եթէ ոչ ասէք այսպէս
Exp2	19	անծինն ծնանի	եւ	անմաՀն մեռանի ամենայն
Exp2	20	քո եղիցի: [20]	Եւ	մնաց նշան ձեռացն ի վերայ
Exp2	22	խաբեցաւ, լացին	եւ	ողբացին մինչեւ Հինգ օր
Exp2	22	Հինգ օր անօթի	եւ	ծարաւ: [23] Աղաչեցին զ
Exp2	23	զԱստուած	եւ	յետ Հինգ աւուրցն լուաւ
Exp2	23	աղօթից նոցա	եւ	առաքեաց զՀրեշտակ իւր. եւ
Exp2	23	զՀրեշտակ իւր	եւ	աւետեաց Ադամայ վասն
Exp2	23	Տեառն Աստուծոյ	եւ	ազատիլն ի ձեռաց Սատանայի
Exp2	24	Սատանայի: [24]	Եւ	ետուր Ադամայ զձեռագիրն
Exp2	24	Աստուծոյ	եւ	էր գրեալ այսպէս. մի տրտմիր
Exp2	24	անծինն ծնանի	եւ	անմաՀն մեռանի. զի անծինն
Exp2	24	զի անծինն ես եմ	եւ	անմաՀ աստուածութիւն. զոր ի
Exp2	25	իմոյ: [25]	Եւ	մարմին առցէ ի սուրբ եւ յ
Exp2	25	առցէ ի սուրբ	եւ	յանարատ կուսէ. զոր ի

Exp2	26	Զի անծինն ծնանի	եւ	՚ինՉէ զձեռագիր յանցանաց
Exp2	26	յանցանաց քոց	եւ	դարձուցէ զքեզ յառաՉին
Exp2	28	Աստուած ձեզ	եւ	մեզ. Ամէն:
Rep	1	Հրամանաւն Աստուծոյ	եւ	բնակեցան յանդիման դրախտին զի մ
Rep	1	ԱՇԽԱՐՈՒԹԵԱՆ ԱԴԱՄԱՅ	եւ	ԵՒԱՅԻ ՆԱԽԱՍՏԵՂԾԻ ԹԷ ՈՐՊԷՍ ԱՐԱՐ
Rep	2	ի դէմ դրախտին [2]	Եւ	աւր ըստ աւրէ կարաւտութիւնն
Rep	2	ստութիւնն յաւելոյր	եւ	փափագ վայելչութեան դրախտին
Rep	3	մինչ որ լուսացաւ	եւ	ծագեաց արեգակն [4] Ապա
Rep	3	որով մեռանելոց էին	եւ	աՀիւ մեծաւ սարսեալ տագնապէին
Rep	3	վերայ նախաստեղծիցն	եւ	այնպէս կարծեցին թէ այն էր մաՀն
Rep	3	եւ եղեւ մութն	եւ	խաւար գիշեր յայնժամ անկաւ աՀ
Rep	3	եմուտ արեգակն	եւ	եղեւ մութն եւ խաւար գիշեր
Rep	5	ապաշխարութիւն Ադամայ	եւ	կնոՉ նորա Եւայի [6] Զմտաւ ածե
Rep	5	վտանկէր զնոսա	եւ	էր այն ապաշխարութիւն Ադամայ եւ
Rep	5	թէ մաՀու մեռանիցիք	եւ	այն բաւթ սաստիկ վտանկէր զնոսա
Rep	6	բարբառ երկնաւորացն	եւ	զՀեշտալի եղանակս անմարմին զ
Rep	6	Հնչմունս Հրեղինացն	եւ	զքաղցրանուագ երգս
Rep	6	տերեւոցն	եւ	զքաղցր ճաշակումն պտղոցն զ
Rep	6	պայծառութիւն վարդիցն	եւ	զանուշաՀոտութիւն ծաղկանցն զ
Rep	6	ղեցկութիւն ծառոցն	եւ	զզուարճութիւն տնկոցն զ
Rep	6	վայրն վայելչութեան	եւ	զդրախտն փափկութեան զ
Rep	7	վասն որոյ սկսաւ լալ	եւ	ողբալ մեծականն ձայնիւ [8]
Rep	8	Հառաչանաւք	եւ	կոծէր զկուրծս իւր յորդ
Rep	8	յանդիման աչաց իւրոց	եւ	լայր կողկողագին Հառաչանաւք եւ
Rep	8	Հառաչանաւք	եւ	կոծէր զկուրծս իւր յորդ
Rep	9	յորդ արտասուաւք [9]	Եւ	ի խորոց սրտին Հեղէր եւ յոգւոց
Rep	9	այրէր սիրտն ճմլէր	եւ	աղիքն գալարէր [10] Որովայնն
Rep	9	ի խորոց սրտին Հեղէր	եւ	յոգւոց Հանէր լեարդն այրէր սիրտ
Rep	10	երիկամունքն խորովէր	եւ	աչքն զարտասուս բերէր [11]
Rep	11	զաշխարանաց զբանս	եւ	ասէր [12] Վայ ինձ
Rep	15	որ յառաՉն թագաւորէի	եւ	տնանկացայ [16] Վայ ինձ
Rep	18	Լացէք զիս բոյսք	եւ	գալարք Լացէք զիս ծառք ամենայն
Rep	18	Լացէք զիս ծառք	եւ	տունկք Լացէք զիս բոյսք եւ
Rep	18	Լացէք զիս սողունք	եւ	թռչունք Լացէք զիս ծառք եւ
Rep	18	Լացէք զիս գազանք	եւ	անասունք Լացէք զիս սողունք եւ
Rep	19	[19] Ողբացէք զիս	եւ	կոծեցարուք ի վերայ բնակչիս
Rep	20	եմ ձեզ Հաւասար	եւ	առաւել եւս վաթար [21] Ով
Rep	20	իշխան եւ թագաւոր	եւ	արդ եմ ձեզ Հաւասար եւ
Rep	20	տէր էի ձեզ իշխան	եւ	թագաւոր եւ արդ եմ ձեզ
Rep	20	երկնից իՉէք առ իս	եւ	տեսէք զլաց իմ Ով գազանք
Rep	21	[21] Ով արեգակն	եւ	լուսին ողորմեցարուք ինձ անարգ
Rep	21	եցարուք ինձ ի խաւարի	եւ	ի ստուերս մաՀու նստելոյս
Rep	24	ձերոց [24]	Եւ	դարձուցեալ զբանն ի կինն եւ աս
Rep	24	կին արդ զի՞նչ արասցուք	եւ	որպէս ապրեսցուք Զի՞նչ
Rep	24	Հանդերձս դիւրամաչ է	եւ	չուտով անցանէ [25] Ասէ Եւայ
Rep	24	Զի՞նչ զգեցցուք	եւ	զմերկութիւնս մեր որո՞վ
Rep	24	Զի՞նչ կերիցուք	եւ	կամ զի՞նչ արբցուք Զի՞նչ
Rep	24	կեանք անուանեցի	եւ	դու զիս ի կենաց Հաներ Ով կին

Rep	24	ձուցեալ զբանն ի կինն	եւ	ասէ Ով կին դու զի՞նչ գործեցեր
Rep	25	մաՀն ի վերայ մեր	եւ	թէ զի՞նչ մաՀն իցէ որ զմեզ
Rep	25	անցաւ ի վերայ մեր	եւ	ոչ մեռաք [26] Եւ այնպէս սգացի
Rep	25	գիտեմք զի աՀա աւր մի	եւ	գիշեր մի անցաւ ի վերայ մեր
Rep	25	մաՀն ի վերայ մեր	եւ	թէ զի՞նչ մաՀն իցէ որ զմեզ
Rep	25	յորո՞ւմ աւուր Հանդիպի	եւ	գայ Հասանէ մաՀն ի վերայ մեր
Rep	25	եւ այն ե՞րբ իցէ	եւ	յորո՞ւմ աւուր Հանդիպի եւ գայ
Rep	25	մեռանել մեզ	եւ	այն ե՞րբ իցէ եւ յորո՞ւմ աւուր
Rep	26	եւ ոչ մեռաք [26]	եւ	այնպէս սգացին Ադամ եւ Եւայ
Rep	26	եւ Եւայ անսուաղ	եւ	անաւթի զաւուրս Հինգ ոչինչ
Rep	26	Եւ այնպէս սգացին Ադամ	եւ	Եւայ անսուաղ եւ անաւթի զ
Rep	27	ոչինչ ճաշակեալ [27]	եւ	ապա յետ Հինգ աւուրն ի
Rep	27	մխիթարեաց զնոսա	եւ	ասաց ուտել ի պտղոյ երկրին որ
Rep	27	եւ զԵւայ ի սուգ	եւ	ի լաց մխիթարեաց զնոսա եւ
Rep	27	եւ տեսեալ զԱդամ	եւ	զԵւայ ի սուգ եւ ի լաց
Rep	27	բանիւն Աստուծոյ	եւ	տեսեալ զԱդամ եւ զԵւայ ի
Rep	28	մաւտ առ նոսա [28]	եւ	ասաց նոցա մերձաւորիլ
Rep	28	քոյր նորա ընդ նմա	եւ	ասէ ծնայ մարդ Աստուծով [29] Ե
Rep	28	Եւայ եւ ծնաւ զԿայէն	եւ	զԱրուսաքր քոյր նորա ընդ նմա
Rep	28	Ադամ առ Եւայ	եւ	ծնաւ զԿայէն եւ զԱրուսաքր
Rep	28	Հրամանին Աստուծոյ	եւ	յետ երեսուն ամաց ելանելոյն
Rep	28	ի նմանութիւն անասնոց	եւ	աճել որդեծնութեամբ ըստ
Rep	29	մարդ Աստուծով [29]	եւ	յետ երեսուն տարւոյ դարձեալ
Rep	29	Եւայ եւ ծնաւ զԱբէլ	եւ	զՍամայն քոյր նորա [30] Եւ
Rep	29	Ադամ առ Եւայ	եւ	ծնաւ զԱբէլ եւ զՍամայն քոյր
Rep	30	քոյր նորա [30]	եւ	յետ երեսուն ամաց սպան Կային զ
Rep	30	չտակապետն Գաբրիէլ	եւ	ասաց նմա մերձենալ յԵւա վասն
Rep	30	ամս Հարիւր եւ քսան	եւ	ապա Հրամանաւն Աստուծոյ եկն առ
Rep	30	Հաբելի զամս Հարիւր	եւ	քսան եւ ապա Հրամանաւն Աստուծոյ
Rep	30	սուգ առին Ադամ	եւ	Եւայ ի վերայ մաՀուն Հաբելի զ
Rep	30	սպան Կային զՀաբէլ	եւ	դարձեալ սուգ առին Ադամ եւ
Rep	31	որդեծնութեան [31]	եւ	ետ Ադամայ ճեւղ մի ի ծառոց
Rep	31	որդի մխիթարութեան	եւ	կոչեսցես զանուն նորա Սէթ
Rep	31	մի ի ծառոց դրախտին	եւ	ասաց Այդ քեզ նշան որ ծնանի քեզ
Rep	32	զոր սպան Կային [32]	եւ	յառաջ քան զսպանանելն Կայենի զ
Rep	32	Եւայ Ադամայ	եւ	ասաց թէ Տեսի գիշերս յերազի
Rep	33	առեալ ըմպէր [33]	եւ	Հաբէլ աղաչէր զնա թէ Թող յարենէ
Rep	33	եւ նա ոչ լսէր	եւ	ոչ մնայր ի փորն այլ փախէր ի զո
Rep	33	զնա թէ Թող յարենէզ	եւ	նա ոչ լսէր եւ ոչ մնայր ի փորն
Rep	34	վասն որոյ ապաշաւեն	եւ	լան անդադար ծնաւղքդ մեր [35]
Rep	34	երթիցուք ի դաշտի անդ	եւ	տեսցուք զդրախտն իմ զոր
Rep	34	իմն անկաւ վասն բանին	եւ	զի յառաջ քան զպատմելն Եւայի զ
Rep	35	ծնաւղքդ մեր [35]	եւ	գնացեալ Ադամ փութանակի եւ
Rep	35	զԱբէլ զեղբայր իւր	եւ	ինքն Կային Հեռացեալ էր ի
Rep	35	Ադամ փութանակի	եւ	ետես զի սպանեալ էր Կային զ
Rep	36	էր ի տեղւոՋէն [36]	եւ	թէ ո՞րպէս եսպան եւ կամ զի՞նչ
Rep	36	քար մի գայլախազ	եւ	այնքան քարազոՀ արար զանմեղ
Rep	36	յետս ընդ ծառով միոյ	եւ	առեալ քար մի գայլախազ եւ

Rep	36	յիւրատունկ դրախտն	եւ	կալեալ կապեաց զնա ձեռն
Rep	36	Եւ թէ ո՞րպէս եսպան	եւ	կամ զի՞նչ աւրինակաւ այս է զոր
Rep	37	զհոգին [37]	եւ	գնացեալ Ադամ ետես այնպէս
Rep	37	Ադամ ետես այնպէս	եւ	յոյժ սգացեալ ելաց դառնապէս
Rep	38	ելաց դառնապէս [38]	եւ	ապա աղէկիզեալ սրտիւ եւ
Rep	38	միասին լայցեն զՀաբէլ	եւ	ամփոփեալ թաղեսցեն զնա
Rep	38	ապա աղէկիզեալ սրտիւ	եւ	դառնացեալ Հոգով գնաց Ադամ
Rep	39	ղեսցեն զնա [39]	եւ	յորժամ առեալ զԵւայ եւ եկն
Rep	39	եշտակաց Աստուծոյ	եւ	երկիր կլեալ էր զարիւն նորա որ
Rep	39	յորժամ առեալ զԵւայ	եւ	եկն անդ այլ ոչ եգիտ զմարմինն
Rep	40	տրտմութիւն զԱդամ	եւ	զԵւայ վասն Հաբելի որդւոյն
Rep	40	Ցայնժամ կալաւ անհնարին	եւ	սաստիկ տրտմութիւն զԱդամ եւ զ
Rep	41	իւրեանց [41]	եւ	յերկար սգով կացին ի տրտմութեան
Rep	41	ւթեան ամս Հարիւր	եւ	քան [42] Մինչ որ հրամանաւն
Rep	43	մխիթարութեան [43]	եւ	ի սպանանելն Կայենի զՀաբել եկն
Rep	43	Աստուած հարցանէ զնա	եւ	պատժէ [44] Որպէս եւ արարն խսկ
Rep	43	եկն Գաբրիէլ առ Ադամ	եւ	ասաց նմա Դուք մի հարցանէք զ
Rep	44	պատժէ [44] Որպէս	եւ	արարն խսկ [45] Վասն զի եհարց
Rep	46	եղբայրն քո [46]	եւ	նա ստեաց Աստուծոյ եւ ասաց Ոչ
Rep	46	նա ստեաց Աստուծոյ	եւ	ասաց Ոչ գիտեմ [47] Եւ
Rep	47	ասաց Ոչ գիտեմ [47]	եւ	Աստուած վասն այն եհարց զԿային
Rep	47	զԿային որ զղջանայր	եւ	մեղայ ասէր [48] Իսկ նա
Rep	49	եղբաւրն իմոյ [49]	եւ	ասաց նմա Աստուած Պահապան չես
Rep	50	ընդէ՞ր եղեր [50]	եւ	եաւթն պատիժ էած ի վերայ նորա
Rep	53	զերկիր վաստակաւք	եւ	աշխատանաւք [54] Զորրորդ Եւ
Rep	54	[54] Զորրորդ	եւ	երկիր ոչ տայ քեզ զպտուղ իւր զ
Rep	57	ոք գիտենայր զնա	եւ	նշանն պիսակն էր [58] Այլ եւ
Rep	58	գնայր եղջեւրն գոչէր	եւ	աղաղակէր թէ գայ Կային
Rep	58	պիսակն էր [58] Այլ	եւ	եղջեւր բուսաւ ի ճակատն զի ընդ
Rep	59	եղբայրասպանն [59]	եւ	այնպէս եկեաց մնաց ամս ութ
Rep	60	երկրի անդադար զցայգ	եւ	զցերեկ [61] Եւ այնու
Rep	60	[60] Դողդոջէր միշտ	եւ	երերալի շրջէր ի վերայ երկրի
Rep	61	եւ զցերեկ [61]	եւ	այնու առաւել սաստկացաւ սուգն
Rep	61	սուգն Ադամայ	եւ	Եւայի [62] Նախ զի մեղան
Rep	70	որդեկորոյս եղեն	եւ	աղեաց կսկիծ ընկալան [71]
Rep	71	դատապարտեալ	եւ	պատժեալ յԱստուծոյ [72] Այս
Rep	72	եւ աւելորդ զղջման	եւ	ապաշխարութեան նախաստեղծիցն
Rep	72	եւ դառն կսկիծ Եւայի	եւ	աւելորդ զղջման եւ
Rep	72	սուգ էր Ադամայ	եւ	դառն կսկիծ Եւայի եւ աւելորդ
Rep	73	կենաց իւրեանց	եւ	աւէին Ով պանծալի դրախտ Ով
Rep	78	ոչ գաւսացայք [78]	եւ	այսպիսի լալով եւ վայիւ եկեաց
Rep	78	եւ երեսուն	եւ	ապա հիւանդացաւ ի փորոյն [79]
Rep	78	ամս ինն Հարեւր	եւ	երեսուն եւ ապա հիւանդացաւ ի
Rep	78	եկեաց Ադամ սգով	եւ	տառապանաւք ամս ինն Հարեւր եւ
Rep	78	[78] Եւ այսպիսի լալով	եւ	վայիւ եկեաց Ադամ սգով եւ
Rep	79	ի փորոյն [79]	եւ	ժողովեցան առ Ադամ ամենայն
Rep	79	ծնունդս երեսուն արու	եւ	էգ որ էին ամենեքեան վաթսուն
Rep	79	ամենայն ուստերք	եւ	դստերք նորա վաթսուն զորս

Rep	80	ժողովեցան որդովք	եւ	դստերաւք իւրեանց առ
Rep	81	մարդն Ադամ [81]	եւ	նա խիստ ի վտանկի կայր եւ քաղէի
Rep	81	նա խիստ ի վտանկի կայր	եւ	քաղէին ոգիքն ի սաստիկ ցաւոյն ո
Rep	82	եւ ողբային զԱդամ	եւ	Ադամ կայր առաջի նոցա չարաչար
Rep	82	ծնունդք նորա լային	եւ	ողբային զԱդամ եւ Ադամ կայր
Rep	82	նորա [82] Իսկ Եւայ	եւ	ամենայն ծնունդք նորա լային եւ
Rep	85	եւ գիցեն զիս	եւ	զքեզ ի մին տեղի [86] Բայց
Rep	85	այլ ի միասին մեռանիմք	եւ	գիցեն զիս եւ զքեզ ի մին
Rep	87	ի ցաւոցս [87]	եւ	յարուցեալ Եւայ առ զՍէթ եւ
Rep	87	Եւայ առ զՍէթ	եւ	գնաց աղաչել զՏէր տալ պտուղ
Rep	88	Ադամայ [88]	եւ	Հանդիպեալ նոցա աՀագին գազանն
Rep	88	ի վերայ Սեթայ	եւ	կամէր ուտել զնա [89] Յայնժամ
Rep	89	իշխանութեամբ էիր	եւ	մի Համարձակիր վնասել զորդիդ ի
Rep	89	Սանձեա զբերան քո	եւ	մի իշխեսցես մերձենալ ի
Rep	89	ընդդէմ գազանին	եւ	ասաց Սանձեա զբերան քո եւ
Rep	90	զոր կալեալ ուտէր	Եւ	ասաց Եւայի Զեզ Հնազանդ
Rep	90	ձեր եւ խստանամք	եւ	ընդդէմ դառնամք ձեզ [91] Զայս
Rep	90	ի վերայ ձեր	եւ	խստանամք եւ ընդդէմ դառնամք
Rep	90	Հնազանդ Աստուծոյ էիք	եւ	զպատուիրանս նորա պաՀէիք իսկ ի
Rep	91	զնոսա զանց արար	եւ	գնաց [92] Եւ մինչ դեռ մայրն ե
Rep	91	եւ աՀարկու դիմաւք	եւ	ապա թողեալ զնոսա զանց արար
Rep	91	բարբառով խոժոռ խոլոր	եւ	աՀարկու դիմաւք եւ ապա թողեալ
Rep	91	խաւսեցաւ գազանն	եւ	ասաց ընդ Եւայ մարդկային
Rep	92	արար եւ գնաց [92]	եւ	մինչ դեռ մայրն եւ որդին Եւայ ե
Rep	92	եւ ասաց Արիք	եւ	գնացէք զի մեռաւ Ադամ
Rep	92	չտակապետն Գաբրիէլ	եւ	ասաց Արիք եւ գնացէք զի մեռաւ
Rep	92	մայրն եւ որդին Եւայ	եւ	Սէթ աղօթէին յանդիման դրախտին ե
Rep	92	Եւ մինչ դեռ մայրն	եւ	որդին Եւայ եւ Սէթ աղօթէին
Rep	93	արեւուն [93]	եւ	նոքա ելեալ գնացին լալով եւ
Rep	93	զԱդամ մեռեալ	եւ	արարին կոծ մեծ ի վերայ նորա
Rep	93	լալով եւ Հառաչանաւք	եւ	տեսին զԱդամ մեռեալ եւ
Rep	93	ելեալ գնացին լալով	եւ	Հառաչանաւք եւ տեսին զԱդամ
Rep	94	ի վերայ նորա [94]	եւ	յետ երեք ժամու անցանելոյ ի
Rep	94	Վայ գլուխս վայ գլուխս	եւ	նա եւս մեռաւ ընդ Ադամայ
Rep	94	ցաւեաց գլուխ նորա	եւ	ասաց Վայ գլուխս վայ գլուխս եւ
Rep	94	մինչ դեռ լայր	եւ	ողբայր Եւայ նոյնժամայն
Rep	95	սահղծաւ Ադամ	եւ	յերրորդ ժամու աւուրն ստեղծաւ
Rep	96	ժամու ուրբաթուն	եւ	Եւա մեռաւ յերրորդ ժամու
Rep	97	եւ մաքուր կտաւօք	եւ	եդին ի փայտեայ տապանի [98] Եւ
Rep	97	պատեցին անոյշ խնկաւք	եւ	մաքուր կտաւօք եւ եդին ի
Rep	97	զսպեցին զնոսա	եւ	պատեցին անոյշ խնկաւք եւ մաքուր
Rep	97	աւուրս երեսուն	եւ	լուացեալ զսպեցին զնոսա եւ
Rep	97	[97] Իսկ որդիք	եւ	դստերք նոցա սգացին զնոսա
Rep	98	տապանի [98]	եւ	պատուէին զաստուածաստեղծ մարմի
Rep	98	ստեղծիցն որդիք նոցա	եւ	որդոց որդիքն մինչեւ ի Նոյ [99
Rep	99	եկն ՋրՀեղեղն	եւ	Նոյ առեալ զնոսա ի տապանին զի
Rep	99	Հազար երեք Հարիւր	եւ	երկոտասան ամաց եկն
Rep	100	Հեղեղէ [100]	եւ	յելանել Նոյի ի տապանէն ետ զ

Rep	101	*որդին իւր ի Սէմ* [101]	*եւ*	*նա առեալ տարաւ ի վիճակն իւր որ*
Rep	102	*է Սեմայ տուն* [102]	*եւ*	*անդ ամփոփեաց զնոսա դնելով զ*
Rep	103	*Եւայի* [103]	*եւ*	*զԱդամայն եդ ի Գողգոթայ ուր*
Rep	103	*ի վերայ գլխոյն Ադամայ*	*եւ*	*արար զփրկութիւն ի մէջ երկրի*
Rep	104	*յառաջին սրբոցն*	*եւ*	*ի Հոգելի արանցն յաւուր ուրբաթո*
Rep	104	*այսորիկ կարգեցաւ*	*եւ*	*սահմանեցաւ յառաջին սրբոցն եւ*
Tid1	1	*Է ՄԵՋ ՈՒՆԿՆ ԴՆԵԼ* [1]	*Եւ*	*քաղձրացաւ Տէրն ի վերայ*
Tid1	1	*ի վերայ Ադամայ*	*եւ*	*առաքեաց զՀրեշտակ իւր առ*
Tid1	1	*իւր առ Ադամ*	*եւ*	*աւէ. Մերձեցիր ի կին քո, զի*
Tid1	2	*սիրտս այրէ*	*եւ*	*կսկծայ. զայն թողի եւ զ*
Tid1	2	*զայն թողի*	*եւ*	*զԿայենի պատուհասն կու*
Tid1	2	*կրկին նեղութիւն*	*եւ*	*տրտմութիւն*: [3] *Աւէ*
Tid1	3	*Աստուած որդի*	*եւ*	*կոչեսցես զանուն նորա Սէթ*
Tid1	3	*զաւակ օրհնեալ*	*եւ*	*գլուխ նահապետաց, եւ*
Tid1	3	*նահապետաց*	*եւ*	*մխիթարիս ի նմանէ. զի որչափ*
Tid1	4	*ի Սեթայ*: [4]	*Եւ*	*բազմանայ զաւակ քո եւ զաւակ*
Tid1	4	*զաւակ քո*	*եւ*	*զաւակ Սէթայ, եւ նոքօք*
Tid1	4	*եւ զաւակ Սէթայ*	*եւ*	*նոքօք լցցին աշխարհս. եւ*
Tid1	4	*լցցին աշխարհս*	*եւ*	*ապա մի խառնակեսցեն Սէթայ*
Tid1	4	*քո չարանան*	*եւ*	*զամենեսեան միատեղ*
Tid1	7	*Կայէն զԱբէլ*	*եւ*	*Աբէլ այն տարին կամէր*
Tid1	8	[8] *Իբրեւ ծնաւ Սէթ*	*եւ*	*այլ եղբայրքն նորա*
Tid1	9	*աւետեաց*: [9]	*Եւ*	*բազմացան ազգն Սէթայ եւ այլ*
Tid1	9	*ազգն Սէթայ*	*եւ*	*այլ եղբարքն. բայց*
Tid1	9	*զազգն Կայենի*	*եւ*	*ոչ խառնակէին ընդ ազգին*
Tid1	10	*կապրի*: [38D[10]	*Եւ*	*իբրեւ վճարեցաւ տասն տարին*
Tid1	10	*Հրեշտակն*	*եւ*	*ասաց Նոյի մտանել տապանն*
Tid1	15	*այգեգործ եղեւ*	*եւ*	*ոչ ճաշակեաց ի նմանէ*: [16]
Tid1	16	*վերացուցին*	*եւ*	*եղին ի մէջ դրախտին, եւ է*
Tid1	16	*ի մէջ դրախտին*	*եւ*	*է մինչեւ ցայսօր*: [17] *Իսկ*
Tid1	17	*որդիքն Սեթայ*	*եւ*	*Ադամայ, իբրեւ տեսին զ*
Tid1	17	*որ կուսութեամբ*	*եւ*	*պահօք վերացաւ ի դրախտն*
Tid1	17	*Հրաժարեցան*	*եւ*	*ելին ի լերինս <եւ>*
Tid1	17	*ելին ի լերինս <*	*եւ*	*> կուսութեամբ ճգնէին*: [18]
Tid1	18	*կանայս չրջէին*	*եւ*	*կոռւէին ի վերայ մի*
Tid1	18	*մի մարդոյն*	*եւ*	*խլէին ի միմեանց. զի մարդն*
Tid1	18	*էր, կանայք*	*եւ*	*աղջկունք բազումք*: [19]
Tid1	19	[19] *Ազգն Սեթայ*	*եւ*	*եղբայրք նորա ոչ խառնէին*
Tid1	19	*ընդ նոսա*	*եւ*	*սրբութեամբ կային ազգն*
Tid1	20	…*ւրեւքսան կոյս*	*եւ*	*ճգնաւոր* [20Y] *կային ընդ*
Tid1	20Y	*կային ընդ նոսա*	*եւ*	*ոչ գոյր Հնար խառնակելոյ*
Tid1	21D	*Հնար իմացան*	*եւ*	*սահմանեցին զկարմրադեղն*
Tid1	21D	*զկարմրադեղն*	*եւ*	*զսպիտակադեղն դնէին*
Tid1	21D	*յունքն քաշէին*	*եւ*	*յաչս ծարուր դնէին եւ*
Tid1	21D	*ծարուր դնէին*	*եւ*	*պէսպէս սազէրս սահմանեցին*
Tid1	21D	…*հմանեցին զոտս*	*եւ*	*զձեռս իւրեանց կարմիր դեղ*
Tid1	21Y	*զկարմրադեղն*	*եւ*	*զսպիտակադեղն զերեսս*
Tid1	21Y	…*րմրացուցանէին*	*եւ*	*սպիտակացուցանէին*, <*զ*

Tid1	21Y	քաշեցին	եւ	զաչսն դեղեցին եւ ծարուր
Tid1	21Y	զաչսն դեղեցին	եւ	ծարուր դրին, զծամն եւ <զ
Tid1	21Y	դրին, զծամն	եւ	< զվարսն> սաՀմանեցին, եւ
Tid1	21Y	սաՀմանեցին	եւ	այլ պէսպէս սաց եւ
Tid1	21Y	այլ պէսպէս սազ	եւ	երգարանս սաՀմանեցին. զ
Tid1	21Y	…մանեցին. զոտսն	եւ	զձեռսն խինեցին եւ
Tid1	21Y	զձեռսն խինեցին	եւ	կարմրացուցին, եւ այլ
Tid1	21Y	կարմրացուցին	եւ	այլ զարդարանօք զմարմինս
Tid1	21Y	զարդարեցին	եւ	պճնեցին: [21D] Իբրեւ տեսին
Tid1	22Y	դեղ դնէին: [22Y]	Եւ	այնպիսի պճնեալ զգեստիւք
Tid1	22Y	զգեստիւք	եւ	ազգի ազգի եղանակօք
Tid1	22Y	ի լեառն խնդալով	եւ	պարելով, ծափ տալով եւ փողս
Tid1	22Y	ծափ տալով	եւ	փողս Հնչեցուցանելով
Tid1	22Y	երկայն ածելով	եւ	պէսպէս ձայնիւ եղանակելով
Tid1	22A	[22A] Թմբկօք	եւ	փողս եւ քնարիւք եւ այլ
Tid1	22A	Թմբկօք եւ փողս	եւ	քնարիւք եւ այլ երգարանօք
Tid1	22A	եւ քնարիւք	եւ	այլ երգարանօք զոր
Tid1	22D	մարմնով	եւ	փողիւ եւ քնարիւ եւ այլ
Tid1	22D	…րմնով եւ փողիւ	եւ	քնարիւ եւ այլ ազգի ազգի
Tid1	22D	փողիւ եւ քնարիւ	եւ	այլ ազգի ազգի երգօվք ելին
Tid1	22D	լերինն խնդալով	եւ	ծապս տալով եւ պարունելով
Tid1	22D	եւ ծապս տալով	եւ	պարունելով Հնչեցուցանել…
Tid1	22D	Հնչեցուցանելով	եւ	պէսպէս ձայնիւ եղանակօք
Tid1	22D	Կայենի զարմին	եւ	եղանակով խառնակեցան ընդ
Tid1	22D	…եսեան խաբեցան	եւ	խառնակեցան: [23Y]
Tid1	23D	անունն էր Նոյ	եւ	այլքն խառնակեցան ընդ
Tid1	23D	ընդ նոսա	եւ	չարագործ եղեն իբրեւ զ
Tid1	23D	իբրեւ զչուն	եւ	ոչ ճանաչեին զքորս զ
Tid1	23D	զքորս զեղբարս	եւ	զմարս. այսպէս չարութիւն
Tid1	23D	գործէին	եւ	ոչ յիշէին զԱստուած: [24]
Tid1	23Y	մնաց կոյս	եւ	այլ ամենեքեան խառնեցան
Tid1	23Y	ընդ նոսա	եւ	չարացան քան զնոսա, եւ
Tid1	23Y	քան զնոսա	եւ	եղեն պղծագործ քան զչուն
Tid1	23Y	ճանաչէր	եւ	ոչ մայր զորդին <Ջոկէր>չ
Tid1	23Y	քոյր զեղբայր	եւ	այնպիսի կենօք Համապազ
Tid1	23Y	Համապազ շնային	եւ	ոչ յիշեցին զԱստուած: [23D]
Tid1	24	ի վերայ նոցա	եւ	կամեցաւ Ջրով խեղդել զ
Tid1	25	տապան շինել	եւ	ամուսնանալ: [26] Իբրեւ եկն
Tid1	26	եկն Հրեշտակ	եւ	ասաց Նոյի ամուսնանալ, եւ
Tid1	26	ամուսնանալ	եւ	Նոյ ոչ կամէր ամուսնանալ
Tid1	27	տարեկան էր: [27]	Եւ	ասաց Հրեշտակն. զԱստուծոյ
Tid1	27	խեղդելոց է	եւ	լինիս նոր Ադամ. զի ի զաւակէ
Tid1	34	ի կնութիւն: [34]	Եւ	սկիզբն <արա> տապան
Tid1	34	երկայնութիւն	եւ	յիսուն լայնութիւն, <եւ>
Tid1	34	լայնութիւն, <	եւ	> երեսուն կանգուն
Tid1	35	բարձրութիւն: [35]	Եւ	գնաց ի նմանէ Հրեշտակն: [36]
Tid1	36	Հրեշտակն: [36]	Եւ	Նոյ ամուսնացաւ: [37Y] Եւ ի
Tid1	37A	շինել զտապանն	եւ	յորժամ կացինն տայր

Tid1	37Y	ամուսնացաւ։ [37Y]	Եւ	ի տապան չինել, կացին
Tid1	37Y	Ջրհեղեղ ելանէ	եւ	ապականէ զաշխարհս։ [37A]
Tid1	38B1	գձայնն կացնոյն	եւ	եկեալ պատմեաց ամենեցունց
Tid1	38B2	…նեքեան գնային	եւ	տեսանէին զձեւ տապանին
Tid1	38B2	գձայն կացնոյն	եւ	ուրաքին ծակիչին եւ
Tid1	38B2	ծակիչին	եւ	չաղափին սղոցին եւ խիզարին
Tid1	38B2	չաղափին սղոցին	եւ	խիզարին որ ասէին Ջրհեղեղ
Tid1	38B3	[38B3] Տնազէին	եւ	ասէին տեսէք զ
Tid1	38B4	Ջուրն հասանէ	եւ	այլ բարձրանայ. ութսուն
Tid1	38B5	…եքնազան։ [38B5]	Եւ	այս երեք աղջկունքս դեռ
Tid1	38B5	հրեշտակն առ Նոյ	եւ	ասէ. երեք աղջիկ առ ի Սեթայ
Tid1	38B5	որդւոց քոց	եւ	անուանքն են այսոքիկ
Tid1	38B5	փոքր են, կուս	եւ	զաւակ Սեթայ են. եւ մի
Tid1	38B5	զաւակ Սեթայ են	եւ	մի ամուսնացին որդիք քո
Tid1	38B5	ի տապանէն	եւ	դու մուտ ի տապանդ որ
Tid1	38B5	ամուսնացաւ Նոյ	եւ	սկսաւ տապանն չինել երեք
Tid1	38B5	եղեւ նմայ	եւ	անուանքն են այսոքիկ Սեմ
Tid1	38B5	…սոքիկ Սեմ, Քամ	եւ	Աբէթ։ [38B6] Իսկ Նոյ աղաչեաց
Tid1	38B6	տարի համբերել	եւ	Աստուած բաշխեաց Նոյի
Tid1	38B7	դարձցին։ [38B7]	Եւ	սկսաւ Նոյ քարոզել թէ կամէր
Tid1	38B7	…րուսանել զձեզ	եւ	ես աղաչեցի վասն ձեր
Tid1	38B7	դարձէք ի մեղաց	եւ	ապրեսջիք։ [38B8]
Tid1	38B8	տնազէին զնա	եւ	ասէին երբ Ջուր գայ Նոյ որ
Tid1	38B9	հրեշտակն առ Նոյ	եւ	ասէ մտիր ի տապանն։ [38B10]
Tid1	38C	…նեքեան գնային	եւ	տեսանէին զձեւ տապանին
Tid1	38C	գձայնն կացինին	եւ	ուրաքին եւ սղոցին եւ
Tid1	38C	եւ ուրաքին	եւ	սղոցին եւ չաղափին ձայնն
Tid1	38C	եւ սղոցին	եւ	չաղափին ձայնն որ ասէին
Tid1	38D3	զաչս նոցա	եւ	խփանէր ականջս նոցա ոչ ի
Tid1	38D3	ի չարութենէն	եւ	օր ըստ օրէ չարանային
Tid1	38D4	բլրի շինէր	եւ	աստ Ջուր հասանի հարիւր
Tid1	38D4	բարձրանայ	եւ	հարիւր տարումն շինեաց
Tid1	38D5	Քամ, Աբէթ։ [38D5]	Եւ	դարձեալ հրեշտակն երեւեցաւ
Tid1	38D5	…եքնազան։ [38D5]	Եւ	այս երեք աղջիկս փոքր էին
Tid1	38D5	երեւեցաւ Նոի	եւ	ասէ երեք աղջիկ առ Սեթայ
Tid1	38D5	վասն որդւոց .	եւ	անուանս ասաց Զանէզան
Tid1	38D5	փոքր էին	եւ	պզտիկ եւ զարմէն Սէթայ. առ զ
Tid1	38D5	էին եւ պզտիկ	եւ	զարմէն Սէթայ. առ զնոսա
Tid1	38D5	վասն որդւոցդ	եւ	մի ամուսնացին որդիք քո
Tid1	38D7	տարի համբերել	եւ	Աստուած լսէր աղաչանացն
Tid1	38D8	…րութենէն։ [38D8]	Եւ	սկսեաց քարոզել Նոյ եթէ
Tid1	38D8	…րուսանել զձեզ	եւ	ես աղաչեցի վասն <ձեր>
Tid1	38D8	ի մեղացէ	եւ	դադարեցէք ի չարէ եւ
Tid1	38D8	…արեցէք ի չարէ	եւ	ապրեսջիք ի գալոյ
Tid1	38D9	…հեղեղէն։ [38D9]	Եւ	ամենեքեան տնազ առնէին
Tid1	38D9	առնէին բանին	եւ	քարոզին Նոյեայ. յեփ Ջուրն
Tid1	38D9	…խարհս կուլլվի	եւ	ապա Նոյ յորտեղ կու վարէ
Tid1	38Y	…տասուս հարեալ	եւ	աղաչեաց զԱստուած, զի

Tid1	39	Աստուծէ: [39]	Եւ	իբրեւ եւ Նոյ ի վերնատունն
Tid1	40	երկու եկին	եւ	մտաւ ի տապանն, եւ սուրբ
Tid1	40	մտաւ ի տապանն	եւ	սուրբ անասունքն եօթն եօթն
Tid1	41	զջրհեղեղն	եւ	մարդիք ոչ իմացան: [42] Եւ
Tid1	42	ոչ իմացան: [42]	Եւ	եմուտ Նոյ ի տապանն, ինքն եւ
Tid1	42	ի տապանն, ինքն	եւ	որդիք իւր. փակեաց զդուռն
Tid1	42	փակեաց զդուռն	եւ	< զհերձսն> կպրեաց եւ
Tid1	42	հերձսն> կպրեաց	եւ	ծեփեաց. բացան սահմանք
Tid1	42	...հմանք երկնից	եւ	ջուրն ելանէր ի ներքուստ
Tid1	42	ի ներքուստ	եւ	<ի> վերուստ ի վայր Թափէր
Tid1	43	կամեցան փախչել	եւ	մտանել ի տապանն, ի
Tid1	44	բարձրացաւ ջուրն	եւ	կոխեաց զծայրս լերանց
Tid1	44	ջրոյն կեցաւ	եւ	եկն դադարեաց ի վերայ
Tid1	45	Մասիսայ: [45]	Եւ	յետ քառասուն աւուր Նոյ
Tid1	45	տապանակին	եւ	արձակեաց ագռաւ մի, զի
Tid1	45	նշան բերցէ	եւ	նա գնացեալ ի ճաշակումն
Tid1	46	զաղաւնին	եւ	գնացեալ աղաւնին, շրջեալ ի
Tid1	46	ի գլուխս լերանց	եւ	գտեալ երեք ծաղիկ եւ
Tid1	46	երեք ծաղիկ	եւ	բերեալ նշան <մատոյց> Նոյի
Tid1	48	Թռչունս: [48]	Եւ	իբրեւ եղեւ երեք ամիս
Tid1	48	ետես զի լերինք	եւ	բլուրք ցամաքեալ էին. բայց
Tid1	50	անասնոց սրբոց	եւ	Թռչնոց, որ եօթն մտեալ էին
Tid1	50	բաժին Աստուծոյ	եւ	խնդրեաց յԱստուծոյ, զի այլ
Tid1	50	պատարագ նորա	եւ	կատարեաց Տէր զխնդիրքն
Tid1	51	նորա: [51]	Եւ	խնդրեաց ի Տեառնէ եւ ասաց
Tid1	51	ի Տեառնէ	եւ	ասաց. Տուր ինձ նշան
Tid1	52	Հաշտութեան: [52]	Եւ	ասաց Տէրն. Հայեաց ի յ
Tid1	53	կողման: [53]	Եւ	ետես Նոյ նշան աղեղան
Tid1	54	իջեալ էին: [54]	Եւ	ասաց Աստուած Նոյի. Այս
Tid1	54	ուխտ իմ ընդ քեզ	եւ	ընդ <որդւոց> քո, այլ ոչ
Tid1	55	էջ ի լեռնէն	եւ	բնակեցաւ Ակոռի: [56] Երբ
Tid1	56	իջին <յ> Իջեւան	եւ	անդ ապրեցան երեք հարիւր
Tid1	57	հարիւր տարի: [57]	Եւ	երկու որդիքն Անդուն եւ
Tid1	57	որդիքն Անդուն	եւ	Մանետուն եւ որդիքն աճեցան
Tid1	57	եւ Մանետուն	եւ	որդիքն աճեցան եւ
Tid1	57	որդիքն աճեցան	եւ	բազմացան եւ լցին զ
Tid1	57	եւ բազմացան	եւ	լցին զՆախիջեւան, եւ նովաւ
Tid1	57	զՆախիջեւան	եւ	նովաւ լցին զաշխարհս: [58]
Tid1	58	զաշխարհս: [58]	Եւ	անուն տեղւոյն կոչեցաւ
Tid1	58	Նախիջեւան	եւ	այն է գերեզման Նոյի: [59]
Tid2	0	Ի ՄԽԻԹԱՐԵԼ ԶԱԴԱՄ	ԵՒ	ԶԵՒԱՅ [1] Եւ Տէրն քաղցրացաւ
Tid2	1	ԶԱԴԱՄ ԵՒ ԶԵՒԱՅ [1]	Եւ	Տէրն քաղցրացաւ ի վերայ
Tid2	1	ի վերայ Ադամայ	եւ	առաքեաց զհրեշտակ իւր եւ
Tid2	1	զհրեշտակ իւր	եւ	ետ զաւետիս վասն Սէթայ, եւ
Tid2	1	վասն Սէթայ	եւ	ասաց Ադամայ Թէ մերձեցիր
Tid2	1	առ կին քո	եւ	լինի քեզ որդի. եւ
Tid2	1	լինի քեզ որդի	եւ	անուանեսցես զանուն նորա
Tid2	1	զաւակ օրհնեալ	եւ	գլուխ նահապետաց: [2] Աւէ

Tid2	2	անգամ մերձեցայ	եւ	ինձ մեծ սուք եղեն քան զ
Tid2	2	սարսափի	եւ	մորմոքի սիրտ իմ, եւ
Tid2	2	…րմոքի սիրտ իմ	եւ	գալարին աղիք իմ. ապա զ
Tid2	2	նա ցաւի սիրտ իմ	եւ	արտասուք իմ իբրեւ արիւն
Tid2	2	մերձենամ ի կին	եւ	լինի զաւակ, վախեմ թէ այլ
Tid2	3	բարի որդի	եւ	անուն նորա Սէթ որ թարգմանի
Tid2	3	որչափ դառնացար	եւ	տրտմեցար վասն Կայէնի եւ
Tid2	3	վասն Կայէնի	եւ	Աբէլի նոյնչափ խնդաս եւ
Tid2	3	նոյնչափ խնդաս	եւ	մխիթարիս Սէթաւ: [4] Եւ
Tid2	4	Սէթաւ: [4]	Եւ	բազմանան զաւակ քո եւ զաւակ
Tid2	4	զաւակ քո	եւ	զաւակ Սէթայ. եւ նոքօք լցվի
Tid2	4	եւ զաւակ Սէթայ	եւ	նոքօք լցվի աշխարՀս. բայց
Tid2	4	ընդ ազգն Սէթայ	եւ	այլ զաւակաց քոց նա նոքա
Tid2	5	բազմացան	եւ	եղեն քանեւչորք արու
Tid2	5	արու մարդ	եւ	երեք Հարիւր ութսուն կին
Tid2	7	որ ամուսնացաւ	եւ	Աբէլ քան տարեկան էր: [8]
Tid2	8	տարեկան էր: [8]	Եւ	էր կոյս երբ սպան զնա: [9]
Tid2	9	Իբրեւ ծնաւ Սէթ	եւ	բազմացան ծնունդքն Սէթայ
Tid2	9	ծնունդքն Սէթայ	եւ	այլ եղբարցն, ի բաց
Tid2	9	զազգն Կայէնի	եւ	սրբութեամբ կային եւ ոչ
Tid2	9	…ութեամբ կային	եւ	ոչ ժառանգէին ընդ ազգն
Tid2	10	վասն է՞ր լայք	եւ	միշտ տրտմիք եւ ոչ
Tid2	10	եւ միշտ տրտմիք	եւ	ոչ ուրախանայք: [11] Նա ասաց
Tid2	11	…չակման պտղոյն	եւ	արտաքսելոյն ի դրախտէն
Tid2	13	ձեր պարտքն: [13]	Եւ	ոչ ամուսնացաւ: [14] Այլ
Tid2	14	օրինակ դրախտին	եւ	ով ոք որ անցանէր, նա ի
Tid2	14	պտղոյն ճաշակէր	եւ	ինքն ոչ ամենեւին ուտէր ի
Tid2	15	այգւոյն կեցաւ	եւ	ոչ կերաւ ի պտղոյ անտի: [16]
Tid2	16	…գրացաւ Աստուած	եւ	Հրամայեաց Հրեշտակաց որ
Tid2	16	տարան ի դրախտն	եւ	է մինչեւ ցայսօր: [17] Իսկ
Tid2	17	որդիքն Սէթայ	եւ	Ադամայ երբ տեսին որ Ենովք
Tid2	17	յերկինս	եւ	վասն կուսութեան եւ պաՀուց
Tid2	17	վասն կուսութեան	եւ	պաՀուց Հասաւ այնպիսի
Tid2	17	յաշխարՀէս	եւ	կուսութեամբ ճգնիլ ի
Tid2	17	ճգնիլ ի լերինս	եւ	եղեւ թիւք աւելի քան զՀինգ
Tid2	17	զՀինգ Հարիւր	եւ	քան ոգի: [18] Բայց ազգին
Tid2	18	աղջկունք	եւ	կանայք. զի զմէկ մարդն
Tid2	18	վասն մարդոյ	եւ	յափշտակէին ի միմեանց: [19]
Tid2	19	միմեանց: [19] Այլ	եւ	գնացին խառնակիլ յազգն
Tid2	20	ազգն Սէթայ: [20]	Եւ	նոքա ոչ տային թոյլ այլ
Tid2	20	թոյլ այլ ծեծէին	եւ	վարէին զնոսա: [21] Իսկ
Tid2	21	նա սկսան պճնիլ	եւ	զարդարիլ եւ շինեցին
Tid2	21	եւ զարդարիլ	եւ	շինեցին ծարուրս եւ
Tid2	21	…ինեցին ծարուրս	եւ	դեղեցին զերեսս իւրեանց եւ
Tid2	21	զերեսս իւրեանց	եւ	զձեռսն Հինայեցին: [22] Եւ
Tid2	22	Հինայեցին: [22]	Եւ	սաՀմանեցին զերգս եւ զ
Tid2	22	…մանեցին զերգս	եւ	զքնարս ազգի ազգի
Tid2	22	տաղերօք, խաղօք	եւ	պարուք ծափս Հարկանելով

Tid2	22	ի լերինս	եւ	խաբեցին զճգնաւորսն եւ
Tid2	22	զճգնաւորսն	եւ	խառնակեցան ընդ նոսա: [23]
Tid2	23	կարացին խաբել	եւ	այլք ամենեքեան
Tid2	23	խառնակեցան	եւ	պղծեցան ընդ նոսա, իբրեւ զ
Tid2	23	Հայելով զքոյր	եւ	զդուստր: [24] Որ եւ Աստուած
Tid2	24	զդուստր: [24] Որ	եւ	Աստուած բարկացաւ վասն
Tid2	24	վասն մեղաց նոցա	եւ	Հրամայեաց Հրեշտակին որ
Tid2	26	մեղաց մարդկան	եւ	կամի կորուսանել զնոսա
Tid2	28	Ջրով խեղդին: [28]	Եւ	դու միայն ապրիս որդւովքդ
Tid2	28	ապրիս որդւովքդ	եւ	կանամբքդ. եւ դու լինիս
Tid2	28	եւ կանամբքդ	եւ	դու լինիս սերմ եւ Հայր
Tid2	28	դու լինիս սերմ	եւ	Հայր աշխարՀի: [29] Ասէ Նոյ
Tid2	30	եւս երեքՀարիւր	եւ	յիսուն տարի ապրիս: [31] Ասէ
Tid2	31	Նոյ. վերջն մաՀ է	եւ	աշխարՀս անցաւոր. զի
Tid2	31	զի երեքՀարիւր	եւ	յիսուն տարին իբրեւ երազ
Tid2	33	մի կայ կոյս	եւ	մաքուր ի մեղաց ի դստերացն
Tid2	33	դստերացն Սէթայ	եւ	անուն նորա Նեմզար. առ զնա ի
Tid2	34	կնութիւն: [34]	Եւ	շինեսցես տապան
Tid2	34	լայնութիւն	եւ	երեսուն կանգուն
Tid2	34	բարձրութիւն	եւ	շինեա երեք տուն
Tid2	34	միջնատուն	եւ	ներքնատուն: [35] զայս ասաց
Tid2	35	ասաց Հրեշտակն	եւ	գնաց ի նմանէ: [36] Իսկ նա
Tid2	36	առեալ զՆեմզար	եւ	ամուսնացաւ ընդ նմա: [37] Եւ
Tid2	37	ընդ նմա: [37]	Եւ	սկիզբն արաւ տապան շինել
Tid2	37	բլրի միոյ	եւ	որքան շինէին նա ձայն տայր
Tid2	37	տայր ուրաքն	եւ	սղոցն եւ փայտն թէ պիտի
Tid2	37	ուրաքն եւ սղոցն	եւ	փայտն թէ պիտի ՋրՀեղեղ գայ
Tid2	38A	դու պիտի ապրիս	եւ	մեք խեղդուիմք. ապա դու
Tid2	38A	պիտի ցան ցանես	եւ	այգի տնկես թէ երկիրս
Tid2	38B	լինի: [38B]	Եւ	ի կատարել ութսուն տարւոյն
Tid2	38C	Սեմ, Քամ, Աբեթ	եւ	երեւեցաւ Հրեշտակն Նոյի եւ
Tid2	38C	Հրեշտակն Նոյի	եւ	ասաց թէ առ երեք որդւոց
Tid2	38D	ի տապանէն	եւ	արար այնպէս. եւ դարձեալ
Tid2	38D	եւ արար այնպէս	եւ	դարձեալ երեւեցաւ Հրեշտակն
Tid2	38D	Հրեշտակն	եւ	ասաց. մուտ ի տապան քո. զի
Tid2	38E	...աղակեաց առ Տէր	եւ	ասէ. Տէր տուր Համբերութիւն
Tid2	38F	ի մեղաց: [38F]	Եւ	Աստուած ներեաց ամս քան զ
Tid2	38G	առնէին զՆոյ	եւ	ասէին. գիտեմք զի ընդ վայր
Tid2	38G	վայր տանջեցար	եւ	փոշիմանեալ ես եւ վասն
Tid2	38G	փոշիմանեալ ես	եւ	վասն անճարութեան քոյ
Tid2	38G	քոյ քարոզես	եւ	զինչ տամք քեզ զգին
Tid2	38G	զգին տապանիդ	եւ	քակեմք եւ տուն շինեմք զ
Tid2	38G	եւ քակեմք	եւ	տուն շինեմք զփայտն նորա
Tid2	38G	զփայտն նորա	եւ	այլ բազում բանիւ տնազ
Tid2	38H	զՆոյ: [38H]	Եւ	յետ քան տարւոյն
Tid2	38H	առնուլ զորդիսն	եւ	մտանել ի տապանն. իսկ Նոյ
Tid2	38I	Ցոր եմուտ ինքն	եւ	կին իւր. ապա որդիքն եւ
Tid2	38I	իւր. ապա որդիքն	եւ	որդւոց կանայքն: [39] Եւ

Tid2	39	կանայքն: [39]	Եւ	երկու տախտակ էառ ի ծառքն
Tid2	39	էառ ի ծառքն	եւ	եհար զտախտակսն նա ձայն
Tid2	39	թէ, փախերուք	եւ	մտէք ի տապան. զի էհաս
Tid2	40	[40] Իսկ գազանք	եւ	անասունք լսեցին եւ
Tid2	40	...ասունք լսեցին	եւ	հաւատացին. եւ եկին
Tid2	40	եւ հաւատացին	եւ	եկին ինքեանք եւ
Tid2	40	եկին ինքեանք	եւ	աղաղակէին: [41] Եւ
Tid2	41	աղաղակէին: [41]	Եւ	հրամայեաց Աստուած առնուլ
Tid2	41	ի սրբոց թռչնոց	եւ	յանասնոցն եւթն եւթն. եւ եղ
Tid2	41	եւթն եւթն	եւ	եղ զթռչունսն ի վերնատունն
Tid2	41	միջնատունն Նոյ	եւ	որդիքն. իսկ ի
Tid2	41	գազանքն	եւ	անասունքն: [42] Եւ յետ եւթն
Tid2	42	անասունքն: [42]	Եւ	յետ եւթն աւուր իբրեւ
Tid2	42	ներքուստ	եւ	արտաքուստ. եւ ապա բացան
Tid2	42	եւ արտաքուստ	եւ	ապա բացան սահմանք երկնից
Tid2	42	...հմանք երկնից	եւ	պատառեցաւ երկիր եւ բղխեաց
Tid2	42	...տառեցաւ երկիր	եւ	բղխեաց աղբերակունս եւ
Tid2	42	աղբերակունս	եւ	ջուրք գետերաց արտահոսեալ
Tid2	42	արտահոսեալ	եւ	յերկնից անձրեւն իբրեւ
Tid2	43	իջանէր: [43]	Եւ	ապա մարդիկք կամեցան
Tid2	43	ի տապանն	եւ	ի նոյն խեղդեցան: [44] Մինչեւ
Tid2	44	գլուխ լերանցն	եւ	ի սարերէն էանց յիսուն
Tid2	44	...րդուչափ աւելի	եւ	մինչ ի մէկ տարի չուրջ
Tid2	44	եկեալ տապանն	եւ	գնացեալ հանգեաւ ի լեառն
Tid2	45	Նոյ զպատուհանն	եւ	առաքեաց զագռաւն զի բերցէ
Tid2	45	նշան ցամաքի	եւ	նա գնացեալ անկաւ ի լեշն
Tid2	46	ոչ դարձաւ: [46]	Եւ	յետ երեք աւուրն արձակեաց
Tid2	46	զաղաւնին	եւ	գնացեալ եգիտ ցամաք եւ
Tid2	46	եգիտ ցամաք	եւ	եբեր զճուղ ձիթենւոյ: [47] Եւ
Tid2	47	ձիթենւոյ: [47]	Եւ	բացեալ Նոյի զտապանն եւ
Tid2	47	Նոյի զտապանն	եւ	ետես զգլուխ լերանցն եւ
Tid2	47	զգլուխ լերանցն	եւ	արձակեաց զամենայն
Tid2	48	թռչունսն: [48]	Եւ	յետ երեք ամսոյն ելաւ ինքն
Tid2	48	ինքն ի տապանէն	եւ	որդիքն իւր: [49] եւ զ
Tid2	49	որդիքն իւր: [49]	եւ	զամենայն կենդանիսն
Tid2	50	յեւթնէն զմէկն	եւ	պատարագ մատոյց Աստուծոյ
Tid2	50	Աստուծոյ	եւ	խնդրեաց յԱստուծոյ այլ ոչ
Tid2	51	որդիս նորա: [51]	Եւ	ձայն եղեւ առ նա թէ ոչ
Tid2	53	զնոսա: [53]	Եւ	երեւեցոյց Նոյի զաղեղն ընդ
Tid2	53	ընդ ամպս կանանչ	եւ	կարմիր ընդ արեւելս եւ ասէ
Tid2	53	ընդ արեւելս	եւ	ասէ. այս է նշան ուխտին իմոյ
Tid2	55	նոցա: [55]	Եւ	անտի իջին յարկուռի եւ անդ
Tid2	55	իջին յարկուռի	եւ	անդ բնակեցան դեռեւս դաշտն
Tid2	56	էջ ի նախջըւան	եւ	անդ բնակեցաւ: [57] Եւ յետ
Tid2	57	բնակեցաւ: [57]	Եւ	յետ ջրհեղեղին ապրեցաւ Նոյ
Tid2	57	Նոյ երեքհարիւր	եւ	յիսուն տարի. եւ անդ է
Tid2	57	եւ յիսուն տարի	եւ	անդ է գերեզմանն Նոյի: [58] Եւ
Tid2	58	Նոյի: [58]	Եւ	կնոջ գերեզմանն ի Մարանդ է

WdsAd	1	*բնակութիւն զազանաց*	*եւ*	*անասնոց էր. եւ մեր բնակութիւնն*
WdsAd	1	*եւ անասնոց էր*	*եւ*	*մեր բնակութիւնն յԵդեմ ընդ ար*
WdsAd	2	*զմեզ Աստուած*	*եւ*	*եդ ի դրախտին, եւ պատուիրեաց մե*
WdsAd	2	*եւ եդ ի դրախտին*	*եւ*	*պատուիրեաց մեզ յորոյ ուտել ի*
WdsAd	2	*յորոյ ուտել ի պտղոյն*	*եւ*	*յորոյ չուտել. (իսկ) մեք ոչ պա*
WdsAd	2	*զպատուիրանն*	*եւ*	*մերկացաք յաստուածային փառացն*
WdsAd	2	*...ուածային փառացն (*	*եւ*	*զրկեցաք ի դրախտէն։ [3] Եւ Սէթ*
WdsAd	3	*ի դրախտէն։ [3]*	*Եւ*	*Սէթ որդին մխիթարութեան զբանն*
WdsAd	3	*զայս լուեալ ի հօրէն*	*եւ*	*ի միտ առ, եւ երթեալ գքառասուն*
WdsAd	3	*ի հօրէն եւ ի միտ առ*	*եւ*	*երթեալ գքառասուն տիւ եւ գ*
WdsAd	3	*գքառասուն տիւ*	*եւ*	*գքառասուն գիշեր հաց ոչ եկեր ե*
WdsAd	3	*գիշեր հաց ոչ եկեր*	*եւ*	*ջուր ոչ էարբ։ [4] Եւ ասէ առ Տ*
WdsAd	4	*եւ ջուր ոչ էարբ։ [4]*	*Եւ*	*ասէ առ Տէր յաղօթելն իւրում*
WdsAd	5	*զխնդրուածս իմ։ [5]*	*Եւ*	*առ ժամայն տեսանէր զհրեշտակն*
WdsAd	5	*զհրեշտակն, զի զայր*	*եւ*	*ունէր ճիւղ մի ուրախութեան ի ձե*
WdsAd	5	*ի ձեռին իւրում*	*եւ*	*ետ ի Սէթ, եւ ասէ. Այդ է*
WdsAd	5	*իւրում. եւ ետ ի Սէթ*	*եւ*	*ասէ. Այդ է մխիթարութիւն հօր քո*
WdsAd	6	*հօր քում։ [6]*	*Եւ*	*Սէթ գոհանայր զտվողէն*
WdsAd	6	*զՔրիստոսէ, որ արար*	*եւ*	*կատարեաց զխնդրուածս նորա ի*
WdsAd	7	*նորա ի բարի։ [7]*	*Եւ*	*առեալ ճեղն զայն Սէթ, տարաւ առ*
WdsAd	7	*առ հայրն իւր Ադամ*	*եւ*	*ասէ. Հայր, այս ի բնակութենէն*
WdsAd	8	*քումմէ (է)։ [8]*	*Եւ*	*առեալ Ադամ զճիւղն զայն եդ ի*
WdsAd	8	*այն եդ ի վերայ աչաց*	*եւ*	*բացան աչք նորա, եւ հայեցեալ*
WdsAd	8	*եւ բացան աչք նորա*	*եւ*	*հայեցեալ տեսանէ զճիւղն, զի (յ*
WdsAd	9	*զմահ ճաշակեաց։ [9]*	*Եւ*	*ասէ ցորդին իւր. Որդեակ իմ Սէթ*
WdsAd	10	*Տէրն չուտել մեզ։ [10]*	*Եւ*	*ասէ Սէթ ցհայրն. Հայր, գիտեա զ*
WdsAd	10	*նոյնպէս կենդանատու*	*եւ*	*լուսաւորիչ եղեւ։ [11] Եւ օրհն*
WdsAd	11	*լուսաւորիչ եղեւ։ [11]*	*Եւ*	*օրհնեաց Ադամ զԱստուած եւ զՍէ*
WdsAd	11	*Ադամ զԱստուած*	*եւ*	*զՍէթ զորդին իւր. եւ փոխեցաւ*
WdsAd	11	*եւ զՍէթ զորդին իւր*	*եւ*	*փոխեցաւ ըստ հրամանի Տեառն ի հո*
WdsAd	12	*յորմէ ստեղծաւ։ [12]*	*Եւ*	*յետ ժամանակաց անցելոց, Սէթ զ*
WdsAd	12	*ընդ Ենովս խօսեցաւ*	*եւ*	*ասէ. Այսպէս ասէր հայրն իմ Ադամ*
WdsAd	12	*զազանաց էր*	*եւ*	*այլ ստեղծուածոցն, եւ մեր*
WdsAd	12	*եւ այլ ստեղծուածոցն*	*եւ*	*մեր բնակութիւնն յԵդեմ ընդ արե*
WdsAd	13	*ընդ արեւելս էր։ [13]*	*Եւ*	*յորժամ ստեղծ Աստուած զհայրն մ*
WdsAd	13	*Աստուած զհայրն մեր*	*եւ*	*եդ զնա ի դրախտին, եւ պատուէր*
WdsAd	13	*եդ զնա ի դրախտին*	*եւ*	*պատուէր ետ նմա յորոյ ուտել ի*
WdsAd	13	*յորոյ ուտել ի պտղոյն*	*եւ*	*յորոյ չուտել. իսկ նորա ոչ պահ*
WdsAd	13	*աստուածային լուսոյն*	*եւ*	*արտաքս անկեալ ի դրախտէն եւ*
WdsAd	13	*անկեալ ի դրախտէն*	*եւ*	*հաւասար եղեալ անասնոց անբանից*
WdsAd	14	*անբանից։ [14]*	*Եւ*	*Ենովք զբանս զայս ի միտ էառ,*
WdsAd	14	*զայս ի միտ էառ*	*եւ*	*գքառասուն տիւ եւ գքառասուն գ*
WdsAd	14	*եւ գքառասուն տիւ*	*եւ*	*գքառասուն գիշեր ամենեւին ոչ*
WdsAd	15	*ոչ ճաշակեաց։ [15]*	*Եւ*	*յետ այնորիկ տնկեաց դրախտ*
WdsAd	15	*դրախտ վայելուչ*	*եւ*	*զամենայն պտղաբեր տնկեաց ի նմա*
WdsAd	16	*տնկեաց ի նմա։ [16]*	*Եւ*	*կացեալ ի դրախտին այնմիկ*
WdsAd	16	*այնմիկ հինգհարիւր*	*եւ*	*քառասուներեւերկու ամ, եւ (յ)ետ*
WdsAd	16	*քառասուներեւերկու ամ*	*եւ*	*(յ)ետ այնորիկ մարմնով յերկինս*

WdsAd	16	*յերկինս Համբարձաւ*	*եւ*	*աստուածային փառացն եւ լուսոյն*
WdsAd	16	*…ուածային փառացն*	*եւ*	*լուսոյն արժանաւորեցաւ:*

Եւա name

AbCn1	4	*Աբէլ եւ քոյր նորա:* [4]	*Եւայ*	*երեսուն տարի մի փոր կու ծնանէր*
AbCn1	52	[52] *Իսկ Ադամ եւ*	*Եւայ*	*իբրեւ իմացան զսպանումն Աբելի*
AbCn1	57	*իսկ ծնօղքն Ադամ եւ*	*Եւայ*	*տեսանէին զԱբէլ արեամբ*
AbCn1	57	*իսկ Ադամ եւ*	*Եւայ*	*լային եւ ողբային վասն զաւակացն*
AbCn1	59	*Ադամ եւ զկինն իւր զ*	*Եւայ*	
AbCn2	52	*իմացան Ադամ եւ*	*Եւայ*	*զսպանումն Աբէլի, գնացեալ բերի*
Creat1	12	*օձին խաբել զ*	*Եւայ*	*եւ զԱդամ:* [13] *Իբրեւ գնաց*
Creat1	13	*տեսաւ զԱդամ եւ զ*	*Եւայ*	*զի չրջէին եւ պտղոյն*
Creat1	13	*որսաց, որ զ*	*Եւայ*	*միայն գտաւ:* [14] *Ասէ օձն*
Creat1	14	*գտաւ:* [14] *Ասէ օձն*	*Եւայի*	*ընդէ՞ր <ամենայն> ծառոյ*
Creat1	15	*ճաչակես:* [15] *Ասէ*	*Եւայ*	*Զի Տէր Աստուած պատուէր*
Creat1	20	*պտղոյն:* [20] *Ասէ*	*Եւայ*	*Զի քաղցրագոյն պտուղ է*
Creat1	22	*նման:* [22] *Ասէ*	*Եւայ*	*Շատ կերայ, վասն այն*
Creat1	24	*…րկանալ:* [24] *Ասէ*	*Եւայ*	*Թէպէտ ուտես ոչ բարկանայ*
Creat1	31	*չարն այն էր, որ*	*Եւայ*	*զԱստուծոյ խօսքն եւ զ*
Creat1	42	*Եւ դարձեալ ընդ*	*Եւայի*	*ասաց. Փոխանակ զի*
Creat1	45	*զԱդամ եւ զ*	*Եւայ*	*ի դրախտէն:* [46] *Եւ ելեալ*
Creat2	13	*օձն ետես զ*	*Եւա*	*զի ճաչակէր յամենայն*
Creat2	14	*օձն խօսեցաւ ընդ*	*Եւայի*	*եւ ասաց ընդէ՞ր յ*
Creat2	15	*…սլեամբ:* [15] *Ասէ*	*Եւայ*	*զի Աստուած ասաց յորժամ*
Creat2	20	*…րկացար:* [20] *Ասէ*	*Եւա*	*խիստ քաղցր է պտուղս եւ*
Creat2	22	[22] *Եւ ասէ*	*Եւա*	*ես չատ կերայ վասն այն*
Creat2	24	*լինիլ:* [24] *Ասէ*	*Եւա*	*թէպէտ եւ դու չատ ուտիցես*
Creat2	26	*ուտել:* [26] *Իսկ*	*Եւա*	*լայր եւ աղաչէր զնա եւ*
Creat2	33	*Ադամայ եւ*	*Եւայի*	*զոտնաձայնն Տէրն*
Creat2	38	*խօսեցաւ ընդ*	*Եւայի*	*թէ ընդէ՞ր կերար ի*
Creat2	39	*պտղոյն:* [39] *Ասէ*	*Եւա*	*Տէր այս օձս զոր դու*
Exp1	14	*Հայէին Ադամ եւ*	*Եւայ*	*դէպ յ արեւելից կողմն*
Exp1	22	*խնդացին Ադամ եւ*	*Եւայ*	*<ի վերայ արեգական. իսկ յ*
Exp1	22	*գիտացին Ադամ եւ*	*Եւայ*	*> որ խաբեցան ի Սատանայէ*
Exp2	0	ԵԼԱՆԵԼՈՑՆ ԱԴԱՄԱՅ ԵՒ	ԵՒԱՅԻ	Ի ԴՐԱԽՏԷՆ [1] *Յորժամ Ադամ*
Exp2	14	*իսկ Ադամ եւ*	*Եւայ*	*Հայէին ընդ արեւելս եւ*
Rep	1	*ի դրախտէն առեալ զ*	*Եւայ*	*Հրամանաւն Աստուծոյ եւ*
Rep	1	ԱՐՈՒԹԵԱՆ ԱԴԱՄԱՅ ԵՒ	ԵՒԱՅԻ	ՆԱԽԱՍՏԵՂԾԻ ԹԷ ՈՐՊԷՍ ԱՐԱՐԻՆ
Rep	5	*Ադամայ եւ կնոջ նորա*	*Եւայի*	[6] *Զմտաւ ածեալ յիչէին զվայր*
Rep	17	[17] *Վայ իմ կողածին*	*Եւայիս*	*Վայ իմ կենաց կցորդիս Վայ*
Rep	25	*անցանէ* [25] *Ասէ*	*Եւայ*	*մեր կենացս այս բաւական է զի*
Rep	26	*սգացին Ադամ եւ*	*Եւայ*	*անսուաղ եւ անաւթի զաւուրս Հին*
Rep	27	*զԱդամ եւ զ*	*Եւայ*	*ի սուգ եւ ի լաց մխիթարեաց զ*
Rep	28	*մերձեցաւ Ադամ առ*	*Եւայ*	*եւ ծնաւ զԿայէն եւ զ*
Rep	29	*մերձեցաւ Ադամ առ*	*Եւայ*	*եւ ծնաւ զԱբէլ եւ զՍամայն*
Rep	30	*ասաց նմա մերձենալ յ*	*Եւա*	*վասն որդեծնութեան* [31] *Եւ*
Rep	30	*սուգ առին Ադամ եւ*	*Եւայ*	*ի վերայ մաՀուն Հաբելի զամս*
Rep	31	*քեզ նչան որ ծնանի քեզ*	*Եւայ*	*որդի մխիթարութեան եւ*

Rep	32	*տեսիլս պատմեաց*	*Եւայ*	*Ադամայ եւ ասաց թէ Տեսի*
Rep	34	*լուաւ զայս Ադամ յ*	*Եւայէ*	*ի կարծիս իմն անկաւ վասն*
Rep	34	*յառաջ քան զպատմելն*	*Եւայի*	*զերազն լուաւ Ադամ ի Կայենէ*
Rep	38	*Հոգով գնաց Ադամ ասել*	*Եւայի*	*զի եկեալ ի միասին լայցեն զ*
Rep	39	*Եւ յորժամ առեալ զ*	*Եւայ*	*եւ եկն անդ այլ ոչ եգիտ զ*
Rep	40	*զԱդամ եւ զ*	*Եւայ*	*վասն Հաբելի որդւոյն իւրեանց*
Rep	61	*սուգն Ադամայ եւ*	*Եւայի*	[62] *Նախ զի մեղան Աստուծոյ*
Rep	72	*Ադամայ եւ զառն կսկիծ*	*Եւայի*	*եւ աւելորդ զղջման եւ*
Rep	79	*զորս ծնեալ էր*	*Եւայ*	*Ադամայ ծնունդս երեսուն արու*
Rep	82	*զանձն նորա* [82] *Իսկ*	*Եւայ*	*եւ ամենայն ծնունդք նորա լային*
Rep	83	[83] *Ցայնժամ ասէ*	*Եւայ*	*զԱդամ Տէր իմ ասա զժամանակ իմ*
Rep	87	[87] *Եւ յարուցեալ*	*Եւայ*	*առ զՍէթ եւ գնաց աղաչել զ*
Rep	89	*Ցայնժամ ճիչ բարձեալ*	*Եւայ*	*աղաղակեաց ընդդէմ գազանին եւ*
Rep	90	*ուտէր եւ ասաց*	*Եւայի*	*Ձեզ Հնազանդ յայնժամ էի որքան*
Rep	91	*գազանն եւ ասաց ընդ*	*Եւայ*	*մարդկային բարբառով խոժոռ խոլոր*
Rep	92	*դեռ մայրն եւ որդին*	*Եւայ*	*եւ Սէթ աղօթէին յանդիման դրախտի*
Rep	94	*դեռ լայր եւ ողբայր*	*Եւայ*	*նոյնժամայն ցաւեաց գլուխ նորա*
Rep	95	*աւուրն ստեղծաւ*	*Եւայ*	*ի կողէն Ադամայ* [96] *Իսկ ի*
Rep	96	*ժամու ուրբաթուն եւ*	*Եւա*	*մեռաւ յերրորդ ժամու*
Rep	102	*զնոսա դնելով զ*	*Եւայ*	*ի յայրն ԲեթղաՀեմի ուր*
Rep	102	*ի վերայ գերեզմանին*	*Եւայի*	[103] *Եւ զԱդամայն եդ ի*
Tid2	0	*ՄԽԻԹԱՐԵԼ ՋԱԴԱՄ ԵՒ Զ*	*ԵՒԱՅ*	[1] *Եւ Տէրն քաղցրացաւ*

***եւթն* numeral**

AbCn1	37	*ի վերայ Կայենի եւ*	*եօթն*	*պատուՀաս ետ Կայենի*: [38] *ա*
AbCn1	57	*Աբէլ եսպան, Կայէն զ*	*եօթն*	*ցաւով կոծէր վայ եւ եղուկ լայր*
AbCn2	37	*եղեր*: [37] *Վասն որոյ*	*եւթն*	*պատժօք պատուՀասեաց զԿայէն. զ*
AbCn2	46	*Եւ ապրեցաւ Կայէն*	*եօթն*	*Հարիւր յիսուն եւ երեք տարի. զի*
Exp1	22	*ողբացին, մինչեւ*	*եօթն*	*օրն անօթի կացին եւ զ*
Exp1	23	[23] *Եւ յետ*	*եօթն*	*աւուրն ողորմեցաւ նոցա*
Exp1	24	[24] *Զի այն*	*եօթն*	*օրն որ պաՀեաց Ադամ, այն*
Rep	50	*եղեր* [50] *Եւ*	*եաւթն*	*պատիժ էած ի վերայ նորա* [51]
Tid1	38B10	*Ասէ Նոյ մինչեւ*	*եւթն*	*օր Համբերութիւն խնդրեմ*
Tid1	38D11	[38D11] *Նոյ մինչեւ*	*եւթն*	*օր Համբերութիւն խնդրեաց*
Tid1	40	*անասունքն*	*եօթն*	*եօթն*: [41] *Իսկ անբան*
Tid1	40	*անասունքն եօթն*	*եօթն*	[41] *Իսկ անբան*
Tid1	50	*եւ թռչնոց, որ*	*եօթն*	*մտեալ էին, եօթնէն մին*
Tid1	50	*եօթն մտեալ էին*	*եօթնէն*	*մին մատոյց բաժին*
Tid2	38H	*ի Տեառնէ մինչեւ*	*եւթն*	*օր յառնուլ զորդիսն իւր*
Tid2	41	*եւ յանասնոցն*	*եւթն*	*եւթն. եւ եդ զթռչունսն ի*
Tid2	41	*յանասնոցն եւթն*	*եւթն*	*եւ եդ զթռչունսն ի*
Tid2	42	[42] *Եւ յետ*	*եւթն*	*աւուր իբրեւ ժողովեաց զ*
Tid2	50	...*նդանեացն էառ յ*	*եւթնէն*	*զմէկն եւ պատարագ*

***եւթներորդ* numeral**

AbCn1	45	*եւ ոչ ցերեկն*: [45] *է*	*Եօթներորդն*	*պատուՀասն այն էր, որ*
AbCn2	44	*զողալով շրջէր*: [44]	*Եօթներորդ*	*պատուՀասն այն էր, որ*

Rep	57	որ ծփի յալեաց [57]	Եւթներորդ	զի նշան եղ ի վերայ նորա
Rep	68	աւտարացան [68]	Եւթներորդ	զի ի չնորհաց դատարկացան

եւս adverb

AbCn2	6	վասն եղբօրն թէ քոյն	եւս	հասնին հունձք. ապա ի միասին
AbCn2	15	վերայ երկրի: [15] Եւ	եւս	Աբէլ ոչ գիտէր զչար խորհուրդն
Creat2	3	այլ կամէր	եւս	բարձրագոյն բազմիլ յ
Creat2	20	բարեհամ առ դու	եւս	կեր. նա կամէր խաբել զ
Rep	101	ի վիճակն իւր որ արդ	եւս	կոչի Շամայ տուն որ է Սեմայ
Rep	20	հաւասար եւ առաւել	եւս	վաթար [21] Ով արեգակն եւ
Rep	94	վայ գլուխս եւ նա	եւս	մեռաւ ընդ Ադամայ [95] Ի
Tid2	4	քոց նա նոքա	եւս	կորնչին հետ նոցա: [5] Ապա
Tid2	30	տարեկան ես. այլ	եւս	երեքհարիւր եւ յիսուն

Զ numeral

AbCn1	44	ի վայր հեղոյր: [44]	զ	Վեցերորդն պատուհասն այն էր, որ

զ preposition

AbCn1	1	եւ առաքեաց	զ	հրեշտակ իւր եւ պատմեաց նմա զ
AbCn1	1	իւր եւ պատմեաց նմա	զ	մարդանալն Աստուծոյ եւ զփրկութ
AbCn1	1	Աստուծոյ եւ	զ	փրկութիւն նորա ի ձեռաց Սատանայ
AbCn1	2	[2] Եւ բերեալ	զ	եգն հնազանդեցոյց նմա նովաւ վար
AbCn1	2	վաստակել եւ գործել	զ	երկիր, եւ զպտուղ նոցա ուտել ե
AbCn1	2	եւ գործել զերկիր, եւ	զ	պտուղ նոցա ուտել եւ լիանալ. եւ
AbCn1	6	եւ մի պուտ ունէր	զ	այն Հաբէլ ընտրեաց Աստուծոյ բաժ
AbCn1	6	ի միասին մատուցուք	զ	բաժինն Աստուծոյ: [7] Իբրեւ հա
AbCn1	7	Կայենի, երբ հնձէր	զ	ցորեանն իւր, զորն որ քամի տու
AbCn1	7	հնձէր զցորեանն իւր	զ	որն որ քամի տուեալ էր փունջ ան
AbCn1	7	էր փունջ անէր, եւ	զ	այն խուրձն կապէր եւ ուրիշ դնէր
AbCn1	8	[8] Եւ երեր Հաբէլ	զ	գառն իւր, զոր ընտրեալ էր եւ բ
AbCn1	8	Հաբէլ զգառն իւր	զ	որ ընտրեալ էր եւ բաժին Աստուծո
AbCn1	9	գիտութիւն լիցի քեզ	զ	ամենայն ինչ զոր վաստակեցին եւ
AbCn1	9	քեզ. զամենայն ինչ	զ	որ վաստակեցին եւ գործեցի հանի
AbCn1	10.1B	քամայտար արար	զ	ամենայն խոցունսն ցրուեաց, եւ կ
AbCn1	10.1B	ցրուեաց, եւ կորոյս	զ	ամենայն [10.1D] որոտաց եւ ել հ
AbCn1	10.1D	ցրուեաց եւ կորոյս	զ	ամենայն ինչս նորա [10.2] եւ <
AbCn1	10.1Y	նման քամատարաց	զ	ամենայն հունձսն Կայենի ցորենեա
AbCn1	10.1Y	ցրուեաց, եւ կորոյս	զ	ամենայն ինչս նորա [10.1B] ամպ
AbCn1	10.2	զտաւ. կարկտիւ եհար	զ	Կայենի երեսն եւ սեւացոյց իբրեւ
AbCn1	10.2	եւ սեւացոյց իբրեւ	զ	գործելի, եւ այնպէս մնաց երեսն
AbCn1	11	Իսկ Հաբէլ մատուց	զ	անդրանիկ գառն Աստուծոյ
AbCn1	11	բարութեանց, աղաչեմ	զ	քեզ ընկալ զնուէրս, որ մատուցա
AbCn1	11	աղաչեմ զքեզ ընկալ	զ	նուէրս, որ մատուցանեմ քեզ բաժի
AbCn1	11	պարգեւաց քոց	զ	որ բաշխեցեր մեզ. քո բաշխեալ
AbCn1	13	Հաբելի, եւ ընկալաւ	զ	գառն Աբելի եւ վերացաւ յերկինս
AbCn1	14	կամէր սպանանել	զ	նա բայց ոչ գիտէր սպանանել, զի
AbCn1	15	Բայց Աբէլ ոչ գիտէր	զ	չար խորհուրդն եղբօրն, եւ Աբէլ
AbCn1	15	եղբօրն, եւ Աբէլ սիրէր	զ	եղբայրն իւր, եւ հանապազ ուտէին

AbCn1	17	կամէր Կայէն կապել	զ	եղբայրն իւր. բայց Աբէլ ժիր էր
AbCn1	17	Աբէլ ժիր էր աւելի քան	զ	Կայէն, վասն այնորիկ ոչ յայտնել
AbCn1	17	յայտնել կարէր Կայէն	զ	խորհուրդն իւր: [18] Սկիզբն ար
AbCn1	18	ուժն իւր յաղթել կարէ	զ	նա. քանզի որ կշտի <բռնեաց> վայ
AbCn1	18	եւ ոչ կարաց յաղթել	զ	Աբէլ: [19] Եւ ելեալ Կայէն Հայ
AbCn1	21	Կայեն. Դու <գրկեա>	զ	ծառս, եւ ես երեք մատնովս պատեմ
AbCn1	21	մատնովս պատեմ	զ	քեզ, տեսանեմ թէ կարես կտրել զ
AbCn1	21	թէ կարես կտրել	զ	նա եւ արձակիլ. ապա ես գրկեմ զ
AbCn1	21	ապա ես գրկեմ	զ	ծառդ, եւ դու պատեա մատներաւդ ի
AbCn1	21	զի ով կարէ կտրել	զ	նա: [22] Եւ նա ուժով էր, այնո
AbCn1	23	ի ծառն Կայէն առեալ	զ	ւռն որթի եւ պատէր երեք պատ
AbCn1	23	եւ ապա իմացաւ Աբէլ	զ	չարութիւն եղբօրն. աղաչէր եւ աս
AbCn1	23	Եղբայր, արձակեա	զ	իս ի կապէն: [24] Եւ Կայէն ոչ
AbCn1	24	ուռով որթիւ պատեաց	զ	նա ծառովն ոտից մինչեւ ցգլուխն
AbCn1	25	Եղբայր, արձկեա	զ	իս. այս անցաւոր աշխարհիս Համար
AbCn1	25	Համար մի Հեղուր	զ	արիւնն իմ. ես քեզ ի՞նչ չարութի
AbCn1	26	եւ այնով սպանանիցէ	զ	եղբայրն, եւ ոչ գիտէր թէ որոյ ա
AbCn1	27	այնով սպանին մինն	զ	միւսն եւ զսուր քարն ի վայր ձգ
AbCn1	27	մինն զմիւսն եւ	զ	սուր քարն ի վայր ձգեաց: [28]
AbCn1	28	ի նմանէ եւ առեալ	զ	սուր քարն, եւ եկեալ առ Աբէլ. Ի
AbCn1	30	Աբէլ. Եղբայր, բեր	զ	երեսդ Համբուրեմ <զի> կարօտ չմ
AbCn1	31	Իմ մօրս ասես զի	զ	կաթն իւր Հալալ արասցէ ինձ: [3
AbCn1	33	եւ դու չաՀեա	զ	սիրտ ծնօղաց մերոց: [34] Իբրեւ
AbCn1	34	[34] Իբրեւ սպանեաց	զ	եղբայրն, ուրախութեամբ երթայր
AbCn1	41	<դողայր> իբրեւ	զ	ուռ: [42] դ. Զորրորդ պատուհաս
AbCn1	45	Տէրն. Ով որ սպանիցէ	զ	Կայէն, նա նորա պատուհասն ի վեր
AbCn1	47	էած եւ ծածկեաց	զ	ինքն: [48Y] Իբրեւ ել Ղամէք ի
AbCn1	48Y	գնաց յորս եւ տեսաւ	զ	Կայէն: [49Y] Իբրեւ տեսաւ Ղամէ
AbCn1	49A	է նետիւ աղեղէն սպան	զ	Կայէն: [50Y] Պատուհասն անկաւ
AbCn1	49Y	աղեղան, եւ սպան	զ	Կայէն: [49D] Ցանց գիտաց թէ այ
AbCn1	51A	նմա Տէր Աստուած	զ	պատուհասն Ղամեքայ: [52] Իսկ
AbCn1	51Y	բարի էր, աղաչեաց	զ	Աստուած եւ ողորմեցաւ նմա Տէրն
AbCn1	52	եւ Եւայ իբրեւ իմացան	զ	սպանումն Աբելի, <գնացին բերին
AbCn1	53	[53] Քանի որ թաղէին	զ	մարմին Աբելի ելանէր յերեսս Հո
AbCn1	57	յորժամ որ Կայէն	զ	Աբէլ եսպան, Կայէն զեօթն ցաւով
AbCn1	57	զԱբէլ եսպան, Կայէն	զ	եօթն ցաւով կոծէր վայ եւ եղուկ
AbCn1	57	եւ Եւայ, տեսանէին	զ	Աբէլ արեամբ շաղախեալ եւ Կայէն
AbCn1	59	եւ Սէթ> մխիթարեաց	զ	Ադամ եւ զկինն իւր զԵւայ:
AbCn1	59	…իթարեաց զԱդամ եւ	զ	կինն իւր զԵւայ:
AbCn1	59	զԱդամ եւ զկինն իւր	զ	Եւայ:
AbCnl	31	Իբրեւ քարիւն կտրէր <	զ	խոչակն> եղբօրն, յայնժամ
AbCn2	1	պատուէրն Ադամայ	զ	որ պատուիրեաց որդւոցն իւրոց եւ
AbCn2	1	եւ առաքեաց	զ	Հրեշտակ իւր եւ եբեր զխ ի լոյ
AbCn2	1	զՀրեշտակ իւր եւ եբեր	զ	իս ի լոյս. եւ որքան կենդանիք կ
AbCn2	1	կենդանիք կային	զ	ամենեսեան Հնազանդեցոյց ինձ: [
AbCn2	2	…անդեցոյց ինձ: [2] Եւ	զ	եգն լծեալ եա ի ձեռս իմ եւ ուսո
AbCn2	2	վաստակել եւ գործել	զ	երկիր եւ ճաշակել ի պտղոյ նորա
AbCn2	3	Ադամ պատուէր եա	զ	նոյն կատարել որդւոց իւրոց զի

AbCn2	5	Իսկ Ադամ խրատեաց	զ	որդիքն իւր եւ ասէ. յամենայն ը
AbCn2	5	ընչից ձերոց տասնէն	զ	մէկն բաժին Հանել Աստուծոյ: [6
AbCn2	6	եղեւ. ապա ընտրեաց	զ	լաւն եւ զընտիրն խաշանց զգերն
AbCn2	6	ընտրեաց զլաւն եւ	զ	ընտիրն խաշանց զգերն եւ զ
AbCn2	6	եւ զընտիրն խաշանց	զ	գերն եւ զպարարտն տալ Աստուծոյ
AbCn2	6	խաշանց զգերն եւ	զ	պարարտն տալ Աստուծոյ բաժին
AbCn2	6	ի միասին մատուցուք	զ	բաժինն Աստուծոյ: [7] Իբրեւ Հա
AbCn2	7	Կայէնին. նա զատեաց	զ	քամատարն եւ զմնացեալ ոռնակոխն
AbCn2	7	զքամատարն եւ	զ	մնացեալ ոռնակոխն եւ զփուճն Հա
AbCn2	7	ոռնակոխն եւ	զ	փուճն Հանեց բաժին Աստուծոյ. եւ
AbCn2	8	[8] Ապա երեր Աբէլ	զ	ընտրեալ գառինսն եւ մեծարեաց զ
AbCn2	8	եւ մեծարեաց	զ	Կայէն վասն Աստուծոյ ասելով սիր
AbCn2	8	քոյ. յառաջ դու մատո	զ	բաժինն Աստուծոյ. եւ ապա ես: [
AbCn2	9	բաժին քեզ. արդ ընկալ	զ	զոՀս իմ որպէս Հաճոյ է քեզ.այնպ
AbCn2	10	ի նմանէ եւ զրուեաց	զ	ամենայն Հասկս նորա. եւ ոչ մնաց
AbCn2	11	[11] Իսկ Աբէլ մատոյց	զ	ողջակէզսն անդրանիկ գառանցն
AbCn2	11	առաջի Աստուծոյ. եւ	զ	ձեռսն տարածեալ աղաղակեաց եւ աս
AbCn2	11	բարութեանց աղաչեմ	զ	քեզ ընկալ զնուէրս իմ զոր
AbCn2	11	աղաչեմ զքեզ ընկալ	զ	նուէրս իմ զոր մատուցանեմ քեզ
AbCn2	11	քեզ ընկալ զնուէրս իմ	զ	որ մատուցանեմ քեզ բաժին, զի ի
AbCn2	12	եւ լուսաւորեաց	զ	երեսս Աբէլի. եւ եկն բարբառ որ
AbCn2	12	աղօթք քո եւ ընդունեցի	զ	ընծայս քո: [13] Եւ լուսափայլ
AbCn2	14	եւ կամէր սպանանել	զ	նա բայց ոչ գիտէր թէ որպէս սպան
AbCn2	14	թէ որպէս սպանցէ	զ	նա. զի դեռ չէր սպանումն եղեալ
AbCn2	15	Եւ եւս Աբէլ ոչ գիտէր	զ	չար խորՀուրդն Կայէնի. զի Հանապ
AbCn2	17	Աբէլ ուժով էր քան	զ	Կայէն վասն այն ոչ կարէր յայտնե
AbCn2	17	ոչ կարէր յայտնել	զ	խորՀուրդն իւր: [18] Ապա սկիզբ
AbCn2	18	գետնով տալ եւ կապել	զ	նա քանզի որչափ կուշտի բռնեցին
AbCn2	18	ոչ կարաց յաղթել	զ	եղբայրն: [19] Եւ էլ Կայէն Հայ
AbCn2	19	աստ եւ անդ, եւ ետես	զ	խաղողի ճուղն որ ասմայ ասի. նա
AbCn2	20	[20] Դու զրկէ	զ	ծառն եւ ես երեք անգամ պատեմ
AbCn2	20	թէ կարես կորել	զ	նա: [21] Դարձեալ դու ինձ արա
AbCn2	21	երեք անգամ պատէ	զ	իս, տեսանեմք թէ որս է զօրեղ եւ
AbCn2	22	[22] Իբրեւ զրկեաց	զ	ծառն Աբէլ, նա Կայէն առեալ զու
AbCn2	22	նա Կայէն առեալ	զ	ուռն պատեաց ոտիւքն եւ ձեռօքն
AbCn2	23	Ապա իմացաւ Աբէլ	զ	չարութիւնն Կայէնի. զոր գոչեաց
AbCn2	23	զչարութիւնն Կայէնի	զ	որ գոչեաց լալով առ եղբայրն եւ
AbCn2	23	իմ սիրելի աղաչեմ	զ	քեզ արձակեա զիս. եւ որքան կեն
AbCn2	23	զքեզ արձակեա	զ	իս. եւ որքան կենդանի եմ ծառայե
AbCn2	24	[24] Մի սպանաներ	զ	իս. զի ես ոչ թշնամի եմ քեզ, այ
AbCn2	25	Դու զիա՞րդ կատես	զ	իս եւ առանց ինձ մնալ ի վերայ ե
AbCn2	25	ի վերայ երկրի. եւ	զ	եղբայրական սէրն իմ ինչպէ՞ս
AbCn2	26	որով պիտի սպանանել	զ	նա: [27] Ապա Սատանայ եղեալ ի
AbCn2	27	մի, եւ նովաւ Հարեալ	զ	միւսն եւ սպան զնա ի կլափէն, ե
AbCn2	27	զմիւսն եւ սպան	զ	նա ի կլափէն, եւ քարն սուր էր ո
AbCn2	28	Սատանայէ, եւ առեալ	զ	քարն եւ վազեաց ի վերայ եղբօրն:
AbCn2	29	շատ աղաչեաց Աբէլ	զ	եղբայրն եւ ոչ լսեց նմա: [30]
AbCn2	30	մի անգամ Համբուրեմ	զ	քեզ. զի ոչ մնամ կարօտ ի քէն:

AbCn2	31	...ախանի. ըմբռնեալ	զ	քարն ի խոչակն եւ տարբերեալ
AbCn2	33	Հագիւ մորթեց	զ	եղբայրն. եւ եդ կապեալ այնպէս
AbCn2	37	պատուՀասեաց	զ	Կայէն. զի ի Հարցանելն Աստուծո
AbCn2	37	Հարցանելն Աստուծոյ	զ	նա քաղցրութեամբ յապաշխարութիւ
AbCn2	45	ասաց թէ ինչ մարդ որ	զ	Կայէն սպանանէ, նա ցաւն առ
AbCn2	46	եւ երեք տարի. զի	զ	մաՀն կուզէր եւ ոչ մեռանէր: [4
AbCn2	48	յորս առնել. եւ ետես	զ	Կայէն եՀար նետիւ եւ սպան զնա:
AbCn2	48	եՀար նետիւ եւ սպան	զ	նա: [49] Ապա ցաւն Կայէնի անկա
AbCn2	51	արտասուացն: [51]	Զ	որ ետես Աստուած զարտասուսն եւ
AbCn2	51	Զոր ետես Աստուած	զ	արտասուսն եւ զաղաչանք կնոջն
AbCn2	51	զարտասուսն եւ	զ	աղաչանք կնոջն, ողորմեցաւ
AbCn2	51	եւ բժշկեաց	զ	ցաւն Ղամեքայ: [52] Դարձեալ յո
AbCn2	52	Ադամ եւ Եւայ	զ	սպանումն Աբէլի, գնացեալ բերին
AbCn2	52	արեամբ շաղախեալ	զ	մարմինն Աբէլի. որ եւ կոծ մեծ ա
AbCn2	53	յորժամ թաղեցին	զ	մարմինն Աբէլի, նա ելանէր յերե
AbCn2	53	ոչ որդնէր. զի էր իբրեւ	զ	քուն. ոչ փտէր, եւ ոչ Հող լինէր
AbCn2	56	ետուր որ թաղեցին	զ	Աբէլ ի գերեզմանի: [57] Բայց յ
AbCn2	57	եւ կինն իւր տեսանէին	զ	Աբէլ արեամբ շաղախեալ, եւ զԿայ
AbCn2	57	շաղախեալ, եւ	զ	Կայէն պատուՀասեալ, վասն կոծոյն
AbCn2	58	ծնանելոյն Սեթայ	զ	որ եւ մխիթարութիւն ետ վասն Աբէ
AbCn2	59	Աբէլի: [59] Որ եւ	զ	ձեզ մխիթարեսցէ յամենայն
Creat1	1D	յառաջ քան	զ	աշխարՀս, ստեղծեաց ինն դաս
Creat1	1Y	Տէր Աստուած	զ	երկինս եւ զերկիր, եւ արար
Creat1	1Y	զերկինս եւ	զ	երկիր, եւ արար նախ զզօրս
Creat1	1Y	եւ արար նախ	զ	զօրս Հրեշտակաց ի
Creat1	2D	էր բարձր քան	զ	ամենայն դասս Հրեշտակաց
Creat1	2Y	բարձր քան	զ	ամենայն Հրեշտակք եւ զ
Creat1	2Y	Հրեշտակք եւ	զ	ամենայն դասս Հրեշտակաց
Creat1	2YD	եւ փառաբանէին	զ	Աստուած: [3] Իսկ պիղծն
Creat1	3	օրՀնաբանել	զ	Աստուած. եւ Հպարտացաւ ի սրտի
Creat1	3	եւ կամեցաւ	զ	աթոռ իւր բարձրացուցանել
Creat1	4	նորա, Հարին	զ	նոսա եւ ի վայր տուին, որպէս
Creat1	4	տուին, որպէս	զ	կարկուտ ի յամպէն: [5] Իսկ
Creat1	5	Սատանայի, ստեղծ	զ	Ադամ Հողեղէն, զի լցուսցէն զ
Creat1	5	զի լցուսցէն	զ	տեղի անկելոց Հրեշտակացն
Creat1	6	Ադամայ, եւ առ	զ	մի ի կողիցն նորա եւ ելից
Creat1	6	ի քնոյ, տեսաւ	զ	կին Հաւանեցաւ: [7] Եւ ասաց
Creat1	8	[8] Եւ տարեալ	զ	նոսա Տէր Աստուած, եւ եդ
Creat1	9	Իսկ վասն այն եդ	զ	Ադամ ի միջասաՀման դրախտին
Creat1	9	պաՀեալ էր Ադամ	զ	պատուիրանս Տեառն, վերանայր
Creat1	12	[12] Իբրեւ ետես	զ	օձն ի դրախտին, ուսուց օձին
Creat1	12	օձին խաբել	զ	Եւայ եւ զԱդամ: [13] Իբրեւ
Creat1	12	խաբել զԵւայ եւ	զ	Ադամ: [13] Իբրեւ գնաց օձն եւ
Creat1	13	օձն եւ տեսաւ	զ	Ադամ եւ զԵւայ, զի շրջէին եւ
Creat1	13	տեսաւ զԱդամ եւ	զ	Եւայ, զի շրջէին եւ պտղոյն
Creat1	13	որսաց, որ	զ	Եւայ միայն գտաւ: [14] Ասէ օձն
Creat1	16	օձն. Խաբել կամի	զ	ձեզ Աստուած. զի Աստուած
Creat1	16	Աստուած իբրեւ	զ	ձեզ նման էր, քաղի չէր

Creat1	19	եկն Ադամ եւ եւտես	զ	կինն մերկացեալ ի լուսոյն
Creat1	20	ճաշակեայ եւ տես	զ	քաղցրութիւն պտղոյդ: [21]
Creat1	24	զի Աստուած	զ	քեզ յոյժ սիրէ: [25] Եւ ապա
Creat1	25	[25] Եւ ապա առաւ	զ	պտուղն քննէր, եւ վախէր թէ
Creat1	26	մի <որոչիր	զ	խս> ի քէն: [27] Իսկ Ադամ, երբ
Creat1	29	ի կնոջէս: [29] Զի	զ	այս ոչ իմացաւ, թէ պաՀեալ էր
Creat1	29	թէ պաՀեալ էր	զ	պատուիրանն, կարող էր
Creat1	29	էր Աստուած քան	զ	այն եւ այլ գեղեցիկ կին
Creat1	30	կնոջս. եւ եթող	զ	խօսքն Աստուծոյ եւ կնոջ
Creat1	30	խօսքով կերաւ	զ	պտուղն, եւ մերկացաւ ի
Creat1	31	այն էր, որ Եւայ	զ	Աստուծոյ խօսքն եւ զ
Creat1	31	խօսքն եւ	զ	պատուիրանն եթող եւ զօձին
Creat1	31	…ւիրանն եթող եւ	զ	օձին լսեց. եւ Ադամ զ
Creat1	31	լսեց. եւ Ադամ	զ	Աստուծոյ խօսքն եւ զ
Creat1	31	խօսքն եւ	զ	պատուիրանն եթող զիւր կնոջ
Creat1	31	…տուիրանն եթող	զ	իւր կնոջ խօսքն լսեց: [32]
Creat1	33	ծածկեալ էին	զ	մերկութիւնս իւրեանց, ձայնն
Creat1	34	[34] Ասէ. Տէր	զ	քո ձայնն լուայ, փախեայ
Creat1	37	լուսով ծածկեցի	զ	ձեզ, ընդէ՞ր մերկացաք ի
Creat1	39	կին, զո՞ւ արարեր	զ	այդ: [40] Իսկ կին ասաց. Տէր
Creat1	40	նա խաբեաց	զ	խս: [41] Յայնժամ Տէր բարկացաւ
Creat1	41	…նակ զի արարեր	զ	այդ, ոչ լուար խրատոյ իմոյ
Creat1	41	…ութապէս լսեցեր	զ	խրատոյ կնոջ քո. փոխանակ
Creat1	41	քոց կերիցես	զ	Հաց քո. զի Հող էիր եւ ի Հող
Creat1	42	…նակ զի արարեր	զ	այդ, բազմացուցանելով
Creat1	42	բազմացուցից	զ	տրտմութիւն քո, ծնունդ քո
Creat1	42	ցաւօք կերիցես	զ	աշխարՀս, եւ եղիցի քեզ
Creat1	42	քեզ տրտմութիւն	զ	ամենայն աւուրս կենաց քոց
Creat1	43	եւ Հող կերիցես	զ	ամենայն աւուրս կենաց քոց
Creat1	43	կենաց քոց. եդից	զ	թշնամութիւն ի մէջ քո եւ
Creat1	44	սրով պաՀել	զ	ճանապարՀս դրախտին կենաց
Creat1	45	[45] Եւ Հանին	զ	Ադամ եւ զԵւայ ի դրախտէն: [46
Creat1	45	Հանին զԱդամ եւ	զ	Եւայ ի դրախտէն: [46] Եւ ելեալ
Creat1	46	լային եւ կոծէին	զ	անձինս իւրեանց: [47] Իսկ <Հետ
Creat1	47	Տէր, եւ առաքեաց	զ	Հրեշտակ իւր Հանել զնոսա ի
Creat1	47	իւր Հանել	զ	նոսա ի խաւարէն, եւ
Creat1	47	…ջնորդեալ եբեր	զ	նոսա ի լոյս աշխարՀս, եւ
Creat1	47	եւ եցոյց նոցա	զ	պտղաբերս այնով լիանալ եւ
Creat1	48	Ադամ եւ կին իւր <	զ	լոյս աշխարՀս ուրախացան եւ
Creat2	1	Տէր Աստուած	զ	դասս Հրեշտակաց եւ
Creat2	1	բարձր արար քան	զ	ամենայն Հրեշտակս զ
Creat2	1	Հրեշտակս	զ	Սադայէլ եւ զԲելիար եւ մեծ
Creat2	1	զՍադայէլ եւ	զ	Բելիար եւ մեծ փառօք
Creat2	1	զարդարեաց	զ	նոսա: [2] Իսկ ամենայն
Creat2	2	փառաւոր առնէին	զ	Աստուած: [3] Եւ պիղծն Սատանայ
Creat2	3	ոչ կամէր օրՀնել	զ	Աստուած. այլ կամէր եւս
Creat2	4	որք Հարին	զ	դասսն Սատանայի եւ
Creat2	4	եւ թօթափեցին	զ	ամենայն զունդսն դիւաց. եւ ի

Creat2	5	…դայէլի բստեղծ	զ	Ադամ, զի Հողեղէն մարդօք
Creat2	5	մարդօք լնուցու	զ	տեղի նորա: [6] Եւ արկ զ
Creat2	6	նորա: [6] Եւ արկ	զ	թմբրութիւն ի վերայ Ադամայ
Creat2	6	Ադամայ, եւ էառ	զ	մի կողիցն նորա եւ ելից ընդ
Creat2	6	ի քնոյ, ետես	զ	կինն եւ Հաւանեցաւ: [7] Եւ ասա
Creat2	8	տարեալ եդ	զ	նոսա ի մէջ դրախտին Ադինայ
Creat2	8	կերիցէք	զ	ամենայն պտուղ դրախտին բայց
Creat2	9	տեսցէ թէ պաՀէին	զ	պատուիրանն Տեառն. եւ թէ ոչ զ
Creat2	9	Տեառն. եւ թէ ոչ	զ	փշալից աշխարՀն
Creat2	11	եւ իմաստուն քան	զ	ամենայն կենդանի, մտանէր ի
Creat2	12	օձին եւ խաբեաց	զ	Ադամ: [13] Քանզի օձն ետես զ
Creat2	13	Քանզի օձն ետես	զ	Եւա զի ճաշակէր յամենայն
Creat2	16	օձն ասէ, Աստուած	զ	ձեզ խաբեաց. զի յառաջ
Creat2	16	մարդ էր իբրեւ	զ	ձեզ. երբ կերաւ ի պտղոյ անտի
Creat2	18	[18] Իբրեւ լուաւ	զ	խրատ օձին, ցանկացաւ
Creat2	19	եկն Ադամ եւ ետես	զ	կինն մերկացեալ, դառնացաւ եւ
Creat2	19	ասէ, այս ի՞նչ է	զ	որ դու գործեցեր. ընդէ՞ր
Creat2	20	նա կամէր խաբել	զ	Ադամ: [21] Ասէ Ադամ. ուտեմ եւ
Creat2	24	…կասցին զի սիրէ	զ	քեզ Աստուած: [25] Իբրեւ զայս
Creat2	25	[25] Իբրեւ	զ	այս լսեց Ադամ, էառ զպտուղն
Creat2	25	լսեց Ադամ, էառ	զ	պտուղն ի ձեռն բայց վախէր
Creat2	26	լայր եւ աղաչէր	զ	նա եւ ասէր. կեր եւ մի որոշեր
Creat2	26	կեր եւ մի որոշեր	զ	իս ի քեզանէ. թէ ապրիմք ի
Creat2	27	…ութեամբ առնէր	զ	պտուղն ի ձեռն մինչեւ երեք
Creat2	29	ի սիրտն: [29] Երբ	զ	մերկութիւն տեսանէր, վախէր
Creat2	29	վախէր ուտել. երբ	զ	գեղեցկութիւն տեսանէր
Creat2	31	ոչ կարաց պաՀել	զ	ինքն եւ կերաւ ի պտղոյն, եւ
Creat2	33	Ադամայ եւ Եւայի	զ	ոտնաձայնն Տէրն գալոյն
Creat2	33	Աստուծոյ	զ	որ իբրեւ յիսուն կանգնաչափ
Creat2	34	[34] Ասէ Ադամ. Տէր	զ	քո ձայնդ լուայ եւ երկեայ
Creat2	37	Տէր այս կինն	զ	որ դու ստեղծէր սա խաբեաց զ
Creat2	37	սա խաբեաց	զ	իս: [38] Դարձեալ Տէրն
Creat2	39	Եւա. Տէր այս օձս	զ	որ դու ստեղծեր սա խաբեաց զ
Creat2	39	սա խաբեաց	զ	իս: [40] Եւ բարկացեալ Տէրն
Creat2	40	…նակ զի արարեր	զ	այդ անիծեալ լիցիս ի մէջ
Creat2	40	եւ Հող կերիցես	զ	ամենայն աւուրս կենաց քոց
Creat2	41	քոց: [41] Եւ եդից	զ	թշնամութիւն ի մէջ քո եւ
Creat2	42	…նակ զի արարեր	զ	այդ. տրտմութեամբ եւ ցաւօք
Creat2	43	…անակ զի թողեր	զ	պատուէր իմ եւ լսեցեր կնոջ
Creat2	43	քոց կերիցես	զ	Հաց քո. զի Հող էիր եւ ի Հող
Creat2	44	…եշտակաց Հանել	զ	նոսա ի դրախտէն. եւ Հրեղէն
Creat2	44	…ւազանաւն պաՀել	զ	ճանապարՀ դրախտին: [45] Զի ոչ
Creat2	45	էր բայց Աստուած	զ	այն պտուղն պագ եղիր Ադամայ
Creat2	46	[46] Թէ պաՀեալ էր	զ	Աստուծոյ խօսքն եւ չէր
Creat2	46	եւ չէր կերեալ	զ	պագն այլ յետոյ ուտէր
Creat2	46	զի փորձեաց	զ	նա Աստուած: [47] Ապա ետես որ
Creat2	47	որ ոչ պաՀեաց	զ	խրատն Աստուծոյ այլ
Creat2	47	…ութապէս լսեցին	զ	խրատ օձին եւ ցանկացան

Creat2	49	տեսաւ Տէրն որ	գ	պատճառն ի ստեղծօղն ասացին
Creat2	49	եւ արտաքսեաց	գ	նոսա ի դրախտնէն: [50] Եւ
Creat2	51	նոցա եւ առաքեաց	գ	Հրեշտակն Հանել զԱդամ ի
Creat2	51	Հրեշտակն Հանել	գ	Ադամ ի խաւարային տեղեաց. եւ
Creat2	51	նմա գործել	գ	երկիր, եւ ի պտղոյ նորա
Creat2	52	իբրեւ տեսին	գ	արեգակն եւ զլուսին
Creat2	52	զարեգակն եւ	գ	լուսին, ուրախացան մինչեւ յ
Creat2	52	եւ խաւար կալաւ	գ	նոսա, տրտմութեամբ լցին զ
Creat2	52	…մութեամբ լցին	գ	գիշերն ամենայն: [53] Այսքան
Creat2	54	վասն Ադամայ: [54]	Զ	որ Տէր Աստուած փրկեալ
Creat2	54	ազատեսցէ	գ	ձեզ ի խաբէութենէ չարին
Exp1	2	թէ խաւար կալաւ	գ	նոսա, այլ ոչ տեսանեն զլոյս
Exp1	2	այլ ոչ տեսանեն	գ	լոյս. քանզի դրախտն
Exp1	2	լուսաւոր եղիցի	գ	այն ոչ գիտէին թէ յաշխարհս
Exp1	4	ստեղծեալ էր	գ	մեզ Աստուած եւ եդեալ ի մէջ
Exp1	5	Տէր եւ առաքեաց	գ	Հրեշտակ իւր, <եւ> եհան զմեզ
Exp1	5	իւր, <եւ> եհան	գ	մեզ ի խաւարէն. եւ բերեալ ի
Exp1	6	եւ խափանեաց	գ	այն սակաւ լոյսն. վասն այն
Exp1	7	Հրեշտակին, որ	գ	ձեզ եհան ի մութ տեղուջէն
Exp1	9	ոչ ասացիք	գ	ձեզ ծառայ նմա ամենայն
Exp1	10	…արութիւն կալաւ	գ	մեզ եւ զայդ ոչ իմացաք ասել
Exp1	10	կալաւ զմեզ եւ	գ	այդ ոչ իմացաք ասել: [11]
Exp1	14	ասաց Սատանայ	գ	այս բանս, եւ ինքն սակաւ մի
Exp1	14	կողմն, տեսանէին	գ	նշան լուսանալոյն. յոյժ
Exp1	15	աւէ. Տեսայ՞ք	գ	աւետիսն զի ուրախացուցի զ
Exp1	15	զի ուրախացուցի	գ	ձեզ: [16] Աւէ Ադամ. ծառայ եմ
Exp1	16	լուսաւորեցեր	գ	մեզ. ամենայն ծնունդքն մեր
Exp1	17	ասաց Ադամայ. Դիր	գ	ձեռդ ի վերայ քարին եւ ասայ
Exp1	20	առեալ Սատանայ	գ	քարն, եւ տարեալ թաղեաց ի
Exp1	22	անօթի կացին եւ	գ	Տէրն աղաչեցին: [23] Եւ յետ
Exp1	23	եւ առաքեաց	գ	Հրեշտակ իւր, եւ բերեալ
Exp1	23	Ադամ թէ խաբեաց	գ	քեզ Սատանայ. վասն այն ասաց
Exp1	23	<աւէ>, որ ոչ ունի	գ	մահ. վասն այն այսպէս
Exp1	23	…բէութեամբ էառ	գ	ձեռնագիրն ի քէն, որ մնաս
Exp1	23	բայց ոչ թողում	գ	քեզ գերի ի ձեռն Սատանայի
Exp1	23	ես. ոչ կորուսից	գ	քեզ եւ ոչ թողից ի ձեռն նորա
Exp1	25	…ւածութեան իմոյ	գ	որդի իմ սիրելի. որ եկեալ
Exp1	26	իմ ջնջեսցէ	գ	ձեռագիր քո, եւ ազատեսցէ զ
Exp1	26	քո, եւ ազատեսցէ	գ	քեզ ի գերութենէ Սատանայի
Exp1	26	եւ տացէ քեզ	գ	առաջին փառսն քո: [27] Իբրեւ
Exp1	27	քո: [27] Իբրեւ	գ	այս <աւետիս> լուաւ Ադամ
Exp2	2	Սատանայ տարեալ	գ	ձեռագիր քարն թաղեաց ի
Exp2	4	զի ստեղծեալ էր	գ	մեզ Աստուած, եւ եդեալ ի մէջ
Exp2	5	եւ առաքեաց	գ	Հրեշտակ իւր Հանեալ զմեզ ի
Exp2	5	իւր Հանեալ	գ	մեզ ի խաւարէս եբեր ի լոյս
Exp2	6	եւ խաւար կալաւ	գ	մեզ: [7] Աւէ Սատանայ. Ի՞նչ
Exp2	7	…շտակին որ եբեր	գ	ձեզ ի լոյս աշխարհ: [8] Աւէ
Exp2	9	լինիլ նմա եւ	գ	ամենայն ծնունդս ձեր

Exp2	9	...տանալ նմա. երբ	զ	այդ ոչ արարիք վասն այն
Exp2	9	այն խաւար կալաւ	զ	ձեզ: [10] Ասէ Ադամ
Exp2	10	...փչութիւն կալաւ	զ	մեզ եւ զայդ ոչ իմացաք: [11]
Exp2	10	կալաւ զմեզ եւ	զ	այդ ոչ իմացաք: [11] Ասէ
Exp2	11	ինձ թէ տամ ձեզ	զ	աւետիքն լուսոյ: [12] Ասէ
Exp2	13	անտի տեսանէք	զ	լոյս: [14] Զայս ասաց Սատանայ
Exp2	14	զլոյս: [14]	Զ	այս ասաց Սատանայ եւ սակաւ մի
Exp2	15	եւ ասէ. տեսանէք	զ	աւետիսն իմ որ ուրախացուցի զ
Exp2	15	որ ուրախացուցի	զ	ձեզ: [16] Ասէ Ադամ. ծառայ եմք
Exp2	16	լուսաւորեցեր	զ	մեզ. զի ծառայեմք քեզ մեք
Exp2	17	եւ ասէ. դիր	զ	ձեռն քո ի վերայ քարիդ եւ
Exp2	19	ձեզ: [19] Իսկ Ադամ	զ	ձեռն ի վերայ եդեալ ասաց թէ
Exp2	23	[23] Աղաչեցին	զ	Աստուած եւ յետ Հինգ աւուրցն
Exp2	23	նոցա եւ առաքեաց	զ	Հրեշտակ իւր. եւ աւետեաց
Exp2	24	Եւ ետուր Ադամայ	զ	ձեռագիրն Աստուծոյ. եւ էր
Exp2	24	Ադամ. խաբեաց	զ	քեզ Սատանայ. վասն այն որ
Exp2	24	աստուածութիւն	զ	որ ի վեց դարուն առաքեցից զ
Exp2	24	առաքեցից	զ	միածին որդին իմ ի լուսոյ
Exp2	25	յանարատ կուսէ	զ	որ ի զաւակէն քումմէ եղիցի
Exp2	26	ծնանի եւ ջնջէ	զ	ձեռագիր յանցանաց քոց. եւ
Exp2	26	եւ դարձուցէ	զ	քեզ յառաջին փառսն քո: [27]
Exp2	27	քո: [27] Իբրեւ	զ	այս աւետիսն լուաւ ուրախ
Rep	1	զի միշտ տեսանելով	զ	դրախտն Հանապազ տառապէին
Rep	1	ի դրախտէն առեալ	զ	Եւայ Հրամանաւն Աստուծոյ եւ
Rep	2	դրախտին նեղէր	զ	նոսա [3] Ցորժամ եղեւ երեկոյ
Rep	5	բաւթ սաստիկ վտանկէր	զ	նոսա եւ էր այն ապաշխարութիւն
Rep	6	կնոջ նորա Եւայի [6]	Զ	մտաւածեալ յիշէին զվայրն
Rep	6	երկնաւորացն եւ	զ	Հեշտալի եղանակս անմարմին զ
Rep	6	երգս Հրեշտակացն	զ	ախորժ բարբառ երկնաւորացն եւ զ
Rep	6	Հրեղինացն եւ	զ	քաղցրանուագ երգս Հրեշտակացն զ
Rep	6	ճաշակումն պտղոցն	զ	բարի Հնչմունս Հրեղինացն եւ զ
Rep	6	տերեւոցն եւ	զ	քաղցր ճաշակումն պտղոցն զբարի
Rep	6	աՀոտութիւն ծաղկանցն	զ	անթառամութիւն տերեւոցն եւ զ
Rep	6	վարդիցն եւ	զ	անուշաՀոտութիւն ծաղկանցն զ
Rep	6	զգուարճութիւն տնկոցն	զ	պայծառութիւն վարդիցն եւ զ
Rep	6	դրախտն փափկութեան	զ	գեղեցկութիւն ծառոցն եւ զ
Rep	6	վայելչութեան եւ	զ	դրախտն փափկութեան զ
Rep	6	ցկութիւն ծառոցն եւ	զ	զուարճութիւն տնկոցն զպայծառու
Rep	6	[6] Զմտաւ ածեալ յիշէին	զ	վայրն վայելչութեան եւ զդրախտն
Rep	7	զաւրացն [7]	զ	այս ամենայն կորուսեալ
Rep	8	Հառաչանաւք եւ կոծէր	զ	կուրծս իւր յորդ արտասուաւք [9
Rep	8	[8] Վասն զի տեսանէր	զ	վայրս դրախտին յանդիման աչաց իւ
Rep	10	խորովէր եւ աչքն	զ	արտասուս բերէր [11] Միտքն ծնա
Rep	11	բարբառէր զաշխարանաց	զ	բանս եւ ասէր [12] Վայ ինձ
Rep	11	բերանն բարբառէր	զ	աշխարանաց զբանս եւ ասէր [12]
Rep	14	մեռելոյս Վայ ինձ զի	զ	պատուիրանն յանցեայ [15] Վայ ի
Rep	18	եւ դալարք Լացէք	զ	իս ծառք ամենայն դրախտիդ
Rep	18	եւ տունկք Լացէք	զ	իս բոյսք եւ դալարք Լացէք զիս

Rep	18	եւ Թռչունք Լացէք	գ	խս ծառք եւ տունկք Լացէք զխս
Rep	18	եւ անասունք Լացէք	գ	խս սողունք եւ Թռչունք Լացէք զ
Rep	18	խս Հրեշտակք Լացէք	գ	խս գազանք եւ անասունք Լացէք զ
Rep	18	զխս ցամաք Լացէք	գ	խս Հրեշտակք Լացէք զխս գազանք
Rep	18	զխս ծովք Լացէք	գ	խս ցամաք Լացէք զխս Հրեշտակք
Rep	18	զխս երկիր Լացէք	գ	խս ծովք Լացէք զխս ցամաք Լացէք
Rep	18	զխս երկինք Լացէք	գ	խս երկիր Լացէք զխս ծովք Լացէք
Rep	18	արարածք Լացէք	գ	խս երկինք Լացէք զխս երկիր
Rep	18	Աստուծոյ [18] Լացէք	գ	խս ամենայն արարածք Լացէք զխս
Rep	19	ձերմէ Ողբացէք	գ	տարամերժեալս ի վայելչութենէ
Rep	19	ի ձէնջ Ողբացէք	գ	արտաքսեալս ի փափկութենէ
Rep	19	ձերոյ Ողբացէք զխս	գ	ւտարացեալս ի ձէնջ Ողբացէք զ
Rep	19	ձերոյ Ողբացէք	գ	խս զւտարացեալս ի ձէնջ Ողբացէ
Rep	19	[19] Ողբացէք	գ	խս եւ կոծեցարուք ի վերայ
Rep	20	Տեսէք զխս	գ	Թշուառականս Ողորմեցարուք ինձ ո
Rep	20	ակուսեալս Տեսէք	գ	խս զԹշուառականս Ողորմեցարուք
Rep	20	Ով գազանք տեսէք զխս	գ	վտանկեալս Ով անասունք
Rep	20	իմ Ով գազանք տեսէք	գ	խս զվտանկեալս Ով անասունք
Rep	20	իջէք առ խս եւ տեսէք	գ	լաց իմ Ով գազանք տեսէք զխս զ
Rep	23	ի ձէնջ ընդէ՞ր ոչ լայք	գ	խաւարեալս ի լուսոյդ ձերմէ
Rep	23	զԱդամ ընդէ՞ր ոչ լայք	գ	զրկեալս ի ձէնջ ընդէ՞ր ոչ լայք
Rep	23	ընդէ՞ր ոչ լայք	գ	կարաւտեալս առատութեանց
Rep	23	ընդէ՞ր ոչ լայք	գ	պասքեալս ի պտղոց ձերոց ընդէ՞ր
Rep	23	ընդէ՞ր ոչ լայք	գ	քաղցեալս ի բարեաց ձերոց
Rep	23	զԱդամ ընդէ՞ր ոչ լայք	գ	զրկեալս ի ձէնջ ընդէ՞ր ոչ լայք
Rep	23	կայք ընդէ՞ր ոչ լայք	գ	Ադամ ընդէ՞ր ոչ լայք զզրկեալս
Rep	24	կին ընդէ՞ր որոչեցեր	գ	մեզ յայնպիսի զրգանացն Ով կին ը
Rep	24	[24] Եւ դարձուցեալ	գ	բանն ի կինն եւ ասէ Ով կին դու
Rep	24	Զի՞նչ զգեցցուք եւ	գ	մերկութիւնս մեր որո՞վ
Rep	24	անուանեցի եւ դու	գ	խս ի կենաց Հաներ Ով կին արդ զի
Rep	24	ւթեանցն Ով կին ես	գ	քեզ կեանք անուանեցի եւ դու զ
Rep	24	ընդէ՞ր արտաքսեցեր	գ	մեզ յայնպիսի վայելչութեանցն Ով
Rep	24	կին ընդէ՞ր զրկեցեր	գ	մեզ յայնպիսի փափկութենէն Ով կի
Rep	25	Թէ զի՞նչ մաՀն իցէ որ	գ	մեզ մեռուցանէ ոչ գիտեմք զի
Rep	26	անսուաղ եւ անաւթի	գ	աւուրս Հինգ ոչինչ ճաշակեալ [2
Rep	27	եւ ի լաց մխիթարեաց	գ	նոսա եւ ասաց ուտել ի պտղոյ
Rep	27	տեսեալ զԱդամ եւ	գ	Եւայ ի սուգ եւ ի լաց մխիթարեաց
Rep	27	եւ տեսեալ	գ	Ադամ եւ զԵւայ ի սուգ եւ ի լաց
Rep	28	եւ ծնաւ զԿայէն եւ	գ	Աբուսաքր քոյր նորա ընդ նմա եւ
Rep	28	Ադամ առ Եւայ եւ ծնաւ	գ	Կայէն եւ զԱբուսաքր քոյր նորա
Rep	29	եւ ծնաւ զԱբէլ եւ	գ	Սամայն քոյր նորա [յ0] Եւ յետ
Rep	29	Ադամ առ Եւայ եւ ծնաւ	գ	Աբէլ եւ զՍամայն քոյր նորա [յ
Rep	30	մաՀուն Հաբելի	գ	ամս Հարիւր եւ քսան եւ ապա
Rep	30	ամաց սպան Կային	գ	Հաբէլ եւ դարձեալ սուգ առին Ադա
Rep	31	Սէթ փոխանակ Հաբելի	գ	որ սպան Կային [32] Եւ յառաջ ք
Rep	31	եւ կոչեսցես	գ	անուն նորա Սէթ փոխանակ Հաբելի
Rep	32	գիշերս յերազի որ	գ	արիւնն Աբելի Կային ի բերանն առ
Rep	32	զսպանանելն Կայենի	գ	Հաբէլ յաւուր միում տեսիլս

Rep	32	[32] Եւ յառաջ քան	գ	սպանանելն Կայենի զՀաբէլ յաւու
Rep	33	այլ փոխէր ի դուրս	գ	արիւնն Հաբելի [34] Իբրեւ լուա
Rep	33	[33] Եւ Հաբէլ աղաչէր	գ	նա թէ Թող յարենէդ եւ նա ոչ լսէ
Rep	34	տեսցուք զդրախտն իմ	գ	որ տնկեցի փոխանակ դրախտին վասն
Rep	34	անդ եւ տեսցուք	գ	դրախտն իմ զոր տնկեցի փոխանակ
Rep	34	քան զպատմելն Եւայի	գ	երազն լուաւ Ադամ ի Կայենէ որ
Rep	34	բանին եւ զի յառաջ քան	գ	պատմելն Եւայի զերազն լուաւ
Rep	34	[34] Իբրեւ լուաւ	գ	այս Ադամ յԵւայէ ի կարծիս իմն ա
Rep	35	էր Կային զԱբէլ	գ	եղբայր իւր եւ ինքն Կային
Rep	35	զի սպանեալ էր Կային	գ	Աբէլ զեղբայր իւր եւ ինքն Կայի
Rep	36	մինչ որ աւանդեաց	գ	Հոգին [37] Եւ գնացեալ Ադամ
Rep	36	այնքան քարագոհ արար	գ	անմեղ պատանին մինչ որ աւանդեաց
Rep	36	եւ կալեալ կապեաց	գ	նա ձեռն յետս ընդ ծառով միոյ եւ
Rep	36	ասեմս Տարեալ Կային	գ	Հաբէլ յիւրատունկ դրախտն եւ կալ
Rep	36	զի՞նչ աւրինակաւ այս է	գ	որ ասեմս Տարեալ Կային զՀաբէլ
Rep	38	թաղեսցեն	գ	նա [39] Եւ յորժամ առեալ զԵւա
Rep	38	ի միասին լայցեն	գ	Հաբէլ եւ ամփոփեալ թաղեսցեն
Rep	39	եւ երկիր կլեալ էր	գ	արիւն նորա որ բնաւ ոչ երեւեցաւ
Rep	39	եկն անդ այլ ոչ եգիտ	գ	մարմինն Հաբելի զի ամփոփեալ էր
Rep	39	Եւ յորժամ առեալ	գ	Եւայ եւ եկն անդ այլ ոչ եգիտ գ
Rep	40	տրտմութիւն զԱդամ եւ	գ	Եւայ վասն Հաբելի որդւոյն
Rep	40	եւ սաստիկ տրտմութիւն	գ	Ադամ եւ զԵւայ վասն Հաբելի
Rep	42	Աստուծոյ ծնան	գ	Սէթ որդի մխիթարութեան [43] Եւ
Rep	43	այլ Աստուած Հարցանէ	գ	նա եւ պատժէ [44] Որպէս եւ արա
Rep	43	նմա Դուք մի Հարցանէք	գ	Կային վասն Հաբելի այլ Աստուած
Rep	43	Եւ ի սպանանելն Կայենի	գ	Հաբել եկն Գաբրիէլ առ Ադամ եւ
Rep	45	զի եՀարց Աստուած	գ	Կային թէ ո՞ւր է Աբէլ եղբայրն ք
Rep	47	վասն այն եՀարց	գ	Կային որ զղջանայր եւ մեղայ
Rep	52	երկրի ուր Հեղեր	գ	արիւն եղբաւր քոյ [53] Երրորդ
Rep	53	[53] Երրորդ Գործել	գ	երկիր վաստակաւք եւ աշխատանաւք
Rep	54	արդարոյ ներկեր	գ	նա [55] Հինգերորդ Երերեալ լից
Rep	54	երկիր ոչ տայ քեզ	գ	պտուղ իւր զի արեամբ արդարոյ
Rep	55	Երերեալ լիցիս որպէս	գ	ծառ ի Հողմոց [56] Վեցերորդ
Rep	56	Տատանեալ լիցիս իբրեւ	գ	ծով որ ծփի յալեաց [57]
Rep	57	ամենայն ոք գիտենայր	գ	նա եւ նշանն պիսակն էր [58] Այ
Rep	60	անդադար զցայգ եւ	գ	ցերեկ [61] Եւ այնու առաւել
Rep	60	երկրի անդադար	գ	ցայգ եւ զցերեկ [61] Եւ
Rep	71	[71] Տասներորդ զի	գ	անդրանիկ որդին իւրեանց տեսին
Rep	73	լային դէմ դրախտին	գ	ամենայն աւուրս կենաց իւրեանց
Rep	74	տայ մեզ տեսանել	գ	ձեզ տերեւք անթառամք Ո՞վ տայ
Rep	74	տայ մեզ տեսանել	գ	ձեզ ծաղկունք անուշաՀոտք Ո՞վ տա
Rep	74	Ո՞վ տայ ինձ տեսանել	գ	ձեզ ծառք բարեբերք Ո՞վ տայ
Rep	77	Ով ձեռք որ Հատիք	գ	պտուղն ընդէ՞ր ոչ զաւսացայք [7
Rep	79	զտերք նորա վաթսուն	գ	որս ծնեալ էր Եւայ Ադամայ ծնուն
Rep	81	ցաւոյն որ կալեալ էր	գ	անձն նորա [82] Իսկ Եւայ եւ
Rep	82	նորա լային եւ ողբային	գ	Ադամ եւ Ադամ կայր առաջի նոցա
Rep	83	զԱդամ Տէր իմ ասա	գ	Ժամանակ իմ թէ յամեմ ես
Rep	85	եւ զիցեն զխս եւ	գ	քեզ ի մին տեղի [86] Բայց դու

Rep	85	*մեռանիմք եւ դիցեն*	*զ*	*խս եւ զքեզ ի մին տեղի* [86]
Rep	86	*որ այնու ածանէք*	*զ*	*անձն իմ զի զիւրանամ ի ցաւոցս*
Rep	86	*այժմ երթ աղաչեա*	*զ*	*Տէր զի թերեւս տացէ ի ծառոյն*
Rep	87	*Սէթ եւ գնաց աղաչել*	*զ*	*Տէր տալ պտուղ խղընձիւղ ի ծառո*
Rep	87	*յարուցեալ Եւայ առ*	*զ*	*Սէթ եւ գնաց աղաչել զՏէր տալ*
Rep	88	*եւ կամէր ուտել*	*զ*	*նա* [89] *Յայնժամ ճիչ բարձեալ Ե*
Rep	89	*մի Համարձակիր վնասել*	*զ*	*որդիդ իմ* [90] *Յայնժամ եթող զա*
Rep	89	*եւ ասաց Սանձեա*	*զ*	*բերան քո եւ մի իշխեսցես*
Rep	90	*ի յանցանելն ձեռում*	*զ*	*Հրաման արարչին յարձակիմք ի վեր*
Rep	90	*Աստուծոյ էիք եւ*	*զ*	*պատուիրանս նորա պաՀէիք խսկ ի*
Rep	90	*եթող գազանն զՍէթ*	*զ*	*որ կալեալ ուտէր եւ ասաց Եւայի*
Rep	90	*Յայնժամ եթող գազանն*	*զ*	*Սէթ զոր կալեալ ուտէր եւ ասաց*
Rep	91	*եւ ապա թողեալ*	*զ*	*նոսա զանց արար եւ գնաց* [92] *Ե*
Rep	91	*դառնամք ձեզ* [91]	*զ*	*այս Հրամանաւն Աստուծոյ խաւսեցա*
Rep	93	*ռաչանաւք եւ տեսին*	*զ*	*Ադամ մեռեալ եւ արարին կոծ մեծ*
Rep	97	*լուացեալ զպեցին*	*զ*	*նոսա եւ պատեցին անոյշ խնկաւք ե*
Rep	97	*դստերք նոցա սգացին*	*զ*	*նոսա աւուրս երեսուն եւ*
Rep	98	[98] *Եւ պատուէին*	*զ*	*աստուածաստեղծ մարմինս*
Rep	99	*եւ Նոյ առեալ*	*զ*	*նոսա ի տապանին զի մի ապականեալ*
Rep	100	*Նոյի ի տապանէն ետ*	*զ*	*մարմինս նախաստեղծիցն յաւագ որդ*
Rep	102	*զնոսա դնելով*	*զ*	*Եւայ ի յայրն ԲեթղաՀեմի ուր*
Rep	102	*Եւ անդ ամփոփեաց*	*զ*	*նոսա դնելով զԵւայ ի յայրն*
Rep	103	*Ադամայ եւ արար*	*զ*	*փրկութիւն ի մէջ երկրի* [104] *Վ*
Rep	103	*Եւայի* [103] *Եւ*	*զ*	*Ադամայն եդ ի Գողգոթայ ուր*
Rep	104	*ուրբաթու յիշատակել*	*զ*	*ննջեցեալսն ի Քրիստոս*
Tid1	0	ՎԱՍՆ ԱՒԵՏԵԱՑՆ ՍԷԹԱՑ	Զ	ՈՐ ՊԱՐՏ Է ՄԵԶ ՈՒՆԿՆ ԴՆԵԼ [1]
Tid1	1	*եւ առաքեաց*	*զ*	*Հրեշտակ իւր առ Ադամ, եւ ասէ*
Tid1	2	*էր ինձ, քան*	*զ*	*դրախտէն ի դուրս ելանելն իմ*
Tid1	2	*ելանելն իմ. զի*	*զ*	*Աբէլ արեամբ տեսանեմ սիրտս*
Tid1	2	*այրէ եւ կսկծայ*	*զ*	*այն թողի եւ զԿայենի*
Tid1	2	*զայն թողի եւ*	*զ*	*Կայենի պատուՀասն կու*
Tid1	3	*եւ կոչեսցես*	*զ*	*անուն նորա Սէթ, որ թարգմանի*
Tid1	4	*քո չարանան, եւ*	*զ*	*ամենեսեան միատեղ*
Tid1	7	*սպանեց Կայէն*	*զ*	*Աբէլ. եւ Աբէլ այն տարին*
Tid1	8	*նորա, մխիթարէին*	*զ*	*նմանէ ծնօղքն* <*որպէս*>
Tid1	9	*բայց Հալածէին*	*զ*	*ազգն Կայենի եւ ոչ*
Tid1	16	*իւրոյ զի*	*զ*	*նա մարմնով վերացուցին եւ*
Tid1	17	*իբրեւ տեսին*	*զ*	*Ենովք որ կուսութեամբ եւ*
Tid1	21D	*եւ սաՀմանեցին*	*զ*	*կարմրադեղն եւ զ*
Tid1	21D	*զկարմրադեղն եւ*	*զ*	*սպիտակադեղն դնէին երեսս*
Tid1	21D	*երեսս իւրեանց*	*զ*	*ինքեանս զուգէին գեղէին*
Tid1	21D	*սաՀմանեցին*	*զ*	*ոտս եւ զձեռս իւրեանց*
Tid1	21D	*…անեցին զոտս եւ*	*զ*	*ձեռս իւրեանց կարմիր դեղ*
Tid1	21Y	*սաՀմանեցին*	*զ*	*կարմրադեղն եւ զ*
Tid1	21Y	*զկարմրադեղն եւ*	*զ*	*սպիտակադեղն զերեսս*
Tid1	21Y	*զսպիտակադեղն*	*զ*	*երեսս կարմրացուցանէին եւ*
Tid1	21Y	*…ակացուցանէին,* <	*զ*	*յունքն*> *քաշեցին եւ զաչսն*
Tid1	21Y	*քաշեցին եւ*	*զ*	*աչսն դեղեցին եւ ծարուր*

Tid1	21Y	եւ ծարուր զրին	զ	ծամն եւ < զվարսն>
Tid1	21Y	զրին, զծամն եւ <	զ	վարսն> սաՀմանեցին, եւ այլ
Tid1	21Y	սաՀմանեցին	զ	ոտսն եւ զձեռսն խինեցին եւ
Tid1	21Y	զոտսն եւ	զ	ձեռսն խինեցին եւ
Tid1	21Y	այլ զարդարանօք	զ	մարմինս իւրեանց
Tid1	22Y	որդւոցն Սեթայ	զ	ամենեսեան խաբեցին: [22A]
Tid1	22A	այլ երգարանօք	զ	որ սաՀմանեցին [22D] Այլ
Tid1	22D	ընդ որդիս Սեթայ	զ	ամենեսեան խաբեցան եւ
Tid1	23D	եղեն իբրեւ	զ	նոսա, եղեն իբրեւ զշուն եւ
Tid1	23D	նոսա, եղեն իբրեւ	զ	շուն եւ ոչ ճանաչեին զքորս
Tid1	23D	եւ ոչ ճանաչեին	զ	քորս զեղբարս եւ զմարս
Tid1	23D	...նաչեին զքորս	զ	եղբարս եւ զմարս. այսպէս
Tid1	23D	զեղբարս եւ	զ	մարս. այսպէս չարութիւն
Tid1	23D	եւ ոչ յիշէին	զ	Աստուած: [24] Իսկ վասն բազում
Tid1	23Y	եւ չարացան քան	զ	նոսա, եւ եղեն պղծագործ քան
Tid1	23Y	պղծագործ քան	զ	շուն, այլ ոչ Հայր զդուստրն
Tid1	23Y	այլ ոչ Հայր	զ	դուստրն ճանաչէր եւ ոչ մայր
Tid1	23Y	եւ ոչ մայր	զ	որդին <Քոկէր>չ ոչ քոյր զ
Tid1	23Y	...ոկէր>չ ոչ քոյր	զ	եղբայր, եւ այնպիսի կենօք
Tid1	23Y	եւ ոչ յիշեցին	զ	Աստուած: [23D] ՉինգՀարիւրեւ..
Tid1	24	Ջրով խեղդել	զ	նոսա: [25] Հրամայեաց Աստուած
Tid1	27	ասաց Հրեշտակն	զ	Աստուծոյ Հրամանքն պիտի
Tid1	27	կատարես. զի	զ	աշխարՀս ամենայն Ջրով
Tid1	27	անցուցանելոց է	զ	ամենեսեան խեղդելոց է, եւ
Tid1	30	տարին իբրեւ	զ	երազ գիշերոյ անցանի. վասն
Tid1	30	ապականեմ	զ	կուսութիւնս իմ: [31] Ասէ
Tid1	32	է, զի առից	զ	նա ի կնութիւն: [33] Ասէ
Tid1	33	որ պաՀեալ է	զ	կուսութիւն իւր մաքուր>
Tid1	33	նորա Նոյեմզառա	զ	նա առ քեզ ի կնութիւն: [34] Եւ
Tid1	37A	արար շինել	զ	տապանն. եւ յորժամ կացինն
Tid1	37Y	եւ ապականէ	զ	աշխարՀս: [37A] Սկիզբն արար
Tid1	38B1	Երբ լուաւ Նոյ	զ	ձայնն կացնոյն եւ եկեալ
Tid1	38B1	տնազ արարին	զ	նա. իսկ Նոյ Հաստատուն բանէր
Tid1	38B2	եւ տեսանէին	զ	ձեւ տապանին, լսէին զձայն
Tid1	38B2	տապանին, լսէին	զ	ձայն կացնոյն եւ ուրաքին
Tid1	38B3	եւ ասէին տեսէք	զ	անգիտութիւնն Նոյեայ որ ասէ
Tid1	38B4	վերայ շինէր	զ	տապանն թէ աստ Ջուրն Հասանէ
Tid1	38B4	տարումն շինեաց	զ	տապանն: [38B5] Եկն Հրեշտակն
Tid1	38B6	Իսկ Նոյ աղաչեաց	զ	Աստուած տասն տարի Համբերել
Tid1	38B7	կորուսանել	զ	ձեզ եւ ես աղաչեցի վասն ձեր
Tid1	38B8	տնազէին	զ	նա եւ ասէին երբ Ջուր գայ Նոյ
Tid1	38C1	տնազ արարին	զ	նոսա. իսկ Նոյ Հաստատուն
Tid1	38D2	եւ տեսանէին	զ	ձեւ տապանին, լսէին զձայնն
Tid1	38D2	տապանին, լսէին	զ	ձայնն կացինին եւ ուրաքին
Tid1	38D3	կուրացուցանէր	զ	աչս նոցա եւ խփանէր ականՋս
Tid1	38D5	զարմէն Սէթայ. առ	զ	նոսա վասն որդւոցդ եւ մի
Tid1	38D7	[38D7] Իսկ աղաչէր	զ	Աստուածն կենդանին ստեղծօղ
Tid1	38D8	կորուսանել	զ	ձեզ եւ ես աղաչեցի վասն <ձեր>

Tid1	38Y	Երբ լուաւ Նոյ	գ	ձայնն, յայնժամ յարտասուս
Tid1	38Y	եւ աղաչեաց	գ	Աստուած, զի քաննեւեօթն օր
Tid1	41	...սունքն իմացան	գ	Ջրհեղեղն, եւ մարդիք ոչ
Tid1	42	իւր. փակեաց	գ	դուռն եւ < գՀերձան> կպրեաց
Tid1	42	զդուռն եւ <	գ	Հերձան> կպրեաց եւ ծեփեաց
Tid1	44	Ջուրն եւ կոխեաց	գ	ծայրս լերանց. մինչեւ ի մի
Tid1	45	աւուր Նոյ բացեալ	գ	պատուՀան տապանակին, եւ
Tid1	46	[46] Իսկ արձակեաց	գ	աղաւնին, եւ գնացեալ աղաւնին
Tid1	47	Իսկ Նոյ արձակեաց	գ	ամենայն թռչունս: [48] Եւ
Tid1	48	ամիս, բացեալ	գ	տապանն, եռես զի լերինք եւ
Tid1	49	[49] Արձակեաց	գ	ամենայն կենդանիսն: [50] Իսկ
Tid1	50	Ջրով անցուցանել	գ	աշխարՀս. ընդունելի եղեն
Tid1	50	եւ կատարեաց Տէր	գ	խնդիրքն նորա: [51] Եւ
Tid1	54	քո. երբ տեսանեն	գ	աղեղն գիտասցեն
Tid1	54	խրատեցից	գ	նոսա: [55] Իսկ Նոյ առեալ գ
Tid1	55	[55] Իսկ Նոյ առեալ	գ	օրՀնութիւն Աստուծոյ, էջ ի
Tid1	57	...զմացան եւ լցին	գ	ՆախիՋեւան, եւ նովաւ լցին գ
Tid1	57	եւ նովաւ լցին	գ	աշխարՀս: [58] Եւ անուն
Tid2	0	ՎԱՍՆ ԱՒԵՏԵԱՑՆ ՍԷԹԱՅ	Զ	ՈՐ ԵՏ ԱՍՏՈՒԱԾ ԱԴԱՄԱՅ ՅԱՂԱԳՍ ԱԲ
Tid2	0	ԱԴԱՄԱՅ ՅԱՂԱԳՍ ԱԲԷԼԻ	Զ	ՈՐ ՍՊԱՆ ԿԱՅԷՆ Ի ՄԽԻԹԱՐԵԼ ԶԱԴԱ
Tid2	0	ՍՊԱՆ ԿԱՅԷՆ Ի ՄԽԻԹԱՐԵԼ	Զ	ԱԴԱՄ ԵՒ ԶԵՒԱՅ [1] Եւ Տէրն
Tid2	0	Ի ՄԽԻԹԱՐԵԼ ԶԱԴԱՄ ԵՒ	Զ	ԵՒԱՅ [1] Եւ Տէրն քաղցրացաւ
Tid2	1	եւ առաքեաց	գ	Հրեշտակ իւր եւ ետ զաւետիս
Tid2	1	իւր եւ ետ	գ	աւետիս վասն Սէթայ, եւ ասաց
Tid2	1	եւ անուանեսցես	գ	անուն նորա Սէթ, որ թարգմանի
Tid2	2	սուք եղեն քան	գ	ելանելն իմ ի դրախտէն. զի գ
Tid2	2	իմ ի դրախտէն. զի	գ	Կայէն տեսանեմ որ այնպէս
Tid2	2	աղիք իմ. ապա	գ	Աբէլ տեսանեմ արեամբ
Tid2	8	կոյս երբ սպան	գ	նա: [9] Իբրեւ ծնաւ Սէթ, եւ
Tid2	9	ի բաց Հալածէին	գ	ազգն Կայէնի եւ սրբութեամբ
Tid2	12	Ենովք երբ լսեց	գ	այս նա ասաց ես վճարեմ զձեր
Tid2	12	ասաց ես վճարեմ	գ	ձեր պարտքն: [13] Եւ ոչ
Tid2	15	զի մի տեսցէ	գ	պտուղ ծառոյն. քանզի
Tid2	16	որ բարձեալ	գ	Ենովք տարան ի դրախտն. եւ է
Tid2	17	թիւք աւելի քան	գ	Հինգ Հարիւր եւ քան ոգի
Tid2	18	եւ կանայք. զի	գ	մէկ մարդն ի մէՋ Հարիւր
Tid2	18	շրՋեցուցանէին	գ	որեւ կուէին վասն մարդոյ
Tid2	20	եւ վարէին	գ	նոսա: [21] Իսկ նոքա անճար
Tid2	21	եւ դեղեցին	գ	երեսս իւրեանց եւ զձեռսն
Tid2	21	իւրեանց եւ	գ	ձեռան Հինայեցին: [22] Եւ
Tid2	22	Եւ սաՀմանեցին	գ	երգս եւ զքնարս ազգի ազգի
Tid2	22	զերգս եւ	գ	քնարս ազգի ազգի տաղերօք
Tid2	22	եւ խաբեցին	գ	ճգնաւորսն եւ խառնակեցան
Tid2	23	նոսա: [23] Միայն	գ	Նոյ ոչ կարացին խաբել. եւ
Tid2	23	ընդ նոսա, իբրեւ	գ	շուն լլկեցին զամենեսին. ոչ
Tid2	23	զշուն լլկեցին	գ	ամենեսին. ոչ Հայելով գ
Tid2	23	ոչ Հայելով	գ	քոյր եւ զդուստր: [24] Որ եւ
Tid2	23	զքոյր եւ	գ	դուստր: [24] Որ եւ Աստուած

Tid2	26	կորուսանել	գ	նոսա ջրով: [27] Վասն այն
Tid2	33	նորա Նեմզար. առ	գ	նա ի քեզ կնութիւն: [34] Եւ
Tid2	35	ներքնատուն: [35]	գ	այս ասաց Հրեշտակն եւ գնաց ի
Tid2	36	[36] Իսկ նա առեալ	գ	Նեմզար եւ ամուսնացաւ ընդ
Tid2	38A	կամ դու որ	գ	տապանդ շինես դու պիտի
Tid2	38D	Բայց կոյս պաՀեա	գ	որդիքն քո մինչեւ որ
Tid2	38F	ամս քսան	գ	որ քարոզէր Նոյ ասելով, թէ
Tid2	38F	դարձուցէ Տէր	գ	ջրՀեղեղ պատուՀասն: [38G]
Tid2	38G	ծաղր առնէին	գ	Նոյ եւ ասէին. գիտեմք զի ընդ
Tid2	38G	զինչ տամք քեզ	գ	զին տապանիդ եւ քակեմք եւ
Tid2	38G	եւ տուն շինեմք	գ	փայտն նորա. եւ այլ բազում
Tid2	38G	տնազ առնէին	գ	Նոյ: [38H] Եւ յետ քսան
Tid2	38H	Նոյի առնուլ	գ	որդիսն եւ մտանել ի տապանն
Tid2	38H	եւթն օր յառնուլ	գ	որդիսն իւր ի տապանն. [38I] Յո
Tid2	39	ի ծառքն եւ եՀար	գ	տախտակսն նա ձայն արձակեցաւ
Tid2	41	Աստուած առնուլ	գ	նոսա երկու երկու ի սրբոց
Tid2	41	եւթն եւթն. եւ եդ	գ	թռչունսն ի վերնատունն. ի
Tid2	42	իբրեւ ժողովեաց	գ	ամենայն ի ներքս տապանին
Tid2	42	ապա ծեփեաց	գ	դրունսն ներքուստ եւ
Tid2	45	եւ առաքեաց	գ	ագռաւն զի բերցէ նշան
Tid2	46	աւուրն արձակեաց	գ	աղաւնին եւ գնացեալ եգիտ
Tid2	46	ցամաք եւ եբեր	գ	ճուղ ձիթենւոյ: [47] Եւ բացեալ
Tid2	47	Եւ բացեալ Նոյի	գ	տապանն եւ ետես զգլուխ
Tid2	47	զտապանն եւ ետես	գ	գլուխ լերանցն եւ արձակեաց գ
Tid2	47	եւ արձակեաց	գ	ամենայն թռչունսն: [48] Եւ
Tid2	49	իւր: [49] եւ	գ	ամենայն կենդանիսն
Tid2	50	էառ յեւթնէն	գ	մէկն եւ պատարագ մատոյց
Tid2	50	...տուՀասել ջրով	գ	որդիս նորա: [51] Եւ ձայն եղեւ
Tid2	52	խրատեցից	գ	նոսա: [53] Եւ երեւեցոյց Նոյի
Tid2	53	երեւեցոյց Նոյի	գ	աղեղն ընդ ամպս կանանչ եւ
Tid2	54	յորժամ ցուցանեմ	գ	այն նշանն իմացին ամենայն
Tid2	59	Տէր Աստուած	գ	ամենայն Հաւատացեալս ի
WdsAd	2	էր: [2] Զի եստեղծ	գ	մեզ Աստուած եւ եդ ի դրախտին, ե
WdsAd	2	(իսկ) մեք ոչ պաՀեցաք	գ	պատուիրանն եւ մերկացաք յ
WdsAd	3	որդին մխիթարութեան	գ	բանն զայս լուեալ ի Հօրէն եւ ի
WdsAd	3	...իթարութեան զբանն	գ	այս լուեալ ի Հօրէն եւ ի միտ առ
WdsAd	3	ի միտ առ, եւ երթեալ	գ	քառասուն տիւ եւ զքառասուն գիշ
WdsAd	3	զքառասուն տիւ եւ	գ	քառասուն գիշեր Հաց ոչ եկեր եւ
WdsAd	4	կատարեա ի բարի	գ	խնդրուածս իմ: [5] Եւ առ ժամայ
WdsAd	5	առ ժամայն տեսանէր	գ	Հրեշտակն, զի գայր եւ ունէր ճիւ
WdsAd	6	[6] Եւ Սէթ զոՀանայր	գ	տվողէն կենդանութեան զՔրիստոսէ
WdsAd	6	կենդանութեան	գ	Քրիստոսէ, որ արար եւ կատարեաց
WdsAd	6	արար եւ կատարեաց	գ	խնդրուածս նորա ի բարի: [7] Եւ
WdsAd	7	[7] Եւ առեալ ճեղն	գ	այն Սէթ, տարաւ առ Հայրն իւր Ադ
WdsAd	8	[8] Եւ առեալ Ադամ	գ	ճիւղն զայն եդ ի վերայ աչաց եւ
WdsAd	8	առեալ Ադամ զճիւղն	գ	այն եդ ի վերայ աչաց եւ բացան ա
WdsAd	8	եւ Հայեցեալ տեսանէ	գ	ճիւղն, զի (յ) այն ծառոյն էր յ
WdsAd	8	այն ծառոյն էր յորմէ	գ	մաՀ ճաշակեաց: [9] Եւ ասէ ցոր

WdsAd	11	*Եւ օրհնեաց Ադամ*	*զ*	*Աստուած եւ զՍէթ զորդին իւր.*
WdsAd	11	*Ադամ զԱստուած եւ*	*զ*	*Սէթ զորդին իւր. եւ փոխեցաւ ըս*
WdsAd	11	*զԱստուած եւ զՍէթ*	*զ*	*որդին իւր. եւ փոխեցաւ ըստ հրամ*
WdsAd	12	*անցելոց, Սէթ*	*զ*	*բանն ընդ Ենովս խօսեցաւ եւ ասէ*
WdsAd	13	*ստեղծ Աստուած*	*զ*	*հայրն մեր եւ եդ զնա ի դրախտին*
WdsAd	13	*զհայրն մեր եւ եդ*	*զ*	*նա ի դրախտին, եւ պատուէր ետ նմ*
WdsAd	13	*իսկ նորա ոչ պահեալ*	*զ*	*պատուիրանն, մերկացեալ յ*
WdsAd	14	[14] *Եւ Ենովք*	*զ*	*բանս զայս ի միտ էառ, եւ զքառ*
WdsAd	14	[14] *Եւ Ենովք զբանս*	*զ*	*այս ի միտ էառ, եւ զքառասուն տ*
WdsAd	14	*զայս ի միտ էառ, եւ*	*զ*	*քառասուն տիւ եւ զքառասուն գիշ*
WdsAd	14	*եւ զքառասուն տիւ եւ*	*զ*	*քառասուն գիշեր ամենեւին ոչ*
WdsAd	15	*դրախտ վայելուչ, եւ*	*զ*	*ամենայն*

Զանազան **name**

Tid1	38D5	*եւ անուանս ասաց*	*Զանէզան*	*Զարմանէզան*
Tid1	38B5	*են այսոքիկ*	*Զանազան*	*Զարմանազան*
Tid2	38C	*որ են անուանքն*	*Զանազան*	*Զարմանազան*

զանգ **noun**

Rep	91	*ապա թողեալ զնոսա*	*զանգ*	*արար եւ գնաց* [92] *Եւ մինչ դեռ*

զատեմ **verb**

AbCn2	7	*ցորենոյ Կայէնին. նա*	*զատեաց*	*զքամատարն եւ զմնացեալ*

զարդարանք **noun**

Tid1	21Y	…*ացուցին, եւ այլ*	*զարդարանօք*	*զմարմինս*

զարդարեմ **verb**

Creat1	27	*էր ստեղծեալ եւ*	*զարդարեալ*	[28] *Իսկ Ադամ*
Creat1	2D	*մեծ փառօք*	*զարդարեալ*	[2YD] *օրհնէին*
Creat1	2Y	*մեծափառօք*	*զարդարեալ*	*բարձր քան զ*
Creat2	1	*եւ մեծ փառօք*	*զարդարեաց*	*զնոսա:* [2] *Իսկ*
Tid1	21Y	…*արմինս իւրեանց*	*զարդարեցին*	*եւ պճնեցին:* [21D]
Tid1	22D	…*նեցին* [22D] *Այլ*	*զարդարեալ*	*մարմնով եւ փողիւ*
Tid2	21	*սկսան պճնիլ եւ*	*զարդարիլ*	*եւ չինեցին ծարուրս*

զարթնում **verb**

Creat1	6	*մարմին. եւ իբրեւ*	*զարթեաւ*	*Ադամ ի քնոյ, տեսաւ զ*
Creat2	6	*եղեւ կինն. իբրեւ*	*զարթեալ*	*Ադամ ի քնոյ, ետես զ*

զարմ **noun**

Tid1	22D	*ի միտսն Կայենի*	*զարմին*	*եւ եղանակօվ*
Tid1	33	*կայ մաքուր <ի*	*զարմէն*	*Սեթայ որ պահեալ է զ*
Tid1	38B5	*աղջիկ առ ի Սեթայ*	*զարմէն*	*վասն որդւոց քոց, եւ*
Tid1	38D5	*աղջիկ առ Սեթայ*	*զարմէն*	*վասն որդւոց … եւ*
Tid1	38D5	*էին եւ պզտիկ եւ*	*զարմէն*	*Սէթայ. առ զնոսա վասն*
Tid2	38C	*քոց կին ի*	*զարմէն*	*Սէթայ կոյս աղջկունս*

Զարմանազան name

Tid1	38B5	Զանազան	Զարմանազան	Երեքնազան: [38B5]
Tid2	38C	Զանազան	Զարմանազան	Արազնազան: [38D]

զարմանամ verb

Creat2	3	Հիանայր եւ	զարմանայր	ընդ մեծութիւն

Զարմանէզան name

Tid1	38D5	ասաց Զանէզան	Զարմանէզան	Հերեքնազան

զաւակ noun

AbCn1	3	Զի Ադամայ առաջին	զաւակն	Կայեն էր. երբ Կայէն եղեւ
AbCn1	57	եւ ողբային վասն	զաւակացն	իւրեանց: [58] Մինչեւ
AbCn1	58	թէ այլ չարագոյն	զաւակ	<ծնցի> իւրեանց կոծօք: [59] Իս
AbCn2	3	զի Ադամայ առաջին	զաւակն	Կայէն էր եւ յետ նորա Աբէլ: [4
AbCn2	57	վերայ ինքեանց վասն	զաւակացն	[58] Իսկ Աստուած
Creat1	43	կնոջ եւ ի մէջ	զաւակի	<քո եւ ի մէջ զաւակի>
Creat1	43	<քո եւ ի մէջ	զաւակի	> դորա, նա սպասեսցէ
Creat2	41	քո եւ ի մէջ	զաւակի	դորա, դու սպասեսցես
Exp1	25	մարմնանայ ի	զաւակէ	քումմէ, ի սուրբ եւ յ
Exp2	25	կուսէ. զոր ի	զաւակէն	քումմէ եղիցի որդին
Tid1	3	նա եղիցի	զաւակ	օրհնեալ եւ գլուխ
Tid1	4	[4] Եւ բազմանայ	զաւակ	քո եւ զաւակ Սէթայ, եւ
Tid1	4	զաւակ քո եւ	զաւակ	Սէթայ, եւ նոքօք լցցին
Tid1	4	Կայենայ, կամ այլ	զաւակացն	քոց ընդ ազգին
Tid1	4	…նակեսցեն Սէթայ	զաւակքն	ընդ Կայենայ, կամ այլ
Tid1	5	Սէթայ, դեռ այլ	զաւակ	չունէր բայց ի Կայենայ
Tid1	20D	[20D] էին ի	զաւակէն	Սէթայ որ ի լերինն
Tid1	27	նոր Ադամ. զի ի	զաւակէ	քումմէ լցցի աշխարհս
Tid1	38B5	փոքր են, կուս եւ	զաւակ	Սեթայ են. եւ մի
Tid1	56	[56] Երբ բազմացան	զաւակ	նորա իջին <յ> Իջեւան եւ
Tid2	1	նա եղիցի	զաւակ	օրհնեալ եւ գլուխ
Tid2	2	ի կին եւ լինի	զաւակ	վախեմ թէ այլ նոր սուգ
Tid2	3	նա եղիցի	զաւակ	օրհնեալ. զի որչափ
Tid2	4	[4] Եւ բազմանան	զաւակ	քո եւ զաւակ Սէթայ. եւ
Tid2	4	զաւակ քո եւ	զաւակ	Սէթայ. եւ նոքօք լցվի
Tid2	4	Սէթայ եւ այլ	զաւակաց	քոց նա նոքա եւս
Tid2	5	[5] Ապա Կայէնի	զաւակքն	բազմացան եւ եղեն

զաւրեղ adjective

AbCn2	21	տեսանեմք թէ որս է	զօրեղ	եւ ուժով: [22] Իբրեւ գրկեաց զ

զաւրք noun

Creat1	1Y	եւ արար նախ զ	զօրս	Հրեշտակաց ի
Creat2	4	երկնաւոր	զօրացն	որք Հարին զդասսն
Rep	6	եղանակս անմարմին	զաւրացն	[7] Զայս ամենայն

զգենում verb

Rep	24	զի՞նչ արբցուք Զի՞նչ	զգեցցուք	եւ զմերկութիւնս մեր

զգեստ **noun**

Tid1	22 Y	*այնպիսի պճնեալ*	*զգեստիւք*	*եւ ազգի ազգի*

զի՞ **adverb**

Rep	23	*լիանամ* [23] *Ով ծառք*	*զի՞*	*կայք ընդէ՞ր ոչ լայք զԱդամ*

զի **conjunction**

AbCn1	3	*Հանել Աստուծոյ*: [3]	*զի*	*Ադամայ առաջին զաւակն Կայեն էր*
AbCn1	6	*Հողագործ էր*: [6]	*զի*	*ասաց նոցա Ադամ, թէ ի վաստակոց*
AbCn1	6	*Հանէք Աստուծոյ*	*զի*	*Աբելի ոչխարն ծնաւ Հազար եւ մի*
AbCn1	14	*ոչ գիտէր սպանանել*	*զի*	*այլ սպանումն ոչ էր եղեալ*: [15
AbCn1	18	*եւ կչտի բռնել փորձիլ*	*զի*	*տեսցէ յուժն իւր յաղթել կարէ զ*
AbCn1	21	*ի վերայ իմ, տեսցուք*	*զի*	*ով կարէ կորել զնա*: [22] *Եւ ն*
AbCn1	30	*զերեսդ Համբուրեմ* <	*զի*	> *կարօտ չմնայ ի սրտիս. դու զի*
AbCn1	31	*ասաց. Իմ մօրս ասես*	*զի*	*զկաթն իւր Հալալ արասցէ ինձ*:
AbCn2	3	*որդւոց իւրոց*	*զի*	*Ադամայ առաջին զաւակն Կայէն էր*
AbCn2	11	...*ուցանեմ քեզ բաժին*	*զի*	*ի քո տուեալ բարի պարգեւաց քոց*
AbCn2	14	*որպէս սպանցէ զնա*	*զի*	*դեռ չէր սպանումն եղեալ ի վերայ*
AbCn2	15	*խորՀուրդն Կայէնի*	*զի*	*Համապազ ընդ իրեար ուտէին եւ*
AbCn2	24	*Մի սպանաներ զիս*	*զի*	*ես ոչ թշնամի եմ քեզ, այլ բարեկ*
AbCn2	30	*Համբուրեմ զքեզ*	*զի*	*ոչ մնամ կարօտ ի քէն*: [31] *Այլ*
AbCn2	32	*տաս ծնողացն իմոց*	*զի*	*ինձէն խապար չունին նոքա որ ի*
AbCn2	37	...*տուՀասեաց զԿայէն*	*զի*	*ի Հարցանելն Աստուծոյ զնա*
AbCn2	43	*պատուՀասն այն էր*	*զի*	*Համապազ լալով եւ դողալով շրջէր*
AbCn2	46	*յիսուն եւ երեք տարի*	*զի*	*զմաՀն կուզէր եւ ոչ մեռանէր*:
AbCn2	53	*ելանէր յերես Հողոյն*	*զի*	*Համապազ արիւնն ոչ ցամաքէր. ոչ*
AbCn2	53	*ոչ Հօտէր եւ ոչ որդնէր*	*զի*	*էր իբրեւ զքուն. ոչ փտէր, եւ ո*
AbCn2	57	*առ միմեանս*	*զի*	*մի այլ մեծ սուգ գայ ի վերայ*
Creat1	5	*զԱդամ Հողեղէն*	*զի*	*լցուսցեն զտեղի անկելոց*
Creat1	8	*Հուպ լինիցիք*	*զի*	*յորժամ ուտիցէք ի նմանէ*
Creat1	9	*դրախտին*, (	*զի*	) *եթէ պաՀեալ էր Ադամ զ*
Creat1	13	*զԱդամ եւ զԵւայ*	*զի*	*շրջէին եւ պտղոյն ուտելովն*
Creat1	15	[15] *Ասէ Եւայ*	*զի*	*Տէր Աստուած պատուէր ետ չ*
Creat1	16	*զձեզ Աստուած*	*զի*	*Աստուած իբրեւ զձեզ նման*
Creat1	17	*չուտել ի պտղոյդ*	*զի*	*Հաւասար լինիցիք եւ*
Creat1	20	[20] *Ասէ Եւայ*	*զի*	*քաղցրագոյն պտուղ է, առ եւ*
Creat1	24	*քեզ Աստուած*	*զի*	*Աստուած զքեզ յոյժ սիրէ*
Creat1	27	*զեղեցիկ էր*	*զի*	*մարմինն որպէս մարգարիտ*
Creat1	27	*նորաստեղծ էր*	*զի*	*Աստուած իւր ձեռօքն էր*
Creat1	28	*թէ մերկանամ*	*զի*	*լաւ է ինձ մեռանիլ քան թէ*
Creat1	29	*ի կնոջէս*: [29]	*զի*	*զայս ոչ իմացաւ, թէ պաՀեալ*
Creat1	31	*ի լուսոյն*: [31]	*զի*	*ոչ թէ պտուղն չար էր, քան զի*
Creat1	31	*չար էր, քան*	*զի*	*չար պտուղն ի դրախտի մէջն*
Creat1	32	*նոցա Աստուած*	*զի*	*զայր Հանդարտապէս, եւ*
Creat1	36	*եւ թաքեայ*	*զի*	*մերկ էի եւ ամաչէի ի քէն*
Creat1	37	[37] *Ասէ Տէրն*	*զի*	*լուսով ծածկեցի զձեզ*
Creat1	41	*զՀաց քո*	*զի*	*Հող էիր եւ ի Հող դարձցիս*
Creat2	5	*ըստեղծ զԱդամ*	*զի*	*Հողեղէն մարդօք լնուցու զ*

Creat2	8	մի ուտիցէք	զի	յորժամ ուտիցէք մաՀու
Creat2	9	եդ ի վերայ նոցա	զի	փորձեսցէ եւ տեսցէ թէ
Creat2	13	օձն ետես զԵւա	զի	ճաշակէր յամենայն պտղոյ
Creat2	15	[15] Ասէ Եւայ	զի	Աստուած ասաց յորժամ
Creat2	16	զձեզ խաբեաց	զի	յառաջ Աստուած մարդ էր
Creat2	17	ձեզ չուտել	զի	մի կերեալ Հաւասար լինիք
Creat2	24	ոչ մերկասցին	զի	սիրէ զքեզ Աստուած: [25]
Creat2	30	բայց գեղեցիկ էր	զի	նորաստեղծ էր եւ իբրեւ
Creat2	32	ընդ տերեւովն	զի	մի տեսցէ Աստուած. քանզի
Creat2	35	ի պտղոյ անտի	զի	յորժամ ուտես մերկանաս եւ
Creat2	43	զՀաց քո	զի	Հող էիր եւ ի Հող դարձցիս
Creat2	45	դրախտին: [45]	զի	ոչ թէ պտուղն չար էր որ
Creat2	45	եւ մերկացան	զի	չար պտուղն ի՞նչ կանէր ի
Creat2	45	կանէր ի դրախտն	զի	պտուղն բարի էր բայց
Creat2	46	Երուսաղէմ	զի	փորձեաց զնա Աստուած: [47]
Exp1	9	[9] Ասէ Սատանայ	զի	է, ընդէ՞ր ոչ ասացիք զձեզ
Exp1	15	զաւետիսն	զի	ուրախացուցի զձեզ: [16] Ասէ
Exp1	16	եւ աւետեաց քոց	զի	դու լուսաւորեցեր զմեզ
Exp1	23	անծինն ծնանի	զի	անծին ես եմ որ ոչ ոք ծնաւ
Exp1	23	Սատանայի	զի	դու պատկեր իմ ես. ոչ
Exp1	24	նորա: [24]	զի	այն եօթն օրն որ պաՀեաց
Exp1	25	յանարատ կուսէն	զի	նայ եղիցի որդի որդւոյ <քո
Exp2	2	լուսով լինի	զի	ոչ գիտէին թէ ցերէկն գիշեր
Exp2	4	…տմիմք եւ լամք	զի	ստեղծեալ էր զմեզ Աստուած
Exp2	14	եւ տեսանէին	զի	նշան լուսոյ երեւէր
Exp2	16	եւ աւետեաց քոց	զի	դու լուսաւորեցեր զմեզ. զի
Exp2	16	…աւորեցեր զմեզ	զի	ծառայեմք քեզ մեք եւ
Exp2	24	անմաՀն մեռանի	զի	անծինն ես եմ. եւ անմաՀ
Exp2	26	իմ, որդի քո: [26]	զի	անծինն ծնանի եւ Ջնջէ զ
Exp2	27	լուաւ ուրախ եղեւ	զի	վեց դարն իբրեւ ժամ մի
Rep	1	յանդիման դրախտին	զի	միշտ տեսանելով զդրախտն Հանապա
Rep	8	ձայնիւ [8] Վասն	զի	տեսանէր զվայրս դրախտին յանդիմ
Rep	14	մեռելոյս Վայ ինձ	զի	զպատուիրանն յանցեայ [15] Վայ
Rep	15	որ աղքատացայ Վայ ինձ	զի	ի բարձրութենէ խոնարՀեցայ Վայ
Rep	22	[22] Ի՞ւ ապրիմ	զի	աՀա քաղցեալ եմ Ո՞րպէս ցանեմ
Rep	24	պարտակեսցուք	զի	աՀա մաշկեղէն այս Հանդերձս
Rep	25	ռուցանէ ոչ գիտեմք	զի	աՀա աւր մի եւ գիշեր մի անցաւ ի
Rep	25	այս բաւական է	զի	Հրամայեաց արարիչն մաՀու
Rep	34	անկաւ վասն բանին եւ	զի	յառաջ քան զպատմելն Եւայի զ
Rep	35	եւ ետես	զի	սպանեալ էր Կային զԱբէլ զ
Rep	38	Ադամ ասել Եւայի	զի	եկեալ ի միասին լայցեն զՀաբէլ
Rep	39	զմարմինն Հաբելի	զի	ամփոփեալ էր ի Հրեշտակաց
Rep	45	արարն իսկ [45] Վասն	զի	եՀարց Աստուած զԿային թէ ո՞ւր
Rep	51	ի վերայ նորա [51] Նախ	զի	ասաց թէ Անիծեալ լիՋիր [52]
Rep	54	տայ քեզ զպտուղ իւր	զի	արեամբ արդարոյ ներկեր զնա
Rep	57	[57] Եաւթներորդ	զի	նշան եդ ի վերայ նորա Աստուած ո
Rep	58	բուսաւ ի ճակատն	զի	ընդ որ գնայր եղՋեւրն գոչէր եւ
Rep	62	եւ Եւայի [62] Նախ	զի	մեղան Աստուծոյ [63] Երկրորդ զ

Rep	63	[63] Երկրորդ	զի	մերկացան ի լուսոյն [64] Երրոր
Rep	64	ի լուսոյն [64] Երրորդ	զի	արտաքսեցան ի դրախտէն [65]
Rep	65	դրախտէն [65] Չորրորդ	զի	յերկիրս անիծից անկան [66]
Rep	66	անկան [66] Հինգերորդ	զի	ընդ մահու գրուեցան [67]
Rep	67	[67] Վեցերորդ	զի	յԱստուծոյ ստարացան [68]
Rep	68	[68] Եաւթներորդ	զի	ի շնորհաց դատարկացան [69]
Rep	69	[69] Ութերորդ	զի	անասնոց հաւասարեցան [70]
Rep	70	[70] Իններորդ	զի	որդեկորոյս եղեն եւ ողբաց
Rep	71	[71] Տասներորդ	զի	զանդրանիկ որդին իւրեանց տեսին
Rep	84	Զի՞նչ առնեմ զկնի քո	զի	ես ոչ ինչ իմանամ [85] Ասէ Ադա
Rep	86	այնու ածանէք զանձն իմ	զի	դիւրանամ ի ցաւոցս [87] Եւ
Rep	86	երթ աղաչեա զՏէր	զի	թերեւս տացէ ի ծառոյն ածմանէ ո
Rep	89	Աստուծոյ յիշեա	զի	ընդ մերով իշխանութեամբ էիր եւ
Rep	92	ասաց Արիք եւ գնացէք	զի	մեռաւ Ադամ յերեկոյին ժամուն
Rep	99	առեալ զնոսա ի տապանին	զի	մի ապականեալ կորիցեն ի ջուրցն
Tid1	1	ի կին քո	զի	լինի քեզ որդի փոխանակ
Tid1	2	մերձենալ կնոջս	զի	երկու անգամ մերձեցայ ի
Tid1	2	ելանելն իմ	զի	զԱբէլ արեամբ տեսանեմ
Tid1	2	կու թափեմ	զի	թէ այլ մերձենամ ի կինս
Tid1	3	…թարիս ի նմանէ	զի	որչափ տրտմեցար վասն
Tid1	5	պատուհասին: [5]	զի	յայնժամ որ հրեշտակն
Tid1	15	ի գլուխն եղեալ	զի	մի բարձր հայեսցի ի պտուղն
Tid1	16	…եշտակին իւրոյ	զի	զնա մարմնով վերացուցին եւ
Tid1	18	աղջկունք նոցա	զի	մի մարդոյ հետ հարիւր
Tid1	18	ի միմեանց	զի	մարդն սակաւ էր, կանայք եւ
Tid1	26	ամուսնանալ	զի	հինգհարիւր տարեկան էր
Tid1	27	պիտի կատարես	զի	զաշխարհս ամենայն ջրով
Tid1	27	լինիս նոր Ադամ	զի	ի զաւակէ քումմէ լցցի
Tid1	32	կին մնացեալ է	զի	առից զնա ի կնութիւն: [33]
Tid1	38B5	ջրհեղեղ կու գայ	զի	յորժամ ամուսնացաւ Նոյ եւ
Tid1	38Y	զԱստուած	զի	քսանեւեօթն օր
Tid1	45	ագռաւ մի	զի	գնացեալ նշան բերցէ. եւ նա
Tid1	48	զտապանն, եւես	զի	լերինք եւ բլուրք
Tid1	50	յԱստուծոյ	զի	այլ մի ջրով անցուցանել զ
Tid1	54	ի վերայ նոցա	զի	այս եղիցի ուխտ իմ ընդ քեզ
Tid2	2	…րձենալ ի կինդ	զի	երկու անգամ մերձեցայ եւ
Tid2	2	իմ ի դրախտէն	զի	զԿայէն տեսանեմ որ այնպէս
Tid2	3	զաւակ օրհնեալ	զի	որչափ դառնացար եւ
Tid2	4	ընդ ազգն Կայէնի	զի	ընդ անիծիւք են նոքա. երբ
Tid2	6	ութսուն կին: [6]	զի	Կայէն երկու հարիւր երեսուն
Tid2	15	մի եդ ի գլխոյն	զի	մի տեսցէ զպտուղ ծառոյն
Tid2	18	եւ կանայք	զի	զմէկ մարդն ի մէջ հարիւր
Tid2	24	որ ասաց Նոյի	զի	ամուսնասցի: [25] Ասէ Նոյ. ոչ
Tid2	27	քեզ կին առնուլ	զի	դու եղիցիս նոր Ադամ. զի
Tid2	27	եղիցիս նոր Ադամ	զի	սոքա ամենեքեան ջրով
Tid2	31	…խարհս անցաւոր	զի	երեքհարիւր եւ յիսուն
Tid2	33	կատարել պարտիս	զի	աղջիկ մի կայ կոյս եւ
Tid2	38D	մուտ ի տապան քո	զի	լինի ջրհեղեղ: [38E] Իսկ նա

Tid2	38E	Համբերութիւն	զի	քարոզեցից, թերեւս
Tid2	38F	դարձիք ի մեղաց	զի	դարձուցէ Տէր զՋրհեղեղ
Tid2	38G	ասէին. գիտեմք	զի	ընդ վայր տանջեցար եւ
Tid2	39	եւ մտէք ի տապան	զի	էհաս Ջրհեղեղն: [40] Իսկ
Tid2	45	զագռաւն	զի	բերցէ նշան ցամաքի. եւ նա
Tid2	54	ուխտին իմոյ: [54]	զի	յորժամ ցուցանեմ զայն
Tid2	54	որդիքն քո	զի	հասեալ է ողորմութիւն իմ
WdsAd	1	այս բնակութիւնս մեր	զի	այս բնակութիւն զազանաց եւ
WdsAd	2	ի դրախտն էր: [2]	զի	եստեղծ զմեզ Աստուած եւ եդ ի
WdsAd	5	զհրեշտակն	զի	գայր եւ ունէր ճիւղ մի ուրախութ
WdsAd	8	տեսանէ զճիւղն	զի	(յ) այն ծառոյն էր յորմէ զմահ
WdsAd	10	Հայրն. Հայր, գիտեա	զի	որպէս մահարար է, նոյնպէս

զիարդ conjunction

AbCn2	25	մի կենալ: [25] Դու	զիա՞րդ	կատես զիս եւ առանց ինձ մնալ
Rep	22	եմ Ո՞րպէս ցանեմ	զիա՞րդ	վաստակեմ Զի՞նչ ուտեմ
Tid2	32	անցնի: [32]	զիարդ	խառնիմ ի մեղս աշխարհի

զի՞նչ pronoun

Exp1	6	ոչ գիտեմք թէ	զի՞նչ	գործեցաք, որ բարկացաւ
Exp1	7	[7] Ասէ Սատանայ	զի՞նչ	եառուք այն հրեշտակին
Exp1	11	[11] Ասէ Սատանայ	զի՞նչ	<տայք> ինձ <թէ> տամ ձեզ
Exp2	11	[11] Ասէ Սատանայ	զի՞նչ	տայք ինձ թէ տամ ձեզ զ
Rep	22	զիա՞րդ վաստակեմ	զի՞նչ	ուտեմ զի՞նչ առնեմ Ի՞ւ
Rep	22	Զի՞նչ ուտեմ	զի՞նչ	առնեմ Ի՞ւ մխիթարիմ Որո՞վ խնդամ
Rep	22	Ի՞ւ յագենամ	Ի՞ւ	լիանամ [23] Ով ծառք զի՞ կայք
Rep	22	Որո՞վ զուարճանամ	Ի՞ւ	յագենամ Ի՞ւ լիանամ [23] Ով ծա
Rep	22	ուտեմ զի՞նչ առնեմ	Ի՞ւ	մխիթարիմ Որո՞վ խնդամ Որո՞վ
Rep	22	նստելոյս [22]	Ի՞ւ	ապրիմ զի ահա քաղցեալ եմ
Rep	24	կամ զի՞նչ արբցուք	զի՞նչ	զգեցցուք եւ զմերկութիւնս
Rep	24	որպէս ապրեսցուք	զի՞նչ	կերիցուք եւ կամ զի՞նչ
Rep	24	կերիցուք եւ կամ	զի՞նչ	արբցուք Զի՞նչ զգեցցուք եւ զ
Rep	24	հաներ Ով կին արդ	զի՞նչ	արասցուք եւ որպէս
Rep	24	կինն եւ ասէ Ով կին դու	զի՞նչ	գործեցեր ընդ մեզ Ով կին
Rep	24	կինն եւ ասէ Ով կին դու	զի՞նչ	գործեցեր ընդ մեզ Ով կին
Rep	25	ի վերայ մեր եւ թէ	զի՞նչ	մահն իցէ որ զմեզ մեռուցանէ
Rep	36	եսպան եւ կամ	զի՞նչ	աւրինակաւ այս է զոր ասեմս
Rep	84	չուտով մեռանիմ [84]	զի՞նչ	առնեմ զկնի քո զի ես ոչ ինչ
Tid2	38G	քարոզես. եւ	զ՞ինչ	տամք քեզ զգին տապանիդ

զկնի preposition

Rep	84	[84] Զի՞նչ առնեմ	զկնի	քո զի ես ոչ ինչ իմանամ [85] Ա

զղջանամ verb

AbCn2	37	…արութիւն կոչեաց. թէ	զղջացեալ	մեղայ գոչէ: [38] Ցորոյ
Rep	47	այն եհարց զԿային որ	զղջանայր	եւ մեղայ ասէր [48]

զղջումն noun

Rep	72	Եւայի եւ աւելորդ	զղջման	եւ ապաշխարութեան

զոհ **noun**

AbCn2	9	*քեզ. արդ ընկալ զ*	*զոհս*	*իմ որպէս հաճոյ է քեզ այնպէս*

զուարճանամ **verb**

Creat1	13	*ուտելովն*	*զուարճանային*	*ի մէջ դրախտին*
Rep	22	*Որո՞վ խնդամ Որո՞վ*	*զուարճանամ*	*Ի՞ւ յագենամ Ի՞ւ լիանամ*

զուարճութիւն **noun**

Rep	6	*ծառոցն եւ զ*	*զուարճութիւն*	*տնկոցն զպայծառութիւն*

զուգեմ **verb**

Tid1	21D	*զինքեանս*	*զուգէին*	*գեղէին յունքն*

զսպեմ **verb**

Rep	97	*եւ լուացեալ*	*զսպեցին*	*զնոսա եւ պատեցին անոյշ*

զրկեմ **verb**

Rep	23	*Ադամ ՞նդէ՞ր ոչ լայք զ*	*զրկեալս*	*ի ձէնջ ընդէ՞ր ոչ լայք զ*
Rep	24	*մեզ Ով կին ընդէ՞ր*	*զրկեցեր*	*զմեզ յայնպիսի*
Rep	73	*Ողորմեցարուք*	*զրկելոյս*	*ի ձէնջ Ողորմեցարուք*
WdsAd	2	*փառացն (եւ)*	*զրկեցաք*	*ի դրախտէն։* [3] *Եւ Սէթ որդին*

է **numeral**

AbCn1	45	*եւ ոչ ցերեկն։* [45]	*է*	*Եօթներորդն պատուհասն այն էր,*

էգ **adjective**

Rep	79	*երեսուն արու եւ*	*էգ*	*որ էին ամենեքեան վաթսուն* [80]

է՞ր **pronoun**

AbCn2	36	*չէիր սպանօղ վասն*	*է՞ր*	*եղեր։* [37] *Վասն որոյ եւթն պատ*
Tid2	10	*ի հօրէն թէ վասն*	*է՞ր*	*լայք եւ միշտ արտմիք եւ*

ըմբռնեմ **verb**

AbCn2	31	*ոչ ետ պատասխանի*	*ըմբռնեալ*	*գքարն ի խոչակն եւ*

ըմպեմ **verb**

AbCn1	15	*Հանապազ ուտէին եւ*	*ըմպէին*	*ի միասին եւ շրջէին։* [16] *Իսկ*
Rep	32	*Կային ի բերանն առեալ*	*ըմպէր*	[33] *Եւ Հաբէլ աղաչէր զնա թէ*

ընդ **preposition**

AbCn1	14	*Իսկ Կայէն ոխացաւ*	*ընդ*	*Աբելի, կամէր սպանանել զնա բայ*
AbCn1	18	*Սկիզբն արար խաղալ*	*ընդ*	*եղբօրն իւր եւ արար զօտամարտիլ*
AbCn2	14	*Իսկ Կայէն ոխացաւ*	*ընդ*	*Աբէլի եւ կամէր սպանանել զնա*
AbCn2	15	*Կայէնի. զի Հանապազ*	*ընդ*	*իրեար ուտէին եւ խմէին եւ շրջէի*
AbCn2	18	*սկիզբն արար խաղալ*	*ընդ*	*եղբօրն կշտի բռնելով որ է կիւլէ*
AbCn2	41	*ոչ Հասանէր ուտել եւ*	*ընդ*	*վայր խուզէր։* [42] *Հինգերորդ*
Creat1	6	*նորա եւ ելից*	*ընդ*	*այնր մարմին. եւ իբրեւ*
Creat1	18	*պտղոյն եւ կերաւ*	*ընդ*	*ուտել պտղոյն մերկացաւ ի*

Creat1	32	բարբառով խօսէր	ընդ	նոսա: [33] Բայց ի ժամուն յ
Creat1	39	Տէր խօսեցաւ	ընդ	կնոջն, եւ ասաց. կին, զո՞ւ
Creat1	42	[42] Եւ դարձեալ	ընդ	Եւայի, ասաց. Փոխանակ զի
Creat2	3	եւ զարմանայր	ընդ	մեծութիւն փառաց իւրոց
Creat2	6	նորա եւ ելից	ընդ	այնր մարմին եւ եղեւ կինն
Creat2	14	օձն խօսեցաւ	ընդ	Եւայի եւ ասաց ընդէ՞ր յ
Creat2	32	ծածկեցաւ	ընդ	տերեւովն, զի մի տեսցէ
Creat2	32	եւ խօսէր	ընդ	նոսա սիրով եւ
Creat2	38	Տէրն խօսեցաւ	ընդ	Եւայի. Թէ ընդէ՞ր կերար ի
Exp2	14	եւ Եւայ Հայէին	ընդ	արեւելս եւ տեսանէին զի
Rep	24	դու զի՞նչ գործեցեր	ընդ	մեզ Ով կին ընդէ՞ր զրկեցեր զ
Rep	28	զԱբուսաքր քոյր նորա	ընդ	նմա եւ ասէ ծնայ մարդ Աստուծով
Rep	36	զնա ձեռն յետս	ընդ	ծառով միոյ եւ առեալ քար մի
Rep	58	բուսաւ ի ճակատն զի	ընդ	որ գնայր եղջերն գոչէր եւ
Rep	66	[66] Հինգերորդ զի	ընդ	մաՀու զրաւեցան [67]
Rep	89	Աստուծոյ յիչեա զի	ընդ	մերով իչխանութեամբ էիր եւ մի
Rep	91	զազանն եւ ասաց	ընդ	Եւայ մարդկային բարբառով խոժոռ
Rep	92	յերեկոյին ժամուն	ընդ	մտանել արեւուն [93] Եւ նոքա
Rep	94	եւ նա եւս մեռաւ	ընդ	Ադամայ [95] Ի ստեղծանելն ընդ
Rep	95	[95] Ի ստեղծանելն	ընդ	առաւաւտս ուրբաթուն ստեղծաւ
Tid1	4	Սէթայ զաւակքն	ընդ	Կայենայ, կամ այլ
Tid1	4	զաւակացն քոց	ընդ	ազգին Կայենայ. երբ
Tid1	4	երբ խառնին	ընդ	ազգս բարի որդիքն քո
Tid1	9	եւ ոչ խառնակէին	ընդ	ազգին Կայենի, այլ
Tid1	19	նորա ոչ խառնէին	ընդ	նոսա, եւ սրբութեամբ
Tid1	20Y	[20Y] կային	ընդ	նոսա, եւ ոչ գոյր Հնար
Tid1	20Y	խառնակելոյ	ընդ	ազգն Կայենի: [20D] էին ի
Tid1	21D	որ ոչ խառնակէին	ընդ	իւրեանց աղջկունք Հնար
Tid1	22D	խառնակեցան	ընդ	որդիս Սեթայ, զամենեսեան
Tid1	22Y	խառնեցան	ընդ	որդւոցն Սեթայ, զ
Tid1	23D	խառնակեցան	ընդ	նոսա եւ չարագործ եղեն
Tid1	23Y	խառնեցան	ընդ	նոսա եւ չարացան քան զ
Tid1	54	…չութեան իմոյ	ընդ	որդիս քո. երբ տեսանեն զ
Tid1	54	եղիցի ուխտ իմ	ընդ	քեզ եւ ընդ <որդւոց> քո
Tid1	54	իմ ընդ քեզ եւ	ընդ	<որդւոց> քո, այլ ոչ ածից
Tid2	4	մի խառնակեսցիս	ընդ	ազգն Կայէնի. զի ընդ
Tid2	4	ազգն Կայէնի. զի	ընդ	անիծիւք են նոքա. երբ
Tid2	4	ազգն Կայէնի	ընդ	ազգն Սէթայ եւ այլ զաւակաց
Tid2	9	եւ ոչ ժառանգէին	ընդ	ազգն Կայէնին: [10] Իսկ
Tid2	22	եւ խառնակեցան	ընդ	նոսա: [23] Միայն զՆոյ ոչ
Tid2	23	եւ պղծեցան	ընդ	նոսա, իբրեւ զչուն
Tid2	36	եւ ամուսնացաւ	ընդ	նմա: [37] Եւ սկիզբն արաւ
Tid2	38G	զիտեմք զի	ընդ	վայր տանջեցար եւ
Tid2	53	Նոյի զաղեղն	ընդ	ամպս կանանչ եւ կարմիր
Tid2	53	եւ կարմիր	ընդ	արեւելս եւ ասէ. այս է նչան
WdsAd	1	բնակութիւնն յԵդեմ	ընդ	արեւելս ի դրախտն էր: [2] Ջի
WdsAd	12	անցելոց, Սէթ զբանն	ընդ	Ենովս խօսեցաւ եւ ասէ. Այսպէս
WdsAd	12	բնակութիւնն յԵդեմ	ընդ	արեւելս էր: [13] Եւ յորժամ ստ

ընդդէմ **preposition**

Rep	89	Եւայ աղաղակեաց	ընդդէմ	գազանին եւ ասաց Սանձեա զ
Rep	90	եւ խստանամք եւ	ընդդէմ	դառնամք ձեզ [91] Ջայս

ընդէ՞ր **adverb**

AbCn1	25	չարութիւն <արարի>	ընդէ՞ր	բարկանաս ինձ. աշխարհս ամէն
Creat1	14	Ասէ օձն Եւայի	ընդէ՞ր	<ամենայն> ծառոյ պտղոյ
Creat1	19	Ադամ եւ ասէ. <	ընդէ՞ր	> կերար ի պտղոյն: [20]
Creat1	35	[35] Ասէ Տէրն	ընդէ՞ր	փախեար եւ թաքեար: [36]
Creat1	37	ծածկեցի զձեզ	ընդէ՞ր	մերկացաք ի լուսոյն
Creat2	14	Եւայի եւ ասաց	ընդէ՞ր	յամենայն ծառոց
Creat2	19	որ դու գործեցեր	ընդէ՞ր	կերեր ի պտղոյդ եւ
Creat2	36	եւ մեռանիս: [36]	ընդէ՞ր	կերար: [37] Ասէ Ադամ
Creat2	38	ընդ Եւայի. թէ	ընդէ՞ր	կերար ի պտղոյն: [39]
Exp1	3	…եշտակի, եւ ասէ	ընդէ՞ր	տրտում էք: [4] Ասէ Ադամ
Exp1	9	Սատանայ. Ջի է	ընդէ՞ր	ոչ ասացիք զձեզ ծառայ
Exp2	3	եւ ասէ ցԱդամ	ընդէ՞ր	տրտմիք: [4] Ասէ Ադամ
Rep	23	ի պտղոց ձերոց	ընդէ՞ր	ոչ լայք զկարաւտեալս
Rep	23	ի բարեաց ձերոց	ընդէ՞ր	ոչ լայք զպասքեալս ի պտղոց
Rep	23	ի լուսոյդ ձերմէ	ընդէ՞ր	ոչ լայք զքաղցեալս ի
Rep	23	զզրկեալս ի ձէնջ	ընդէ՞ր	ոչ լայք զխաւարեալս ի լուսոյդ
Rep	23	՞նդէ՞ր ոչ լայք զԱդամ	ընդէ՞ր	ոչ լայք զզրկեալս ի ձէնջ
Rep	23	[23] Ով ծառք զի՞ կայք	ընդէ՞ր	ոչ լայք զԱդամ ընդէ՞ր ոչ լայք
Rep	24	նպիսի զրգանացն Ով կին	ընդէ՞ր	արտաքսեցեր զմեզ
Rep	24	փափկութենէն Ով կին	ընդէ՞ր	որոշեցեր զմեզ յայնպիսի
Rep	24	ընդ մեզ Ով կին	ընդէ՞ր	զրկեցեր զմեզ յայնպիսի
Rep	49	չես սպանաւղ	ընդէ՞ր	եղեր [50] Եւ եաւթն պատիժ
Rep	75	Հայեցայք ի պտուղն	ընդէ՞ր	ոչ խաւարեցայք [76] Ով ոտք
Rep	76	գնացիք ի ծառն մահաբեր	ընդէ՞ր	ոչ կոտորեցայք [77] Ով
Rep	77	որ հատիք զպտուղն	ընդէ՞ր	ոչ գաւսացայք [78] Եւ այսպիսի
Tid1	10	պապն մեր Ադամ	ընդէ՞ր	տրտում <է>: [11] Ասէ Սէթ
Tid1	30	անցաւոր երազոյ	ընդէ՞ր	ապականեմ զ

ընդունելի **adjective**

AbCn1	12	եղեն աղօթքն քո, եւ	ընդունելի	<եղեւ> ընծայն քո: [13] Եւ
Tid1	50	զաշխարհս	ընդունելի	եղեն պատարագ նորա

ընդունիմ **verb**

AbCn1	11	աղաչեմ զքեզ	ընկալ	զնուէրս, որ մատուցանեմ քեզ
AbCn1	13	ի վերայ Հաբելի, եւ	ընկալաւ	զզառն Աբելի եւ վերացաւ յ
AbCn2	9	բերի բաժին քեզ. արդ	ընկալ	զզոհս իմ որպէս հաճոյ է քեզ
AbCn2	11	աղաչեմ զքեզ	ընկալ	զնուէրս իմ զոր մատուցանեմ քե
AbCn2	11	աղաչեմ եւ պաղատիմ	ընկալ	ի հաճոյս բարերար կամաց քոց
AbCn2	12	լսելի եղեն աղօթք քո եւ	ընդունեցի	զընծայս քո: [13] Եւ
Rep	70	եւ աղեաց կսկիծ	ընկալան	[71] Տասներորդ զի զանդրանիկ

ընծայ **noun**

AbCn1	12	քո, եւ ընդունելի <եղեւ>	ընծայն	քո: [13] Եւ լուսափայլ <ամպ>
AbCn2	12	քո եւ ընդունեցի զ	ընծայս	քո: [13] Եւ լուսափայլ ամպն

ընտիր **adjective**

AbCn2	6	*ընտրեաց զլաւն եւ զ*	*ընտիրն*	*խաշանց զգէրն եւ զպարարտն*

ընտրեմ **verb**

AbCn1	6	*ունէր, զայն Հաբէլ*	*ընտրեաց*	*Աստուծոյ բաժին. բայց ոչ*
AbCn1	8	*զգառն իւր, զոր*	*ընտրեալ*	*էր եւ բաժին Աստուծոյ*
AbCn2	6	*Հազար եղեւ. ապա*	*ընտրեաց*	*զլաւն եւ զընտիրն խաշանց զ*
AbCn2	8	[8] *Ապա երբ Աբէլ զ*	*ընտրեալ*	*զառինսն եւ մեծարեաց զ*

ըստ **preposition**

AbCn1	9	*բաժին եւ տասանորդ*	*ըստ*	*արդար վաստակոց իմ մատուցի քեզ*
Rep	2	*դէմ դրախտին* [2] *Եւ աւր*	*ըստ*	*աւրէ կարաւտութիւնն յաւելոյր*
Rep	28	*որդեծնութեամբ*	*ըստ*	*Հրամանին Աստուծոյ եւ յետ*
Tid1	38D3	…*բութենէն եւ օր*	*ըստ*	*օրէ չարանային։* [38D4] *Նոյ*
Tid2	17	*այնպիսի փառացն*	*ըստ*	*որում բազումք յօժարեցան*
WdsAd	11	*իւր. եւ փոխեցաւ*	*ըստ*	*Հրամանի Տեառն ի Հող յորմէ*

թագաւոր **noun**

Rep	20	*տէր էի ձեզ իշխան եւ*	*թագաւոր*	*եւ արդ եմ ձեզ Հաւասար*

թագաւորեմ **verb**

Rep	15	*Վայ ինձ որ յառաջին*	*թագաւորէի*	*եւ անանկացայ* [16] *Վայ ինձ*

թաղեմ **verb**

AbCn1	53	[53] *Քանի որ*	*թաղէին*	*զմարմին Աբելի ելանէր յերեսս*
AbCn2	53	[53] *Ապա յորժամ*	*թաղեցին*	*զմարմինն Աբէլի, նա ելանէր յ*
AbCn2	56	*երբ Ադամ մեռաւ եւ*	*թաղեցաւ*	*նա ապա տեղ ետուր որ*
AbCn2	56	*ապա տեղ ետուր որ*	*թաղեցին*	*զԱբէլ ի գերեզմանի։* [57]
Exp1	20	*քարն, եւ տարեալ*	*թաղեաց*	*ի գետն Յորդանան։* [21]
Exp2	2	*զձեռագիր քարն*	*թաղեաց*	*ի գետն Յորդանանու։* [22]
Rep	38	*եւ ամփոփեալ*	*թաղեսցեն*	*զնա* [39] *Եւ յորժամ*

թարգմանեմ **verb**

Tid1	3	*նորա Սէթ, որ*	*թարգմանի*	*մխիթարանք. նա*
Tid2	1	*նորա Սէթ, որ*	*թարգմանի*	*մխիթարութիւն. նա*
Tid2	3	*նորա Սէթ որ*	*թարգմանի*	*մխիթարութիւն. նա*

թաւթափեմ **verb**

Creat2	4	*Սատանայի եւ*	*թօթափեցին*	*զամենայն գունդսն*

թափեմ **verb**

Creat1	27	…*ութիւնն, խելքն*	*թափէր*	*ի գլխոյն. Թէպէտ ի*
Creat2	29	*խելքն ի գլխոյն*	*թափէր*	[30] *Թէպէտ մերկացեալ*
Tid1	2	*արտասուք*	*կու թափեմ*	*զի թէ այլ մերձենամ ի*
Tid1	42	…*վերուստ ի վայր*	*թափէր*	[43] *Բազումք կամեցան*

թաքչիմ **verb**

Creat1	34	*լուայ, փախեայ*	*թաքեայ*	[35] *Ասէ Տէրն. ընդէ՞ր*
Creat1	35	*փախեար եւ*	*թաքեար*	[36] *Ասէ Ադամ. Վասն*

Creat1	36	*այն փախեայ եւ*	*թաքեայ*	*զի մերկ էի եւ ամաչէի*
Creat2	34	*մերկ էի եւ*	*թաքեայ*	[35]*Աւէ Աստուած. ո՞չ*

թէ conjunction

AbCn1	6	*Զի ասաց նոցա Ադամ*	*թէ*	*ի վաստակոց ձեռաց <տասնէն> մին*
AbCn1	21	*զքեզ, տեսանեմ*	*թէ*	*կարես կորել զնա եւ արձակիլ. ա*
AbCn1	22	*էր, այնու փորձեաց*	*թէ*	*ում ուժն աւելի <է>:* [23] *Իբրե*
AbCn1	26	*աստ եւ անդ շրջէր*	*թէ*	*իրք մի գտցէ, եւ այնով սպանանից*
AbCn1	26	*եղբայրն, եւ ոչ գիտէր*	*թէ*	*որոյ տեղ է սպանելոյ:* [27] *Իսկ*
AbCn1	39	*բարձր բարբառով*	*թէ*	*Կայէն եղբայրասպան է:* [40] *Սա*
AbCn1	43	*ուտել չկարէր, եւ իբր*	*թէ*	*ուտէր, ի վայր Հեղոյր:* [44] *զ*
AbCn1	49A	*Եւ Ղամէք գիտաց*	*թէ*	*այծ է նետիւ աղեղէն սպան զԿայէ*
AbCn1	49D	[49D] *Ցանց գիտաց*	*թէ*	*այծ էր, եւ մազն իւր մէն էր, եւ*
AbCn1	49D	*եւ մազն իւր մէն էր, եւ*	*թէ*	*գլխոյ եւ թէ մարմնոյ ոտէն մինչ*
AbCn1	49D	*մէն էր, եւ թէ գլխոյ եւ*	*թէ*	*մարմնոյ ոտէն մինչ ի գլուխն մազ*
AbCn1	49Y	*տեսաւ Ղամէք, գիտաց*	*թէ*	*եղջիւր է. եՀար նետիւ աղեղան, ե*
AbCn1	56	*Ադամ մեռաւ, ապա*	*թէ*	*մարմինն Աբելի ի գերեզմանն մտաւ*
AbCn1	58	*ի կինն, ասէր*	*թէ*	*վախեմ թէ այլ չարագոյն զաւակ*
AbCn1	58	*կինն, ասէր թէ վախեմ*	*թէ*	*այլ չարագոյն զաւակ <ծնցի> իւրե*
AbCn2	1	*իւրոց եւ ասաց*	*թէ*	*յորժամ ելայ ի դրախտէն եւ անկայ*
AbCn2	6	*վասն եղբօրն*	*թէ*	*քոյն եւս Հասնին Հունձք. ապա ի*
AbCn2	14	*զնա բայց ոչ գիտէր*	*թէ*	*որպէս սպանցէ զնա. զի դեռ չէր*
AbCn2	18	*բռնելով որ է կիւլէչ*	*թէ*	*կարէ գետնով տալ եւ կապել զնա*
AbCn2	19	*ասի. նա ասաց Աբէլի*	*թէ*	*եկ ասմայի մատիւ խաղասցուք:* [2
AbCn2	20	*ուռամբս. տեսանեմ*	*թէ*	*կարես կորել զնա:* [21] *Դարձեա*
AbCn2	21	*զիս, տեսանեմք*	*թէ*	*որս է զօրեղ եւ ուժով:* [22] *Իբ*
AbCn2	26	*շրջէր եւ ոչ գիտէր*	*թէ*	*որով պիտի սպանանել զնա:* [27]
AbCn2	32	*աղաղակէր ասելով*	*թէ*	*ինչպէս ճուղապ կու տաս ծնողացն*
AbCn2	35	*որ ինձանէ խնդրես. մի*	*թէ*	*ես պաՀապան էի նմա:* [36] *Եւ*
AbCn2	36	*ի վերայ Կայէնի*	*թէ*	*երբ պաՀապան չէիր սպանօղ վասն*
AbCn2	37	*…չխարութիւն կոչեաց*	*թէ*	*զղջացեալ մեղայ գոչէ:* [38] *Ցո*
AbCn2	38	*պատուՀասն այս է*	*թէ*	*սա է եղբայրասպանն Կայէն:* [39]
AbCn2	45	[45] *Այլ ասաց*	*թէ*	*ինչ մարդ որ զԿայէն սպանանէ, ն*
Creat1	25	*քննէր, եւ վախէր*	*թէ*	*կնոջ նման մերկանայր:* [26]
Creat1	26	*մերկանայր:* [26]	*Թէ*	*ոչ ճաչակէր, կինն լայր եւ*
Creat1	26	*ի միասին եւ*	*թէ*	*ապրիմք ի միասին, մի*
Creat1	28	*արար, ասաց. Մի*	*թէ*	*Աստուած ողորմի՞ ինձ եւ ոչ*
Creat1	28	*…կացուցանէ. ե՞րբ*	*թէ*	*մերկանամ. զի լաւ է ինձ*
Creat1	28	*մեռանիլ քան*	*թէ*	*բաժանիլ եւ որոշիլ ի*
Creat1	29	*զայս ոչ իմացաւ*	*թէ*	*պաՀեալ էր զպատուիրանն*
Creat1	30	*արար, ասաց*	*թէ*	*ոչ կարեմ ապրիլ առանց*
Creat1	31	[31] *Զի ոչ*	*թէ*	*պտուղն չար էր, քան զի չար*
Creat1	37	*ի լուսոյն. մի*	*թէ*	*կերայ՞ք ի պտղոյն:* [38] *Աւէ*
Creat2	8	*պատուէր եւ ասաց*	*թէ*	*ուտելով կերիցէք զ*
Creat2	9	*եւ տեսցէ*	*թէ*	*պաՀէին զպատուիրանն Տեառն*
Creat2	9	*Տեառն. եւ*	*թէ*	*ոչ զփչալից աշխարՀն*
Creat2	26	*զիս ի քեզանէ*	*թէ*	*ապրիմք ի միասին ապրիմք*
Creat2	26	*ապրիմք. եւ*	*թէ*	*մեռանիմք ի միասին*

Creat2	35	ո՞չ ասացի քեզ	թէ	մի ուտեր ի պտղոյ անտի. զի
Creat2	38	ընդ Եւայի	թէ	ընդէ՞ր կերար ի պտղոյն: [39]
Creat2	45	[45] Զի ոչ	թէ	պտուղն չար էր որ կերան եւ
Creat2	46	եղիր Ադամայ: [46]	Թէ	պահեալ էր զԱստուծոյ
Creat2	48	եւ Հարցաւ	թէ	ու՞ր ես Ադամ. վասն այն
Creat2	52	եւ ոչ գիտէին	թէ	արեգակն մտանէ եւ ելանէ
Exp1	2	նոքա գիտացին	թէ	խաւար կալաւ զնոսա, այլ ոչ
Exp1	2	…յնպէս գիտացին	թէ	աշխարհս ամենայն լուսաւոր
Exp1	2	զայն ոչ գիտէին	թէ	յաշխարհս գիշեր լինի, կամ
Exp1	2	Հանց գիտացին	թէ	այլ ոչ լուսանայ, լացին եւ
Exp1	6	Իսկ ոչ գիտեմք	թէ	զի՞նչ գործեցաք, որ
Exp1	11	<տայք> ինձ <	թէ	> տամ ձեզ աւետիք լուսոյ
Exp1	18	եղիցին: [18] Եւ	թէ	ոչ ասես այսպէս, խոր խաւար
Exp1	23	Մի երկնչիր Ադամ	թէ	խաբեաց զքեզ Սատանայ
Exp1	23	այն ասաց քեզ	թէ	մինչեւ անծինն ծնանի, զի
Exp2	1	էր. նա ոչ գիտէր	թէ	ի մայրն մտանէր արեգակն
Exp2	2	թուեցաւ նոցա	թէ	մութ եղեւ եւ այլ ոչ
Exp2	2	նոյնպէս գիտէին	թէ	աշխարհս ամենայն լուսով
Exp2	2	զի ոչ գիտէին	թէ	ցերէկն գիշեր կու փոխի
Exp2	2	այնպէս իմացան	թէ	այլ չի լուսանայր. վասն
Exp2	6	Այլ ոչ գիտեմք	թէ	ինչ չար գործեցաք որ
Exp2	11	զի՞նչ տայք ինձ	թէ	տամ ձեզ զաւետիքն լուսոյ
Exp2	19	եղեալ ասաց	թէ	մինչեւ անծինն ծնանի եւ
Exp2	24	այն որ ասաց	թէ	մինչեւ անծինն ծնանի. եւ
Rep	1	ԵՒ ԵՒԱՅԻ ՆԱԽԱՍՏԵՂԾԻ	ԹԷ	ՈՐՊԷՍ ԱՐԱՐԻՆ [1] Յետ ելանելոյ
Rep	3	եւ այնպէս կարծեցին	թէ	այն էր մահն որով մեռանելոց էին
Rep	5	Քանզի ասաց Աստուած	թէ	մահու մեռանիցիք եւ այն բաւթ
Rep	25	ի վերայ մեր եւ	թէ	զի՞նչ մահն իցէ որ զմեզ
Rep	32	Ադամայ եւ ասաց	թէ	Տեսի գիշերս յերազի որ զարիւնն
Rep	33	Եւ Հաբէլ աղաչէր զնա	թէ	Թող յարենէդ եւ նա ոչ լսէր եւ
Rep	34	որ ասէր ցՀաբէլ	թէ	Եկ երթիցուք ի դաշտի անդ եւ
Rep	36	ի տեղւոջէն [36] Եւ	թէ	ո՞րպէս եսպան եւ կամ զի՞նչ
Rep	45	Աստուած զԿային	թէ	ո՞ւր է Աբէլ եղբայրն քո [46] Ե
Rep	48	ասաց Ոչ գիտեմ մի	թէ	պահապա՞ն իցեմ եղբաւրն իմոյ
Rep	51	նորա [51] Նախ զի ասաց	թէ	Անիծեալ լիջիր [52] Երկրորդ Ի
Rep	58	գոչէր եւ աղաղակէր	թէ	զայ Կային եղբայրասպանն [59] Ե
Rep	83	ես յաշխարհիս	թէ	շուտով մեռանիմ [84] Զի՞նչ առն
Rep	83	իմ ասա զժամանակ իմ	թէ	յամեմ ես յաշխարհիս թէ շուտով
Tid1	2	կու թափեմ. զի	թէ	այլ մերձենամ ի կինս, լինի
Tid1	10	եՀարց ի Հօրէն	թէ	պապն մեր Ադամ ընդէ՞ր
Tid1	37A	ձայնէր փայտն	թէ	Ջրհեղեղ կու գայ: [38Y] Երբ
Tid1	37Y	փայտն ձայնէր	թէ	Ահաւասիկ Ջրհեղեղ ելանէ եւ
Tid1	38B1	ամենեցունց	թէ	Ջրհեղեղ կու գայ. ամենայն
Tid1	38B3	Նոյեայ որ ասէ	թէ	Ջրհեղեղ կու գայ: [38B4]
Tid1	38B4	չինէր զտապանն	թէ	աստ Ջուրն Հասանէ եւ այլ
Tid1	38B7	Նոյ քարոզել	թէ	կամէր Աստուած կորուսանել
Tid1	39	տախտակն ձայնէր	թէ	Ջրհեղեղ կու գայ: [40]
Tid1	54	աշխարհիս	թէ	չար գործեն այլ ուրիշ

Tid2	1	*եւ ասաց Ադամայ*	*թէ*	*մերձեցիր առ կին քո, եւ*
Tid2	2	*կու Հեղանի*	*թէ*	*դարձեալ մերձենամ ի կին եւ*
Tid2	2	*զաւակ, վախեմ*	*թէ*	*այլ նոր սուգ բերէ ինձ։* [3]
Tid2	10	*եՀարց ի Հօրէն*	*թէ*	*վասն է՞ր լայք եւ միշտ*
Tid2	37	*սղոցն եւ փայտն*	*թէ*	*պիտի Ջրհեղեղ գայ յերկիրս*
Tid2	38A	*առնէին ասելով*	*թէ*	*յայս քան բարձր տեղիս*
Tid2	38A	*եւ այգի տնկես*	*թէ*	*երկիրս Ջրասոյզ լինի։* [38B]
Tid2	38C	*Նոյի եւ ասաց*	*թէ*	*առ երեք որդւոց քոց կին ի*
Tid2	38F	*Նոյ ասելով*	*թէ*	*դարձիք ի մեղաց գի*
Tid2	39	*ի տախտակէն*	*թէ*	*փախերուք եւ մտէք ի տապան*
Tid2	51	*ձայն եղեւ առ նա*	*թէ*	*ոչ կորուսանեմ այսպիսի*
Tid2	52	*պատուՀասի։* [52]	*Թէ*	*մեղանչեն ինձ այլ ուրիշ*
WdsAd	12	*Հայրն իմ Ադամ*	*թէ*	*ոչ էր այս բնակութիւնս մեր, այլ*

***թերեւս* adverb**

AbCn1	36	*Հարցանէր Աստուած*	*թերեւս*	*մեղայ ասիցէ։* [37] *Իբրեւ ետես*
Creat2	48	*այն Հարցանէր*	*թերեւս*	*մեղայ ասեն եւ*
Rep	86	*աղաչեա զՏէր գի*	*թերեւս*	*տացէ ի ծառոյն ածմանէ որ*
Tid1	38B6	*տասն տարի*	*թերեւս*	*դարձցին։* [38B7] *Եւ սկսաւ*
Tid1	38D7	*Նոյին. տասն տարի*	*թերեւս*	*դառնային ի*
Tid2	38E	*գի քարոզեցից*	*թերեւս*	*դարձցին ի մեղաց։* [38F]

***թեւաւոր* adjective**

Creat1	11	[11] *Յայնժամ օձն*	*թեւաւոր*	*էր, լեզու ունէր*
Creat2	11	*ապա օձն էր*	*թեւաւոր*	*եւ ունէր լեզու, եւ էր*

***թզենի* noun**

Creat1	32	*ծածկեցան*	*թզենի*	*տերեւան. քանզի*
Creat1	33	*կեցաւ ի վերայ*	*թզենւոյն*	*եւ ձայնեաց ասելով*
Creat2	32	*մտեալ ի ներքս*	*թզենւոյն*	*ծածկեցաւ ընդ*
Creat2	33	*բարձր ի վերայ*	*թզենւոյն*	*ձայնեաց*
Creat2	48	*այն եկն ի վերայ*	*թզենւոյն*	*եւ Հարցաւ թէ ու՞ր ես*

***թէպէտ* conjunction**

Creat1	24	[24] *Ասէ Եւայ*	*Թէպէտ*	*ուտես ոչ բարկանայ քեզ*
Creat1	27	*թափէր ի գլխոյն*	*թէպէտ*	*ի լուսոյ էր մերկացեալ*
Creat1	48	*իւր>, ասացին*	*թէպէտ*	*չէ բարութիւն, եւ*
Creat2	24	[24] *Ասէ Եւա*	*թէպէտ*	*եւ դու շատ ուտիցես ոչ*
Creat2	30	*թափէր։* [30]	*Թէպէտ*	*մերկացեալ էր. բայց*
Exp1	5	*ի լոյս աշխարՀս*	*թէպէտ*	*չէր Հաւասար լուսոյ*
Exp2	1	*արեգականն*	*թէպէտ*	*չէր Հաւասար արեգական*

***թիւ* noun**

Tid2	17	*ի լերինս. եւ եղեւ*	*թիւք*	*աւելի քան զՀինգ Հարիւր*

***թմբուկ* noun**

Tid1	22A	*խաբեցին։* [22A]	*Թմբկօք*	*եւ փողս եւ քնարիւք եւ*

թմբրութիւն **noun**

Creat1	6	*արկ Տէր Աստուած*	*թմբրութիւն*	*ի վերայ Ադամայ*
Creat2	6	*նորա։ [6] Եւ արկ զ*	*թմբրութիւն*	*ի վերայ Ադամայ*

թնդեմ **verb**

AbCn2	10	*Կայէնի որոտաց եւ*	*թնդաց*	*եւ ել Հողմ եւ քամի ի նմանէ եւ*

թշնամի **noun**

AbCn2	24	*զիս. զի ես ոչ*	*թշնամի*	*եմ քեզ, այլ բարեկամ եւ միշտ*

թշնամութիւն **noun**

Creat1	43	*քոց. եդից զ*	*թշնամութիւն*	*ի մէջ քո եւ*
Creat2	41	*[41] Եւ եդից զ*	*թշնամութիւն*	*ի մէջ քո եւ*

թշուառական **adjective**

Rep	20	*Տեսէք զիս զ*	*թշուառականս*	*Ողորմեցարուք ինձ որ*

թողութիւն **noun**

Creat2	48	*մեղայ ասեն եւ*	*թողութիւն*	*գտանեն։ [49] Երբ*

թողում **verb**

AbCn1	51A	*եւ խոստովանութեան*	*եթող*	*նմա Տէր Աստուած զպատուհասն*
Creat1	30	*առանց կնոջս. եւ*	*եթող*	*զխօսքն Աստուծոյ եւ*
Creat1	31	*եւ զպատուիրանն*	*եթող*	*եւ զօձին լսեց. եւ Ադամ զ*
Creat1	31	*եւ զպատուիրանն*	*եթող*	*զիւր կնոջ խօսքն լսեց*
Creat2	43	*փոխանակ զի*	*թողեր*	*զպատուէր իմ եւ լսեցեր*
Exp1	23	*զքեզ եւ ոչ*	*թողից*	*ի ձեռն նորա։ [24] Զի*
Exp1	23	*...տանայի. բայց ոչ*	*թողում*	*զքեզ զերի ի ձեռն*
Rep	33	*Եւ Հաբէլ աղաչէր զնա թէ*	*Թող*	*յարենէդ եւ նա ոչ լսէր եւ ոչ*
Rep	90	*որդիդ իմ [90] Յայնժամ*	*եթող*	*զազանն զՍէթ զոր կալեալ ունէր*
Rep	91	*դիմաւք եւ ապա*	*թողեալ*	*զնոսա զանց արար եւ գնաց*
Tid1	2	*եւ կսկծայ. զայն*	*թողի*	*եւ զԿայենի պատուհասն*

թոյլ **noun**

Tid2	20	*նոքա ոչ տային*	*թոյլ*	*այլ ծեծէին եւ վարէին զ*

թուեմ **verb**

Exp2	2	*եղեւ, այնպէս*	*թուեցաւ*	*նոցա թէ մութ եղեւ եւ*

թռչուն **noun**

Rep	18	*զիս սողունք եւ*	*թռչունք*	*Լացէք զիս ծառք եւ տունկք*
Rep	20	*ձերմէ [ձ0] Ով*	*թռչունք*	*երկնից իջէք առ իս եւ*
Tid1	47	*զամենայն*	*թռչունս*	*[48] Եւ իբրեւ եղեւ*
Tid1	50	*սրբոց եւ*	*թռչնոց*	*որ եօթն մտեալ էին*
Tid2	41	*երկու ի սրբոց*	*թռչնոց*	*եւ յանասնոցն եւթն*
Tid2	41	*եւթն. եւ եդ զ*	*թռչունսն*	*ի վերնատունն. ի*
Tid2	47	*զամենայն*	*թռչունսն*	*[48] Եւ յետ երեք*

ժամ noun

AbCn1	32	*մորթեաց մինչ ի*	*ժամ*	*մի բռանց> մորթեաց*: [33]
AbCn1	33	[33] *Դարձեալ ի*	*ժամ*	*մորթելոյ ասէր եղբայրն. Ես գնաց*
AbCn2	24	*առանց քեզ ոչ կարեմ*	*ժամ*	*մի կենալ*: [25] *Դու զիա՞րդ կատ*
Creat1	30	[30] *Մինչեւ երեք*	*ժամ*	*պտուղն ի ձեռն քննութիւն*
Creat1	33	*նոսա*: [33] *Բայց ի*	*ժամուն*	*յորում կերեալ էին ի*
Creat2	27	*մինչեւ երեք*	*ժամ*	*երբեմն կամէր ուտել եւ*
Exp1	27	*<տարին> իբրեւ*	*ժամ*	*մի երեւեցաւ*: [28] *Օրհնեալ*
Exp2	27	*վեց դարն իբրեւ*	*ժամ*	*մի համարէր վասն աւետեացն*
Rep	92	*Ադամ յերեկոյին*	*ժամուն*	*ընդ մտանել արեւուն* [93] *Եւ*
Rep	94	[94] *Եւ յետ երեք*	*ժամու*	*անցանելոյ ի վերայ*
Rep	95	*Ադամ եւ յերրորդ*	*ժամու*	*աւուրն սատեղծաւ Եւայ ի կողէն*
Rep	96	*Եւա մեռաւ յերրորդ*	*ժամու*	*գիշերւոյն* [97] *Իսկ որդիք եւ*
Rep	96	*մեռաւ Ադամ երեկի*	*ժամու*	*ուրբաթուն եւ Եւա մեռաւ*

ժամայն adverb

AbCn2	12	*կամաց քոց*: [12] *Նոյն*	*ժամայն*	*քաղցր հողմն հնչեաց եւ լոյս*

ժամանակ noun

AbCn1	52	*եւ սգային բազում*	*ժամանակս*	[53] *Քանի որ թաղէին զ*
AbCn2	47	*եւ ոչ մեռանէր*: [47] *Ի*	*ժամանակին*	*յայնմիկ Ղամէք*
AbCn2	52	*կենային ի բազում*	*ժամանակս*	[53] *Ապա յորժամ թաղեցին*
Exp1	4	*անկանք ի խաւար*	*ժամանակս*	*ինչ*: [5] *Դարձեալ*
Rep	83	*զԱդամ Տէր իմ ասա զ*	*ժամանակ*	*իմ թէ յամեմ ես յաշխարհիս*
WdsAd	12	*սատեղծաւ*: [12] *Եւ յետ*	*ժամանակաց*	*անցելոց, Սէթ զբանն ընդ*

ժառանգեմ verb

Creat2	9	*փչալից աշխարհն*	*ժառանգեսցեն*	[10] *Իսկ պիղծն*
Tid2	9	*կային եւ ոչ*	*ժառանգէին*	*ընդ ազգն Կայէնին*

ժիր adjective

AbCn1	17	*իւր. բայց Աբէլ*	*ժիր*	*էր աւելի քան զԿայէն, վասն*

ժողովեմ verb

AbCn2	7	*բաժին Աստուծոյ. եւ*	*ժողովեաց*	*իբրեւ դէզ մի*: [8] *Ապա եբեր*
AbCn2	9	*եւ վարեցի, ձեռօքս*	*ժողովեցի*	*եւ ի յուս բարձեալ բերի*
Rep	79	*ի փորոյն* [79] *Եւ*	*ժողովեցան*	*առ Ադամ ամենայն*
Rep	80	*վաթսուն* [80]	*Ժողովեցան*	*որդովք եւ դստերաւք*
Tid2	42	*եւթն աւուր իբրեւ*	*ժողովեաց*	*զամենայն ի ներքս*

ի preposition

AbCn1	2	*եւ հրամայեաց*	*ի*	*պտղոյ անտի բաժին հանել Աստուծո*
AbCn1	6	*ասաց նոցա Ադամ, թէ*	*ի*	*վաստակոց ձերոց <տասնէն> մին*
AbCn1	7	*կապէր եւ ուրիշ դնէր*	*ի*	*բաժինն Աստուծոյ*: [8] *Եւ եբեր*
AbCn1	9	*Իսկ Կայէն կանգնեցաւ*	*յ*	*աղօթս առ Աստուած, եւ ասաց. Դու*
AbCn1	10.1B	*որոտաց եւ ել հողմ*	*ի*	*նմանէ քամայտար արար զամենայն*
AbCn1	11	*…ուցանեմ քեզ բաժին*	*ի*	*բարեստեղծեալ պարգեւաց քոց, զո*
AbCn1	11	*քո բաշխեալ բարեացդ*	*ի*	*քեզ մատուցանեմ ի հաճոյս*: [12

AbCn1	11	ի քեզ մատուցանեմ	ի	Հաճոյս: [12] Իսկոյն քաղցր Հո
AbCn1	12	եւ լոյս ծագեաց	յ	երկնից եւ լուսաւորեցան երեսն Ա
AbCn1	12	երեսն Աբելի. եւ եկն	յ	երկնից բարբառ որ ասէր. լսելի է
AbCn1	13	Աբելի եւ վերացաւ	յ	երկինս: [14] Իսկ Կայէն ոխացաւ
AbCn1	16	եւ շրջէին: [16] Իսկ	ի	միում աւուր ասէ Կայէն ցեղբայր
AbCn1	16	եղբայր իւր. Գնասցուք	ի	դաշտն շրջեսցուք: [17] Եւ ելեա
AbCn1	17	[17] Եւ ելեալ գնացին	ի	դաշտն, եւ կամէր Կայէն կապել զ
AbCn1	18	փորձիլ, զի տեսցէ	յ	ուժն իւր յաղթել կարէ զնա. քան
AbCn1	23	[23] Իբրեւ գնաց Աբէլ	ի	ծառն Կայէն առեալ զուռն որթի է
AbCn1	23	արձակեա զիս	ի	կապէն: [24] Եւ Կայէն ոչ արձակ
AbCn1	27	զմիւսն եւ զսուր քարն	ի	վայր ձգեաց: [28] Եւ Կայէն ուս
AbCn1	28	[28] Եւ Կայէն ուսեալ	ի	նմանէ եւ առեալ զսուր քարն, եւ
AbCn1	30	նմա: [30] Իբրեւ եկն	ի	սպանումն լալով ասաց Աբէլ. Եղբա
AbCn1	30	<զի> կարօտ չմնայ	ի	սրտիս. դու գիտես դատաստանն
AbCn1	32	մորթեաց մինչ	ի	ժամ մի բռանց> մորթեաց: [33]
AbCn1	33	[33] Դարձեալ	ի	ժամ մորթելոյ ասէր եղբայրն. Ես
AbCn1	33	եղբայրն. Ես գնացի	յ	աշխարհէս եւ դու շահեա զսիրտ
AbCn1	34	երեւեցաւ Տէրն	ի	ճանապարհին յիսուն կանգնաչափ
AbCn1	35	ինձ պահ որ խնդրես	յ	ինէն: [36] Վասն այն Հարցան
AbCn1	43	եւ իբր թէ ուտէր	ի	վայր Հեղոյր: [44] գ. Վեցերորդ
AbCn1	48Y	ձիաւորեալ գնաց	յ	որս եւ տեսաւ զԿայէն: [49Y] Ի
AbCn1	48Y	[48Y] Իբրեւ ել Ղամէք	ի	ձի, գնաց ի յորս, երեւեցաւ Կայ
AbCn1	48Y	ել Ղամէք ի ձի, գնաց	ի յ	որս, երեւեցաւ Կայեն ի Հեռաստ
AbCn1	49D	մարմնոյ ոտէն մինչ	ի	գլուխն մազ էր. նետիւ աղեղաւ սպ
AbCn1	53	մարմին Աբելի ելանէր	յ	երեսս Հողին. իսկ Հանապազ արիւն
AbCn1	56	որպէս կենդանի	ի	քուն. երբ Ադամ մեռաւ, ապա թէ
AbCn1	56	թէ մարմինն Աբելի	ի	գերեզմանն մտաւ: [57] Բայց յոր
AbCn1	58	Ադամ ոչ մերձեցաւ	ի	կինն, ասէր թէ վախեմ թէ այլ
AbCn2	1	թէ յորժամ ելայ	ի	դրախտէն եւ անկայ յաշխարհս
AbCn2	1	իւր եւ եբեր զիս	ի	լոյս. եւ որքան կենդանիք կային
AbCn2	1	ի դրախտէն եւ անկայ	յ	աշխարհս խաւարային, դարձեալ
AbCn2	2	զերկիր եւ ճաշակել	ի	պտղոյ նորա եւ լիանալ եւ ապրիլ.
AbCn2	2	եւ Հրամայեաց ինձ	յ	ամենայն պտղոյ բաժին Հանել
AbCn2	5	զործիքն իւր եւ ասէ	յ	ամենայն ընչից ձերոց տասնէն զմ
AbCn2	9	ձեռօքս ժողովեցի եւ	ի յ	ուս բարձեալ բերի բաժին քեզ. ար
AbCn2	9	Իսկ Կայէն կանգնեցաւ	յ	աղօթս առ Տէր եւ ասաց. դու Տէր
AbCn2	10	եւ ել Հողմ եւ քամի	ի	նմանէ եւ ցրուեաց զամենայն Հաս
AbCn2	11	քեզ բաժին, զի	ի	քո տուեալ բարի պարգեւաց քոց քե
AbCn2	11	եւ պաղատիմ ընկալ	ի	Հաճոյս բարերար կամաց քոց: [12
AbCn2	12	եւ լոյս ծագեաց	յ	երկնից եւ լուսաւորեաց զերեսս
AbCn2	16	եւ շրջէին: [16] Իսկ	ի	միում աւուր ասէ Կայէն ցեղբայր
AbCn2	16	իւր. Աբէլ գնասցուք	ի	դաշտ ման գալ: [17] Եւ ելեալ զ
AbCn2	17	[17] Եւ ելեալ գնացին	ի	դաշտն. ապա Աբէլ ուժով էր քան զ
AbCn2	27	Սատանայ եղեալ	ի	կերպս երկու ագռաւի եւ առեալ մի
AbCn2	27	զմիւսն եւ սպան զնա	ի	կլափէն, եւ քարն սուր էր որպէս
AbCn2	28	[28] Եւ Կայէն ուսեալ	ի	Սատանայէ, եւ առեալ զքարն եւ
AbCn2	30	զի ոչ մնամ կարօտ	ի	քէն: [31] Այլ Կայէն ոչ ետ
AbCn2	31	ըմբռնեալ զքարն	ի	խոչակն եւ տարբերեալ խագխզէր, է

AbCn2	32	չունին նոքա որ	ի	նոցանէ Հալալութիւն առնէի. քանզ
AbCn2	33	եւ եդ կապեալ այնպէս	ի	ծառին: [34] Եւ ինքն գնաց իբրեւ
AbCn2	37	զԿայէն. զի	ի	Հարցանելն Աստուծոյ զնա
AbCn2	37	զնա քաղցրութեամբ	յ	ապաշխարութիւն կոչեաց. թէ
AbCn2	38	մեղայ գոչէ: [38]	Յ	որոյ ճակատն կոտոշ բուսաւ. ուր
AbCn2	42	…տուՀասն այն էր, որ	յ	աչքն ամենեւին քուն չէր մտանէր
AbCn2	47	եւ ոչ մեռանէր: [47]	Ի	ժամանակին յայնմիկ Ղամէք
AbCn2	47	մորթ մի վայրենի	ի	ծոցն, գնաց ի լեառն եւ եղեւ ընծ
AbCn2	47	վայրենի ի ծոցն, գնաց	ի	լեառն եւ եղեւ ընծոյ նման եւ ան
AbCn2	47	ընծոյ նման եւ անկաւ	ի	ճանապարՀին: [48] Իսկ Ղամէք ել
AbCn2	47	[47] Ի ժամանակին	յ	այնմիկ Ղամէք ձիաւորեալ Հանապազ
AbCn2	48	Իսկ Ղամէք ելաւ գնաց	յ	որս առնել. եւ ետես զԿայէն եՀա
AbCn2	49	եւ բուսաւ կոտոշ	ի	գլուխն: [50] Իսկ Ղամէքայ կինն
AbCn2	50	եւ այնչափ ելաց որ	յ	աչերէն արիւն կաթեցաւ փոխանակ
AbCn2	52	եւ միշտ սուգ կենային	ի	բազում ժամանակս: [53] Ապա
AbCn2	53	Աբէլի, նա ելանէր	յ	երես Հողոյն. զի Հանապազ արիւնն
AbCn2	54	Հող լինիլ. եւ ապա	ի	նմանէ ծնելոցն. վասն որոյ պիտէր
AbCn2	54	Ադամ մեռանէր եւ	ի	Հող դառնայր, ապա ծնունդ նորա
AbCn2	54	նորա մեռանէր եւ	ի	Հող դառնայր: [55] Մինչեւ ի մա
AbCn2	55	մեռաւ. վասն այն ոչ	ի	Հող դառնայր մարմինն Աբէլի: [5
AbCn2	56	որ թաղեցին զԱբէլ	ի	գերեզմանի: [57] Բայց յորժամ Ա
AbCn2	59	եւ զձեզ մխիթարեսցէ	յ	ամենայն տրտմութեանց ձերոց. Ամէ
Creat1	3	եւ Հպարտացաւ	ի	սրտի իւրում, եւ կամեցաւ զ
Creat1	4	Հարին զնոսա եւ	ի	վայր տուին, որպէս զկարկուտ
Creat1	4	որպէս զկարկուտ	ի յ	ամպէն: [5] Իսկ բարերարն
Creat1	4	Տէր Աստուած	յ	ունաւոր սերովբէից մեծին
Creat1	6	եւ առ զմի	ի	կողիցն նորա եւ ելից ընդ
Creat1	6	զարթեաւ Ադամ	ի	քնոյ, տեսաւ զկին Հաւանեցաւ
Creat1	7	իմ, եւ մարմին	ի	մարմնոյ. սա կոչեսցի կին: [8]
Creat1	7	Ադամ. ԱՀա ոսկր	ի յ	ոսկերաց իմ, եւ մարմին ի
Creat1	8	ծառերոյդ, բայց	ի	ծառոյն կենաց մի ուտիցէք եւ
Creat1	8	յորժամ ուտիցէք	ի	նմանէ մաՀու մեռանիք: [9] Իսկ
Creat1	8	կերիջիք	յ	ամենայն պտղոց ծառերոյդ
Creat1	9	այն եդ զԱդամ	ի	միջասաՀման դրախտին, (զի)
Creat1	9	…երանայր փառօք	ի	վերինն Երուսաղէմ ի տեղի
Creat1	9	Երուսաղէմ	ի	տեղի անկեալ Հրեշտակացն
Creat1	10	…խանձեալ եմուտ	յ	օձն: [11] Յայնժամ օձն թեւաւոր
Creat1	11	ունէր, մտանէր	ի	դրախտն. եւ Սատանայ յաՀէն
Creat1	11	ոչ իշխէր	ի	դրախտն մտանել: [12] Իբրեւ
Creat1	11	եւ Սատանայ	յ	աՀէն Հրեշտակաց ոչ իշխէր ի
Creat1	12	Իբրեւ ետես զօձն	ի	դրախտին, ուսուց օձին խաբել
Creat1	13	<խրատեալ> էր	ի	Սատանայէ. այնչափ որսաց, որ
Creat1	15	ետ չուտել	ի	պտղոյդ. իբրեւ ուտիցէք, ասէ
Creat1	16	չէր կերեալ	ի	պտղոյդ. իբրեւ կերաւ
Creat1	17	ասաց ձեզ չուտել	ի	պտղոյդ զի Հաւասար լինիցիք
Creat1	18	Յայնժամ առեալ	ի	պտղոյն եւ կերաւ. ընդ ուտել
Creat1	18	մերկացաւ	ի	լուսոյն: [19] Իբրեւ եկն Ադամ
Creat1	19	կինն մերկացեալ	ի	լուսոյն, տրտմեցաւ Ադամ եւ

Creat1	1Y	զօրս Հրեշտակաց	ի	ծառայութիւն սատուածութեա…
Creat1	19	<ընդէ՞ր> կերար	ի	պտղոյն: [20] Ասէ Եւայ. Զի
Creat1	21	Ոչ կարեմ ուտել	ի	դմանէ, եւ <մերկանալ> քեզ
Creat1	26	մի <որոշիր զիս>	ի	քէն: [27] Իսկ Ադամ, երբ Հայէր
Creat1	27	Ադամ, երբ Հայէր	ի	կնոջ գեղեցկութիւնն, խելքն
Creat1	27	խելքն թափէր	ի	գլխոյն. թէպէտ ի լուսոյ էր
Creat1	27	ի գլխոյն. թէպէտ	ի	լուսոյ էր մերկացեալ բայց
Creat1	28	եւ որոշիլ	ի	կնոջէս: [29] Զի զայս ոչ
Creat1	30	եւ մերկացաւ	ի	լուսոյն: [31] Զի ոչ թէ
Creat1	31	զի չար պտուղն	ի	դրախտի մէջն ոչ կայր. այլ
Creat1	32	<մերկացան>	ի	լուսոյն. եւ գնացին ծածկեցան
Creat1	32	կարէին ծածկել	ի	տեսութենէն Աստուծոյ
Creat1	33	նոսա: [33] Բայց	ի	ժամուն յորում կերեալ էին ի
Creat1	33	կերեալ էին	ի	պտղոյն մերկացեալ ի լուսոյն
Creat1	33	մերկացեալ	ի	լուսոյն եւ տերեւովն
Creat1	33	Բայց ի ժամուն	յ	որում կերեալ էին ի պտղոյն
Creat1	36	էի եւ ամաչէի	ի	քէն: [37] Ասէ Տէրն. Զի լուսով
Creat1	37	մերկացաք	ի	լուսոյն. մի թէ կերայ՞ք ի
Creat1	37	մի թէ կերայ՞ք	ի	պտղոյն: [38] Ասէ Ադամ. Այս
Creat1	41	զի Հող էիր եւ	ի	Հող դարձցիս: [42] Եւ դարձեալ
Creat1	43	Անիծեալ լիցիս	յ	ամենայն կենդանեաց մէջ
Creat1	44	…եշտակաց Հանել	ի	դրախտէն, եւ Հրեղէն սրով
Creat1	45	զԱդամ եւ զԵւայ	ի	դրախտէն: [46] Եւ ելեալ
Creat1	46	Եւ ելեալ արտաքս	ի	տեղի մութն եւ խաւար, <վեց օր>
Creat1	47	իւր Հանել զնոսա	ի	խաւարէն, եւ առաջնորդեալ
Creat1	47	եբեր զնոսա	ի	լոյս աշխարՀս, եւ եցոյց նոցա
Creat2	3	…րագոյն բազմիլ	յ	աթոռս Հաւասար աթոռոյն
Creat2	4	դիւաց. եւ	ի	վայր Հարին որպէս կարկուտ
Creat2	4	որպէս կարկուտ	ի յ	ամպոյն: [5] Իսկ բարերարն
Creat2	6	զարթեալ Ադամ	ի	քնոյ, ետես զկինն եւ
Creat2	7	իմոց, եւ մարմին	ի	մարմնոյ իմոյ. սա կոչեսցի
Creat2	7	աՀա սա ոսկր	յ	ոսկերաց իմոց, եւ մարմին ի
Creat2	8	դրախտին բայց	ի	պտղոյ գիտութեան մի
Creat2	10	կամէր մտանել	ի	դրախտն: [11] Եւ աՀա բեկեալ ի
Creat2	11	Եւ աՀա բեկեալ	ի	Հրեշտակաց եւ ոչ կարէր. ապա
Creat2	11	կենդանի, մտանէր	ի	դրախտն եւ ելանէր: [12] Իսկ
Creat2	13	դրախտին. եւ	ի	մի ծառոյն ոչ ուտէր: [14]
Creat2	13	զԵւա զի ճաշակէր	յ	ամենայն պտղոյ դրախտին. եւ ի
Creat2	14	Ադամ եւ շրջէր	ի	դրախտն, օձն խօսեցաւ ընդ
Creat2	14	եւ ասաց ընդէ՞ր	յ	ամենայն ծառոց ճաշակես. եւ յ
Creat2	14	ճաշակես. եւ	յ	այդ մին ծառոյն ոչ ճաշակես
Creat2	15	յորժամ ուտէք	ի	ծառոյդ մաՀու մեռանիք: [16]
Creat2	16	զձեզ. երբ կերաւ	ի	պտղոյ անտի, նա այն մեծ
Creat2	18	կտրեաց եւ կերաւ	ի	պտղոյն. եւ առժամայն
Creat2	19	ընդէ՞ր կերեր	ի	պտղոյդ եւ մերկացար: [20] Ասէ
Creat2	26	մի որոշեր զիս	ի	քեզանէ. թէ ապրիմք ի
Creat2	26	թէ ապրիմք	ի	միասին ապրիմք. եւ թէ
Creat2	26	եւ թէ մեռանիմք	ի	միասին մեռանիմք: [27] Իսկ

Creat2	28	անկանէր	ի	սիրտն: [29] Երբ զմերկութիւն
Creat2	28	երբ Հայէր կնոջ	յ	աղաչանքն եւ յարտասուքն
Creat2	28	յաղաչանքն եւ	յ	արտասուքն, ողորմութիւն
Creat2	29	տեսանէր, խելքն	ի	գլխոյն թափէր: [30] Թէպէտ
Creat2	31	զինքն եւ կերաւ	ի	պտղոյն, եւ մերկացաւ ի
Creat2	31	եւ մերկացաւ	ի	լուսոյն: [32] Ապա վասն
Creat2	35	քեզ թէ մի ուտեր	ի	պտղոյ անտի. զի յորժամ ուտես
Creat2	38	թէ ընդէ՞ր կերար	ի	պտղոյն: [39] Ասէ Եւա. Տէր այս
Creat2	42	եւ ծնունդ քո	ի	մահ փոխանակեսցի: [43] Եւ
Creat2	43	զի Հող էիր եւ	ի	Հող դարձցիս: [44] Եւ
Creat2	44	Հանել զնոսա	ի	դրախտէն. եւ Հրեղէն
Creat2	45	ի՞նչ կանէր	ի	դրախտն. զի պտուղն բարի էր
Creat2	46	բարձրանայր	ի	վերինն Երուսաղէմ. զի
Creat2	49	որ զպատճառն	ի	ստեղծօղն ասացին. վասն այն
Creat2	49	…աքսեաց զնոսա	ի	դրախտնէն: [50] Եւ անկան ի
Creat2	50	[50] Եւ անկան	ի	տեղի մթին եւ աղջամղջին
Creat2	51	Հանել զԱդամ	ի	խաւարային տեղեաց. եւ բերել
Creat2	51	տեղեաց. եւ բերել	ի	լոյս աշխարհ. եւ եցոյց նմա
Creat2	51	զերկիր, եւ	ի	պտղոյ նորա կերակրիլ: [52]
Creat2	54	ազատեսցէ զձեզ	ի	խաբէութենէ չարին Սատանայի
Exp1	0	ԵԼԱՆԵԼՈՅՆ ԱԴԱՄԱՅ	Ի	ԴՐԱԽՏԷՆ [1] Իսկ երբ անկաւ Ադա
Exp1	1	երբ անկաւ Ադամ	ի	դրախտէն յաշխարհս
Exp1	1	Ադամ ի դրախտէն	յ	աշխարհս, ուրախութեամբ
Exp1	2	ոչ գիտէին թէ	յ	աշխարհս գիշեր լինի, կամ
Exp1	3	առ նա Սատանայ	ի	կերպ Հրեշտակի, եւ ասէ
Exp1	4	օձին ճաշակեցաք	ի	պտղոյն եւ ելաք ի դրախտէն
Exp1	4	պտղոյն եւ ելաք	ի	դրախտէն, եւ անկանք ի խաւար
Exp1	4	եւ անկանք	ի	խաւար ժամանակս ինչ: [5]
Exp1	5	<եւ> եհան զմեզ	ի	խաւարէն. եւ բերեալ ի լոյս
Exp1	5	եւ բերեալ	ի	լոյս աշխարհս, թէպէտ չէր
Exp1	7	որ զձեզ եհան	ի	մութ տեղուոջէն եւ եբեր ի
Exp1	7	…ուոջէն եւ եբեր	ի	լոյս: [8] Ասէ Ադամ. Եւ ոչ ինչ
Exp1	13	ցուցանէր նոցա	յ	արեւելից <կողմն>, եւ ասաց
Exp1	20	տարեալ թաղեաց	ի	գետն Յորդանան: [21] Այս եղեւ
Exp1	22	Եւայ> որ խաբեցան	ի	Սատանայէ, լացին եւ ողբացին
Exp1	22	արեգական. իսկ	յ	երեկոյն արեգակն իբրեւ մտաւ
Exp1	23	էառ զձեռնագիրն	ի	քէն, որ մնաս դու գերի
Exp1	23	ձեռնագիր	յ	Աստուծոյ ետ ի ձեռն Ադամայ
Exp1	25	…աջաւոր: [25] Եւ	ի	մտանել վեց դարուն
Exp1	25	առաքեցից	ի	լուսոյ աստուածութեան իմոյ
Exp1	25	մարմնանայ	ի	զաւակէ քումմէ, ի սուրբ եւ յ
Exp1	25	զաւակէ քումմէ	ի	սուրբ եւ յանարատ կուսէն. զի
Exp1	25	ի սուրբ եւ	յ	անարատ կուսէն. զի նայ եղիցի
Exp1	26	ազատեսցէ զքեզ	ի	գերութենէ Սատանայի, եւ տացէ
Exp2	0	ԱԴԱՄԱՅ ԵՒ ԵՒԱՅԻ	Ի	ԴՐԱԽՏԷՆ [1] Յորժամ Ադամ անկաւ
Exp2	1	Ադամ անկաւ	ի	լուսոյն, սակաւ մի ուրախացաւ
Exp2	1	նա ոչ գիտէր թէ	ի	մայրն մտանէր արեգակն: [2]
Exp2	2	քարն թաղեաց	ի	գետն Յորդանանու: [22]

Exp2	3	առաւօտն: [3] Իսկ	ի	Հաւախօսին եկեալ Սատանայ ի
Exp2	3	եկեալ Սատանայ	ի	կերպս Հրեշտակի եւ ասէ ց
Exp2	4	օձին կերաք	ի	պտղոյն. եւ արտաքսեցաք ի
Exp2	4	եւ արտաքսեցաք	ի	դրախտէն. եւ անկաք ի տեղիս
Exp2	4	եւ անկաք	ի	տեղիս այս խաւար մթին: [5]
Exp2	5	իւր Հանեալ զմեզ	ի	խաւարէս եբեր ի լոյս աշխարՀ
Exp2	5	ի խաւարէս եբեր	ի	լոյս աշխարՀ: [6] Այլ ոչ
Exp2	7	որ եբեր զձեզ	ի	լոյս աշխարՀ: [8] Ասէ Ադամ
Exp2	10	[10] Ասէ Ադամ	յ	ապշութիւն կալաւ զմեզ
Exp2	13	ցոյց ետ նոցա	յ	արեւելս եւ ասաց. անտի
Exp2	22	մտաւ արեգակն	ի	մայրն. գիտաց Ադամ որ
Exp2	24	…ւածութիւն. զոր	ի	վեց դարուն առաքեցից զ
Exp2	24	միածին որդին իմ	ի	լուսոյ աստուածութեան իմոյ
Exp2	25	Եւ մարմին առցէ	ի	սուրբ եւ յանարատ կուսէ. զոր
Exp2	25	կուսէ. զոր	ի	զաւակէն քումմէ եղիցի
Exp2	25	առցէ ի սուրբ եւ	յ	անարատ կուսէ. զոր ի զաւակէն
Exp2	26	դարձուցէ զքեզ	յ	առաջին փառսն քո: [27] Իբրեւ
Rep	1	ելանելոյն Ադամայ	ի	դրախտէն առեալ զԵւայ Հրամանաւն
Rep	4	Ապա դիւրացան սակաւ մի	յ	երկիւղէ մաՀուն [5] Քանզի
Rep	9	արտասուաւք [9] Եւ	ի	խորոց սրտին Հեղէր եւ յոգւոց
Rep	9	սրտին Հեղէր եւ	յ	ոգւոց Հանէր լեարդն այրէր սիրտն
Rep	15	աղքատացայ Վայ ինձ զի	ի	բարձրութենէ խոնարՀեցայ Վայ ինձ
Rep	19	զտարամերժեալս	ի	վայելչութենէ ձերմէ [ձ0] Ով
Rep	19	զարտաքսեալս	ի	փափկութենէ ձերմէ Ողբացէք զ
Rep	19	զիս զաւտարացեալս	ի	ձէնջ Ողբացէք զարտաքսեալս ի
Rep	20	Հայեցարուք յիս	ի	տարակուսեալս Տեսէք զիս զ
Rep	20	Հայեցարուք	յ	իս ի տարակուսեալս Տեսէք զիս զ
Rep	21	ինձ ի խաւարի եւ	ի	ստուերս մաՀու նստելոյս [22]
Rep	21	Ողորմեցարուք ինձ	ի	խաւարի եւ ի ստուերս մաՀու
Rep	23	ոչ լայք զպասքեալս	ի	պտղոց ձերոց ընդէ՞ր ոչ լայք զ
Rep	23	ոչ լայք զքաղցեալս	ի	բարեաց ձերոց ընդէ՞ր ոչ լայք զ
Rep	23	ոչ լայք զխաւարեալս	ի	լուսոյդ ձերմէ ընդէ՞ր ոչ լայք զ
Rep	23	ոչ լայք զզրկեալս	ի	ձէնջ ընդէ՞ր ոչ լայք զխաւարեալ
Rep	24	եւ դու զիս	ի	կենաց Հաներ Ով կին արդ զի՞նչ
Rep	24	Եւ դարձուցեալ զբանն	ի	կինն եւ ասէ Ով կին դու զի՞նչ
Rep	24	որոշեցեր զմեզ	յ	այնպիսի զրգանացն Ով կին ընդէ՞ր
Rep	24	աքսեցեր զմեզ	յ	վայելչութեանցն Ով կին ես
Rep	25	եւ այն ե՞րբ իցէ եւ	յ	որո՞ւմ աւուր Հանդիպի եւ գայ Հա
Rep	27	նոսա եւ ասաց ուտել	ի	պտղոյ երկրին որ կայր մաւտ առ ն
Rep	27	եւ զԵւայ ի սուգ եւ	ի	լաց մխիթարեաց զնոսա եւ ասաց
Rep	27	զԱդամ եւ զԵւայ	ի	սուգ եւ ի լաց մխիթարեաց զնոսա
Rep	27	ապա յետ Հինգ աւուրն	ի	վեցերորդում աւուրն եկեալ առ
Rep	28	ելանելոյն Ադամայ	ի	դրախտէն մերձեցաւ Ադամ առ Եւայ
Rep	28	ամուսնութեամբ	ի	նմանութիւն անասնոց եւ աճել
Rep	30	ասաց նմա մերձենալ	յ	Եւա վասն որդեծնութեան [31] Եւ
Rep	31	ետ Ադամայ ճեւղ մի	ի	ծառոց դրախտին եւ ասաց Այդ քեզ
Rep	32	որ զարիւնն Աբելի Կային	ի	բերանն առեալ ըմպէր [33] Եւ Հա
Rep	32	Կայենի զՀաբէլ	յ	աւուր միում տեսիլս պատմեաց

Rep	32	ասաց թէ Տեսի գիշերս	յ	երազի որ զարիւնն Աբելի
Rep	33	ոչ լսէր եւ ոչ մնայր	ի	փորն այլ փսխէր ի դուրս զարիւն
Rep	33	աղաչէր զնա թէ Թող	յ	արենէդ եւ նա ոչ լսէր եւ
Rep	34	թէ Եկ երթիցուք	ի	դաշտի անդ եւ տեսցուք զդրախտն
Rep	34	զերազն լուաւ Ադամ	ի	Կայենէ որ ասէր ցՀաբէլ թէ Եկ
Rep	34	զայս Ադամ յԵւայէ	ի	կարծիս իմն անկաւ վասն բանին եւ
Rep	34	լուաւ զայս Ադամ	յ	Եւայէ ի կարծիս իմն անկաւ վասն
Rep	35	Կային Հեռացեալ էր	ի	տեղւոջէն [36] Եւ թէ ո՞րպէս
Rep	36	Տարեալ Կային զՀաբէլ	յ	իւրատունկ դրախտն եւ կալեալ
Rep	39	զի ամփոփեալ էր	ի	Հրեշտակաց Աստուծոյ եւ երկիր
Rep	41	Եւ յերկար սգով կացին	ի	տրտմութեան ամս Հարիւր եւ քսան
Rep	41	իւրեանց [41] Եւ	յ	երկար սգով կացին ի տրտմութեա
Rep	43	թարութեան [43] Եւ	ի	սպանանելն Կայենի զՀաբել եկն
Rep	55	լիցիս որպէս զծառ	ի	Հողմոց [56] Վեցերորդ
Rep	56	իբրեւ զծով որ ծփի	յ	ալեաց [57] Եւթներորդ զի նշան
Rep	58	եւ եղջեւր բուսաւ	ի	ճակատն զի ընդ որ գնայր եղջեւրն
Rep	63	Երկրորդ զի մերկացան	ի	լուսոյն [64] Երրորդ զի
Rep	64	զի արտաքսեցան	ի	դրախտէն [65] Չորրորդ զի յերկի
Rep	65	[65] Չորրորդ զի	յ	երկիրս անիծից անկան [66] Հինգ
Rep	67	[67] Վեցերորդ զի	յ	Աստուծոյ ււտարացան [68]
Rep	68	[68] Եւթներորդ զի	ի	շնորՀաց զատարկացան [69]
Rep	71	եւ պատժեալ	յ	Աստուծոյ [72] Այս ամենայն
Rep	73	ցարուք փտանկելոյ	ի	ձեր դիմաց [74] Ո՞վ տայ ինձ
Rep	73	ցարուք զրկելոյս	ի	ձէնջ Ողորմեցարուք կարաւտելոյս
Rep	74	Ո՞վ տայ մեզ Հանգիստ	ի	քեզ վայրդ վայելջալի [75] Ով ա
Rep	74	տաայ մեզ մտանել	ի	քեզ դրախտ աստուածատունկ Ո՞վ տա
Rep	74	տայ մեզ ճաշակել	ի	ձէնջ պտուղ քաղցրաՀամք Ո՞վ տաայ
Rep	75	Ով աչք որ Հայեցայք	ի	պտուղն ընդէ՞ր ոչ խաւարեցայք [
Rep	76	[76] Ով ոտք որ գնացիք	ի	ծառն մաՀաբեր ընդէ՞ր ոչ
Rep	78	եւ ապա Հիւանդացաւ	ի	փորոյն [79] Եւ ժողովեցան առ
Rep	81	կայր եւ քաղէին ոգիքն	ի	սաստիկ ցաւոյն որ կալեալ էր զա
Rep	81	Ադամ [81] Եւ նա խիստ	ի	փտանկի կայր եւ քաղէին ոգիքն ի
Rep	82	նոցա չարաչար տանջեալ	ի	Հիւանդութենէ իւրմէ [83] Ցայնժ
Rep	83	իմ թէ յամեմ ես	յ	աշխարՀիս թէ չուտով մեռանիմ [8
Rep	85	զիս եւ զքեզ	ի	մին տեղի [86] Բայց դու այժմ ե
Rep	86	զանձն իմ զի դիւրանամ	ի	ցաւոցս [87] Եւ յարուցեալ Եւա
Rep	86	զի թերեւս տացէ	ի	ծառոյն աւծմանէ որ այնու աւծանէ
Rep	87	տալ պտուղ իւղընձիւղ	ի	ծառոց դրախտին վասն առողջութեան
Rep	89	մերձենալ	ի	ծառայդ Աստուծոյ յիշեա զի ընդ
Rep	90	նորա պաՀէիք իսկ	ի	յանցանելն ձերում զՀրաման
Rep	92	զի մեռաւ Ադամ	յ	երեկոյին ժամուն ընդ մտանել
Rep	95	ընդ Ադամայ [95]	Ի	ստեղծանելն ընդ առաւաւտս
Rep	95	աւուրն ստեղծաւ Եւայ	ի	կողէն Ադամայ [96] Իսկ ի
Rep	95	ստեղծաւ Ադամ եւ	յ	երրորդ ժամու աւուրն ստեղծաւ
Rep	96	Ադամայ [96] Իսկ	ի	մեռանելն մեռաւ Ադամ երեկի
Rep	96	եւ Եւա մեռաւ	յ	երրորդ ժամու գիշերւոյն [97]
Rep	97	կտաւօք եւ եղին	ի	փայտեայ տապանի [98] Եւ պատուէ
Rep	99	ապականեալ կորիցեն	ի	ջուրցն Հեղեղէ [100] Եւ

Rep	99	եւ Նոյ առեալ զնոսա	ի	տապանին զի մի ապականեալ կորիցե
Rep	100	յաւագ որդին իւր	ի	Սէմ [101] Եւ նա առեալ տարաւ ի
Rep	100	[100] Եւ յելանել Նոյի	ի	տապանէն եւ զմարմինս նախաստեղծ
Rep	100	մարմինս նախաստեղծիցն	յ	աւագ որդին իւր ի Սէմ նա
Rep	100	Հեղեղէ [100] Եւ	յ	ելանել Նոյի ի տապանէն եւ զ
Rep	101	Եւ նա առեալ տարաւ	ի	վիճակն իւր որ արդ եւս կոչի Շամ
Rep	102	յետոյ ծնաւ Քրիստոս	ի	սուրբ Կուսէն Մարիամայ ի վերայ
Rep	102	զնոսա զնելով զԵւայ	ի	յայրն ԲեթղաՀեմի ուր յետոյ ծնաւ
Rep	102	նոսա զնելով զԵւայ	ի յ	այրն ԲեթղաՀեմի ուր յետոյ ծնաւ
Rep	103	ուր խաչեցաւ Քրիստոս	ի	Չրէիցն ի վերայ գլխոյն Ադամայ եւ
Rep	103	Եւ զԱդամայն եդ	ի	Գողգոթայ ուր խաչեցաւ Քրիստոս ի
Rep	104	զննջեցեալսն	ի	Քրիստոս
Rep	104	յառաջին սրբոցն եւ	ի	Հոգելի արանցն յաւուր ուրբաթու
Rep	104	եւ ի Հոգելի արանցն	յ	աւուր ուրբաթու յիշատակել զ
Tid1	1	եւ ասէ. Մերձեցիր	ի	կին քո, զի լինի քեզ որդի
Tid1	2	անգամ մերձեցայ	ի	կինս, այն մեծ պատուՀաս էր
Tid1	2	թէ այլ մերձենամ	ի	կինս, լինի ինձ կրկին
Tid1	3	եւ մխիթարիս	ի	նմանէ. զի որչափ տրտմեցար
Tid1	3	մխիթարիս	ի	Սեթայ: [4] Եւ բազմանայ զաւակ
Tid1	5	չունէր բայց	ի	Կայենայ ազգէն: [6] Երեք
Tid1	5	…տուՀասին: [5] Զի	յ	այնժամ որ Հրեշտակն աւետիս
Tid1	10	Ենովք, եՀարց	ի	Հօրէն թէ պապն մեր Ադամ
Tid1	11	պտղոյն, որ եկաւ	ի	դրախտէն, վասն այն տրտում է
Tid1	15	մարդ ճաշակէր	ի	պտղոյն. իսկ ինքն Ենովք ոչ
Tid1	15	սաղաւարտ	ի	գլուխն եդեալ, զի մի բարձր
Tid1	15	բարձր Հայեսցի	ի	պտուղն ծառերոյն. քանզի
Tid1	15	եւ ոչ ճաշակեաց	ի	նմանէ: [16] Իսկ Աստուած
Tid1	17	պաՀօք վերացաւ	ի	դրախտն, բազում Հրաժարեցան
Tid1	17	…արեցան եւ ելին	ի	լերինս <եւ> կուսութեամբ
Tid1	18	եւ խլէին	ի	միմեանց. զի մարդն սակաւ էր
Tid1	20D	Կայենի: [20D] էին	ի	զաւակէն Սէթայ որ ի լերինն
Tid1	20D	Սէթայ որ	ի	լերինն ճգնէին: [21Y] Իսկ
Tid1	21D	քաշէին եւ	յ	աչս ծարուր դնէին եւ պէսպէս
Tid1	22 Y	…անակօք գնացին	ի	լեառն խնդալով եւ պարելով
Tid1	22D	երգօվք ելին	ի	լերինն խնդալօվ եւ ծապս
Tid1	22D	սերմանեաց	ի	միտսն Կայենի զարմին եւ
Tid1	27	նոր Ադամ. զի	ի	զաւակէ քումմէ լցցի
Tid1	28	կենաց իմ ապրիլ	յ	աշխարՀս: [29] Ասէ Հրեշտակ
Tid1	32	է, զի առից զնա	ի	կնութիւն: [33] Ասէ Հրեշտակն
Tid1	33	մի կայ մաքուր <	ի	զարմէն Սեթայ որ պաՀեալ է զ
Tid1	33	զնա առ քեզ	ի	կնութիւն: [34] Եւ սկիզբն <արա
Tid1	35	[35] Եւ գնաց	ի	նմանէ Հրեշտակն: [36] Եւ Նոյ
Tid1	37Y	…ւսնացաւ: [37Y] Եւ	ի	տապան չինել, կացին ձայնէր
Tid1	38B10	…րութիւն խնդրեմ	ի	Տեառնէ: [38C1] Ամենայն մարդ
Tid1	38B5	երեք աղջիկ առ	ի	Սեթայ զարմէն վասն որդւոց
Tid1	38B5	ելանիցէք	ի	տապանէն. եւ դու մուտ ի
Tid1	38B5	եւ դու մուտ	ի	տապանդ որ ջրՀեղեղ կու գայ
Tid1	38B7	ձեր դարձէք	ի	մեղաց եւ ապրեսջիք: [38B8]

Tid1	38B9	Նոյ եւ աւէ մտիր	ի	տապանն: [38B10] Աւէ Նոյ
Tid1	38D3	ականջս նոցա ոչ	ի	սիրտս առնէին ոչ դառնէին ի
Tid1	38D3	ոչ դառնէին	ի	չարութենէն եւ օր ըստ օրէ
Tid1	38D5	մինչեւ ելանէք	ի	տապանէն: [38D7] Իսկ աղաչէր զ
Tid1	38D7	դառնային	ի	չարութենէն: [38D8] Եւ սկսեաց
Tid1	38D8	<ձեր> դարձէք	ի	մեղացէ եւ դադարեցէք ի չարէ
Tid1	38D8	եւ դադարեցէք	ի	չարէ եւ ապրեսջիք ի գալոյ
Tid1	38D8	եւ ապրեսջիք	ի	գալոյ ջրհեղեղէն: [38D9] Եւ
Tid1	38D9	յեփ ջուրն	յ	աշխարհս կուլլվի եւ ապա Նոյ
Tid1	38Y	ձայնն, յայնժամ	յ	արտասուս հարեալ եւ աղաչեաց
Tid1	39	Եւ իբրեւ ել Նոյ	ի	վերնատունն, երկու տախտակն
Tid1	40	եկին եւ մտաւ	ի	տապանն, եւ սուրբ անասունքն
Tid1	42	[42] Եւ եմուտ Նոյ	ի	տապանն, ինքն եւ որդիք իւր
Tid1	42	եւ <ի> վերուստ	ի	վայր թափէր: [43] Բազումք
Tid1	43	եւ մտանել	ի	տապանն, ի ճանապարհին
Tid1	43	ի տապանն	ի	ճանապարհին խեղդուեցան: [44]
Tid1	45	եւ նա գնացեալ	ի	ճաշակումն գէչերուն, այլ ոչ
Tid1	46	ադաւնին, չրջեալ	ի	գլուխս լերանց եւ գտեալ
Tid1	50	եւ խնդրեաց	յ	Աստուծոյ, զի այլ մի ջրով
Tid1	51	[51] Եւ խնդրեաց	ի	Տեառնէ եւ ասաց. Տուր ինձ
Tid1	52	Տէրն. Հայեաց	ի յ	արեւելից կողման: [53] Եւ
Tid1	55	Աստուծոյ, էջ	ի	լեռնէն եւ բնակեցաւ Ակոռի
Tid1	56	նորա իջին <	յ	> Իջեւան եւ անդ ապրեցան երեք
Tid2	0	ՁՈՐ ՍՊԱՆ ԿԱՅԷՆ	Ի	ՄԽԻԹԱՐԵԼ ԶԱԴԱՄ ԵՒ ԶԵՒԱՅ [1]
Tid2	2	կամիմ մերձենալ	ի	կինդ. զի երկու անգամ
Tid2	2	զելանելն իմ	ի	դրախտէն. զի զԿայէն տեսանեմ
Tid2	2	մերձենամ	ի	կին եւ լինի զաւակ, վախեմ թէ
Tid2	10	Ենովք, եհարց	ի	հօրէն թէ վասն է՞ր լայք եւ
Tid2	11	եւ արտաքսելոյն	ի	դրախտէն: [12] Վասն որոյ
Tid2	14	որ անցանէր, նա	ի	պտղոյն ճաշակէր. եւ ինքն ոչ
Tid2	14	ամենեւին ուտէր	ի	պտղոյն: [15] Այլ յերկաթէ
Tid2	14	տնկեաց այգի մի	յ	օրինակ դրախտին. եւ ով ոք որ
Tid2	15	գտակ մի եդ	ի	գլխոյն. զի մի տեսցէ զպտուղ
Tid2	15	եւ ոչ կերաւ	ի	պտղոյ անտի: [16] Վասն այն
Tid2	15	պտղոյն: [15] Այլ	յ	երկաթէ գտակ մի եդ ի գլխոյն
Tid2	16	զԵնովք տարան	ի	դրախտն. եւ է մինչեւ ցայսօր
Tid2	17	…ութեամբ ճգնիլ	ի	լերինս. եւ եղեւ թիւք աւելի
Tid2	17	մարմնով	յ	երկինս, եւ վասն կուսութեան
Tid2	17	հրաժարիլ	յ	աշխարհէս եւ կուսութեամբ
Tid2	18	եւ յափշտակէին	ի	միմեանց: [19] Այլ եւ գնացին
Tid2	19	խառնակիլ	յ	ազգն Սէթայ: [20] Եւ նոքա ոչ
Tid2	22	…անելով գնացին	ի	լերինս, եւ խաբեցին զ
Tid2	32	Զիա՞րդ խառնիմ	ի	մեղս աշխարհի: [33] Աւէ
Tid2	33	կոյս եւ մաքուր	ի	մեղաց ի դստերացն Սէթայ եւ
Tid2	33	մաքուր ի մեղաց	ի	դստերացն Սէթայ եւ անուն
Tid2	33	Նեմզար. առ զնա	ի	քեզ կնութիւն: [34] Եւ
Tid2	35	…եշտակն եւ գնաց	ի	նմանէ: [36] Իսկ նա առեալ զ
Tid2	37	ջրհեղեղ գայ	յ	երկիրս: [38A] Իսկ մարդիկն

Tid2	38A	ասելով. թէ	յ	այս քան բարձր տեղիս Ջուր
Tid2	38B	լինի: [38B] Եւ	ի	կատարել ութսուն տարւոյն
Tid2	38C	որդւոց քոց կին	ի	զարմէն Սէթայ կոյս աղջկունս
Tid2	38D	որ ելանես	ի	տապանէն, եւ արար այնպէս. եւ
Tid2	38D	եւ ասաց. մուտ	ի	տապան քո. զի լինի Ջրհեղեղ:
Tid2	38E	թերեւս դարձցին	ի	մեղաց: [38F] Եւ Աստուած
Tid2	38F	թէ դարձիք	ի	մեղաց զի դարձուցէ Տէր զ
Tid2	38H	եւ մտանել	ի	տապանն. իսկ Նոյ խնդրեաց
Tid2	38H	համբերել	ի	Տեառնէ մինչեւ եւթն օր յ
Tid2	38H	զորդիսն իւր	ի	տապանն. [38I] Ցոր եմուտ ինքն
Tid2	38H	մինչեւ եւթն օր	յ	առնուլ զորդիսն իւր ի
Tid2	38I	ի տապանն. [38I]	յ	որ եմուտ ինքն եւ կին իւր. ապա
Tid2	39	տախտակ էառ	ի	ծառքն եւ եհար զտախտակսն
Tid2	39	ձայն արձակեցաւ	ի	տախտակէն թէ, փախերուք եւ
Tid2	39	...երուք եւ մտէք	ի	տապան. զի էհաս Ջրհեղեղն
Tid2	41	երկու երկու	ի	սրբոց թռչնոց. եւ յանասնոցն
Tid2	41	եւ եդ զթռչունսն	ի	վերնատունն. ի միջնատունն
Tid2	41	ի վերնատունն	ի	միջնատունն Նոյ եւ որդիքն
Tid2	41	եւ որդիքն. իսկ	ի	ներքնատունն գազանքն եւ
Tid2	41	սրբոց թռչնոց. եւ	յ	անասնոցն եւթն եւթն. եւ եդ զ
Tid2	42	արտահոսեալ. եւ	յ	երկնից անձրեւն իբրեւ
Tid2	43	կամեցան փախչիլ	ի	տապանն, եւ ի նոյն խեղդեցան
Tid2	43	ի տապանն, եւ	ի	նոյն խեղդեցան: [44] Մինչեւ
Tid2	44	լերանցն եւ	ի	սարերէն էանց յիսուն
Tid2	44	աւելի. եւ մինչ	ի	մէկ տարի չուրջ եկեալ
Tid2	44	...նացեալ հանգեաւ	ի	լեառն Մասիսոյ որ այժմ ասեն
Tid2	45	գնացեալ անկաւ	ի	լեշն այլ ոչ դարձաւ: [46] Եւ
Tid2	45	աղրտաղ: [45]	յ	որում բացաւ Նոյ զպատուհանն
Tid2	48	ելաւ ինքն	ի	տապանէն եւ որդիքն իւր: [49]
Tid2	50	...ձակեաց: [50] Ապա	ի	սուրբ կենդանեացն էառ յ
Tid2	50	կենդանեացն էառ	յ	եւթնէն զմէկն եւ պատարագ
Tid2	50	եւ խնդրեաց	յ	Աստուծոյ այլ ոչ պատուհասել
Tid2	55	[55] Եւ անտի իջին	յ	արկուռի եւ անդ բնակեցան
Tid2	56	նորա, գնաց էջ	ի	նախջրւան, եւ անդ բնակեցաւ
Tid2	58	կնոջ գերեզմանն	ի	Մարանդ է. որ մայր ասի անուն
Tid2	59	հաւատացեալս	ի	Ջրհեղեղէ ցանկութեան
WdsAd	1	յԵդեմ ընդ արեւելս	ի	դրախտն էր: [2] Ջի եստեղծ զմե
WdsAd	1	եւ մեր բնակութիւնն	յ	Եդեմ ընդ արեւելս ի դրախտն էր:
WdsAd	2	զմեզ Աստուած եւ եդ	ի	դրախտին, եւ պատուիրեաց մեզ յո
WdsAd	2	մեզ յորոյ ուտել	ի	պտղոյն եւ յորոյ չուտել. (իսկ)
WdsAd	2	փառացն (եւ) զրկեցաք	ի	դրախտէն: [3] Եւ Սէթ որդին
WdsAd	2	եւ պատուիրեաց մեզ	յ	որոյ ուտել ի պտղոյն եւ յորոյ
WdsAd	2	ուտել ի պտղոյն եւ	յ	որոյ չուտել. (իսկ) մեք ոչ պահե
WdsAd	2	եւ մերկացաք	յ	աստուածային փառացն (եւ) զրկեցա
WdsAd	3	զբանն զայս լուեալ	ի	հօրէն եւ ի միտ առ, եւ երթեալ զ
WdsAd	3	այս լուեալ ի հօրէն եւ	ի	միտ առ, եւ երթեալ զքառասուն տ
WdsAd	4	Տէր. կատարեա	ի	բարի զխնդրուածս իմ: [5] Եւ ա
WdsAd	4	[4] Եւ ասէ առ Տէր	յ	աղօթելն իւրում. Ամենակալ

WdsAd	5	*ճիւղ մի ուրախութեան*	*ի*	*ձեռին իւրում. եւ ետ ի Սէթ, եւ*
WdsAd	5	*ի ձեռին իւրում. եւ ետ*	*ի*	*Սէթ, եւ ասէ. Այդ է մխիթարութիւ*
WdsAd	6	*զխնդրուածս նորա*	*ի*	*բարի: [7] Եւ առեալ ճեղն զայն*
WdsAd	7	*եւ ասէ. Հայր, այս*	*ի*	*բնակութենէն քումմէ (է): [8] Ե*
WdsAd	8	*զի (յ) այն ծառոյն էր*	*յ*	*որմէ զմահ ճաշակեաց: [9] Եւ ա*
WdsAd	8	*տեսանէ զճիւղն, զի (*	*յ*	*) այն ծառոյն էր յորմէ զմահ*
WdsAd	9	*Որդեակ իմ Սէթ. այս*	*ի*	*այն ծառոյն է յորմէ հրամայեաց*
WdsAd	9	*այս ի այն ծառոյն է*	*յ*	*որմէ հրամայեաց մեզ Տէրն չուտել*
WdsAd	11	*ըստ հրամանի Տեառն*	*ի*	*հող յորմէ ստեղծաւ: [12] Եւ յ*
WdsAd	11	*Տեառն ի հող*	*յ*	*որմէ ստեղծաւ: [12] Եւ յետ*
WdsAd	12	*եւ մեր բնակութիւնն*	*յ*	*Եդեմ ընդ արեւելս էր: [13] Եւ*
WdsAd	13	*հայրն մեր եւ եդ զնա*	*ի*	*դրախտին, եւ պատուէր ետ նմա յո*
WdsAd	13	*ետ նմա յորոյ ուտել*	*ի*	*պտղոյն եւ յորոյ չուտել. իսկ ն*
WdsAd	13	*եւ արտաքս անկեալ*	*ի*	*դրախտէն եւ հաւասար եղեալ*
WdsAd	13	*եւ պատուէր ետ նմա*	*յ*	*որոյ ուտել ի պտղոյն եւ յորոյ*
WdsAd	13	*ուտել ի պտղոյն եւ*	*յ*	*որոյ չուտել. իսկ նորա ոչ պահեա*
WdsAd	13	*մերկացեալ*	*յ*	*աստուածային լուսոյն եւ արտաքս*
WdsAd	14	*Եւ Ենովք զբանս զայս*	*ի*	*միտ էառ, եւ զքառասուն տիւ եւ*
WdsAd	15	*պտղաբեր տնկեաց*	*ի*	*նմա: [16] Եւ կացեալ ի դրախտին*
WdsAd	16	*նմա: [16] Եւ կացեալ*	*ի*	*դրախտին այնմիկ հինգհարիւր եւ*
WdsAd	16	*այնորիկ մարմնով*	*յ*	*երկինս համբարձաւ, եւ աստուածայ*

ի բաց adverb

Tid2	9	*եւ այլ եղբարցն*	*ի բաց*	*հալածէին զազգն Կայէնի*

ի դէմ preposition

Rep	1	*տառապէին փափաքանաւք*	*ի դէմ*	*դրախտին [2] Եւ աւր ըստ աւ*

ի դէպ preposition

Exp1	14	*Ադամ եւ Եւայ*	*դէպ յ*	*արեւելից կողմն*

ի դուրս adverb

Rep	33	*ի փորն այլ փոխէր*	*ի դուրս*	*զարիւնն Հաբելի [34] Իբ*
Tid1	2	*քան զդրախտէն*	*ի դուրս*	*ելանելն իմ. զի զԱբէլ*

ի հեռաստանէ adverb

AbCn1	48Y	*որս, երեւեցաւ Կայեն*	*ի հեռաստանէ*	*կոտոչիւ եւ մորթիւ: [48Դ]*

ի ձեռաց preposition

AbCn1	1	*եւ զփրկութիւն նորա*	*ի ձեռաց*	*Սատանայի: [2] Եւ բերեալ*
Exp2	23	*եւ ազատիլն*	*ի ձեռաց*	*Սատանայի: [24] Եւ եսուր*

ի ձեռն preposition

Creat1	30	*ժամ պտուղն*	*ի ձեռն*	*քննութիւն արար, ասաց*
Creat2	25	*էառ զպտուղն*	*ի ձեռն*	*բայց վախէր ուտել: [26]*
Creat2	27	*առնէր զպտուղն*	*ի ձեռն*	*մինչեւ երեք ժամ*
Exp1	21	*ձեռագիր Ադամայ*	*ի ձեռն*	*Սատանայի: [22] Մինչեւ յ*
Exp1	23	*յԱստուծոյ ետ*	*ի ձեռն*	*Ադամայ, եւ ասէ. Մի*
Exp1	23	*որ մնաս դու գերի*	*ի ձեռն*	*Սատանայի. բայց ոչ*

Exp1	23	*զքեզ զերի*	*ի ձեռն*	*Սատանայի. զի դու*
Exp1	23	*քեզ եւ ոչ թողից*	*ի ձեռն*	*նորա: [24] Զի այն եօթն*
Exp2	2	*ձեռագիր Ադամայ*	*ի ձեռն*	*Սատանայի. իսկ Սատանայ*

***ի ձեռս* preposition**

AbCn2	2	[2] *Եւ զեզն լծեալ եա*	*ի ձեռս*	*իմ եւ ուսոյց նովաւ վարել*

***ի մէջ* preposition**

Creat1	8	*Աստուած, եւ եդ*	*ի մէջ*	*դրախտին Ադենայ, որ է*
Creat1	13	*զուարճանային*	*ի մէջ*	*դրախտին. իսկ օձն*
Creat1	31	*պտուղն ի դրախտի*	*մէջն*	*ոչ կայր. այլ չարն այն էր*
Creat1	43	*զթշնամութիւն*	*ի մէջ*	*քո եւ ի մէջ կնոջ եւ*
Creat1	43	*ի մէջ քո եւ*	*ի մէջ*	*կնոջ եւ ի մէջ զաւակի*
Creat1	43	*եւ ի մէջ կնոջ եւ*	*ի մէջ*	*զաւակի <քո եւ ի մէջ*
Creat1	43	*զաւակի <քո եւ*	*ի մէջ*	*զաւակի> դորա, նա*
Creat2	8	*եդ զնոսա*	*ի մէջ*	*դրախտին Ադինայ որ է*
Creat2	40	*անիծեալ լիցիս*	*ի մէջ*	*ամենայն գազանաց եւ*
Creat2	41	*զթշնամութիւն*	*ի մէջ*	*քո եւ ի մէջ զաւակի*
Creat2	41	*ի մէջ քո եւ*	*ի մէջ*	*զաւակի դորա, դու*
Exp1	4	*եւ եղեալ*	*ի մէջ*	*լուսեղէն դրախտին, եւ*
Exp2	4	*եւ եղեալ*	*ի մէջ*	*դրախտին լուսեղէն. եւ*
Rep	103	*եւ արար զփրկութիւն*	*ի մէջ*	*երկրի* [104] *Վասն այսորիկ*
Tid1	16	*…ացուցին եւ եդին*	*ի մէջ*	*դրախտին, եւ է մինչեւ ց*
Tid2	15	*վաթսուն տարի*	*ի մէջ*	*այգւոյն կեցաւ եւ ոչ*
Tid2	18	*զի զմէկ մարդն*	*ի մէջ*	*Հարիւր կնոջ*

***ի միասին* adverb**

AbCn1	6	*եղբօրն իմ, ապա*	*ի միասին*	*մատուսցուք զբաժինն*
AbCn1	15	*ուտէին եւ ըմպէին*	*ի միասին*	*եւ չրջէին:* [16] *Իսկ ի*
AbCn2	6	*Հասնին Հունձք. ապա*	*ի միասին*	*մատուսցուք զբաժինն*
Creat1	26	*Մեռանիմք*	*ի միասին*	*եւ թէ ապրիմք ի*
Creat1	26	*եւ թէ ապրիմք*	*ի միասին*	*մի <որոշիր զիս> ի*
Rep	38	*Եւայի զի եկեալ*	*ի միասին*	*լայցեն զՀաբէլ եւ*
Rep	85	*Ադամ Ոչ յամես այլ*	*ի միասին*	*մեռանիմք եւ դիցեն զիս*

***ի ներքուստ* adverb**

Tid1	42	*եւ Ջուրն ելանէր*	*ի ներքուստ*	*եւ <ի> վերուստ ի*

***ի վեր* adverb**

Creat2	1	*Հրեշտակապետաց*	*ի վեր*	*եւ բարձր արար քան զ*

***ի վերայ* preposition**

AbCn1	10.1	*Եւ բարկացաւ Տէր*	*ի վերայ*	*Կայենի.* [10.1Y] *ափ մի Հո*
AbCn1	10.1B	*ամպ մի սեւացեալ եկն*	*ի վերայ*	*խոցոցն Կայենի որոտաց եւ*
AbCn1	10.1D	*եւ ամպ մի սեւ եկաւ*	*ի վերայ*	*դիզուն Կայենի եւ քամատար*
AbCn1	13	*<ամպ> Հովանի եղեւ*	*ի վերայ*	*Հաբելի, եւ ընկալաւ զզաո*
AbCn1	21	*պատեա մատներաւդ*	*ի վերայ*	*իմ, տեսցուք զի ով կարէ կ*
AbCn1	37	*Կայէն, բարկացաւ*	*ի վերայ*	*Կայենի եւ եօթն պատուՀաս*
AbCn1	38	*երկու կոտոչ բուսաւ*	*ի վերայ*	*գլխոյն:* [39] *բ. Երկրոր*

AbCn1	45	նա նորա պատուհասն	ի վերայ	սպանողին անկանիցի: [46]
AbCn1	50Y	Պատուհասն անկաւ	ի վերայ	Ղամեքայ: [51Y] Իսկ Ղամե
AbCn2	10	Եւ Տէրն բարկացեալ	ի վերայ	Կայէնի. վասն որոյ ամպ մի
AbCn2	10	ամպ մի սեւացեալ եկն	ի վերայ	Կայէնի որոտաց եւ թնդաց.
AbCn2	13	ամպն հովանի եղեւ	ի վերայ	Աբէլի: [14] Իսկ Կայէն ո
AbCn2	14	չէր սպանումն եղեալ	ի վերայ	երկրի: [15] Եւ եւս Աբէլ
AbCn2	25	իս եւ առանց ինձ մնալ	ի վերայ	երկրի. եւ զեղբայրական ս
AbCn2	28	զքարն եւ վազեաց	ի վերայ	եղբօրն: [29] Իբրեւ չատ
AbCn2	32	եւ դու որպէս կենաս	ի վերայ	երկրի: [33] Եւ ամենեւին
AbCn2	32	աշխատանք ունին	յ ...վերայ	ինձ վերայ. եւ դու որպէս կենաս
AbCn2	34	երեւեցաւ Աստուած	ի վերայ	ամպոյ յիսուն կանգնաչափ
AbCn2	36	բարկացաւ Աստուած	ի վերայ	Կայէնի. թէ երբ պահապան չ
AbCn2	49	ցաւն Կայէնի անկաւ	ի վերայ	Ղամէքայ. եւ բուսաւ կօտոչ
AbCn2	57	մի այլ մեծ սուգ գայ	ի վերայ	ինքեանց վասն զաւակացն:
Creat1	4	...ակացն. դիմեցին	ի վերայ	Սադայէլի եւ ամենայն
Creat1	6	թմբրութիւն	ի վերայ	Ադամայ, եւ առ զմի ի
Creat1	33	ձայնն կեցաւ	ի վերայ	թզենւոյն, եւ ձայնեաց
Creat1	43	կենդանեաց մէջ	ի վերայ	լանջաց եւ որովայնի
Creat2	6	զթմբրութիւն	ի վերայ	Ադամայ, եւ էառ զմի
Creat2	8	միջասահման. եղ	ի վերայ	նոցա պատուէր եւ ասաց
Creat2	9	այն պատուէր եղ	ի վերայ	նոցա. զի փորձեսցէ եւ
Creat2	33	...նգնաչափ բարձր	ի վերայ	թզենւոյն ձայնեաց
Creat2	40	բարկացեալ Տէրն	ի վերայ	սոցա եւ ասէ. դու օձդ
Creat2	40	կենդանեաց	ի վերայ	լանջաց քոց եւ
Creat2	40	լանջաց քոց եւ	ի վերայ	որովայնի քոյ
Creat2	48	վասն այն եկն	ի վերայ	թզենւոյն եւ հարցաւ
Creat2	49	...կացեալ Աստուած	ի վերայ	նոցա. եւ արտաքսեաց զ
Creat2	51	ողորմեցաւ Տէրն	ի վերայ	նոցա եւ առաքեաց զ
Exp1	1	...խութեամբ կացին	ի վերայ	արեգական եւ լուսնին
Exp1	6	որ բարկացաւ	ի վերայ	մեր Տէրն եւ խափանեաց
Exp1	17	Դիր զձեռդ	ի վերայ	քարին եւ ասայ
Exp1	18	խոր խաւար բերեմ	ի վերայ	քո: [19] Իսկ Ադամ
Exp1	19	Ադամ եղեալ ձեռն	ի վերայ	քարին, եւ ասաց
Exp1	22	Ադամ եւ Եւայ <	ի վերայ	արեգական. իսկ յ
Exp1	22	Ադամ եւ Եւայ <	ի վերայ	արեգական. իսկ յ
Exp2	1	մի ուրախացաւ	ի վերայ	լուսոյ արեգականն
Exp2	6	...րկացաւ Աստուած	ի վերայ	մեր եւ խաւար կալաւ զ
Exp2	17	դիր զձեռն քո	ի վերայ	քարիդ եւ ասա այսպէս
Exp2	19	Իսկ Ադամ զձեռն	ի վերայ	եղեալ ասաց թէ մինչեւ
Exp2	20	նշան ձեռացն	ի վերայ	քարին: [2:] Այն եղեւ
Rep	3	յայնժամ անկաւ ահ մեծ	ի վերայ	նախաստեղծիցն եւ այնպէս
Rep	102	սուրբ Կուսէն Մարիամայ	ի վերայ	գերեզմանին Եւայի [103]
Rep	103	Քրիստոս ի Հրէիցն	ի վերայ	գլխոյն Ադամայ եւ արար զ
Rep	19	զիս եւ կոծեցարուք	ի վերայ	բնակչիս ձերոյ Ողբացէք զ
Rep	25	մի եւ զիշեր մի անցաւ	ի վերայ	մեր եւ ոչ մեռաք [26]
Rep	25	եւ գայ հասանէ մահն	ի վերայ	մեր եւ թէ զի՞նչ մահն իցէ
Rep	30	առին Ադամ եւ Եւայ	ի վերայ	մահուն Հաբելի զամս հարի
Rep	50	Եւ եաւթն պատիժ էած	ի վերայ	նորա [51] Նախ զի ասաց թ

Rep	52	լիջիր [52] Երկրորդ	ի վերայ	երկրի ուր Հեղեր զարիւն
Rep	57	Թներորդ զի նշան եդ	ի վերայ	նորա Աստուած որ ամենայն
Rep	60	եւ երերալի շրջէր	ի վերայ	երկրի անդադար զցայգ եւ
Rep	88	յարձակեցաւ	ի վերայ	Սեթայ եւ կամէր ուտել զ
Rep	90	արարչին յարձակիմք	ի վերայ	ձեր եւ խստանամք եւ
Rep	93	եւ արարին կոծ մեծ	ի վերայ	նորա [94] Եւ յետ երեք
Rep	94	ժամու անցանելոյ	ի վերայ	մեռանելոյն Ադամայ մինչ
Tid1	1	քաղձրացաւ Տէրն	ի վերայ	Ադամայ, եւ առաքեաց զ
Tid1	18	եւ կոուէին	ի վերայ	մի մարդոյն եւ խլէին
Tid1	24	...րկացաւ Աստուած	ի վերայ	նոցա, եւ կամեցաւ ջրով
Tid1	38B1	...ստատուն բանէր	ի վերայ	տապանին: [38B2]
Tid1	38B4	Նոյ ի բարձր բլրի	ի վերայ	չինէր զտապանն թէ աստ
Tid1	38C1	...ստատուն բանէր	ի վերայ	տապանին: Իսկ
Tid1	38D4	[38D4] Նոյ տապանն	ի վերայ	բարձր բլրի չինէր եւ
Tid1	39	տախտակն ետ	ի վերայ	մէկ մէկու. իսկ
Tid1	44	տարին տապանակն	ի վերայ	ջրոյն կեցաւ, եւ եկն
Tid1	44	եւ եկն դադարեաց	ի վերայ	լեառն Մասիսայ: [45] Եւ
Tid1	54	...ղցրացեալ է Տէր	ի վերայ	նոցա. զի այս եղիցի
Tid1	54	ոչ ածից ջրհեղեղ	ի վերայ	աշխարհիս. թէ չար
Tid2	1	Տէրն քաղցրացաւ	ի վերայ	Ադամայ եւ առաքեաց զ
Tid2	37	տապան չինել	ի վերայ	բարձր բլրի միոյ. եւ
Tid2	54	ողորմութիւն իմ	ի վերայ	նոցա: [55] Եւ անտի իջին
WdsAd	8	զճիւղն զայն եդ	ի վերայ	աչաց եւ բացան աչք նորա,

ի ներքս preposition

Creat2	32	ամօթոյն մտեալ	ի ներքս	թզենւոյն ծածկեցաւ
Tid2	42	զամենայն	ի ներքս	տապանին, ապա ծեփեաց

ի վերուստ adverb

Tid1	42	ի ներքուստ եւ <	ի վերուստ	> ի վայր թափէր: [43]

իբր conjunction

AbCn1	43	եւ ուտել չկարէր, եւ	իբր	թէ ուտէր, ի վայր հեղոյր: [44]

իբրեւ conjunction

AbCn1	7	բաժինն Աստուծոյ: [7]	իբրեւ	Հասին Հունձքն ցորենոյ Կայենի
AbCn1	23	ուժն աւելի <է>: [23]	իբրեւ	գնաց Աբէլ ի ծառն Կայէն առեալ զ
AbCn1	27	Իսկ չարն Սատանայ	իբրեւ	եղեւ երեկոյն, սեւ զայլաքարաւ ե
AbCn1	30	ողորմեցաւ նմա: [30]	իբրեւ	եկն ի սպանումն լալով ասաց Աբէլ
AbCn1	31	Աստուծոյ: [31]	իբրեւ	քարիւն կորէր <գխոչակն> եղբօրն
AbCn1	34	ծնօղաց մերոց: [34]	իբրեւ	սպանեաց զեղբայրն
AbCn1	37	մեղայ ասիցէ: [37]	իբրեւ	ետես Տէրն որ այնպէս ասաց
AbCn1	48Y	եւ մորթիւ: [48Y] Եւ	իբրեւ	Ղամէք ձիաւորեալ գնաց յորս եւ
AbCn1	48Y	զինքն: [48Y]	իբրեւ	ել Ղամէք ի ձի, գնաց ի յորս
AbCn1	49Y	տեսաւ զԿայէն: [49Y]	իբրեւ	տեսաւ Ղամէք, գիտաց թէ եղջիւր է
AbCn1	52	Իսկ Ադամ եւ Եւայ	իբրեւ	իմացան զսպանումն Աբելի
AbCn2	6	Հանել Աստուծոյ: [6]	իբրեւ	եղեւ ծնունդն ոչխարաց Աբէլի, նա
AbCn2	7	բաժինն Աստուծոյ: [7]	իբրեւ	Հասին Հունձք ցորենոյ Կայէնին

AbCn2	22	*է զօրեղ եւ ուժով*: [22]	*իբրեւ*	*գրկեաց զծառն Աբէլ, նա Կայէն*
AbCn2	29	*ի վերայ եղբօրն*: [29]	*իբրեւ*	*շատ աղաչեաց Աբէլ զեղբայրն եւ*
Creat1	6	*այնր մարմին. եւ*	*իբրեւ*	*զարթեաւ Ադամ ի քնոյ*
Creat1	12	*մտանել*: [12]	*Իբրեւ*	*ետես զօձն ի դրախտին*
Creat1	13	*եւ զԱդամ*: [13]	*Իբրեւ*	*գնաց օձն եւ տեսաւ զԱդամ*
Creat1	15	*ուտել ի պտղոյդ*	*իբրեւ*	*ուտիցէք, ասէ, մահու*
Creat1	16	*ի պտղոյդ*	*իբրեւ*	*կերաւ աստուածութեան*
Creat1	19	*ի լուսոյն*: [19]	*Իբրեւ*	*եկն Ադամ եւ ետես զկինն*
Creat1	48	*եւ ապրիլ*: [48] *Իսկ*	*իբրեւ*	*տեսին Ադամ եւ կին իւր* < *զ*
Creat2	6	*եւ եղեւ կինն*	*իբրեւ*	*զարթեալ Ադամ ի քնոյ*
Creat2	14	*ոչ ուտէր*: [14]	*իբրեւ*	*Հեռացաւ Ադամ եւ շրջէր ի*
Creat2	18	*Աստուծոյ*: [18]	*իբրեւ*	*լուաւ զխրատ օձին*
Creat2	25	*Աստուած*: [25]	*իբրեւ*	*զայս լսեց Ադամ, էառ զ*
Creat2	52	[52] *Իսկ նոքա*	*իբրեւ*	*տեսին զարեգակն եւ զ*
Exp1	2	*այն տրտմեցան*	*իբրեւ*	*մտաւ արեգակն, Հանց*
Exp1	14	*լոյս*: [14]	*իբրեւ*	*ասաց Սատանայ զայս բանս*
Exp1	15	*եւ խնդացին*: [15]	*իբրեւ*	<*ծագեաց արեգակն*
Exp1	15	…*լապէս խնդացին*	*իբրեւ*	> *սակաւ մի բարձրացաւ*
Exp1	22	*արեգակն*	*իբրեւ*	*մտաւ գիտացին Ադամ եւ*
Exp1	27	*փառսն քո*: [27]	*իբրեւ*	*զայս* <*աւետիս*> *լուաւ*
Exp2	2	*փոխի. վասն որոյ*	*իբրեւ*	*մտաւ արեգակն, եւ մթացաւ*
Exp2	15	*խնդացին*: [15]	*իբրեւ*	*սակաւ մի բարձրացաւ, եկն*
Exp2	22	[22] *Դարձեալ*	*իբրեւ*	*երեկոյ եղեւ մտաւ*
Exp2	27	*փառսն քո*: [27]	*իբրեւ*	*զայս աւետիսն լուաւ*
Rep	34	*զարիւնն Հաբելի* [34]	*իբրեւ*	*լուաւ զայս Ադամ յԵւայէ ի*
Tid1	8	*նահատակեցաւ*: [8]	*իբրեւ*	*ծնաւ Սէթ եւ այլ*
Tid1	10	*կայրի*: [38D[10] *Եւ*	*իբրեւ*	*վճարեցաւ տասն տարին*
Tid1	17	*Սեթայ եւ Ադամայ*	*իբրեւ*	*տեսին զԵնովք որ*
Tid1	21D	*եւ պճնեցին*: [21D]	*Իբրեւ*	*տեսին ազգն Կայենայ որ*
Tid1	26	*ամուսնանալ*: [26]	*իբրեւ*	*եկն Հրեշտակ եւ ասաց*
Tid1	38B9	*կու տնկէ*: [38B9]	*իբրեւ*	*վճարեցաւ տասն տարի*
Tid1	39	*Աստուծէ*: [39] *Եւ*	*իբրեւ*	*ել Նոյ ի վերնատունն*
Tid1	48	*թռչունս*: [48] *Եւ*	*իբրեւ*	*եղեւ երեք ամիս, բացեալ*
Tid2	9	*երբ սպան զնա*: [9]	*իբրեւ*	*ծնաւ Սէթ, եւ բազմացան*
Tid2	42	*Եւ յետ եւթն աւուր*	*իբրեւ*	*ժողովեաց զամենայն ի*
Tid2	56	*լի էր Ջրով*: [56]	*իբրեւ*	*բազմացան որդիք նորա*

իբրեւ **preposition**

AbCn1	10.2	*երեսն եւ սեւացոյց*	*իբրեւ*	*զգործելի, եւ այնպէս մնաց երես*
AbCn1	27	*մի կայր, սուր*	*իբրեւ*	*ածելի, այնով սպանին մինն զ*
AbCn1	41	*անդամօքն* <*ղողայր*>	*իբրեւ*	*զուռ*: [42] *դ. Չորրորդ*
AbCn2	7	*եւ ժողովեաց*	*իբրեւ*	*դէզ մի*: [8] *Ապա երեր Աբէլ զ*
AbCn2	34	[34] *Եւ ինքն գնաց*	*իբրեւ*	*ուրախութեամբ. ապա երեւեցաւ*
AbCn2	53	*եւ ոչ որդնէր. զի էր*	*իբրեւ*	*զքուն. ոչ փտէր, եւ ոչ Հող լին*
Creat1	16	*զի Աստուած*	*իբրեւ*	*զձեզ նման էր, քաղի չ*
Creat2	16	*Աստուած մարդ էր*	*իբրեւ*	*զձեզ. երբ կերաւ ի պտղոյ*
Creat2	30	*նորաստեղծ էր եւ*	*իբրեւ*	*սպիտակ մարգարիտ*
Creat2	33	*Աստուծոյ զոր*	*իբրեւ*	*յիսուն կանգնաչափ*

Exp1	27	*Հազար <տարին>*	*իբրեւ*	*ժամ մի երեւեցաւ։* [28]
Exp2	27	*զի վեց դարն*	*իբրեւ*	*ժամ մի Համարէր վասն*
Rep	56	*Տատանեալ լիցիս*	*իբրեւ*	*զծով որ ծփի յալեաց* [57]
Tid1	23D	*չարագործ եղեն*	*իբրեւ*	*գնոսա, եղեն իբրեւ զ*
Tid1	23D	*զնոսա, եղեն*	*իբրեւ*	*զշուն եւ ոչ ճանաչէին զ*
Tid1	30	*Հարիւր տարին*	*իբրեւ*	*զերազ գիշերոյ անցանի*
Tid2	2	*եւ արտասուք իմ*	*իբրեւ*	*արիւն կու Հեղանի. թէ*
Tid2	23	*ընդ նոսա*	*իբրեւ*	*զշուն լլկեցին զ*
Tid2	31	*եւ յիսուն տարին*	*իբրեւ*	*երազ գիշերոյ անցնի*
Tid2	42	*երկնից անձրեւն*	*իբրեւ*	*գետորէն իջանէր։* [43] *Եւ*

իմ **adjective**

AbCn2	9	*աՀա քրտամբք*	*իմովք*	*վաստակեցի եւ վարեցի, ձեռօքս*
AbCn2	23	*եւ ասէր. եղբայր*	*իմ*	*սիրելի աղաչեմ զքեզ արձակեա զ*
AbCn2	32	*կու տաս ծնողացն*	*իմոց*	*զի ինձէն խապար չունին նոքա որ*
Creat1	41	*ոչ լուար խրատոյ*	*իմոյ*	*այլ փութապէս լսեցեր զ*
Creat2	7	*ի մարմնոյ*	*իմոյ*	*սա կոչեսցի կին։* [8] *Իսկ*
Creat2	7	*ոսկր յոսկերաց*	*իմոց*	*եւ մարմին ի մարմնոյ*
Exp1	25	*աստուածութեան*	*իմոյ*	*զորդի իմ սիրելի. որ*
Exp2	24	*աստուածութեան*	*իմոյ*	[25] *Եւ մարմին առցէ ի*
Rep	48	*իցեմ եղբաւրն*	*իմոյ*	[49] *Եւ ասաց նմա Աստուած*
Tid1	54	*Հաշտութեան*	*իմոյ*	*ընդ որդիս քո. երբ*
Tid2	53	*է նշան ուխտին*	*իմոյ*	[54] *Զի յորժամ ցուցանեմ*

իմանամ **verb**

AbCn1	23	*եւ քամակովն, եւ ապա*	*իմացաւ*	*Աբէլ զշարութիւն եղբօրն*
AbCn1	52	*Ադամ եւ Եւայ իբրեւ*	*իմացան*	*զսպանումն Աբելի, <գնացին*
AbCn2	23	*ցգլուխն։* [23] *Ապա*	*իմացաւ*	*Աբէլ զշարութիւնն Կայէնի. զոր*
AbCn2	47	*իւրոյ ապա Հնարս*	*իմացաւ*	*ա եալ մորթ մի վայրենի ի ծոցն*
AbCn2	52	[52] *Դարձեալ յորժամ*	*իմացան*	*Ադամ եւ Եւայ զսպանումն*
Creat1	29	[29] *Զի զայս ոչ*	*իմացաւ*	*թէ պաՀեալ էր զ*
Exp1	10	*զմեզ եւ զայդ ոչ*	*իմացաք*	*ասել։* [11] *Ասէ*
Exp2	2	*օրն, նա այնպէս*	*իմացան*	*թէ այլ չի լուսանայր*
Exp2	10	*զմեզ եւ զայդ ոչ*	*իմացաք*	[11] *Ասէ Սատանայ*
Rep	84	*զկնի քո զի ես ոչ ինչ*	*իմանամ*	[85] *Ասէ Ադամ Ոչ յամես*
Tid1	21D	*աղջկունք Հնար*	*իմացան*	*եւ սաՀմանեցին զ*
Tid1	41	*անասունքն*	*իմացան*	*զջրՀեղեղն, եւ մարդիք*
Tid1	41	*եւ մարդիք ոչ*	*իմացան*	[42] *Եւ եմուտ Նոյ ի*
Tid2	54	*զայն նշանն*	*իմասցին*	*ամենայն որդիքն քո*

իմաստուն **adjective**

Creat2	11	*եւ էր գեղեցիկ եւ*	*իմաստուն*	*քան զամենայն*

ինձ **pronoun**

Rep	34	*Ադամ յԵւայէ ի կարծիս*	*ինձ*	*անկաւ վասն բանին եւ զի յառաջ ք*

ինն **numeral**

Creat1	4	*Միքայէլի, եւ*	*ինն*	*դասուց Հրեշտակացն*

Creat1	1D	ստեղծեալ	ինն	դաս Հրեշտակքն վասն
Rep	78	եւ տառապանաւք ամս	ինն	Հարեւր եւ երեսուն եւ ապա

** իններորդ numeral**

Rep	70	Հաւասարեցան [70]	Իններորդ	զի որդեկորոյս եղեն

իննսուն numeral

Tid1	6	[6] Երեք Հարիւր	իննսուն	կանայք կային

ինչ noun

AbCn2	5	իւր եւ ասէ. յամենայն	ընչից	ձերոց տասնէն զմէկն բաժին
AbCn1	10.1D	եւ կորոյս զամենայն	ինչս	նորա [10.2] եւ <Հասկ մի> ոչ գ
AbCn1	10.1Y	եւ կորոյս զամենայն	ինչս	նորա [10.1B] ամպ մի սեւացեալ

ինչ pronoun

AbCn1	9	լիցի քեզ. զամենայն	ինչ	զոր վաստակեցին եւ գործեցի Հան
AbCn1	25	զարիւնն իմ. ես քեզ	ի՞նչ	չարութիւն <արարի>, ընդէ՞ր
AbCn1	43	...տուՀասն այն էր, որ	ինչ	սիրտն ուզէր եւ ուտել չկարէր,
AbCn2	41	...տուՀասն այն էր, որ	ինչ	որ ուզէր նա ոչ Հասանէր ուտել ե
AbCn2	45	[45] Այլ ասաց թէ	ինչ	մարդ որ զԿայէն սպանանէ, նա
Creat2	19	եւ ասէ, այս	ի՞նչ	է զոր դու գործեցեր
Creat2	45	զի չար պտուղն	ի՞նչ	կանէր ի դրախտն. զի
Exp1	4	խաւար ժամանակս	ինչ	[5] Դարձեալ ողորմեցաւ Տէր
Exp1	8	[8] Ասէ Ադամ. Եւ ոչ	ինչ	[9] Ասէ Սատանայ. Զի է
Exp2	6	ոչ գիտեմք թէ	ինչ	չար գործեցաք որ
Exp2	7	[7] Ասէ Սատանայ	Ի՞նչ	տուիք այն Հրեշտակին որ
Exp2	8	[8] Ասէ Ադամ	ի՞նչ	ունէաք որ տայաք։ [9] Ասէ
Rep	84	զկնի քո զի ես ոչ	ինչ	իմանամ [85] Ասէ Ադամ Ոչ յամես

ինչպէս adverb

AbCn2	25	եղբայրական սէրն իմ	ինչպէ՞ս	մոռանաս դու։ [26] Իսկ Կայէն
AbCn2	32	աղաղակէր ասելով թէ	ինչպէս	ճուղապ կու տաս ծնողացն իմոց

ինքն pronoun

AbCn1	47	էած եւ ծածկեաց զ	ինքն	[48Y] Իբրեւ եղ Ղամէք ի ձի, զն
AbCn2	34	ի ծառին։ [34] Եւ	ինքն	գնաց իբրեւ ուրախութեամբ. ապա
AbCn2	57	մեծ սուգ գայ ի վերայ	ինքեանց	վասն զաւակացն։ [58] Իսկ
Creat2	31	կարաց պաՀել զ	ինքն	եւ կերաւ ի պտղոյն, եւ
Exp1	14	զայս բանս, եւ	ինքն	սակաւ մի Հեռացաւ. եւ
Rep	35	զեղբայր իւր եւ	ինքն	Կային Հեռացեալ էր ի տեղւոջէն
Tid1	15	ի պտղոյն. իսկ	ինքն	Ենովք ոչ ճաշակեաց
Tid1	21D	երեսս իւրեանց. զ	ինքեանս	զուգէին դեղէին
Tid1	42	Նոյ ի տապանն	ինքն	եւ որդիք իւր. փակեաց զ
Tid2	14	ճաշակէր. եւ	ինքն	ոչ ամենեւին ուտէր ի
Tid2	38I	[38I] Յոր եմուտ	ինքն	եւ կին իւր. ապա որդիքն
Tid2	40	...ատացին. եւ եկին	ինքեանք	եւ աղաղակէին։ [41] Եւ
Tid2	48	ամսոյն ելաւ	ինքն	ի տապանէն եւ որդիքն

իշխան noun

Rep	20	երբեմն տէր էի ձեզ	իշխան	եւ թագաւոր եւ արդ եմ ձեզ

իշխանութիւն noun

Rep	89	*յիշեա զի ընդ մերով*	*իշխանութեամբ*	*էիր եւ մի համարձակիր*

իշխեմ verb

Creat1	11	*հրեշտակաց ոչ*	*իշխէր*	*ի դրախտն մտանել:* [12]
Rep	89	*զբերան քո եւ մի*	*իշխեսցես*	*մերձենալ ի ծառայդ*

իջանեմ verb

Rep	20	*Ով թռչունք երկնից*	*իջէք*	*առ իս եւ տեսէք զլաց իմ Ով*
Tid1	53	*կարմիր, <կանաչ>*	*իջեալ*	*էին:* [54] *Եւ ասաց Աստուած*
Tid1	55	*Աստուծոյ*	*էջ*	*ի լեռնէն եւ բնակեցաւ Ակոռի*
Tid1	56	*զաւակ նորա*	*իջին*	*<յ> Իջեւան եւ անդ ապրեցան*
Tid2	42	*իբրեւ զետօրէն*	*իջանէր*	[43] *Եւ ապա մարդիկք*
Tid2	55	*նոցա:* [55] *Եւ անտի*	*իջին*	*յարկուռի եւ անդ*
Tid2	56	*նորա, գնաց*	*էջ*	*ի նախջըւան, եւ անդ*

Իջեւան name

Tid1	56	*նորա իջին <յ>*	*Իջեւան*	*եւ անդ ապրեցան երեք*

իսկ conjunction

AbCn1	1	*ԵՒ ԿԱՅԵՆԻ* [1]	*Իսկ*	*յորժամ Ադամ յետ խաբէութեան*
AbCn1	5	*խաշանց հովիւ եղեւ*	*իսկ*	*Կայեն հողագործ էր:* [6] *Զի սաս*
AbCn1	9	*խոստացեալ:* [9]	*Իսկ*	*Կայէն կանգնեցաւ յաղօթս առ*
AbCn1	9	*իմ մատուցի քեզ*	*իսկ*	*դու գիտես, որպէս հաճոյ է քեզ*
AbCn1	11	*մնաց երեսն սեւ:* [11]	*Իսկ*	*Հաբէլ մատուց զանդրանիկ գառն*
AbCn1	14	*յերկինս:* [14]	*Իսկ*	*Կայէն ոխացաւ ընդ Աբելի, կամէր*
AbCn1	16	*եւ չրջէին:* [16]	*Իսկ*	*ի միում աւուր ասէ Կայէն ցեղբա*
AbCn1	19	*բազում երկայն*	*իսկ*	*Կայէն ասէր. Եկ եղբայր մտանաւ*
AbCn1	26	*ամէն քեզ լինի:* [26]	*Իսկ*	*Կայէն սատ եւ անդ չրջէր թէ իրք*
AbCn1	27	*տեղ է սպանելոյ:* [27]	*Իսկ*	*չարն Սատանայ իբրեւ եղեւ երեկոյ*
AbCn1	28	*եւ եկեալ առ Աբէլ*	*Իսկ*	*Աբէլ լայր, եւ ասէր. Ո՞չ ողորմի*
AbCn1	29	*մեր ծնօղացն:* [29]	*Իսկ*	*Կայէն ոչ ողորմեցաւ նմա:* [30]
AbCn1	47	*եւ ոչ մեռանէր:* [47]	*Իսկ*	*<մորթ> մի <վայրենի> էած եւ*
AbCn1	51Y	*Ղամեքայ:* [51Y]	*Իսկ*	*Ղամեքայ կինն բարի էր, աղաչեաց*
AbCn1	52	*Ղամեքայ:* [52]	*Իսկ*	*Ադամ եւ Եւայ իբրեւ իմացան զ*
AbCn1	53	*ելանէր յերեսս հողին*	*իսկ*	*համապազ արիւնն ոչ ցամաքէր, եւ*
AbCn1	57	*լայր դառնապէս*	*իսկ*	*ծնօղքն Ադամ եւ Եւայ, տեսանէին*
AbCn1	57	*վիրաւորեալ*	*իսկ*	*Ադամ եւ Եւայ լային եւ ողբային*
AbCn1	59	*իւրեանց կծօք:* [59]	*Իսկ*	*ողորմեցաւ Տէր, եւ առաքեաց*
AbCn2	5	*հովիւ ոչխարաց:* [5]	*Իսկ*	*Ադամ խրատեաց զորդիքն իւր եւ*
AbCn2	9	*եւ ապա ես:* [9]	*Իսկ*	*Կայէն կանգնեցաւ յաղօթս առ Տէր*
AbCn2	11	*որպէս գործելի:* [11]	*Իսկ*	*Աբէլ մատոյց զողջակէզսն*
AbCn2	14	*ի վերայ Աբէլի:* [14]	*Իսկ*	*Կայէն ոխացաւ ընդ Աբէլի եւ կամէ*
AbCn2	16	*խմէին եւ չրջէին:* [16]	*Իսկ*	*ի միում աւուր ասէ Կայէն ցեղբա*
AbCn2	26	*մոռանաս դու:* [26]	*Իսկ*	*Կայէն սատ եւ անդ չրջէր եւ ոչ*
AbCn2	47	*գնայր որսանել*	*իսկ*	*Կայէն անճար մնաց վասն մահուն*
AbCn2	48	*ի ճանապարհին:* [48]	*Իսկ*	*Ղամէք ելաւ գնաց յորս առնել. ե*
AbCn2	50	*կոտոշ ի գլուխն:* [50]	*Իսկ*	*Ղամէքայ կինն բարի էր. առ Տէր*

AbCn2	58	վասն զաւակացն: [58]	Իսկ	Աստուած ողորմեցաւ եւ առաքեաց
Creat1	2D	դասս Հրեշտակաց	իսկ	չարն Բէլիար որ գլուխ էր
Creat1	2Y	իւրոյ: [2Y]	Իսկ	չարն Սաղայէլ եւ Բելիար
Creat1	3	զԱստուած: [3]	Իսկ	պիղծն Սատանայ ոչ կամեցաւ
Creat1	5	ի յ ամպէն: [5]	Իսկ	բարերարն Աստուած, վասն
Creat1	9	մեռանիք: [9]	Իսկ	վասն այն եդ զԱդամ ի
Creat1	13	ի մէջ դրախտին	իսկ	օձն <խրատեալ> էր ի
Creat1	27	զխ> ի քէն: [27]	Իսկ	Ադամ, երբ Հայէր ի կնոջ
Creat1	28	զարդարեալ: [28]	Իսկ	Ադամ բազում քննութիւն
Creat1	40	զայդ: [40]	Իսկ	կին ասաց. Տէր, <այն օձն որ>
Creat1	47	իւրեանց: [47]	Իսկ	<Հետ վեց աւուրն>
Creat1	48	եւ ապրիլ: [48]	Իսկ	իբրեւ տեսին Ադամ եւ կին
Creat2	2	զնոսա: [2]	Իսկ	ամենայն Հրեշտակք եւ
Creat2	5	ի յ ամպոյն: [5]	Իսկ	բարերարն Աստուած
Creat2	8	կոչեցի կին: [8]	Իսկ	Տէր Աստուած տարեալ եդ զ
Creat2	10	...ռանգեսցեն: [10]	Իսկ	պիղծն Սատանայ, նախանձեալ
Creat2	12	եւ ելանէր: [12]	Իսկ	ամենաչարն Սատանայ ուսոյց
Creat2	16	մեռանիք: [16]	Իսկ	օձն ասէ, Աստուած զձեզ
Creat2	19	մերկացաւ: [19]	Իսկ	եկն Ադամ եւ ետես զկինն
Creat2	26	փախէր ուտել: [26]	Իսկ	Եւա լայր եւ աղաչէր զնա եւ
Creat2	27	մեռանիմք: [27]	Իսկ	Ադամ բազում քննութեամբ
Creat2	31	փայլէր: [31]	Իսկ	Ադամ վասն սիրոյն կնոջն
Creat2	52	կերակրիլ: [52]	Իսկ	նոքա իբրեւ տեսին զ
Exp1	1	ԱԴԱՄԱՑ Ի ԴՐԱԽՏԷՆ [1]	Իսկ	երբ անկաւ Ադամ ի դրախտէն
Exp1	2	երեկոյին: [2]	Իսկ	երեկուն, երբ որ արեգակն
Exp1	3	առաւօտն: [3]	Իսկ	առաւօտին Հաւախօսին, եկն
Exp1	6	բայց լոյս էր: [6]	Իսկ	ոչ գիտեմք թէ զի՞նչ
Exp1	13	...ւնդքն մեր: [13]	Իսկ	Սատանայ ցուցանէր նոցա յ
Exp1	17	ծառայ եմք: [17]	Իսկ	Սատանայ բերեալ քար մի եւ
Exp1	19	ի վերայ քո: [19]	Իսկ	Ադամ եդեալ ձեռն ի վերայ
Exp1	22	վերայ արեգական	իսկ	յերեկոյն արեգակն իբրեւ
Exp2	2	արեգակն: [2]	Իսկ	որ մթացաւ եւ երեկոյ եղեւ
Exp2	2	Սատանայի	իսկ	Սատանայ տարեալ զ
Exp2	3	առաւօտն: [3]	Իսկ	ի Հաւախօսին եկեալ
Exp2	13	ծնունդն մեր: [13]	Իսկ	Սատանայ ցոյց ետ նոցա յ
Exp2	14	մի Հեռացաւ	իսկ	Ադամ եւ Եւայ Հայէին ընդ
Exp2	17	ծնունդն մեր: [17]	Իսկ	Սատանայ բերեալ քար մի եւ
Exp2	19	առ ձեզ: [19]	Իսկ	Ադամ զձեռն ի վերայ
Rep	44	[44] Որպէս եւ արարն	իսկ	[45] Վասն զի եՀարց Աստուած զ
Rep	48	մեղայ ասէր [48]	Իսկ	նա լրբութեամբ ասաց Ոչ գիտեմ
Rep	82	էր զանձն նորա [82]	Իսկ	Եւայ եւ ամենայն ծնունդք նորա
Rep	90	նորա պաՀէիք	իսկ	ի յանցանելն ձերում զՀրաման
Rep	96	ի կողէն Ադամայ [96]	Իսկ	ի մեռանելն մեռաւ Ադամ
Rep	97	զիչերւոյն [97]	Իսկ	որդիք եւ դստերք նոցա սգացին զ
Rep	99	մինչեւ ի Նոյ [99]	Իսկ	յետ մեռանելոյն Ադամայ
Tid1	10	կային: [10]	Իսկ	Սեթայ որդին բարի պտուղն
Tid1	12	տրտում է: [12]	Իսկ	Ենովք ասէ ցՀայրն. Հօր
Tid1	15	ի պտղոյն	իսկ	ինքն Ենովք ոչ ճաշակեաց

Tid1	16	*ի նմանէ:* [16]	*Իսկ*	*Աստուած հրամայեաց*
Tid1	17	*այսօր:* [17]	*Իսկ*	*այլ որդիքն Սեթայ եւ*
Tid1	21Y	*ճգնէին:* [21Y]	*Իսկ*	*աղջկունքն ազգին Կայենի*
Tid1	24	*զԱստուած:* [24]	*Իսկ*	*վասն բազում մեղաց նոցա*
Tid1	38B1	*արարին զնա*	*իսկ*	*Նոյ հաստատուն բանէր*
Tid1	38B6	*եւ Արէթ:* [38B6]	*Իսկ*	*Նոյ աղաչեաց զԱստուած*
Tid1	38C	*տապանին:* [38C]	*Իսկ*	*ամենեքեան զնային եւ*
Tid1	38C1	*արարին զնոսա*	*իսկ*	*Նոյ հաստատուն բանէր*
Tid1	38D7	*ի տապանէն:* [38D7]	*Իսկ*	*աղաչէր զԱստուածն*
Tid1	39	*մէկ մէկու*	*իսկ*	*տախտակն ձայնէր թէ*
Tid1	41	*եօթն եօթն:* [41]	*Իսկ*	*անբան անասունքն իմացան*
Tid1	46	*ոչ դարձաւ:* [46]	*Իսկ*	*արձակեաց զաղաւնին, եւ*
Tid1	47	*Նոյի:* [47]	*Իսկ*	*Նոյ արձակեաց զամենայն*
Tid1	50	*կենդանիսն:* [50]	*Իսկ*	*անասնոց սրբոց եւ թռչնոց*
Tid1	55	*զնոսա:* [55]	*Իսկ*	*Նոյ առեալ զօրհնութիւն*
Tid2	10	*Կայէնին:* [10]	*Իսկ*	*բարի պտուղն Ենովք, եհարց*
Tid2	17	*այսօր:* [17]	*Իսկ*	*այլ որդիքն Սէթայ եւ*
Tid2	21	*զնոսա:* [21]	*Իսկ*	*նոքա անճար մնացին. նա*
Tid2	36	*ի նմանէ:* [36]	*Իսկ*	*նա առեալ զՆեմզար եւ*
Tid2	38A	*յերկիրս:* [38A]	*Իսկ*	*մարդիկն երբ լսէին, նա*
Tid2	38C	*տապանն.* [38C]	*Իսկ*	*Նոյի եղեւ երեք որդի. Սեմ*
Tid2	38E	*ջրհեղեղ:* [38E]	*Իսկ*	*նա աղաղակեաց առ Տէր եւ*
Tid2	38H	*ի տապանն*	*իսկ*	*Նոյ խնդրեաց համբերել ի*
Tid2	40	*ջրհեղեղն:* [40]	*Իսկ*	*գազանք եւ անասունք*
Tid2	41	*Նոյ եւ որդիքն*	*իսկ*	*ի ներքնատունն գազանքն*
WdsAd	2	*եւ յորոյ չուտել.* (	*Իսկ*	*մեք ոչ պահեցաք զ)պատուիրանն ե*
WdsAd	13	*եւ յորոյ չուտել*	*իսկ*	*նորա ոչ պահեալ զպատուիրանն*

իսկոյն **conjunction**

AbCn1	12	*ի հաճոյս:* [12]	*Իսկոյն*	*քաղցր հողմն հնչեաց, եւ լոյս*

իր **noun**

AbCn1	26	*աստ եւ անդ շրջէր թէ*	*իրք*	*մի գտցէ, եւ այնով սպանանիցէ զ*

իրեար **pronoun**

AbCn2	15	*զի համապազ ընդ*	*իրեար*	*ուտէին եւ խմէին եւ շրջէին:* [1

իւղընձիւղ **adjective**

Rep	87	*զՏէր տալ պտուղ*	*իւղընձիւղ*	*ի ծառոց դրախտին վասն*

իւր **adjective**

AbCn1	51A	*առաջի կանանց*	*իւրոց*	*եւ վասն երկիւղին եւ*
AbCn2	1	*պատուիրեաց որդւոցն*	*իւրոց*	*եւ ասաց, թէ յորժամ ելայ ի*
AbCn2	3	*նոյն կատարել որդւոց*	*իւրոց*	*զի Ադամայ առաջին զաւակն*
AbCn2	47	*մնաց վասն մահուն*	*իւրոյ*	*ապա հնարս իմացաւ առ եալ մորթ*
Creat1	1D	*աստուածութեանն*	*իւրոյ*	[2Y] *Իսկ չարն Սադայէլ եւ*
Creat1	1Y	*աստուածութեանն*	*իւրոյ*	[1D] *Տէր Աստուած յառաջ*
Creat1	3	*...արտացաւ ի սրտի*	*իւրում*	*եւ կամեցաւ զաթոռ իւր*
Creat2	3	*մեծութիւն փառաց*	*իւրոց*	*վասն որոյ հպարտացաւ եւ*

Rep	8	*դրախտին յանդիման աչաց*	*իւրոց*	*եւ լայր կողկողագին*
Rep	82	*ի հիւանդութենէ*	*իւրմէ*	[83] *Յայնժամ ասէ Եւայ ցԱդամ*
Tid1	16	*հրեշտակին*	*իւրոյ*	*զի զնա մարմնով*
WdsAd	4	*ասէ առ Տէր յաղօթելն*	*իւրում*	*Ամենակալ, ամենակարող Տէր*
WdsAd	5	*ուրախութեան ի ձեռին*	*իւրում*	*եւ ետ ի Սէթ, եւ ասէ. Այդ է*

***իւր* pronoun**

AbCn1	1	*առաքեաց զհրեշտակ*	*իւր*	*եւ պատմեաց նմա զմարդանալն*
AbCn1	7	*երբ հնձէր զցորեանն*	*իւր*	*զորն որ քամի տուեալ էր փունջ*
AbCn1	8	*Եւ երեր Հաբէլ զգառն*	*իւր*	*զոր ընտրեալ էր եւ բաժին*
AbCn1	15	*Աբէլ սիրէր զեղբայրն*	*իւր*	*եւ համապազ ուտէին եւ ըմպէին ի*
AbCn1	16	*ասէ Կայէն ցեղբայր*	*իւր*	*Գնասցուք ի դաշտն շրջեսցուք: [*
AbCn1	17	*Կայէն զխորհուրդն*	*իւր*	[18] *Սկիզբն արար խաղալ ընդ*
AbCn1	17	*կապել զեղբայրն*	*իւր*	*բայց Աբէլ ժիր էր աւելի քան զ*
AbCn1	18	*զի տեսցէ յուժն*	*իւր*	*յաղթել կարէ զնա. քանզի որ կշտ*
AbCn1	18	*խաղալ ընդ եղբօրն*	*իւր*	*եւ արար զօտամարտիլ, եւ կշտի*
AbCn1	31	*մօրս ասես զի զկաթն*	*իւր*	*հալալ արասցէ ինձ:* [32] *Քանզի*
AbCn1	49D	*թէ այծ էր, եւ մազն*	*իւր*	*մէն էր, եւ թէ գլխոյ եւ թէ մարմ*
AbCn1	54	*հող լինի եւ ապա*	*իւր*	*ծնունդն. պիտէր յառաջ Ադամ*
AbCn1	57	*վասն զաւակացն*	*իւրեանց*	[58] *Մինչեւ երկերիւր տարի*
AbCn1	58	*զաւակ <ծնցի>*	*իւրեանց*	*կոծօք:* [59] *Իսկ ողորմեցաւ Տէր*
AbCn1	59	*զԱդամ եւ զկինն*	*իւր*	*զԵւայ:*
AbCn2	1	*առաքեաց զհրեշտակ*	*իւր*	*եւ երեր զիս ի լոյս. եւ որքան*
AbCn2	5	*խրատեաց զորդիքն*	*իւր*	*եւ ասէ. յամենայն ընչից ձերոց*
AbCn2	16	*ասէ Կայէն ցեղբայր*	*իւր*	*Աբէլ գնասցուք ի դաշտ ման գալ*
AbCn2	17	*յայտնել զխորհուրդն*	*իւր*	[18] *Ապա սկիզբն արար խաղալ ըն*
AbCn2	57	*վասն կոծոյն եւ սգոյն*	*իւրեանց*	*այլ ոչ մերձեցան առ միմեանս*
AbCn2	57	*յորժամ Ադամ եւ կինն*	*իւր*	*տեսանէին զԱբէլ արեամբ*
Creat1	3	*կամեցաւ զաթոռ*	*իւր*	*բարձրացուցանել հաւասար*
Creat1	27	*էր, զի Աստուած*	*իւր*	*ձեռօքն էր ստեղծեալ եւ*
Creat1	31	*…ուիրանն եթող զ*	*իւր*	*կնոջ խօսքն լսեց:* [32] *Վասն*
Creat1	33	*զմերկութիւնս*	*իւրեանց*	*ձայնն կեցաւ ի վերայ*
Creat1	46	*կոծէին զանձինս*	*իւրեանց*	[47] *Իսկ <Հետ վեց*
Creat1	47	*զհրեշտակ*	*իւր*	*հանել զնոսա ի խաւարէն, եւ*
Creat1	48	*Ադամ եւ կին*	*իւր*	*< զլոյս աշխարհս*
Creat1	48	*Ադամ եւ կինն*	*իւր*	*> ասացին. թէպէտ չէ*
Exp1	5	*զհրեշտակ*	*իւր*	*<եւ> եհան զմեզ ի խաւարէն*
Exp1	23	*զհրեշտակ*	*իւր*	*եւ բերեալ ձեռնագիր յ*
Exp2	5	*զհրեշտակ*	*իւր*	*հանեալ զմեզ ի խաւարէս*
Exp2	23	*զհրեշտակ*	*իւր*	*եւ աւետեաց Ադամայ վասն*
Rep	8	*եւ կոծէր զկուրծս*	*իւր*	*յորդ արտասուաք* [9] *Եւ ի խորո*
Rep	35	*զԱբէլ զեղբայր*	*իւր*	*եւ ինքն Կային հեռացեալ էր ի*
Rep	40	*վասն Հաբելի որդւոյն*	*իւրեանց*	[41] *Եւ յերկար սգով կացին*
Rep	54	*ոչ տայ քեզ զպտուղ*	*իւր*	*զի արեամբ արդարոյ ներկեր զ*
Rep	71	*զի զանդրանիկ որդին*	*իւրեանց*	*տեսին եղբայրասպան*
Rep	73	*աւուրս կենաց*	*իւրեանց*	*եւ ասէին Ով պանծալի դրախտ Ով*
Rep	80	*եւ զստերաւք*	*իւրեանց*	*առ նախաստեղծն մարդն Ադամ*
Rep	100	*ստեղծիցն յաւագ որդին*	*իւր*	*ի Սէմ* [101] *Եւ նա առեալ տարաւ*

Rep	101	*առեալ տարաւ ի վիճակն*	*իւր*	*որ արդ եւս կոչի Շամայ տուն որ*
Tid1	1	*զՀրեշտակ*	*իւր*	*առ Ադամ, եւ ասէ. Մերձեցիր ի*
Tid1	21D	*զնէխն երեսս*	*իւրեանց*	*զինքեանս զուգէին*
Tid1	21D	*զոտս եւ զձեռս*	*իւրեանց*	*կարմիր դեղ զնէխն: [22*
Tid1	21D	*խառնակէին ընդ*	*իւրեանց*	*աղջկունք Հնար*
Tid1	21Y	*զմարմինս*	*իւրեանց*	*զարդարեցին եւ*
Tid1	33	*է զկուսութիւն*	*իւր*	*մաքուր>, անուն նորա*
Tid1	42	*ինքն եւ որդիք*	*իւր*	*փակեաց զդուռն եւ <զ*
Tid2	1	*զՀրեշտակ*	*իւր*	*եւ ետ զաւետիս վասն Սէթայ*
Tid2	21	*դեղեցին զերեսս*	*իւրեանց*	*եւ զձեռսն Հինայեցին*
Tid2	38H	*առնուլ զորդիսն*	*իւր*	*ի տապանն. [38I] Յոր եմուտ*
Tid2	38I	*ինքն եւ կին*	*իւր*	*ապա որդիքն եւ որդւոց*
Tid2	48	*եւ որդիքն*	*իւր*	*[49] եւ զամենայն*
WdsAd	7	*տարաւ առ Հայրն*	*իւր*	*Ադամ, եւ ասէ. Հայր, այս ի*
WdsAd	9	*[9] Եւ ասէ ցորդին*	*իւր*	*Որդեակ իմ Սէթ. այս ի այն ծառոյ*
WdsAd	11	*եւ զՍէթ զորդին*	*իւր*	*եւ փոխեցաւ ըստ Հրամանի Տեառն ի*

***իւրատունկ* adjective**

Rep	36	*Տարեալ Կային զՀաբէլ յ*	*իւրատունկ*	*դրախտն եւ կալեալ*

***լամ* verb**

AbCn1	25	*մինչեւ ցգլուխն: [25]*	*Լայր*	*Աբէլ եւ ասէր. Եղբայր, արձկեա զ*
AbCn1	28	*առ Աբէլ. Իսկ Աբէլ*	*լայր*	*եւ ասէր. Ո՞չ ողորմիս մեր ծնօղա*
AbCn1	30	*Իբրեւ եկն ի սպանումն*	*լալով*	*ասաց Աբէլ. Եղբայր, բեր զերեսդ*
AbCn1	52	*մարմինն Աբելի,>*	*լային*	*եւ սգային բազում ժամանակս*
AbCn1	57	*իսկ Ադամ եւ Եւայ*	*լային*	*եւ ողբային վասն զաւակացն*
AbCn1	57	*կոծէր վայ եւ եղուկ*	*լայր*	*դառնապէս. իսկ ծնօղքն Ադամ եւ*
AbCn2	23	*Կայէնի. զոր զոչեաց*	*լալով*	*առ եղբայրն եւ ասէր. եղբայր իմ*
AbCn2	32	*ոչ կորատէր: [32] Նա*	*լալով*	*աղաղակէր ասելով թէ ինչպէս*
AbCn2	43	*այն էր, զի Համապազ*	*լալով*	*եւ ղողալով շրջէր: [44] Եօթներ*
AbCn2	50	*…ղակեաց, եւ այնչափ*	*ելաց*	*որ յաչերէն արիւն կաթեցաւ*
AbCn2	52	*որ եւ կոծ մեծ առին*	*լալով*	*եւ ողբալով. եւ միշտ սուգ կենայ*
Creat1	26	*ճաչակէր, կինն*	*լայր*	*եւ աղաչէր ասելով*
Creat1	46	*անմխիթար*	*լային*	*եւ կոծէին զանձինս*
Creat2	26	*[26] Իսկ Եւա*	*լայր*	*եւ աղաչէր զնա եւ ասէր*
Creat2	52	*տրտմութեամբ*	*լացին*	*զգիշերն ամենայն: [53]*
Exp1	2	*այլ ոչ լուսանայ*	*լացին*	*եւ կոծեցան մինչեւ ց*
Exp1	6	*այն կոծամք եւ*	*լամք*	*[7] Ասէ Սատանայ. զի՞նչ*
Exp1	22	*ի Սատանայէ*	*լացին*	*եւ ողբացին, մինչեւ եօթն*
Exp2	2	*վասն որոյ*	*լացին*	*եւ կոծեցին մինչեւ ց*
Exp2	4	*այն տրտմիմք եւ*	*լամք*	*զի ստեղծեալ էր զմեզ*
Exp2	22	*Ադամ որ խաբեցաւ*	*լացին*	*եւ ողբացին մինչեւ Հինգ*
Rep	7	*վասն որոյ սկսաւ*	*լալ*	*եւ ողբալ մեծակական ձայնիւ [8]*
Rep	8	*աչաց իւրոց եւ*	*լայր*	*կոզկոզազին Հառաչանաւք եւ*
Rep	18	* խս բոյսք եւ ծաղարք*	*Լացէք*	*զիս ծառք ամենայն դրախտիդ*
Rep	18	*զիս ծառք եւ տունկք*	*Լացէք*	*զիս բոյսք եւ ծաղարք Լացէք*
Rep	18	*սողունք եւ թռչունք*	*Լացէք*	*զիս ծառք եւ տունկք Լացէք զ*
Rep	18	*գազանք եւ անասունք*	*Լացէք*	*զիս սողունք եւ թռչունք*

Rep	18	*զիս Հրեշտակք*	*Լացէք*	*զիս գազանք եւ անասունք*
Rep	18	*Լացէք զիս ցամաք*	*Լացէք*	*զիս Հրեշտակք Լացէք զիս*
Rep	18	*Լացէք զիս ծովք*	*Լացէք*	*զիս ցամաք Լացէք զիս*
Rep	18	*Լացէք զիս երկիր*	*Լացէք*	*զիս ծովք Լացէք զիս ցամաք*
Rep	18	*Լացէք զիս երկինք*	*Լացէք*	*զիս երկիր Լացէք զիս ծովք*
Rep	18	*զիս ամենայն արարածք*	*Լացէք*	*զիս երկինք Լացէք զիս*
Rep	18	*Աստուծոյ* [18]	*Լացէք*	*զիս ամենայն արարածք Լացէք զ*
Rep	23	*ձերոց ընդէ՞ր ոչ*	*լայք*	*զկարաւտեալս առատութեանց*
Rep	23	*ձերոց ընդէ՞ր ոչ*	*լայք*	*զպասքեալս ի պտղոց ձերոց*
Rep	23	*ձերմէ ընդէ՞ր ոչ*	*լայք*	*զքաղցեալս ի բարեաց ձերոց*
Rep	23	*ի ձէնջ ընդէ՞ր ոչ*	*լայք*	*զխաւարեալս ի լուսոյդ ձերմէ*
Rep	23	*լայք զԱդամ ընդէ՞ր ոչ*	*լայք*	*զզրկեալս ի ձէնջ ընդէ՞ր ոչ լայ*
Rep	23	*զի՞ կայք ընդէ՞ր ոչ*	*լայք*	*զԱդամ ընդէ՞ր ոչ լայք զ*
Rep	34	*որոյ ապաշաւեն եւ*	*լան*	*անդադար ծնաւղքդ մեր* [35] *Եւ*
Rep	37	*եւ յոյժ սգացեալ*	*Ելաց*	*դառնապէս* [38] *Եւ ապա*
Rep	38	*զի եկեալ ի միասին*	*լայցեն*	*զՀաբէլ եւ ամփոփեալ*
Rep	73	[73] *Որ Համապազ*	*լային*	*դէմ դրախտին զամենայն աւուրս*
Rep	78	[78] *Եւ այսպիսի*	*լալով*	*եւ վայիւ եկեաց Ադամ սգով*
Rep	82	*ամենայն ծնունդք նորա*	*լային*	*եւ ողբային զԱդամ եւ Ադամ*
Rep	93	*Եւ նոքա ելեալ գնացին*	*լալով*	*եւ Հառաչանաւք եւ տեսին զ*
Rep	94	*Ադամայ մինչ դեռ*	*լայր*	*եւ ողբայր Եւայ նոյնժամայն*
Tid2	10	*թէ վասն է՞ր*	*լայք*	*եւ միշտ տրտմիք եւ ոչ*

***լայնութիւն* noun**

Tid1	34	*եւ յիսուն*	*լայնութիւն*	<*եւ*> *երեսուն*
Tid2	34	*յիսուն կանգուն*	*լայնութիւն*	*եւ երեսուն*

***լանջք* noun**

Creat1	43	*մէջ, ի վերայ*	*լանջաց*	*եւ որովայնի քում*
Creat2	40	…*անեաց. ի վերայ*	*լանջաց*	*քոց եւ ի վերայ*

***լաց* noun**

Rep	20	*առ իս եւ տեսէք զ*	*լաց*	*իմ Ով գազանք տեսէք զիս զ*
Rep	27	*զԵւայ ի սուգ եւ ի*	*լաց*	*մխիթարեաց զնոսա եւ ասաց*

***լաւ* adjective**

AbCn2	6	*եղեւ. ապա ընտրեաց զ*	*լաւն*	*եւ զընտիրն խաշանց զգէրն եւ զ*
Creat1	28	*թէ մերկանամ. զի*	*լաւ*	*է ինձ մեռանիլ քան թէ*

***լեառն* noun**

AbCn2	47	*ի ծոցն, գնաց ի*	*լեառն*	*եւ եղեւ ընծոյ նման եւ անկաւ ի*
Tid1	17	*եւ ելին ի*	*լերինս*	<*եւ*> *կուսութեամբ*
Tid1	20D	*Սէթայ որ ի*	*լերինն*	*ճգնէին*: [21Y] *Իսկ*
Tid1	22D	*երգօվք ելին ի*	*լերինն*	*խնդալօվ եւ ծապս*
Tid1	22Y	*գնացին ի*	*լեառն*	*խնդալով եւ պարելով*
Tid1	44	…*դարեաց ի վերայ*	*լեառն*	*Մասիսայ*: [45] *Եւ յետ*
Tid1	44	*կոխեաց զծայրս*	*լերանց*	*մինչեւ ի մի տարին*
Tid1	46	*չրջեալ ի գլուխս*	*լերանց*	*եւ զտեալ երեք ծաղիկ*

Tid1	48	*տապանն, ետես զի*	*լերինք*	*եւ բլուրք ցամաքեալ*
Tid1	55	*Աստուծոյ, էջ ի*	*լեռնէն*	*եւ բնակեցաւ Ակոռի:* [56]
Tid2	17	*…ւթեամբ ճգնիլ ի*	*լերինս*	*եւ եղեւ թիւք աւելի*
Tid2	22	*գնացին ի*	*լերինս*	*եւ խաբեցին զ*
Tid2	44	*Հանգեաւ ի*	*լեառն*	*Մասիսոյ որ այժմ ասեն*
Tid2	44	*ամենայն գլուխ*	*լերանցն*	*եւ ի սարերէն էանց*
Tid2	47	*եւ ետես զգլուխ*	*լերանցն*	*եւ արձակեաց զ*

***լեարդ* noun**

Rep	9	*եւ յոգւոց Հանէր*	*լեարդն*	*այրէր սիրտն ճմլէր եւ աղիքն*

***լեզու* noun**

Creat1	11	*օձն թեւաւոր էր*	*լեզու*	*ունէր, մտանէր ի դրախտն*
Creat2	11	*թեւաւոր եւ ունէր*	*լեզու*	*եւ էր գեղեցիկ եւ*
Rep	11	[11] *Միտքն ծնանէր*	*լեզուն*	*խաւսէր բերանն բարբառէր զ*

***լէշ* noun**

Tid2	45	*գնացեալ անկաւ ի*	*լէշն*	*այլ ոչ դարձաւ:* [46] *Եւ յետ*

***լի* adjective**

Creat2	8	*որ է փառօք*	*լի*	*եւ միջասահման. եդ ի վերայ*
Tid1	14	*Տնկեաց այգի մեծ*	*լի*	*ամենայն բարութեամբ*
Tid2	55	*դեռեւս դաշտն նա*	*լի*	*էր ջրով:* [56] *Իբրեւ*

***լիանամ* verb**

AbCn1	2	*պտուղ նոցա ուտել եւ*	*լիանալ*	*եւ Հրամայեաց ի պտղոյ անտի*
AbCn1	42	*<որ քանի> ուտէր ոչ*	*լիանայր*	[43] *Ե. Հինգերորդն*
AbCn2	2	*ի պտղոյ նորա եւ*	*լիանալ*	*եւ ապրիլ. այլ եւ Հրամայեաց*
Creat1	47	*պտղաբերս այնով*	*լիանալ*	*եւ ապրիլ:* [48] *Իսկ իբրեւ*
Rep	22	*Ի՞ւ յագենամ Ի՞ւ*	*լիանամ*	[23] *Ով ծառք զի՞ կայք ՞նդէ՞ր*

***լինիմ* verb**

AbCn1	9	*ամենայնի, գիտութիւն*	*լիցի*	*քեզ. զամենայն ինչ զոր*
AbCn1	25	*աշխարհս ամէն քեզ*	*լինի*	[26] *Իսկ Կայէն աստ եւ անդ շրջ*
AbCn1	54	*Ադամայ ասաց Հող*	*լինի*	*եւ ապա իւր ծնունդն. պիտէր յառա*
AbCn2	53	*ոչ փտէր, եւ ոչ Հող*	*լինէր*	[54] *Քանզի Աստուած նախ*
AbCn2	54	*Ադամայ ասաց Հող*	*լինիլ*	*եւ ապա ի նմանէ ծնելոցն. վասն*
Creat1	8	*եւ մի Հուպ*	*լինիցիք*	*զի յորժամ ուտիցէք*
Creat1	17	*զի Հաւասար*	*լինիցիք*	*եւ փառակից եւ*
Creat1	43	*ցօձն. Անիծեալ*	*լիցիս*	*յամենայն կենդանեաց*
Creat1	48	*ոչ սովաւ մահ <*	*լինիմք*	*> եւ կամ <խաւարի>*
Creat2	17	*կերեալ Հաւասար*	*լինիք*	*Աստուծոյ:* [18] *Իբրեւ*
Creat2	23	*եւ քեզ նման*	*լինիլ*	[24] *Աւէ Եւա. թէպէտ եւ*
Creat2	40	*զայդ անիծեալ*	*լիցիս*	*ի մէջ ամենայն գազանաց*
Exp1	2	*յաշխարհս գիշեր*	*լինի*	*կամ ցերեկ կայ. վասն այն*
Exp1	12	*քեզ ծառայ*	*լինիմք*	*մեք եւ ամենայն*
Exp2	2	*ամենայն լուսով*	*լինի*	*զի ոչ գիտէին թէ ցերէկն*
Exp2	9	*էր ձեզ ծառայ*	*լինիլ*	*նմա եւ զամենայն*

Exp2	12	*...անիցեմք ծառայ*	*լինիմք*	*քեզ մեք եւ ամենայն*
Rep	51	*Նախ զի ասաց թէ Անիծեալ*	*լիջիր*	[52] *Երկրորդ Ի վերայ երկրի*
Rep	55	*Հինգերորդ Երերեալ*	*լիցիս*	*որպէս զծառ ի հողմոց* [56]
Rep	56	*ցերորդ Տատանեալ*	*լիցիս*	*իբրեւ զծով որ ծփի յալեաց*
Tid1	1	*ի կին քո, զի*	*լինի*	*քեզ որդի փոխանակ Աբելի*
Tid1	2	*...րձենամ ի կինս*	*լինի*	*ինձ կրկին նեղութիւն եւ*
Tid1	27	*խեղդելոց է, եւ*	*լինիս*	*նոր Ադամ. զի ի զաւակէ*
Tid2	1	*առ կին քո, եւ*	*լինի*	*քեզ որդի. եւ*
Tid2	2	*...րձենամ ի կին եւ*	*լինի*	*զաւակ, վախեմ թէ այլ նոր*
Tid2	28	*...անամբքդ. եւ դու*	*լինիս*	*սերմ եւ հայր աշխարհի*
Tid2	38A	*երկիրս ջրասոյզ*	*լինի*	[38B] *Եւ ի կատարել*
Tid2	38D	*ի տապան քո. զի*	*լինի*	*ջրհեղեղ:* [38E] *Իսկ նա*

լլկեմ verb

Tid2	23	*իբրեւ զշուն*	*լլկեցին*	*զամենեսին. ոչ*

լծեմ verb

AbCn2	2	*ինձ:* [2] *Եւ զեզն*	*լծեալ*	*ետ ի ձեռս իմ եւ ուսոյց նովաւ*

լնում verb

Creat1	6	*ի կողիցն նորա եւ*	*ելից*	*ընդ այնր մարմին. եւ*
Creat2	5	*հողեղէն մարդոք*	*լնուցու*	*զտեղի նորա:* [6] *Եւ արկ*
Creat2	6	*կողիցն նորա եւ*	*ելից*	*ընդ այնր մարմին եւ եղեւ*
Tid1	4	*Սէթայ, եւ նոքօք*	*լցցին*	*աշխարհս. եւ ապա մի*
Tid1	27	*ի զաւակէ քումմէ*	*լցցի*	*աշխարհս:* [28] *Ասէ Նոյ*
Tid1	57	*եւ բազմացան եւ*	*լցին*	*զՆախիջեւան, եւ նովաւ*
Tid1	57	*...ջեւան, եւ նովաւ*	*լցին*	*զաշխարհս:* [58] *Եւ անուն*
Tid2	4	*Սէթայ. եւ նոքօք*	*լցվի*	*աշխարհս. բայց մի*

լոյս noun

AbCn1	12	*հողմն հնչեաց, եւ*	*լոյս*	*ծագեաց յերկնից եւ լուսաւորեցա*
AbCn2	1	*իւր եւ եբեր զիս ի*	*լոյս*	*եւ որքան կենդանիք կային զ*
AbCn2	12	*հողմն հնչեաց եւ*	*լոյս*	*ծագեաց յերկնից եւ լուսաւորեաց*
Creat1	18	*մերկացաւ ի*	*լուսոյն*	[19] *Իբրեւ եկն Ադամ եւ*
Creat1	19	*մերկացեալ ի*	*լուսոյն*	*տրտմեցաւ Ադամ եւ ասէ*
Creat1	27	*զլխոյն. թէպէտ ի*	*լուսոյ*	*էր մերկացեալ բայց*
Creat1	30	*եւ մերկացաւ ի*	*լուսոյն*	[31] *Զի ոչ թէ պտուղն*
Creat1	32	<*մերկացան*> *ի*	*լուսոյն*	*եւ գնացին ծածկեցան*
Creat1	33	*մերկացեալ ի*	*լուսոյն*	*եւ տերեւովն ծածկեալ*
Creat1	37	*մերկացաք ի*	*լուսոյն*	*մի թէ կերայ՞ք ի*
Creat1	37	[37] *Ասէ Տէրն. Զի*	*լուսով*	*ծածկեցի զձեզ, ընդէ՞ր*
Creat1	47	*եբեր զնոսա ի*	*լոյս*	*աշխարհս, եւ եցոյց նոցա զ*
Creat1	48	*եւ կին իւր* <*զ*	*լոյս*	*աշխարհս ուրախացան եւ*
Creat1	48	*եւ աշխարհիս*	*լոյս*	*եւ պտուղս չեն հաւասար*
Creat1	48	*չեն հաւասար*	*լուսոյ*	*եւ պտղոյ դրախտին. բայց*
Creat2	31	*եւ մերկացաւ ի*	*լուսոյն*	[32] *Ապա վասն*
Creat2	51	*եւ բերել ի*	*լոյս*	*աշխարհ. եւ եցոյց նմա*
Creat2	54	*եւ արքայութեան*	*լուսոյն*	*ամէն:*

Exp1	2	ոչ տեսանեն զ	լոյս	քանզի դրախտն Հանապազ
Exp1	2	դրախտն Հանապազ	լոյս	էր, նոյնպէս գիտացին թէ
Exp1	5	եւ բերեալ ի	լոյս	աշխարհս, թէպէտ չէր
Exp1	5	…այութեան, բայց	լոյս	էր: [6] Իսկ ոչ գիտեմք թէ
Exp1	5	չէր Հաւասար	լուսոյ	արքայութեան, բայց
Exp1	6	զայն սակաւ	լոյսն	վասն այն կոծամք եւ
Exp1	7	եւ եբեր ի	լոյս	[8] Ասէ Ադամ. Եւ ոչ ինչ
Exp1	11	տամ ձեզ աւետիք	լուսոյ	[12] Ասէ Ադամ. Եթէ մի
Exp1	12	Եթէ մի անգամ	լոյս	տեսանիցեմք, քեզ ծառայ
Exp1	13	անդ տեսանիցէք	լոյս	[14] Իբրեւ ասաց Սատանայ զ
Exp1	25	առաքեցից ի	լուսոյ	աստուածութեան իմոյ զ
Exp2	1	լուսոյն. բայց	լոյս	էր. նա ոչ գիտէր թէ ի
Exp2	1	արեգական	լոյսն	արքայութեան լուսոյն
Exp2	1	…ախացաւ ի վերայ	լուսոյ	արեգականն թէպէտ չէր
Exp2	1	Ադամ անկաւ ի	լուսոյն	սակաւ մի ուրախացաւ
Exp2	1	արքայութեան	լուսոյն	բայց լոյս էր. նա ոչ
Exp2	2	դրախտն Հանապազ	լոյս	էր. եւ նոյնպէս գիտէին թէ
Exp2	2	ամենայն	լուսով	լինի. զի ոչ գիտէին թէ
Exp2	5	ի խաւարէս եբեր ի	լոյս	աշխարհ: [6] Այլ ոչ
Exp2	7	որ եբեր զձեզ ի	լոյս	աշխարհ: [8] Ասէ Ադամ. ի՞նչ
Exp2	11	ձեզ զաւետիքն	լուսոյ	[12] Ասէ Ադամ. եթէ
Exp2	12	եթէ միւսանգամ	լոյս	տեսանիցեմք ծառայ
Exp2	13	անտի տեսանէք զ	լոյս	[14] Զայս ասաց Սատանայ
Exp2	14	…սանէին զի նշան	լուսոյ	երեւէր արեգականն
Exp2	24	որդին իմ ի	լուսոյ	աստուածութեան իմոյ
Rep	23	ոչ լայք զխաւարեալս ի	լուսոյդ	ձերմէ ընդէ՞ր ոչ լայք զ
Rep	63	զի մերկացան ի	լուսոյն	[64] Երրորդ զի արտաքսեցան
WdsAd	13	յաստուածային	լուսոյն	եւ արտաքս անկեալ ի դրախտէն
WdsAd	16	փառացն եւ	լուսոյն	արժանաւորեցաւ:

լուանամ **verb**

Rep	97	երեսուն եւ	լուացեալ	զսպեցին զնոսա եւ

լուսանամ **verb**

Exp1	2	թէ այլ ոչ	լուսանայ	լացին եւ կոծեցան
Exp1	14	տեսանէին զնշան	լուսանալոյն	յոյժ ուրախացան
Exp2	2	եղեւ եւ այլ ոչ	լուսանայ	քանզի դրախտն
Exp2	2	թէ այլ չի	լուսանայր	վասն որոյ լացին եւ
Rep	3	տագնապէին մինչ որ	լուսացաւ	եւ ծագեաց արեգակն [4]

լուսաւոր **adjective**

Exp1	2	ամենայն	լուսաւոր	եղիցի. զայն ոչ

լուսաւորեմ **verb**

AbCn1	12	ծագեաց յերկնից եւ	լուսաւորեցան	երեսն Աբելի. եւ եկն յ
AbCn2	12	ծագեաց յերկնից եւ	լուսաւորեաց	զերեսս Աբէլի. եւ եկն
Exp1	16	քոց, զի դու	լուսաւորեցեր	զմեզ. ամենայն
Exp2	16	քոց. զի դու	լուսաւորեցեր	զմեզ. զի

***լուսաւորիչ* noun**

WdsAd	10	*կենդանատու եւ*	*լուսաւորիչ*	*եղեւ։ [11] Եւ օրհնեաց Ադամ*

***լուսափայլ* adjective**

AbCn1	13	*ընծայն քո։ [13] Եւ*	*լուսափայլ*	*<ամպ> հովանի եղեւ ի վերայ*
AbCn2	13	*զընծայս քո։ [13] Եւ*	*լուսափայլ*	*ամպն հովանի եղեւ ի վերայ*

***լուսեղէն* adjective**

Exp1	4	*եւ եղեալ ի մէջ*	*լուսեղէն*	*դրախտին, եւ*
Exp2	4	*ի մէջ դրախտին*	*լուսեղէն*	*եւ պատրանօք օձին*

***լուսին* noun**

Creat2	52	*զարեգակն եւ զ*	*լուսին*	*ուրախացան մինչեւ յ*
Exp1	1	*արեգական եւ*	*լուսնին*	*մինչեւ յ երեկոյին*
Rep	21	[21] *Ով արեգակն եւ*	*լուսին*	*ողորմեցարուք ինձ անարգ*

***լսելի* adjective**

AbCn1	12	*բարբառ որ ասէր*	*լսելի*	*եղեն աղօթքն քո, եւ ընդունելի*
AbCn2	12	*եկն բարբառ որ ասէր*	*լսելի*	*եղեն աղօթք քո եւ ընդունեցի զ*

***լսեմ* verb**

AbCn2	29	*Աբէլ զեղբայրն եւ ոչ*	*լսեց*	*նմա։ [30] Եւ ասաց Աբէլ. եկ եղ*
AbCn2	33	[33] *Եւ ամենեւին ոչ*	*լսեց*	*այլ չարաչար բռնութեամբ հազիւ*
Creat1	31	*եթող եւ զօձին*	*լսեց*	*եւ Ադամ զԱստուծոյ*
Creat1	31	*իւր կնոջ խօսքն*	*լսեց*	[32] *Վասն այնորիկ*
Creat1	34	*Տէր, զքո ձայնն*	*լուայ*	*փախեայ, թաքեայ։* [35]
Creat1	41	*արարեր զայդ, ոչ*	*լուար*	*խրատոյ իմոյ, այլ*
Creat1	41	*այլ փութապէս*	*լսեցեր*	*զխրատոյ կնոջ քո*
Creat2	18	[18] *Իբրեւ*	*լուաւ*	*զխրատ օձին, ցանկացաւ*
Creat2	25	[25] *Իբրեւ զայս*	*լսեց*	*Ադամ, էառ զպտուղն*
Creat2	34	*Տէր զքո ձայնդ*	*լուայ*	*եւ երկեայ մերկ էի եւ*
Creat2	43	*զպատուէր իմ եւ*	*լսեցեր*	*կնոջ քոյ փոխանակ*
Creat2	47	*այլ փութապէս*	*լսեցին*	*զխրատ օձին եւ*
Exp1	27	*զայս <աւետիս>*	*լուաւ*	*Ադամ, ուրախացաւ յոյժ*
Exp2	23	*հինգ աւուրցն*	*լուաւ*	*Աստուած աղօթից նոցա եւ*
Exp2	27	*զայս աւետիսն*	*լուաւ*	*ուրախ եղեւ. զի վեց զարն*
Rep	33	*յարենէդ եւ նա ոչ*	*լսէր*	*եւ ոչ մնայր ի փորն այլ փսխէր ի*
Rep	34	*Եւայի զերազն*	*լուաւ*	*Ադամ ի Կայենէ որ ասէր ցՀաբէլ*
Rep	34	*Հաբելի* [34] *Իբրեւ*	*լուաւ*	*զայս Ադամ յԵւայէ ի կարծիս իմն*
Tid1	38B1	*նմա։* [38B1] *Երբ*	*լուաւ*	*Նոյ զձայնն կացնոյն եւ*
Tid1	38B2	*զձեւ տապանին*	*լսէին*	*զձայն կացնոյն եւ*
Tid1	38C	*զձեւ տապանին*	*լսէին*	*զձայնն կացինին եւ*
Tid1	38D7	*եւ Աստուած*	*լսէր*	*աղաչանացն Նոյին. տասն*
Tid1	38Y	*կու զայ։* [38Y] *Երբ*	*լուաւ*	*Նոյ զձայնն, յայնժամ յ*
Tid2	12	*որոյ Ենովք երբ*	*լսեց*	*զայս նա ասաց ես վճարեմ*
Tid2	38A	*Իսկ մարդիկն երբ*	*լսէին*	*նա ծաղր առնէին ասելով*
Tid2	40	*եւ անասունք*	*լսեցին*	*եւ հաւատացին. եւ եկին*
WdsAd	3	*զբանն զայս*	*լուեալ*	*ի հօրէն եւ ի միտ առ, եւ երթեալ*

***լրբութիւն* noun**

AbCn1 35	*քո: [35] Եւ նա*	*լրբութեամբ*	*ասաց. Ո՞վ ետ ինձ պաշ որ*
Rep 48	*ասէր [48] Իսկ նա*	*լրբութեամբ*	*ասաց Ոչ գիտեմ մի թէ*

***լցուցանեմ* verb**

Creat1 5	*Հողեղէն, զի*	*լցուցեն*	*զտեղի անկելոց*

***խաբեմ* verb**

Creat1 12	*ուսուց օձին*	*խաբել*	*զԵւայ եւ զԱդամ: [13]*
Creat1 16	*[16] Ասէ օձն*	*Խաբել*	*կամի զձեզ Աստուած. զի*
Creat1 38	*դու ստեղծեր, սայ*	*խաբեաց*	*[39] Դարձեալ Տէր*
Creat1 40	*որ> ստեղծեր նա*	*խաբեաց*	*զիս: [41] Յայնժամ Տէր*
Creat2 12	*ուսոյց օձին եւ*	*խաբեաց*	*զԱդամ: [13] Քանզի օձն*
Creat2 16	*Աստուած զձեզ*	*խաբեաց*	*զի յառաջ Աստուած*
Creat2 20	*կեր. նա կամէր*	*խաբել*	*զԱդամ: [21] Ասէ Ադամ*
Creat2 37	*դու ստեղծէր սա*	*խաբեաց*	*զիս: [38] Դարձեալ Տէրն*
Creat2 39	*դու ստեղծեր սա*	*խաբեաց*	*զիս: [40] Եւ բարկացեալ*
Exp1 22	*Ադամ եւ Եւայ> որ*	*խաբեցան*	*ի Սատանայէ, լացին եւ*
Exp1 23	*երկնչիր Ադամ թէ*	*խաբեաց*	*զքեզ Սատանայ. վասն*
Exp2 22	*գիտաց Ադամ որ*	*խաբեցաւ*	*լացին եւ ողբացին*
Exp2 24	*մի տրտմիր Ադամ*	*խաբեաց*	*զքեզ Սատանայ. վասն*
Tid1 22D	*զամենեսեան*	*խաբեցան*	*եւ խառնակեցան: [23Y]*
Tid1 22Y	*զամենեսեան*	*խաբեցին*	*[22A] Թմրկօք եւ փողս*
Tid2 22	*ի լերինս, եւ*	*խաբեցին*	*զճգնաւորսն եւ*
Tid2 23	*զՆոյ ոչ կարացին*	*խաբել*	*եւ այլք ամենեքեան*

***խաբէութիւն* noun**

AbCn1 1	*յորժամ Ադամ յետ*	*խաբէութեան*	*Սատանայի երբ Հինգ օր*
Creat2 54	*…ատեսցէ զձեզ ի*	*խաբէութենէ*	*չարին Սատանայի*
Exp1 23	*վասն այն այսպէս*	*խաբէութեամբ*	*էառ զձեռնագիրն*

***խազխազեմ* verb**

AbCn2 31	*եւ տարբերեալ*	*խազխզէր*	*եւ քարն փոքր էր եւ ոչ*

***խաղ* noun**

Tid2 22	*ազգի տաղերօք*	*խաղօք*	*եւ պարուք ծափս*

***խաղամ* verb**

AbCn1 18	*[18] Սկիզբն արար*	*խաղալ*	*ընդ եղբօրն իւր եւ արար*
AbCn1 19	*Եկ եղբայր մատնաւ <*	*խաղասցուք*	*> [20] Ասէ Աբէլ. Ո՞րպէս*
AbCn1 20	*Ասէ Աբէլ. Ո՞րպէս <*	*խաղասցուք*	*> մատնեաւ: [21] Ասէ Կայէն*
AbCn2 18	*Ապա սկիզբն արար*	*խաղալ*	*ընդ եղբօրն կշտի բռնելով որ է*
AbCn2 19	*թէ եկ սամայի մատիւ*	*խաղասցուք*	*[20] Դու զրկէ զծառն եւ ես*

***խաղող* noun**

AbCn1 19	*անդ, եւ ետես մատն*	*խաղողի*	*բազում երկայն. իսկ Կայէն*
AbCn2 19	*եւ անդ, եւ ետես զ*	*խաղողի*	*ճուղն որ սամայ ասի. նա ասաց*

խաշն **noun**

AbCn1	5	*եղեւ քան տարեկան*	*խաշանց*	*Հովիւ եղեւ, իսկ Կայեն*
AbCn2	6	*զլաւն եւ զընտիրն*	*խաշանց*	*զգերն եւ զպարարտն տալ*

խաչեմ **verb**

Rep	103	*եդ ի Գողգոթայ ուր*	*խաչեցաւ*	*Քրիստոս ի Հրէիցն ի վերայ*

խապար **noun**

AbCn2	32	*իմոց. զի ինձէն*	*խապար*	*չունին նոքա որ ի նոցանէ*

խառնակեմ **verb**

Tid1	4	*եւ ապա մի*	*խառնակեսցեն*	*Սէթայ զաւակքն*
Tid1	9	*Կայենի եւ ոչ*	*խառնակէին*	*ընդ ազգին Կայենի*
Tid1	20Y	*եւ ոչ գոյր հնար*	*խառնակելոյ*	*ընդ ազգն Կայենի*
Tid1	21D	*Կայենայ որ ոչ*	*խառնակէին*	*ընդ իւրեանց*
Tid1	22D	*եւ եղանակօվ*	*խառնակեցան*	*ընդ որդիս Սեթայ*
Tid1	22D	*խաբեցան եւ*	*խառնակեցան*	[23Y]
Tid1	23D	*էր Նոյ, եւ այլքն*	*խառնակեցան*	*ընդ նոսա եւ*
Tid2	4	…*չխարհս. բայց մի*	*խառնակեսջիս*	*ընդ ազգն Կայէնի*
Tid2	4	*են նոքա. երբ*	*խառնակին*	*ազգն Կայէնի ընդ*
Tid2	19	*Այլ եւ գնացին*	*խառնակիլ*	*յազգն Սէթայ*: [20] *Եւ*
Tid2	22	*զճգնաւորսն եւ*	*խառնակեցան*	*ընդ նոսա*: [23]
Tid2	23	*ամենեքեան*	*խառնակեցան*	*եւ պղծեցան ընդ*

խառնեմ **verb**

Tid1	4	*Կայենայ. երբ*	*խառնին*	*ընդ ազգս բարի որդիքն*
Tid1	19	…*բայրք նորա ոչ*	*խառնէին*	*ընդ նոսա, եւ*
Tid1	22 Y	*եղանակելով*	*խառնեցան*	*ընդ որդւոցն Սեթայ, զ*
Tid1	23Y	*այլ ամենեքեան*	*խառնեցան*	*ընդ նոսա եւ չարացան*
Tid2	32	[32] *Ջիա՞րդ*	*խառնիմ*	*ի մեղս աշխարհի*: [33]

խաւար **noun**

Creat1	46	*ի տեղի մութն եւ*	*խաւար*	*<վեց օր> անդ մնացին*
Creat1	47	*հանել զնոսա ի*	*խաւարէն*	*եւ առաջնորդեալ եբեր*
Creat1	48	…*խնիմք> եւ կամ <*	*խաւարի*	*> մնամք*: [49] *Այսպէս*
Creat2	52	*երկիր նոցա եւ*	*խաւար*	*կալաւ զնոսա*
Exp1	2	*գիտացին թէ*	*խաւար*	*կալաւ զնոսա, այլ ոչ*
Exp1	4	*եւ անկանք ի*	*խաւար*	*Ժամանակս ինչ*: [5]
Exp1	5	*<եւ> եհան զմեզ ի*	*խաւարէն*	*եւ բերեալ ի լոյս*
Exp1	18	*այսպէս, խոր*	*խաւար*	*բերեմ ի վերայ քո*: [19]
Exp2	4	*ի տեղիս այս*	*խաւար*	*մթին*: [5] *Ապա կրկին*
Exp2	5	*հանեալ զմեզ ի*	*խաւարէս*	*եբեր ի լոյս աշխարհ*
Exp2	6	*ի վերայ մեր եւ*	*խաւար*	*կալաւ զմեզ*: [7] *Աւէ*
Exp2	9	*վասն այն*	*խաւար*	*կալաւ զձեզ*: [10] *Աւէ*
Exp2	18	*այսպէս. դարձեալ*	*խաւար*	*բերեմ առ ձեզ*: [19] *Իսկ*
Rep	3	*եւ եղեւ մութն եւ*	*խաւար*	*գիշեր յայնժամ անկաւ ահ մեծ ի*
Rep	21	*Ողորմեցարուք ինձ ի*	*խաւարի*	*եւ ի ստուերս մահու*

խաւարային adjective

AbCn2	1	*եւ անկայ յաշխարհս*	*խաւարային*	*դարձեալ ողորմեցաւ ինձ*
Creat2	51	*Հանել զԱդամ ի*	*խաւարային*	*տեղեաց. եւ բերել ի*

խաւարեմ verb

Rep	23	*ձէնջ ընդէ՞ր ոչ լայք զ*	*խաւարեալս*	*ի լուսոյդ ձերմէ ընդէ՞ր*
Rep	75	*ի պտուղն ընդէ՞ր ոչ*	*խաւարեցայք*	[76] *Ով ոտք որ գնացիք ի*

խաւսիմ verb

Creat1	32	*քաղցր բարբառով*	*խօսէր*	*ընդ նոսա:* [33] *Բայց ի*
Creat1	39	[39] *Դարձեալ Տէր*	*խօսեցաւ*	*ընդ կնոջն, եւ ասաց*
Creat2	14	*ի դրախտն, օձն*	*խօսեցաւ*	*ընդ Եւայի եւ ասաց*
Creat2	32	*գայր Աստուած եւ*	*խօսէր*	*ընդ նոսա սիրով եւ*
Creat2	38	*Դարձեալ Տէրն*	*խօսեցաւ*	*ընդ Եւայի. Թէ ընդէ՞ր*
Rep	11	[11] *Միտքն ծնանէր լեզուն*	*խաւսէր*	*բերանն բարբառէր գաշխարանաց*
Rep	91	*Հրամանաւն Աստուծոյ*	*խաւսեցաւ*	*գազանն եւ ասաց ընդ Եւայ*
WdsAd	12	*Սէթ զբանն ընդ Ենովս*	*խօսեցաւ*	*եւ ասէ. Այսպէս ասէր Հայրն*

խաւսք noun

Creat1	30	*կնոջս. եւ եթող զ*	*խօսքն*	*Աստուծոյ եւ կնոջ*
Creat1	30	*...տուծոյ եւ կնոջ*	*խօսքով*	*կերաւ զպտուղն, եւ*
Creat1	31	*Եւայ զԱստուծոյ*	*խօսքն*	*եւ զպատուիրանն եթող*
Creat1	31	*Ադամ զԱստուծոյ*	*խօսքն*	*եւ զպատուիրանն եթող զ*
Creat1	31	*եթող զիւր կնոջ*	*խօսքն*	*լսեց:* [32] *Վասն այնորիկ*
Creat2	46	*էր զԱստուծոյ*	*խօսքն*	*եւ չէր կերեալ զպտղն*

խափանեմ verb

Exp1	6	*մեր Տէրն եւ*	*խափանեաց*	*զայն սակաւ լոյսն*

խելք noun

Creat1	27	*գեղեցկութիւնն*	*խելքն*	*թափէր ի գլխոյն. թէպէտ*
Creat2	29	*տեսանէր*	*խելքն*	*ի գլխոյն թափէր:* [30]

խեղդեմ verb

Tid1	24	*եւ կամեցաւ ջրով*	*խեղդել*	*զնոսա:* [25] *Հրամայեաց*
Tid1	27	*է, զամենեսեան*	*խեղդելոց*	*է, եւ լինիս նոր Ադամ*
Tid1	43	*ի ճանապարհին*	*խեղդուեցան*	[44] *Մինչեւ*
Tid2	27	*ամենեքեան ջրով*	*խեղդին*	[28] *Եւ դու միայն*
Tid2	38A	*ապրիս եւ մեք*	*խեղդուիմք*	*ապա դու ու՞ր պիտի*
Tid2	43	*եւ ի նոյն*	*խեղդեցան*	[44] *Մինչեւ*

խիզար noun

Tid1	38B2	*սղոցին եւ*	*խիզարին*	*որ ասէին ջրհեղեղ*

խինեմ verb

Tid1	21Y	*ոտսն եւ զձեռսն*	*խինեցին*	*եւ կարմրացուցին, եւ*

խիստ adjective

Creat2	20	[20] *Ասէ Եւա*	*խիստ*	*քաղցր է պտուղս եւ*
Rep	81	*Ադամ* [81] *Եւ նա*	*խիստ*	*ի վտանկի կայր եւ քաղէին ոգիքն*

խլեմ **verb**

Tid1	18	*մի մարդոյն եւ*	*խլէին*	*ի միմեանց. զի մարդն*

խմեմ **verb**

AbCn2	15	*ընդ իրեար ուտէին եւ*	*խմէին*	*եւ շրջէին*։ [16] *Իսկ ի միում*

խնդամ **verb**

Creat1	48	*ուրախացան եւ*	*խնդացին*	*Ադամ եւ կինն իւր*>
Exp1	14	*ուրախացան եւ*	*խնդացին*	[15] *Իբրեւ* <*ծագեաց*
Exp1	15	*կատարելապէս*	*խնդացին*	*իբրեւ*> *սակաւ մի*
Exp1	22	*ուրախացան եւ*	*խնդացին*	*Ադամ եւ Եւայ* <*ի վերայ*
Exp2	14	*կատարեալ*	*խնդացին*	[15] *Իբրեւ սակաւ մի*
Rep	22	*Ի՞ւ մխիթարիմ Որո՞վ*	*խնդամ*	*Որո՞վ զուարճանամ Ի՞ւ*
Tid1	22D	*ելին ի լերինն*	*խնդալօվ*	*եւ ծապս տալօվ եւ*
Tid1	22Y	*գնացին ի լեառն*	*խնդալով*	*եւ պարելով, ծափ*
Tid2	3	*Աբէլի նոյնչափ*	*խնդաս*	*եւ մխիթարիս Սէթաւ*։ [4] *Եւ*

խնդիր **noun**

Tid1	50	*կատարեաց Տէր զ*	*խնդիրքն*	*նորա*։ [51] *Եւ խնդրեաց*

խնդրեմ **verb**

AbCn1	35	*Ո՞վ եա ինձ պաՀ որ*	*խնդրես*	*յինէն*։ [36] *Վասն այն*
AbCn2	35	*ինձ պաՀ, որ ինձանէ*	*խնդրես*	*մի թէ ես պաՀապան էի նմա*
Tid1	38B10	*որ Համբերութիւն*	*խնդրեմ*	*ի Տեառնէ*։ [38C1]
Tid1	38D11	*որ Համբերութիւն*	*խնդրեաց*	*Աստուծէ*։ [39] *Եւ իբրեւ*
Tid1	50	*Աստուծոյ. եւ*	*խնդրեաց*	*յԱստուծոյ, զի այլ մի*
Tid1	51	*նորա*։ [51] *Եւ*	*խնդրեաց*	*ի Տեառնէ եւ ասաց. Տուր*
Tid2	38H	*տապանն. իսկ Նոյ*	*խնդրեաց*	*Համբերել ի Տեառնէ*
Tid2	50	*Աստուծոյ. եւ*	*խնդրեաց*	*յԱստուծոյ այլ ոչ*

խնդրուած **noun**

WdsAd	4	*կատարեա ի բարի զ*	*խնդրուածս*	*իմ*։ [5] *Եւ առ ժամայն*
WdsAd	6	*արար եւ կատարեաց զ*	*խնդրուածս*	*նորա ի բարի*։ [7] *Եւ առեալ*

խոժոռ **adjective**

Rep	91	*մարդկային բարբառով*	*խոժոռ*	*խոլոր եւ աՀարկու դիմաւք եւ*

խոլոր **adjective**

Rep	15	*ինձ զի ի բարձրութենէ*	*խոնարՀեցայ*	*Վայ ինձ որ յառաջին*
Rep	91	*բարբառով խոժոռ*	*խոլոր*	*եւ աՀարկու դիմաւք եւ ապա*

խոստանամ **verb**

AbCn1	8	*էր եւ բաժին Աստուծոյ*	*խոստացեալ*	[9] *Իսկ Կայէն կանգնեցաւ*
Exp2	9	*ծնունդս ձեր*	*խոստանալ*	*նմա. երբ զայդ ոչ*

խոստովանեմ **verb**

AbCn1	51A	*Ղամեք եւ երկեաւ եւ*	*խօստովանեցաւ*	*առաջի կանանց իւրոց*

խոտովանութիւն **noun**

AbCn1	51A	*եւ վասն երկիւղին եւ*	*խոստովանութեան*	*եթող նմա Տէր*

խոր **adjective**

Exp1	18	*ոչ ասես այսպէս*	*խոր*	*խաւար բերեմ ի վերայ քո*
Rep	9	*արտասուաւք* [9] *Եւ ի*	*խորոց*	*սրտին հեղէր եւ յոգւոց հանէր*

խորհուրդ **noun**

AbCn1	15	*Աբէլ ոչ գիտէր զչար*	*խորհուրդն*	*եղբօրն, եւ Աբէլ սիրէր զ*
AbCn1	17	*կարէր Կայէն զ*	*խորհուրդն*	*իւր*։ [18] *Սկիզբն արար*
AbCn2	15	*Աբէլ ոչ գիտէր զչար*	*խորհուրդն*	*Կայէնի. զի հանապազ ընդ*
AbCn2	17	*ոչ կարէր յայտնել զ*	*խորհուրդն*	*իւր*։ [18] *Ապա սկիզբն արար*

խորովեմ **verb**

Rep	10	*ցաւէր երիկամունքն*	*խորովէր*	*եւ աչքն զարտասուս բերէր*

խուզեմ **verb**

AbCn2	41	*ուտել եւ ընդ վայր*	*խուզէր*	[42] *Հինգերորդ պատուհասն*

խունկ **noun**

Rep	97	*եւ պատեցին անոյշ*	*խնկաւք*	*եւ մաքուր կտաւօք եւ եդին ի*

խուրձն **noun**

AbCn1	7	*փունջ անէր, եւ զայն*	*խուրձն*	*կապէր եւ ուրիշ դնէր ի բաժինն*
AbCn1	10.1B	*սեւացեալ եկն ի վերայ*	*խոցոցն*	*Կայենի որոտաց եւ ել հողմ ի*
AbCn1	10.1B	*արար զամենայն*	*խոցունսն*	*ցրուեաց, եւ կորոյս զամենայն*
AbCn1	10.1D	*եւ ամենայն*	*խուրցն*	*Կայենին ցրուեաց եւ կորոյս զ*

խոչակ **noun**

AbCn1	31	*Իբրեւ քարիւն կորէր* <*զ*	*խոչակն*	> *եղբօրն, յայնժամ*
AbCn2	31	*ըմբռնեալ զքարն ի*	*խոչակն*	*եւ տարբերեալ խաղխղէր, եւ*

խստանամ **verb**

Rep	90	*ի վերայ ձեր եւ*	*խստանամք*	*եւ ընդդէմ դառնամք ձեզ*

խրատ **noun**

Creat1	41	*զայդ, ոչ լուար*	*խրատոյ*	*իմոյ, այլ փութապէս*
Creat1	41	*լսեցեր զ*	*խրատոյ*	*կնոջ քո. փոխանակ*
Creat2	18	[18] *Իբրեւ լուաւ զ*	*խրատ*	*օձին, ցանկացաւ*
Creat2	47	*լսեցին զ*	*խրատ*	*օձին եւ ցանկացան*
Creat2	47	*որ ոչ պահեաց զ*	*խրատն*	*Աստուծոյ այլ փութապէս*
Tid2	52	*ինձ այլ ուրիշ*	*խրատով*	*խրատեցից զնոսա*։ [53]

խրատեմ **verb**

AbCn2	5	[5] *Իսկ Ադամ*	*խրատեաց*	*զորդիքն իւր եւ ասէ. յ*
Creat1	13	*իսկ օձն* <	*խրատեալ*	> *էր ի Սատանայէ*
Tid1	54	*պատուհասիւ*	*խրատեցից*	*զնոսա*։ [55] *Իսկ Նոյ*
Tid2	52	*ուրիշ խրատով*	*խրատեցից*	*զնոսա*։ [53] *Եւ*

խփանեմ **verb**

Tid1	38D3	*զաչս նոցա եւ*	*խփանէր*	*ականջս նոցա ոչ ի*

ծագեմ verb

AbCn1	12	Հողմն Հնչեաց, եւ լոյս	ծագեաց	յերկնից եւ լուսաւորեցան երեսն
AbCn2	12	Հողմն Հնչեաց եւ լոյս	ծագեաց	յերկնից եւ լուսաւորեաց զ
Exp1	15	[15] Իբրեւ <	ծագեաց	արեգակն կատարելապէս
Rep	3	մինչ որ լուսացաւ եւ	ծագեաց	արեգակն [4] Ապա դիւրացան

ծածկեմ verb

AbCn1	47	մի <վայրենի> էած եւ	ծածկեաց	զինքն: [48Y] Իբրեւ էլ Ղամէք
Creat1	32	...կելովն կարէին	ծածկել	ի տեսութենէն
Creat1	32	զիտէին տերեւի	ծածկելովն	կարէին ծածկել ի
Creat1	32	եւ գնացին	ծածկեցան	թզենի տերեւաւն
Creat1	33	եւ տերեւովն	ծածկեալ	էին զմերկութիւնս
Creat1	37	Տէրն. Զի լուսով	ծածկեցի	զձեզ, ընդէ՞ր
Creat2	32	թզենւոյն	ծածկեցաւ	ընդ տերեւովն, զի մի
Tid1	48	դաշտք Ջրով	ծածկեալ	էին: [49] Արձակեաց զ
Tid2	44	որ մինչեւ	ծածկեցան	ամենայն գլուխ

ծակիչ adjective

Tid1	38B2	եւ ուրաքին	ծակիչին	եւ չաղափին սղոցին եւ

ծաղիկ noun

Rep	6	եւ զանուշահոտութիւն	ծաղկանցն	զանթառամութիւն տերեւոցն
Rep	73	դրախտ Ով գեղեցիկ	ծաղկոց	Ով անուշահոտ բուրաստան Ով
Rep	74	տեսանել զձեզ	ծաղկունք	անուշահոտք Ո՞վ տայ մեզ
Tid1	46	եւ գտեալ երեք	ծաղիկ	եւ բերեալ նշան

ծաղր adjective

Tid2	38A	երբ լսէին, նա	ծաղր	առնէին ասելով. թէ յայս
Tid2	38G	[38G] Դարձեալ	ծաղր	առնէին զՆոյ եւ ասէին

ծամ noun

Tid1	21Y	ծարուր դրին, զ	ծամն	եւ < զվարսն> սահմանեցին

ծայր noun

Tid1	44	եւ կոխեաց զ	ծայրս	լերանց. մինչեւ ի մի

ծառ noun

AbCn1	21	ապա ես գրկեմ զ	ծառդ	եւ դու պատեա մատներաւդ ի
AbCn1	21	Կայեն. Դու <գրկեա> զ	ծառս	եւ ես երեք մատնովս պատեմ զ
AbCn1	23	Իբրեւ գնաց Աբէլ ի	ծառն	Կայէն առեալ զուռն որթի եւ
AbCn1	24	որթիւ պատեաց զնա	ծառովն	ոտից մինչեւ ցգլուխն: [25]
AbCn2	20	[20] Դու գրկէ զ	ծառն	եւ ես երեք անգամ պատեմ
AbCn2	22	[22] Իբրեւ գրկեաց զ	ծառն	Աբէլ, նա Կայէն առեալ զուռն
AbCn2	33	եղ կապեալ այնպէս ի	ծառին	[34] Եւ ինքն գնաց իբրեւ
Creat1	8	յամենայն պտղոց	ծառերոյդ	բայց ի ծառոյն
Creat1	8	...ռերոյդ, բայց ի	ծառոյն	կենաց մի ուտիցէք եւ
Creat1	14	<ամենայն>	ծառոյ	պտղոյ ճաշակես, եւ <այս>
Creat2	13	դրախտին. եւ ի մի	ծառոյն	ոչ ուտէր: [14] Իբրեւ

Creat2	14	*եւ յայդ մին*	*ծառոյն*	*ոչ ճաշակես, որ*
Creat2	14	*յամենայն*	*ծառոց*	*ճաշակես. եւ յայդ մին*
Creat2	15	*յորժամ ուտէք ի*	*ծառոյդ*	*մահու մեռանիք*: [16]
Rep	6	*զգեղեցկութիւն*	*ծառոցն*	*եւ զզուարճութիւն տնկոցն զ*
Rep	18	*դալարք Լացէք զիս*	*ծառք*	*ամենայն դրախտիդ վայելչութեան*
Rep	18	*թռչունք Լացէք զիս*	*ծառք*	*եւ տունկք Լացէք զիս բոյսք*
Rep	23	*Ի՞ւ լիանամ* [23] *Ով*	*ծառք*	*զի՞ կայք ընդէ՞ր ոչ լայք զԱդամ*
Rep	31	*Ադամայ ճեւղ մի ի*	*ծառոց*	*դրախտին եւ ասաց Այդ քեզ*
Rep	36	*զնա ձեռն յետս ընդ*	*ծառով*	*միոյ եւ առեալ քար մի*
Rep	55	*լիցիս որպէս զ*	*ծառ*	*ի հողմոց* [56] *Վեցերորդ*
Rep	74	*ինձ տեսանել զձեզ*	*ծառք*	*բարեբերք Ո՞վ տայ մեզ*
Rep	76	[76] *Ով տոք որ գնացիք ի*	*ծառն*	*մահաբեր ընդէ՞ր ոչ*
Rep	86	*զի թերեւս տացէ ի*	*ծառոյն*	*ւածմանէ որ այնու ւածանէք զանձ*
Rep	87	*տալ պտուղ իւղընձիւղ ի*	*ծառոց*	*դրախտին վասն առողջութեանն*
Tid1	15	*ի պտուղն*	*ծառերոյն*	*քանզի*
Tid2	15	*մի տեսցէ զպտուղ*	*ծառոյն*	*քանզի վաթսուն տարի*
Tid2	39	*տախտակ էառ ի*	*ծառքն*	*եւ եհար զտախտակսն նա*
WdsAd	8	*զճիւղն, զի (յ)այն*	*ծառոյն*	*էր յորմէ զմահ ճաշակեաց*: [9]
WdsAd	9	*իմ Սէթ. այս ի այն*	*ծառոյն*	*է յորմէ հրամայեաց մեզ Տէրն*

ծառայ **noun**

AbCn2	8	*դու մեծ ես եւ ես փոքր*	*ծառայ*	*քոյ. յառաջ դու մատո զբաժինն*
Exp1	9	*ոչ ասացիք զձեզ*	*ծառայ*	*նմա ամենայն ծնընդովք*
Exp1	12	...*սանիցեմք, քեզ*	*ծառայ*	*լինիմք մեք եւ*
Exp1	16	[16] *Ասէ Ադամ*	*ծառայ*	*եմ քեզ եւ ւետեաց քոց*
Exp1	16	*ծնունդքն մեր*	*ծառայ*	*եմք*: [17] *Իսկ Սատանայ*
Exp1	17	*ծնունդքն իմ*	*ծառայ*	*քո եղիցին*: [18] *Եւ թէ ոչ*
Exp1	19	*ծնունդքն մեր*	*ծառայ*	*եղիցի քեզ*: [20] *Եւ առեալ*
Exp2	9	*պարտ էր ձեզ*	*ծառայ*	*լինիլ նմա եւ զամենայն*
Exp2	12	*տեսանիցեմք*	*ծառայ*	*լինիմք քեզ մեք եւ*
Exp2	16	[16] *Ասէ Ադամ*	*ծառայ*	*եմք քեզ եւ ւետեաց*
Exp2	19	*ծնունդն մեր*	*ծառայ*	*քո եղիցի*: [20] *Եւ մնաց*
Rep	89	*մերձենալ ի*	*ծառայդ*	*Աստուծոյ յիշեա զի ընդ*

ծառայեմ **verb**

AbCn2	23	*եւ որքան կենդանի եմ*	*ծառայեմ*	*քեզ*: [24] *Մի սպանաներ զիս*
Exp2	16	*զմեզ. զի*	*ծառայեմք*	*քեզ մեք եւ*

ծառայութիւն **noun**

Creat1	1D	*հրեշտակքն վասն*	*ծառայութեանն*	*աստուածութեա*...
Creat1	1Y	*հրեշտակաց ի*	*ծառայութիւն*	*աստուածութեանն*

ծարաւ **noun**

Exp2	22	*հինգ օր անօթի եւ*	*ծարաւ*	[23] *Աղաչեցին զԱստուած*

ծարաւիմ **verb**

Creat2	50	*քաղցած եւ*	*ծարաւած*	*մինչեւ վեց օր*: [51]

ծարուր **noun**

Tid1	21D	*քաշէին եւ յաչս*	*ծարուր*	*գնէին եւ պէսպէս*

Tid1	21Y	աչսն դեղեցին եւ	ծարուր	դրին, զծամն եւ <զ
Tid2	21	եւ չինեցին	ծարուրս	եւ դեղեցին զերեսս

ծափ noun

Tid1	22 Y	եւ պարելով	ծափ	տալով եւ փողս
Tid1	22D	խնդալօվ եւ	ծապս	տալօվ եւ պարունելօվ
Tid2	22	եւ պարուք	ծափս	Հարկանելով գնացին ի

ծեծեմ verb

Tid2	20	տային Թոյլ այլ	ծեծէին	եւ վարէին զնոսա: [21]

ծեփեմ verb

Tid1	42	կպրեաց եւ	ծեփեաց	բացան սաՀմանք
Tid2	42	տապանին, ապա	ծեփեաց	զզրունսն ներքուստ եւ

ծնանիմ verb

AbCn1	3	տարեկան, ապա	ծնաւ	Աբէլ եւ քոյր նորա: [4] Եւայ
AbCn1	4	տարի մի փոր	կու ծնանէր	Ջուխտակ, մին աղջիկ եւ մին
AbCn1	6	զի Աբելի ոչխարն	ծնաւ	Հազար եւ մի պուտ ունէր, զայն
AbCn1	58	չարագոյն զաւակ <	ծնցի	> իւրեանց կոծօք: [59] Իսկ
AbCn2	54	եւ ապա ի նմանէ	ծնելոցն	վասն որոյ պիտէր յառաջ
AbCn2	58	աւետիք վասն	ծնանելոյն	Սեթայ. զոր եւ մխիթարութիւն
Creat2	42	եւ ցաւօք	ծնցիս	եւ ծնունդ քո ի մաՀ
Exp1	19	Մինչեւ անծինն	ծնանի	եւ անմաՀն մեռանի, մեք
Exp1	23	մինչեւ անծինն	ծնանի	զի անծին ես եմ որ ոչ
Exp1	23	ես եմ որ ոչ ոք	ծնաւ	անմաՀն իմ
Exp2	17	մինչեւ անծինն	ծնանի	եւ անմաՀն մեռանի
Exp2	19	մինչեւ անծինն	ծնանի	եւ անմաՀն մեռանի
Exp2	24	մինչեւ անծինն	ծնանի	եւ անմաՀն մեռանի. զի
Exp2	26	[26] Զի անծինն	ծնանի	եւ ջնջէ զձեռագիր
Rep	11	բերէր [11] Միտքն	ծնանէր	լեզուն խաւսէր բերանն
Rep	28	նորա ընդ նմա եւ ասէ	ծնայ	մարդ Աստուծով [29] Եւ յետ
Rep	29	Ադամ առ Եւայ եւ	ծնաւ	զԱբէլ եւ զՍամայն քոյր նորա
Rep	31	Այդ քեզ նշան որ	ծնանի	քեզ Եւայ որդի մխիթարութեան
Rep	42	որ Հրամանաւն Աստուծոյ	ծնան	զՍէթ որդի մխիթարութեան [43]
Rep	79	նորա վաԹսուն զորս	ծնեալ	էր Եւայ Ադամայ ծնունդս
Rep	102	ուր յետոյ	ծնաւ	Քրիստոս ի սուրբ Կուսէն Մարիամա
Tid1	6	այր որ Սէթ	ծնաւ	[7] Երեսուն տարի էր
Tid1	8	…կեցաւ: [8] Իբրեւ	ծնաւ	Սէթ եւ այլ եղբայրքն
Tid1	38D4	դարձեալ Նոյայ	ծնաւ	երեք որդի այսինքն Սեմ
Tid2	6	էր երբ Սէթ	ծնաւ	[7] Քանզի Կայէն երեսուն
Tid2	9	զնա: [9] Իբրեւ	ծնաւ	Սէթ, եւ բազմացան

ծնաւղ noun

AbCn1	28	ասէր. Ո՞չ ողորմիս մեր	ծնօղացն	[29] Իսկ Կայէն ոչ ողորմեցաւ
AbCn1	33	եւ դու չաՀեա զսիրտ	ծնօղաց	մերոց: [34] Իբրեւ սպանեաց զ
AbCn1	57	լայր դառնապէս. իսկ	ծնօղքն	Ադամ եւ Եւայ, տեսանէին զԱբէլ
AbCn2	32	ճուղապ կու տաս	ծնողացն	իմոց. զի ինձէն խապար չունին

Rep	34	եւ լան անդադար	ծնաւղքդ	մեր [35] Եւ գնացեալ Ադամ
Tid1	8	…Թարէին զնմանէ	ծնօղքն	<որպէս> հրեշտակն

ծնունդ noun

AbCn1	54	հող լինի եւ ապա իւր	ծնունդն	պիտէր յառաջ Ադամ մեռնէր
AbCn1	54	հող դառնայր, ապա	ծնունդն	նորա։ [55] Մինչեւ ի մարմինն
AbCn1	59	վասն Սեթայ <	ծննդեանն	եւ Սէթ> մխիթարեաց զԱդամ
AbCn2	6	[6] Իբրեւ եղեւ	ծնունդն	ոչխարաց Աբէլի, նա մէկն
AbCn2	54	ի հող դառնայր, ապա	ծնունդ	նորա մեռանէր եւ ի հող դառնայր
Creat1	42	տրտմութիւն քո	ծնունդ	քո մահու չափ եղեցի, եւ
Creat2	42	ցաւօք ծնցիս եւ	ծնունդ	քո ի մահ փոխանակեսցի
Exp1	9	նմա ամենայն	ծնընդովք	ձերովք։ [10] Աւէ
Exp1	12	մեք եւ ամենայն	ծնունդքն	մեր։ [13] Իսկ
Exp1	16	զմեզ. ամենայն	ծնունդքն	մեր ծառայ եմք։ [17]
Exp1	17	այսպէս. Ամենայն	ծնունդքն	իմ ծառայ քո եղիցին
Exp1	19	մեք եւ ամենայն	ծնունդքն	մեր ծառայ եղիցի
Exp2	9	նմա եւ զամենայն	ծնունդս	ձեր խոստանալ նմա
Exp2	12	մեք եւ ամենայն	ծնունդն	մեր։ [13] Իսկ Սատանայ
Exp2	16	մեք եւ ամենայն	ծնունդն	մեր։ [17] Իսկ Սատանայ
Exp2	17	մեռանի ամենայն	ծնունդն	իմ քեզ եղիցի։ [18] Եւ
Exp2	19	մեռանի ամենայն	ծնունդն	մեր ծառայ քո եղիցի
Rep	79	էր Եւայ Ադամայ	ծնունդս	երեսուն արու եւ էգ որ էին
Rep	82	Եւայ եւ ամենայն	ծնունդք	նորա լային եւ ողբային զԱդամ
Tid2	9	Սէթ, եւ բազմացան	ծնունդքն	Սէթայ եւ այլ

ծոմ noun

AbCn1	1	երբ հինգ օր պահեաց	ծոմով	յորժամ յառաջաւոր ասեմք

ծով noun

Rep	18	իս երկիր Լացէք զիս	ծովք	Լացէք զիս ցամաք Լացէք զիս
Rep	56	լիցիս իբրեւ զ	ծով	որ ծփի յալեաց [57] Եւթներոր

ծոց noun

AbCn2	47	մորթ մի վայրենի ի	ծոցն	գնաց ի լեառն եւ եղեւ ընծոյ նմա

ծփեմ verb

Rep	56	լիցիս իբրեւ զծով որ	ծփի	յալեաց [57] Եւթներորդ զի

կաթեմ verb

AbCn2	50	որ յաչերէն արիւն	կաթեցաւ	փոխանակ արտասուացն։ [51]

կաթն noun

AbCn1	31	Իմ մօրս ասես զի զ	կաթն	իւր հալալ արասցէ ինձ։ [32]

կամ conjunction

Creat1	48	մահ <լինիմք> եւ	կամ	<խաւարի> մնամք
Exp1	2	գիշեր լինի	կամ	ցերեկ կայ. վասն այն
Rep	24	Զի՞նչ կերիցուք եւ	կամ	զի՞նչ արբցուք Զի՞նչ զգեցցուք
Rep	36	թէ ո՞րպէս եսպան եւ	կամ	զի՞նչ աւրինակաւ այս է զոր

Tid1	4	*ընդ Կայենայ*	*կամ*	*այլ զաւակացն քոց ընդ*
Tid1	38B8	*որ արտն կու վարի*	*կամ*	*որ տեղ այգի կու տնկէ*
Tid1	38D9	*յորտեղ կու վարէ*	*կամ*	*որպէս կապրի*: [38D[10] *Եւ*
Tid2	38A	*Ջուր պիտի Հասնի*	*կամ*	*դու որ զտապանդ չինես դու*

կամ noun

AbCn1	9	*է քեզ, այնպէս եղիցին*	*կամք*	*քո*: [10.1] *Եւ բարկացաւ Տէր ի*
AbCn2	11	*ի Հաճոյս բարերար*	*կամաց*	*քոց*: [12] *Նոյն ժամայն քաղցր*

կամ verb

AbCn1	27	*եւ քարածեծուքար մի*	*կայր*	*սուր իբրեւ ածելի, այնով սպանին*
AbCn2	1	*եւ որքան կենդանիք*	*կային*	*զամենեսեան Հնազանդեցոյց ինձ*
Creat1	31	*դրախտի մէջն ոչ*	*կայր*	*այլ չարն այն էր, որ Եւայ*
Creat1	33	*իւրեանց, ձայնն*	*կեցաւ*	*ի վերայ թզենւոյն, եւ*
Creat1	49	[49]*Այսպէս ուրախ*	*կացին*	
Exp1	1	*ուրախութեամբ*	*կացին*	*ի վերայ արեգական եւ*
Exp1	2	*լինի, կամ ցերեկ*	*կայ*	*վասն այն տրտմեցան իբրեւ*
Exp1	22	*եօթն օրն անօթի*	*կացին*	*եւ զՏէրն աղաչեցին*: [23]
Rep	23	[23] *Ով ծառք զի՞*	*կայք*	*ընդէ՞ր ոչ լայք զԱդամ ՞նդէ՞ր*
Rep	27	*ի պտղոյ երկրին որ*	*կայր*	*մաւտ առ նոսա* [28] *Եւ ասաց*
Rep	41	[41] *Եւ յերկար սգով*	*կացին*	*ի տրտմութեան ամս Հարիւր եւ*
Rep	81	[81] *Եւ նա խիստ ի վտանկի*	*կայր*	*եւ քաղէին ոգիքն ի սաստիկ ցաւոյ*
Rep	82	*զԱդամ եւ Ադամ*	*կայր*	*առաջի նոցա չարաչար տանջեալ ի*
Tid1	9	*այլ սրբութեամբ*	*կային*	[10] *Իսկ Սեթայ որդին*
Tid1	19	*եւ սրբութեամբ*	*կային*	*ազգն Սեթայ*: [20] *Այնչափ*
Tid1	20	*բարի մարդ*	*կայր*	*Հինգհարիւրեւքսան կոյս*
Tid1	20Y	*եւ ճգնաւոր* [20Y]	*կային*	*ընդ նոսա, եւ ոչ գոյր*
Tid1	33	…*եշտակն. Կուս մի*	*կայ*	*մաքուր* <*ի զարմէն Սեթայ*
Tid1	37Y	*ի տապան չինել*	*կացին*	*ձայնէր, ուրա́քն ձայնէր*
Tid2	9	*եւ սրբութեամբ*	*կային*	*եւ ոչ ժառանգէին ընդ*
Tid2	33	*զի աղջիկ մի*	*կայ*	*կոյս եւ մաքուր ի մեղաց ի*
WdsAd	16	*ի նմա*: [16] *Եւ*	*կացեալ*	*ի դրախտին այնմիկ Հինգհարիւր*

կամարար adjective

Creat1	4	*եւ ամենայն*	*կամարարացն*	*նորա, Հարին զ*

կամիմ verb

AbCn1	14	*ոխացաւ ընդ Աբելի*	*կամէր*	*սպանանել զնա բայց ոչ գիտէր*
AbCn1	17	*գնացին ի դաշտն, եւ*	*կամէր*	*Կայէն կապել զեղբայրն իւր*
AbCn2	14	*ոխացաւ ընդ Աբէլի եւ*	*կամէր*	*սպանանել զնա բայց ոչ գիտէր*
Creat1	3	*Սատանայ ոչ*	*կամեցաւ*	*օրՀնաբանել զ*
Creat1	3	*ի սրտի իւրում, եւ*	*կամեցաւ*	*զաթոռ իւր*
Creat1	16	*Աւէ օձն. Խաբել*	*կամի*	*զձեզ Աստուած. զի*
Creat2	3	*Հպարտացաւ եւ ոչ*	*կամէր*	*օրՀնել զԱստուած. այլ*
Creat2	3	*զԱստուած. այլ*	*կամէր*	*եւս բարձրագոյն բազմիլ*
Creat2	10	*վասն Ադամայ*	*կամէր*	*մտանել ի դրախտն*: [11] *Եւ*
Creat2	20	*դու եւս կեր. նա*	*կամէր*	*խաբել զԱդամ*: [21] *Աւէ*
Creat2	27	*ժամ. երբեմն*	*կամէր*	*ուտել եւ երբեմն ոչ*: [28]
Rep	88	*ի վերայ Սեթայ եւ*	*կամէր*	*ուտել զնա* [89] *Ցայնժամ ճիչ*

Tid1	7	Աբէլ այն տարին	կամէր	ամուսնանալ, բայց ոչ
Tid1	24	ի վերայ նոցա, եւ	կամեցաւ	Ջրով խեղդել զնոսա
Tid1	26	եւ Նոյ ոչ	կամէր	ամուսնանալ, զի
Tid1	38B7	Նոյ քարոզել թէ	կամէր	Աստուած կորուսանել զ
Tid1	38D8	Նոյ եթէ Աստուած	կամեցաւ	կորուսանել զձեզ եւ
Tid1	43	[43] Բազումք	կամեցան	փախչել եւ մտանել ի
Tid2	2	[2] Ասէ Ադամ. ոչ	կամիմ	մերձենալ ի կինդ. զի
Tid2	25	[25] Ասէ Նոյ. ոչ	կամիմ	ամուսնանալ վասն
Tid2	26	մարդկան, եւ	կամի	կորուսանել զնոսա Ջրով
Tid2	43	Եւ ապա մարդիկք	կամեցան	փախչիլ ի տապանն, եւ ի

Կայէն name

AbCn1	1	ԱԴԱՄԱՑ ԱԲԵԼԻ ԵՒ	ԿԱՅԵՆԻ	[1] Իսկ յորժամ Ադամ յետ
AbCn1	3	առաջին զաւակն	Կայեն	էր. երբ Կայէն եղեւ երեսուն
AbCn1	3	զաւակն Կայեն էր. երբ	Կայէն	եղեւ երեսուն տարեկան, ապա
AbCn1	5	Հովիւ եղեւ, իսկ	Կայեն	Հողագործ էր: [6] Զի ասաց նոցա
AbCn1	7	Հունձքն ցորենոյ	Կայենի	երբ Հնձէր զցորեանն իւր, զորն
AbCn1	9	խոստացեալ: [9] Իսկ	Կայէն	կանգնեցաւ յաղօթս առ
AbCn1	10.1	Տէր ի վերայ	Կայենի	[10.1Y] ափ մի Հողոյ նման
AbCn1	10.1B	եկն ի վերայ խոցոցն	Կայենի	որոտաց եւ էլ Հողմ ի նմանէ
AbCn1	10.1D	եկաւ ի վերայ զիզուն	Կայենի	եւ քամատարեղ եւ ամենայն
AbCn1	10.1D	եւ ամենայն խուցն	Կայենին	ցրուեաց եւ կորոյս զամենայն
AbCn1	10.1Y	զամենայն Հունձսն	Կայենի	ցորենեացն ցրուեաց, եւ կորոյս զ
AbCn1	10.2	կարկտիւ եՀար զ	Կայենի	երեսն եւ սեւացոյց իբրեւ զ
AbCn1	14	յերկինս: [14] Իսկ	Կայէն	ոխացաւ ընդ Աբելի, կամէր
AbCn1	16	ի միում աւուր ասէ	Կայէն	ցեղբայր իւր. Գնասցուք ի դաշտն
AbCn1	17	ի դաշտն, եւ կամէր	Կայէն	կապել զեղբայրն իւր. բայց Աբէլ
AbCn1	17	ժիր էր աւելի քան զ	Կայէն	վասն այնորիկ ոչ յայտնել կարէր
AbCn1	17	ոչ յայտնել կարէր	Կայէն	զխորՀուրդն իւր: [18] Սկիզբն
AbCn1	19	զԱբէլ: [19] Եւ ելեալ	Կայէն	Հայեցաւ աստ եւ անդ, եւ ետես
AbCn1	19	բազում երկայն. իսկ	Կայէն	ասէր. Եկ եղբայր մատնաւ
AbCn1	21	մատնեաւ: [21] Ասէ	Կայեն	Դու <գրկեա> զծառս, եւ ես երեք
AbCn1	23	գնաց Աբէլ ի ծառն	Կայէն	առեալ զուռն որթի եւ պատէր
AbCn1	24	զիս ի կապէն: [24] Եւ	Կայէն	ոչ արձակէր, այլ պնդագոյն
AbCn1	26	քեզ լինի: [26] Իսկ	Կայէն	աստ եւ անդ շրջէր թէ իրք մի
AbCn1	28	ի վայր ձգեաց: [28] Եւ	Կայէն	ուսեալ ի նմանէ եւ առեալ զսուր
AbCn1	29	ծնօղացն: [29] Իսկ	Կայէն	ոչ ողորմեցաւ նմա: [30] Իբրեւ
AbCn1	34	բարձր, ասաց	Կայենի	Ո՞ւր է եղբայրն քո: [35] Եւ նա
AbCn1	37	բարկացաւ ի վերայ	Կայենի	եւ եօթն պատուՀաս ետ Կայենի
AbCn1	37	եօթն պատուՀաս ետ	Կայենի	[38] ա. Մէկ պատուՀասն այն է
AbCn1	37	որ այնպէս ասաց	Կայէն	բարկացաւ ի վերայ Կայենի եւ
AbCn1	39	բարձր բարբառով. թէ	Կայէն	եղբայրասպան է: [40] Սար եւ
AbCn1	40	ձոր ձայնէր եւ ասէր	Կայէն	եղբայրասպան է: [41] գ. Երրորդ
AbCn1	45	Ով որ սպանիցէ զ	Կայէն	նա նորա պատուՀասն ի վերայ
AbCn1	48Y	յորս եւ տեսաւ զ	Կայէն	[49Y] Իբրեւ տեսաւ Ղամէք
AbCn1	48Y	ի յորս, երեւեցաւ	Կայեն	ի Հեռաստանէ կոտոչիւ եւ մորթիւ
AbCn1	49A	նետիւ աղեղէն սպան զ	Կայէն	[50Y] ՊատուՀասն անկաւ ի
AbCn1	49D	նետիւ աղեղաւ սպան	Կայեն	եւ պատուՀասու Տէր եղաւ: [49A]

AbCn1	49Y	աղեղան, եւ սպան զ	Կայէն	[49D] Ցանց գիտաց թէ այծ էր
AbCn1	57	[57] Բայց յորժամ որ	Կայէն	զԱբէլ եսպան, Կայէն զեօթն
AbCn1	57	Կայէն զԱբէլ եսպան	Կայէն	զեօթն ցաւով կոծէր վայ եւ եղու
AbCn1	57	չաղախեալ եւ	Կայէն	պատուհասիւ վիրաւորեալ. իսկ
AbCn2	1	…ՏՄՈՒԹԻՒՆ ՑԱՂԱԳՍ	Կայէնի	ԵՒ ԱԲԷԼԻ [1] Այս էր
AbCn2	3	առաջին զաւակն	Կայէն	էր եւ յետ նորա Աբէլ: [4] Ցորժ
AbCn2	4	Աբէլ: [4] Ցորժամ եղեւ	Կայէն	յիսուն ամաց եւ Աբէլ քսան ամաց
AbCn2	4	եւ Աբէլ քսան ամաց	Կայէն	հողագործ էր եւ Աբէլ հովիւ
AbCn2	7	հասին հունձք ցորենոյ	Կայէնին	նա զատեաց զքամատարն եւ զ
AbCn2	8	եւ մեծարեաց զ	Կայէն	վասն Աստուծոյ ասելով սիրելի
AbCn2	9	եւ ապա ես: [9] Իսկ	Կայէն	կանգնեցաւ յաղօթս առ Տէր եւ
AbCn2	10	բարկացեալ ի վերայ	Կայէնի	վասն որոյ ամպ մի սեւացեալ
AbCn2	10	սեւացեալ եկն ի վերայ	Կայէնի	որոտաց եւ թնդաց. եւ ել հողմ եւ
AbCn2	10	մնաց մի ցորեան. եւ	Կայէնի	երեսքն սեւացան որպէս գործելի
AbCn2	14	վերայ Աբէլի: [14] Իսկ	Կայէն	ոխացաւ ընդ Աբէլի եւ կամէր
AbCn2	15	զչար խորհուրդն	Կայէնի	զի համապազ ընդ իրեար
AbCn2	16	ի միում աւուր ասէ	Կայէն	ցեղբայր իւր. Աբէլ գնասցուք ի
AbCn2	17	Աբէլ ուժով էր քան զ	Կայէն	վասն այն ոչ կարէր յայտնել զ
AbCn2	18	կուշտի բռնեցին	Կայէն	ոչ կարաց յաղթել զեղբայրն: [1
AbCn2	19	զեղբայրն: [19] Եւ ել	Կայէն	հայեցաւ աստ եւ անդ, եւ ետես զ
AbCn2	22	զծառն Աբէլ, նա	Կայէն	առեալ զուռն պատեաց ոտիւքն եւ
AbCn2	23	Աբէլ զչարութիւնն	Կայէնի	զոր գոչեաց լալով առ եղբայրն
AbCn2	26	դու: [26] Իսկ	Կայէն	աստ եւ անդ շրջէր եւ ոչ գիտէր
AbCn2	28	որպէս ածելի: [28] Եւ	Կայէն	ուսեալ ի Սատանայէ, եւ առեալ զ
AbCn2	31	կարօտ ի քէն: [31] Այլ	Կայէն	ոչ ետ պատասխանի. ըմբռնեալ զ
AbCn2	34	հեռի. եւ ասաց	Կայէնին	ու՞ր է եղբայրն քո Աբէլ: [35]
AbCn2	35	քո Աբէլ: [35] Ասէ	Կայէն	ե՞րբ տուիր ինձ պահ, որ ինձանէ
AbCn2	36	Աստուած ի վերայ	Կայէնի	թէ երբ պահապան չէիր
AbCn2	37	պատուհասեաց զ	Կայէն	զի ի հարցանելն Աստուծոյ գնա
AbCn2	38	սա է եղբայրասպանն	Կայէն	[39] Երկրորդ պատուհասն այն
AbCn2	44	մահ ոչ հրամայեաց	Կայէնի	[45] Այլ ասաց թէ ինչ մարդ որ
AbCn2	45	թէ ինչ մարդ որ զ	Կայէն	սպանանէ, նա ցաւն առ սպանօղն
AbCn2	46	[46] Եւ ապրեցաւ	Կայէն	եօթն հարիւր յիսուն եւ երեք տար
AbCn2	47	գնայր որսանել. իսկ	Կայէն	անճար մնաց վասն մահուն իւրոյ
AbCn2	48	յորս առնել. եւ ետես զ	Կայէն	եհար նետիւ եւ սպան զնա: [49]
AbCn2	49	զնա: [49] Ապա ցաւն	Կայէնի	անկաւ ի վերայ Ղամէքայ. եւ
AbCn2	57	չաղախեալ, եւ զ	Կայէն	պատուհասեալ, վասն կոծոյն եւ
Rep	28	առ Եւայ եւ ծնաւ զ	Կայէն	եւ զԱբուսաքբ քոյր նորա ընդ
Rep	30	երեսուն ամաց սպան	Կային	զՀաբէլ եւ դարձեալ սուգ առին
Rep	31	Հաբելի զոր սպան	Կային	[32] Եւ յառաջ քան զսպանանելն
Rep	32	յառաջ քան զսպանանելն	Կային	զՀաբէլ յաւուր միում տեսիլս
Rep	32	որ զարիւնն Աբելի	Կային	ի բերանն առեալ ըմպէր [33] Եւ
Rep	34	զերազն լուաւ Ադամ ի	Կայենէ	որ ասէր ցՀաբէլ թէ Եկ
Rep	35	եղբայր իւր եւ ինքն	Կային	հեռացեալ էր ի տեղւոջէն
Rep	35	ետես զի սպանեալ էր	Կային	զԱբէլ զեղբայր իւր եւ ինքն
Rep	36	զոր ասենս Տարեալ	Կային	զՀաբէլ յիւրատունկ դրախտն եւ
Rep	43	[43] Եւ ի սպանանելն	Կայենի	զՀաբել եկն Գաբրիէլ առ
Rep	43	Դուք մի հարցանէք զ	Կային	վասն Հաբելի այլ Աստուած

Rep	45	*զի եՀարց Աստուած զ*	*Կային*	*թէ ո՞ւր է Աբէլ եղբայրն քո*
Rep	47	*վասն այն եՀարց զ*	*Կային*	*որ զղՋանայր եւ մեղայ ասէր*
Rep	58	*եւ աղաղակէր թէ զայ*	*Կային*	*եղբայրասպանն* [59] *Եւ այնպէս*
Tid1	2	*զայն թողի եւ զ*	*Կայենի*	*պատուՀասն կու*
Tid1	3	*վասն չարութեան*	*Կայենին*	*նոյնչափ մխիթարիս ի*
Tid1	4	*զաւակքն ընդ*	*Կայենայ*	*կամ այլ զաւակացն*
Tid1	4	*քոց ընդ ազգին*	*Կայենայ*	*երբ խառնին ընդ ազգս*
Tid1	5	*չունէր բայց ի*	*Կայենայ*	*ազգէն:* [6] *Երեք*
Tid1	6	*իննսուն կանայք*	*Կային*	*քսանեւչորս այր որ Սէթ*
Tid1	7	*երբ սպանեց*	*Կայէն*	*զԱբէլ. եւ Աբէլ այն*
Tid1	9	*Հալածէին զազգն*	*Կայենի*	*եւ ոչ խառնակէին ընդ*
Tid1	9	*ընդ ազգին*	*Կայենի*	*այլ սրբութեամբ կային*
Tid1	18	[18] *Բայց ազգն*	*Կայենի*	*յոյժ բազմացան*
Tid1	20Y	*ընդ ազգն*	*Կայենի*	[20D] *էին ի զաւակէն*
Tid1	21D	*տեսին ազգն*	*Կայենայ*	*որ ոչ խառնակէին ընդ*
Tid1	21Y	…*Ջկունքն ազգին*	*Կայենի*	*Հնարիւք սաՀմանեցին*
Tid1	22D	…*մանեաց ի միտսն*	*Կայենի*	*զարմին եւ եղանակօվ*
Tid2	0	*ԱԲԷԼԻ ՋՈՐ ՍՊԱՆ*	*ԿԱՅԷՆ*	*Ի ՄԽԻԹԱՐԵԼ ՋԱԴԱՄ ԵՒ ՋԵՒԱՅ* [
Tid2	2	*ի դրախտէն. զի զ*	*Կայէն*	*տեսանեմ որ այնպէս*
Tid2	3	*տրտմեցար վասն*	*Կայէնի*	*եւ Աբէլի նոյնչափ*
Tid2	4	*ընդ ազգն*	*Կայէնի*	*զի ընդ անիծիւք են*
Tid2	4	*խառնակին ազգն*	*Կայէնի*	*ընդ ազգն Սէթայ եւ այլ*
Tid2	5	*Հետ նոցա:* [5] *Ապա*	*Կայէնի*	*զաւակքն բազմացան եւ*
Tid2	6	*կին:* [6] *Ջի*	*Կայէն*	*երկու Հարիւր երեսուն*
Tid2	7	*ծնաւ:* [7] *Քանզի*	*Կայէն*	*երեսուն տարու էր որ*
Tid2	9	*Հալածէին զազգն*	*Կայէնի*	*եւ սրբութեամբ կային*
Tid2	9	*ընդ ազգն*	*Կայէնին*	[10] *Իսկ բարի պտուղն*
Tid2	18	[18] *Բայց ազգին*	*Կայէնի*	*յոյժ բազմացան*

***կանանչ* adjective**

Tid2	53	*աղեղն ընդ ամպս*	*կանանչ*	*եւ կարմիր ընդ արեւելս*
Tid1	53	*աղեղան կարմիր,* <	*կանաչ*	> *իՋեալ էին:* [54] *Եւ ասաց*

***կանգնաչափ* noun**

AbCn1	34	*ճանապարՀին յիսուն*	*կանգնաչափ*	*բարձր, ասաց Կայենի. Ո՞ւր*
AbCn2	34	*վերայ ամպոյ յիսուն*	*կանգնաչափ*	*Հեռի. եւ ասաց Կայէնին*
Creat2	33	*որ իբրեւ յիսուն*	*կանգնաչափ*	*բարձր ի վերայ*

***կանգնեմ* verb**

AbCn1	9	[9] *Իսկ Կայէն*	*կանգնեցաւ*	*յաղօթս առ Աստուած, եւ*
AbCn2	9	*ես:* [9] *Իսկ Կայէն*	*կանգնեցաւ*	*յաղօթս առ Տէր եւ ասաց*

***կանգուն* noun**

Tid1	34	*Հարիւր յիսուն*	*կանգուն*	*երկայնութիւն եւ*
Tid1	34	*<եւ> երեսուն*	*կանգուն*	*բարձրութիւն:* [35] *Եւ*
Tid1	38D4	*Հասանի Հարիւր*	*կանգուն*	*բարձրանայ եւ Հարիւր*
Tid2	34	*երեքՀարիւր*	*կանգուն*	*երկայնութիւն, յիսուն*
Tid2	34	…*նութիւն, յիսուն*	*կանգուն*	*լայնութիւն, եւ*
Tid2	34	*եւ երեսուն*	*կանգուն*	*բարձրութիւն. եւ*

կապ **noun**

AbCn1	23	*արձակեա զիս ի*	*կապէն*	[24] *Եւ Կայէն ոչ արձակէր, այլ*

կապեմ **verb**

AbCn1	7	*անէր, եւ զայն խուրձն*	*կապէր*	*եւ ուրիչ դնէր ի բաժինն*
AbCn1	17	*եւ կամէր Կայէն*	*կապել*	*զեղբայրն իւր. բայց Աբէլ ժիր է*
AbCn1	24	*այլ պնդագոյն*	*կապէր*	*այնչափ ուռով որթիւ պատեաց զ*
AbCn2	18	*կարէ գետնով տալ եւ*	*կապել*	*զնա քանզի որչափ կուչտի*
AbCn2	33	*զեղբայրն. եւ եդ*	*կապեալ*	*այնպէս ի ծառին:* [34] *Եւ ինքն*
Rep	36	*դրախտն եւ կալեալ*	*կապեաց*	*զնա ձեռն յետս ընդ ծառով*

կատարելապէս **adverb**

Exp1	15	<*ծագեաց արեգակն*	*կատարելապէս*	*խնդացին իբրեւ*>

կատարեմ **verb**

AbCn2	3	*պատուէր ետ զնոյն*	*կատարել*	*որդւոց իւրոց զի Ադամայ*
Exp2	14	*արեգականն*	*կատարեալ*	*խնդացին:* [15] *Իբրեւ*
Tid1	27	*Հրամանքն պիտի*	*կատարես*	*զի զաշխարհս*
Tid1	50	*պատարագ նորա, եւ*	*կատարեաց*	*Տէր զխնդիրքն նորա*
Tid2	33	*Աստուծոյ է*	*կատարել*	*պարտիս. զի աղջիկ մի*
Tid2	38B	*լինի:* [38B] *Եւ ի*	*կատարել*	*ութսուն տարւոյն ապա*
WdsAd	4	*ամենակարող Տէր*	*կատարեա*	*ի բարի զխնդրուածս իմ:* [5]
WdsAd	6	*Քրիստոսէ, որ արար եւ*	*կատարեաց*	*զխնդրուածս նորա ի բարի*

կարաւտ **adjective**

AbCn1	30	*երեսդ Համբուրեմ* <*զի*>	*կարօտ*	*չմնայ ի սրտիս. դու գիտես*
AbCn2	30	*զքեզ. զի ոչ մնամ*	*կարօտ*	*ի քէն:* [31] *Այլ Կայէն ոչ ետ*

կարաւտեմ **verb**

Rep	23	*ընդէ՞ր ոչ լայք զ*	*կարաւտեալս*	*առատութեանց ձերոց*
Rep	73	*ի ձէնջ Ողորմեցարուք*	*կարաւտելոյս*	*ձերոցդ բարեաց*

կարաւտութիւն **noun**

Rep	2	[2] *Եւ աւր ըստ աւրէ*	*կարաւտութիւնն*	*յաւելոյր եւ փափագ*

կարգեմ **verb**

Rep	104	[104] *Վասն այսորիկ*	*կարգեցաւ*	*եւ սահմանեցաւ յառաջին*

կարեմ **verb**

AbCn1	17	*այնորիկ ոչ յայտնել*	*կարէր*	*Կայէն զխորհուրդն իւր:* [18]
AbCn1	18	*վայր անկաւ եւ ոչ*	*կարաց*	*յաղթել զԱբէլ:* [19] *Եւ եղեւ*
AbCn1	18	*յուժն իւր յաղթել*	*կարէ*	*զնա. քանզի որ կշտի* <*բռնեաց*>
AbCn1	21	*զքեզ, տեսանեմ թէ*	*կարես*	*կտրել զնա եւ արձակիլ. ապա ես*
AbCn1	21	*իմ, տեսցուք զի ով*	*կարէ*	*կտրել զնա:* [22] *Եւ նա ուժով*
AbCn1	43	*ուզէր եւ ուտել չ*	*կարէր*	*եւ իբր թէ ուտէր, ի վայր Հեղոյր*
AbCn2	17	*զԿայէն վասն այն ոչ*	*կարէր*	*յայտնել զխորհուրդն իւր:* [18]
AbCn2	18	*բռնեցին, Կայէն ոչ*	*կարաց*	*յաղթել զեղբայրն:* [19] *Եւ եւ*
AbCn2	18	*բռնելով որ է կիւլէչ. թէ*	*կարէ*	*գետնով տալ եւ կապել զնա քանզի*

AbCn2	20	*ուռամբս. տեսանեմ թէ*	*կարես*	*կտրել զնա։* [21] *Դարձեալ դու*
AbCn2	24	*քոց. ես առանց քեզ ոչ*	*կարեմ*	*ժամ մի կենալ։* [25] *Դու զիա՞րդ*
Creat1	21	[21] *Ասէ Ադամ. Ոչ*	*կարեմ*	*ուտել ի դմանէ, եւ*
Creat1	23	[23] *Ասէ Ադամ. Ոչ*	*կարեմ*	*ճաշակել եւ քեզ նման*
Creat1	30	*արար, ասաց թէ ոչ*	*կարեմ*	*ապրիլ առանց կնոջս. եւ*
Creat1	32	*ծածկելովն*	*կարէին*	*ծածկել ի տեսութենէն*
Creat2	11	*Հրեշտակաց եւ ոչ*	*կարէր*	*ապա օձն էր թեւաւոր եւ*
Creat2	23	[23] *Ասէ Ադամ. ոչ*	*կարեմ*	*ճաշակել եւ քեզ նման*
Creat2	31	*սիրոյն կնոջն ոչ*	*կարաց*	*պաՀել զինքն եւ կերաւ ի*
Tid1	2	[2] *Ասաց Ադամ. Ձ*	*կարեմ*	*մերձենալ կնոջս. զի*
Tid1	31	*Տեառն է, ոչ*	*կարես*	*արգելուլ։* [32] *Ասէ Նոյ. Ոչ*
Tid2	23	*Միայն զՆոյ ոչ*	*կարացին*	*խաբել. եւ այլք*

կարծեմ verb

Rep	3	*տեղծիցն եւ այնպէս*	*կարծեցին*	*թէ այն էր մաՀն որով*

կարծիք noun

Rep	34	*զայս Ադամ յեւայէ ի*	*կարծիս*	*իմն անկաւ վասն բանին եւ զի*

կարկուտ noun

AbCn1	10.2	*եւ <Հասկ մի> ոչ գտաւ*	*կարկտիւ*	*եՀար զԿայենի երեսն եւ*
Creat1	4	*տուփն, որպէս զ*	*կարկուտ*	*ի յամպէն։* [5] *Իսկ*
Creat2	4	*Հարին որպէս*	*կարկուտ*	*ի յամպոյն։* [5] *Իսկ*

կարմիր adjective

Tid1	21D	*զձեռս իւրեանց*	*կարմիր*	*դեղ դնէին։* [22 Y] *Եւ*
Tid1	53	*Նոյ նշան աղեղան*	*կարմիր*	*<կանաչ> իջեալ էին*
Tid2	53	*ամպս կանանչ եւ*	*կարմիր*	*ընդ արեւելս եւ ասէ*

կարմրադեղ noun

Tid1	21D	*եւ սաՀմանեցին զ*	*կարմրադեղն*	*եւ զսպիտակադեղն*
Tid1	21Y	*սաՀմանեցին զ*	*կարմրադեղն*	*եւ զսպիտակադեղն*

կարմրացուցանեմ verb

Tid1	21Y	*…կադեղն զերեսս*	*կարմրացուցանէին*	*եւ*
Tid1	21Y	*խինեցին եւ*	*կարմրացուցին*	*եւ այլ*

կարող adjective

Creat1	29	*էր զպատուիրանն*	*կարող*	*էր Աստուած քան զայն եւ*

կացին noun

Tid1	37A	*եւ յորժամ*	*կացինն*	*տայր փայտին ձայնէր*
Tid1	38B1	*Նոյ զձայնն*	*կացնոյն*	*եւ եկեալ պատմեաց*
Tid1	38B2	*լսէին զձայն*	*կացնոյն*	*եւ ուրաքին ծակիչին*
Tid1	38C	*լսէին զձայնն*	*կացինին*	*եւ ուրաքին եւ սղոցին*

կեամ verb

AbCn2	24	*քեզ ոչ կարեմ ժամ մի*	*կենալ*	[25] *Դու զիա՞րդ կատես զիս եւ*
AbCn2	32	*վերայ. եւ դու որպէս*	*կենաս*	*ի վերայ երկրի։* [33] *Եւ ամենեւ*

AbCn2	52	*ողբալով. եւ միշտ սուգ*	*կենային*	*ի բազում ժամանակս:* [53]
Rep	59	[59] *Եւ այնպէս*	*եկեաց*	*մնաց ամս ութ Հարիւր* [60]
Rep	78	*լալով եւ վայիւ*	*եկեաց*	*Ադամ սգով եւ տառապանաւք*
Tid1	44	*ի վերայ ջրոյն*	*կեցաւ*	*եւ եկն դադարեաց*
Tid2	15	*ի մէջ այգւոյն*	*կեցաւ*	*եւ ոչ կերաւ ի պտղոյ*

***կեանք* noun**

Creat1	8	*բայց ի ծառոյն*	*կենաց*	*մի ուտիցէք եւ մի Հուպ*
Creat1	42	*ամենայն աւուրս*	*կենաց*	*քոց:* [43] *Եւ դարձեալ*
Creat1	43	*ամենայն աւուրս*	*կենաց*	*քոց. եդից զ*
Creat1	44	*դրախտին*	*կենաց*	[45] *Եւ Հանին զԱդամ եւ զ*
Creat2	40	*ամենայն աւուրս*	*կենաց*	*քոց:* [41] *Եւ եդից զ*
Rep	17	*կողածին Եւայիս Վայ իմ*	*կենաց*	*կցորդիս Վայ ինձ որ մեղայ*
Rep	24	*Ով կին ես զքեզ*	*կեանք*	*անուանեցի եւ դու զիս ի*
Rep	24	*եւ դու զիս ի*	*կենաց*	*Հաներ Ով կին արդ զի՞նչ*
Rep	25	[25] *Աւէ Եւայ մեր*	*կենացս*	*այս բաւական է զի*
Rep	73	*զամենայն աւուրս*	*կենաց*	*իւրեանց եւ աւէին Ով պանծալի*
Tid1	23Y	*եւ այնպիսի*	*կենօք*	*Հանապազ շնային, եւ ոչ*
Tid1	28	*Ո՞րչափ է աւուրց*	*կենաց*	*իմ ապրիլ յաշխարՀս:* [29]

***կենդանատու* adjective**

WdsAd	10	*մաՀարար է, նոյնպէս*	*կենդանատու*	*եւ լուսաւորիչ եղեւ:* [11] *Եւ*

***կենդանի* adjective**

AbCn1	56	*մարմինն, որպէս*	*կենդանի*	*ի քուն. երբ Ադամ մեռաւ, ապա*
AbCn2	1	*զիս ի լոյս. եւ որքան*	*կենդանիք*	*կային զամենեսեան*
AbCn2	23	*զիս. եւ որքան*	*կենդանի*	*եմ ծառայեմ քեզ:* [24] *Մի*
Creat1	43	*լիցիս յամենայն*	*կենդանեաց*	*մէջ, ի վերայ*
Creat2	11	*քան զամենայն*	*կենդանի*	*մտանէր ի դրախտն եւ*
Creat2	40	*եւ ամենայն*	*կենդանեաց*	*ի վերայ լանջաց*
Rep	12	*կենդանւոյս Վայ ինձ*	*կենդանի*	*մեռելոյս* [13] *Վայ ինձ*
Rep	12	*Վայ ինձ նախաստեղծ*	*կենդանւոյս*	*Վայ ինձ կենդանի*
Tid1	38D7	*զԱստուածն*	*կենդանին*	*ստեղծօղ ամենայնին*
Tid1	40	*զայ:* [40] *Ամենայն*	*կենդանիքն*	*երկու երկու եկին*
Tid1	49	*զամենայն*	*կենդանիսն*	[50] *Իսկ անասնոց*
Tid2	49	[49] *եւ զամենայն*	*կենդանիսն*	*արձակեաց:* [50] *Ապա*
Tid2	50	[50] *Ապա ի սուրբ*	*կենդանեացն*	*էառ յեւթնէն զ*

***կենդանութիւն* noun**

WdsAd	6	*զոՀանայր զովողէն*	*կենդանութեան*	*զՔրիստոսէ, որ արար եւ*

***կերակրեմ* verb**

Creat2	51	*եւ ի պտղոյ նորա*	*կերակրիլ*	[52] *Իսկ նոքա իբրեւ*

***կերպ* noun**

AbCn2	27	*Սատանայ եղեալ ի*	*կերպս*	*երկու ագռաւի եւ առեալ մինն*
Exp1	3	*առ նա Սատանայ ի*	*կերպ*	*Հրեշտակի, եւ ասէ. ընդէ՞ր*
Exp2	3	*եկեալ Սատանայ ի*	*կերպս*	*Հրեշտակի եւ ասէ ցԱդամ*

կին noun

AbCn1	51A	…սուվանեցաւ առաջի	կանանց	իւրոց. եւ վասն երկիւղին եւ
AbCn1	51Y	[51Y] Իսկ Ղամեքայ	կնոջն	բարի էր, աղաչեաց զԱստուած եւ
AbCn1	51Y	բազում արտասուելոյ	կնոջն	բժշկեցաւ ցաւն եւ վերացաւ
AbCn1	58	Ադամ ոչ մերձեցաւ ի	կնոջն	ասէր թէ վախեմ թէ այլ չարագոյն
AbCn1	59	զԱդամ եւ զ	կինն	իւր զԵւայ:
AbCn2	50	[50] Իսկ Ղամէքայ	կինն	բարի էր. առ Տէր աղաղակեաց, եւ
AbCn2	51	եւ զաղաչանք	կնոջն	ողորմեցաւ Աստուածն ամենայնի
AbCn2	57	յորժամ Ադամ եւ	կինն	իւր տեսանէին զԱբէլ արեամբ
Creat1	6	ի քնոյ, տեսաւ զ	կին	Հաւանեցաւ: [7] Եւ ասաց Ադամ
Creat1	7	սա կոչեսցի	կին	[8] Եւ տարեալ զնոսա Տէր
Creat1	19	Ադամ եւ ետես զ	կինն	մերկացեալ ի լուսոյն
Creat1	25	եւ վախէր թէ	կնոջ	նման մերկանայր: [26] Թէ
Creat1	26	Թէ ոչ ճաշակէր	կինն	լայր եւ աղաչէր ասելով
Creat1	27	երբ Հայէր ի	կնոջ	գեղեցկութիւնն, խելքն
Creat1	28	եւ որոշիլ ի	կնոջէս	[29] Զի զայս ոչ իմացաւ
Creat1	29	եւ այլ գեղեցիկ	կին	ստեղծանել: [30] Մինչեւ
Creat1	30	Աստուծոյ եւ	կնոջ	խօսքով կերաւ զպտուղն
Creat1	30	ապրիլ առանց	կնոջս	եւ եթող զխօսքն
Creat1	31	եթող զիւր	կնոջ	խօսքն լսեց: [32] Վասն
Creat1	38	[38] Ասէ Ադամ. Այս	կինս	որ դու ստեղծեր, սայ
Creat1	39	կնոջն, եւ ասաց	կին	զո՞ւ արարեր զայդ: [40] Իսկ
Creat1	39	Տէր խօսեցաւ ընդ	կնոջն	եւ ասաց. կին, զո՞ւ
Creat1	40	զայդ: [40] Իսկ	կին	ասաց. Տէր, <այն օձն որ>
Creat1	41	լսեցեր զխրատոյ	կնոջ	քո. փոխանակ անմաՀ
Creat1	43	քո եւ ի մէջ	կնոջ	եւ ի մէջ զաւակի <քո եւ
Creat1	48	տեսին Ադամ եւ	կին	իւր < զլոյս աշխարՀս
Creat1	48	խնդացին Ադամ եւ	կինն	իւր>, ասացին. թէպէտ չէ
Creat2	6	մարմին եւ եղեւ	կինն	իբրեւ զարթեալ Ադամ ի
Creat2	6	ի քնոյ, ետես զ	կինն	եւ Հաւանեցաւ: [7] Եւ ասաց
Creat2	7	սա կոչեսցի	կին	[8] Իսկ Տէր Աստուած
Creat2	19	Ադամ եւ ետես զ	կինն	մերկացեալ, դառնացաւ եւ
Creat2	28	Բայց երբ Հայէր	կնոջ	յաղաչանքն եւ յ
Creat2	31	վասն սիրոյն	կնոջն	ոչ կարաց պաՀել զինքն
Creat2	37	Ադամ. Տէր այս	կինն	զոր դու ստեղծէր սա
Creat2	42	դարձեալ ասաց ց	կինն	փոխանակ զի արարեր զ
Creat2	43	իմ եւ լսեցեր	կնոջ	քոյ փոխանակ անմաՀ
Rep	5	Ադամայ եւ	կնոջ	նորա Եւայի [6] Զմտաւ ածեալ
Rep	24	իս ի կենաց Հաներ Ով	կին	արդ զի՞նչ արասցուք եւ որպէս
Rep	24	վայելչութեանցն Ով	կին	ես զքեզ կեանք անուանեցի
Rep	24	յայնպիսի զրգանացն Ով	կին	ընդէ՞ր արտաքսեցեր զմեզ
Rep	24	փափկութենէն Ով	կին	ընդէ՞ր որոշեցեր զմեզ
Rep	24	ընդ մեզ Ով	կին	ընդէ՞ր զրկեցեր զմեզ
Rep	24	զբանն ի կինն եւ ասէ Ով	կին	դու զի՞նչ գործեցեր ընդ մեզ Ով
Rep	24	դարձուցեալ զբանն ի	կինն	եւ ասէ Ով կին դու զի՞նչ
Tid1	1	ասէ. Մերձեցիր ի	կին	քո, զի լինի քեզ որդի
Tid1	2	մերձեցայ ի	կինս	այն մեծ պատուՀաս էր ինձ
Tid1	2	այլ մերձենամ ի	կինս	լինի ինձ կրկին

Tid1	2	կարեմ մերձենալ	կնոջս	զի երկու անգամ
Tid1	6	Հարիւր իննսուն	կանայք	կային քսաներչորս
Tid1	18	Հետ Հարիւր	կանայս	չրջէին եւ կոուէին
Tid1	18	մարդն սակաւ էր	կանայք	եւ աղջկունք բազումք
Tid1	32	եթէ մաքուր	կին	մնացեալ է, զի առից զնա ի
Tid2	1	թէ մերձեցիր առ	կին	քո, եւ լինի քեզ որդի. եւ
Tid2	2	մերձենամ ի	կին	եւ լինի զաւակ, վախեմ թէ
Tid2	2	մերձենալ ի	կինդ	զի երկու անգամ
Tid2	5	Հարիւր ութսուն	կին	[6] Զի Կայէն երկու Հարիւր
Tid2	18	աղջկունք եւ	կանայք	զի զմէկ մարդն ի մէջ
Tid2	18	ի մէջ Հարիւր	կնոջ	չրջեցուցանէին. զորեւ
Tid2	27	Աստուած քեզ	կին	առնուլ. զի դու եղիցիս նոր
Tid2	28	որդւովքդ եւ	կանամբքդ	եւ դու լինիս սերմ
Tid2	38C	որդւոց քոց	կին	ի զարմէն Սէթայ կոյս
Tid2	38I	եւ որդւոց	կանայքն	[39] Եւ երկու տախտակ
Tid2	38I	եմուտ ինքն եւ	կին	իւր. ապա որդիքն եւ որդւոց
Tid2	58	Նոյի։ [58] Եւ	կնոջ	գերեզմանն ի Մարանդ է. որ

կիւլէչ noun

AbCn2	18	կչտի բռնելով որ է	կիւլէչ	թէ կարէ գետնով տալ եւ կապել զ

կլանեմ verb

Rep	39	Աստուծոյ եւ երկիր	կլեալ	էր զարիւն նորա որ բնաւ ոչ
Tid1	38D9	Ջուրն յաշխարՀս	կուլլվի	եւ ապա Նոյ յորտեղ կու

կլափն noun

AbCn2	27	միւսն եւ սպան զնա ի	կլափէն	եւ քարն սուր էր որպէս ածելի

կնութիւն noun

Tid1	32	է, զի առից զնա ի	կնութիւն	[33] Ասէ Հրեշտակն
Tid1	33	զնա առ քեզ ի	կնութիւն	[34] Եւ սկիզբն <արա>
Tid2	33	առ զնա ի քեզ	կնութիւն	[34] Եւ չինեսցես

կոխեմ verb

Tid1	44	…ձրացաւ Ջուրն եւ	կոխեաց	զծայրս լերանց

կոծ noun

AbCn1	58	<ծնգի> իւրեանց	կոծօք	[59] Իսկ ողորմեցաւ Տէր, եւ
AbCn2	52	մարմինն Աբէլի. որ եւ	կոծ	մեծ առին լալով եւ ողբալով. եւ
AbCn2	57	պատուՀասեալ, վասն	կոծոյն	եւ սգոյն իւրեանց այլ ոչ
Rep	93	մեռեալ եւ արարին	կոծ	մեծ ի վերայ նորա [94] Եւ յետ

կոծեմ verb

AbCn1	57	Կայէն զեօթն ցաւով	կոծէր	վայ եւ եղուկ լայր ղառնապէս. իս
Creat1	46	լային եւ	կոծէին	զանձինս իւրեանց։ [47]
Exp1	2	լացին եւ	կոծեցան	մինչեւ ցառաւօտն։ [3]
Exp1	6	լոյսն. վասն այն	կոծամք	եւ լամք։ [7] Ասէ
Exp2	2	որոյ լացին եւ	կոծեցին	մինչեւ ցառաւօտն։ [3]

Rep	8	*Հառաչանաւք եւ*	*կոծէր*	*զկուրծս իւր յորդ արտասուաւք*
Rep	19	[19] *Ողբացէք զիս եւ*	*կոծեցարուք*	*ի վերայ բնակչիս*

կող noun

Creat1	6	*եւ առ զմի ի*	*կողիցն*	*նորա եւ ելից ընդ այնր*
Creat2	6	*եւ էառ զմի*	*կողիցն*	*նորա եւ ելից ընդ այնր*
Rep	95	*ստեղծաւ Եւայ ի*	*կողէն*	*Ադամայ* [96] *Իսկ ի մեռանելն*

կողածին adjective

Rep	17	[17] *Վայ իմ*	*կողածին*	*Եւայիս Վայ իմ կենաց*

կողկողագին adjective

Rep	8	*աչաց իւրոց եւ լայր*	*կողկողագին*	*Հառաչանաւք եւ կոծէր զ*

կողմն noun

Exp1	13	*յարեւելից* <	*կողմն*	> *եւ ասաց. Հայեցարուք եւ*
Exp1	14	*դէպ յարեւելից*	*կողմն*	*տեսանէին զնշան*
Tid1	52	*ի յարեւելից*	*կողման*	[53] *Եւ ետես Նոյ նշան*

կոյս noun

Exp1	25	*եւ յանարատ*	*կուսէն*	*զի նայ եղիցի որդի*
Exp2	25	*եւ յանարատ*	*կուսէ*	*զոր ի զաւակէն քումմէ*
Rep	102	*ծնաւ Քրիստոս ի սուրբ*	*Կուսէն*	*Մարիամայ ի վերայ գերեզմանին*
Tid1	7	*բայց ոչ եղեւ*	*կոյս*	*նաՀատակեցաւ:* [8] *Իբրեւ*
Tid1	20	…*զՀարիւրեւքսան*	*կոյս*	*եւ ճգնաւոր* [20Y] *կային*
Tid1	23D	*էին, մինն մնաց*	*կոյս*	*որում անունն էր Նոյ, եւ*
Tid1	23Y	*Նոյ միայն մնաց*	*կոյս*	*եւ այլ ամենեքեան*
Tid1	33	*Աւէ Հրեշտակն*	*Կուս*	*մի կայ մաքուր <ի զարմէն*
Tid1	38B5	*դեռ փոքր են*	*կուս*	*եւ զաւակ Սեթայ են. եւ մի*
Tid2	8	*էր:* [8] *Եւ էր*	*կոյս*	*երբ սպան զնա:* [9] *Իբրեւ*
Tid2	33	*զի աղջիկ մի կայ*	*կոյս*	*եւ մաքուր ի մեղաց ի*
Tid2	38C	*ի զարմէն Սէթայ*	*կոյս*	*աղջկունս. որ են*
Tid2	38D	[38D] *Բայց*	*կոյս*	*պաՀեա զորդիքն քո*

կոչեմ verb

AbCn2	37	*յապաշխարութիւն*	*կոչեաց*	*թէ զղջացեալ մեղայ զոչէ:* [38]
Creat1	7	*ի մարմնոյ. սա*	*կոչեսցի*	*կին:* [8] *Եւ տարեալ զ*
Creat2	7	…*րմնոյ իմոյ. սա*	*կոչեսցի*	*կին:* [8] *Իսկ Տէր*
Rep	31	*մխիթարութեան եւ*	*կոչեսցես*	*զանուն նորա Սէթ փոխանակ*
Rep	101	*իւր որ արդ եւս*	*կոչի*	*Շամայ տուն որ է Սեմայ տուն*
Tid1	3	*Աստուած որդի, եւ*	*կոչեսցես*	*զանուն նորա Սէթ, որ*
Tid1	58	*Եւ անուն տեղւոյն*	*կոչեցաւ*	*Նախիջեւան. եւ այն է*

կոտոշ noun

AbCn1	38	*այն է, որ երկու*	*կոտոշ*	*բուսաւ ի վերայ գլխոյն:* [39] *բ*
AbCn1	39	…*տուՀասն այն էր, որ*	*կոտոշն*	*ձայնէր եւ սաէր բարձր*
AbCn1	48Y	*Կայեն ի Հեռաստանէ*	*կոտոշիւ*	*եւ մորթիւ:* [48Դ] *Եւ իբրեւ*
AbCn2	38	[38] *Ցորոյ ճակատն*	*կոտոշ*	*բուսաւ. ուր եւ երթայր ձայն կու*

AbCn2	38	*ձայն կու տայր*	*կոտոչ*	*առաջին պատուհասն այս է. թէ*
AbCn2	49	*Ղամէքայ. եւ բուսաւ*	*կոտոչ*	*ի գլուխն։* [50] *Իսկ Ղամէքայ կի*

կոտորեմ **verb**

Rep	76	*մահաբեր ընդէ՞ր ոչ*	*կոտորեցայք*	[77] *Ով ձեռք որ*

կործանեմ **verb**

Rep	21	*Ողորմեցարուք ինձ*	*կործանեցելոյս*	*Ողորմեցարուք ինձ ի*

կորնչիմ **verb**

Rep	99	*զի մի ապականեալ*	*կորիցեն*	*ի Ջուրցն հեղեղէ* [100]
Tid2	4	*քոց նա նոքա եւս*	*կորնչին*	*հետ նոցա։* [5] *Ապա*

կորուսանեմ **verb**

AbCn1	10.1B	*խոցունսն ցրուեաց, եւ*	*կորոյս*	*զամենայն* [10.1D] *որոտաց եւ ել*
AbCn1	10.1D	*Կայենին ցրուեաց եւ*	*կորոյս*	*զամենայն ինչս նորա* [10.2] *եւ*
AbCn1	10.1Y	*ցրուեաց, եւ*	*կորոյս*	*զամենայն ինչս նորա* [10.1B]
Exp1	23	*պատկեր իմ ես. ոչ*	*կորուսից*	*զքեզ եւ ոչ թողից*
Rep	7	[7] *Զայս ամենայն*	*կորուսեալ*	*Ադամայ վասն որոյ սկսաւ*
Rep	16	[16] *Վայ ինձ*	*կորուսելոյս*	*Վայ ինձ մոլորելոյս*
Tid1	38B7	*կամէր Աստուած*	*կորուսանել*	*զձեզ եւ ես*
Tid1	38D8	*Աստուած կամեցաւ*	*կորուսանել*	*զձեզ եւ ես*
Tid2	26	*մարդկան, եւ կամի*	*կորուսանել*	*զնոսա Ջրով։* [27]
Tid2	51	*եղեւ առ նա թէ ոչ*	*կորուսանեմ*	*այսպիսի*

կորուստ **noun**

Rep	14	[14] *Վայ առաջնորդիս*	*կորստեան*	*Վայ ինձ մահու գրաւելոյս*

կուշտ **noun**

AbCn1	18	*զօտամարտիլ, եւ*	*կշտի*	*բռնել փորձիլ, զի տեսցէ յուժն*
AbCn1	18	*կարէ զնա. քանզի որ*	*կշտի*	*<բռնեաց> վայր անկաւ եւ ոչ*
AbCn2	18	*խաղալ ընդ եղբօրն*	*կշտի*	*բռնելով որ է կիւլէշ. թէ կարէ*
AbCn2	18	*զնա քանզի որչափ*	*կուշտի*	*բռնեցին, Կայէն ոչ կարաց*

կուսութիւն **noun**

Tid1	17	*զԵնովք որ*	*կուսութեամբ*	*եւ պահօք*
Tid1	17	*ի լերինս <եւ>*	*կուսութեամբ*	*ճգնէին։* [18] *Բայց*
Tid1	30	*ապականեմ զ*	*կուսութիւնս*	*իմ։* [31] *Ասէ*
Tid1	33	*որ պահեալ է զ*	*կուսութիւն*	*իւր մաքուր>, անուն*
Tid2	17	*յաշխարհէս եւ*	*կուսութեամբ*	*ճգնիլ ի լերինս*
Tid2	17	*երկինս, եւ վասն*	*կուսութեան*	*եւ պահուց հասաւ*

կուրացուցանեմ **verb**

Tid1	38D3	*աշխարհի*	*կուրացուցանէր*	*զաչս նոցա եւ*

կուրծք **noun**

Rep	8	*եւ կոծէր զ*	*կուրծս*	*իւր յորդ արտասուաւք* [9] *Եւ ի*

կպրեմ **verb**

Tid1	42	*եւ < զհերձսն>*	*կպրեաց*	*եւ ծեփեաց. բացան*

կոուեմ **verb**

Tid1	18	*շրջէին եւ*	*կոուէին*	*ի վերայ մի մարդոյն*
Tid2	18	*…ւցանէին. զոր եւ*	*կոուէին*	*վասն մարդոյ, եւ*

կսկիծ **noun**

Rep	70	*եղեն եւ աղեաց*	*կսկիծ*	*ընկալան* [71] *Տասներորդ զի զ*
Rep	72	*էր Ադամայ եւ զասն*	*կսկիծ*	*Եւայի եւ աւելորդ զղջման եւ*

կսկծեմ **verb**

Tid1	2	*սիրտս այրէ եւ*	*կսկծայ*	*զայն թողի եւ զԿայենի*

կտաւ **noun**

Rep	97	*խնկաւք եւ մաքուր*	*կտաւօք*	*եւ եդին ի փայտեայ տապանի*

կտրատեմ **verb**

AbCn2	31	*եւ քարն փոքր էր եւ ոչ*	*կտրատէր*	[32] *Նա լալով աղաղակէր*

կտրեմ **verb**

AbCn1	21	*տեսանեմ թէ կարես*	*կտրել*	*զնա եւ արձակիլ. ապա ես գրկեմ*
AbCn1	21	*տեսցուք զի ով կարէ*	*կտրել*	*զնա:* [22] *Եւ նա ուժով էր, այ*
AbCn1	31	[31] *Իբրեւ քարին*	*կտրէր*	*<զխոչակն> եղբօրն, յայնժամ*
AbCn2	20	*տեսանեմ թէ կարես*	*կտրել*	*զնա:* [21] *Դարձեալ դու ինձ ար*
Creat2	18	*փութապէս*	*կտրեաց*	*եւ կերաւ ի պտղոյն. եւ*

կրկին **adjective**

Exp2	5	*մթին:* [5] *Ապա*	*կրկին*	*ողորմեցաւ մեզ Աստուած*
Tid1	2	*ի կինս, լինի ինձ*	*կրկին*	*նեղութիւն եւ*

կցորդ **adjective**

Rep	17	*Եւայիս Վայ իմ կենաց*	*կցորդիս*	*Վայ ինձ որ մեղայ Աստուծոյ*

Հազար **numeral**

AbCn1	6	*Աբելի ոչխարն ծնաւ*	*Հազար*	*եւ մի պուտ ունէր, զայն Հաբէլ*
AbCn2	6	*Աբէլի, նա մէկն*	*Հազար*	*եղեւ. ապա ընտրեաց զլաւն եւ զ*
Exp1	27	*յոյժ. վեց*	*Հազար*	*<տարին> իբրեւ ժամ մի*
Rep	99	*մեռանելոյն Ադամայ*	*Հազար*	*երեք Հարիւր եւ*

Հազիւ **adverb**

AbCn2	33	*չարաչար բռնութեամբ*	*Հազիւ*	*մորթեց զեղբայրն. եւ եդ կապեա*

Հալալ **adjective**

AbCn1	31	*ասես զի զկաթն իւր*	*Հալալ*	*արասցէ ինձ:* [32] *Քանզի քարն*

Հալալութիւն **noun**

AbCn2	32	*նոքա որ ի նոցանէ*	*Հալալութիւն*	*առնէի. քանզի բազում*

Հալածեմ **verb**

Tid1	9	*եղբարքն. բայց*	*Հալածէին*	*զազգն Կայենի եւ ոչ*
Tid2	9	*եղբարցն, ի բաց*	*Հալածէին*	*զազգն Կայէնի եւ*

Հաճոյ **adjective**

AbCn1	9	*իսկ դու գիտես, որպէս*	*Հաճոյ*	*է քեզ, այնպէս եղիցին կամք քո*
AbCn2	9	*զգոհս իմ որպէս*	*Հաճոյ*	*է քեզ այնպէս արա։* [10] *Եւ Տէր*

Հաճոյք **noun**

AbCn1	11	*ի քեզ մատուցանեմ ի*	*Հաճոյս*	[12] *Իսկոյն քաղցր Հողմն*
AbCn2	11	*եւ պաղատիմ ընկալ ի*	*Հաճոյս*	*բարերար կամաց քոց։* [12] *Նոյն*

Համար **preposition**

AbCn1	25	*անցաւոր աշխարհիս*	*Համար*	*մի Հեղուր զարիւնն իմ. ես քեզ*

Համարեմ **verb**

Exp2	27	*իբրեւ ժամ մի*	*Համարէր*	*վասն աւետեացն*

Համարձակեմ **verb**

Rep	89	*ւթեամբ էիր եւ մի*	*Համարձակիր*	*վնասել զորդիդ իմ* [90]

Համբառնամ **verb**

WdsAd	16	*մարմնով յերկինս*	*Համբարձաւ*	*եւ աստուածային փառացն*

Համբերեմ **verb**

Tid1	38B6	*տասն տարի*	*Համբերել*	*եւ Աստուած բաշխեաց*
Tid1	38D7	*տասն տարի*	*Համբերել*	*եւ Աստուած լսէր*
Tid1	38Y	*քսանեւեօթն օր*	*Համբերեսցէ*	*նմա։* [38B1] *Երբ*
Tid2	38H	*իսկ Նոյ խնդրեաց*	*Համբերել*	*ի Տեառնէ մինչեւ*

Համբերութիւն **noun**

Tid1	38B10	*մինչեւ եւթն օր*	*Համբերութիւն*	*խնդրեմ ի*
Tid1	38D11	*մինչեւ եւթն օր*	*Համբերութիւն*	*խնդրեաց*
Tid2	38E	*եւ ասէ. Տէր տուր*	*Համբերութիւն*	*զի քարոզեցից*

Համբուրեմ **verb**

AbCn1	30	*Եղբայր, բեր զերեսդ*	*Համբուրեմ*	<*զի*> *կարօտ չմնայ ի սրտիս*
AbCn2	30	*եկ եղբայր մի անգամ*	*Համբուրեմ*	*զքեզ. զի ոչ մնամ կարօտ ի*

Հայիմ **verb**

AbCn1	19	[19] *Եւ ելեալ Կայէն*	*Հայեցաւ*	*աստ եւ անդ, եւ ետես մատն*
AbCn2	19	[19] *Եւ ել Կայէն*	*Հայեցաւ*	*աստ եւ անդ, եւ ետես զ*
Creat1	27	[27] *Իսկ Ադամ, երբ*	*Հայէր*	*ի կնոջ գեղեցկութիւնն*
Creat2	28	*ոչ։* [28] *Բայց երբ*	*Հայէր*	*կնոջ յաղաչանքն եւ յ*
Exp1	13	<*կողմն*>, *եւ ասաց*	*Հայեցարուք*	*եւ անդ տեսանիցէք*
Exp1	14	*մի Հեռացաւ. եւ*	*Հայէին*	*Ադամ եւ Եւայ դէպ յ*
Exp2	14	*իսկ Ադամ եւ Եւայ*	*Հայէին*	*ընդ արեւելս եւ*
Rep	20	*նկեալս Ով անմասունք*	*Հայեցարուք*	*յիս ի տարակուսեալս*
Rep	75	[75] *Ով աչք որ*	*Հայեցայք*	*ի պտուղն ընդէ՞ր ոչ*
Tid1	15	*զի մի բարձր*	*Հայեսցի*	*ի պտուղն ծառերոյն*
Tid1	52	[52] *Եւ ասաց Տէրն*	*Հայեաց*	*ի յարեւելից կողման*
Tid2	23	*զամենեսին. ոչ*	*Հայելով*	*զքոյր եւ զդուստր*
WdsAd	8	*բացան աչք նորա, եւ*	*Հայեցեալ*	*տեսանէ զճիւղն, զի (յ)այն*

***Հայր* noun**

Tid1	10	*Ենովք, եՀարց ի*	*Հօրէն*	*թէ պապն մեր Ադամ*
Tid1	12	*Իսկ Ենովք ասէ ց*	*Հայրն*	*Հօր պարտքն պիտի որդին*
Tid1	12	*ասէ ցՀայրն*	*Հօր*	*պարտքն պիտի որդին*
Tid1	23Y	*զշուն, այլ ոչ*	*Հայր*	*զդուստրն ճանաչէր եւ ոչ*
Tid2	10	*Ենովք, եՀարց ի*	*Հօրէն*	*թէ վասն է՞ր լայք եւ*
Tid2	28	*լինիս սերմ եւ*	*Հայր*	*աշխարՀի։ [29] Ասէ Նոյ*
WdsAd	3	*զբանն զայս լուեալ ի*	*Հօրէն*	*եւ ի միտ առ, եւ երթեալ զ*
WdsAd	5	*Այդ է մխիթարութիւն*	*Հօր*	*քում։ [6] Եւ Սէթ գոՀանայր զտ*
WdsAd	7	*իւր Ադամ, եւ ասէ*	*Հայր*	*այս ի բնակութենէն քումմէ (է)*
WdsAd	7	*զայն Սէթ, տարաւ առ*	*Հայրն*	*իւր Ադամ, եւ ասէ. Հայր, այս ի*
WdsAd	10	*Եւ ասէ Սէթ ցՀայրն*	*Հայր*	*գիտեա զի որպէս մաՀարար է*
WdsAd	10	*[10] Եւ ասէ Սէթ ց*	*Հայրն*	*Հայր, գիտեա զի որպէս*
WdsAd	12	*եւ ասէ. Այսպէս ասէր*	*Հայրն*	*իմ Ադամ, թէ ոչ էր այս*
WdsAd	13	*ստեղծ Աստուած զ*	*Հայրն*	*մեր եւ եդ զնա ի դրախտին, եւ*

***Համապազ* adverb**

AbCn1	15	*զեղբայրն իւր, եւ*	*Համապազ*	*ուտէին եւ ըմպէին ի միասին*
AbCn1	53	*յերեսս Հողին. իսկ*	*Համապազ*	*արիւնն ոչ ցամաքէր, եւ ոչ*
AbCn2	15	*խորՀուրդն Կայէնի. զի*	*Համապազ*	*ընդ իրեար ուտէին եւ խմէին*
AbCn2	43	*...տուՀասն այն էր, զի*	*Համապազ*	*լալով եւ դողալով շրջէր։ [44]*
AbCn2	47	*Ղամէք ձիաւորեալ*	*Համապազ*	*գնայր որսանել. իսկ Կայէն*
AbCn2	53	*յերես Հողոյն. զի*	*Համապազ*	*արիւնն ոչ ցամաքէր. ոչ*
Creat1	32	*Աստուծոյ. քանզի*	*Համապազ*	*երեւէր նոցա Աստուած*
Creat2	32	*Աստուած. քանզի*	*Համապազ*	*գայր Աստուած եւ*
Exp1	2	*քանզի դրախտն*	*Համապազ*	*լոյս էր, նոյնպէս*
Exp2	2	*քանզի դրախտն*	*Համապազ*	*լոյս էր. եւ նոյնպէս*
Rep	1	*տեսանելով զդրախտն*	*Համապազ*	*տառապէին փափաքանաւք ի դէմ*
Rep	73	*նախաստեղծիցն [73] Որ*	*Համապազ*	*լային դէմ դրախտին զամենայն*
Tid1	23Y	*այնպիսի կենօք*	*Համապազ*	*չնային, եւ ոչ*

***Հանգիստ* noun**

Rep	74	*Ո՞վ տայ մեզ*	*Հանգիստ*	*ի քեզ վայրդ վայելչալի [75]*

***Հանգչիմ* verb**

Tid2	44	*եւ գնացեալ*	*Հանգեաւ*	*ի լեառն Մասիսոյ որ*

***Հանդարտապէս* adverb**

Creat1	32	*Աստուած, զի գայր*	*Հանդարտապէս*	*եւ քաղցր*

***Հանդարտութիւն* noun**

Creat2	32	*նոսա սիրով եւ*	*Հանդարտութեամբ*	*[33] Եւ*

***Հանդերձ* noun**

Rep	24	*Ջի աՀա մաշկեղէն այս*	*Հանդերձս*	*դիւրամաշ է եւ շուտով*

***Հանդիպիմ* verb**

Rep	25	*եւ յորո՞ւմ աւուր*	*Հանդիպի*	*եւ զայ Հասանէ մաՀն ի վերայ*
Rep	88	*Ադամայ [88] Եւ*	*Հանդիպեալ*	*նոցա աՀագին զազանն*

***Հանեմ* verb**

AbCn1	2	*ի պտղոյ անտի բաժին*	*Հանել*	*Աստուծոյ*: [3] *Ձի Ադամայ*
AbCn1	6	*<տասնէն> մին բաժին*	*Հանէք*	*Աստուծոյ. գի Աբելի ոչխարն ծնաւ*
AbCn1	9	*…տակեցին եւ գործեցի*	*Հանի*	*քեզ բաժին եւ տասանորդ, ըստ*
AbCn2	2	*պտղոյ բաժին*	*Հանել*	*Աստուծոյ*: [3] *Վասն որոյ Ադամ*
AbCn2	5	*տասնէն զմէկն բաժին*	*Հանել*	*Աստուծոյ*: [6] *Իբրեւ եղեւ ծնու*
AbCn2	7	*ոտնակոխն եւ զփուշն*	*Հանեց*	*բաժին Աստուծոյ. եւ ժողովեաց*
Creat1	44	*Հրեշտակաց*	*Հանել*	*ի դրախտէն, եւ Հրեղէն*
Creat1	45	*կենաց*: [45] *Եւ*	*Հանին*	*զԱդամ եւ զԵւայ ի*
Creat1	47	*զՀրեշտակ իւր*	*Հանել*	*զնոսա ի խաւարէն, եւ*
Creat2	44	*Հրեշտակաց*	*Հանել*	*զնոսա ի դրախտէն. եւ*
Creat2	51	*զՀրեշտակն*	*Հանել*	*զԱդամ ի խաւարային*
Exp1	5	*Հրեշտակ իւր, <եւ>*	*եՀան*	*զմեզ ի խաւարէն. եւ*
Exp1	7	*…տակին, որ զձեզ*	*եՀան*	*ի մութ տեղուոՋէն եւ եբեր*
Exp2	5	*զՀրեշտակ իւր*	*Հանեալ*	*զմեզ ի խաւարէս եբեր ի*
Rep	9	*Հեղէր եւ յոգւոց*	*Հանէր*	*լեարդն այրէր սիրտն ճմլէր եւ*
Rep	24	*եւ դու զիս ի կենաց*	*Հաներ*	*Ով կին արդ զի՞նչ արասցուք եւ*

***Հանց* adverb**

Creat2	52	*եւ ելանէ. ապա*	*Հանց*	*որ մտաւ արեգակն եւ*
Exp1	2	*մտաւ արեգակն*	*Հանց*	*գիտացին թէ այլ ոչ*

***Հաշտութիւն* noun**

Tid1	51	*Տուր ինձ նշան*	*Հաշտութեան*	[52] *Եւ ասաց Տէրն*
Tid1	54	*Այս եղիցի նշան*	*Հաշտութեան*	*իմոյ ընդ որդիս*

***Հառաչանք* noun**

Rep	8	*եւ լայր կողկողագին*	*Հառաչանաւք*	*եւ կոծէր զկուրծս իւր*
Rep	93	*ելեալ գնացին լալով եւ*	*Հառաչանաւք*	*եւ տեսին զԱդամ*

***Հասանեմ* verb**

AbCn2	6	*եղբօրն թէ քոյն եւս*	*Հասնին*	*Հունձք. ապա ի միասին*
AbCn1	6	*քանզի ասէր. երբ*	*Հասանէ*	*Հունձն եղբօրն իմ, ապա ի*
AbCn1	7	*Աստուծոյ*: [7] *Իբրեւ*	*Հասին*	*Հունձքն ցորենոյ Կայենի, երբ*
AbCn2	7	*Աստուծոյ*: [7] *Իբրեւ*	*Հասին*	*Հունձք ցորենոյ Կայէնին. նա*
AbCn2	41	*որ ինչ որ ուզէր նա ոչ*	*Հասանէր*	*ուտել եւ ընդ վայր խուզէր*
Creat1	16	*…ութեան փառացն*	*Հասաւ*	[17] *Վասն այն ասաց ձեզ չ*
Creat2	16	*այն մեծ փառքին*	*Հասաւ*	[17] *Վասն այն ասաց ձեզ չ*
Rep	25	*աւուր Հանդիպի եւ գայ*	*Հասանէ*	*մաՀն ի վերայ մեր եւ թէ*
Tid1	38B4	*թէ ասա Ջուրն*	*Հասանէ*	*եւ այլ բարձրանայ*
Tid1	38D4	*եւ ասա Ջուր*	*Հասանի*	*Հարիւր կանգուն*
Tid2	17	*եւ պաՀուց*	*Հասաւ*	*այնպիսի փառացն. ըստ*
Tid2	38A	*տեղիս Ջուր պիտի*	*Հասնի*	*կամ դու որ զտապանդ*
Tid2	39	*ի տապան. զի*	*էՀաս*	*ՋրՀեղեղն*: [40] *Իսկ*
Tid2	54	*որդիքն քո. զի*	*Հասեալ*	*է ողորմութիւն իմ*

***Հասկ* noun**

AbCn1	10.2	*ինչս նորա* [10.2] *եւ* <	*Հասկ*	*մի*> *ոչ գտաւ. կարկտիւ եՀար զ*
AbCn2	10	*ցրուեաց զամենայն*	*Հասկս*	*նորա. եւ ոչ մնաց մի ցորեան. եւ*

***Հաստատուն* adjective**

Tid1	38B1	*գնա. իսկ Նոյ*	*Հաստատուն*	*բանէր ի վերայ*
Tid1	38C1	*գնոսա. իսկ Նոյ*	*Հաստատուն*	*բանէր ի վերայ*

***Հատանեմ* verb**

Rep	77	[77] *Ով ձեռք որ*	*Հատիք*	*զպտուղն ընդէ՞ր ոչ գաւսացայք*

***Հարիւր* numeral**

AbCn1	46	*մնաց մինչեւ ութ*	*Հարիւր*	*եւ վաթսուն տարի. յետ անճար*
AbCn2	46	*ապրեցաւ Կայէն եօթն*	*Հարիւր*	*յիսուն եւ երեք տարի. զի զմահն*
Rep	30	*մահուն Հաբելի զամս*	*Հարիւր*	*եւ քսան եւ ապա Հրամանաւն*
Rep	41	*ի տրտմութեան ամս*	*Հարիւր*	*եւ քսան* [42] *Մինչ որ*
Rep	59	*մնաց ամս ութ*	*Հարիւր*	[60] *Դողդոջէր միշտ եւ*
Rep	78	*եւ տառապանաւք ամս ինն*	*Հարեւր*	*եւ երեսուն եւ ապա*
Rep	99	*Հազար երեք*	*Հարիւր*	*եւ երկոտասան ամաց եկն*
Tid1	6	*ազգէն:* [6] *Երեք*	*Հարիւր*	*իննսուն կանայք կային*
Tid1	18	*մի մարդոյ Հետ*	*Հարիւր*	*կանայս չրջէին եւ*
Tid1	29	*տարի <ես>, չորս*	*Հարիւր*	*տարի այլ պիտի ապրիս*
Tid1	30	[30] *Ասաց Նոյ. Զորս*	*Հարիւր*	*տարին իբրեւ զերազ*
Tid1	34	*տապան չինելոյ*	*Հարիւր*	*յիսուն կանգուն*
Tid1	38D4	*աստ Ջուր Հասանի*	*Հարիւր*	*կանգուն բարձրանայ եւ*
Tid1	38D4	*բարձրանայ եւ*	*Հարիւր*	*տարումն չինեաց*
Tid1	56	*ապրեցան երեք*	*Հարիւր*	*տարի:* [57] *Եւ երկու*
Tid2	5	*մարդ եւ երեք*	*Հարիւր*	*ութսուն կին:* [6] *Զի*
Tid2	6	*Զի Կայէն երկու*	*Հարիւր*	*երեսուն տարի էր որ*
Tid2	17	*քան զՀինգ*	*Հարիւր*	*եւ քսան ոգի:* [18] *Բայց*
Tid2	18	*մէկ մարդն ի մէջ*	*Հարիւր*	*կնոջ չրջեցուցանէին. զ*
Tid2	30	*Հրեչտակն. վեց*	*Հարիւր*	*տարեկան ես. այլ եւս*

***Հարկանեմ* verb**

AbCn1	10.2	*ոչ գտաւ. կարկտիւ*	*եՀար*	*զԿայենի երեսն եւ սեւացոյց իբր*
AbCn1	49Y	*գիտաց թէ եղջիւր է*	*եՀար*	*նետիւ աղեղան, եւ սպան զԿայէն*
AbCn2	27	*քար մի, եւ նովաւ*	*Հարեալ*	*զմիւսն եւ սպան զնա ի կլափէն*
AbCn2	48	*եւ ետես զԿայէն*	*եՀար*	*նետիւ եւ սպան զնա:* [49] *Ապա*
Creat1	4	*...մարարացն նորա*	*Հարին*	*զնոսա եւ ի վայր տուին*
Creat2	4	*զօրացն, որք*	*Հարին*	*զդասսն Սատանայի եւ*
Creat2	4	*գիւաց. եւ ի վայր*	*Հարին*	*որպէս կարկուտ ի յ*
Tid1	38Y	*յարտասուս*	*Հարեալ*	*եւ աղաչեաց զԱստուած*
Tid2	22	*եւ պարուք ծափս*	*Հարկանելով*	*գնացին ի լերինս*
Tid2	39	*էառ ի ծառքն եւ*	*եՀար*	*զտախտակսն նա ձայն*

***Հարցանեմ* verb**

AbCn1	36	[36] *Վասն այն*	*Հարցանէր*	*Աստուած թերեւս մեղայ*
AbCn2	37	*զԿայէն. զի ի*	*Հարցանելն*	*Աստուծոյ զնա*
Creat2	48	*Ադամ. վասն այն*	*Հարցանէր*	*թերեւս մեղայ ասեն*
Creat2	48	*թզենւոյն եւ*	*Հարցաւ*	*թէ ու՞ր ես Ադամ. վասն*
Rep	43	*Հաբելի այլ Աստուած*	*Հարցանէ*	*զնա եւ պատժէ* [44] *Որպէս*
Rep	43	*եւ ասաց նմա Դուք մի*	*Հարցանէք*	*զԿային վասն Հաբելի այլ*

Rep	45	*իսկ* [45] *Վասն զի*	*եՀարց*	*Աստուած զԿային թէ ո՞ւր է*
Rep	47	*Եւ Աստուած վասն այն*	*եՀարց*	*զԿային որ զղՋանայր եւ*
Tid1	10	*պտուղն Ենովք*	*եՀարց*	*ի Հօրէն թէ պապն մեր*
Tid2	10	*պտուղն Ենովք*	*եՀարց*	*ի Հօրէն թէ վասն է՞ր*

***Հաց* noun**

Creat1	41	*քոց կերիցես զ*	*Հաց*	*քո. զի Հող էիր եւ ի Հող*
Creat2	43	*քոց կերիցես զ*	*Հաց*	*քո. զի Հող էիր եւ ի Հող*
WdsAd	3	*եւ զքառասուն գիշեր*	*Հաց*	*ոչ եկեր եւ Ջուր ոչ էարբ:* [4]

***Հաւախաւս* noun**

Exp1	3	[3] *Իսկ առաւօտին*	*Հաւախօսին*	*եկն առ նա Սատանայ*
Exp2	3	*առաւօտն:* [3] *Իսկ ի*	*Հաւախօսին*	*եկեալ Սատանայ ի*

***Հաւանիմ* verb**

Creat1	6	*տեսաւ զկին*	*Հաւանեցաւ*	[7] *Եւ ասաց Ադամ. ԱՀա*
Creat2	6	*ետես զկինն եւ*	*Հաւանեցաւ*	[7] *Եւ ասաց, աՀա սա*

***Հաւասար* adjective**

Creat1	3	*բարձրացուցանել*	*Հաւասար*	*Աստուծոյ աթոռին:* [4]
Creat1	17	*ի պտղոյդ զի*	*Հաւասար*	*լինիցիք եւ փառակից*
Creat1	48	*եւ պտուղս չեն*	*Հաւասար*	*լուսոյ եւ պտղոյ*
Creat2	3	*բազմիլ յաթոռս*	*Հաւասար*	*աթոռոյն Աստուծոյ:* [4]
Creat2	17	*զի մի կերեալ*	*Հաւասար*	*լինիք Աստուծոյ:* [18]
Exp1	5	*թէպէտ չէր*	*Հաւասար*	*լուսոյ արքայութեան*
Exp2	1	*թէպէտ չէր*	*Հաւասար*	*արեգական լոյսն*
Rep	20	*եւ արդ եմ ձեզ*	*Հաւասար*	*եւ առաւել եւս վաթար*
WdsAd	13	*ի դրախտէն եւ*	*Հաւասար*	*եղեալ անասնոց անբանից*

***Հաւասարեմ* verb**

Rep	69	*Ութերորդ զի անասնոց*	*Հաւասարեցան*	[70] *Իններորդ զի*

***Հաւատամ* verb**

Tid2	40	*լսեցին եւ*	*Հաւատացին*	*եւ եկին ինքեանք*
Tid2	59	*զամենայն*	*Հաւատացեալս*	*ի ՋրՀեղեղէ*

***Հեծեմ* verb**

Rep	9	[9] *Եւ ի խորոց սրտին*	*Հեծէր*	*եւ յոգւոց Հանէր լեարդն*

***Հեղանիմ* verb**

Tid2	2	*իմ իբրեւ արիւն*	*կու Հեղանի*	*թէ դարձեալ*

***Հեղեղ* noun**

Rep	99	*կորիցեն ի Ջուրցն*	*Հեղեղէ*	[100] *Եւ յելանել Նոյի ի*

***Հեղում* verb**

AbCn1	25	*աշխարՀիս Համար մի*	*Հեղուր*	*զարիւնն իմ. ես քեզ ի՞նչ*
AbCn1	43	*իբր թէ ուտէր, ի վայր*	*Հեղոյր*	[44] *զ. Վեցերորդն պատուՀասն*
Rep	52	*Ի վերայ երկրի ուր*	*Հեղեր*	*զարիւն եղբաւր քոյ* [53]

հեշտալի adjective

Rep	6	*երկնաւորացն եւ զ*	*հեշտալի*	*եղանակս անմարմին զաւրացն*

հեռանամ verb

Creat2	14	*ուտէր:* [14] *Իբրեւ*	*հեռացաւ*	*Ադամ եւ շրջէր ի*
Exp1	14	*ինքն սակաւ մի*	*հեռացաւ*	*եւ հայէին Ադամ եւ*
Exp2	14	*եւ սակաւ մի*	*հեռացաւ*	*իսկ Ադամ եւ Եւայ*
Rep	35	*իւր եւ ինքն Կային*	*հեռացեալ*	*էր ի տեղւոջէն* [36] *Եւ*

հեռի adjective

AbCn2	34	*յիսուն կանգնաչափ*	*հեռի*	*եւ ասաց Կայէնին ու՞ր է եղբայրն*

հետ preposition

Tid1	18	*զի մի մարդոյ*	*հետ*	*հարիւր կանայս շրջէին եւ*
Tid2	4	*եւս կորնչին*	*հետ*	*նոցա:* [5] *Ապա Կայէնի*

Հերեքնազան name

Tid1	38D5	*Ջարմանէզան*	*Հերեքնազան*	[38D5] *Եւ այս*

հերձ noun

Tid1	42	*զդուռն եւ* <*զ*	*հերձսն*	> *կպրեաց եւ ծեփեաց*

հիանամ verb

Creat2	3	*պիղծն Սատանայ*	*հիանայր*	*եւ զարմանայր ընդ*

հինայեմ verb

Tid2	21	*եւ զձեռսն*	*հինայեցին*	[22] *Եւ սահմանեցին*

հինգ numeral

AbCn1	1	*Սատանայի երբ*	*հինգ*	*օր պահեաց ծոմով, յորժամ յ*
Exp2	22	*ողբացին մինչեւ*	*հինգ*	*օր անօթի եւ ծարաւ:* [23]
Exp2	23	*զԱստուած եւ յետ*	*հինգ*	*աւուրցն լուաւ Աստուած*
Rep	26	*եւ անաւթի զաւուրս*	*հինգ*	*ոչինչ ճաշակեալ* [27] *Եւ ապա*
Rep	27	[27] *Եւ ապա յետ*	*հինգ*	*աւուրն ի վեցերորդում աւուրն*
Tid2	17	*աւելի քան զ*	*հինգ*	*հարիւր եւ քսան ոգի:* [18]

հինգերորդ numeral

AbCn1	43	*ոչ լիանայր:* [43] *Ե*	*Հինգերորդն*	*պատուհասն այն էր, որ ինչ*
AbCn2	42	*վայր խուզէր:* [42]	*Հինգերորդ*	*պատուհասն այն էր, որ յ*
Rep	55	*ներկեր զնա* [55]	*Հինգերորդ*	*Երերեալ լիցիս որպէս զծառ*
Rep	66	*անիծից անկան* [66]	*Հինգերորդ*	*զի ընդ մահու գրաւեցան*

հինգհարիւր numeral

Tid1	26	*ամուսնանալ, զի*	*հինգհարիւր*	*տարեկան էր:* [27] *Եւ*
Tid1	29	[29] *Աւէ հրեշտակ*	*Հինգհարիւր*	*տարի* <*եւ*>, *չորս*
WdsAd	16	*ի դրախտին այնմիկ*	*հինգհարիւր*	*եւ քառասունեւերկու ամ, եւ*

Հինգհարիւրեւքսան numeral

Tid1	20	*բարի մարդ կայր*	*հինգհարիւրեւքսան*	*կոյս եւ*

Tid1	23D	*զԱստուած*: [23D]	*Հինգհարիւրեւքսան*	*ճգնաւորք*
Tid1	23Y	…*ռնակեցան*: [23Y]	*Հինգհարիւրեւքսան*	*ճգնաւոր*

Հիւանդանամ **verb**

Rep	78	*երեսուն եւ ապա*	*Հիւանդացաւ*	*ի փորոյն* [79] *Եւ*

Հիւանդութիւն **noun**

Rep	82	*չարաչար տանջեալ ի*	*Հիւանդութենէ*	*իւրմէ* [83] *Յայնժամ ասէ*

Հնազանդ **adjective**

AbCn2	24	*այլ բարեկամ եւ միշտ*	*Հնազանդ*	*Հրամանաց քոց. ես առանց քեզ*
Rep	90	*յայնժամ էի որքան դուք*	*Հնազանդ*	*Աստուծոյ էիք եւ զ*
Rep	90	*եւ ասաց Եւայի Ջեզ*	*Հնազանդ*	*յայնժամ էի որքան դուք*

Հնազանդեցուցանեմ **verb**

AbCn1	2	[2] *Եւ բերեալ զեզն*	*Հնազանդեցոյց*	*նմա նովաւ վարել եւ*
AbCn2	1	*կային զամենեսեան*	*Հնազանդեցոյց*	*ինձ*: [2] *Եւ զեզն լծեալ*

Հնար **noun**

AbCn2	47	*մահուն իւրոյ ապա*	*Հնարս*	*իմացաւ առ եալ մորթ մի վայրենի*
Tid1	20Y	*նոսա, եւ ոչ գոյր*	*Հնար*	*խառնակելոյ ընդ ազգն*
Tid1	21D	*աղջկունք*	*Հնար*	*իմացան եւ սահմանեցին զ*
Tid1	21Y	*ազգին Կայենի*	*Հնարիւք*	*սահմանեցին զ*

Հնձեմ **verb**

AbCn1	7	*ցորենոյ Կայենի, երբ*	*Հնձէր*	*զցորեանն իւր, զորն որ քամի*

Հնչեմ **verb**

AbCn1	12	*Իսկոյն քաղցր Հողմն*	*Հնչեաց*	*եւ լոյս ծագեաց յերկնից եւ*
AbCn2	12	*Ժամայն քաղցր Հողմն*	*Հնչեաց*	*եւ լոյս ծագեաց յերկնից եւ*

Հնչեցուցանեմ **verb**

Tid1	22 Y	*տալով եւ փողս*	*Հնչեցուցանելով*	*երկայն*
Tid1	22D	*եւ պարունելով*	*Հնչեցուցանելով*	*եւ պէսպէս*

Հնչումն **noun**

Rep	6	*պտղոցն զբարի*	*Հնչմունս*	*Հրեղինացն եւ զ*

Հոգելի **adjective**

Rep	104	*յառաջին սրբոցն եւ ի*	*Հոգելի*	*արանցն յաւուր ուրբաթու*

Հոգի **noun**

Rep	36	*մինչ որ աւանդեաց զ*	*Հոգին*	[37] *Եւ գնացեալ Ադամ եսես*
Rep	38	*սրտիւ եւ դառնացեալ*	*Հոգով*	*գնաց Ադամ ասել Եւայի զի*

Հող **noun**

AbCn1	10.1Y	[10.1Y] *ափ մի*	*Հողոյ*	*նման քամատարաց զամենայն*
AbCn1	53	*Աբելի ելանէր յերեսս*	*Հողին*	*իսկ Հանապազ արիւնն ոչ*
AbCn1	54	*Ադամայ ասաց*	*Հող*	*լինի եւ ապա իւր ծնունդն. պիտէր*

AbCn1	54	Ադամ մեռնէր եւ	Հող	դառնայր, ապա ծնունդն նորա: [5
AbCn2	53	գքուն. ոչ փտէր, եւ ոչ	Հող	լինէր: [54] Քանզի Աստուած նախ
AbCn2	53	նա ելանէր յերես	Հողոյն	զի Հանապազ արիւնն ոչ
AbCn2	54	նախ Ադամայ ասաց	Հող	լինիլ. եւ ապա ի նմանէ ծնելոցն
AbCn2	54	Ադամ մեռանէր եւ ի	Հող	դառնայր, ապա ծնունդ նորա
AbCn2	54	նորա մեռանէր եւ ի	Հող	դառնայր: [55] Մինչեւ ի մաՀն
AbCn2	55	մեռաւ. վասն այն ոչ ի	Հող	դառնայր մարմինն Աբէլի: [56]
Creat1	41	զՀաց քո. զի	Հող	էիր եւ ի Հող դարձցիս: [42]
Creat1	41	զի Հող էիր եւ ի	Հող	դարձցիս: [42] Եւ դարձեալ
Creat1	43	սողացիս, եւ	Հող	կերիցես զամենայն աւուրս
Creat2	40	գնասցես եւ	Հող	կերիցես զամենայն աւուրս
Creat2	43	զՀաց քո. զի	Հող	էիր եւ ի Հող դարձցիս: [44]
Creat2	43	զի Հող էիր եւ ի	Հող	դարձցիս: [44] Եւ Հրամայեաց
Rep	13	[13] Վայ ինձ մեռեալ	Հողոյս	Վայ ինձ նախաՀաւրս Վայ ինձ
Rep	21	մեցարուք ինձ անարգ	Հողոյս	Ողորմեցարուք ինձ
WdsAd	11	Հրամանի Տեառն ի	Հող	յորմէ ստեղծաւ: [12] Եւ յետ

Հողագործ noun

AbCn1	5	Հովիւ եղեւ, իսկ Կայենն	Հողագործ	էր: [6] Զի ասաց նոցա Ադամ
AbCn2	4	քսան ամաց, Կայէնն	Հողագործ	էր եւ Աբէլ Հովիւ ոչխարաց

Հողանամ verb

AbCn1	55	մեռեալ, եւ այնու ոչ	Հողանայր	եւ ոչ ցամաքէր արիւնն

Հողեղէն adjective

Creat1	5	ստեղծ զԱդամ	Հողեղէն	զի լցուսցեն զտեղի
Creat2	5	զԱդամ, զի	Հողեղէն	մարդօք լնուցու զ

Հողմ noun

AbCn1	10.1B	Կայենի որոտաց եւ ել	Հողմ	ի նմանէ քամայտար արար զ
AbCn1	10.1D	[10.1D] որոտաց եւ ել	Հողմ	եւ ամպ մի սեւ եկաւ ի վերայ
AbCn1	12	[12] Իսկոյն քաղցր	Հողմն	Հնչեաց, եւ լոյս ծագեաց յերկնի
AbCn2	10	եւ թնդաց. եւ ել	Հողմ	եւ քամի ի նմանէ եւ ցրուեաց զ
AbCn2	12	Նոյն ժամայն քաղցր	Հողմն	Հնչեաց եւ լոյս ծագեաց յերկնից
Rep	55	լիցիս որպէս զծառ ի	Հողմոց	[56] Վեցերորդ Տատանեալ

Հովանի noun

AbCn1	13	Եւ լուսափայլ <ամպ>	Հովանի	եղեւ ի վերայ Հաբելի, եւ
AbCn2	13	Եւ լուսափայլ ամպն	Հովանի	եղեւ ի վերայ Աբէլի: [14] Իսկ

Հովիւ noun

AbCn1	5	տարեկան խաչանց	Հովիւ	եղեւ, իսկ Կայեն Հողագործ էր:
AbCn2	4	Հողագործ էր եւ Աբէլ	Հովիւ	ոչխարաց: [5] Իսկ Ադամ

Հոտեմ verb

AbCn1	53	ոչ ցամաքէր, եւ ոչ	Հոտէր	եւ ոչ որդնէր մարմինն: [54]
AbCn2	53	ոչ ցամաքէր. ոչ	Հօտէր	եւ ոչ որդնէր. զի էր իբրեւ զքո

***հունձք* noun**

AbCn1	6	*աւէր. երբ հասանէ*	*հունձն*	*եղբօրն իմ, ապա ի միասին*
AbCn1	7	[7] *Իբրեւ հասին*	*հունձքն*	*ցորենոյ Կայենի, երբ հնձէր զ*
AbCn1	10.1Y	…*տարաց զամենայն*	*հունձսն*	*Կայենի ցորենեացն ցրուեաց, եւ*
AbCn2	6	*թէ քոյն եւս հասնին*	*հունձք*	*ապա ի միասին մատուսցուք զ*
AbCn2	7	[7] *Իբրեւ հասին*	*հունձք*	*ցորենոյ Կայէնին. նա զատեաց զ*

***հուպ* noun**

Creat1	8	*ուտիցէք եւ մի*	*հուպ*	*լինիցիք. զի յորժամ*

***հպարտանամ* verb**

Creat1	3	*զԱստուած. եւ*	*հպարտացաւ*	*ի սրտի իւրում, եւ*
Creat2	3	*իւրոց. վասն որոյ*	*հպարտացաւ*	*եւ ոչ կամէր օրհնել*

***հպարտութիւն* noun**

Creat1	5	*Աստուած, վասն*	*հպարտութեանն*	*Սատանայի*
Creat2	5	*փոխանակ*	*հպարտութեան*	*Սադայէլի ըստեղծ*

***հրաժարեմ* verb**

Tid1	17	*ի դրախտն, բազում*	*հրաժարեցան*	*եւ ելին ի լերինս*
Tid2	17	*յօժարեցան*	*հրաժարիլ*	*յաշխարհէս եւ*

***հրամայեմ* verb**

AbCn1	2	*ուտել եւ լիանալ. եւ*	*հրամայեաց*	*ի պտղոյ անտի բաժին*
AbCn1	45	*Աստուած նմա մահ ոչ*	*հրամայեաց*	*այլ ասաց Տէրն. Ով որ*
AbCn2	2	*եւ ապրիլ. այլ եւ*	*հրամայեաց*	*ինձ յամենայն պտղոյ*
AbCn2	44	*որ Աստուած մահ ոչ*	*հրամայեաց*	*Կայէնի*: [45] *Այլ ասաց թէ*
Creat1	4	*աթոռին*: [4] *Եւ*	*հրամայեաց*	*Տէր Աստուած յ*
Creat1	44	…*րշպարի*: [44] *Եւ*	*հրամայեաց*	*հրեշտակաց հանել ի*
Creat2	4	*Եւ բարկացաւ Տէրն*	*հրամայեաց*	*ունաւոր*
Creat2	44	*դարձցիս*: [44] *Եւ*	*հրամայեաց*	*հրեշտակաց հանել զ*
Rep	25	*այս բաւական է զի*	*հրամայեաց*	*արարիչն մահու մեռանել*
Tid1	16	[16] *Իսկ Աստուած*	*հրամայեաց*	*հրեշտակին իւրոյ*
Tid1	25	*զնոսա*: [25]	*Հրամայեաց*	*Աստուած Նոյի տապան*
Tid2	16	*Աստուած եւ*	*հրամայեաց*	*հրեշտակաց որ*
Tid2	24	*մեղաց նոցա. եւ*	*հրամայեաց*	*հրեշտակին որ ասաց*
Tid2	27	[27] *Վասն այն*	*հրամայեաց*	*Աստուած քեզ կին*
Tid2	38H	*քան տարւոյն*	*հրամայեաց*	*Աստուած Նոյի*
Tid2	41	…*աղակէին*: [41] *Եւ*	*հրամայեաց*	*Աստուած առնուլ զ*
WdsAd	9	*այն ծառոյն է յորմէ*	*հրամայեաց*	*մեզ Տէրն չուտել մեզ*: [10]

***հրաման* noun**

AbCn2	24	*եւ միշտ հնազանդ*	*հրամանաց*	*քոց. ես առանց քեզ ոչ կարեմ*
Rep	1	*առեալ զԵւայ*	*հրամանաւն*	*Աստուծոյ եւ բնակեցան*
Rep	28	*որդեծնութեամբ ըստ*	*հրամանին*	*Աստուծոյ եւ յետ*
Rep	30	*եւ քան եւ ապա*	*հրամանաւն*	*Աստուծոյ եկն առ Ադամ*
Rep	42	*եւ քան* [42] *Մինչ որ*	*հրամանաւն*	*Աստուծոյ ծնան զՍէթ որդի*
Rep	90	*ի յանցանելն ձեռում զ*	*հրաման*	*արարչին յարձակիմք ի վերայ*

Rep	91	ձեզ [91] Ջայս	հրամանաւն	Աստուծոյ խաւսեցաւ զազանն
Tid1	27	զԱստուծոյ	հրամանքն	պիտի կատարես. զի զ
Tid1	31	Ասէ հրեշտակն	Հրամանք	Տեառն է, ոչ կարես
Tid2	33	Ասէ հրեշտակն	հրամանք	Աստուծոյ է, կատարել
WdsAd	11	իւր. եւ փոխեցաւ ըստ	հրամանի	Տեառն ի հող յորմէ ստեղծաւ

Հրեայ name

Rep	103	խաչեցաւ Քրիստոս ի	Հրէիցն	ի վերայ գլխոյն Ադամայ եւ արար

հրեղէն adjective

Creat1	44	ի դրախտէն, եւ	հրեղէն	սրով պահել զ
Creat2	44	ի դրախտէն. եւ	հրեղէն	գաւազանաւն պահել զ
Rep	6	զբարի հնչմունս	հրեղինացն	եւ զքաղցրանուագ երգս

հրեշտակ noun

AbCn1	1	եւ առաքեաց զ	հրեշտակ	իւր եւ պատմեաց նմա զ
AbCn2	1	եւ առաքեաց զ	հրեշտակ	իւր եւ եբեր զիս ի լոյս. եւ
Creat1	1D	...եղծեաց ինն դաս	հրեշտակքն	վասն
Creat1	1Y	արար նախ զզօրս	հրեշտակաց	ի ծառայութիւն
Creat1	2D	զամենայն դասս	հրեշտակաց	իսկ չարն Բէլիար
Creat1	2D	որ գլուխ էր դասս	հրեշտակաց	մեծ փառօք
Creat1	2D	[2D] Առաջի	հրեշտակին	դասն Բէլիարին
Creat1	2Y	զամենայն դասս	հրեշտակաց	[2D] Առաջի
Creat1	2Y	քան զամենայն	հրեշտակք	եւ զամենայն դասս
Creat1	4	եւ ինն դասուց	հրեշտակացն	զիմեցին ի վերայ
Creat1	5	զտեղի անկելոց	հրեշտակացն	[6] Եւ արկ Տէր
Creat1	9	ի տեղի անկեալ	հրեշտակացն	[10] Վասն այն
Creat1	11	Սատանայ յահէն	հրեշտակաց	ոչ իշխէր ի դրախտն
Creat1	44	[44] Եւ հրամայեաց	հրեշտակաց	հանել ի դրախտէն
Creat1	47	եւ առաքեաց զ	հրեշտակ	իւր հանել զնոսա ի
Creat2	1	Աստուած զդասս	հրեշտակաց	եւ հրեշտակապետաց
Creat2	1	քան զամենայն	հրեշտակս	զՍադայէլ եւ զ
Creat2	2	[2] Իսկ ամենայն	հրեշտակք	եւ հրեշտակապետք
Creat2	11	Եւ ահա բեկեալ ի	հրեշտակաց	եւ ոչ կարէր. ապա
Creat2	44	[44] Եւ հրամայեաց	հրեշտակաց	հանել զնոսա ի
Creat2	51	եւ առաքեաց զ	հրեշտակն	հանել զԱդամ ի
Exp1	3	Սատանայ ի կերպ	հրեշտակի	եւ ասէ. ընդէ՞ր
Exp1	5	եւ առաքեաց զ	հրեշտակ	իւր, <եւ> եհան զմեզ ի
Exp1	7	զի՞նչ ետուք այն	հրեշտակին	որ զձեզ եհան ի
Exp1	23	եւ առաքեաց զ	հրեշտակ	իւր, եւ բերեալ
Exp2	3	Սատանայ ի կերպս	հրեշտակի	եւ ասէ զԱդամ
Exp2	5	եւ առաքեաց զ	հրեշտակ	իւր հանեալ զմեզ ի
Exp2	7	Ի՞նչ տուիք այն	հրեշտակին	որ եբեր զձեզ ի
Exp2	23	եւ առաքեաց զ	հրեշտակ	իւր. եւ աւետեաց
Exp2	27	վասն աւետեացն	հրեշտակին	[28] Որ նոյն
Rep	6	զքաղցրանուագ երգս	հրեշտակացն	զախորժ բարբառ
Rep	18	խս ցամաք Լացէք զիս	հրեշտակք	Լացէք զիս գազանք եւ
Rep	39	զի ամփոփեալ էր ի	հրեշտակաց	Աստուծոյ եւ երկիր

Tid1	1	*եւ առաքեաց զ*	*հրեշտակ*	*իւր առ Ադամ, եւ ասէ*
Tid1	3	*...մութիւն:* [3] *Ասէ*	*հրեշտակն*	*Մի երկնչիր Ադամ*
Tid1	5	*Զի յայնժամ որ*	*հրեշտակն*	*աւետիս ետ վասն*
Tid1	8	*ծնօղքն <որպէս>*	*հրեշտակն*	*աւետեաց:* [9] *Եւ*
Tid1	10	*տարին երեւեցաւ*	*հրեշտակն*	*եւ ասաց Նոյի մտանել*
Tid1	16	*հրամայեաց*	*հրեշտակին*	*իւրոյ զի գնա*
Tid1	26	[26] *Իբրեւ եկն*	*հրեշտակ*	*եւ ասաց Նոյի*
Tid1	27	*էր:* [27] *Եւ ասաց*	*հրեշտակն*	*զԱստուծոյ*
Tid1	29	*աշխարհս:* [29] *Ասէ*	*հրեշտակ*	*Հինգհարիւր տարի <ես>*
Tid1	31	*իմ:* [31] *Ասէ*	*հրեշտակն*	*Հրամանք Տեառն է, ոչ*
Tid1	33	*...ութիւն:* [33] *Ասէ*	*հրեշտակն*	*Կուս մի կայ մաքուր*
Tid1	35	*Եւ գնաց ի նմանէ*	*հրեշտակն*	[36] *Եւ Նոյ*
Tid1	38B5	[38B5] *Եկն*	*հրեշտակն*	*առ Նոյ եւ ասէ. երեք*
Tid1	38B9	*տարի երեւեցաւ*	*հրեշտակն*	*առ Նոյ եւ ասէ մտիր ի*
Tid1	38D5	[38D5] *Եւ դարձեալ*	*հրեշտակն*	*երեւեցաւ Նոի եւ ասէ*
Tid2	1	*եւ առաքեաց զ*	*հրեշտակ*	*իւր եւ ետ զաւետիս*
Tid2	3	*բերէ ինձ:* [3] *Ասէ*	*հրեշտակն*	*տալոց է քեզ*
Tid2	16	*եւ հրամայեաց*	*հրեշտակաց*	*որ բարձեալ զ*
Tid2	24	*եւ հրամայեաց*	*հրեշտակին*	*որ ասաց Նոյի զի*
Tid2	26	*...խարհիս:* [26] *Ասէ*	*հրեշտակն*	*բարկացեալ է*
Tid2	30	*ապրիմ:* [30] *Ասէ*	*հրեշտակն*	*վեց հարիւր տարեկան*
Tid2	33	*աշխարհի:* [33] *Ասէ*	*հրեշտակն*	*հրամանք Աստուծոյ*
Tid2	35	[35] *զայս ասաց*	*հրեշտակն*	*եւ գնաց ի նմանէ:* [36]
Tid2	38C	*եւ երեւեցաւ*	*հրեշտակն*	*Նոյի եւ ասաց թէ առ*
Tid2	38D	*երեւեցաւ*	*հրեշտակն*	*եւ ասաց. մուտ ի*
WdsAd	5	*ժամայն տեսանէր զ*	*հրեշտակն*	*զի գայր եւ ունէր ճիւղ մի*

***հրեշտակապետ* noun**

Creat2	1	*հրեշտակաց եւ*	*հրեշտակապետաց*	*ի վեր եւ*
Creat2	2	*հրեշտակք եւ*	*հրեշտակապետք*	*օրհնէին*
Rep	27	*եկեալ առ նոսա*	*հրեշտակապետն*	*Գաբրիէլ բանիւն*
Rep	30	*եկն առ Ադամ*	*հրեշտակապետն*	*Գաբրիէլ եւ ասաց*
Rep	92	*դրախտին եկն առ նոսա*	*հրեշտակապետն*	*Գաբրիէլ եւ ասաց*

***ձայն* noun**

AbCn2	38	*բուսաւ. ուր եւ երթայր*	*ձայն*	*կու տայր կոտոշ. առաջին*
Creat1	33	*իւրեանց*	*ձայնն*	*կեցաւ ի վերայ թզենւոյն*
Creat1	34	[34] *Ասէ. Տէր, զքո*	*ձայնն*	*լուայ, փախեայ, թաքեայ*
Creat2	34	*Ադամ. Տէր զքո*	*ձայնդ*	*լուայ եւ երկեայ մերկ*
Rep	7	*եւ ողբալ մեծակական*	*ձայնիւ*	[8] *Վասն զի տեսանէր զվայրս*
Tid1	22D	*եւ պէսպէս*	*ձայնիւ*	*եղանակօք. չարն*
Tid1	22Y	*եւ պէսպէս*	*ձայնիւ*	*եղանակելով խառնեցան*
Tid1	38B1	*Երբ լուաւ Նոյ զ*	*ձայնն*	*կացնոյն եւ եկեալ*
Tid1	38B2	*...պանին, լսէին զ*	*ձայն*	*կացնոյն եւ ուրաքին*
Tid1	38C	*...պանին, լսէին զ*	*ձայնն*	*կացինին եւ ուրաքին եւ*
Tid1	38C	*եւ չաղափին*	*ձայնն*	*որ ասէին Ջրհեղեղ կու*
Tid1	38Y	*Երբ լուաւ Նոյ զ*	*ձայնն*	*յայնժամ յարտասուս*
Tid2	37	*չինէին նա*	*ձայն*	*տայր ուրաքն եւ սղոցն եւ*

Tid2	39	զտախտակսն նա	ձայն	արձակեցաւ ի տախտակէն թէ
Tid2	51	նորա: [51] Եւ	ձայն	եղեւ առ նա թէ ոչ

ձայնեմ verb

AbCn1	39	այն էր, որ կոտոչն	ձայնէր	եւ ասէր բարձր բարբառով. թէ
AbCn1	40	Սար եւ քար եւ ձոր	ձայնէր	եւ ասէր. Կայէն եղբայրասպան է
Creat1	33	Թզենւոյն, եւ	ձայնեաց	ասելով. Ու՞ր ես Ադամ
Creat2	33	Թզենւոյն	ձայնեաց	բարկութեամբ եւ ասէ
Tid1	37A	տայր փայտին	ձայնէր	փայտն թէ Ջրհեղեղ կու
Tid1	37Y	չինել, կացին	ձայնէր	ուրաքն ձայնէր, սղոցն
Tid1	37Y	ձայնէր, ուրաքն	ձայնէր	սղոցն ձայնէր, փայտն
Tid1	37Y	ձայնէր, սղոցն	ձայնէր	փայտն ձայնէր թէ
Tid1	37Y	ձայնէր, փայտն	ձայնէր	թէ Ահաւասիկ Ջրհեղեղ
Tid1	39	իսկ տախտակն	ձայնէր	թէ Ջրհեղեղ կու գայ

ձգեմ verb

AbCn1	27	եւ զսուր քարն ի վայր	ձգեաց	[28] Եւ Կայէն ուսեալ ի նմանէ

ձեռագիր noun

Exp1	21	[21] Այս եղեւ	ձեռագիր	Ադամայ ի ձեռն
Exp1	23	իւր, եւ բերեալ	ձեռնագիր	յԱստուծոյ ետ
Exp1	23	...էութեամբ էառ զ	ձեռնագիրն	ի քէն, որ մնաս դու
Exp1	26	իմ ջնջեսցէ զ	ձեռագիր	քո, եւ ազատեսցէ զ
Exp2	2	[2:] Այն եղեւ	ձեռագիր	Ադամայ ի ձեռն
Exp2	2	տարեալ զ	ձեռագիր	քարն թաղեաց ի գետն
Exp2	24	ետուր Ադամայ զ	ձեռագիրն	Աստուծոյ. եւ էր
Exp2	26	ծնանի եւ ջնջէ զ	ձեռագիր	յանցանաց քոց. եւ

ձեռն noun

AbCn1	23	եւ պատէր երեք պատ	ձեռներովն	եւ քամակովն, եւ ապա
AbCn1	41	այն է, որ ոտիւք եւ	ձեռօքն	եւ ամենայն բոլոր անդամօքն
AbCn2	9	...ստակեցի եւ վարեցի	ձեռօքս	ժողովեցի եւ ի յուս բարձեալ
AbCn2	22	պատեաց ոտիւքն եւ	ձեռօքն	մինչեւ ցգլուխն: [23] Ապա
Creat1	27	զի Աստուած իւր	ձեռօքն	էր ստեղծեալ եւ
Exp1	17	Ադամայ. Դիր զ	ձեռդ	ի վերայ քարին եւ ասայ
Exp1	19	Իսկ Ադամ եղեալ	ձեռն	ի վերայ քարին, եւ ասաց
Exp2	17	եւ ասէ. դիր զ	ձեռն	քո ի վերայ քարիդ եւ
Exp2	19	[19] Իսկ Ադամ զ	ձեռն	ի վերայ եդեալ ասաց թէ
Exp2	20	[20] Եւ մնաց նշան	ձեռացն	ի վերայ քարին: [2:]
Rep	36	կալեալ կապեաց զնա	ձեռն	յետս ընդ ծառով միոյ եւ
Rep	77	որեցայք [77] Ով	ձեռք	որ Հատիք զպտուղն ընդէ՞ր ոչ
Tid1	21D	զոտս եւ զ	ձեռս	իւրեանց կարմիր դեղ
Tid1	21Y	զոտսն եւ զ	ձեռսն	խինեցին եւ
Tid2	21	իւրեանց եւ զ	ձեռսն	հինայեցին: [22] Եւ
WdsAd	5	մի ուրախութեան ի	ձեռին	իւրում. եւ ետ ի Սէթ, եւ ասէ. Ա

ձեռնատարած adjective

AbCn1	11	զառն Աստուծոյ	ձեռնատարած	աղօթէր առ Տէր եւ ասէր

ձեր adjective

AbCn1	6	*թէ ի վաստակոց*	*ձերոց*	*<տասնէն> մին բաժին Հանէք*
AbCn2	5	*ասէ. յամենայն ընչից*	*ձերոց*	*տասնէն զմէկն բաժին Հանել*
AbCn2	59	*տրտմութեանց*	*ձերոց*	*Ամէն:*
Exp1	9	*ծնընդովք*	*ձերովք*	[10] *Ասէ Ադամ*
Rep	19	*ի վայելչութենէ*	*ձերմէ*	[20] *Ով թռչունք երկնից իջէք*
Rep	19	*ի փափկութենէ*	*ձերմէ*	*Ողբացէք զտարամերժեալս*
Rep	19	*ի վերայ բնակչիս*	*ձերոյ*	*Ողբացէք զիս զ*
Rep	23	*զխաւարեալս ի լուսոյդ*	*ձերմէ*	*ընդէ՞ր ոչ լայք զքաղցեալս ի*
Rep	23	*առատութեանց*	*ձերոց*	[24] *Եւ դարձուցեալ զբանն*
Rep	23	*զպասքեալս ի պտղոց*	*ձերոց*	*ընդէ՞ր ոչ լայք զ*
Rep	23	*քաղցեալս ի բարեաց*	*ձերոց*	*ընդէ՞ր ոչ լայք զպասքեալս ի*
Rep	73	*կարաւտելոյս*	*ձերոցդ*	*բարեաց Ողորմեցարուք*
Rep	90	*պաՀէիք իսկ ի յանցանելն*	*ձերում*	*զՀրաման արարչին յարձակիմք*

ձեւ noun

Tid1	38B2	*եւ տեսանէին զ*	*ձեւ*	*տապանին, լսէին զձայն*
Tid1	38C	*եւ տեսանէին զ*	*ձեւ*	*տապանին, լսէին զձայնն*

ձի noun

AbCn1	48Y	*Իբրեւ ել Ղամէք ի*	*ձի*	*գնաց ի յորս, երեւեցաւ Կայեն ի*

ձիաւորեմ verb

AbCn1	48Y	[48Դ] *Եւ իբրեւ Ղամէք*	*ձիաւորեալ*	*գնաց յորս եւ տեսաւ զ*
AbCn2	47	*յայնմիկ Ղամէք*	*ձիաւորեալ*	*Հանապազ գնայր որսանել*

ձիթենի noun

Tid2	46	*եւ եբեր զճուղ*	*ձիթենւոյ*	[47] *Եւ բացեալ Նոյի զ*

ձոր noun

AbCn1	40	*է:* [40] *Սար եւ քար եւ*	*ձոր*	*ձայնէր եւ ասէր. Կայէն*

Ղամէք name

AbCn1	48Y	[48Y] *Եւ իբրեւ*	*Ղամէք*	*ձիաւորեալ գնաց յորս եւ տեսաւ*
AbCn1	48Y	*զինքն:* [48Y] *Իբրեւ ել*	*Ղամէք*	*ի ձի, գնաց ի յորս, երեւեցաւ*
AbCn1	49A	*Տէր եղաւ:* [49A] *Եւ*	*Ղամէք*	*գիտաց թէ այծ է նետիւ աղեղէն*
AbCn1	49Y	[49Y] *Իբրեւ տեսաւ*	*Ղամէք*	*գիտաց թէ եղջիւր է. եՀար նետիւ*
AbCn1	50Y	*անկաւ ի վերայ*	*Ղամեքայ*	[51Y] *Իսկ Ղամեքայ կինն*
AbCn1	51A	[51A] *Ետես*	*Ղամեք*	*եւ երկեաւ եւ խոստովանեցաւ*
AbCn1	51A	*զպատուՀասն*	*Ղամեքայ*	[52] *Իսկ Ադամ եւ Եւայ իբրեւ*
AbCn1	51Y	*Ղամեքայ:* [51Y] *Իսկ*	*Ղամեքայ*	*կինն բարի էր, աղաչեաց զ*
AbCn1	51Y	*վերացաւ պատուՀասն*	*Ղամեքայ*	[51A] *Ետես Ղամեք եւ երկեաւ*
AbCn2	47	*ժամանակին յայնմիկ*	*Ղամէք*	*ձիաւորեալ Հանապազ գնայր*
AbCn2	48	*…նապարՀին:* [48] *Իսկ*	*Ղամէք*	*ելաւ գնաց յորս առնել. եւ ետես*
AbCn2	49	*անկաւ ի վերայ*	*Ղամէքայ*	*եւ բուսաւ կոտոշ ի գլուխն*
AbCn2	50	*ի գլուխն:* [50] *Իսկ*	*Ղամէքայ*	*կինն բարի էր. առ Տէր*
AbCn2	51	*եւ բժշկեաց զցաւն*	*Ղամեքայ*	[52] *Դարձեալ յորժամ*

ճակատ noun

AbCn2	38	գոչէ։ [38] Ցորոյ	ճակատն	կոտոչ բուսաւ. ուր եւ երթայր
Rep	58	եղջեւր բուսաւ ի	ճակատն	զի ընդ որ գնայր եղջեւրն

ճանաչեմ verb

Tid1	23D	զչուն եւ ոչ	ճանաչեին	զքորս զեղբարս եւ
Tid1	23Y	Հայր զդուստրն	ճանաչէր	եւ ոչ մայր զորդին

ճանապարհ noun

AbCn1	34	երեւեցաւ Տէրն ի	ճանապարհին	յիսուն կանգնաչափ
AbCn2	47	նման եւ անկաւ ի	ճանապարհին	[48] Իսկ Ղամէք ելաւ
Creat1	44	սրով պահել զ	ճանապարհս	դրախտին կենաց։ [45]
Creat2	44	…զանաւն պահել զ	ճանապարհ	դրախտին։ [45] Ջի ոչ
Tid1	43	ի տապանն, ի	ճանապարհին	խեղդուեցան։ [44]

ճաշակեմ verb

AbCn2	2	եւ գործել զերկիր եւ	ճաշակել	ի պտղոյ նորա եւ լիանալ եւ
Creat1	14	ծառոյ պտղոյ	ճաշակես	եւ <այս> գեղեցիկ
Creat1	14	պտղոյս ոչ	ճաշակես	[15] Ասէ Եւայ. Ջի Տէր
Creat1	20	է, առ եւ դու	ճաշակեայ	եւ տես զ
Creat1	22	դու սակաւ	ճաշակեայ	[23] Ասէ Ադամ. Ոչ
Creat1	23	Ադամ. Ոչ կարեմ	ճաշակել	եւ քեզ նման
Creat1	26	…անայր։ [26] Թէ ոչ	ճաշակէր	կինն լայր եւ աղաչէր
Creat2	13	եռես զԵւա զի	ճաշակէր	յամենայն պտղոյ
Creat2	14	յամենայն ծառոց	ճաշակես	եւ յայդ մին ծառոյն
Creat2	14	մին ծառոյն ոչ	ճաշակես	որ գեղեցիկ է
Creat2	23	Ադամ. ոչ կարեմ	ճաշակել	եւ քեզ նման լինիլ
Exp1	4	պատրանօք օձին	ճաշակեցաք	ի պտղոյն եւ ելաք
Rep	26	զաւուրս հինգ ոչինչ	ճաշակեալ	[27] Եւ ապա յետ հինգ
Rep	74	Ո՞վ տայ մեզ	ճաշակել	ի ձէնջ պտուղ քաղցրահամք
Tid1	11	[11] Ասէ Սէթ. վասն	ճաշակելոյ	պտղոյն, որ ելաւ ի
Tid1	15	ինքն Ենովք ոչ	ճաշակեաց	ամենեւին. այլ
Tid1	15	եղեւ եւ ոչ	ճաշակեաց	ի նմանէ։ [16] Իսկ
Tid1	15	Ամենայն մարդ	ճաշակէր	ի պտղոյն. իսկ ինքն
Tid2	14	նա ի պտղոյն	ճաշակէր	եւ ինքն ոչ ամենեւին
WdsAd	8	էր յորմէ զմահ	ճաշակեաց	[9] Եւ ասէ ցորդին իւր
WdsAd	14	գիշեր ամենեւին ոչ	ճաշակեաց	[15] Եւ յետ այնորիկ

ճաշակումն noun

Rep	6	եւ զքաղցր	ճաշակումն	պտղոցն զբարի հնչմունս
Tid1	45	եւ նա զնացեալ ի	ճաշակումն	զէշերուն, այլ ոչ
Tid2	11	Նա ասաց. յաղագս	ճաշակման	պտղոյն եւ

ճառ noun

Creat2	0	[0] ՊԱՏՄՈՒԹԻՒՆ ԵՒ	ՃԱՌ	ՎԱՍՆ ՍՏԵՂԾՄԱՆՆ ԱԴԱՄԱՅ ԵՒ

ճգնաւոր noun

Tid1	20	…եւքսան կոյս եւ	ճգնաւոր	[20Y] կային ընդ նոսա
Tid1	23D	…զհարիւրեւքսան	ճգնաւորք	էին, մինն մնաց կոյս

Tid1	23Y	…գհարիւրեւքսան	ճգնաւոր	էին, մի Նոյ միայն
Tid2	22	եւ խաբեցին զ	ճգնաւորսն	եւ խառնակեցան ընդ

ճգնեմ verb

Tid1	17	<եւ> կուսութեամբ	ճգնէին	[18] Բայց ազգն Կայենի
Tid1	20D	որ ի լերինն	ճգնէին	[21Y] Իսկ աղջկունքն
Tid2	17	եւ կուսութեամբ	ճգնիլ	ի լերինս. եւ եղեւ թիւք

ճիչ noun

Rep	89	զնա [89] Յայնժամ	ճիչ	բարձեալ Եւայ աղաղակեաց

ճիւղ noun

AbCn2	19	եւ եռես զխաղողի	ճուղն	որ ասմայ ասի. նա ասաց Աբէլի թէ
Rep	31	[31] Եւ ետ Ադամայ	ճեւղ	մի ի ծառոց դրախտին եւ ասաց
Tid2	46	ցամաք եւ եբեր զ	ճուղ	ձիթենւոյ: [47] Եւ բացեալ
WdsAd	5	զի գայր եւ ունէր	ճիւղ	մի ուրախութեան ի ձեռին իւրում.
WdsAd	7	ի բարի: [7] Եւ առեալ	ճեղն	զայն Սէթ, տարաւ առ Հայրն իւր
WdsAd	8	[8] Եւ առեալ Ադամ զ	ճիւղն	զայն եդ ի վերայ աչաց եւ բացան
WdsAd	8	Հայեցեալ տեսանէ զ	ճիւղն	զի (յ) այն ծառոյն էր յորմէ զ

ճմլեմ verb

Rep	9	լեարդն այրէր սիրտն	ճմլէր	եւ աղիքն գալարէր [10]

ճուղապ noun

AbCn2	32	ասելով թէ ինչպէս	ճուղապ	կու տաս ծնողացն իմոց. զի

մազ noun

AbCn1	49D	ոտէն մինչ ի գլուխն	մազ	էր. նետիւ աղեղաւ սպան Կայեն. ե
AbCn1	49D	գիտաց թէ այծ էր, եւ	մազն	իւր մէն էր, եւ թէ գլխոյ եւ թէ

մահ noun

AbCn1	45	էր, որ Աստուած նմա	մահ	ոչ հրամայեաց, այլ ասաց Տէրն. Ո
AbCn1	46	յետ անճար մնաց	մահուն	փափաք ունէր, եւ ոչ մեռանէր
AbCn1	56	[56] Մինչեւ Ադամայ	մահն	այնպէս անփորձ մնաց մարմինն
AbCn2	44	այն էր, որ Աստուած	մահ	ոչ հրամայեաց Կայէնի: [45] Այլ
AbCn2	46	եւ երեք տարի. զի զ	մահն	կուզէր եւ ոչ մեռանէր: [47] Ի
AbCn2	47	անճար մնաց վասն	մահուն	իւրոյ ապա հնարս իմացաւ
AbCn2	55	[55] Մինչեւ ի	մահն	Ադամայ այլ ոչ ոք մեռաւ. վասն
Creat1	8	ուտիցէք ի նմանէ	մահու	մեռանիք: [9] Իսկ վասն
Creat1	15	ուտիցէք, ասէ	մահու	մեռանիցիք: [16] Ասէ օձն
Creat1	42	քո, ծնունդ քո	մահու	չափ եղեցի, եւ ցաւօք
Creat1	48	բայց ոչ սովաւ	մահ	<լինիմք> եւ կամ <խաւարի>
Creat2	8	յորժամ ուտիցէք	մահու	վաղճանեսջիք: [9] Վասն
Creat2	15	ուտէք ի ծառոյդ	մահու	մեռանիք: [16] Իսկ օձն
Creat2	42	եւ ծնունդ քո ի	մահ	փոխանակեսցի: [43] Եւ
Exp1	23	որ ոչ ունի զ	մահ	վասն այն այսպէս
Rep	3	կարծեցին թէ այն էր	մահն	որով մեռանելոց էին եւ ահիւ
Rep	4	սակաւ մի յերկիւղէ	մահուն	[5] Քանզի ասաց Աստուած թէ
Rep	5	Քանզի ասաց Աստուած թէ	մահու	մեռանիցիք եւ այն բաւթ

Rep	14	*կորստեան Վայ ինձ*	*մահու*	*գրաւելոյս Վայ ինձ մեղաւք*
Rep	21	*խաւարի եւ ի ստուերս*	*մահու*	*նստելոյս [22] Ի՞ւ ապրիմ զի*
Rep	25	*մեր եւ թէ զի՞նչ*	*մահն*	*իցէ որ զմեզ մեռուցանէ ոչ*
Rep	25	*հանդիպի եւ գայ հասանէ*	*մահն*	*ի վերայ մեր եւ թէ զի՞նչ մահն*
Rep	25	*հրամայեաց արարիչն*	*մահու*	*մեռանել մեզ եւ այն*
Rep	30	*եւ Եւայ ի վերայ*	*մահուն*	*Հաբելի զամս հարիւր եւ*
Rep	66	[66] *Հինգերորդ զի ընդ*	*մահու*	*գրաւեցան* [67] *Վեցերորդ*
Tid2	31	*Աւէ Նոյ. վերջն*	*մահ*	*է եւ աշխարհս անցաւոր. զի*
WdsAd	8	*ծառոյն էր յորմէ զ*	*մահ*	*ճաշակեաց:* [9] *Եւ աւէ ցորդին*

մահաբեր **adjective**

Rep	76	*Ով ոտք որ գնացիք ի ծառն*	*մահաբեր*	*ընդէ՞ր ոչ կոտորեցայք*

մահապարտ **adjective**

Rep	16	*ինձ յանցաւորիս Վայ ինձ*	*մահապարտիս*	*Վայ ինձ Ադամայս* [17]

մահարար **adjective**

WdsAd	10	*գիտեա զի որպէս*	*մահարար*	*է, նոյնպէս կենդանատու եւ*

մայր **noun**

AbCn1	31	*եղբայրն ասաց. Իմ*	*մօրս*	*ասես զի զկաթն իւր հալալ արասց*
Exp2	1	*նա ոչ գիտէր թէ ի*	*մայրն*	*մտանէր արեգակն:* [2] *Իսկ*
Exp2	22	*մտաւ արեգակն ի*	*մայրն*	*գիտաց Ադամ որ խաբեցաւ*
Rep	92	[92] *Եւ մինչ դեռ*	*մայրն*	*եւ որդին Եւայ եւ Սէթ աղօթէին*
Tid1	23D	*զեղբարս եւ զ*	*մարս*	*այսպէս չարութիւն*
Tid1	23Y	*ճանաչէր եւ ոչ*	*մայր*	*զորդին* <*Ջոկէր*>, *ոչ*
Tid2	58	*ի Մարանդ է. որ*	*մայր*	*ասի անուն նորա:* [59] *Որոց*

ման **noun**

AbCn2	16	*գնասցուք ի դաշտ*	*ման*	*գալ:* [17] *Եւ ելեալ գնացին ի*

Մանետուն **name**

Tid1	57	*Անդուն եւ*	*Մանետուն*	*եւ որդիքն աճեցան եւ*

մաշկեղէն **adjective**

Rep	24	*տակեսցուք Ջի ահա*	*մաշկեղէն*	*այս հանդերձս դիւրամաշ է*

Մասիս **name**

Tid1	44	*ի վերայ լեառն*	*Մասիսայ*	[45] *Եւ յետ քառասուն*
Tid2	44	*հանգեաւ ի լեառն*	*Մասիսոյ*	*որ այժմ ասեն աղրտաղ:*

մատն **noun**

AbCn1	19	*աստ եւ անդ, եւ ետես*	*մատն*	*խաղողի բազում երկայն. իսկ*
AbCn1	19	*ասէր. Եկ եղբայր*	*մատնաւ*	<*խաղասցուք*>*:* [20] *Ասէ Աբէլ*
AbCn1	20	*Ո՞րպէս* <*խաղասցուք*>	*մատնեաւ*	[21] *Ասէ Կայեն. Դու* <*գրկեա*>
AbCn1	21	*ծառդ, եւ դու պատեա*	*մատներաւդ*	*ի վերայ իմ, տեսցուք զի ով*
AbCn1	21	*զծառս, եւ ես երեք*	*մատնովս*	*պատեմ զքեզ, տեսանեմ թէ*
AbCn2	19	*Աբէլի թէ եկ ասմայի*	*մատիւ*	*խաղասցուք:* [20] *Դու գրկէ զ*

մատուցանեմ **verb**

AbCn1	6	*բաժին. բայց ոչ*	*մատոյց*	*վասն սիրոյ եղբօրն. քանզի ասէր*
AbCn1	6	*իմ, ապա ի միասին*	*մատուսցուք*	*զբաժինն Աստուծոյ: [7]*
AbCn1	9	*արդար վաստակոց իմ*	*մատուցի*	*քեզ. իսկ դու գիտես, որպէս*
AbCn1	11	*սեւ: [11] Իսկ Հաբէլ*	*մատուց*	*զանդրանիկ զառն Աստուծոյ*
AbCn1	11	*քեզ ընկալ զնուէրս, որ*	*մատուցանեմ*	*քեզ բաժին ի*
AbCn1	11	*բարեացդ ի քեզ*	*մատուցանեմ*	*ի Հաճոյս: [12] Իսկոյն*
AbCn2	6	*բաժին. բայց ոչ*	*մատոյց*	*Աստուծոյ վասն եղբօրն թէ քոյն*
AbCn2	6	*ապա ի միասին*	*մատուսցուք*	*զբաժինն Աստուծոյ: [7]*
AbCn2	8	*քոյ. յառաջ դու*	*մատո*	*զբաժինն Աստուծոյ. եւ ապա ես*
AbCn2	11	[11] *Իսկ Աբէլ*	*մատոյց*	*զողջակէզսն անդրանիկ*
AbCn2	11	*զնուէրս իմ զոր*	*մատուցանեմ*	*քեզ բաժին, զի ի քո տուեալ*
AbCn2	11	*պարգեւաց քոց քեզ*	*մատուցանեմ*	*աղաչեմ եւ պաղատիմ*
Tid1	46	*եւ բերեալ նշան* <	*մատոյց*	> *Նոյի: [47] Իսկ Նոյ*
Tid1	50	*էին, եօթնէն մին*	*մատոյց*	*բաժին Աստուծոյ. եւ*
Tid2	50	*մէկն եւ պատարագ*	*մատոյց*	*Աստուծոյ. եւ խնդրեաց յ*

Մարանդ **name**

Tid2	58	*գերեզմանն ի*	*Մարանդ*	*է. որ մայր ասի անուն*

մարգարիտ **noun**

Creat1	27	*մարմինն որպէս*	*մարգարիտ*	*սպիտակափայլ էր*
Creat2	30	*եւ իբրեւ սպիտակ*	*մարգարիտ*	*փայլէր: [31] Իսկ*

մարդ **noun**

AbCn2	45	[45] *Այլ ասաց թէ ինչ*	*մարդ*	*որ զԿայէն սպանանէ, նա ցաւն*
Creat2	5	*զի Հողեղէն*	*մարդօք*	*լնուցու զտեղի նորա*
Creat2	16	*յառաջ Աստուած*	*մարդ*	*էր իբրեւ զձեզ. երբ կերաւ*
Rep	12	*ինձ աստուածաստեղծ*	*մարդոյս*	*Վայ ինձ նախաստեղծ*
Rep	13	*Վայ ինձ առաջին*	*մարդոյս*	*[14] Վայ առաջնորդիս*
Rep	28	*ընդ նմա եւ ասէ ծնայ*	*մարդ*	*Աստուծով [29] Եւ յետ*
Rep	80	*առ նախաստեղծն*	*մարդն*	*Ադամ [81] Եւ նա խիստ ի վտանկի*
Tid1	15	[15] *Ամենայն*	*մարդ*	*ճաշակէր ի պտղոյն. իսկ*
Tid1	18	*ի միմեանց. զի*	*մարդն*	*սակաւ էր, կանայք եւ*
Tid1	18	*նոցա. զի մի*	*մարդոյ*	*Հետ Հարիւր կանայս*
Tid1	18	*ի վերայ մի*	*մարդոյն*	*եւ խլէին ի միմեանց*
Tid1	20	[20] *Այնչափ բարի*	*մարդ*	*կայր. Հինգհարիւրեւքսան*
Tid1	38B1	*կու գայ. ամենայն*	*մարդ*	*տնազ արարին զնա. իսկ Նոյ*
Tid1	38C1	[38C1] *Ամենայն*	*մարդ*	*տնազ արարին զնոսա. իսկ*
Tid1	41	*զջրհեղեղն, եւ*	*մարդիք*	*ոչ իմացան: [42] Եւ*
Tid2	5	…*անեւչորք արու*	*մարդ*	*եւ երեք Հարիւր ութսուն*
Tid2	18	…*անայք. զի զմէկ*	*մարդն*	*ի մէջ Հարիւր կնոջ*
Tid2	18	*կռուէին վասն*	*մարդոյ*	*եւ յափշտակէին ի*
Tid2	26	*վասն մեղաց*	*մարդկան*	*եւ կամի կորուսանել*
Tid2	38A	*երկիրս: [38A] Իսկ*	*մարդիկն*	*երբ լսէին, նա ծաղր*
Tid2	43	[43] *Եւ ապա*	*մարդիկք*	*կամեցան փախչիլ ի*

մարդանամ **verb**

AbCn1	1	*եւ պատմեաց նմա զ*	*մարդանալն*	*Աստուծոյ եւ զփրկութիւն*
Creat2	0	ՍՏԵՂԾՄԱՆՆ ԱԴԱՄԱՑ ԵՒ	ՄԱՐԴԱՆԱԼՈՑՆ	ՔՐԻՍՏՈՍԻ ԱՍՏՈՒԾՈՑ ՄԵՐՈՑ
Exp2	23	*Ադամայ վասն*	*մարդանալոյն*	*Տեառն Աստուծոյ*

մարդկային **adjective**

Rep	91	*եւ ասաց ընդ Եւայ*	*մարդկային*	*բարբառով խոժոռ խոլոր եւ*

մարդուչափ **noun**

Tid2	44	*էանց յիսուն*	*մարդուչափ*	*աւելի. եւ մինչ ի*

Մարիամ **name**

Rep	102	*Քրիստոս ի սուրբ Կուսէն*	*Մարիամայ*	*ի վերայ գերեզմանին Եւայի*

մարմին **noun**

AbCn1	49D	*էր, եւ թէ գլխոյ եւ թէ*	*մարմնոյ*	*ոտէն մինչ ի գլուխն մազ էր*
AbCn1	52	*արիւնիւ շաղախեալ*	*մարմինն*	*Աբելի,> լային եւ սգային*
AbCn1	53	*Քանի որ թաղէին զ*	*մարմին*	*Աբելի ելանէր յերեսս Հողին. իս*
AbCn1	53	*ոչ Հոտէր եւ ոչ որդնէր*	*մարմինն*	*[54] Քանզի Աստուած*
AbCn1	55	*նորա: [55] Մինչեւ ի*	*մարմինն*	*Աբելի ոչ ոք էր մեռեալ, եւ*
AbCn1	56	*անփորձ մնաց*	*մարմինն*	*որպէս կենդանի ի քուն. երբ*
AbCn1	56	*մեռաւ, ապա թէ*	*մարմինն*	*Աբելի ի գերեզմանն մտաւ*
AbCn2	39	*այն էր, որ բոլոր*	*մարմինն*	*դողդոջէր: [40] Երրորդ*
AbCn2	52	*արեամբ շաղախեալ զ*	*մարմինն*	*Աբէլի. որ եւ կոծ մեծ առին*
AbCn2	53	*յորժամ թաղեցին զ*	*մարմինն*	*Աբէլի, նա ելանէր յերես*
AbCn2	55	*այն ոչ ի Հող դառնայր*	*մարմինն*	*Աբէլի: [56] Ապա երբ Ադամ*
Creat1	6	*եւ ելից ընդ այնր*	*մարմին*	*եւ իբրեւ զարթեաւ Ադամ*
Creat1	7	*ոսկերաց իմ, եւ*	*մարմին*	*ի մարմնոյ. սա կոչեսցի*
Creat1	7	*իմ, եւ մարմին ի*	*մարմնոյ*	*սա կոչեսցի կին: [8] Եւ*
Creat1	27	*գեղեցիկ էր, զի*	*մարմինն*	*որպէս մարգարիտ*
Creat2	6	*եւ ելից ընդ այնր*	*մարմին*	*եւ եղեւ կինն. իբրեւ*
Creat2	7	*ոսկերաց իմոց, եւ*	*մարմին*	*ի մարմնոյ իմոյ. սա*
Creat2	7	*եւ մարմին ի*	*մարմնոյ*	*իմոյ. սա կոչեսցի կին*
Exp2	25	*իմոյ: [25] Եւ*	*մարմին*	*առցէ ի սուրբ եւ յ*
Rep	39	*անդ այլ ոչ եգիտ զ*	*մարմինն*	*Հաբելի զի ամփոփեալ էր ի*
Rep	98	*զաստուածաստեղծ*	*մարմինս*	*նախաստեղծիցն որդիք նոցա եւ*
Rep	100	*Նոյի ի տապանէն եհ զ*	*մարմինս*	*նախաստեղծիցն յաւաց որդին իւր ի*
Tid1	16	*իւրոյ զի զնա*	*մարմնով*	*վերացուցին եւ եդին*
Tid1	21Y	*զարդարանօք զ*	*մարմինս*	*իւրեանց զարդարեցին*
Tid1	22D	*Այլ զարդարեալ*	*մարմնօվ*	*եւ փողիւ եւ քնարիւ եւ*
Tid2	17	*Ենովք վերացաւ*	*մարմնով*	*յերկինս, եւ վասն*
WdsAd	16	*ամ, եւ (յ)ետ այնորիկ*	*մարմնով*	*յերկինս Համբարձաւ, եւ*

մարմնանամ **verb**

Exp1	25	*որ եկեալ*	*մարմնանայ*	*ի զաւակէ քումմէ, ի*

մաւտ **adjective**

Rep	27	*պտղոյ երկրին որ կայր*	*մաւտ*	*առ նոսա [28] Եւ ասաց նոցա*

***մաքուր* adjective**

Rep	97	*անոյշ խնկաւք եւ*	*մաքուր*	*կտաւօք եւ եղին ի փայտեայ*
Tid1	32	*Նոյ. Ոչ գիտեմ եթէ*	*մաքուր*	*կին մնացեալ է, զի*
Tid1	33	*զկուսութիւն իւր*	*մաքուր*	> *անուն նորա*
Tid1	33	*Կուս մի կայ*	*մաքուր*	<*ի զարմէն Սեթայ որ*
Tid2	33	*մի կայ կոյս եւ*	*մաքուր*	*ի մեղաց ի դստերացն*

***մեծ* adjective**

AbCn2	8	*սիրելի եղբայր իմ, դու*	*մեծ*	*ես եւ ես փոքր ծառայ քոյ. յառաջ*
AbCn2	52	*Աբէլի. որ եւ կոծ*	*մեծ*	*առին լալով եւ ողբալով. եւ միշտ*
AbCn2	57	*միմեանս, զի մի այլ*	*մեծ*	*սուգ գայ ի վերայ ինքեանց վասն*
Creat1	2D	*դասս Հրեշտակաց*	*մեծ*	*փառօք զարդարեալ.* [2D]
Creat1	4	*սերովբէից*	*մեծին*	*Գաբրիէլի եւ աՀաւորին*
Creat1	8	*որ է փառօք*	*մեծ*	*եւ ետ պատուէր նոցա Տէր*
Creat2	1	*եւ զԲելիար եւ*	*մեծ*	*փառօք զարդարեաց զնոսա*
Creat2	16	*անտի, նա այն*	*մեծ*	*փառքին Հասաւ:* [17] *Վասն*
Rep	3	*յայնժամ անկաւ աՀ*	*մեծ*	*ի վերայ նախաստեղծիցն եւ*
Rep	3	*էին եւ աՀիւ*	*մեծաւ*	*սարսեալ տագնապէին մինչ որ*
Rep	93	*եւ արարին կոծ*	*մեծ*	*ի վերայ նորա* [94] *Եւ յետ*
Tid1	2	*ի կինս, այն*	*մեծ*	*պատուՀաս էր ինձ, քան զ*
Tid1	14	[14] *Տնկեաց այգի*	*մեծ*	*լի ամենայն բարութեամբ*
Tid2	2	*մերձեցայ եւ ինձ*	*մեծ*	*սուք եղեն քան զելանելն*

***մեծական* adjective**

Rep	7	*սկսաւ լալ եւ ողբալ*	*մեծական*	*ձայնիւ* [8] *Վասն զի*

***մեծատուն* adjective**

Rep	15	[15] *Վայ ինձ*	*մեծատանս*	*որ աղքատացայ Վայ ինձ զի ի*

***մեծարեմ* verb**

AbCn2	8	*ընտրեալ զառինսն եւ*	*մեծարեաց*	*զԿայէն վասն Աստուծոյ*

***մեծափառք* noun**

Creat1	2Y	*Սատանայի*	*մեծափառօք*	*զարդարեալ, բարձր*

***մեծութիւն* noun**

Creat2	3	*զարմանայր ընդ*	*մեծութիւն*	*փառաց իւրոց. վասն*

***մեղանչեմ* verb**

AbCn1	36	*Աստուած թերեւս*	*մեղայ*	*ասիցէ:* [37] *Իբրեւ ետես Տէրն ո*
AbCn2	37	*կոչեաց. թէ զղջացեալ*	*մեղայ*	*գոչէ:* [38] *Ցորոյ ճակատն կոտո*
Creat2	48	...*արցանէր թերեւս*	*մեղայ*	*ասեն եւ թողութիւն*
Rep	17	*կցորդիս Վայ ինձ որ*	*մեղայ*	*Աստուծոյ* [18] *Լացէք զիս*
Rep	21	*Ողորմեցարուք ինձ*	*մեղուցելոյս*	*Ողորմեցարուք ինձ*
Rep	47	*որ զղջանայր եւ*	*մեղայ*	*ասէր* [48] *Իսկ նա*
Rep	62	*եւ Եւայի* [62] *Նախ զի*	*մեղան*	*Աստուծոյ* [63] *Երկրորդ զի*
Tid2	52	...*տուՀասիւ:* [52] *Թէ*	*մեղանչեն*	*ինձ այլ ուրիշ*

մեղաւոր **adjective**

Rep	16	*մոլորելոյս Վայ ինձ*	*մեղաւորիս*	*Վայ ինձ յանցաւորիս Վայ*

մեղք **noun**

Rep	14	*գրաւելոյս Վայ ինձ*	*մեղաւք*	*մեռելոյս Վայ ինձ զի զ*
Tid1	24	*Իսկ վասն բազում*	*մեղաց*	*նոցա բարկացաւ Աստուած*
Tid1	38B7	*ձեր դարձէք ի*	*մեղաց*	*եւ ապրեսջիք:* [38B8]
Tid1	38D8	<*ձեր*> *դարձէք ի*	*մեղացէ*	*եւ զադարեցէք ի չարէ*
Tid2	24	*բարկացաւ վասն*	*մեղաց*	*նոցա. եւ Հրամայեաց*
Tid2	26	*է Աստուած վասն*	*մեղաց*	*մարդկան, եւ կամի*
Tid2	32	*Զիա՞րդ խառնիմ ի*	*մեղս*	*աշխարՀի:* [33] *Ասէ*
Tid2	33	*եւ մաքուր ի*	*մեղաց*	*ի դստերացն Սէթայ եւ*
Tid2	38E	*դարձցին ի*	*մեղաց*	[38F] *Եւ Աստուած ներեաց*
Tid2	38F	*թէ դարձիք ի*	*մեղաց*	*զի դարձուցէ Տէր զ*

մեռանիմ **verb**

AbCn1	46	*փափաք ունէր, եւ ոչ*	*մեռանէր*	[47] *Իսկ* <*մորթ*> *մի* <*վայրենի*>
AbCn1	54	*պիտէր յառաջ Ադամ*	*մեռնէր*	*եւ Հող դառնայր, ապա ծնունդն*
AbCn1	55	*Աբելի ոչ ոք էր*	*մեռեալ*	*եւ այնու ոչ Հողանայր եւ ոչ*
AbCn1	56	*ի քուն. երբ Ադամ*	*մեռաւ*	*ապա թէ մարմինն Աբելի ի*
AbCn2	46	*զմաՀն կուզէր եւ ոչ*	*մեռանէր*	[47] *Ի ժամանակին յայնմիկ*
AbCn2	54	*պիտէր յառաջ Ադամ*	*մեռանէր*	*եւ ի Հող դառնայր, ապա*
AbCn2	54	*ապա ծնունդ նորա*	*մեռանէր*	*եւ ի Հող դառնայր:* [55] *Մինչեւ*
AbCn2	55	*Ադամայ այլ ոչ ոք*	*մեռաւ*	*վասն այն ոչ ի Հող դառնայր*
AbCn2	56	[56] *Ապա երբ Ադամ*	*մեռաւ*	*եւ թաղեցաւ, նա ապա տեղ եւոուր*
Creat1	8	*ի նմանէ մաՀու*	*մեռանիք*	[9] *Իսկ վասն այն եղ զ*
Creat1	15	*ասէ, մաՀու*	*մեռանիցիք*	[16] *Ասէ օձն*
Creat1	26	*աղաչէր ասելով*	*Մեռանիմք*	*ի միասին եւ թէ*
Creat1	28	*զի լաւ է ինձ*	*մեռանիլ*	*քան թէ բաժանիլ եւ*
Creat2	15	*ի ծառոյդ մաՀու*	*մեռանիք*	[16] *Իսկ օձն ասէ*
Creat2	26	*ապրիմք. եւ թէ*	*մեռանիմք*	*ի միասին մեռանիմք*
Creat2	26	*ի միասին*	*մեռանիմք*	[27] *Իսկ Ադամ*
Creat2	35	*մերկանաս եւ*	*մեռանիս*	[36] *ընդէ՞ր կերար*
Exp1	19	*ծնանի եւ անմաՀն*	*մեռանի*	*մեք եւ ամենայն*
Exp2	17	*ծնանի, եւ անմաՀն*	*մեռանի*	*ամենայն ծնունդն իմ*
Exp2	19	*ծնանի եւ անմաՀն*	*մեռանի*	*ամենայն ծնունդն մեր*
Exp2	24	*ծնանի. եւ անմաՀն*	*մեռանի*	*զի անծինն ես եմ. եւ*
Rep	3	*թէ այն էր մաՀն որով*	*մեռանելոց*	*էին եւ աՀիւ մեծաւ*
Rep	5	*Աստուած թէ մաՀու*	*մեռանիցիք*	*եւ այն բայթ սաստիկ*
Rep	12	*Վայ ինձ կենդանի*	*մեռելոյս*	[13] *Վայ ինձ մեռեալ*
Rep	13	[13] *Վայ ինձ*	*մեռեալ*	*Հողոյս Վայ ինձ նախաՀաւրս*
Rep	14	*Վայ ինձ մեղաւք*	*մեռելոյս*	*Վայ ինձ զի զպատուիրանն*
Rep	25	*արարիչն մաՀու*	*մեռանել*	*մեզ եւ այն ե՞րբ իցէ*
Rep	25	*ի վերայ մեր եւ ոչ*	*մեռաք*	[26] *Եւ այնպէս սգացին Ադամ*
Rep	83	*յաշխարՀիս թէ չուտով*	*մեռանիմ*	[84] *Զի՞նչ առնեմ զկնի քո*
Rep	85	*Ոչ յամես այլ ի միասին*	*մեռանիմք*	*եւ դիցեն զիս եւ զքեզ*
Rep	92	*Արիք եւ գնացէք զի*	*մեռաւ*	*Ադամ յերեկոյին ժամուն ընդ*
Rep	93	*եւ տեսին զԱդամ*	*մեռեալ*	*եւ արարին կոծ մեծ ի*

Rep	94	*անցանելոյ ի վերայ*	*մեռանելոյն*	*Ադամայ մինչ դեռ լայր*
Rep	94	*գլուխս եւ նա եւս*	*մեռաւ*	*ընդ Ադամայ* [95] *Ի*
Rep	96	*Ադամայ* [96] *Իսկ ի*	*մեռանելն*	*մեռաւ Ադամ երեկի*
Rep	96	*ուրբաթուն եւ Եւա*	*մեռաւ*	*յերրորդ ժամու գիշերւոյն*
Rep	96	[96] *Իսկ ի մեռանելն*	*մեռաւ*	*Ադամ երեկի ժամու*
Rep	99	*ի Նոյ* [99] *Իսկ յետ*	*մեռանելոյն*	*Ադամայ Հազար երեք*

***մեռուցանեմ* verb**

Rep	25	*մահն իցէ որ զմեզ*	*մեռուցանէ*	*ոչ գիտեմք զի ահա աւր մի*

***մեր* adjective**

AbCn1	33	*զսիրտ ծնօղաց*	*մերոց*	[34] *Իբրեւ սպանեաց զեղբայրն*
Creat2	0	*ՔՐԻՍՏՈՍԻ ԱՍՏՈՒԾՈՅ*	*ՄԵՐՈՅ*	[1] *Նախ բստեղծ Տէր Աստուած*
Rep	89	*յիշեա զի ընդ*	*մերով*	*իշխանութեամբ էիր եւ մի*

***մերկ* adjective**

Creat1	36	*եւ թաքեայ, զի*	*մերկ*	*էի եւ ամաչէի ի քէն*։ [37]
Creat2	34	*լուայ եւ երկեայ*	*մերկ*	*էի եւ թաքեայ*։ [35] *Ասէ*

***մերկանամ* verb**

Creat1	18	*ուտել պտղոյն*	*մերկացաւ*	*ի լուսոյն*։ [19] *Իբրեւ*
Creat1	19	*եւ ետես զկինն*	*մերկացեալ*	*ի լուսոյն*
Creat1	21	*ի դմանէ, եւ* <	*մերկանալ*	> *քեզ նման*։ [22] *Ասէ*
Creat1	22	*կերայ, վասն այն*	*մերկացայ*	*դու սակաւ ճաշակեայ*
Creat1	23	*եւ քեզ նման*	*մերկանալ*	[24] *Ասէ Եւայ. Թէպէտ*
Creat1	25	*թէ կնոջ նման*	*մերկանայր*	[26] *Թէ ոչ ճաշակէր*
Creat1	27	*ի լուսոյ էր*	*մերկացեալ*	*բայց գեղեցիկ էր*
Creat1	28	…*ուցանէ. ե՞րբ թէ*	*մերկանամ*	*զի լաւ է ինձ*
Creat1	30	*զպտուղն, եւ*	*մերկացաւ*	*ի լուսոյն*։ [31] *Զի ոչ*
Creat1	32	*Վասն այնորիկ* <	*մերկացան*	> *ի լուսոյն. եւ*
Creat1	33	*էին ի պտղոյն*	*մերկացեալ*	*ի լուսոյն եւ*
Creat1	37	*զձեզ, ընդէ՞ր*	*մերկացաք*	*ի լուսոյն. մի թէ*
Creat2	18	*եւ առժամայն*	*մերկացաւ*	[19] *Իսկ եկն Ադամ եւ*
Creat2	19	*ի պտղոյդ եւ*	*մերկացար*	[20] *Ասէ Եւա, խիստ*
Creat2	19	*եւ ետես զկինն*	*մերկացեալ*	*դառնացաւ եւ ասէ*
Creat2	21	*եւ ես քեզ նման*	*մերկանամ*	[22] *Եւ ասէ Եւա. ես*
Creat2	22	*կերայ վասն այն*	*մերկացայ*	*դու սակաւ կեր*։ [23]
Creat2	24	*չատ ուտիցես ոչ*	*մերկասցիս*	*զի սիրէ զքեզ*
Creat2	30	*թափէր*։ [30] *Թէպէտ*	*մերկացեալ*	*էր. բայց գեղեցիկ*
Creat2	31	*ի պտղոյն, եւ*	*մերկացաւ*	*ի լուսոյն*։ [32] *Ապա*
Creat2	35	*զի յորժամ ուտես*	*մերկանաս*	*եւ մեռանիս*։ [36]
Creat2	45	*էր որ կերան եւ*	*մերկացան*	*զի չար պտուղն ի՞նչ*
Rep	21	*Ողորմեցարուք ինձ*	*մերկացելոյս*	*Ողորմեցարուք ինձ*
Rep	63	[63] *Երկրորդ զի*	*մերկացան*	*ի լուսոյն* [64] *Երրորդ զի*
WdsAd	2	*զպատուիրանն եւ*	*մերկացաք*	*յաստուածային փառացն*
WdsAd	13	*զպատուիրանն*	*մերկացեալ*	*յաստուածային լուսոյն եւ*

***մերկացուցանեմ* verb**

Creat1	28	*ինձ եւ ոչ*	*մերկացուցանէ*	*ե՞րբ թէ*

մերկութիւն **noun**

Creat1	33	*ծածկեալ էին զ*	*մերկութիւնս*	*իւրեանց, ձայնն*
Creat2	29	*սիրտն։ [29] Երբ զ*	*մերկութիւն*	*տեսանէր, վախէր*
Creat2	32	*[32] Ապա վասն*	*մերկութեան*	*ամօթոյն մտեալ*
Rep	24	*զգեցցուք եւ զ*	*մերկութիւնս*	*մեր որո՞վ*

մերձաւորիմ **verb**

Rep	28	*[28] Եւ ասաց նոցա*	*մերձաւորիլ*	*ամուսնութեամբ ի*

մերձենամ **verb**

AbCn1	58	*տարի Ադամ ոչ*	*մերձեցաւ*	*ի կինն, ասէր թէ վախեմ թէ*
AbCn2	57	*սգոյն իւրեանց այլ ոչ*	*մերձեցան*	*առ միմեանս, զի մի այլ մեծ*
Rep	28	*Ադամայ ի դրախտէն*	*մերձեցաւ*	*Ադամ առ Եւայ եւ ծնաւ զ*
Rep	29	*տարւոյ դարձեալ*	*մերձեցաւ*	*Ադամ առ Եւայ եւ ծնաւ զ*
Rep	30	*Գաբրիէլ եւ ասաց նմա*	*մերձենալ*	*յԵւա վասն որդեծնութեան*
Rep	89	*քո եւ մի իշխեսցես*	*մերձենալ*	*ի ծառայդ Աստուծոյ յիշեա*
Tid1	1	*առ Ադամ, եւ ասէ*	*Մերձեցիր*	*ի կին քո, զի լինի*
Tid1	2	*Ադամ. Զկարեմ*	*մերձենալ*	*կնոջս. զի երկու*
Tid1	2	*թափեմ. զի թէ այլ*	*մերձենամ*	*ի կինս, լինի ինձ*
Tid1	2	*զի երկու անգամ*	*մերձեցայ*	*ի կինս, այն մեծ*
Tid2	1	*ասաց Ադամայ թէ*	*մերձեցիր*	*առ կին քո, եւ լինի*
Tid2	2	*Ադամ. ոչ կամիմ*	*մերձենալ*	*ի կինդ. զի երկու*
Tid2	2	*թէ դարձեալ*	*մերձենամ*	*ի կին եւ լինի զաւակ*
Tid2	2	*զի երկու անգամ*	*մերձեցայ*	*եւ ինձ մեծ սուք*

մեք **pronoun**

AbCn1	11	*քոց, զոր բաշխեցեր*	*մեզ*	*քո բաշխեալ բարեացդ ի քեզ*
AbCn1	28	*եւ ասէր. Ո՞չ ողորմիս*	*մեր*	*ծնօղացն։ [29] Իսկ Կայէն ոչ*
Exp1	4	*ստեղծեալ էր զ*	*մեզ*	*Աստուած եւ եդեալ ի մէջ*
Exp1	5	*իւր, <եւ> եհան զ*	*մեզ*	*ի խաւարէն. եւ բերեալ ի*
Exp1	6	*...ըկացաւ ի վերայ*	*մեր*	*Տէրն եւ խափանեաց զայն*
Exp1	10	*...բութիւն կալաւ զ*	*մեզ*	*եւ զայդ ոչ իմացաք ասել*
Exp1	12	*ծառայ լինիմք*	*մեք*	*եւ ամենայն ծնունդքն մեր*
Exp1	12	*ծնունդքն*	*մեր*	*[13] Իսկ Սատանայ ցուցանէր*
Exp1	16	*լուսաւորեցեր զ*	*մեզ*	*ամենայն ծնունդքն մեր*
Exp1	16	*ծնունդքն*	*մեր*	*ծառայ եմք։ [17] Իսկ*
Exp1	19	*անմահն մեռանի*	*մեք*	*եւ ամենայն ծնունդքն մեր*
Exp1	19	*ծնունդքն*	*մեր*	*ծառայ եղիցի քեզ։ [20] Եւ*
Exp2	4	*ստեղծեալ էր զ*	*մեզ*	*Աստուած, եւ եդեալ ի մէջ*
Exp2	5	*ողորմեցաւ*	*մեզ*	*Աստուած. եւ առաքեաց զ*
Exp2	5	*իւր հանեալ զ*	*մեզ*	*ի խաւարէս եբեր ի լոյս*
Exp2	6	*եւ խաւար կալաւ զ*	*մեզ*	*[7] Ասէ Սատանայ. Ի՞նչ*
Exp2	6	*Աստուած ի վերայ*	*մեր*	*եւ խաւար կալաւ զմեզ։ [7]*
Exp2	10	*...չութիւն կալաւ զ*	*մեզ*	*եւ զայդ ոչ իմացաք։ [11]*
Exp2	12	*...ենայն ծնունդն*	*մեր*	*[13] Իսկ Սատանայ ցոյց ետ*
Exp2	12	*լինիմք քեզ*	*մեք*	*եւ ամենայն ծնունդն մեր*
Exp2	16	*լուսաւորեցեր զ*	*մեզ*	*զի ծառայեմք քեզ մեք եւ*
Exp2	16	*...ենայն ծնունդն*	*մեր*	*[17] Իսկ Սատանայ բերեալ*

Exp2	16	ծառայեմք քեզ	մեք	եւ ամենայն ծնունդն մեր
Exp2	19	…ենայն ծնունդն	մեր	ծառայ քո եղիցի։ [20] Եւ
Exp2	28	Աստուած ձեզ եւ	մեզ	Ամէն։
Rep	24	արտաքսեցեր զ	մեզ	յայնպիսի վայելչութեանցն Ով
Rep	24	ընդէ՞ր որոշեցեր զ	մեզ	յայնպիսի գրգանացն Ով կին ընդէ՞
Rep	24	ընդէ՞ր զրկեցեր զ	մեզ	յայնպիսի փափկութենէն Ով կին
Rep	24	զի՞նչ գործեցեր ընդ	մեզ	Ով կին ընդէ՞ր զրկեցեր զ
Rep	24	եւ զմերկութիւնս	մեր	որո՞վ պարտակեսցուք Զի ահա
Rep	25	թէ զի՞նչ մահն իցէ որ զ	մեզ	մեռուցանէ ոչ գիտեմք զի ահա
Rep	25	մահու մեռանել	մեզ	եւ այն ե՞րբ իցէ եւ յորո՞ւմ
Rep	25	մի անցաւ ի վերայ	մեր	եւ ոչ մեռաք [26] Եւ այնպէս
Rep	25	հասանէ մահն ի վերայ	մեր	եւ թէ զի՞նչ մահն իցէ որ զմեզ
Rep	25	անցանէ [25] Աւէ Եւայ	մեր	կենացս այս բաւական է զի
Rep	34	լան անդադար ծնաւղքդ	մեր	[35] Եւ գնացեալ Ադամ
Rep	74	ուածատունկ Ո՞վ տայ	մեզ	հանգիստ ի քեզ վայրդ
Rep	74	ղցրահամք Ո՞վ տաայ	մեզ	մտանել ի քեզ դրախտ
Rep	74	անթառամք Ո՞վ տայ	մեզ	ճաշակել ի ձէնջ պտուղ
Rep	74	անուշահոտք Ո՞վ տայ	մեզ	տեսանել զձեզ տերեւք
Rep	74	բարեբերք Ո՞վ տայ	մեզ	տեսանել զձեզ ծաղկունք
Tid1	0	ՍԷԹԱՑ ՋՈՐ ՊԱՐՏ Է	ՄԵԶ	ՈՒՆԿՆ ԴՆԵԼ [1] Եւ քաղձրացաւ
Tid1	10	ի հօրէն թէ պապն	մեր	Ադամ ընդէ՞ր տրտում <է>
Tid2	38A	պիտի ապրիս եւ	մեք	խեղդուիմք. ապա դու ու՞ր
WdsAd	1	ոչ է այս բնակութիւնս	մեր	զի այս բնակութիւն գազանաց եւ
WdsAd	1	եւ անասնոց էր. եւ	մեր	բնակութիւնն յԵդեմ ընդ արեւելս
WdsAd	2	էր։ [2] Զի եստեղծ զ	մեզ	Աստուած եւ եդ ի դրախտին, եւ
WdsAd	2	եւ պատուիրեաց	մեզ	յորոյ ուտել ի պտղոյն եւ յորո
WdsAd	2	եւ յորոյ չուտել. (իսկ)	մեք	ոչ պահեցաք զպատուիրանն եւ
WdsAd	9	է յորմէ հրամայեաց	մեզ	Տէրն չուտել մեզ։ [10] Եւ ասէ
WdsAd	9	մեզ Տէրն չուտել	մեզ	[10] Եւ ասէ Սէթ զհայրն. Հայր
WdsAd	12	էր այս բնակութիւնս	մեր	այլ այս բնակութիւնս գազանաց էր
WdsAd	12	այլ ստեղծուածոցն, եւ	մեր	բնակութիւնն յԵդեմ ընդ արեւելս
WdsAd	13	Աստուած զհայրն	մեր	եւ եդ զնա ի դրախտին, եւ պատու

մէկ numeral

AbCn1	38	եւ Կայենի։ [38] ա	Մէկ	պատուհասն այն է, որ երկու կոտօ
AbCn2	5	ընչից ձերոց տասնէն զ	մէկն	բաժին հանել Աստուծոյ։ [6] Իբր
AbCn2	6	ոչխարաց Աբէլի, նա	մէկն	հազար եղեւ. ապա ընտրեաց զլաւն
Tid1	39	եւ ի վերայ	մէկ	մէկու. իսկ ախտակն
Tid1	39	եւ ի վերայ մէկ	մէկու	իսկ ախտակն ձայնէր թէ
Tid2	18	եւ կանայք. զի զ	մէկ	մարդն ի մէջ հարիւր կնոջ
Tid2	44	աւելի. եւ մինչ ի	մէկ	տարի չուրջ եկեալ տապանն
Tid2	50	էառ յեւթնէն զ	մէկն	եւ պատարագ մատոյց

մէն adjective

AbCn1	49D	այծ էր, եւ մազն իւր	մէն	էր, եւ թէ գլխոյ եւ թէ մարմնոյ

մէջ noun

Creat1	43	կենդանեաց	մէջ	ի վերայ լանջաց եւ

***մթանամ* verb**

Creat2	52	*մտաւ արեգակն եւ*	*մթացաւ*	*երկիր նոցա եւ խաւար*
Exp2	2	[2] *Իսկ որ*	*մթացաւ*	*եւ երեկոյ եղեւ, այնպէս*
Exp2	2	*մտաւ արեգակն, եւ*	*մթացաւ*	*օրն, նա այնպէս իմացան*

***մթին* adjective**

Creat2	50	*Եւ անկան ի տեղի*	*մթին*	*եւ աղջամղջին քաղցած եւ*
Exp2	4	*տեղիս այս խաւար*	*մթին*	[5] *Ապա կրկին ողորմեցաւ*

***մի* adverb**

AbCn1	25	*աշխարհիս համար*	*մի*	*հեղուր զարիւնն իմ. ես քեզ ի՞ն*
AbCn1	26	*եւ անդ շրջէր թէ իրք*	*մի*	*զոցէ, եւ այնով սպանանիցէ զ*
AbCn2	24	*եմ ծառայեմ քեզ*: [24]	*մի*	*սպանաներ զիս. զի ես ոչ թշնամի*
AbCn2	35	*որ ինձանէ խնդրես*	*մի*	*թէ ես պահապան էի նմա*: [36] *Եւ*
AbCn2	57	*առ միմեանս, զի*	*մի*	*այլ մեծ սուգ գայ ի վերայ ինքեա*
Creat1	8	*ի ծառոյն կենաց*	*մի*	*ուտիցէք եւ մի հուպ*
Creat1	8	*մի ուտիցէք եւ*	*մի*	*հուպ լինիցիք. զի յորժամ*
Creat1	26	*ի միասին*	*մի*	<*որոշիր զիս*> *ի քէն*: [27]
Creat1	28	*արար, ասաց*	*մի*	*թէ Աստուած ողորմի՛ ինձ եւ*
Creat1	37	*ի լուսոյն*	*մի*	*թէ կերայ՞ք ի պտղոյն*: [38]
Creat2	8	*գիտութեան*	*մի*	*ուտիցէք. զի յորժամ*
Creat2	17	*ձեզ չուտել. զի*	*մի*	*կերեալ հաւասար լինիք*
Creat2	26	*եւ ասէր. կեր եւ*	*մի*	*որոշեր զիս ի քեզանէ. թէ*
Creat2	32	*ընդ տերեւովն, զի*	*մի*	*տեսցէ Աստուած. քանզի*
Creat2	35	*ասացի քեզ թէ*	*մի*	*ուտեր ի պտղոյ անտի. զի*
Exp1	23	*Ադամայ, եւ ասէ*	*մի*	*երկնչիր Ադամ թէ խաբեաց զ*
Exp2	24	*զրեալ այսպէս*	*մի*	*տրտմիր Ադամ. խաբեաց զքեզ*
Rep	43	*եւ ասաց նմա Դուք*	*մի*	*հարցանէք զԿային վասն Հաբելի ա*
Rep	48	*ասաց Ոչ գիտեմ*	*մի*	*թէ պահապա՞ն իցեմ եղբաւրն իմոյ*
Rep	89	*իշխանութեամբ էիր եւ*	*մի*	*համարձակիր վնասել զորդիդ իմ*
Rep	89	*զբերան քո եւ*	*մի*	*իշխեսցես մերձենալ ի ծառայդ*
Rep	99	*զնոսա ի տապանին զի*	*մի*	*ապականեալ կորիցեն ի ջուրցն*
Tid1	3	[3] *Ասէ հրեշտակն*	*մի*	*երկնչիր Ադամ, քանզի տալոց*
Tid1	4	*աշխարհս. եւ ապա*	*մի*	*խառնակեսցեն Սէթայ*
Tid1	15	*գլուխն եդեալ, զի*	*մի*	*բարձր հայեսցի ի պտուղն*
Tid1	38B5	*Սեթայ են. եւ*	*մի*	*ամուսնասցին որդիք քո*
Tid1	38D5	*վասն որդւոցդ եւ*	*մի*	*ամուսնասցին որդիք քո*
Tid2	4	*աշխարհս. բայց*	*մի*	*խառնակեսցիս ընդ ազգն*
Tid2	15	*եդ ի գլխոյն. զի*	*մի*	*տեսցէ զպտուղ ծառոյն*

***մի* numeral**

AbCn1	4	*Եւայ երեսուն տարի*	*մի*	*փոր կու ծնանէր ջուխտակ, մին*
AbCn1	6	*ծնաւ հազար եւ*	*մի*	*պուտ ունէր, զայն Հաբէլ ընտրեա*
AbCn1	10.1B	*նորա* [10.1B] *ամպ*	*մի*	*սեւացեալ եկն ի վերայ խոցոցն*
AbCn1	10.1D	*եւ ել հողմ եւ ամպ*	*մի*	*սեւ եկաւ ի վերայ դիզուն Կայենի*
AbCn1	10.1Y	*Կայենի.* [10.1Y] *ափ*	*մի*	*հողոյ նման քամատարաց զ*
AbCn1	10.2	*նորա* [10.2] *եւ* <*հասկ*	*մի*	> *ոչ գտաւ. կարկտիւ եհար զԿայ...*
AbCn1	16	*եւ շրջէին*: [16] *Իսկ ի*	*միում*	*աւուր ասէ Կայէն ցեղբայր իւր*

AbCn1	27	*եւ քարածեծուքար*	*մի*	*կայր, սուր իբրեւ ածելի, այնով*
AbCn1	32	*մորթեաց մինչ ի ժամ*	*մի*	*բանից> մորթեաց:* [33] *Դարձեալ*
AbCn1	47	[47] *Իսկ <մորթ>*	*մի*	*<վայրենի> էած եւ ծածկեաց զին*
AbCn2	7	*ժողովեաց իբրեւ դէզ*	*մի*	[8] *Ապա եբեր Աբէլ զընտրեալ*
AbCn2	10	*վասն որոյ ամպ*	*մի*	*սեւացեալ եկն ի վերայ Կայէնի*
AbCn2	10	*նորա. եւ ոչ մնաց*	*մի*	*ցորեան. եւ Կայէնի երեսքն սեւաց*
AbCn2	16	*եւ չրջէին:* [16] *Իսկ ի*	*միում*	*աւուր ասէ Կայէն ցեղբայր իւր*
AbCn2	24	*քեզ ոչ կարեմ ժամ*	*մի*	*կենալ:* [25] *Դու զիա՞րդ կատես*
AbCn2	27	*մինն քարասուրիկ քար*	*մի*	*եւ նովաւ Հարեալ զմիւսն եւ սպա*
AbCn2	30	*ասաց Աբէլ. եկ եղբայր*	*մի*	*անգամ Համբուրեմ զքեզ. զի ոչ մ*
AbCn2	47	*իմացաւ առեալ մորթ*	*մի*	*վայրենի ի ծոցն, գնաց ի լեառն ե*
Creat1	6	*Ադամայ, եւ առ զ*	*մի*	*ի կողիցն նորա եւ ելից ընդ*
Creat2	6	*Ադամայ, եւ էառ զ*	*մի*	*կողիցն նորա եւ ելից ընդ*
Creat2	13	*դրախտին. եւ ի*	*մի*	*ծառոյն ոչ ուտէր:* [14] *Իբրեւ*
Exp1	12	[12] *Ասէ Ադամ. Եթէ*	*մի*	*անգամ լոյս տեսանիցեմք*
Exp1	14	*եւ ինքն սակաւ*	*մի*	*Հեռացաւ. եւ Հայէին Ադամ եւ*
Exp1	17	*բերեալ քար*	*մի*	*եւ եդ առաջի Ադամայ, եւ ասաց*
Exp1	27	*իբրեւ ժամ*	*մի*	*երեւեցաւ:* [28] *ՕրՀնեալ է*
Exp2	1	*ի լուսոյն, սակաւ*	*մի*	*ուրախացաւ ի վերայ լուսոյ*
Exp2	14	*Սատանայ եւ սակաւ*	*մի*	*Հեռացաւ. իսկ Ադամ եւ Եւայ*
Exp2	15	[15] *Իբրեւ սակաւ*	*մի*	*բարձրացաւ, եկն առ նա*
Exp2	17	*բերեալ քար*	*մի*	*եւ եդ առաջի Ադամայ եւ ասէ*
Exp2	27	*դարն իբրեւ ժամ*	*մի*	*Համարէր վասն աւետեացն*
Rep	4	*Ապա դիւրացան սակաւ*	*մի*	*յերկիւղէ մաՀուն* [5] *Քանզի ասա*
Rep	25	*աՀա աւր մի եւ գիշեր*	*մի*	*անցաւ ի վերայ մեր եւ ոչ*
Rep	25	*ոչ գիտեմք զի աՀա աւր*	*մի*	*եւ գիշեր մի անցաւ ի վերայ մեր*
Rep	31	*Եւ ետ Ադամայ ճեւղ*	*մի*	*ի ծառոց դրախտին եւ ասաց Այդ քե*
Rep	32	*զՇարէլ յաւուր*	*միում*	*տեսիլս պատմեաց Եւայ*
Rep	36	*միոյ եւ առեալ քար*	*մի*	*գայլախազ եւ այնքան քարազոՀ արա*
Rep	36	*ձեռն յետս ընդ ծառով*	*միոյ*	*եւ առեալ քար մի գայլախազ եւ*
Tid1	18	*…կունք նոցա. զի*	*մի*	*մարդոյ Հետ Հարիւր կանայս*
Tid1	18	*կռուէին ի վերայ*	*մի*	*մարդոյն եւ խլէին ի*
Tid1	23Y	*ճգնաւոր էին*	*մի*	*Նոյ միայն մնաց կոյս, եւ այլ*
Tid1	30	*անցանի. վասն*	*միոյ*	*անցաւոր երազոյ ընդէ՞ր*
Tid1	33	*Հրեշտակն. Կուս*	*մի*	*կայ մաքուր <ի զարմէն*
Tid1	44	*մինչեւ ի*	*մի*	*տարին տապանակն ի վերայ*
Tid1	45	*արձակեաց ագռաւ*	*մի*	*զի գնացեալ նշան բերցէ. եւ*
Tid1	50	*Աստուծոյ, զի այլ*	*մի*	*ջրով անցուցանել զաշխարՀս*
Tid2	14	*Այլ տնկեաց այգի*	*մի*	*յորինակ դրախտին. եւ ով ոք*
Tid2	15	*յերկաթէ գտակ*	*մի*	*եդ ի գլխոյն. զի մի տեսցէ զ*
Tid2	33	*զի աղջիկ*	*մի*	*կայ կոյս եւ մաքուր ի մեղաց*
Tid2	37	*բարձր բլրի*	*միոյ*	*եւ որքան չինէին նա*
WdsAd	5	*զի գայր եւ ունէր ճիւղ*	*մի*	*ուրախութեան ի ձեռին իւրում. եւ*

***միածին* adjective**

Exp2	24	*առաքեցից զ*	*միածին*	*որդին իմ ի լուսոյ*

***միայն* adverb**

Creat1	13	*որսաց, որ զԵւայ*	*միայն*	*գտաւ:* [14] *Ասէ օձն Եւայի*

Tid1	23Y	էին, մի Նոյ	միայն	մնաց կոյս, եւ այլ
Tid2	23	ընդ նոսա: [23]	միայն	զՆոյ ոչ կարացին խաբել
Tid2	28	[28] Եւ դու	միայն	ապրիս որդւովքդ եւ

միատեղ adverb

Tid1	4	եւ զամենեսեան	միատեղ	պատուհասին: [5] Զի յ

միմեանս pronoun

AbCn2	57	այլ ոչ մերձեցան առ	միմեանս	զի մի այլ մեծ սուգ գայ ի
Tid1	18	եւ խլէին ի	միմեանց	զի մարդն սակաւ էր
Tid2	18	եւ յափշտակէին ի	միմեանց	[19] Այլ եւ գնացին

մին numeral

AbCn1	4	կու ծնանէր Ջուխտակ	մին	աղջիկ եւ մին տղայ: [5] Երբ Աբ
AbCn1	4	մին աղջիկ եւ	մին	տղայ: [5] Երբ Աբել եղեւ քսան
AbCn1	6	ձերոց <տասնէն>	մին	բաժին հանէք Աստուծոյ. զի Աբելի
AbCn1	27	ածելի, այնով սպանին	մինն	զմիւսն եւ զսուր քարն ի վայր
AbCn2	27	ազուափ եւ առեալ	մինն	քարասուրիկ քար մի, եւ նովաւ
Creat2	14	…չակես. եւ յայդ	մին	ծառոյն ոչ ճաշակես, որ
Rep	85	զիս եւ զքեզ ի	մին	տեղի [86] Բայց դու այժմ երթ
Tid1	23D	ճգնաւորք էին	մինն	մնաց կոյս որում անունն
Tid1	50	էին, եօթնէն	մին	մատոյց բաժին Աստուծոյ. եւ

մինչ adverb

AbCn1	32	<դժուարին մորթեաց	մինչ	ի ժամ մի բռանց> մորթեաց: [33]
AbCn1	49D	եւ թէ մարմնոյ ոտէն	մինչ	ի գլուխն մազ էր. նետիւ աղեղաւ
Rep	3	սարսեալ տագնապէին	մինչ	որ լուսացաւ եւ ծագեաց
Rep	36	արար զանմեղ պատանին	մինչ	որ աւանդեաց զհոգին [37] Եւ
Rep	42	հարիւր եւ քսան [42]	Մինչ	որ հրամանաւն Աստուծոյ ծնան զՍ
Rep	92	եւ գնաց [92] Եւ	մինչ	դեռ մայրն եւ որդին Եւայ եւ
Rep	94	մեռանելոյն Ադամայ	մինչ	դեռ լայր եւ ողբայր Եւայ
Tid2	44	աւելի. եւ	մինչ	ի մէկ տարի շուրջ եկեալ

մինչեւ adverb

AbCn1	46	[46] Եւ այնպէս մնաց	մինչեւ	ութ հարիւր եւ վաթսուն տարի
AbCn1	56	արիւնն Աբելայ: [56]	մինչեւ	Ադամայ մահն այնպէս անփորձ
AbCn1	58	իւրեանց: [58]	մինչեւ	երկերիւր տարի Ադամ ոչ
Creat1	30	ստեղծանել: [30]	մինչեւ	երեք ժամ պտուղն ի
Creat2	27	զպտուղն ի ձեռն	մինչեւ	երեք ժամ. երբեմն
Creat2	50	եւ ծարաւած	մինչեւ	վեց օր: [51] Ապա
Exp1	22	եւ ողբացին	մինչեւ	եօթն օրն անօթի կացին
Exp2	17	եւ սաս այսպէս	մինչեւ	անծինն ծնանի, եւ
Exp2	19	եղեալ սաաց թէ	մինչեւ	անծինն ծնանի եւ
Exp2	22	եւ ողբացին	մինչեւ	հինգ օր անօթի եւ ծարաւ
Tid1	38B10	[38B10] Աւէ Նոյ	մինչեւ	եւթն օր համբերութիւն
Tid1	38D11	[38D11] Նոյ	մինչեւ	եւթն օր համբերութիւն
Tid1	44	խեղդուեցան: [44]	մինչեւ	քառասուն օր բարձրացաւ
Tid2	38D	զորդիքն քո	մինչեւ	որ ելանես ի տապանէն

Tid2	38H	ի Տեառնէ	մինչեւ	եւթն օր յառնուլ զ
Tid2	44	խեղդեցան։ [44]	մինչեւ	քառասուն օր այնպէս

մինչեւ conjunction

Exp1	19	քարին, եւ ասաց	մինչեւ	անծինն ծնանի եւ
Exp1	23	այն ասաց քեզ թէ	մինչեւ	անծինն ծնանի, զի
Exp2	24	այն որ ասաց թէ	մինչեւ	անծինն ծնանի. եւ
Tid1	38B5	որդիք քո	մինչեւ	ելանիցէք ի տապանէն
Tid1	38D5	որդիք քո	մինչեւ	ելանէք ի տապանէն
Tid2	44	առատանայր որ	մինչեւ	ծածկեցան ամենայն

մինչեւ ի preposition

AbCn1	55	ծնունդն նորա։ [55]	մինչեւ ի	մարմինն Աբելի ոչ ոք էր
AbCn2	55	ի հող դառնայր։ [55]	մինչեւ ի	մահն Ադամայ այլ ոչ ոք
Creat2	52	ուրախացան	մինչեւ յ	երեկոյն եւ ոչ
Exp1	1	եւ լուսնին	մինչեւ յ	երեկոյին։ [2] Իսկ
Exp1	22	Սատանայի։ [22]	Մինչեւ յ	երեկոյն ուրախացան
Rep	98	նոցա եւ որդոց որդիքն	մինչեւ ի	Նոյ [99] Իսկ յետ
Tid1	38B6	բաշխեաց Նոյի	մինչեւ ի	տասն տարի թերեւս
Tid1	44	գծայրս լերանց	մինչեւ ի	մի տարին տապանակն

մինչեւ ց preposition

AbCn1	24	զնա ծառովն ոտից	մինչեւ ց	գլուխն։ [25] Լայր Աբէլ եւ ա
AbCn2	22	ոտիւքն եւ ձեռօքն	մինչեւ ց	գլուխն։ [23] Ապա իմացաւ
Exp1	2	եւ կոծեցան	մինչեւ ց	առաւօտն։ [3] Իսկ
Exp2	2	եւ կոծեցին	մինչեւ ց	առաւօտն։ [3] Իսկ ի
Tid1	16	դրախտին, եւ է	մինչեւ ց	այսօր։ [17] Իսկ այլ
Tid2	16	ի դրախտն. եւ է	մինչեւ ց	այսօր։ [17] Իսկ այլ

միշտ adverb

AbCn2	24	քեզ, այլ բարեկամ եւ	միշտ	հնազանդ հրամանաց քոց. ես
AbCn2	52	լալով եւ ողբալով. եւ	միշտ	սուգ կենային ի բազում
Rep	1	յանդիման դրախտին զի	միշտ	տեսանելով զդրախտն հանապազ
Rep	60	հարիւր [60] Դողդոջէր	միշտ	եւ երերալի շրջէր ի վերայ
Tid2	10	է՞ր լայք եւ	միշտ	տրտմիք եւ ոչ

միջասահման noun

Creat1	9	այն եդ զԱդամ ի	միջասահման	դրախտին, (զի) եթէ
Creat2	8	որ է փառօք լի եւ	միջասահման	եդ ի վերայ նոցա

միջնատուն noun

Tid2	34	տուն. վերնատուն	միջնատուն	եւ ներքնատուն։ [35]
Tid2	41	ի վերնատունն. ի	միջնատունն	Նոյ եւ որդիքն

միտ noun

Rep	6	կնոջ նորա Եւայի [6] Զ	մտաւ	ածեալ յիշէին զվայրն
Rep	11	բերէր [11]	Միտքն	ծնանէր լեզուն խաւսէր բերանն
Tid1	22D	սերմանեաց ի	միտսն	Կայենի զարմին եւ

WdsAd	3	լուեալ ի Հօրէն եւ ի	միտ	առ, եւ երթեալ զքառասուն տիւ ե
WdsAd	14	Ենովք զբանս զայս ի	միտ	էառ, եւ զքառասուն տիւ եւ զ

միւս adjective

AbCn1	27	այնով սպանին մինն զ	միւսն	եւ զսուր քարն ի վայր ձգեաց:
AbCn2	27	մի, եւ նովաւ Հարեալ զ	միւսն	եւ սպան զնա ի կլափէն, եւ քարն

միւսանգամ adverb

Exp2	12	[12] Ասէ Ադամ. եթէ	միւսանգամ	լոյս տեսանիցեմք

Միքայէլ name

Creat1	4	եւ աՀաւորին	Միքայէլի	եւ ինն դասուց

մխիթարեմ verb

AbCn1	59	<ծննդեանն, եւ Սէթ>	մխիթարեաց	զԱդամ եւ զկինն իւր զ
AbCn2	59	[59] Որ եւ զձեզ	մխիթարեսցէ	յամենայն տրտմութեանց
Rep	22	զի՞նչ առնեմ Ի՞ւ	մխիթարիմ	Որո՞վ խնդամ Որո՞վ
Rep	27	Եւայ ի սուգ եւ ի լաց	մխիթարեաց	զնոսա եւ ասաց ուտել ի
Tid1	3	Սէթ, որ թարգմանի	մխիթարանք	նա եղիցի զաւակ
Tid1	3	նաՀապետաց, եւ	մխիթարիս	ի նմանէ. զի որչափ
Tid1	3	նոյնչափ	մխիթարիս	ի Սեթայ: [4] Եւ
Tid1	8	եղբայրքն նորա	մխիթարէին	զնմանէ ծնօղքն
Tid2	0	ԶՈՐ ՍՊԱՆ ԿԱՑԷՆ Ի	ՄԽԻԹԱՐԵԼ	ԶԱԴԱՄ ԵՒ ԶԵՒԱՅ [1] Եւ
Tid2	3	խնդաս եւ	մխիթարիս	Սէթաւ: [4] Եւ

մխիթարութիւն noun

AbCn2	58	Սեթայ. զոր եւ	մխիթարութիւն	ետ վասն Աբէլի: [59] Որ
Rep	31	որ ծնանի քեզ Եւայ որդի	մխիթարութեան	եւ կոչեսցես զ
Rep	42	ծնան զՍէթ որդի	մխիթարութեան	[43] Եւ ի սպանանելն
Tid2	1	Սէթ, որ թարգմանի	մխիթարութիւն	նա եղիցի զաւակ
Tid2	3	Սէթ որ թարգմանի	մխիթարութիւն	նա եղիցի զաւակ
WdsAd	3	[3] Եւ Սէթ որդին	մխիթարութեան	զբանն զայս լուեալ ի
WdsAd	5	ի Սէթ, եւ ասէ. Այդ է	մխիթարութիւն	Հօր քում: [6] Եւ Սէթ

մնամ verb

AbCn1	10.2	զգործելի, եւ այնպէս	մնաց	երեսն սեւ: [11] Իսկ Հաբէլ մատ
AbCn1	30	<զի> կարօտ չ	մնայ	ի սրտիս. դու գիտես դատաստանն
AbCn1	46	[46] Եւ այնպէս	մնաց	մինչեւ ութ Հարիւր եւ վաթսուն
AbCn1	46	տարի. յետ անճար	մնաց	մաՀուն փափաք ունէր, եւ ոչ
AbCn1	56	այնպէս անփորձ	մնաց	մարմինն, որպէս կենդանի ի քուն
AbCn2	7	զքամատարն եւ զ	մնացեալ	ոտնակոխն եւ զփուշն Հանեց
AbCn2	10	Հասկս նորա. եւ ոչ	մնաց	մի ցորեան. եւ Կայէնի երեսքն
AbCn2	25	զիս եւ առանց ինձ	մնալ	ի վերայ երկրի. եւ զեղբայրական
AbCn2	30	…մբուրեմ զքեզ. զի ոչ	մնամ	կարօտ ի քէն: [31] Այլ Կայէն ո
AbCn2	47	իսկ Կայէն անճար	մնաց	վասն մաՀուն իւրոյ ապա Հնարս
Creat1	46	<վեց օր> անդ	մնացին	առանց ուտելոյ
Creat1	48	եւ կամ <խաւարի>	մնամք	[49] Այսպէս ուրախ
Exp1	23	ի քէն, որ	մնաս	դու գերի ի ձեռն

Exp2	20	*քո եղիցի: [20] Եւ*	*մնաց*	*նշան ձեռացն ի վերայ*
Rep	33	*եւ նա ոչ լսէր եւ ոչ*	*մնայր*	*ի փորն այլ փսխէր ի դուրս զարի*
Rep	59	*Եւ այնպէս եկեաց*	*մնաց*	*ամս ութ հարիւր [60] Դողդոջէր*
Tid1	23D	*էին, մինն*	*մնաց*	*կոյս որում անունն էր Նոյ*
Tid1	23Y	*մի Նոյ միայն*	*մնաց*	*կոյս, եւ այլ ամենեքեան*
Tid1	32	*եթէ մաքուր կին*	*մնացեալ*	*է, զի առից զնա ի*
Tid2	21	*Իսկ նոքա անճար*	*մնացին*	*նա սկսան պճնիլ եւ զ*

***մոլորիմ* verb**

Rep	16	*բուսելոյս Վայ ինձ*	*մոլորելոյս*	*Վայ ինձ մեղաւորիս Վայ*

***մոռանամ* verb**

AbCn2	25	*սէրն իմ ինչպէ՞ս*	*մոռանաս*	*դու: [26] Իսկ Կայէն սատ եւ*

***մորթ* noun**

AbCn1	47	*մեռանէր: [47] Իսկ <*	*մորթ*	*> մի <վայրենի> էած և ծածկեաց*
AbCn1	48Y	*...սատանէ կոտոչիւ եւ*	*մորթիւ*	*[48Դ] Եւ իբրեւ Ղամէք*
AbCn2	47	*Հնարս իմացաւ առ եալ*	*մորթ*	*մի վայրենի ի ծոցն, գնաց ի լեառ*

***մորթեմ* verb**

AbCn1	32	*փոքր էր, <դժուարին*	*մորթեաց*	*մինչ ի ժամ մի բռանց>*
AbCn1	32	*ի ժամ մի բռանց>*	*մորթեաց*	*[33] Դարձեալ ի ժամ*
AbCn1	33	*[33] Դարձեալ ի ժամ*	*մորթելոյ*	*սանէր եղբայրն. Ես գնացի յ*
AbCn2	33	*բռնութեամբ Հազիւ*	*մորթեց*	*զեղբայրն. եւ եղ կապեալ*

***մորմոքեմ* verb**

Tid2	2	*սարսափի եւ*	*մորմոքի*	*սիրտ իմ, եւ գալարին*

***մութ* noun**

Creat1	46	*արտաքս ի տեղի*	*մութն*	*եւ խաւար, <վեց օր> անդ*
Exp1	7	*որ զձեզ եհան ի*	*մութ*	*տեղուոջէն եւ եբեր ի լոյս*
Exp2	2	*թուեցաւ նոցա թէ*	*մութ*	*եղեւ եւ այլ ոչ լուսանայ*
Rep	3	*արեգակն եւ եղեւ*	*մութն*	*եւ խաւար գիշեր յայնժամ անկաւ*

***մտանեմ* verb**

AbCn1	56	*Աբելի ի գերեզմանն*	*մտաւ*	*[57] Բայց յորժամ որ Կայէն զ*
AbCn2	42	*ամենեւին քուն չէր*	*մտանէր*	*[43] Վեցերորդ պատուհասն*
Creat1	10	*նախանձեալ*	*եմուտ*	*յօձն: [11] Յայնժամ օձն*
Creat1	11	*իշխէր ի դրախտն*	*մտանել*	*[12] Իբրեւ եւես զօձն ի*
Creat1	11	*էր, լեզու ունէր*	*մտանէր*	*ի դրախտն. եւ Սատանայ յ*
Creat2	10	*Ադամայ, կամէր*	*մտանել*	*ի դրախտն: [11] Եւ ահա*
Creat2	11	*կենդանի*	*մտանէր*	*ի դրախտն եւ ելանէր*
Creat2	32	*ամօթոյն*	*մտեալ*	*ի ներքս թզենւոյն*
Creat2	52	*թէ արեգակն*	*մտանէ*	*եւ ելանէ. ապա հանց որ*
Creat2	52	*ապա հանց որ*	*մտաւ*	*արեգակն եւ մթացաւ երկիր*
Exp1	2	*երբ որ արեգակն*	*մտաւ*	*նոքա գիտացին թէ խաւար*
Exp1	2	*տրտմեցան իբրեւ*	*մտաւ*	*արեգակն, հանց գիտացին*
Exp1	22	*արեգակն իբրեւ*	*մտաւ*	*գիտացին Ադամ եւ Եւայ> որ*

Exp1	25	[25] Եւ ի	մտանել	վեց դարուն, առաքեցից
Exp2	1	թէ ի մայրն	մտանէր	արեգակն: [2] Իսկ որ
Exp2	2	վասն որոյ իբրեւ	մտաւ	արեգակն, եւ մթացաւ օրն
Exp2	22	երեկոյ եղեւ	մտաւ	արեգակն ի մայրն. գիտաց
Rep	3	եղեւ երեկոյ	եմուտ	արեգակն եւ եղեւ մութն
Rep	74	Ո՞վ տայ մեզ	մտանել	ի քեզ դրախտ աստուածատունկ
Rep	92	բեկոյին ժամուն ընդ	մտանել	արեւուն [93] Եւ նոքա
Tid1	10	եւ ասաց Նոյի	մտանել	տապանն: [38D11] Նոյ
Tid1	38B9	առ Նոյ եւ ասէ	մտիր	ի տապանն: [38B10] Ասէ Նոյ
Tid1	38B5	ի տապանէն. եւ դու	մուտ	ի տապանդ որ ջրհեղեղ կու
Tid1	40	երկու եկին եւ	մտաւ	ի տապանն, եւ սուրբ
Tid1	42	ոչ իմացան: [42] Եւ	եմուտ	Նոյ ի տապանն, ինքն եւ
Tid1	43	փախչել եւ	մտանել	ի տապանն, ի
Tid1	50	թռչնոց, որ եօթն	մտեալ	էին, եօթնէն մին մատոյց
Tid2	38D	...եչտակն եւ ասաց	մուտ	ի տապան քո. զի լինի
Tid2	38H	զորդիսն եւ	մտանել	ի տապանն. իսկ Նոյ
Tid2	38I	տապանն. [38I] Յոր	եմուտ	ինքն եւ կին իւր. ապա
Tid2	39	թէ, փախերուք եւ	մտէք	ի տապան. զի էհաս

Յաբէթ **name**

Tid1	38B5	Սեմ, Քամ, եւ	Աբէթ	[38B6] Իսկ Նոյ աղաչեաց զ
Tid1	38D4	...սինքն Սեմ, Քամ	Աբէթ	[38D5] Եւ դարձեալ

յագենամ **verb**

Rep	22	զուարճանամ Ի՞ւ	յագենամ	Ի՞ւ լիանամ [23] Ով ծառք զի՞

յաղագս **preposition**

AbCn2	1	ՊԱՏՄՈՒԹԻՒՆ	ՅԱՂԱԳՍ	ԿԱՅԷՆԻ ԵՒ ԱԲԷԼԻ [1] Այս էր
Tid2	0	ՈՐ ԵՏ ԱՍՏՈՒԱԾ ԱԴԱՄԱՅ	ՅԱՂԱԳՍ	ԱԲԷԼԻ ՋՈՐ ՍՊԱՆ ԿԱՅԷՆ Ի
Tid2	11	[11] Նա ասաց	յաղագս	ճաշակման պտղոյն եւ

յաղթեմ **verb**

AbCn1	18	զի տեսցէ յուժն իւր	յաղթել	կարէ զնա. քանզի որ կչտի
AbCn1	18	անկաւ եւ ոչ կարաց	յաղթել	զԱբէլ: [19] Եւ ելեալ Կայէն
AbCn2	18	Կայէն ոչ կարաց	յաղթել	զեղբայրն: [19] Եւ ել Կայէն

յամեմ **verb**

Rep	83	ասա զժամանակ իմ թէ	յամեմ	ես յաչխարհիս թէ չուտով
Rep	85	[85] Ասէ Ադամ Ոչ	յամես	այլ ի միասին մեռանիմք եւ

յայնժամ **adverb**

AbCn1	31	<գխոչակն> եղբօրն	յայնժամ	եղբայրն ասաց. Իմ մօրս ասես
Creat1	11	եմուտ յօձն: [11]	Յայնժամ	օձն թեւաւոր էր, լեզու
Creat1	18	Աստուծոյ: [18]	Յայնժամ	առեալ ի պտղոյն եւ
Creat1	41	խաբեաց զիս: [41]	Յայնժամ	Տէր բարկացաւ նոցա, եւ
Rep	3	եւ խաւար գիշեր	յայնժամ	անկաւ ահ մեծ ի վերայ
Rep	40	երեւեցաւ [40]	Յայնժամ	կալաւ անհնարին եւ սաստիկ

Rep	83	*իւրմէ* [83]	*Ցայնժամ*	*ասէ Եւայ ցԱդամ Տէր իմ ասա*
Rep	89	*ուտել զնա* [89]	*Ցայնժամ*	*ճիչ բարձեալ Եւայ*
Rep	90	*զորդիդ իմ* [90]	*Ցայնժամ*	*եթող զազանն զՍէթ զոր*
Rep	90	*Եւայի Զեզ հնազանդ*	*յայնժամ*	*էի որքան դուք հնազանդ*
Tid1	5	...*ուհասին*: [5] *Զի յ*	*այնժամ*	*որ հրեշտակն աւետիս*
Tid1	38Y	*Նոյ զձայնն*	*յայնժամ*	*յարտասուս հարեալ եւ*

***յայտնեմ* verb**

AbCn1	17	*վասն այնորիկ ոչ*	*յայտնել*	*կարէր Կայէն զխորհուրդն իւր*
AbCn2	17	*վասն այն ոչ կարէր*	*յայտնել*	*զխորհուրդն իւր*: [18] *Ապա*

***յանդիման* preposition**

Rep	1	*եւ բնակեցան*	*յանդիման*	*դրախտին զի միշտ տեսանելով զ*
Rep	8	*զվայրս դրախտին*	*յանդիման*	*աչաց իւրոց եւ լայր*
Rep	92	*Եւայ եւ Սէթ աղօթէին*	*յանդիման*	*դրախտին եկն առ նոսա*

***յանց* adverb**

AbCn1	49D	*սպան զԿայէն*: [49D]	*Ցանց*	*գիտաց թէ այծ էր, եւ մազն իւր*

***յանցանեմ* verb**

Rep	14	*Վայ ինձ զի զպատուիրանն*	*յանցեայ*	[15] *Վայ ինձ մեծատանս որ*
Rep	90	*նորա պահէիք իսկ ի*	*յանցանելն*	*ձեռում զհրաման արարչին*

***յանցանք* noun**

Exp2	26	*ջնջէ զձեռագիր*	*յանցանաց*	*քոց. եւ դարձուցէ զ*

***յանցաւոր* adjective**

Rep	16	*մեղաւորիս Վայ ինձ*	*յանցաւորիս*	*Վայ ինձ մահապարտիս Վայ*

***յանցումն* noun**

Creat1	0	*ՍՏԵՂԾՄԱՆ ԵՒ*	*ՅԱՆՑՄԱՆՆ*	*ԱԴԱՄԱՅ* [1Y] *Յորժամ ստեղծ*

***յառաջ* adverb**

AbCn1	54	*իւր ծնունդն. պիտէր*	*յառաջ*	*Ադամ մեռնէր եւ հող դառնայր*
AbCn2	8	*եւ ես փոքր ծառայ քոյ*	*յառաջ*	*դու մատո զբաժինն Աստուծոյ*
AbCn2	54	*վասն որոյ պիտէր*	*յառաջ*	*Ադամ մեռանէր եւ ի հող*
Creat1	1D	[1D] *Տէր Աստուած*	*յառաջ*	*քան զաշխարհս*
Creat2	16	*զձեզ խաբեաց. զի*	*յառաջ*	*Աստուած մարդ էր իբրեւ*
Rep	15	*րհեցայ Վայ ինձ որ*	*յառաջն*	*թագաւորէի եւ տնանկացայ* [16]
Rep	32	*որ սպան Կային* [32] *Եւ*	*յառաջ*	*քան զսպանանելն Կայենի զՀաբէլ*
Rep	34	*վասն բանին եւ զի*	*յառաջ*	*քան զպատմելն Եւայի զերազն*

***յառաջաւոր* noun**

AbCn1	1	*ծոմով, յորժամ*	*յառաջաւոր*	*ասենք. քաղձրացաւ նմա*

***յառնեմ* verb**

Rep	87	*ի ցաւոցս* [87] *Եւ*	*յարուցեալ*	*Եւայ առ զՍէթ եւ գնաց*
Rep	92	*Գաբրիէլ եւ ասաց*	*արիք*	*եւ գնացէք զի մեռաւ Ադամ*

յարձակեմ verb

Rep	88	զազանն Բեհեմովթ	յարձակեցաւ	ի վերայ Սեթայ եւ
Rep	90	զհրաման արարչին	յարձակիմք	ի վերայ ձեր եւ

յաւելում verb

Rep	2	աւրէ կարաւտութիւնն	յաւելոյր	եւ փափագ

յաւժարեմ verb

Tid2	17	որում բազումք	յօժարեցան	հրաժարիլ յ

յափշտակեմ verb

Tid2	18	վասն մարդոյ, եւ	յափշտակէին	ի միմեանց: [19]

յետ preposition

AbCn1	1	[1] Իսկ յորժամ Ադամ	յետ	խաբէութեան Սատանայի երբ հինգ
AbCn1	46	եւ վաթսուն տարի	յետ	անճար մնաց, մահուն փափաք
AbCn2	3	զաւակն Կայէն էր եւ	յետ	նորա Աբէլ: [4] Յորժամ եղեւ Կա
Creat1	47	...րեանց: [47] Իսկ <	հետ	վեց աւուրն> ողորմեցաւ
Exp1	23	աղաչեցին: [23] Եւ	յետ	եօթն աւուրն ողորմեցաւ
Exp2	23	զԱստուած եւ	յետ	հինգ աւուրցն լուաւ
Rep	1	ԹԷ ՈՐՊԷՍ ԱՐԱՐԻՆ [1]	Յետ	ելանելոյն Ադամայ ի դրախտէն
Rep	27	[27] Եւ ապա	յետ	հինգ աւուրն ի վեցերորդում
Rep	28	հրամանին Աստուծոյ եւ	յետ	երեսուն ամաց ելանելոյն
Rep	29	Աստուծով [29] Եւ	յետ	երեսուն տարւոյ դարձեալ
Rep	30	քոյր նորա [30] Եւ	յետ	երեսուն ամաց սպան Կային զ
Rep	94	ի վերայ նորա [94] Եւ	յետ	երեք ժամու անցանելոյ ի
Rep	99	մինչեւ ի Նոյ [99] Իսկ	յետ	մեռանելոյն Ադամայ հազար
Tid1	45	Մախսայ: [45] Եւ	յետ	քառասուն աւուր Նոյ
Tid2	38H	զՆոյ: [38H] Եւ	յետ	քսան տարւոյն հրամայեաց
Tid2	42	...ասունքն: [42] Եւ	յետ	եւթն աւուր իբրեւ
Tid2	46	ոչ դարձաւ: [46] Եւ	յետ	երեք աւուրն արձակեաց զ
Tid2	48	թռչունսն: [48] Եւ	յետ	երեք ամսոյն ելաւ ինքն ի
Tid2	57	բնակեցաւ: [57] Եւ	յետ	ջրհեղեղին ապրեցաւ Նոյ
WdsAd	12	ստեղծաւ: [12] Եւ	յետ	ժամանակաց անցելոց, Սէթ զբանն
WdsAd	15	ոչ ճաշակեաց: [15] Եւ	յետ	այնորիկ տնկեաց դրախտ վայելուչ
WdsAd	16	...սունեւերկու ամ, եւ (	յետ	) այնորիկ մարմնով յերկինս

յետոյ adverb

Creat2	46	զպագն այլ	յետոյ	ուտէր, բարձրանայր ի
Rep	102	Բեթղահեմի ուր	յետոյ	ծնաւ Քրիստոս ի սուրբ Կուսէն

յետս adverb

Rep	36	կապեաց զնա ձեռն	յետս	ընդ ծառով միոյ եւ առեալ քար

յիմարութիւն noun

Exp1	10	[10] Աւէ Ադամ	Յիմարութիւն	կալաւ զմեզ եւ զ
Tid1	38D3	կու գայ: [38D3]	Յիմարութիւն	աշխարհի

***յիշատակեմ* verb**

Rep	104	*յաւուր ուրբաթու*	*յիշատակել*	*զնՆջեցեալսն ի Քրիստոս*

***յիշեմ* verb**

Rep	6	[6] *Ջմտաւ ածեալ*	*յիշէին*	*զվայրն վայելչութեան եւ զ*
Rep	89	*ի ծառայդ Աստուծոյ*	*յիշեա*	*զի ընդ մերով իշխանութեամբ*
Tid1	23D	*գործէին, եւ ոչ*	*յիշէին*	*զԱստուած*: [24] *Իսկ*
Tid1	23Y	*չնային, եւ ոչ*	*յիշեցին*	*զԱստուած*: [23D]

***յիսուն* numeral**

AbCn1	34	*Տէրն ի ճանապարհին*	*յիսուն*	*կանգնաչափ բարձր, ասաց*
AbCn2	4	*Ցորժամ եղեւ Կայէն*	*յիսուն*	*ամաց եւ Աբէլ քսան ամաց*
AbCn2	34	*ի վերայ ամպոյ*	*յիսուն*	*կանգնաչափ հեռի. եւ ասաց*
AbCn2	46	*Կայէն եօթն հարիւր*	*յիսուն*	*եւ երեք տարի. զի զմահն կուզէր*
Creat2	33	*զոր իբրեւ*	*յիսուն*	*կանգնաչափ բարձր*
Tid1	34	*չինելոյ. հարիւր*	*յիսուն*	*կանգուն երկայնութիւն*
Tid1	34	*երկայնութիւն եւ*	*յիսուն*	*լայնութիւն*, <*եւ*>
Tid2	30	*երեքհարիւր եւ*	*յիսուն*	*տարի ապրիս*: [31] *Աստ Նոյ*
Tid2	31	*երեքհարիւր եւ*	*յիսուն*	*տարին իբրեւ երազ*
Tid2	34	*երկայնութիւն*	*յիսուն*	*կանգուն լայնութիւն, եւ*
Tid2	44	*ի սարերէն էանց*	*յիսուն*	*մարդուչափ աւելի. եւ*
Tid2	57	*երեքհարիւր եւ*	*յիսուն*	*տարի. եւ անդ է*

***յոյժ* adverb**

Creat1	24	*Աստուած զքեզ*	*յոյժ*	*սիրէ*: [25] *Եւ ապա առաւ զ*
Exp1	14	*լուսանալոյն*	*յոյժ*	*ուրախացան եւ խնդացին*
Exp1	27	*Ադամ, ուրախացաւ*	*յոյժ*	*վեց հազար* <*տարին*> *իբրեւ*
Rep	37	*եռեւ այնպէս եւ*	*յոյժ*	*սգացեալ ելաց դառնապէս* [38]
Tid1	18	*ազգն Կայենի*	*յոյժ*	*բազմացան աղՋկունք նոցա*
Tid2	18	*ազգին Կայէնի*	*յոյժ*	*բազմացան աղՋկունք եւ*

***յորդ* adjective**

Rep	8	*եւ կոծէր զկուրծս իւր*	*յորդ*	*արտասուաւք* [9] *Եւ ի խորոց սրտ*

***Յորդանան* name**

Exp1	20	*թաղեաց ի գետն*	*Յորդանան*	[21] *Այս եղեւ*
Exp2	2	*թաղեաց ի գետն*	*Յորդանանու*	[22] *Դարձեալ իբրեւ*

***յորժամ* adverb**

AbCn1	1	*ԵՒ ԿԱՅԵՆԻ* [1] *Իսկ*	*յորժամ*	*Ադամ յետ խաբէութեան*
AbCn1	1	*որ պահեաց ծոմով*	*յորժամ*	*յառաՋաւոր ասենք. քաղձրացաւ*
AbCn1	57	*մտաւ*: [57] *Բայց*	*յորժամ*	*որ Կայէն զԱբէլ եսպան, Կայէն*
AbCn2	1	*իւրոց եւ ասաց, թէ*	*յորժամ*	*ելայ ի դրախտէն եւ անկայ յ*
AbCn2	4	*եւ յետ նորա Աբէլ*: [4]	*Յորժամ*	*եղեւ Կայէն յիսուն ամաց եւ*
AbCn2	52	[52] *Դարձեալ*	*յորժամ*	*իմացան Ադամ եւ Եւայ զ*
AbCn2	53	…*մանակս*: [53] *Ապա*	*յորժամ*	*թաղեցին զմարմինն Աբէլի, նա*
AbCn2	57	…*բեզմանի*: [57] *Բայց*	*յորժամ*	*Ադամ եւ կինն իւր տեսանէին զ*
Creat1	8	*լինիցիք. զի*	*յորժամ*	*ուտիցէք ի նմանէ*

Creat1	1Y	ՅԱՆՑՄԱՆՆ ԱԴԱՄԱՅ [1Y]	Յորժամ	ստեղծ Տէր Աստուած զ
Creat2	8	մի ուտիցէք. զի	յորժամ	ուտիցէք մահու
Creat2	15	զի Աստուած ասաց	յորժամ	ուտէք ի ծառոյդ մահու
Creat2	35	ի պտղոյ անտի. զի	յորժամ	ուտես մերկանաս եւ
Exp2	1	ԵՒԱՅԻ Ի ԴՐԱԽՏԷՆ [1]	Յորժամ	Ադամ անկաւ ի լուսոյն
Rep	3	նեղէր զնոսա [3]	Յորժամ	եղեւ երեկոյ եմուտ
Rep	39	զնա [39] Եւ	յորժամ	առեալ զԵւայ եւ եկն անդ
Tid1	37A	զտապանն. եւ	յորժամ	կացինն տայր փայտին
Tid1	38B5	կու գայ. զի	յորժամ	ամուսնացաւ Նոյ եւ
Tid2	54	իմոյ: [54] Զի	յորժամ	ցուցանեմ զայն նշանն
WdsAd	13	արեւելս էր: [13] Եւ	յորժամ	ստեղծ Աստուած զհայրն մեր եւ

յորտեղ adverb

Tid1	38D9	եւ ապա Նոյ	յորտեղ	կու վարէ կամ որպէս

յուն noun

Tid1	21D	զուգէին զեղէին	յունքն	քաշէին եւ յաչս
Tid1	21Y	...կացուցանէին, <զ	յունքն	> քաշեցին եւ զաչսն

նա pronoun

AbCn1	1	ասեմք. քաղձրացաւ	նմա	Աստուած եւ առաքեաց զհրեշտակ
AbCn1	1	իւր եւ պատմեաց	նմա	զմարդանալն Աստուծոյ եւ զ
AbCn1	1	եւ զփրկութիւն	նորա	ի ձեռաց Սատանայի: [2] Եւ
AbCn1	2	զեզն հնազանդեցոյց	նմա	նովաւ վարել եւ վաստակել եւ
AbCn1	2	հնազանդեցոյց նմա	նովաւ	վարել եւ վաստակել եւ գործել զ
AbCn1	2	զերկիր, եւ զպտուղ	նոցա	ուտել եւ լիանալ. եւ հրամայեաց
AbCn1	3	ծնաւ Աբէլ եւ քոյր	նորա	[4] Եւայ երեսուն տարի մի փոր
AbCn1	6	էր: [6] Զի ասաց	նոցա	Ադամ, թէ ի վաստակոց ձերոց
AbCn1	10.1B	որոտաց եւ ել հողմ ի	նմանէ	քամայտար արար զամենայն
AbCn1	10.1D	զամենայն ինչս	նորա	[10.2] եւ <հասկ մի> ոչ գտաւ
AbCn1	10.1Y	զամենայն ինչս	նորա	[10.1B] ամպ մի սեւացեալ եկն ի
AbCn1	14	կամէր սպանանել զ	նա	բայց ոչ գիտէր սպանանել, զի այլ
AbCn1	18	իւր յաղթել կարէ զ	նա	քանզի որ կշտի <բռնեաց> վայր
AbCn1	21	թէ կարես կորել զ	նա	եւ արձակիլ. ապա ես գրկեմ զծառ
AbCn1	21	զի ով կարէ կորել զ	նա	[22] Եւ նա ուժով էր, այնու
AbCn1	22	կորել զնա: [22] Եւ	նա	ուժով էր, այնու փորձեաց թէ ում
AbCn1	24	որթիւ պատեաց զ	նա	ծառովն ոտից մինչեւ ցգլուխն:
AbCn1	28	Եւ Կայէն ուսեալ ի	նմանէ	եւ առեալ զսուր քարն, եւ եկեալ
AbCn1	29	Կայէն ոչ ողորմեցաւ	նմա	[30] Իբրեւ եկն ի սպանումն լալ
AbCn1	35	է եղբայրն քո: [35] Եւ	նա	լրբութեամբ ասաց. Ո°վ ետ ինձ պա
AbCn1	45	որ սպանիցէ զԿայէն	նա	նորա պատուհասն ի վերայ
AbCn1	45	այն էր, որ Աստուած	նմա	մահ ոչ հրամայեաց, այլ ասաց
AbCn1	45	սպանիցէ զԿայէն, նա	նորա	պատուհասն ի վերայ սպանողին
AbCn1	51A	...ստովանութեան եթող	նմա	Տէր Աստուած զպատուհասն
AbCn1	51Y	եւ ողորմեցաւ	նմա	Տէրն վասն բազում արտասուելոյ
AbCn1	54	ապա ծնունդն	նորա	[55] Մինչեւ ի մարմինն Աբելի ո
AbCn2	2	ի ձեռս իմ եւ ուսոյց	նովաւ	վարել եւ վաստակել եւ գործել զ
AbCn2	2	եւ ճաշակել ի պտղոյ	նորա	եւ լիանալ եւ ապրիլ. այլ եւ

AbCn2	3	Կայէն էր եւ յետ	նորա	Աբէլ: [4] Յորժամ եղեւ Կայէն
AbCn2	6	ոչխարաց Աբէլի	նա	մէկն Հազար եղեւ. ապա ընտրեաց զ
AbCn2	7	ցորենոյ Կայէնին	նա	զատեաց զքամատարն եւ զմնացեալ
AbCn2	10	եւ ել Հողմ եւ քամի ի	նմանէ	եւ ցրուեաց զամենայն Հասկս
AbCn2	10	զամենայն Հասկս	նորա	եւ ոչ մնաց մի ցորեան. եւ Կայէն
AbCn2	14	եւ կամէր սպանանել զ	նա	բայց ոչ գիտէր թէ որպէս սպանցէ
AbCn2	14	թէ որպէս սպանցէ զ	նա	զի դեռ չէր սպանումն եղեալ ի վե
AbCn2	18	տալ եւ կապել զ	նա	քանզի որչափ կուշտի բռնեցին
AbCn2	19	ճուղն որ ասմայ ասի	նա	ասաց Աբէլի թէ եկ ասմայի մատիւ
AbCn2	20	թէ կարես կորել զ	նա	[21] Դարձեալ դու ինձ արա նոյն
AbCn2	22	գրկեաց զծառն Աբէլ	նա	Կայէն առեալ զուռն պատեաց
AbCn2	26	պիտի սպանանել զ	նա	[27] Ապա Սատանայ եղեալ ի կերպ
AbCn2	27	զմիւսն եւ սպան զ	նա	ի կլափէն, եւ քարն սուր էր որպէ
AbCn2	27	…բասուրիկ քար մի, եւ	նովաւ	Հարեալ զմիւսն եւ սպան զնա ի
AbCn2	29	զեղբայրն եւ ոչ լսեց	նմա	[30] Եւ ասաց Աբէլ. եկ եղբայր
AbCn2	32	եւ ոչ կորատէր: [32]	Նա	լալով աղաղակէր ասելով թէ ինչպէ
AbCn2	32	չունին նոքա որ ի	նոցանէ	Հալալութիւն առնէի. քանզի
AbCn2	32	ինձէն խապար չունին	նոքա	որ ի նոցանէ Հալալութիւն առնէի
AbCn2	35	թէ ես պաՀապան էի	նմա	[36] Եւ բարկացաւ Աստուած ի
AbCn2	37	Աստուծոյ զ	նա	քաղցրութեամբ յապաշխարութիւն
AbCn2	41	էր, որ ինչ որ ուզէր	նա	ոչ Հասանէր ուտել եւ ընդ վայր
AbCn2	45	որ զԿայէն սպանանէ	նա	ցաւն առ սպանօղն դարձցի: [46]
AbCn2	48	նետիւ եւ սպան զ	նա	[49] Ապա ցաւն Կայէնի անկաւ ի
AbCn2	53	զմարմինն Աբէլի	նա	ելանէր յերես Հողոյն. զի Հանապ
AbCn2	54	Հող լինիլ. եւ ապա ի	նմանէ	ծնելոցն. վասն որոյ պիտէր
AbCn2	54	ապա ծնունդ	նորա	մեռանէր եւ ի Հող դառնայր: [55
AbCn2	56	մեռաւ եւ թաղեցաւ	նա	ապա տեղ եւուր որ թաղեցին զԱբէ
Creat1	4	նորա, Հարին զ	նոսա	եւ ի վայր տուին, որպէս զ
Creat1	4	կամարարացն	նորա	Հարին զնոսա եւ ի վայր
Creat1	6	առ զմի ի կողիցն	նորա	եւ ելից ընդ այնր մարմին
Creat1	8	ուտիցէք ի	նմանէ	մաՀու մեռանիք: [9] Իսկ
Creat1	8	[8] Եւ տարեալ զ	նոսա	Տէր Աստուած, եւ եդ ի մէջ
Creat1	8	եւ ետ պատուէր	նոցա	Տէր Աստուած եւ ասէ
Creat1	32	խօսէր ընդ	նոսա	[33] Բայց ի ժամուն յ
Creat1	32	Համապազ երեւէր	նոցա	Աստուած, զի գայր
Creat1	40	օձն որ> ստեղծեր	նա	խաբեաց զիս: [41] Յայնժամ
Creat1	41	Տէր բարկացաւ	նոցա	եւ ասաց Ադամայ
Creat1	43	զաւակի> զորա	նա	սպասեսցէ քում գլխոյ եւ
Creat1	43	դու սպասեսցես	նորա	գարշապարի: [44] Եւ
Creat1	47	իւր Հանել զ	նոսա	ի խաւարէն, եւ
Creat1	47	…նորդեալ եբեր զ	նոսա	ի լոյս աշխարՀս, եւ եցոյց
Creat1	47	ողորմեցաւ	նոցա	Տէր, եւ առաքեաց զ
Creat1	47	…խարՀս, եւ եցոյց	նոցա	զպտղաբերս այնով
Creat2	1	զարդարեաց զ	նոսա	[2] Իսկ ամենայն
Creat2	5	լնուցու զտեղի	նորա	[6] Եւ արկ զթմբրութիւն
Creat2	6	էառ զմի կողիցն	նորա	եւ ելից ընդ այնր մարմին
Creat2	8	տարեալ եդ զ	նոսա	ի մէջ դրախտին Ադինայ որ
Creat2	8	եդ ի վերայ	նոցա	պատուէր եւ ասաց, թէ

Creat2	9	*եղ ի վերայ*	*նոցա*	*զի փորձեսցէ եւ տեսցէ թէ*
Creat2	16	*ի պտղոյ անտի*	*նա*	*այն մեծ փառքին Հաւաւ:* [17]
Creat2	20	*առ դու եւս կեր*	*նա*	*կամէր խաբել զԱդամ:* [21]
Creat2	26	*լայր եւ աղաչէր զ*	*նա*	*եւ ասէր. կեր եւ մի որոշեր զ*
Creat2	32	*եւ խօսէր ընդ*	*նոսա*	*սիրով եւ Հանդարտութեա…*
Creat2	44	*…չտակաց Հանել զ*	*նոսա*	*ի դրախտէն. եւ Հրեղէն*
Creat2	46	*զի փորձեաց զ*	*նա*	*Աստուած:* [47] *Ապա եատես որ ոչ*
Creat2	49	*եւ արտաքսեաց զ*	*նոսա*	*ի դրախտնէն:* [50] *Եւ անկան*
Creat2	49	*Աստուած ի վերայ*	*նոցա*	*եւ արտաքսեաց զնոսա ի*
Creat2	51	*աշխարՀ. եւ եցոյց*	*նմա*	*գործել զերկիր, եւ ի*
Creat2	51	*եւ ի պտղոյ*	*նորա*	*կերակրիլ:* [52] *Իսկ նոքա*
Creat2	51	*Տէրն ի վերայ*	*նոցա*	*եւ առաքեաց զՀրեշտակն*
Creat2	52	*եւ խաւար կալաւ զ*	*նոսա*	*տրտմութեամբ լացին զ*
Creat2	52	*եւ մթացաւ երկիր*	*նոցա*	*եւ խաւար կալաւ զնոսա*
Creat2	52	*…րակրիլ:* [52] *Իսկ*	*նոքա*	*իբրեւ տեսին զարեգակն*
Exp1	2	*թէ խաւար կալաւ զ*	*նոսա*	*այլ ոչ տեսանեն զլոյս*
Exp1	2	*որ արեգակն մտաւ*	*նոքա*	*գիտացին թէ խաւար կալաւ*
Exp1	3	*…ւախօսին, եկն առ*	*նա*	*Սատանայ ի կերպ Հրեշտակի*
Exp1	9	*զձեզ ծառայ*	*նմա*	*ամենայն ծնընդովք*
Exp1	13	*ցուցանէր*	*նոցա*	*յարեւելից <կողմն>, եւ*
Exp1	15	*արեգակն, եկն առ*	*նոսա*	*պիղծն Սատանայ, ասէ*
Exp1	23	*ոչ թողից ի ձեռն*	*նորա*	[24] *Զի այն եօթն օրն որ*
Exp1	23	*ողորմեցաւ*	*նոցա*	*Տէրն, եւ առաքեաց զ*
Exp1	25	*կուսէն. զի*	*նայ*	*եղիցի որդի որդւոյ <քո եւ*
Exp2	1	*բայց լոյս էր*	*նա*	*ոչ գիտէր թէ ի մայրն*
Exp2	2	*եւ մթացաւ օրն*	*նա*	*այնպէս իմացան թէ այլ չի*
Exp2	2	*այնպէս թուեցաւ*	*նոցա*	*թէ մութ եղեւ եւ այլ ոչ*
Exp2	9	*ձեզ ծառայ լինիլ*	*նմա*	*եւ զամենայն ծնունդս ձեր*
Exp2	9	*ձեր խոստանալ*	*նմա*	*երբ զայդ ոչ արարիք վասն*
Exp2	13	*Սատանայ ցոյց ետ*	*նոցա*	*յարեւելս եւ ասաց. անտի*
Exp2	15	*…րձրացաւ, եկն առ*	*նա*	*Սատանայ եւ ասէ. տեսանէք զ*
Exp2	23	*Աստուած աղօթից*	*նոցա*	*եւ առաքեաց զՀրեշտակ*
Rep	2	*դրախտին նեղէր զ*	*նոսա*	[3] *Յորժամ եղեւ երեկոյ*
Rep	5	*սաստիկ վտանկէր զ*	*նոսա*	*եւ էր այն ապաշխարութիւն*
Rep	5	*Ադամայ եւ կնոջ*	*նորա*	*Եւայի* [6] *Զմտաւ ածեալ յիշէին*
Rep	27	*որ կայր մաւտ առ*	*նոսա*	[28] *Եւ ասաց նոցա մերձաւորիլ*
Rep	27	*ի լաց մխիթարեաց զ*	*նոսա*	*եւ ասաց ուտել ի պտղոյ երկրին*
Rep	27	*աւուրն եկեալ առ*	*նոսա*	*Հրեշտակապետն Գաբրիէլ բանիւն*
Rep	28	*քոյր նորա ընդ*	*նմա*	*եւ ասէ ծնայ մարդ Աստուծով* [29
Rep	28	*եւ զԱբուսաքը քոյր*	*նորա*	*ընդ նմա եւ ասէ ծնայ մարդ*
Rep	28	*առ նոսա* [28] *Եւ ասաց*	*նոցա*	*մերձաւորիլ ամուսնութեամբ ի*
Rep	29	*եւ զՍամայն քոյր*	*նորա*	[յ0] *Եւ յետ երեսուն ամաց*
Rep	30	*Գաբրիէլ եւ ասաց*	*նմա*	*մերձենալ յԵւա վասն*
Rep	31	*կոչեսցես զանուն*	*նորա*	*Սէթ փոխանակ Հաբելի զոր սպան*
Rep	33	*թէ Թող յարենէդ եւ*	*նա*	*ոչ լսէր եւ ոչ մնայր ի փորն այլ*
Rep	33	[33] *Եւ Հաբէլ աղաչէր զ*	*նա*	*թէ Թող յարենէդ եւ նա ոչ լսէր ե*
Rep	36	*կալեալ կապեաց զ*	*նա*	*ձեռն յետս ընդ ծառով միոյ եւ*
Rep	38	*թաղեսցեն զ*	*նա*	[39] *Եւ յորժամ առեալ զԵւայ*

Rep	39	կլեալ էր զարիւն	նորա	որ բնաւ ոչ երեւեցաւ [40]
Rep	43	այլ Աստուած Հարցանէ զ	նա	եւ պատժէ [44] Որպէս եւ արարն
Rep	43	առ Ադամ եւ ասաց	նմա	Դուք մի Հարցանէք զԿային վասն
Rep	46	եղբայրն քո [46] Եւ	նա	ստեաց Աստուծոյ եւ ասաց Ոչ
Rep	48	ասէր [48] Իսկ	նա	լրբութեամբ ասաց Ոչ գիտեմ մի թէ
Rep	49	իմոյ [49] Եւ ասաց	նմա	Աստուած Պահապան չես սպանաւղ
Rep	50	պատիժ էած ի վերայ	նորա	[51] Նախ զի ասաց թէ Անիծեալ լ
Rep	54	արդարոյ ներկեր զ	նա	[55] Հինգերորդ Երերեալ լիցիս
Rep	57	ոք գիտենայր զ	նա	եւ նշանն պիսակն էր [58] Այլ ե
Rep	57	զի նշան եդ ի վերայ	նորա	Աստուած որ ամենայն ոք գիտենայր
Rep	79	եւ դստերք	նորա	վաթսուն զորս ծնեալ էր Եւայ
Rep	81	մարդն Ադամ [81] Եւ	նա	խիստ ի վտանկի կայր եւ քաղէին ո
Rep	81	որ կալեալ էր զանձն	նորա	[82] Իսկ Եւայ եւ ամենայն
Rep	82	եւ ամենայն ծնունդք	նորա	լային եւ ողբային զԱդամ եւ
Rep	82	եւ Ադամ կայր առաջի	նոցա	չարաչար տանջեալ ի Հիւանդութենէ
Rep	88	եւ կամէր ուտել զ	նա	[89] Յայնժամ ճիչ բարձեալ Եւայ
Rep	88	[88] Եւ Հանդիպեալ	նոցա	աՀագին գազանն ԲեՀմովթ
Rep	90	էիք եւ զպատուիրանս	նորա	պաՀէիք իսկ ի յանցանելն ձերում
Rep	91	եւ ապա թողեալ զ	նոսա	զանց արար եւ գնաց [92] Եւ մին
Rep	92	դրախտին եկն առ	նոսա	Հրեշտակապետն Գաբրիէլ եւ
Rep	93	կոծ մեծ ի վերայ	նորա	[94] Եւ յետ երեք ժամու
Rep	93	արեւուն [93] Եւ	նոքա	ելեալ գնացին լալով եւ
Rep	94	գլուխս վայ գլուխս եւ	նա	եւս մեռաւ ընդ Ադամայ [95] Ի
Rep	94	ցաւեաց գլուխ	նորա	եւ ասաց Վայ գլուխս վայ գլուխս
Rep	97	լուացեալ զսպեցին զ	նոսա	եւ պատեցին անոյշ խնկաւք եւ
Rep	97	դստերք նոցա սգացին զ	նոսա	աւուրս երեսուն եւ
Rep	97	որդիք եւ դստերք	նոցա	սգացին զնոսա աւուրս երեսուն
Rep	98	նախաստեղծիցն որդիք	նոցա	եւ որդոց որդիքն մինչեւ ի Նոյ
Rep	99	եւ Նոյ առեալ զ	նոսա	ի տապանին զի մի ապականեալ
Rep	101	իւր ի Սէմ [101] Եւ	նա	առեալ տարաւ ի վիճակն իւր որ ար
Rep	102	Եւ անդ ամփոփեաց զ	նոսա	դնելով զԵւայ ի յայրն
Tid1	3	մխիթարանք	նա	եղիցի զաւակ օրՀնեալ եւ
Tid1	3	եւ մխիթարիս ի	նմանէ	զի որչափ տրտմեցար
Tid1	3	...չեսցես զանուն	նորա	Սէթ, որ թարգմանի
Tid1	4	զաւակ Սէթայ, եւ	նոքօք	լցցին աշխարՀս. եւ ապա
Tid1	8	մխիթարէին զ	նմանէ	ծնօղքն <որպէս>
Tid1	8	այլ եղբայրքն	նորա	մխիթարէին զնմանէ
Tid1	15	եւ ոչ ճաշակեաց ի	նմանէ	[16] Իսկ Աստուած
Tid1	16	իւրոյ զի զ	նա	մարմնով վերացուցին եւ
Tid1	18	աղջկունք	նոցա	զի մի մարդոյ Հետ Հարիւր
Tid1	19	ոչ խառնէին ընդ	նոսա	եւ սրբութեամբ կային
Tid1	19	եւ եղբայրք	նորա	ոչ խառնէին ընդ նոսա, եւ
Tid1	20Y	[20Y] կային ընդ	նոսա	եւ ոչ գոյր Հնար
Tid1	23D	խառնակեցան ընդ	նոսա	եւ չարագործ եղեն իբրեւ
Tid1	23D	եղեն իբրեւ զ	նոսա	եղեն իբրեւ զչուն եւ ոչ
Tid1	23Y	խառնեցան ընդ	նոսա	եւ չարացան քան զնոսա
Tid1	23Y	չարացան քան զ	նոսա	եւ եղեն պղծագործ քան զ
Tid1	24	ջրով խեղդել զ	նոսա	[25] Հրամայեաց Աստուած

Tid1	24	բազում մեղաց	նոցա	բարկացաւ Աստուած
Tid1	24	Աստուած ի վերայ	նոցա	եւ կամեցաւ ջրով խեղդել
Tid1	32	է, զի առից զ	նա	ի կնութիւն: [33] Ասէ
Tid1	33	Նոյեմզառա. զ	նա	առ քեզ ի կնութիւն: [34] Եւ
Tid1	33	մաքուր>, անուն	նորա	Նոյեմզառա. զնա առ քեզ ի
Tid1	35	[35] Եւ գնաց ի	նմանէ	Հրեշտակն: [36] Եւ Նոյ
Tid1	38B1	տնազ արարին զ	նա	իսկ Նոյ Հաստատուն բանէր
Tid1	38B5	որդիք եղեւ	նմայ	եւ անուանքն են
Tid1	38B8	տնազէին զ	նա	եւ ասէին երբ ջուր գայ Նոյ
Tid1	38C1	տնազ արարին զ	նոսա	իսկ Նոյ Հաստատուն բանէր
Tid1	38D3	…ցուցանէր զաչս	նոցա	եւ խփանէր ականջս նոցա
Tid1	38D3	խփանէր ականջս	նոցա	ոչ ի սիրտս առնէին ոչ
Tid1	38D5	Սէթայ. առ զ	նոսա	վասն որդւոցդ եւ մի
Tid1	38Y	օր Համբերեսցէ	նմա	[38B1] Երբ լուաւ Նոյ զ
Tid1	45	նշան բերցէ. եւ	նա	գնացեալ ի ճաշակումն
Tid1	50	եղեն պատարագ	նորա	եւ կատարեաց Տէր զ
Tid1	50	Տէր զխնդիրքն	նորա	[51] Եւ խնդրեաց ի Տեառնէ
Tid1	54	խրատեցից զ	նոսա	[55] Իսկ Նոյ առեալ զ
Tid1	54	է Տէր ի վերայ	նոցա	զի այս եղիցի ուխտ իմ ընդ
Tid1	56	բազմացան զաւակ	նորա	իջին <յ> Իջեւան եւ անդ
Tid1	57	զՆախիջեւան, եւ	նովաւ	լցին զաշխարհս: [58] Եւ
Tid2	1	մխիթարութիւն	նա	եղիցի զաւակ օրհնեալ եւ
Tid2	1	…նեսցես զանուն	նորա	Սէթ, որ թարգմանի
Tid2	2	շաղախեալ	նա	ցաւի սիրտ իմ եւ արտասուք
Tid2	3	մխիթարութիւն	նա	եղիցի զաւակ օրհնեալ. զի
Tid2	3	որդի, եւ անուն	նորա	Սէթ որ թարգմանի
Tid2	4	այլ զաւակաց քոց	նա	նոքա եւս կորնչին Հետ նոցա
Tid2	4	եւս կորնչին Հետ	նոցա	[5] Ապա Կայէնի զաւակքն
Tid2	4	ընդ անիծիւք են	նոքա	երբ խառնակին ազգն
Tid2	4	զաւակաց քոց նա	նոքա	եւս կորնչին Հետ նոցա
Tid2	4	զաւակ Սէթայ. եւ	նոքօք	լցվի աշխարհս. բայց մի
Tid2	8	կոյս երբ սպան զ	նա	[9] Իբրեւ ծնաւ Սէթ, եւ
Tid2	11	ուրախանայք: [11]	Նա	ասաց. յաղագս ճաշակման
Tid2	12	երբ լսեց զայս	նա	ասաց ես վճարեմ զձեր
Tid2	14	ոք որ անցանէր	նա	ի պտղոյն ճաշակէր. եւ ինքն
Tid2	20	եւ վարէին զ	նոսա	[21] Իսկ նոքա անճար
Tid2	20	Սէթայ: [20] Եւ	նոքա	ոչ տային թոյլ այլ
Tid2	21	անճար մնացին	նա	սկսան պճնիլ եւ զարդարիլ
Tid2	21	զնոսա: [21] Իսկ	նոքա	անճար մնացին. նա սկսան
Tid2	22	խառնակեցան ընդ	նոսա	[23] Միայն զՆոյ ոչ
Tid2	23	եւ պղծեցան ընդ	նոսա	իբրեւ զշուն լլկեցին զ
Tid2	24	վասն մեղաց	նոցա	եւ Հրամայեաց Հրեշտակին
Tid2	26	կորուսանել զ	նոսա	ջրով: [27] Վասն այն
Tid2	33	Նեմզար. առ զ	նա	ի քեզ կնութիւն: [34] Եւ
Tid2	33	Սէթայ եւ անուն	նորա	Նեմզար. առ զնա ի քեզ
Tid2	35	եւ գնաց ի	նմանէ	[36] Իսկ նա առեալ զ
Tid2	36	ի նմանէ: [36] Իսկ	նա	առեալ զՆեմզար եւ
Tid2	36	ամուսնացաւ ընդ	նմա	[37] Եւ սկիզբն արաւ տապան

Tid2	37	*որքան չինէին*	*նա*	*ձայն տայր ուրաքն եւ սղոցն*
Tid2	38A	*երբ լսէին*	*նա*	*ծաղր առնէին ասելով. թէ յ*
Tid2	38E	*...Հեղեղ:* [38E] *Իսկ*	*նա*	*աղաղակեաց առ Տէր եւ ասէ*
Tid2	38G	*չինեմք զփայտն*	*նորա*	*եւ այլ բազում բանիւ*
Tid2	39	*եհար զտախտակսն*	*նա*	*ձայն արձակեցաւ ի տախտակէն*
Tid2	41	*առնուլ զ*	*նոսա*	*երկու երկու ի սրբոց*
Tid2	45	*նշան ցամաքի. եւ*	*նա*	*գնացեալ անկաւ ի լեշն այլ*
Tid2	50	*ջրով զորդիս*	*նորա*	[51] *Եւ ձայն եղեւ առ նա թէ*
Tid2	51	*Եւ ձայն եղեւ առ*	*նա*	*թէ ոչ կորուսանեմ այսպիսի*
Tid2	52	*խրատեցից զ*	*նոսա*	[53] *Եւ երեւեցոյց Նոյի զ*
Tid2	54	*իմ ի վերայ*	*նոցա*	[55] *Եւ անտի իջին յ*
Tid2	55	*դեռեւս դաշտն*	*նա*	*լի էր ջրով:* [56] *Իբրեւ*
Tid2	56	*բազմացան որդիք*	*նորա*	*գնաց էջ ի նախջըւան, եւ*
Tid2	58	*մայր ասի անուն*	*նորա*	[59] *Որոց աղօթիւք*
WdsAd	6	*զխնդրուածս*	*նորա*	*ի բարի:* [7] *Եւ առեալ ճեղն զա*
WdsAd	8	*աչաց եւ բացան աչք*	*նորա*	*եւ Հայեցեալ տեսանէ զճիւղն, զի*
WdsAd	13	*զՀայրն մեր եւ եղ զ*	*նա*	*ի դրախտին, եւ պատուէր ետ նմա յ*
WdsAd	13	*եւ պատուէր ետ*	*նմա*	*յորոյ ուտել ի պտղոյն եւ յորո*
WdsAd	13	*եւ յորոյ չուտել. իսկ*	*նորա*	*ոչ պաՀեալ զպատուիրանն*
WdsAd	15	*պտղաբեր տնկեաց ի*	*նմա*	[16] *Եւ կացեալ ի դրախտին*

նախ **adverb**

AbCn2	54	[54] *Քանզի Աստուած*	*նախ*	*Ադամայ ասաց Հող լինիլ. եւ ապա*
Creat1	1Y	*զերկիր, եւ արար*	*նախ*	*զզօրս Հրեշտակաց ի*
Creat2	1	*ԱՍՏՈՒԾՈՅ ՄԵՐՈՅ* [1]	*Նախ*	*ըստեղծ Տէր Աստուած զդասս*
Rep	51	*ի վերայ նորա* [51]	*Նախ*	*զի ասաց թէ Անիծեալ լիջիր* [52]
Rep	62	*եւ Եւայի* [62]	*Նախ*	*զի մեղան Աստուծոյ* [63] *Երկրոր*

նախաՀայր **noun**

Rep	13	*Հողոյս Վայ ինձ*	*նախաՀաւրս*	*Վայ ինձ առաջին մարդոյս*

նախանձիմ **verb**

Creat1	10	*այն Սատանայ*	*նախանձեալ*	*եմուտ յօձն:* [11]
Creat2	10	*պիղծն Սատանայ*	*նախանձեալ*	*վասն Ադամայ*

նախաստեղծ **adjective**

Rep	1	*ԱԴԱՄԱՅ ԵՒ ԵՒԱՅԻ*	*ՆԱԽԱՍՏԵՂԾԻ*	*ԹԷ ՈՐՊԷՍ ԱՐԱՐԻՆ* [1] *Յետ*
Rep	3	*աՀ մեծ ի վերայ*	*նախաստեղծիցն*	*եւ այնպէս կարծեցին թէ*
Rep	12	*մարդոյս Վայ ինձ*	*նախաստեղծ*	*կենդանւոյս Վայ ինձ*
Rep	72	*եւ ապաշխարութեան*	*նախաստեղծիցն*	[73] *Որ Հանապազ լային*
Rep	80	*իւրեանց առ*	*նախաստեղծն*	*մարդն Ադամ* [81] *Եւ նա*
Rep	98	*ուածաստեղծ մարմինս*	*նախաստեղծիցն*	*որդիք նոցա եւ որդոց*
Rep	100	*տապանէն ետ զմարմինս*	*նախաստեղծիցն*	*յաւազ որդին իւր ի Սէմ*

Նախիջեւան **name**

Tid1	57	*եւ լցին զ*	*Նախիջեւան*	*եւ նովաւ լցին զ*
Tid1	58	*տեղւոյն կոչեցաւ*	*Նախիջեւան*	*եւ այն է գերեզման*

Նախջեւան name

Tid2	56	*նորա, գնաց էջ ի*	*նախջրւան*	*եւ անդ բնակեցաւ:* [57]

նահապետ noun

Tid1	3	*...հնեալ եւ գլուխ*	*նահապետաց*	*եւ մխիթարիչ ի*
Tid2	1	*...հնեալ եւ գլուխ*	*նահապետաց*	[2] *Ասէ Ադամ. ոչ*

նահատակեմ verb

Tid1	7	*ոչ եղեւ, կոյս*	*նահատակեցաւ*	[8] *Իբրեւ ծնաւ*

նեղեմ verb

Rep	2	*վայելչութեան դրախտին*	*նեղէր*	*զնոսա* [3] *Ցորժամ եղեւ*

նեղութիւն noun

Tid1	2	*լինի ինձ կրկին*	*նեղութիւն*	*եւ տրտմութիւն:* [3]

Նեմզար name

Tid2	33	*եւ անուն նորա*	*Նեմզար*	*առ զնա ի քեզ կնութիւն*
Tid2	36	*Իսկ նա առեալ զ*	*Նեմզար*	*եւ ամուսնացաւ ընդ նմա*

նետ noun

AbCn1	49A	*գիտաց թէ այծ է*	*նետիւ*	*աղեղէն սպան զԿայէն:* [50Y]
AbCn1	49D	*մինչ ի գլուխն մազ էր*	*նետիւ*	*աղեղաւ սպան Կայէն. եւ*
AbCn1	49Y	*թէ եղջիւր է. եհար*	*նետիւ*	*աղեղան, եւ սպան զԿայէն:* [49D
AbCn2	48	*եւ ետես զԿայէն եհար*	*նետիւ*	*եւ սպան զնա:* [49] *Ապա ցաւն*

ներեմ verb

Tid2	38F	[38F] *Եւ Աստուած*	*ներեաց*	*ամս քսան զոր*

ներկեմ verb

Rep	54	*զի արեամբ արդարոյ*	*ներկէր*	*զնա* [55] *Հինգերորդ*

ներքնատուն noun

Tid2	34	*միջնատուն եւ*	*ներքնատուն*	[35] *զայս ասաց*
Tid2	41	*եւ որդիքն. իսկ ի*	*ներքնատունն*	*գազանքն եւ*

ներքուստ adverb

Tid2	42	*զգրունսն*	*ներքուստ*	*եւ արտաքուստ. եւ*

նման adjective

AbCn1	10.1Y	[10.1Y] *ափ մի հողոյ*	*նման*	*քամատարաց զամենայն հունձսն*
AbCn2	47	*ի լեառն եւ եղեւ ընծոյ*	*նման*	*եւ անկաւ ի ճանապարհին:* [48]
Creat1	16	*իբրեւ զձեզ*	*նման*	*էր, քազի չէր կերեալ ի*
Creat1	21	*<մերկանալ> քեզ*	*նման*	[22] *Ասէ Եւայ. Շատ կերայ*
Creat1	23	*ճաշակել եւ քեզ*	*նման*	*մերկանալ:* [24] *Ասէ Եւայ*
Creat1	25	*եւ վախէր թէ կնոջ*	*նման*	*մերկանայր:* [26] *Թէ ոչ*
Creat2	21	*ուտեմ եւ ես քեզ*	*նման*	*մերկանամ:* [22] *Եւ ասէ Եւա*
Creat2	23	*ճաշակել եւ քեզ*	*նման*	*լինիլ:* [24] *Ասէ Եւա. Թէպէտ*

նմանութիւն noun

Rep	28	*ամուսնութեամբ ի*	*նմանութիւն*	*անասնոց եւ աճել*

ննջեմ verb

Rep	104	*յիշատակել զ*	*ննջեցեալսն*	*ի Քրիստոս*

նշան noun

Exp1	14	*տեսանէին զ*	*նշան*	*լուսանալոյն. յոյժ*
Exp2	14	*եւ տեսանէին զի*	*նշան*	*լուսոյ երեւէր*
Exp2	20	[20] *Եւ մնաց*	*նշան*	*ձեռացն ի վերայ քարին*
Rep	31	*եւ ասաց Այդ քեզ*	*նշան*	*որ ծնանի քեզ Եւայ որդի*
Rep	57	[57] *Եւթներորդ զի*	*նշան*	*եդ ի վերայ նորա Աստուած որ*
Rep	57	*ոք գիտենայր զնա եւ*	*նշանն*	*պիսակն էր* [58] *Այլ եւ*
Tid1	45	*մի, զի գնացեալ*	*նշան*	*բերցէ. եւ նա գնացեալ ի*
Tid1	46	*ծաղիկ եւ բերեալ*	*նշան*	<*մատոյց*> *Նոյի*: [47] *Իսկ Նոյ*
Tid1	51	*եւ ասաց. Տուր ինձ*	*նշան*	*Հաշտութեան*: [52] *Եւ ասաց*
Tid1	53	[53] *Եւ ետես Նոյ*	*նշան*	*աղեղան կարմիր*, <*կանաչ*>
Tid1	54	*Նոյի. Այս եղիցի*	*նշան*	*Հաշտութեան իմոյ ընդ*
Tid2	45	*ագռաւն զի բերցէ*	*նշան*	*ցամաքի. եւ նա գնացեալ*
Tid2	53	*եւ ասէ. այս է*	*նշան*	*ուխտին իմոյ*: [54] *Զի*
Tid2	54	*ցուցանեմ զայն*	*նշանն*	*իմացին ամենայն*

Նոյ name

Rep	98	*որդոց որդիքն մինչեւ ի*	*Նոյ*	[99] *Իսկ յետ մեռանելոյն*
Rep	99	*եկն Ջրհեղեղն եւ*	*Նոյ*	*առեալ զնոսա ի տապանին զի մի*
Rep	100	[100] *Եւ յելանել*	*Նոյի*	*ի տապանէն ետ զմարմինս*
Tid1	23D	*որում անունն էր*	*Նոյ*	*եւ այլքն խառնակեցան ընդ*
Tid1	23Y	*ճգնաւոր էին, մի*	*Նոյ*	*միայն մնաց կոյս, եւ այլ*
Tid1	25	…*մայեաց Աստուած*	*Նոյի*	*տապան շինել, եւ*
Tid1	26	*ամուսնանալ, եւ*	*Նոյ*	*ոչ կամէր ամուսնանալ, զի*
Tid1	26	*Հրեշտակ եւ ասաց*	*Նոյի*	*ամուսնանալ, եւ Նոյ ոչ*
Tid1	28	*աշխարհս*: [28] *Ասէ*	*Նոյ*	*Ո՞րչափ է աւուրց կենաց իմ*
Tid1	30	*ապրիս*: [30] *Ասաց*	*Նոյ*	*Չորս Հարիւր տարին իբրեւ զ*
Tid1	32	…*գելուլ*: [32] *Ասէ*	*Նոյ*	*Ոչ գիտեմ եթէ մաքուր կին*
Tid1	36	*Հրեշտակն*: [36] *Եւ*	*Նոյ*	*ամուսնացաւ*: [37Y] *Եւ ի տապան*
Tid1	38B1	[38B1] *Երբ լուաւ*	*Նոյ*	*զձայնն կացնոյն եւ եկեալ*
Tid1	38B1	*արարին զնա. իսկ*	*Նոյ*	*Հաստատուն բանէր ի վերայ*
Tid1	38B3	*զանգիտութիւնն*	*Նոյեայ*	*որ ասէ թէ Ջրհեղեղ կու*
Tid1	38B4	[38B4] *Գնացեալ*	*Նոյ*	*ի բարձր բլրի վերայ շինէր*
Tid1	38B5	*Եկն Հրեշտակն առ*	*Նոյ*	*եւ ասէ. երեք աղջիկ առ ի*
Tid1	38B5	*ամուսնացաւ*	*Նոյ*	*եւ սկսաւ տապանն շինել*
Tid1	38B6	*Արէթ*: [38B6] *Իսկ*	*Նոյ*	*աղաչեաց զԱստուած տասն*
Tid1	38B6	*Աստուած բաշխեաց*	*Նոյի*	*մինչեւ ի տասն տարի*
Tid1	38B7	[38B7] *Եւ սկսաւ*	*Նոյ*	*քարոզել թէ կամէր Աստուած*
Tid1	38B8	*երբ Ջուր գայ*	*Նոյ*	*որ արտն կու վարի կամ որ*
Tid1	38B9	*Հրեշտակն առ*	*Նոյ*	*եւ ասէ մտիր ի տապանն*
Tid1	38B10	[38B10] *Ասէ*	*Նոյ*	*մինչեւ եւթն օր*
Tid1	38C1	*զնոսա. իսկ*	*Նոյ*	*Հաստատուն բանէր ի վերայ*

Tid1	38D4	…րանային: [38D4]	Նոյ	տապանն ի վերայ բարձր
Tid1	38D4	չինեաց. դարձեալ	Նոյայ	ծնաւ երեք որդի
Tid1	38D5	երեւեցաւ	Նոի	եւ ասէ երեք աղջիկ առ
Tid1	38D7	լսէր աղաչանացն	Նոյին	տասն տարի թերեւս
Tid1	38D8	սկսեաց քարոզել	Նոյ	եթէ Աստուած կամեցաւ
Tid1	38D9	կուլլվի եւ ապա	Նոյ	յորտեղ կու վարէ կամ որպէս
Tid1	38D9	եւ քարոզին	Նոյեայ	յեփ Ջուրն յաշխարհս
Tid1	38D10	…եշտակն եւ ասաց	Նոյի	մտանել տապանն: [38D11] Նոյ
Tid1	38D11	տապանն: [38D11]	Նոյ	մինչեւ եւթն օր
Tid1	38Y	[38Y] Երբ լուաւ	Նոյ	գձայնն, յայնժամ յ
Tid1	39	[39] Եւ իբրեւ ել	Նոյ	ի վերնատունն, երկու
Tid1	42	[42] Եւ եմուտ	Նոյ	ի տապանն, ինքն եւ որդիք
Tid1	45	քառասուն աւուր	Նոյ	բացեալ զպատուհան
Tid1	46	նշան <մատոյց>	Նոյի	[47] Իսկ Նոյ արձակեաց զ
Tid1	47	Նոյի: [47] Իսկ	Նոյ	արձակեաց զամենայն
Tid1	53	[53] Եւ ետես	Նոյ	նշան աղեղան կարմիր
Tid1	54	Եւ ասաց Աստուած	Նոյի	Այս եղիցի նշան
Tid1	55	գնոսա: [55] Իսկ	Նոյ	առեալ զօրհնութիւն
Tid1	58	այն է գերեզման	Նոյի	[59] Այսքան առ այս:
Tid2	23	նոսա: [23] Միայն զ	Նոյ	ոչ կարացին խաբել. եւ այլք
Tid2	24	…շտակին որ ասաց	Նոյի	զի ամուսնասցի: [25] Ասէ
Tid2	25	…սնասցի: [25] Ասէ	Նոյ	ոչ կամիմ ամուսնանալ վասն
Tid2	29	աշխարհի: [29] Ասէ	Նոյ	քանի տարի դեռեւս պիտի
Tid2	31	ապրիս: [31] Ասէ	Նոյ	վերջն մահ է եւ աշխարհս
Tid2	38C	տապանն. [38C] Իսկ	Նոյի	եղեւ երեք որդի. Սեմ, Քամ
Tid2	38C	հրեշտակն	Նոյի	եւ ասաց թէ առ երեք
Tid2	38F	զոր քարոզէր	Նոյ	ասելով, թէ դարձիք ի
Tid2	38G	ծաղր առնէին զ	Նոյ	եւ ասէին. գիտեմք զի ընդ
Tid2	38G	տնազ առնէին զ	Նոյ	[38H] Եւ յետ քսան տարւոյն
Tid2	38H	ի տապանն. իսկ	Նոյ	խնդրեաց համբերել ի
Tid2	38H	…մայեաց Աստուած	Նոյի	առնուլ զորդիսն եւ
Tid2	41	ի միջնատունն	Նոյ	եւ որդիքն. իսկ ի
Tid2	45	[45] Յորում բացաւ	Նոյ	զպատուհանն եւ առաքեաց զ
Tid2	47	[47] Եւ բացեալ	Նոյի	զտապանն եւ ետես զգլուխ
Tid2	53	[53] Եւ երեւեցոյց	Նոյի	զաղեղն ընդ ամպս կանանչ
Tid2	57	…եղեղին ապրեցաւ	Նոյ	երեքհարիւր եւ յիսուն
Tid2	57	անդ է գերեզմանն	Նոյի	[58] Եւ կնոջ գերեզմանն ի

Նոյեմզառա name

Tid1	33	անուն նորա	Նոյեմզառա	գնա առ քեզ ի

նոյն pronoun

AbCn2	3	Ադամ պատուէր ետ զ	նոյն	կատարել որդւոց իւրոց զի Ադամայ
AbCn2	12	կամաց քոց: [12]	Նոյն	ժամայն քաղցր հոտմն հնչեաց եւ
Exp2	28	…եշտակին: [28] Որ	նոյն	ողորութեամբն
Tid2	43	ի տապանն, եւ ի	նոյն	խեղդեցան: [44] Մինչեւ

նոյնժամայն adverb

Rep	94	եւ ողբայր Եւայ	նոյնժամայն	ցաւեաց գլուխ նորա եւ

նոյնչափ **adverb**

Tid1	3	*Կայենին*	*նոյնչափ*	*մխիթարիս ի Սեթայ*: [4]
Tid2	3	*Կայէնի եւ Աբէլի*	*նոյնչափ*	*խնդաս եւ մխիթարիս*

նոյնպէս **adverb**

AbCn2	21	*Դարձեալ դու ինձ արա*	*նոյնպէս*	*երեք անգամ պատէ զիս*
Exp1	2	*...նապա զլոյս էր*	*նոյնպէս*	*զիտացին թէ աշխարհս*
Exp2	2	*լոյս էր. եւ*	*նոյնպէս*	*զիտէին թէ աշխարհս*
WdsAd	10	*զի որպէս մահարար է*	*նոյնպէս*	*կենդանատու եւ լուսաւորիչ*

նոր **adjective**

Tid1	27	*է, եւ լինիս*	*նոր*	*Ադամ. զի ի զաւակէ քումմէ*
Tid2	2	*վախեմ թէ այլ*	*նոր*	*սուգ բերէ ինձ*: [3] *Աստ*
Tid2	27	*զի դու եղիցիս*	*նոր*	*Ադամ. զի սոքա ամենեքեան*

նորաստեղծ **adjective**

Creat1	27	*էր. քանզի*	*նորաստեղծ*	*էր, զի Աստուած իւր*
Creat2	30	*գեղեցիկ էր զի*	*նորաստեղծ*	*էր եւ իբրեւ սպիտակ*

նուէր **noun**

AbCn1	11	*աղաչեմ զքեզ ընկալ զ*	*նուէրս*	*որ մատուցանեմ քեզ բաժին ի*
AbCn2	11	*աղաչեմ զքեզ ընկալ զ*	*նուէրս*	*իմ զոր մատուցանեմ քեզ բաժին*

նստիմ **verb**

Rep	21	*եւ ի ստուերս մահու*	*նստելոյս*	[22] *Ի՞ւ ապրիմ զի ահա*

շահեմ **verb**

AbCn1	33	*յաշխարհէս եւ դու*	*շահեա*	*զսիրտ ծնօղաց մերոց*: [34]

շաղախեմ **verb**

AbCn1	52	*բերին արիւնիւ*	*շաղախեալ*	*մարմինն Աբելի,> լային եւ*
AbCn1	57	*զԱբէլ արեամբ*	*շաղախեալ*	*եւ Կայէն պատուհասիւ*
AbCn2	52	*բերին արեամբ*	*շաղախեալ*	*զմարմինն Աբէլի. որ եւ կոծ*
AbCn2	57	*զԱբէլ արեամբ*	*շաղախեալ*	*եւ զԿայէն պատուհասեալ*
Tid2	2	*տեսանեմ արեամբ*	*շաղախեալ*	*նա ցաւի սիրտ իմ եւ*

շաղափ **noun**

Tid1	38B2	*ծակիչին եւ*	*շաղափին*	*սղոցին եւ խիզարին*
Tid1	38C	*եւ սղոցին եւ*	*շաղափին*	*ձայնն որ ասէին*

Շամայ **name**

Rep	101	*իւր որ արդ եւս կոչի*	*Շամայ*	*տուն որ է Սեմայ տուն* [102]

շատ **adjective**

AbCn2	29	*եղբօրն*: [29] *Իբրեւ*	*շատ*	*աղաչեաց Աբէլ զեղբայրն եւ ոչ*
Creat1	22	[22] *Աստ Եւայ*	*Շատ*	*կերայ, վասն այն մերկացայ*
Creat2	22	[22] *Եւ ասէ Եւա. ես*	*շատ*	*կերայ վասն այն մերկացայ*
Creat2	24	*Եւա. թէպէտ եւ դու*	*շատ*	*ուտիցես ոչ մերկասցին զի*

շատանամ verb

AbCn2	40	էր, որ քանի ուտէր, ոչ	կշտանայր	[41] Չորրորդ պատուհասն

շինեմ verb

Tid1	25	Նոյի տապան	շինել	եւ ամուսնանալ: [26]
Tid1	34	<արա> տապան	շինելոյ	հարիւր յիսուն
Tid1	37A	[37A] Սկիզբն արար	շինել	զտապանն. եւ յորժամ
Tid1	37Y	[37Y] Եւ ի տապան	շինել	կացին ձայնէր, ուրաքն
Tid1	38B4	ութսուն տարումն	շինեաց	զտապանն: [38B5] Եկն
Tid1	38B4	բլրի վերայ	շինէր	զտապանն թէ աստ Ջուրն
Tid1	38B5	եւ սկսաւ տապանն	շինել	երեք որդիք եղեւ նմայ
Tid1	38D4	հարիւր տարումն	շինեաց	դարձեալ Նոյայ ծնաւ
Tid1	38D4	բարձր բլրի	շինէր	եւ աստ Ջուր հասանի
Tid2	21	եւ զարդարիլ եւ	շինեցին	ծարուրս եւ դեղեցին զ
Tid2	34	բարձրութիւն. եւ	շինեա	երեք տուն. վերնատուն
Tid2	34	կնութիւն: [34] Եւ	շինեսցես	տապան երեքհարիւր
Tid2	37	արաւ տապան	շինել	ի վերայ բարձր բլրի
Tid2	37	միոյ. եւ որքան	շինէին	նա ձայն տայր ուրաքն
Tid2	38A	դու որ զտապանդ	շինես	դու պիտի ապրիս եւ մեք
Tid2	38G	քակեմք եւ տուն	շինեմք	զփայտն նորա. եւ այլ

շնամ verb

Tid1	23Y	կենօք համապազ	շնային	եւ ոչ յիշեցին զ

շնորհ noun

Rep	68	[68] Եաւթներորդ զի ի	շնորհաց	դատարկացան [69] Ութերորդ

շուն noun

Tid1	23D	եղեն իբրեւ զ	շուն	եւ ոչ ճանաչէին զքորս զ
Tid1	23Y	պղծագործ քան զ	շուն	այլ ոչ հայր զդուստրն
Tid2	23	նոսա, իբրեւ զ	շուն	ըկեցին զամենեսին. ոչ

շուտով adverb

Rep	24	դիւրամաչ է եւ	շուտով	անցանէ [25] Աւէ Եւայ մեր
Rep	83	ես յաշխարհիս թէ	շուտով	մեռանիմ [84] Զի՞նչ առնեմ

շուրջ adverb

Tid2	44	մինչ ի մէկ տարի	շուրջ	եկեալ տապանն, եւ

շրջեմ verb

AbCn1	15	ըմպէին ի միասին եւ	շրջէին	[16] Իսկ ի միում աւուր աւէ
AbCn1	16	Գնասցուք ի դաշտն	շրջեսցուք	[17] Եւ ելեալ գնացին ի.
AbCn1	26	Կայէն աստ եւ անդ	շրջէր	թէ իրք մի գտցէ, եւ այնով
AbCn2	15	ուտէին եւ խմէին եւ	շրջէին	[16] Իսկ ի միում աւուր աւէ
AbCn2	26	Կայէն աստ եւ անդ	շրջէր	եւ ոչ գիտէր թէ որով պիտի
AbCn2	43	լալով եւ ողալով	շրջէր	[44] Եօթներորդ պատուհասն այն
Creat1	13	եւ զԵւայ, զի	շրջէին	եւ պտղոյն ուտելովն
Creat2	14	Հեռացաւ Ադամ եւ	շրջէր	ի դրախտն, օձն խօսեցաւ

Rep	60	միշտ եւ երերալի	շրջէր	ի վերայ երկրի անդադար զցայգ
Tid1	18	Հարիւր կանայս	շրջէին	եւ կռուէին ի վերայ մի
Tid1	46	աղաւնին	շրջեալ	ի գլուխս լերանց եւ

շրջեցուցանեմ verb

Tid2	18	Հարիւր կնոջ	շրջեցուցանէին	զոր եւ

ոգի noun

Rep	9	սրտին Հեղէր եւ յ	ոգւոց	Հանէր լեարդն այրէր սիրտն
Rep	81	կայր եւ քաղէին	ոգիքն	ի սաստիկ ցաւոյն որ կալեալ էր զ
Tid2	17	Հարիւր եւ քսան	ոգի	[18] Բայց ազգին Կայենի

ոխանամ verb

AbCn1	14	[14] Իսկ Կայէն	ոխացաւ	ընդ Աբելի, կամէր սպանանել զ
AbCn2	14	Աբէլի։ [14] Իսկ Կայէն	ոխացաւ	ընդ Աբէլի եւ կամէր սպանանել

ողբամ verb

AbCn1	57	եւ Եւայ լային եւ	ողբային	վասն զաւակացն իւրեանց։ [58]
AbCn2	52	մեծ ահին լալով եւ	ողբալով	եւ միշտ սուգ կենային ի
Exp1	22	լացին եւ	ողբացին	մինչեւ եօթն օրն
Exp2	22	լացին եւ	ողբացին	մինչեւ Հինգ օր անօթի
Rep	7	որոյ սկսաւ լալ եւ	ողբալ	մեծակական ձայնիւ [8] Վասն զի
Rep	19	փկութենէ ձերմէ	Ողբացէք	զտարամերժեալս ի
Rep	19	ււտարացեալս ի ձէնջ	Ողբացէք	զարտաքսեալս ի
Rep	19	բնակչիս ձերոյ	Ողբացէք	զիս զաւտարացեալս ի ձէնջ
Rep	19	վայելչութեան [19]	Ողբացէք	զիս եւ կոծեցարուք ի
Rep	82	ծնունդք նորա լային եւ	ողբային	զԱդամ եւ Ադամ կայր առաջի
Rep	94	մինչ դեռ լայր եւ	ողբայր	Եւայ նոյնժամայն ցաւեաց

ողորմիմ verb

AbCn1	28	լայր, եւ ասէր. Ո՞չ	ողորմիս	մեր ծնօղացն։ [29] Իսկ Կայէն
AbCn1	29	[29] Իսկ Կայէն ոչ	ողորմեցաւ	նմա։ [30] Իբրեւ եկն ի
AbCn1	51Y	զԱստուած եւ	ողորմեցաւ	նմա Տէրն վասն բազում
AbCn1	59	կոծօք։ [59] Իսկ	ողորմեցաւ	Տէր, եւ առաքեաց <աւետիս>
AbCn2	1	խաւարային, դարձեալ	ողորմեցաւ	ինձ Աստուած եւ առաքեաց զ
AbCn2	51	եւ զաղաչանք կնոջն	ողորմեցաւ	Աստուածն ամենայնի. եւ
AbCn2	58	[58] Իսկ Աստուած	ողորմեցաւ	եւ առաքեաց աւետիք վասն
Creat1	28	Մի թէ Աստուած	ողորմի՞	ինձ եւ ոչ
Creat1	47	<Հետ վեց աւուրն>	ողորմեցաւ	նոցա Տէր, եւ
Creat2	51	[51] Ապա դարձեալ	ողորմեցաւ	Տէրն ի վերայ նոցա
Exp1	5	ինչ։ [5] Դարձեալ	ողորմեցաւ	Տէր եւ առաքեաց զ
Exp1	23	յետ եօթն աւուրն	ողորմեցաւ	նոցա Տէրն, եւ
Exp2	5	[5] Ապա կրկին	ողորմեցաւ	մեզ Աստուած. եւ
Exp2	28	ողորութեամբն	ողորմեսցի	Քրիստոս Աստուած
Rep	20	զիս զթշուառականս	Ողորմեցարուք	ինձ որ երբեմն տէր
Rep	21	ինձ կործանեցելոյս	Ողորմեցարուք	ինձ ի խաւարի եւ ի
Rep	21	ինձ մեղուցելոյս	Ողորմեցարուք	ինձ զլորելոյս
Rep	21	ինձ մերկացելոյս	Ողորմեցարուք	ինձ մեղուցելոյս

Rep	21	*ինձ տարակուսելոյս*	*Ողորմեցարուք*	*ինձ մերկացելոյս*
Rep	21	*ինձ վտանկելոյս*	*Ողորմեցարուք*	*ինձ տարակուսելոյս*
Rep	21	*ինձ տառապելոյս*	*Ողորմեցարուք*	*ինձ վտանկելոյս*
Rep	21	*ինձ անարգ Հողոյս*	*Ողորմեցարուք*	*ինձ տառապելոյս*
Rep	21	*Ով արեգակն եւ լուսին*	*ողորմեցարուք*	*ինձ անարգ Հողոյս*
Rep	73	*ձերոցդ բարեաց*	*Ողորմեցարուք*	*վտանկելոյ ի ձեր*
Rep	73	*գրկելոյս ի ձէնջ*	*Ողորմեցարուք*	*կարաւտելոյս*
Rep	73	*ւածատունկ դարաստան*	*Ողորմեցարուք*	*գրկելոյս ի ձէնջ*

***ողորմութիւն* noun**

Creat2	28	*եւ յարտասուքն*	*ողորմութիւն*	*անկանէր ի սիրտն*
Tid2	54	*քո. զի Հասեալ է*	*ողորմութիւն*	*իմ ի վերայ նոցա*
Exp2	28	[28] *Որ նոյն*	*ողորութեամբն*	*ողորմեսցի*

***ողջակէզ* noun**

AbCn2	11	*Իսկ Աբէլ մատոյց զ*	*ողջակէզսն*	*անդրանիկ գառանցն առաջի*

***ոյժ* noun**

AbCn1	18	*փորձիլ, զի տեսցէ յ*	*ուժն*	*իւր յաղթել կարէ զնա. քանզի որ*
AbCn1	22	*փորձեաց թէ ում*	*ուժն*	*աւելի* <*է*>: [23] *Իբրեւ գնաց Աբ*
AbCn1	22	*զնա*: [22] *Եւ նա*	*ուժով*	*էր, այնու փորձեաց թէ ում ուժն*
AbCn2	17	*ի դաշտն. ապա Աբէլ*	*ուժով*	*էր քան զԿայէն վասն այն ոչ*
AbCn2	21	*թէ որս է զօրեղ եւ*	*ուժով*	[22] *Իբրեւ գրկեաց զծառն Աբէլ*

***ոչ* adverb**

AbCn1	6	*բաժին. բայց*	*ոչ*	*մատոյց վասն սիրոյ եղբօրն. քանզ*
AbCn1	10.2	[10.2] *եւ* <*Հասկ մի*>	*ոչ*	*գտաւ. կարկտիւ եՀար զԿայենի եր*
AbCn1	14	*սպանանել զնա բայց*	*ոչ*	*գիտէր սպանանել, զի այլ սպանում*
AbCn1	14	*զի այլ սպանումն*	*ոչ*	*էր եղեալ*: [15] *Բայց Աբել ոչ գ*
AbCn1	15	*եղեալ*: [15] *Բայց Աբել*	*ոչ*	*գիտէր զչար խորՀուրդն եղբօրն,*
AbCn1	17	*Կայէն, վասն այնորիկ*	*ոչ*	*յայտնել կարէր Կայէն զխորՀուրդ*
AbCn1	18	*վայր անկաւ եւ*	*ոչ*	*կարաց յաղթել զԱբէլ*: [19] *Եւ*
AbCn1	24	*կապէն*: [24] *Եւ Կայէն*	*ոչ*	*արձակէր, այլ պնդագոյն կապէր*
AbCn1	26	*զեղբայրն, եւ*	*ոչ*	*գիտէր թէ որոյ տեղ է սպանելոյ*:
AbCn1	28	*Աբէլ լայր, եւ ասէր*	*Ո՞չ*	*ողորմիս մեր ծնօղացն*: [29] *Իսկ*
AbCn1	29	[29] *Իսկ Կայէն*	*ոչ*	*ողորմեցաւ նմա*: [30] *Իբրեւ եկն*
AbCn1	30	<*զի*> *կարօտ*	*չ*	*մնայ ի սրտիս. դու գիտես*
AbCn1	42	*էր,* <*որ քանի*> *ուտէր*	*ոչ*	*լիանայր*: [43] *ե. Հինգերորդն*
AbCn1	43	*սիրտն ուզէր եւ ուտել*	*չ*	*կարէր, եւ իբր թէ ուտէր, ի վայր*
AbCn1	44	*էր, որ քուն չունէր*	*ոչ*	*գիշերն եւ ոչ ցերեկն*: [45] *է*
AbCn1	44	*չունէր ոչ գիշերն եւ*	*ոչ*	*ցերեկն*: [45] *է. Եօթներորդն*
AbCn1	44	*այն էր, որ քուն*	*չ*	*ունէր ոչ գիշերն եւ ոչ ցերեկն*:
AbCn1	45	*որ Աստուած նմա մաՀ*	*ոչ*	*Հրամայեաց, այլ ասաց Տէրն. Ով ո*
AbCn1	46	*փափաք ունէր, եւ*	*ոչ*	*մեռանէր*: [47] *Իսկ* <*մորթ*> *մի*
AbCn1	53	*իսկ Համապազ արիւնն*	*ոչ*	*ցամաքէր, եւ ոչ Հոտէր եւ ոչ որդ*
AbCn1	53	*ոչ ցամաքէր, եւ*	*ոչ*	*Հոտէր եւ ոչ որդնէր մարմինն*: [
AbCn1	53	*եւ ոչ Հոտէր եւ*	*ոչ*	*որդնէր մարմինն*: [54] *Քանզի*
AbCn1	55	*ի մարմինն Աբելի*	*ոչ*	*ոք էր մեռեալ, եւ այնու ոչ Հողա*

AbCn1	55	էր մեռեալ, եւ այնու	ոչ	հողանայր եւ ոչ ցամաքէր արիւնն
AbCn1	55	այնու ոչ հողանայր եւ	ոչ	ցամաքէր արիւնն Աբելայ: [56]
AbCn1	58	երկերիւր տարի Ադամ	ոչ	մերձեցաւ ի կինն, ասէր թէ վախեմ
AbCn2	6	բաժին. բայց	ոչ	մատոյց Աստուծոյ վասն եղբօրն թէ
AbCn2	10	հասկս նորա. եւ	ոչ	մնաց մի ցորեան. եւ Կայէնի երես
AbCn2	14	սպանանել զնա բայց	ոչ	գիտէր թէ որպէս սպանցէ զնա. զի
AbCn2	14	սպանցէ զնա. զի դեռ	չ	էր սպանումն եղեալ ի վերայ երկր
AbCn2	15	[15] Եւ եւս Աբէլ	ոչ	գիտէր զչար խորհուրդն Կայէնի.
AbCn2	17	զԿայէն վասն այն	ոչ	կարէր յայտնել զխորհուրդն իւր:
AbCn2	18	բռնեցին, Կայէն	ոչ	կարաց յաղթել զեղբայրն: [19]
AbCn2	24	սպանաներ զիս. զի ես	ոչ	թշնամի եմ քեզ, այլ բարեկամ եւ
AbCn2	24	քոց. ես առանց քեզ	ոչ	կարեմ ժամ մի կենալ: [25] Դու
AbCn2	26	աստ եւ անդ շրջէր եւ	ոչ	գիտէր թէ որով պիտի սպանանել զ
AbCn2	29	Աբէլ զեղբայրն եւ	ոչ	լսեց նմա: [30] Եւ ասաց Աբէլ.
AbCn2	30	համբուրեմ զքեզ. զի	ոչ	մնամ կարօտ ի քէն: [31] Այլ Կա
AbCn2	31	ի քէն: [31] Այլ Կայէն	ոչ	ետ պատասխանի. ըմբռնեալ զքարն
AbCn2	31	եւ քարն փոքր էր եւ	ոչ	կորատէր: [32] Նա լալով աղաղակ
AbCn2	32	զի ինձէն խապար	չ	ունին նոքա որ ի նոցանէ հալալու
AbCn2	33	[33] Եւ ամենեւին	ոչ	լսեց. այլ չարաչար բռնութեամբ
AbCn2	36	թէ երբ պահապան	չ	էիր սպանօղ վասն է՞ր եղեր: [37
AbCn2	40	էր, որ քանի ուտէր	ոչ	կշտանայր: [41] Զորրորդ
AbCn2	41	էր, որ ինչ որ ուզէր նա	ոչ	հասանէր ուտել եւ ընդ վայր խուզ
AbCn2	42	յաչքն ամենեւին քուն	չ	էր մտանէր: [43] Վեցերորդ
AbCn2	44	էր, որ Աստուած մահ	ոչ	հրամայեաց Կայէնի: [45] Այլ աս
AbCn2	46	զի զմահն կուզէր եւ	ոչ	մեռանէր: [47] Ի ժամանակին յ
AbCn2	53	զի հանապազ արիւնն	ոչ	ցամաքէր. ոչ հօտէր եւ ոչ որդնէր
AbCn2	53	արիւնն ոչ ցամաքէր	ոչ	հօտէր եւ ոչ որդնէր. զի էր իբրե
AbCn2	53	ցամաքէր. ոչ հօտէր եւ	ոչ	որդնէր. զի էր իբրեւ զքուն. ոչ
AbCn2	53	զի էր իբրեւ զքուն	ոչ	փտէր, եւ ոչ հող լինէր: [54] Ք
AbCn2	53	զքուն. ոչ փտէր, եւ	ոչ	հող լինէր: [54] Քանզի Աստուած
AbCn2	55	ի մահն Ադամայ այլ	ոչ	ոք մեռաւ. վասն այն ոչ ի հող
AbCn2	55	ոք մեռաւ. վասն այն	ոչ	ի հող դառնայր մարմինն Աբէլի:
AbCn2	57	եւ սգոյն իւրեանց այլ	ոչ	մերձեցան առ միմեանս, զի մի այլ
Creat1	3	պիղծն Սատանայ	ոչ	կամեցաւ օրհնաբանել զ
Creat1	11	ահէն հրեշտակաց	ոչ	իշխէր ի դրախտն մտանել: [12]
Creat1	14	գեղեցիկ պտղոյս	ոչ	ճաշակես: [15] Ասէ Եւայ. Զի
Creat1	15	պատուէր ետ	չ	ուտել ի պտղոյդ. իբրեւ
Creat1	16	նման էր, քաղի	չ	էր կերեալ ի պտղոյդ. իբրեւ
Creat1	17	այն ասաց ձեզ	չ	ուտել ի պտղոյդ զի հաւասար
Creat1	21	[21] Ասէ Ադամ	Ոչ	կարեմ ուտել ի դմանէ, եւ
Creat1	23	[23] Ասէ Ադամ	Ոչ	կարեմ ճաշակել եւ քեզ նման
Creat1	24	Թէպէտ ուտես	ոչ	բարկանայ քեզ Աստուած, զի
Creat1	26	…րկանայր: [26] Թէ	ոչ	ճաշակէր, կինն լայր եւ
Creat1	28	ողորմի՞ ինձ եւ	ոչ	մերկացուցանէ. ե՞րբ թէ
Creat1	29	[29] Զի զայս	ոչ	իմացաւ, թէ պահեալ էր զ
Creat1	30	արար, ասաց թէ	ոչ	կարեմ ապրիլ առանց կնոջս
Creat1	31	լուսոյն: [31] Զի	ոչ	թէ պտուղն չար էր, քան զի
Creat1	31	ի դրախտի մէջն	ոչ	կայր. այլ չարն այն էր, որ

Creat1	41	արարեր զայդ	ոչ	լուար խրատոյ իմոյ, այլ
Creat1	48	դրախտին. բայց	ոչ	սովաւ մահ <լինիմք> եւ կամ
Creat1	48	ասացին. թէպէտ	չ	է բարութիւն, եւ աշխարհիս
Creat1	48	լոյս եւ պտուղս	չ	են հաւասար լուսոյ եւ պտղոյ
Creat2	3	հպարտացաւ եւ	ոչ	կամէր օրհնել զԱստուած
Creat2	9	Տեառն. եւ թէ	ոչ	զփչալից աշխարհն
Creat2	11	ի հրեշտակաց եւ	ոչ	կարէր. ապա օձն էր թեւաւոր
Creat2	13	եւ ի մի ծառոյն	ոչ	ուտէր: [14] Իբրեւ հեռացաւ
Creat2	14	այդ մին ծառոյն	ոչ	ճաշակես, որ գեղեցիկ է
Creat2	17	այն ասաց ձեզ	չ	ուտել. զի մի կերեալ հաւասար
Creat2	23	[23] Ասէ Ադամ	ոչ	կարեմ ճաշակել եւ քեզ նման
Creat2	24	դու շատ ուտիցես	ոչ	մերկացին զի սիրէ զքեզ
Creat2	27	ուտել եւ երբեմն	ոչ	[28] Բայց երբ հայէր կնոջ յ
Creat2	31	սիրոյն կնոջն	ոչ	կարաց պահել զինքն եւ
Creat2	35	[35]Ասէ Աստուած	ո՞չ	ասացի քեզ թէ մի ուտեր ի
Creat2	45	դրախտին: [45] Զի	ոչ	թէ պտուղն չար էր որ կերան
Creat2	46	խօսքն եւ	չ	էր կերեալ զպտղն այլ յետոյ
Creat2	47	[47] Ապա ետես որ	ոչ	պահեաց զհրաման Աստուծոյ
Creat2	52	երեկոյն եւ	ոչ	գիտէին թէ արեգակն մտանէ
Exp1	2	զնոսա, այլ	ոչ	տեսանեն զլոյս. քանզի
Exp1	2	եղիցի. զայն	ոչ	գիտէին թէ յաշխարհս գիշեր
Exp1	2	գիտացին թէ այլ	ոչ	լուսանայ, լացին եւ կոծեցան
Exp1	5	աշխարհս, թէպէտ	չ	էր հաւասար լուսոյ
Exp1	6	լոյս էր: [6] Իսկ	ոչ	գիտեմք թէ զի՞նչ
Exp1	8	[8] Ասէ Ադամ. Եւ	ոչ	ինչ: [9] Ասէ Սատանայ. Զի է
Exp1	9	Զի է, ընդէ՞ր	ոչ	ասացիք զձեզ ծառայ նմա
Exp1	10	զմե զեւզ այդ	ոչ	իմացաք ասել: [11] Ասէ
Exp1	18	եղիցին: [18] Եւ թէ	ոչ	ասես այսպէս, խոր խաւար
Exp1	23	անծին ես եմ որ	ոչ	ոք ծնաւ. անմահն իմ
Exp1	23	<ասէ>, որ	ոչ	ունի զմահ. վասն այն
Exp1	23	Սատանայի. բայց	ոչ	թողում զքեզ գերի ի ձեռն
Exp1	23	պատկեր իմ ես	ոչ	կորուսից զքեզ եւ ոչ թողից
Exp1	23	զքեզ եւ	ոչ	թողից ի ձեռն նորա: [24] Զի
Exp2	1	բայց լոյս էր. նա	ոչ	գիտէր թէ ի մայրն մտանէր
Exp2	1	…եգականն թէպէտ	չ	էր հաւասար արեգական լոյսն
Exp2	2	մութ եղեւ եւ այլ	ոչ	լուսանայ. քանզի դրախտն
Exp2	2	լուսով լինի. զի	ոչ	գիտէին թէ ցերէկն գիշեր
Exp2	6	աշխարհ: [6] Այլ	ոչ	գիտեմք թէ ինչ չար
Exp2	9	նմա. երբ զայդ	ոչ	արարիք վասն այն խաւար
Exp2	10	զմեզ եւ զայդ	ոչ	իմացաք: [11] Ասէ Սատանայ
Exp2	18	եղիցի: [18] Եւ եթէ	ոչ	ասէք այսպէս. դարձեալ
Rep	23	պտղոց ձերոց ընդէ՞ր	ոչ	լայք զկարաւտեալս առատութեանց
Rep	23	ձերոց ընդէ՞ր	ոչ	լայք զպասքեալս ի պտղոց ձերոց
Rep	23	ձերմէ ընդէ՞ր	ոչ	լայք զքաղցեալս ի բարեաց
Rep	23	ի ձէնջ ընդէ՞ր	ոչ	լայք զխաւարեալս ի լուսոյդ
Rep	23	ոչ լայք զԱդամ ընդէ՞ր	ոչ	լայք զզրկեալս ի ձէնջ ընդէ՞ր ո
Rep	23	ծառք զի՞ կայք ընդէ՞ր	ոչ	լայք զԱդամ ընդէ՞ր ոչ լայք զ
Rep	25	ի վերայ մեր եւ	ոչ	մեռաք [26] Եւ այնպէս սգացին

Rep	25	զմեզ մեռուցանէ	ոչ	գիտեմք զի աՀա աւր մի եւ գիշեր
Rep	33	եւ նա ոչ լսէր եւ	ոչ	մնայր ի փորն այլ փսխէր ի դուրս
Rep	33	Թող յարենէդ եւ նա	ոչ	լսէր եւ ոչ մնայր ի փորն այլ
Rep	39	զարիւն նորա որ բնաւ	ոչ	երեւեցաւ [40] Յայնժամ կալաւ
Rep	39	Եւայ եւ եկն անդ այլ	ոչ	եգիտ զմարմինն Հաբելի զի
Rep	46	Աստուծոյ եւ ասաց	Ոչ	գիտեմ [47] Եւ Աստուած վասն ա
Rep	48	նա լրբութեամբ ասաց	Ոչ	գիտեմ մի Թէ պաՀապա՞ն իցեմ
Rep	54	Զորրորդ Եւ երկիր	ոչ	տայ քեզ զպտուղ իւր զի արեամբ
Rep	75	ի պտուղն ընդէ՞ր	ոչ	խաւարեցայք [76] Ով ոտք որ
Rep	76	ծառն մաՀաբեր ընդէ՞ր	ոչ	կոտորեցայք [77] Ով ձեռք որ
Rep	77	Հատիք զպտուղն ընդէ՞ր	ոչ	գաւսացայք [78] Եւ այսպիսի լաւ
Rep	84	առնեմ զկնի քո զի ես	ոչ	ինչ իմանամ [85] Ասէ Ադամ Ոչ
Rep	85	[85] Ասէ Ադամ	Ոչ	յամես այլ ի միասին մեռանիմք եւ
Tid1	2	[2] Ասաց Ադամ	Չ	կարեմ մերձենալ կնոջս. զի
Tid1	5	դեռ այլ զաւակ	չ	ունէր բայց ի Կայենայ ազգէն
Tid1	7	...ուսմանալ, բայց	ոչ	եղեւ, կոյս նաՀատակեցաւ: [8]
Tid1	9	զազգն Կայենի եւ	ոչ	խառնակէին ընդ ազգին
Tid1	13	[13] Վասն այն	ոչ	ամուսնացաւ Ենովք: [14]
Tid1	15	իսկ ինքն Ենովք	ոչ	ճաշակեաց ամենեւին. այլ
Tid1	15	...գեգործ եղեւ եւ	ոչ	ճաշակեաց ի նմանէ: [16] Իսկ
Tid1	19	եղբայրք նորա	ոչ	խառնէին ընդ նոսա, եւ
Tid1	20Y	ընդ նոսա, եւ	ոչ	գոյր Հնար խառնակելոյ ընդ
Tid1	21D	ազգն Կայենայ որ	ոչ	խառնակէին ընդ իւրեանց
Tid1	23D	իբրեւ զշուն եւ	ոչ	ճանաչէին զքորս զեղբարս
Tid1	23D	գործէին, եւ	ոչ	յիշէին զԱստուած: [24] Իսկ
Tid1	23Y	քան զշուն, այլ	ոչ	Հայր զդուստրն ճանաչէր եւ
Tid1	23Y	ճանաչէր եւ	ոչ	մայր զորդին <ջոկէր> ոչ
Tid1	23Y	որդին <ջոկէր>	ոչ	քոյր զեղբայր, եւ այնպիսի
Tid1	23Y	չնային, եւ	ոչ	յիշեցին զԱստուած: [23D]
Tid1	26	...ւսնանալ, եւ Նոյ	ոչ	կամէր ամուսնանալ, զի
Tid1	31	...ամանք Տեառն է	ոչ	կարես արգելուլ: [32] Ասէ Նոյ
Tid1	32	[32] Ասէ Նոյ	Ոչ	գիտեմ եԹէ մաքուր կին
Tid1	38D3	ականջս նոցա	ոչ	ի սիրտս առնէին ոչ դառնէին
Tid1	38D3	ի սիրտս առնէին	ոչ	դառնէին ի չարուԹենէն եւ
Tid1	41	եւ մարդիք	ոչ	իմացան: [42] Եւ եմուտ Նոյ ի
Tid1	45	զէշերուն, այլ	ոչ	դարձաւ: [46] Իսկ արձակեաց զ
Tid1	54	<որդւոց> քո, այլ	ոչ	ածից ՋրՀեղեղ ի վերայ
Tid2	2	[2] Ասէ Ադամ	ոչ	կամիմ մերձենալ ի կինդ. զի
Tid2	9	կային եւ	ոչ	Ժառանգէին ընդ ազգն
Tid2	10	միշտ տրտմիք եւ	ոչ	ուրախանայք: [11] Նա ասաց
Tid2	13	պարտքն: [13] Եւ	ոչ	ամուսնացաւ: [14] Այլ տնկեաց
Tid2	14	...չակէր. եւ ինքն	ոչ	ամենեւին ուտէր ի պտղոյն
Tid2	15	այգւոյն կեցաւ եւ	ոչ	կերաւ ի պտղոյ անտի: [16]
Tid2	20	[20] Եւ նոքա	ոչ	տային Թոյլ այլ ծեծէին եւ
Tid2	23	[23] Միայն զՆոյ	ոչ	կարացին խաբել. եւ այլք
Tid2	23	զամենեսին	ոչ	Հայելով զքոյր եւ զ
Tid2	25	[25] Ասէ Նոյ	ոչ	կամիմ ամուսնանալ վասն
Tid2	45	անկաւ ի լեռն այլ	ոչ	դարձաւ: [46] Եւ յետ երեք

Tid2	50	*յԱստուծոյ այլ*	*ոչ*	*պատուհասել ջրով զորդիս*
Tid2	51	*եղեւ առ նա թէ*	*ոչ*	*կորուսանեմ այսպիսի*
WdsAd	1	*Ադամ ցՍէթ. Որդեակ*	*ոչ*	*է այս բնակութիւնս մեր. զի այս*
WdsAd	2	*որոյ չուտել. (իսկ) մեք*	*ոչ*	*պահեցաք զպատուիրանն եւ*
WdsAd	2	*ի պտղոյն եւ յորոյ*	*չ*	*ուտել (իսկ) մեք ոչ պահեցաք*
WdsAd	3	*քառասուն գիշեր հաց*	*ոչ*	*եկեր եւ ջուր ոչ էարբ: [4] Եւ*
WdsAd	3	*հաց ոչ եկեր եւ ջուր*	*ոչ*	*էարբ: [4] Եւ ասէ առ Տէր յաղօ*
WdsAd	9	*հրամայեաց մեզ Տէրն*	*չ*	*ուտել մեզ: [10] Եւ ասէ Սէթ ց*
WdsAd	12	*հայրն իմ Ադամ, թէ*	*ոչ*	*էր այս բնակութիւնս մեր, այլ այ*
WdsAd	13	*որոյ չուտել. իսկ նորա*	*ոչ*	*պահեալ զպատուիրանն, մերկացեալ*
WdsAd	13	*ի պտղոյն եւ յորոյ*	*չ*	*ուտել իսկ նորա ոչ պահեալ զ*
WdsAd	14	*գիշեր ամենեւին*	*ոչ*	*ճաշակեաց: [15] Եւ յետ այնորիկ*

***ոչինչ* noun**

Rep	26	*անաւթի զաւուրս հինգ*	*ոչինչ*	*ճաշակեալ [27] Եւ ապա յետ*

***ոչխար* noun**

AbCn1	6	*Աստուծոյ. զի Աբելի*	*ոչխարն*	*ծնաւ հազար եւ մի պուտ ունէր*
AbCn2	4	*էր եւ Աբէլ հովիւ*	*ոչխարաց*	*[5] Իսկ Ադամ խրատեաց զ*
AbCn2	6	*[6] Իբրեւ եղեւ ծնունդն*	*ոչխարաց*	*Աբէլի, նա մէկն հազար եղեւ*

***ոսկր* noun**

Creat1	7	*Ահա ոսկր ի յ*	*ոսկերաց*	*իմ, եւ մարմին ի*
Creat1	7	*Եւ ասաց Ադամ. Ահա*	*ոսկր*	*ի յոսկերաց իմ, եւ*
Creat2	7	*ահա սա ոսկր յ*	*ոսկերաց*	*իմոց, եւ մարմին ի*
Creat2	7	*Եւ ասաց, ահա սա*	*ոսկր*	*յոսկերաց իմոց, եւ*

***ով* pronoun**

AbCn1	21	*վերայ իմ, տեսցուք զի*	*ով*	*կարէ կտրել զնա: [22] Եւ նա ո*
AbCn1	22	*էր, այնու փորձեաց թէ*	*ում*	*ուժն աւելի <է>: [23] Իբրեւ զն*
AbCn1	35	*նա լրբութեամբ ասաց*	*ո՞վ*	*ետ ինձ պահ որ խնդրես յինէն:*
AbCn1	45	*այլ ասաց Տէրն*	*ով*	*որ սպանիցէ զԿայէն, նա նորա*
Rep	74	*ի ձեր դիմաց [74]*	*Ո՞վ*	*տայ ինձ տեսանել զձեզ ծառք*
Tid2	14	*դրախտին. եւ*	*ով*	*ոք որ անցանէր, նա ի պտղոյն*

***ով* interjection**

Rep	20	*զիս զվտանկեալս*	*Ով*	*անասունք հայեցարուք յիս ի*
Rep	20	*եւ տեսէք զլաց իմ*	*Ով*	*գազանք տեսէք զիս զվտանկեալս*
Rep	20	*ձերմէ [20]*	*Ով*	*թռչունք երկնից իջէք առ իս եւ*
Rep	21	*եւս վաթար [21]*	*Ով*	*արեգակն եւ լուսին*
Rep	23	*Ի՞ւ լիանամ [23]*	*Ով*	*ծառք զի՞ կայք ընդէ՞ր ոչ լայք զ*
Rep	24	*զիս ի կենաց հաներ*	*Ով*	*կին արդ զի՞նչ արասցուք եւ որպէ*
Rep	24	*վայելչութեանցն*	*Ով*	*կին ես զքեզ կեանք անուանեցի*
Rep	24	*մեզ յայնպիսի զրգանացն*	*Ով*	*կին ընդէ՞ր արտաքսեցեր զմեզ*
Rep	24	*փափկութենէն*	*Ով*	*կին ընդէ՞ր որոչեցեր զմեզ*
Rep	24	*գործեցեր ընդ մեզ*	*Ով*	*կին ընդէ՞ր զրկեցեր զմեզ*
Rep	24	*զբանն ի կինն եւ ասէ*	*Ով*	*կին դու զի՞նչ գործեցեր ընդ մեզ*
Rep	73	*Ով վայելուչ այգի*	*Ով*	*աստուածատունկ դարաստան*

Rep	73	*անուշահոտ բուրաստան*	*Ով*	*վայելուչ այգի Ով աստուածատունկ*
Rep	73	*Ով գեղեցիկ ծաղկոց*	*Ով*	*անուշահոտ բուրաստան Ով*
Rep	73	*սէին Ով պանծալի դրախտ*	*Ով*	*գեղեցիկ ծաղկոց Ով անուշահոտ*
Rep	73	*իւրեանց եւ ասէին*	*Ով*	*պանծալի դրախտ Ով գեղեցիկ ծաղկո*
Rep	74	*դրախտ աստուածատունկ*	*Ով*	*տայ մեզ հանգիստ ի քեզ վայրդ*
Rep	74	*պտուղ քաղցրահամք*	*Ով*	*տայ մեզ մտանել ի քեզ դրախտ*
Rep	74	*տերեւք անթառամք*	*Ով*	*տայ մեզ ճաշակել ի ձէնջ պտուղ*
Rep	74	*ծառք բարեբերք*	*Ով*	*տայ մեզ տեսանել զձեզ*
Rep	75	*վայելջալի* [75]	*Ով*	*աչք որ հայեցայք ի պտուղն ընդէ՞*
Rep	76	*ոչ խաւարեցայք* [76]	*Ով*	*ոտք որ գնացիք ի ծառն մահաբեր*
Rep	77	*կոտորեցայք* [77]	*Ով*	*ձեռք որ հատիք զպտուղն ընդէ՞ր*

***ոտն* noun**

AbCn1	24	*զնա ծառովն*	*ոտից*	*մինչեւ զգլուխն։* [25] *Լայր Աբ*
AbCn1	41	*պատուհասն այն է, որ*	*ոտիւք*	*եւ ձեռօքն եւ ամենայն բոլոր*
AbCn1	49D	*գլխոյ եւ թէ մարմնոյ*	*ոտէն*	*մինչ ի գլուխն մազ էր. նետիւ*
AbCn2	22	*զուռն պատեաց*	*ոտիւքն*	*եւ ձեռօքն մինչեւ զգլուխն։* [2
Rep	76	*խաւարեցայք* [76] *Ով*	*ոտք*	*որ գնացիք ի ծառն մահաբեր ընդէ՞*
Tid1	21D	*սահմանեցին զ*	*ոտս*	*եւ զձեռս իւրեանց կարմիր*
Tid1	21Y	*սահմանեցին. զ*	*ոտսն*	*եւ զձեռսն խինեցին եւ*

***ոտնակոխ* noun**

AbCn2	7	*եւ զմնացեալ*	*ոտնակոխն*	*եւ զփուճն հանեց բաժին*

***ոտնաձայն* noun**

Creat2	33	*եւ Եւայի զ*	*ոտնաձայնն*	*Տէրն գալոյն*

***որ* pronoun**

AbCn1	7	*զցորեանն իւր, զորն*	*որ*	*քամի տուեալ էր փունջ անէր, եւ*
AbCn1	7	*զցորեանն իւր, զ*	*որն*	*որ քամի տուեալ էր փունջ անէր,*
AbCn1	8	*Հաբէլ զզառն իւր, զ*	*որ*	*ընտրեալ էր եւ բաժին Աստուծոյ*
AbCn1	9	*քեզ. զամենայն ինչ զ*	*որ*	*վաստակեցին եւ գործեցի հանի քեզ*
AbCn1	11	*զքեզ ընկալ զնուէրս*	*որ*	*մատուցանեմ քեզ բաժին ի*
AbCn1	11	*պարգեւաց քոց, զ*	*որ*	*բաշխեցեր մեզ. քո բաշխեալ*
AbCn1	12	*եկն յերկնից բարբառ*	*որ*	*ասէր. լսելի եղեն աղօթքն քո, եւ*
AbCn1	18	*կարէ զնա. քանզի*	*որ*	*կչտի <բռնեաց> վայր անկաւ եւ ոչ*
AbCn1	26	*եւ ոչ գիտէր թէ*	*որոյ*	*տեղ է սպանելոյ։* [27] *Իսկ չարն*
AbCn1	35	*Ո՞վ ետ ինձ պահ*	*որ*	*խնդրես յինէն։* [36] *Վասն ա*
AbCn1	37	[37] *Իբրեւ ետես Տէրն*	*որ*	*այնպէս ասաց Կայէն, բարկացաւ ի*
AbCn1	38	*պատուհասն այն է*	*որ*	*երկու կոտոշ բուսաւ ի վերայ գլխ*
AbCn1	39	*պատուհասն այն էր*	*որ*	*կոտոշն ձայնէր եւ ասէր բարձր*
AbCn1	41	*պատուհասն այն է*	*որ*	*ոտիւք եւ ձեռօքն եւ ամենայն բոլ*
AbCn1	42	*պատուհասն այն էր, <*	*որ*	*քանի> ուտէր ոչ լիանայր։* [43]
AbCn1	43	*պատուհասն այն էր*	*որ*	*ինչ սիրտն ուզէր եւ ուտել չկար*
AbCn1	44	*պատուհասն այն էր*	*որ*	*քուն չունէր ոչ գիշերն եւ ոչ ց*
AbCn1	45	*պատուհասն այն էր*	*որ*	*Աստուած նմա մահ ոչ հրամայեաց*
AbCn1	45	*այլ ասաց Տէրն. Ով*	*որ*	*սպանիցէ զԿայէն, նա նորա*
AbCn1	48Y	*ձիաւորեալ գնաց յ*	*որս*	*եւ տեսաւ զԿայէն։* [49Y] *Իբրեւ*

AbCn1	48Y	Ղամէք ի ձի, գնաց ի յ	որս	երեւեցաւ Կայեն ի Հեռաստանէ
AbCn1	53	…մանակս։ [53] Քանի	որ	Թաղէին զմարմին Աբելի ելանէր յ
AbCn1	57	[57] Բայց յորժամ	որ	Կայէն զԱբէլ եսպան, Կայէն զեօ
AbCn2	1	պատուէրն Ադամայ զ	որ	պատուիրեաց որդւոցն իւրոց եւ աս
AbCn2	3	Աստուծոյ։ [3] Վասն	որոյ	Ադամ պատուէր ետ զնոյն
AbCn2	10	ի վերայ Կայէնի. վասն	որոյ	ամպ մի սեւացեալ եկն ի վերայ
AbCn2	11	ընկալ զնուէրս իմ զ	որ	մատուցանեմ քեզ բաժին, զի ի քո
AbCn2	12	Աբէլի. եւ եկն բարբառ	որ	ասէր լսելի եղեն աղօթք քո եւ
AbCn2	18	եղբօրն կշտի բռնելով	որ	է կիւլէշ. թէ կարէ գետնով տալ ե
AbCn2	19	ետես զխաղողի ճուղն	որ	ամեայ ասի. նա ասաց Աբէլի թէ եկ
AbCn2	23	չարութիւնն Կայէնի. զ	որ	գոչեաց լալով առ եղբայրն եւ ասէ
AbCn2	26	շրջէր եւ ոչ գիտէր թէ	որով	պիտի սպանանել զնա։ [27] Ապա
AbCn2	32	խապար չունին նոքա	որ	ի նոցանէ Հալալութիւն առնէի. քա
AbCn2	35	ե՞րբ տուիր ինձ պաՀ	որ	ինձանէ խնդրես. մի թէ ես պաՀապա
AbCn2	37	է՞ր եղեր։ [37] Վասն	որոյ	եւթն պատժօք պատուՀասեաց զ
AbCn2	38	մեղայ գոչէ։ [38] Ց	որոյ	ճակատն կօտօշ բուսաւ. ուր եւ
AbCn2	39	պատուՀասն այն էր	որ	բոլոր մարմինն դողդոջէր։ [40]
AbCn2	40	պատուՀասն այն էր	որ	քանի ուտէր, ոչ կշտանայր։ [41]
AbCn2	41	պատուՀասն այն էր	որ	ինչ որ ուզէր նա ոչ Հասանէր ուտ
AbCn2	41	այն էր, որ ինչ	որ	ուզէր նա ոչ Հասանէր ուտել եւ ը
AbCn2	42	պատուՀասն այն էր	որ	յաչքն ամենեւին քուն չէր մտան
AbCn2	44	պատուՀասն այն էր	որ	Աստուած մաՀ ոչ Հրամայեաց
AbCn2	45	ասաց թէ ինչ մարդ	որ	զԿայէն սպանանէ, նա ցաւն առ
AbCn2	50	եւ այնչափ ելաց	որ	յաչերէն արիւն կաթեցաւ փոխանակ
AbCn2	51	արտասուացն։ [51] Ջ	որ	ետես Աստուած զարտասուսն եւ զ
AbCn2	52	զմարմինն Աբէլի	որ	եւ կոծ մեծ առին լալով եւ ողբալ
AbCn2	54	նմանէ ծնելոցն. վասն	որոյ	պիտէր յառաջ Ադամ մեռանէր եւ ի
AbCn2	56	նա ապա տեղ ետուր	որ	Թաղեցին զԱբէլ ի գերեզմանի։ [
AbCn2	58	ծնանելոյն Սեթայ. զ	որ	եւ մխիթարութիւն ետ վասն Աբէլի
AbCn2	59	ետ վասն Աբէլի։ [59]	որ	եւ զձեզ մխիթարեսցէ յամենայն
Creat1	2D	իսկ չարն Բէլիար	որ	գլուխ էր դասս Հրեշտակաց
Creat1	8	դրախտին Ադենայ	որ	է փառօք մեծ. եւ ետ պատուէր
Creat1	13	այնչափ որսաց	որ	զԵւայ միայն զտաւ։ [14] Ասէ
Creat1	31	այլ չարն այն էր	որ	Եւայ զԱստուծոյ խօսքն եւ զ
Creat1	33	Բայց ի ժամուն յ	որում	կերեալ էին ի պտղոյն
Creat1	38	Ադամ. Այս կինս	որ	դու ստեղծեր, սայ խաբեաց
Creat1	40	Տէր, <այն օձն	որ	ստեղծեր նա խաբեաց զիս
Creat2	3	իւրոց. վասն	որոյ	Հպարտացաւ եւ ոչ կամէր
Creat2	4	…կնաւոր զօրացն	որք	Հարին զդասսն Սատանայի
Creat2	8	դրախտին Ադինայ	որ	է փառօք լի եւ միջասաՀման
Creat2	14	ոչ ճաշակես	որ	գեղեցիկ է տեսլեամբ։ [15]
Creat2	19	ասէ, այս ի՞նչ է զ	որ	դու գործեցեր. ընդէ՞ր
Creat2	33	Աստուծոյ զ	որ	իբրեւ յիսուն կանգնաչափ
Creat2	37	Տէր այս կինն զ	որ	դու ստեղծէր սա խաբեաց զիս
Creat2	39	Տէր այս օձս զ	որ	դու ստեղծեր սա խաբեաց զիս
Creat2	40	եւ ասէ. դու օձդ	որ	փոխանակ զի արարեր զայդ
Creat2	45	թէ պտուղն չար էր	որ	կերան եւ մերկացան. զի չար
Creat2	47	[47] Ապա ետես	որ	ոչ պաՀեաց զխրատն

Creat2	49	Երբ տեսաւ Տէրն	որ	զպատճառն ի ստեղծօղն
Creat2	52	ելանէ. ապա Հանց	որ	մտաւ արեգակն եւ մթացաւ
Creat2	54	Ադամայ: [54] Ջ	որ	Տէր Աստուած փրկեալ
Exp1	2	Իսկ երեկուն, երբ	որ	արեգակն մտաւ, նոքա
Exp1	6	գործեցաք	որ	բարկացաւ ի վերայ մեր Տէրն
Exp1	7	այն Հրեշտակին	որ	զձեզ եՀան ի մութ
Exp1	22	Ադամ եւ Եւայ>	որ	խաբեցան ի Սատանայէ, լացին
Exp1	23	...ռնագիրն ի քէն	որ	մնաս դու գերի ի ձեռն
Exp1	23	զի անծին ես եմ	որ	ոչ ոք ծնաւ. անմաՀն իմ
Exp1	23	...ածութեան <աւէ>	որ	ոչ ունի զմաՀ. վասն այն
Exp1	24	Ջի այն եօթն օրն	որ	պաՀեաց Ադամ, այն ասի
Exp1	25	որդի իմ սիրելի	որ	եկեալ մարմնանայ ի զաւակէ
Exp2	2	արեգակն: [2] Իսկ	որ	մթացաւ եւ երեկոյ եղեւ
Exp2	2	կու փոխի. վասն	որոյ	իբրեւ մտաւ արեգակն, եւ
Exp2	2	լուսանայր. վասն	որոյ	լացին եւ կոծեցին
Exp2	6	չար գործեցաք	որ	բարկացաւ Աստուած ի վերայ
Exp2	7	այն Հրեշտակին	որ	եբեր զձեզ ի լոյս աշխարՀ
Exp2	8	ի՞նչ ունէաք	որ	տայաք: [9] Ասէ Սատանայ
Exp2	15	զաւետիսն իմ	որ	ուրախացուցի զձեզ: [16] Ասէ
Exp2	22	գիտաց Ադամ	որ	խաբեցաւ, լացին եւ ողբացին
Exp2	24	վասն այն	որ	ասաց թէ մինչեւ անծինն
Exp2	24	աստուածութիւն. զ	որ	ի վեց դարուն առաքեցից զ
Exp2	25	անարատ կուսէ. զ	որ	ի զաւակէն քումմէ եղիցի
Exp2	28	Հրեշտակին: [28]	Որ	նոյն ողորութեամբն
Rep	3	սարսեալ տագնապէին մինչ	որ	լուսացաւ եւ ծագեաց արեգակն
Rep	3	թէ այն էր մաՀն	որով	մեռանելոց էին եւ աՀիւ մեծաւ
Rep	7	Ադամայ վասն	որոյ	սկսաւ լալ եւ ողբալ մեծական
Rep	15	խոնարՀեցայ Վայ ինձ	որ	յառաջն թագաւորէի եւ տնանկացայ
Rep	15	[15] Վայ ինձ մեծատանս	որ	աղքատացայ Վայ ինձ զի ի
Rep	17	կցորդիս Վայ ինձ	որ	մեղայ Աստուծոյ [18] Լացէք զի
Rep	20	Ողորմեցարուք ինձ	որ	երբեմն տէր էի ձեզ իշխան եւ
Rep	22	մխիթարիմ Որո՞վ խնդամ	Որո՞վ	զուարճանամ Ի՞ւ յագենամ Ի՞ւ
Rep	22	առնեմ Ի՞ւ մխիթարիմ	Որո՞վ	խնդամ Որո՞վ զուարճանամ Ի՞ւ
Rep	24	զմերկութիւնս մեր	որո՞վ	պարտակեսցուք Ջի աՀա
Rep	25	եւ թէ զի՞նչ մաՀն իցէ	որ	զմեզ մեռուցանէ ոչ գիտեմք զի
Rep	25	եւ այն ե՞րբ իցէ եւ յ	որում	աւուր Հանդիպի եւ գայ Հասանէ
Rep	27	ուտել ի պտղոյ երկրին	որ	կայր մաւտ առ նոսա [28] Եւ ասա
Rep	31	Սէթ փոխանակ Հաբելի զ	որ	սպան Կային [32] Եւ յառաջ քան
Rep	31	ասաց· Այդ քեզ նշան	որ	ծնանի քեզ Եւայ որդի մխիթարութե
Rep	32	գիշերս յերազի	որ	զարիւնն Աբելի Կային ի բերանն
Rep	34	զդրախտն իմ զ	որ	տնկեցի փոխանակ դրախտին վասն որ
Rep	34	լուաւ Ադամ ի Կայենէ	որ	ասէր զՀաբէլ թէ Եկ երթիցուք ի
Rep	34	փոխանակ դրախտին վասն	որոյ	ապաշաւեն եւ լան անդադար
Rep	36	զանմեղ պատանին մինչ	որ	աւանդեաց զՀոգին [37] Եւ
Rep	36	աւրինակաւ այս է զ	որ	ասեմս Տարեալ Կային զՀաբէլ
Rep	39	կլեալ էր զարիւն նորա	որ	բնաւ ոչ երեւեցաւ [40]
Rep	42	եւ քսան [42] Մինչ	որ	Հրամանաւն Աստուծոյ ծնան զՍէթ
Rep	47	այն եՀարց զԿային	որ	զղՋանայր եւ մեղայ ասէր [48]

Rep	56	լիցիս իբրեւ գծով	որ	ծփի յալեաց [57] Եաւթներորդ զ
Rep	57	ի վերայ նորա Աստուած	որ	ամենայն ոք գիտենայր զնա եւ
Rep	58	ի ճակատն զի ընդ	որ	գնայր եղջերսն գոչէր եւ
Rep	73	նախաստեղծիցն [73]	որ	Հանապազ լային դէմ դրախտին զ
Rep	75	[75] Ով աչք	որ	Հայեցայք ի պտուղն ընդէ՞ր ոչ
Rep	76	ցայք [76] Ով ոտք	որ	գնացիք ի ծառն մաՀաբեր ընդէ՞ր ո
Rep	77	[77] Ով ձեռք	որ	Հատիք զպտուղն ընդէ՞ր ոչ
Rep	79	արու եւ էգ	որ	էին ամենեքեան վաթսուն [80]
Rep	79	նորա վաթսուն զ	որս	ծնեալ էր Եւայ Ադամայ ծնունդս
Rep	81	ոգիքն ի սաստիկ ցաւոյն	որ	կալեալ էր զանձն նորա [82] Իս
Rep	86	տացէ ի ծառոյն աւծմանէ	որ	այնու աւծանէք զանձն իմ զի զիւ
Rep	90	եթող զազանն զՍէթ զ	որ	կալեալ ուտէր եւ ասաց Եւայի
Rep	101	եւս կոչի Շամայ տուն	որ	է Սեմայ տուն [102] Եւ անդ
Rep	101	տարաւ ի վիճակն իւր	որ	արդ եւս կոչի Շամայ տուն որ է
Tid1	0	ԱՒԵՏԵԱՑՆ ՍԷԹԱՑ Զ	ՈՐ	ՊԱՐՏ Է ՄԵԶՈՒՆԿՆ ԴՆԵԼ [1] Եւ
Tid1	3	անուն նորա Սէթ	որ	թարգմանի մխիթարանք. նա
Tid1	5	[5] Զի յայնժամ	որ	Հրեշտակն աւետիս ետ վասն
Tid1	6	քանեւչորս այր	որ	Սէթ ծնաւ: [7] Երեսուն տարի
Tid1	11	…ակելոյ պտղոյն	որ	ելաւ ի դրախտէն, վասն այն
Tid1	17	տեսին զԵնովք	որ	կուսութեամբ եւ պաՀօք
Tid1	20D	ի զաւակէն Սէթայ	որ	ի լերինն ճգնէին: [21Y] Իսկ
Tid1	21D	ազգն Կայենայ	որ	ոչ խառնակէին ընդ իւրեանց
Tid1	22A	երգարանօք զ	որ	սաՀմանեցին [22D] Այլ
Tid1	23D	մինն մնաց կոյս	որում	անունն էր Նոյ, եւ այլքն
Tid1	33	<ի զարմէն Սեթայ	որ	պաՀեալ է զկուսութիւն իւր
Tid1	38B2	եւ խիզարին	որ	սաէին ՋրՀեղեղ կու գայ
Tid1	38B3	…ութիւնն Նոյեայ	որ	սաէ թէ ՋրՀեղեղ կու գայ
Tid1	38B5	մուտ ի տապանդ	որ	ՋրՀեղեղ կու գայ. զի յորժամ
Tid1	38B8	երբ ջուր գայ Նոյ	որ	արտն կու վարի կամ որ տեղ
Tid1	38B8	կու վարի կամ	որ	տեղ այգի կու տնկէ: [38B9]
Tid1	38C	չաղափին ձայնն	որ	սաէին ՋրՀեղեղ կու գայ
Tid1	50	սրբոց եւ թռչնոց	որ	եօթն մտեալ էին, եօթնէն
Tid2	0	ԱՒԵՏԵԱՑՆ ՍԷԹԱՑ Զ	ՈՐ	ԵՏ ԱՍՏՈՒԱԾ ԱԴԱՄԱՑ ՅԱՂԱԳՍ ԱԲԷԼԻ
Tid2	0	ՅԱՂԱԳՍ ԱԲԷԼԻ Զ	ՈՐ	ՍՊԱՆ ԿԱՅԷՆ Ի ՄԽԻԹԱՐԵԼ ԶԱԴԱՄ Ե
Tid2	1	անուն նորա Սէթ	որ	թարգմանի մխիթարութիւն. նա
Tid2	2	զԿայէն տեսանեմ	որ	այնպէս ցաւագնեալ
Tid2	3	անուն նորա Սէթ	որ	թարգմանի մխիթարութիւն. նա
Tid2	6	երեսուն տարի էր	որ	ամուսնացեալ էր երբ Սէթ
Tid2	7	տարու էր	որ	ամուսնացաւ. եւ Աբէլ քան
Tid2	12	…ախտէն: [12] Վասն	որոյ	Ենովք երբ լսեց զայս նա
Tid2	14	եւ ով ոք	որ	անցանէր, նա ի պտղոյն
Tid2	16	Հրեշտակաց	որ	բարձեալ զԵնովք տարան ի
Tid2	17	երբ տեսին	որ	Ենովք վերացաւ մարմնով յ
Tid2	17	փառացն. ըստ	որում	բազումք յօժարեցան
Tid2	18	…ջեցուցանէին. զ	որ	եւ կռուէին վասն մարդոյ, եւ
Tid2	24	Հրեշտակին	որ	ասաց Նոյի զի ամուսնացի
Tid2	24	եւ զդուստր: [24]	որ	եւ Աստուած բարկացաւ վասն
Tid2	38A	Հասնի. կամ դու	որ	զտապանդ չինես դու պիտի

Tid2	38C	*կոյս աղջկունս*	*որ*	*են անուանքն Զանազան*
Tid2	38D	*քո մինչեւ*	*որ*	*ելանես ի տապանէն, եւ արար*
Tid2	38F	*ամս քսան զ*	*որ*	*քարոզէր Նոյ ասելով, թէ*
Tid2	38I	*ի տապանն.* [38I] *Ց*	*որ*	*եմուտ ինքն եւ կին իւր. ապա*
Tid2	44	*առատանայր*	*որ*	*մինչեւ ծածկեցան ամենայն*
Tid2	44	*ի լեառն Մասիսոյ*	*որ*	*այժմ ասեն աղրտաղ:* [45]
Tid2	45	*աղրտաղ:* [45] *Ց*	*որում*	*բացաւ Նոյ զպատուհանն*
Tid2	58	*ի Մարանդ է*	*որ*	*մայր ասի անուն նորա:* [59]
Tid2	59	*անուն նորա:* [59]	*Որոց*	*աղօթիւք փրկեսցէ Տէր*
WdsAd	2	*եւ պատուիրեաց մեզ յ*	*որոյ*	*ուտել ի պտղոյն եւ յորոյ չուտե*
WdsAd	2	*ուտել ի պտղոյն եւ յ*	*որոյ*	*չուտել. (իսկ) մեք ոչ պահեցաք զ*
WdsAd	6	*զՔրիստոսէ*	*որ*	*արար եւ կատարեաց զխնդրուածս*
WdsAd	8	*(յ) այն ծառոյն էր յ*	*որմէ*	*զմահ ճաշակեաց:* [9] *Եւ ասէ ց*
WdsAd	9	*այս ի այն ծառոյն է յ*	*որմէ*	*հրամայեաց մեզ Տէրն չուտել մեզ*
WdsAd	11	*Տեառն ի հող յ*	*որմէ*	*ստեղծաւ:* [12] *Եւ յետ*
WdsAd	13	*եւ պատուէր ետ նմա յ*	*որոյ*	*ուտել ի պտղոյն եւ յորոյ չուտե*
WdsAd	13	*ուտել ի պտղոյն եւ յ*	*որոյ*	*չուտել. իսկ նորա ոչ պահեալ զ*

որդեակ **noun**

WdsAd	1	[1] *Ասէ Ադամ ցՍէթ*	*Որդեակ*	> *ոչ է այս բնակութիւնս մեր. զի*
WdsAd	9	[9] *Եւ ասէ ցորդին իւր*	*Որդեակ*	*իմ Սէթ. այս ի այն ծառոյն է յ*

որդեծնութիւն **noun**

Rep	28	*անասնոց եւ աճել*	*որդեծնութեամբ*	*ըստ հրամանին*
Rep	30	*մերձենալ յԵւա վասն*	*որդեծնութեան*	[31] *Եւ ետ Ադամայ*

որդեկորոյս **adjective**

Rep	70	[70] *Իններորդ զի*	*որդեկորոյս*	*եղեն եւ ողեաց*

որդի **noun**

AbCn1	1	*ԱՅՍ Է ՊԱՏՄՈՒԹԻՒՆ*	*ՈՐԴԻՈՑՆ*	*ԱԴԱՄԱՅ ԱԲԵԼԻ ԵՒ ԿԱՅԵՆԻ*
AbCn2	1	*զոր պատուիրեաց*	*որդւոցն*	*իւրոց եւ ասաց, թէ յորժամ ելայ*
AbCn2	3	*ետ զնոյն կատարել*	*որդւոց*	*իւրոց զի Ադամայ առաջին*
AbCn2	5	*Ադամ խրատեաց զ*	*որդիքն*	*իւր եւ ասէ. յամենայն ընչից*
Exp1	25	*...ծութեան իմոյ զ*	*որդի*	*իմ սիրելի. որ եկեալ*
Exp1	25	*զի նայ եղիցի*	*որդի*	*որդւոյ* <*քո եւ որդի իմ*>
Exp1	25	*որդւոյ* <*քո եւ*	*որդի*	*իմ*>*:* [26] *Եւ որդին իմ*
Exp1	25	*նայ եղիցի որդի*	*որդւոյ*	<*քո եւ որդի իմ*>*:* [26] *Եւ*
Exp1	26	*որդի իմ*>*:* [26] *Եւ*	*որդին*	*իմ ջնջեսցէ զձեռագիր*
Exp2	24	*զմիածին*	*որդին*	*իմ ի լուսոյ*
Exp2	25	*եղիցի որդին իմ*	*որդի*	*քո:* [26] *Զի անծինն ծնանի*
Exp2	25	*քումմէ եղիցի*	*որդին*	*իմ, որդի քո:* [26] *Զի*
Rep	31	*նշան որ ծնանի քեզ Եւայ*	*որդի*	*մխիթարութեան եւ կոչեսցես*
Rep	40	*զԵւայ վասն Հաբելի*	*որդւոյն*	*իւրեանց* [41] *Եւ յերկար*
Rep	42	*Աստուծոյ ծնան զՍէթ*	*որդի*	*մխիթարութեան* [43] *Եւ ի*
Rep	71	*զի զանդրանիկ*	*որդին*	*իւրեանց տեսին եղբայրասպան*
Rep	80	[80] *Ժողովեցան*	*որդովք*	*եւ դստերաւք իւրեանց առ*

Rep	89	Համարձակիր վնասել զ	որդիդ	իմ [90] Ցայնժամ եթող զազանն զ
Rep	92	Եւ մինչ դեռ մայրն եւ	որդին	Եւայ եւ Սէթ աղօթէին յանդիման
Rep	97	գիշերոյն [97] Իսկ	որդիք	եւ դստերք նոցա սգացին զնոսա
Rep	98	մարմինս նախաստեղծիցն	որդիք	նոցա եւ որդոց որդիքն մինչեւ ի
Rep	98	որդիք նոցա եւ որդոց	որդիքն	մինչեւ ի Նոյ [99] Իսկ յետ
Rep	98	որդիք նոցա եւ	որդոց	որդիքն մինչեւ ի Նոյ [99] Իսկ
Rep	100	նախաստեղծիցն յաւազ	որդին	իւր ի Սէմ [101] Եւ նա առեալ
Tid1	1	քո, զի լինի քեզ	որդի	փոխանակ Աբելի: [2] Ասաց
Tid1	3	է քեզ Աստուած	որդի	եւ կոչեսցես զանուն
Tid1	4	ընդ ազգս բարի	որդիքն	քո չարանան, եւ զ
Tid1	10	[10] Իսկ Սեթայ	որդին	բարի պտուղն Ենովք
Tid1	12	պարտքն պիտի	որդին	<վճարել>: [13] Վասն այն
Tid1	17	[17] Իսկ այլ	որդիքն	Սեթայ եւ Ադամայ
Tid1	22D	խառնակեցան ընդ	որդիս	Սեթայ, զամենեսեան
Tid1	22Y	խառնեցան ընդ	որդւոցն	Սեթայ, զամենեսեան
Tid1	23Y	եւ ոչ մայր զ	որդին	<Ջոկէր>չ ոչ քոյր զ
Tid1	38B5	մի ամուսնասցին	որդիք	քո մինչեւ ելանիցէք ի
Tid1	38B5	չինել երեք	որդիք	եղեւ նմայ. եւ անուանքն
Tid1	38B5	զարմէն վասն	որդւոց	քոց, եւ անուանքն են
Tid1	38D4	Նոյայ ծնաւ երեք	որդի	այսինքն Սեմ, Քամ, Աբէթ
Tid1	38D5	մի ամուսնասցին	որդիք	քո մինչեւ ելանէք ի
Tid1	38D5	զարմէն վասն	որդւոց	... եւ անուանս ասաց
Tid1	38D5	առ զնոսա վասն	որդւոցդ	եւ մի ամուսնասցին
Tid1	42	տապանն, ինքն եւ	որդիք	իւր. փակեաց զդուռն եւ
Tid1	54	իմոյ ընդ	որդիս	քո. երբ տեսանեն զ
Tid1	54	ընդ քեզ եւ ընդ <	որդւոց	> քո, այլ ոչ ածից
Tid1	57	[57] Եւ երկու	որդիքն	Անդուն եւ Մանետուն եւ
Tid1	57	եւ Մանետուն եւ	որդիքն	աճեցան եւ բազմացան
Tid2	1	քո, եւ լինի քեզ	որդի	եւ անուանեսցես զանուն
Tid2	3	Աստուած բարի	որդի	եւ անուն նորա Սէթ որ
Tid2	17	[17] Իսկ այլ	որդիքն	Սէթայ եւ Ադամայ երբ
Tid2	28	դու միայն ապրիս	որդւովքդ	եւ կանամբքդ. եւ դու
Tid2	38C	Նոյի եղեւ երեք	որդի	Սեմ, Քամ, Աբեթ. եւ
Tid2	38C	ասաց թէ առ երեք	որդւոց	քոց կին ի զարմէն
Tid2	38D	կոյս պահեա զ	որդիքն	քո մինչեւ որ ելանես
Tid2	38H	Նոյի առնուլ զ	որդիսն	եւ մտանել ի տապանն
Tid2	38H	օր յառնուլ զ	որդիսն	իւր ի տապանն. [38I] Ցոր
Tid2	38I	եւ կին իւր. ապա	որդիքն	եւ որդւոց կանայքն
Tid2	38I	ապա որդիքն եւ	որդւոց	կանայքն: [39] Եւ երկու
Tid2	41	...Ջնատունն Նոյ եւ	որդիքն	իսկ ի ներքնատունն
Tid2	48	ի տապանէն եւ	որդիքն	իւր: [49] եւ զամենայն
Tid2	50	...ուՀասել Ջրով զ	որդիս	նորա: [51] Եւ ձայն եղեւ
Tid2	54	ամենայն	որդիքն	քո. զի Հասեալ է
Tid2	56	Իբրեւ բազմացան	որդիք	նորա, գնաց էջ ի
WdsAd	3	դրախտէն: [3] Եւ Սէթ	որդին	մխիթարութեան զբանն զայս
WdsAd	9	[9] Եւ ասէ ց	որդին	իւր. Որդեակ իմ Սէթ. այս ի այն
WdsAd	11	զԱստուած եւ զՍէթ զ	որդին	իւր. եւ փոխեցաւ ըստ Հրամանի

որդնիմ **verb**

AbCn1	53	*եւ ոչ Հոտէր եւ ոչ*	*որդնէր*	*մարմինն: [54] Քանզի Աստուած*
AbCn2	53	*ոչ Հօտէր եւ ոչ*	*որդնէր*	*զի էր իբրեւ գքուն. ոչ փտէր, ե*

որթ **noun**

AbCn1	23	*Կայէն առեալ զուռն*	*որթի*	*եւ պատէր երեք պատ ձեռներովն եւ*
AbCn1	24	*կապէր այնչափ ուռով*	*որթիւ*	*պատեաց զնա ծառովն ոտից*

որոշեմ **verb**

Creat1	26	*ի միասին, մի <*	*որոշիր*	*զիս> ի քէն: [27] Իսկ*
Creat1	28	*թէ բաժանիլ եւ*	*որոշիլ*	*ի կնոջէս: [29] Ջի զայս*
Creat2	26	*ասէր. կեր եւ մի*	*որոշեր*	*զիս ի քեզանէ. թէ*
Rep	24	*Ով կին ընդէ՞ր*	*որոշեցեր*	*զմեզ յայնպիսի գրգանացն*

որովայն **noun**

Creat1	43	*լանջաց եւ*	*որովայնի*	*քում սողասցիս, եւ*
Creat2	40	*քոց եւ ի վերայ*	*որովայնի*	*քոյ սողալով*
Rep	10	*աղիքն գալարէր [10]*	*Որովայնն*	*ցաւէր երիկամունքն խորովէր*

որոտամ **verb**

AbCn1	10.1B	*վերայ խոցոյն Կայենի*	*որոտաց*	*եւ ել Հողմ ի նմանէ քամայտար*
AbCn1	10.1D	*զամենայն [10.1D]*	*որոտաց*	*եւ ել Հողմ եւ ամպ մի սեւ եկաւ*
AbCn2	10	*եկն ի վերայ Կայէնի*	*որոտաց*	*եւ թնդաց. եւ ել Հողմ եւ քամի ի*

որչափ **conjunction**

AbCn2	18	*եւ կապել զնա քանզի*	*որչափ*	*կուշտի բռնեցին, Կայէն ոչ*
Tid1	3	*ի նմանէ. զի*	*որչափ*	*տրտմեցար վասն*
Tid1	28	*[28] Ասէ Նոյ*	*Ո՞րչափ*	*է աւուրց կենաց իմ*
Tid2	3	*օրՀնեալ. զի*	*որչափ*	*դառնացար եւ տրտմեցար*

որպէս **adverb**

AbCn1	9	*քեզ. իսկ դու գիտես*	*որպէս*	*Հաճոյ է քեզ, այնպէս եղիցին*
AbCn1	20	*[20] Ասէ Աբէլ*	*ո՞րպէս*	*<խաղասցուք> մատնեաւ: [21]*
AbCn1	56	*մնաց մարմինն*	*որպէս*	*կենդանի ի քուն. երբ Ադամ մեռաւ*
AbCn2	9	*արդ ընկալ զզոՀս իմ*	*որպէս*	*Հաճոյ է քեզ այնպէս արա: [10]*
AbCn2	10	*երեսքն սեւացան*	*որպէս*	*գործելի: [11] Իսկ Աբէլ մատոյց*
AbCn2	27	*եւ քարն սուր էր*	*որպէս*	*ածելի: [28] Եւ Կայէն ունեալ ի*
AbCn2	32	*յինձ վերայ. եւ դու*	*որպէս*	*կենաս ի վերայ երկրի: [33] Եւ*
AbCn2	14	*նա բայց ոչ գիտէր թէ*	*որպէս*	*սպանցէ զնա. զի դեռ չէր*
Creat1	4	*եւ ի վայր տուին*	*որպէս*	*զկարկուտ ի յամպէն: [5]*
Creat1	27	*էր, զի մարմինն*	*որպէս*	*մարգարիտ սպիտակափայլ*
Creat2	4	*եւ ի վայր Հարին*	*որպէս*	*կարկուտ ի յամպոյն: [5]*
Rep	1	*ԵԻԱՅԻ ՆԱԽԱՍՏԵՂԾԻ ԹԷ*	*ՈՐՊԷՍ*	*ԱՐԱՐԻՆ [1] Յետ ելանելոյն*
Rep	22	*զի աՀա քաղցեալ եմ*	*ո՞րպէս*	*ցանեմ զիա՞րդ վաստակեմ*
Rep	24	*զի՞նչ արասցուք եւ*	*որպէս*	*ապրեսցուք Զի՞նչ կերիցուք*
Rep	36	*տեղւոջէն [36] Եւ թէ*	*ո՞րպէս*	*եսպան եւ կամ զի՞նչ*
Rep	44	*զնա եւ պատժէ [44]*	*որպէս*	*եւ արարն իսկ [45] Վասն զի*
Rep	55	*Երերեալ լիցիս*	*որպէս*	*զծառ ի Հողմոց [56]*

Tid1	8	*նմանէ ծնօղքն <*	*որպէս*	*Հրեշտակն աւետեաց:* [9]
Tid1	38D9	*կու վարէ կամ*	*որպէս*	*կապրի:* [38D[10] *Եւ իբրեւ*
WdsAd	10	*Հայր, գիտեա զի*	*որպէս*	*մահարար է, նոյնպէս*

որս **noun**

AbCn2	21	*զիս, տեսանեմք թէ*	*որս*	*է զօրեղ եւ ուժով:* [22] *Իբրեւ*
AbCn2	48	*Ղամէք ելաւ գնաց յ*	*որս*	*առնել. եւ ետես զԿայէն եհար նե*
Creat1	13	*...տանայէ. այնչափ*	*որսաց*	*որ զԵւայ միայն գտաւ*

որսանեմ **verb**

AbCn2	47	*Հանապազ գնայր*	*որսանել*	*իսկ Կայէն անճար մնաց վասն*

որքան **adverb**

AbCn2	1	*եւ եբեր զիս ի լոյս. եւ*	*որքան*	*կենդանիք կային զամենեսեան*
AbCn2	23	*քեզ արձակեա զիս. եւ*	*որքան*	*կենդանի եմ ծառայեմ քեզ:* [24]
Rep	90	*Հնազանդ յայնժամ էի*	*որքան*	*դուք Հնազանդ Աստուծոյ էիք եւ*
Tid2	37	*բլրի միոյ. եւ*	*որքան*	*չինէին նա ձայն տայր*

ուզեմ **verb**

AbCn1	43	*այն էր, որ ինչ սիրտն*	*ուզէր*	*եւ ուտել չկարէր, եւ իբր թէ ու*
AbCn2	41	*այն էր, որ ինչ որ*	*ուզէր*	*նա ոչ Հասանէր ուտել եւ ընդ վայ*
AbCn2	46	*երեք տարի. զի զմահն*	*կուզէր*	*եւ ոչ մեռանէր:* [47] *Ի*

ութ **numeral**

AbCn1	46	*այնպէս մնաց մինչեւ*	*ութ*	*Հարիւր եւ վաթսուն տարի. յետ*
Rep	59	*եկեաց մնաց ամս*	*ութ*	*Հարիւր* [60] *Դողդոջէր միշտ եւ*

ութերորդ **numeral**

Rep	69	*դատարկացան* [69]	*Ութերորդ*	*զի անասնոց Հաւասարեցան*

ութսուն **numeral**

Tid1	38B4	*այլ բարձրանայ*	*ութսուն*	*տարումն չինեաց զ*
Tid2	5	*եւ երեք Հարիւր*	*ութսուն*	*կին:* [6] *Զի Կայէն երկու*
Tid2	38B	[38B] *Եւ ի կատարել*	*ութսուն*	*տարւոյն ապա աւարտ*

ուխտ **noun**

Tid1	54	*զի այս եղիցի*	*ուխտ*	*իմ ընդ քեզ եւ ընդ*
Tid2	53	*առէ. այս է նշան*	*ուխտին*	*իմոյ:* [54] *Զի յորժամ*

ունիմ **verb**

AbCn1	6	*Հազար եւ մի պուտ*	*ունէր*	*զայն Հաբէլ ընտրեաց Աստուծոյ*
AbCn1	44	*այն էր, որ քուն չ*	*ունէր*	*ոչ զիշերն եւ ոչ ցերեկն:* [45]
AbCn1	46	*մահուն փափաք*	*ունէր*	*եւ ոչ մեռանէր:* [47] *Իսկ <մորթ*
AbCn2	32	*զի ինձէն խապար չ*	*ունին*	*նոքա որ ի նոցանէ Հալալութիւն*
AbCn2	32	*բազում աշխատանք*	*ունին*	*յինձ վերայ. եւ դու որպէս կենա*
Creat1	11	*էր, լեզու*	*ունէր*	*մտանէր ի դրախտն. եւ*
Creat2	11	*էր թեւաւոր եւ*	*ունէր*	*լեզու, եւ էր գեղեցիկ եւ*
Creat2	52	*նոցա եւ խաւար*	*կալաւ*	*զնոսա, տրտմութեամբ*
Exp1	2	*թէ խաւար*	*կալաւ*	*զնոսա, այլ ոչ տեսանեն*

Exp1	10	*Ցիմարութիւն*	*կալաւ*	*զմեզ եւ զայդ ոչ*
Exp1	23	*<աւէ>, որ ոչ*	*ունի*	*զմաՀ. վասն այն այսպէս*
Exp2	6	*մեր եւ խաւար*	*կալաւ*	*զմեզ:* [7] *Ասէ Սատանայ*
Exp2	8	[8] *Ասէ Ադամ. ի՞նչ*	*ունէաք*	*որ տայաք:* [9] *Ասէ*
Exp2	9	*վասն այն խաւար*	*կալաւ*	*զձեզ:* [10] *Ասէ Ադամ*
Exp2	10	*յափշութիւն*	*կալաւ*	*զմեզ եւ զայդ ոչ*
Rep	36	*յիւրատունկ դրախտն եւ*	*կալեալ*	*կապեաց զնա ձեռն յետս*
Rep	40	[40] *Յայնժամ*	*կալաւ*	*անՀնարին եւ սաստիկ տրտմութիւն*
Rep	81	*ի սաստիկ ցաւոյն որ*	*կալեալ*	*էր զանձն նորա* [82] *Իսկ Եւայ*
Rep	90	*զազանն զՍէթ զոր*	*կալեալ*	*ունէր եւ ասաց Եւայի Ձեզ*
Tid1	5	*դեռ այլ զաւակ չ*	*ունէր*	*բայց ի Կայենայ ազգէն*
WdsAd	5	*Հրեշտակն, զի զայր եւ*	*ունէր*	*ճիւղ մի ուրախութեան ի ձեռին*

ունկն **noun**

Tid1	0	*ՍԷԹԱՅ ՋՈՐ ՊԱՐՏ Է ՄԵՋ*	*ՈՒՆԿՆ*	*ԴՆԵԼ* [1] *Եւ քաղձրացաւ Տէրն*

ուռ **noun**

AbCn1	23	*ծառն Կայէն առեալ զ*	*ուռն*	*որթի եւ պատէր երեք պատ*
AbCn1	24	*կապէր այնչափ*	*ուռով*	*որթիւ պատեաց զնա ծառովն*
AbCn1	41	*<զողայր> իբրեւ զ*	*ուռ*	[42] *դ. Զորրորդ պատուՀասն այն*
AbCn2	20	*երեք անգամ պատեմ*	*ուռամբս*	*տեսանեմ թէ կարես կորել զ*
AbCn2	22	*նա Կայէն առեալ զ*	*ուռն*	*պատեաց ոտիւքն եւ ձեռօքն մինչեւ*

ուռնաւոր **adjective**

Creat1	4	*Տէր Աստուած յ*	*ուռնաւոր*	*սերովբէից մեծին*
Creat2	4	*Տէրն Հրամայեաց*	*ուռնաւոր*	*սերովբէիցն եւ*

ուս **noun**

AbCn2	9	*ժողովեցի եւ ի յ*	*ուս*	*բարձեալ բերի բաժին քեզ. արդ ըն*

ուսանիմ **verb**

AbCn1	28	*ձգեաց:* [28] *Եւ Կայէն*	*ուսեալ*	*ի նմանէ եւ առեալ զսուր քարն*
AbCn2	28	*ածելի:* [28] *Եւ Կայէն*	*ուսեալ*	*ի Սատանայէ, եւ առեալ զքարն*

ուսուցանեմ **verb**

AbCn2	2	*լծեալ-եմ ի ձեռս իմ եւ*	*ուսոյց*	*նովաւ վարել եւ վաստակել եւ*
Creat1	12	*զօձն ի դրախտին*	*ուսուց*	*օձին խաբել զԵւայ եւ զ*
Creat2	12	*…աչարն Սատանայ*	*ուսոյց*	*օձին եւ խաբեաց զԱդամ*

ուստր **noun**

Rep	79	*առ Ադամ ամենայն*	*ուստերք*	*եւ դստերք նորա վաթսուն*

ուտեմ **verb**

AbCn1	2	*եւ զպտուղ նոցա*	*ուտել*	*եւ լիանալ. եւ Հրամայեաց ի*
AbCn1	15	*իւր, եւ Հանապազ*	*ուտէին*	*եւ ըմպէին ի միասին եւ շրջէին*
AbCn1	42	*այն էր, <որ քանի>*	*ուտէր*	*ոչ լիանայր:* [43] *է. Հինգերոր*
AbCn1	43	*որ ինչ սիրտն ուզէր եւ*	*ուտել*	*չկարէր, եւ իբր թէ ուտէր, ի վա*
AbCn1	43	*չկարէր, եւ իբր թէ*	*ուտէր*	*ի վայր Հեղոյր:* [44] *զ. Վեցերո*

AbCn2	15	Համապազ ընդ իրեար	ուտէին	եւ խմէին եւ շրջէին։ [16] Իսկ
AbCn2	40	այն էր, որ քանի	ուտէր	ոչ կշտանայր։ [41] Չորրորդ
AbCn2	41	ուզէր նա ոչ Հասանէր	ուտել	եւ ընդ վայր խուզէր։ [42]
Creat1	8	եւ ասէ. Ուտելով	կերիջիք	յամենայն պտղոց
Creat1	8	Աստուած եւ ասէ	Ուտելով	կերիջիք յամենայն
Creat1	8	ծառոյն կենաց մի	ուտիցէք	եւ մի Հուպ լինիցիք
Creat1	8	զի յորժամ	ուտիցէք	ի նմանէ մաՀու
Creat1	13	եւ պտղոյն	ուտելովն	զուարճանային ի մէջ
Creat1	15	պատուէր եառ չ	ուտել	ի պտղոյդ. իբրեւ
Creat1	15	ի պտղոյդ. իբրեւ	ուտիցէք	ասէ, մաՀու
Creat1	16	ի պտղոյդ. իբրեւ	կերաւ	աստուածութեան փառացն
Creat1	16	էր, քաղի չէր	կերեալ	ի պտղոյդ. իբրեւ կերաւ
Creat1	17	այն ասաց ձեզ չ	ուտել	ի պտղոյդ զի Հաւասար
Creat1	18	ի պտղոյն եւ	կերաւ	ընդ ուտել պտղոյն
Creat1	18	եւ կերաւ. ընդ	ուտել	պտղոյն մերկացաւ ի
Creat1	19	եւ ասէ. <ընդէ՞ր>	կերար	ի պտղոյն։ [20] Ասէ Եւայ
Creat1	21	Ադամ. Ոչ կարեմ	ուտել	ի դմանէ, եւ <մերկանալ>
Creat1	22	[22] Ասէ Եւայ. Շատ	կերայ	վասն այն մերկացայ. դու
Creat1	24	Ասէ Եւայ. Թէպէտ	ուտես	ոչ բարկանայ քեզ
Creat1	30	եւ կնոջ խօսքով	կերաւ	զպտուղն, եւ մերկացաւ ի
Creat1	33	ի ժամուն յորում	կերեալ	էին ի պտղոյն
Creat1	37	ի լուսոյն. մի թէ	կերայ՞ք	ի պտղոյն։ [38] Ասէ
Creat1	41	երեսաց քոց	կերիցես	զՀաց քո. զի Հող էիր
Creat1	42	եղեցի, եւ ցաւօք	կերիցես	զաշխարՀս, եւ եղիցի
Creat1	43	սողասցիս, եւ Հող	կերիցես	զամենայն աւուրս
Creat1	46	մնացին, առանց	ուտելոյ	անմխիթար լային եւ
Creat2	8	ասաց, թէ ուտելով	կերիցէք	զամենայն պտուղ
Creat2	8	եւ ասաց, թէ	ուտելով	կերիցէք զամենայն
Creat2	8	գիտութեան մի	ուտիցէք	զի յորժամ ուտիցէք
Creat2	8	զի յորժամ	ուտիցէք	մաՀու վաղճանեսջիք
Creat2	13	ի մի ծառոյն ոչ	ուտէր	[14] Իբրեւ Հեռացաւ Ադամ
Creat2	15	ասաց յորժամ	ուտէք	ի ծառոյդ մաՀու
Creat2	16	իբրեւ զձեզ. երբ	կերաւ	ի պտղոյ անտի, նա այն
Creat2	17	չուտել. զի մի	կերեալ	Հաւասար լինիք
Creat2	17	այն ասաց ձեզ չ	ուտել	զի մի կերեալ Հաւասար
Creat2	18	կտրեաց եւ	կերաւ	ի պտղոյն. եւ առժամայն
Creat2	19	…րծեցեր. ընդէ՞ր	կերեր	ի պտղոյդ եւ մերկացար
Creat2	20	առ դու եւս	կեր	նա կամէր խաբել զԱդամ
Creat2	21	[21] Ասէ Ադամ	ուտեմ	եւ ես քեզ նման
Creat2	22	դու սակաւ	կեր	[23] Ասէ Ադամ. ոչ կարեմ
Creat2	22	Եւ ասէ Եւա. ես շատ	կերայ	վասն այն մերկացայ. դու
Creat2	24	թէպէտ եւ դու շատ	ուտիցես	ոչ մերկասցին զի սիրէ
Creat2	25	բայց վախէր	ուտել	[26] Իսկ Եւա լայր եւ
Creat2	26	զնա եւ ասէր	կեր	եւ մի որոշեր զիս ի
Creat2	27	երբեմն կամէր	ուտել	եւ երբեմն ոչ։ [28] Բայց
Creat2	29	տեսանէր, վախէր	ուտել	երբ զգեղեցկութիւն
Creat2	31	պաՀել զինքն եւ	կերաւ	ի պտղոյն, եւ մերկացաւ ի
Creat2	35	անտի. զի յորժամ	ուտես	մերկանաս եւ մեռանիս

Creat2	35	*ասացի քեզ թէ մի*	*ուտեր*	*ի պտղոյ անտի. զի յորժամ*
Creat2	36	[36] *ընդէ՞ր*	*կերար*	[37] *Ասէ Ադամ. Տէր այս*
Creat2	38	*Եւայի. թէ ընդէ՞ր*	*կերար*	*ի պտղոյն*: [39] *Ասէ Եւա*
Creat2	40	*գնասցես եւ հող*	*կերիցես*	*զամենայն աւուրս*
Creat2	43	*երեսաց քոց*	*կերիցես*	*զհաց քո. զի հող էիր*
Creat2	45	*պտուղն չար էր որ*	*կերան*	*եւ մերկացան. զի չար*
Creat2	46	*խօսքն եւ չէր*	*կերեալ*	*զպացն այլ յետոյ*
Creat2	46	*պացն այլ յետոյ*	*ուտէր*	*բարձրանայր ի վերինն*
Exp2	4	*պատրանօք օձին*	*կերաք*	*ի պտղոյն. եւ*
Rep	22	*վաստակեմ Ջի՞նչ*	*ուտեմ*	*զի՞նչ առնեմ Ի՞ւ մխիթարիմ*
Rep	24	*ապրեսցուք Ջի՞նչ*	*կերիցուք*	*եւ կամ զի՞նչ արբցուք*
Rep	27	*գնոսա եւ ասաց*	*ուտել*	*ի պտղոյ երկրին որ կայր մաւտ*
Rep	88	*Սեթայ եւ կամէր*	*ուտել*	*զնա* [89] *Յայնժամ ճիչ*
Rep	90	*զՍէթ զոր կալեալ*	*ուտէր*	*եւ ասաց Եւայի Ջեզ հնազանդ*
Tid2	14	*ոչ ամենեւին*	*ուտէր*	*ի պտղոյն*: [15] *Այլ յ*
Tid2	15	*կեցաւ եւ ոչ*	*կերաւ*	*ի պտղոյ անտի*: [16] *Վասն*
WdsAd	2	...*տուիրեաց մեզ յորոյ*	*ուտել*	*ի պտղոյն եւ յորոյ չուտել. (խս*
WdsAd	2	*ի պտղոյն եւ յորոյ*	*ուտել*	*(իսկ) մեք ոչ պահեցաք զ*
WdsAd	3	*զիչեր հաց ոչ*	*եկեր*	*եւ Ջուր ոչ էարբ*: [4] *Եւ ասէ ա*
WdsAd	9	*հրամայեաց մեզ Տէրն*	*ուտել*	*մեզ*: [10] *Եւ ասէ Սէթ ցհայրն*
WdsAd	13	*ետ նմա յորոյ*	*ուտել*	*ի պտղոյն եւ յորոյ չուտել. իսկ*
WdsAd	13	*ի պտղոյն եւ յորոյ*	*ուտել*	*իսկ նորա ոչ պահեալ զ*

ուր **adverb**

AbCn1	34	*բարձր, ասաց Կայենի*	*Ո՞ւր*	*է եղբայրն քո*: [35] *Եւ նա*
AbCn2	34	*եւ ասաց Կայէնին*	*ու՞ր*	*է եղբայրն քո Աբէլ*: [35] *Ասէ Կ*
AbCn2	38	*կոտոչ բուսաւ*	*ուր*	*եւ երթայր ձայն կու տայր կոտոչ*
Creat1	33	*ձայնեաց ասելով*	*Ու՞ր*	*ես Ադամ*: [34] *Ասէ. Տէր, զքո*
Creat2	33	...*ուխտեամբ եւ ասէ*	*ո՞ւր*	*ես Ադամ*: [34] *Ասէ Ադամ. Տէր*
Creat2	48	*եւ հարցաւ թէ*	*ու՞ր*	*ես Ադամ. վասն այն*
Rep	45	*Աստուած զԿային թէ*	*ո՞ւր*	*է Աբէլ եղբայրն քո* [46] *Եւ նա*
Rep	52	*Ի վերայ երկրի*	*ուր*	*հեղեր զարիւն եղբաւր քոյ*
Rep	102	*ի յայրն Բեթղահեմի*	*ուր*	*յետոյ ծնաւ Քրիստոս ի սուրբ Կոյ*
Rep	103	*եղ ի Գողգոթայ*	*ուր*	*խաչեցաւ Քրիստոս ի Հրէիցն ի վե*
Tid2	38A	...*դուխմք. ապա դու*	*ու՞ր*	*պիտի ցան ցանես եւ այգի*

ուրախ **adjective**

Creat1	49	[49]*Այսպէս*	*ուրախ*	*կացին*:
Exp2	27	*աւետիսն լուաւ*	*ուրախ*	*եղեւ. զի վեց դարն իբրեւ*

ուրախանամ **verb**

Creat1	48	< *զլոյս աշխարհս*	*ուրախացան*	*եւ խնդացին Ադամ եւ*
Creat2	52	*եւ զլուսին*	*ուրախացան*	*մինչեւ յերեկոյն*
Exp1	14	...*սանալոյն. յոյժ*	*ուրախացան*	*եւ խնդացին*: [15]
Exp1	22	*երեկոյն*	*ուրախացան*	*եւ խնդացին Ադամ եւ*
Exp1	27	*լուաւ Ադամ*	*ուրախացաւ*	*յոյժ. վեց հազար*
Exp2	1	*սակաւ մի*	*ուրախացաւ*	*ի վերայ լուսոյ*
Tid2	10	*տրտմիք եւ ոչ*	*ուրախանայք*	[11] *Նա ասաց*

ուրախացուցանեմ **verb**

Exp1	15	*զաւետիսն զի*	*ուրախացուցի*	*զձեզ*: [16] *Աւէ*
Exp2	15	*զաւետիսն իմ որ*	*ուրախացուցի*	*զձեզ*: [16] *Աւէ*

ուրախութիւն **noun**

AbCn1	34	*սպանեաց զեղբայրն*	*ուրախութեամբ*	*երթայր. երեւեցաւ Տէրն ի*
AbCn2	34	*Եւ ինքն գնաց իբրեւ*	*ուրախութեամբ*	*ապա երեւեցաւ*
Exp1	1	*յաշխարհս*	*ուրախութեամբ*	*կացին ի վերայ*
WdsAd	5	*զայր եւ ունէր ճիւղ մի*	*ուրախութեան*	*ի ձեռին իւրում. եւ ետ ի*

ուրաք **noun**

Tid1	37Y	*կացին ձայնէր*	*ուրաքն*	*ձայնէր, սղոցն ձայնէր*
Tid1	38B2	*ձայն կացնոյն եւ*	*ուրաքին*	*ծակիչին եւ չաղափին*
Tid1	38C	*կացինին եւ*	*ուրաքին*	*եւ սղոցին եւ չաղափին*
Tid2	37	*նա ձայն տայր*	*ուրաքն*	*եւ սղոցն եւ փայտն թէ*

ուրբաթ **noun**

Rep	95	*ընդ առաւաւտս*	*ուրբաթուն*	*ստեղծաւ Ադամ եւ*
Rep	96	*Ադամ երեկի ժամու*	*ուրբաթուն*	*եւ Եւա մեռաւ յերրորդ*
Rep	104	*ի հոգելի արանցն յաւուր*	*ուրբաթու*	*յիշատակել զննջեցեալսն ի*

ուրիշ **adjective**

AbCn1	7	*այն խուրձն կապէր եւ*	*ուրիշ*	*դնէր ի բաժինն Աստուծոյ*: [8] *Ե*
Tid1	54	*չար գործեն այլ*	*ուրիշ*	*պատուհասիւ խրատեցից զ*
Tid2	52	…*ղանչեն ինձ այլ*	*ուրիշ*	*խրատով խրատեցից զնոսա*

ոք **pronoun**

AbCn1	55	*ի մարմինն Աբելի ոչ*	*ոք*	*էր մեռեալ, եւ այնու ոչ հողանայ*
AbCn2	55	*մահն Ադամայ այլ ոչ*	*ոք*	*մեռաւ. վասն այն ոչ ի հող դառնա*
Exp1	23	*ես եմ որ ոչ*	*ոք*	*ծնաւ. անմահն իմ*
Rep	57	*Աստուած որ ամենայն*	*ոք*	*գիտենայր զնա եւ նշանն պիսակն*
Tid2	14	*դրախտին. եւ ով*	*ոք*	*որ անցանէր, նա ի պտղոյն*

չար **adjective**

AbCn1	15	*Բայց Աբել ոչ գիտէր զ*	*չար*	*խորհուրդն եղբօրն, եւ Աբէլ սիրէ*
AbCn1	27	*է սպանելոյ*: [27] *Իսկ*	*չարն*	*Սատանայ իբրեւ եղեւ երեկոյն, սե*
AbCn1	58	*թէ վախեմ թէ այլ*	*չարագոյն*	*զաւակ* <*ծնցի*> *իւրեանց կծօք*
AbCn2	15	*եւս Աբէլ ոչ գիտէր զ*	*չար*	*խորհուրդն Կայէնի. զի համապազ*
Creat1	2D	*հրեշտակաց. իսկ*	*չարն*	*Բէլիար որ գլուխ էր դասս*
Creat1	2Y	*իւրոյ*: [2Y] *Իսկ*	*չարն*	*Սադայէլ եւ Բելիար*
Creat1	31	*Զի ոչ թէ պտուղն*	*չար*	*էր, քան զի չար պտուղն ի*
Creat1	31	*չար էր, քան զի*	*չար*	*պտուղն ի դրախտի մէջն ոչ*
Creat1	31	*ոչ կայր. այլ*	*չարն*	*այն էր, որ Եւայ զ*
Creat2	45	*Զի ոչ թէ պտուղն*	*չար*	*էր որ կերան եւ մերկացան*
Creat2	45	*եւ մերկացան. զի*	*չար*	*պտուղն ի՞նչ կանէր ի*
Creat2	54	*ի խաբէութենէ*	*չարին*	*Սատանայի. եւ արժանի*
Exp2	6	*գիտեմք թէ ինչ*	*չար*	*գործեցաք որ բարկացաւ*
Tid1	22D	*եղանակօք*	*չարն*	*Սատանայ այսպէս*

Tid1	38D8	*եւ դադարեցէք ի*	*չարէ*	*եւ ապրեսջիք ի գալոյ*
Tid1	54	*աշխարհիս. թէ*	*չար*	*գործեն այլ ուրիշ*

***չարագործ* adjective**

Tid1	23D	*ընդ նոսա եւ*	*չարագործ*	*եղեն իբրեւ զնոսա*

***չարանամ* verb**

Tid1	4	*բարի որդիքն քո*	*չարանան*	*եւ զամենեսեան*
Tid1	23Y	*ընդ նոսա եւ*	*չարացան*	*քան զնոսա, եւ եղեն*
Tid1	38D3	*եւ օր ըստ օրէ*	*չարանային*	[38D4] *Նոյ տապանն*

***չարաչար* adjective**

AbCn2	33	*ամենեւին ոչ լսեց. այլ*	*չարաչար*	*բռնութեամբ հազիւ մորթեց զ*
Rep	82	*Ադամ կայր առաջի նոցա*	*չարաչար*	*տանջեալ ի հիւանդութենէ*

***չարութիւն* noun**

AbCn1	23	*ապա իմացաւ Աբէլ զ*	*չարութիւն*	*եղբօրն. աղաչէր եւ ասէր*
AbCn1	25	*արիւնն իմ. ես քեզ ի՞նչ*	*չարութիւն*	*<արարի>, ընդէ՞ր բարկանաս*
AbCn2	23	*Ապա իմացաւ Աբէլ զ*	*չարութիւնն*	*Կայէնի. զոր գոչեաց լալով*
Tid1	3	*արտմեցար վասն*	*չարութեան*	*Կայենին, նոյնչափ*
Tid1	22D	*Սատանայ այսպէս*	*չարութիւն*	*սերմանեաց ի միտսն*
Tid1	23D	*զմարս. այսպէս*	*չարութիւն*	*գործէին, եւ ոչ*
Tid1	38D3	*ոչ դառնէին ի*	*չարութենէն*	*եւ օր ըստ օրէ*
Tid1	38D7	*դառնային ի*	*չարութենէն*	[38D8] *Եւ սկսեաց*

***չափ* noun**

Creat1	42	*ծնունդ քո մահու*	*չափ*	*եղեցի, եւ ցաւօք կերիցես զ*

***չի* adverb**

Exp2	2	*իմացան թէ այլ*	*չի*	*լուսանայր. վասն որոյ*

***չորրորդ* numeral**

AbCn1	42	*իբրեւ զուռ:* [42] *դ*	*Չորրորդ*	*պատուհասն այն էր, <որ քանի>*
AbCn2	41	*ոչ կշտանայր:* [41]	*Չորրորդ*	*պատուհասն այն էր, որ ինչ որ*
Rep	54	*եւ աշխատանաւք* [54]	*Չորրորդ*	*Եւ երկիր ոչ տայ քեզ*
Rep	65	*ի դրախտէն* [65]	*Չորրորդ*	*զի յերկիրս անիծից անկան* [66]

***չորք* numeral**

Tid1	29	*տարի <ես>*	*չորս*	*հարիւր տարի այլ պիտի*
Tid1	30	[30] *Ասաց Նոյ*	*Չորս*	*հարիւր տարին իբրեւ զ*

***պահ* noun**

AbCn1	35	*ասաց. Ո՞վ ետ ինձ*	*պահ*	*որ խնդրես յինէն:* [36] *Վաս*
AbCn2	35	*Կայէն, Ե՞րբ տուիր ինձ*	*պահ*	*որ ինձանէ խնդրես. մի թէ ես*
Creat2	45	*զայն պտուղն*	*պագ*	*եղիր Ադամայ:* [46] *Թէ*
Creat2	46	*եւ չէր կերեալ զ*	*պագն*	*այլ յետոյ ուտէր*
Tid1	17	*կուսութեամբ եւ*	*պահօք*	*վերացաւ ի դրախտն*
Tid2	17	*կուսութեան եւ*	*պահուց*	*Հասաւ այնպիսի փառացն*

պաՀապան **noun**

AbCn2	35	*խնդրես. մի թէ ես*	*պաՀապան*	*էի նմա: [36] Եւ բարկացաւ*
AbCn2	36	*վերայ Կայէնի. թէ երբ*	*պաՀապան*	*չէիր սպանօղ վասն է՞ր եղեր*
Rep	48	*ասաց Ոչ գիտեմ մի թէ*	*պաՀապա՞ն*	*իցեմ եղբաւրն իմոյ [49]*
Rep	49	*Եւ ասաց նմա Աստուած*	*ՊաՀապան*	*չես սպանաւղ ընդէ՞ր*

պաՀեմ **verb**

AbCn1	1	*երբ Հինգ օր*	*պաՀեաց*	*ծոմով, յորժամ յառաջաւոր*
Creat1	9	*...ախտին, (զի) եթէ*	*պաՀեալ*	*էր Ադամ զպատուիրանս*
Creat1	29	*ոչ իմացաւ, թէ*	*պաՀեալ*	*էր զպատուիրանն*
Creat1	44	*եւ Հրեղէն սրով*	*պաՀել*	*զճանապարՀս դրախտին*
Creat2	9	*եւ տեսցէ թէ*	*պաՀէին*	*զպատուիրանն Տեառն. եւ*
Creat2	31	*կնոջն ոչ կարաց*	*պաՀել*	*զինքն եւ կերաւ ի*
Creat2	44	*զաւազանաւն*	*պաՀել*	*զճանապարՀ դրախտին*
Creat2	46	*Ադամայ: [46] Թէ*	*պաՀեալ*	*էր զԱստուծոյ խօսքն*
Creat2	47	*Ապա եթէս որ ոչ*	*պաՀեաց*	*զխրատն Աստուծոյ այլ*
Exp1	24	*այն եօթն օրն որ*	*պաՀեաց*	*Ադամ, այն ասի*
Rep	90	*եւ զպատուիրանս նորա*	*պաՀէիք*	*իսկ ի յանցանելն ձերում զ*
Tid1	33	*զարմէն Սեթայ որ*	*պաՀեալ*	*է զկուսութիւն իւր*
Tid2	38D	[38D] *Բայց կոյս*	*պաՀեա*	*զորդիքն քո մինչեւ որ*
WdsAd	2	*չուտել. (իսկ) մեք ոչ*	*պաՀեցաք*	*զպատուիրանն եւ մերկացաք*
WdsAd	13	*չուտել. իսկ նորա ոչ*	*պաՀեալ*	*զպատուիրանն, մերկացեալ յ*

պաղատիմ **verb**

AbCn2	11	*...ուցանեմ աղաչեմ եւ*	*պաղատիմ*	*ընկալ ի Հաճոյս բարեբար*

պայծառութիւն **noun**

Rep	6	*զուարճութիւն տնկոցն զ*	*պայծառութիւն*	*վարդիցն եւ զ*

պանծալի **adjective**

Rep	73	*իւրեանց եւ աւէին Ով*	*պանծալի*	*դրախտ Ով գեղեցիկ ծաղկոց Ով*

պապ **noun**

Tid1	10	*ի Հօրէն թէ*	*պապն*	*մեր Ադամ ընդէ՞ր տրտում*

պասքիմ **verb**

Rep	23	*ընդէ՞ր ոչ լայք զ*	*պասքեալս*	*ի պտղոց ձերոց ընդէ՞ր ոչ*

պատ **noun**

AbCn1	23	*որթի եւ պատէր երեք*	*պատ*	*ձեռներովն եւ քամակովն, եւ ապա*

պատանի **noun**

Rep	36	*արար զանմեղ*	*պատանին*	*մինչ որ աւանդեաց զՀոգին*

պատառեմ **verb**

Tid2	42	*երկնից. եւ*	*պատառեցաւ*	*երկիր եւ բղխեաց*

պատասխանի **noun**

AbCn2	31	[31] *Այլ Կայէն ոչ ետ*	*պատասխանի*	*ընբռնեալ գքարն ի*

պատարագ noun

Tid1	50	*ընդունելի եղեն*	*պատարագ*	*նորա, եւ կատարեաց*
Tid2	50	*եւթնէն զմէկն եւ*	*պատարագ*	*մատոյց Աստուծոյ. եւ*

պատեմ verb

AbCn1	21	*գրկեմ զծառդ, եւ դու*	*պատեա*	*մատներաւդ ի վերայ իմ*
AbCn1	21	*եւ ես երեք մատնովս*	*պատեմ*	*զքեզ, տեսանեմ թէ կարես*
AbCn1	23	*առեալ զուռն որթի եւ*	*պատէր*	*երեք պատ ձեռներովն եւ*
AbCn1	24	*այնչափ ուռով որթիւ*	*պատեաց*	*զնա ծառովն ոտից մինչեւ ց*
AbCn2	20	*եւ ես երեք անգամ*	*պատեմ*	*ուռամբս. տեսանեմ թէ կարես*
AbCn2	21	*նոյնպէս երեք անգամ*	*պատէ*	*զիս, տեսանեմք թէ որս է զօրեղ*
AbCn2	22	*Կայէն առեալ զուռն*	*պատեաց*	*ոտիւքն եւ ձեռօքն մինչեւ ց*
Rep	97	*զսպեցին զնոսա եւ*	*պատեցին*	*անոյշ խնկաւք եւ մաքուր*

պատժեմ verb

Rep	43	*Հարցանէ զնա եւ*	*պատժէ*	[44] *Որպէս եւ արարն իսկ*
Rep	71	*դատապարտեալ եւ*	*պատժեալ*	*յԱստուծոյ* [72] *Այս*

պատիժ noun

AbCn2	37	[37] *Վասն որոյ եւթն*	*պատժօք*	*պատուհասեաց զԿայէն. զի ի*
Rep	50	[50] *Եւ եւթն*	*պատիժ*	*էած ի վերայ նորա* [51] *Նախ զի*

պատկեր noun

Exp1	23	*Սատանայի. զի դու*	*պատկեր*	*իմ ես. ոչ կորուսից զ*

պատճառ noun

Creat2	49	*տեսաւ Տէրն որ զ*	*պատճառն*	*ի ստեղծօղն ասացին*

պատմեմ verb

AbCn1	1	*զՀրեշտակ իւր եւ*	*պատմեաց*	*նմա զմարդանալն*
Rep	32	*յաւուր միում տեսիլս*	*պատմեաց*	*Եւայ Ադամայ եւ ասաց թէ*
Rep	34	*եւ զի յառաջ քան զ*	*պատմելն*	*Եւայի զերազն լուաւ Ադամ ի*
Tid1	38B1	*եւ եկեալ*	*պատմեաց*	*ամենեցունց թէ*

պատմութիւն noun

AbCn1	1	*ԱՅՍ է*	*ՊԱՏՄՈՒԹԻՒՆ*	*ՈՐԴԻՈՑՆ ԱԴԱՄԱՅ*
AbCn2	1		*ՊԱՏՄՈՒԹԻՒՆ*	*ՅԱՂԱԳՍ ԿԱՅԷՆԻ ԵՒ*
Creat1	0	[0]	*ՊԱՏՄՈՒԹԻՒՆ*	*ՍՏԵՂԾՄԱՆ ԵՒ ՅԱՆՑՄԱՆՆ*
Creat2	0	[0]	*ՊԱՏՄՈՒԹԻՒՆ*	*ԵՒ ՃԱՌ, ՎԱՍՆ ՍՏԵՂԾՄԱՆՆ*
Exp1	0	[0]	*ՊԱՏՄՈՒԹԻՒՆ*	*ԵԼԱՆԵԼՈՅՆ ԱԴԱՄԱՅ Ի ԴՐԱԽՏԷՆ*
Rep	1		*ՊԱՏՄՈՒԹԻՒՆ*	*ԱՊԱՇԽԱՐՈՒԹԵԱՆ ԱԴԱՄԱՅ ԵՒ*

պատուեմ verb

Rep	98	*տապանի* [98] *Եւ*	*պատուէին*	*զաստուածաստեղծ մարմինս*

պատուէր noun

AbCn2	1	*ԵՒ ԱԲԷԼԻ* [1] *Այս էր*	*պատուէրն*	*Ադամայ զոր պատուիրեաց*
AbCn2	3	[3] *Վասն որոյ Ադամ*	*պատուէր*	*ետ զնոյն կատարել որդւոց*
Creat1	8	*փառօք մեծ. եւ ետ*	*պատուէր*	*նոցա Տէր Աստուած եւ*

Creat1	15	*Զի Տէր Աստուած*	*պատուէր*	*ետ չուտել ի պտղոյդ*
Creat2	8	*եդ ի վերայ նոցա*	*պատուէր*	*եւ ասաց, թէ ուտելով*
Creat2	9	[9] *Վասն այն*	*պատուէր*	*եդ ի վերայ նոցա. զի*
Creat2	43	…*նակ զի թողեր զ*	*պատուէր*	*իմ եւ լսեցեր կնոջ*
WdsAd	13	*զնա ի դրախտին, եւ*	*պատուէր*	*ետ նմա յորոյ ուտել ի*

***պատուիրան* noun**

Creat1	9	*էր Ադամ զ*	*պատուիրանս*	*Տեառն, վերանայր*
Creat1	29	*թէ պահեալ էր զ*	*պատուիրանն*	*կարող էր Աստուած*
Creat1	31	*խօսքն եւ զ*	*պատուիրանն*	*եթող եւ զօձին*
Creat1	31	*խօսքն եւ զ*	*պատուիրանն*	*եթող զիւր կնոջ*
Creat2	9	*թէ պահէին զ*	*պատուիրանն*	*Տեառն. եւ թէ ոչ զ*
Rep	14	*Վայ ինձ զի զ*	*պատուիրանն*	*յանցեայ* [15] *Վայ ինձ*
Rep	90	*Աստուծոյ էիք եւ զ*	*պատուիրանս*	*նորա պահէիք իսկ ի*
WdsAd	2	*մեք ոչ պահեցաք զ*	*պատուիրանն*	*եւ մերկացաք յ*
WdsAd	13	*նորա ոչ պահեալ զ*	*պատուիրանն*	*մերկացեալ յ*

***պատուիրեմ* verb**

AbCn2	1	*Ադամայ զոր*	*պատուիրեաց*	*որդւոցն իւրոց եւ ասաց, թէ*
WdsAd	2	*եւ եդ ի դրախտին, եւ*	*պատուիրեաց*	*մեզ յորոյ ուտել ի*

***պատուհան* noun**

Tid1	45	*Նոյ բացեալ զ*	*պատուհան*	*տապանակին, եւ*
Tid2	45	*բացաւ Նոյ զ*	*պատուհանն*	*եւ առաքեաց զ*

***պատուհաս* noun**

AbCn1	37	*վերայ Կայենի եւ եօթն*	*պատուհաս*	*ետ Կայենի։* [38] *ա. Մէկ*
AbCn1	38	*Կայենի։* [38] *ա. Մէկ*	*պատուհասն*	*այն է, որ երկու կոտոչ*
AbCn1	39	[39] *բ. Երկրորդ*	*պատուհասն*	*այն էր, որ կոտոչն ձայնէր*
AbCn1	41	*է։* [41] *գ. Երրորդ*	*պատուհասն*	*այն է, որ ոտիւք եւ ձեռօքն*
AbCn1	42	*զուռ։* [42] *դ. Չորրորդ*	*պատուհասն*	*այն էր,* <*որ քանի*> *ուտէր ոչ*
AbCn1	43	[43] *ե. Հինգերորդն*	*պատուհասն*	*այն էր, որ ինչ սիրտն ուզէր*
AbCn1	44	[44] *զ. Վեցերորդն*	*պատուհասն*	*այն էր, որ քուն չունէր ոչ*
AbCn1	45	[45] *է. Եօթներորդն*	*պատուհասն*	*այն էր, որ Աստուած նմա*
AbCn1	45	*զԿայէն, նա նորա*	*պատուհասն*	*ի վերայ սպանողին*
AbCn1	49D	*սպան Կայեն. եւ*	*պատուհասու*	*Տէր եղաւ։* [49A] *Եւ*
AbCn1	50Y	*սպան զԿայէն։* [50Y]	*Պատուհասն*	*անկաւ ի վերայ Ղամեքայ*
AbCn1	51A	*նմա Տէր Աստուած զ*	*պատուհասն*	*Ղամեքայ։* [52] *Իսկ Ադամ*
AbCn1	51Y	*ցուն եւ վերացաւ*	*պատուհասն*	*Ղամեքայ։* [51A] *Եւեւ*
AbCn1	57	*չաղախեալ եւ Կայէն*	*պատուհասիւ*	*վիրաւորեալ. իսկ Ադամ եւ*
AbCn2	38	*տայր կոտոչ. առաջին*	*պատուհասն*	*այս է. թէ սա է*
AbCn2	39	*Կայէն։* [39] *Երկրորդ*	*պատուհասն*	*այն էր, որ բոլոր մարմինն*
AbCn2	40	[40] *Երրորդ*	*պատուհասն*	*այն էր, որ քանի ուտէր, ոչ*
AbCn2	41	[41] *Չորրորդ*	*պատուհասն*	*այն էր, որ ինչ որ ուզէր նա*
AbCn2	42	[42] *Հինգերորդ*	*պատուհասն*	*այն էր, որ յաչքն*
AbCn2	43	[43] *Վեցերորդ*	*պատուհասն*	*այն էր, զի հանապազ լալով*
AbCn2	44	[44] *Եօթներորդ*	*պատուհասն*	*այն էր, որ Աստուած մահ*
Tid1	2	*ի կինս, այն մեծ*	*պատուհաս*	*էր ինձ, քան զ*

Tid1	2	*թողի եւ զԿայենի*	*պատուհասն*	*կու տեսանեմ*
Tid1	54	*այլ ուրիշ*	*պատուհասիւ*	*խրատեցից զնոսա*
Tid2	38F	*Տէր զՋրհեղեղ*	*պատուհասն*	[38G] *Դարձեալ ծաղր*
Tid2	51	*այսպիսի*	*պատուհասիւ*	[52] *Թէ մեղանչեն*

պատուհասեմ **verb**

AbCn2	37	*որոյ եւթն պատժօք*	*պատուհասեաց*	*զԿայէն. զի ի*
AbCn2	57	…*ղախեալ, եւ զԿայէն*	*պատուհասեալ*	*վասն կոծոյն եւ սգոյն*
Tid1	4	…*նեսեան միատեղ*	*պատուհասին*	[5] *Զի յայնժամ որ*
Tid2	50	*Աստուծոյ այլ ոչ*	*պատուհասել*	*Ջրով զորդիս*

պատրանք **noun**

Exp1	4	*դրախտին, եւ*	*պատրանօք*	*օձին ճաշակեցաք ի*
Exp2	4	*լուսեղէն. եւ*	*պատրանօք*	*օձին կերաք ի*

պար **noun**

Tid2	22	*խաղօք եւ*	*պարուք*	*ծափս հարկանելով*

պարարտ **adjective**

AbCn2	6	*խաչանց զգերն եւ զ*	*պարարտն*	*տալ Աստուծոյ բաժին. բայց*

պարգեւ **noun**

AbCn1	11	*ի բարեստեղծեալ*	*պարգեւաց*	*քոց, զոր բաշխեցեր մեզ. քո*
AbCn2	11	*զի ի քո տուեալ բարի*	*պարգեւաց*	*քոց քեզ մատուցանեմ*

պարեմ **verb**

Tid1	22 Y	*խնդալով եւ*	*պարելով*	*ծափ տալով եւ փողս*

պարտ **noun**

Exp2	9	[9] *Ասէ Սատանայ*	*պարտ*	*էր ձեզ ծառայ լինիլ նմա*
Tid1	0	*ԱՒԵՏԵԱՑՆ ՍԷԹԱՑ ՋՈՐ*	*ՊԱՐՏ*	*Է ՄԵԶ ՈՒՆԿՆ ԴՆԵԼ* [1] *Եւ*
Tid1	12	*ասէ ցհայրն. Հօր*	*պարտքն*	*պիտի որդին <վճարել>*
Tid2	12	*ես վճարեմ զձեր*	*պարտքն*	[13] *Եւ ոչ ամուսնացաւ*

պարտակեմ **verb**

Rep	24	*մեր որո՞վ*	*պարտակեսցուք*	*Զի ահա մաչկեղէն*

պարտիմ **verb**

Tid2	33	*է, կատարել*	*պարտիս*	*զի աղջիկ մի կայ կոյս*

պզտիկ **adjective**

Tid1	38D5	*փոքր էին եւ*	*պզտիկ*	*եւ զարմէն Սէթայ. առ զ*

պէսպէս **adjective**

Tid1	21D	*ծարուր զնէին եւ*	*պէսպէս*	*սազէրս սահմանեցին զ*
Tid1	21Y	…*մանեցին, եւ այլ*	*պէսպէս*	*սազ եւ երգարանս*
Tid1	22D	…*եցուցանելով եւ*	*պէսպէս*	*ձայնիւ եղանակօք*
Tid1	22Y	*ածելով եւ*	*պէսպէս*	*ձայնիւ եղանակելով*

պիղծ adjective

Creat1	3	զԱստուած: [3] Իսկ	պիղծն	Սատանայ ոչ կամեցաւ
Creat2	3	զԱստուած: [3] Եւ	պիղծն	Սատանայ Հիանայր եւ
Creat2	10	...գեսցեն: [10] Իսկ	պիղծն	Սատանայ, նախանձեալ
Exp1	15	եկն առ նոսա	պիղծն	Սատանայ, ասէ. Տեսայ՞ք զ

պինդ adjective

AbCn1	24	ոչ արձակէր, այլ	պնդագոյն	կապէր այնչափ ուռով որթիւ

պիսակ adjective

Rep	57	զնա եւ նշանն	պիսակն	էր [58] Այլ եւ եղջեւր

պիտի verb

AbCn1	54	եւ ապա իւր ծնունդն	պիտէր	յառաջ Ադամ մեռնէր եւ Հող
AbCn2	54	ծնելոցն. վասն որոյ	պիտէր	յառաջ Ադամ մեռանէր եւ ի Հող
AbCn2	26	եւ ոչ գիտէր թէ որով	պիտի	սպանանել զնա: [27] Ապա
Tid1	12	Հօր պարտքն	պիտի	որդին <վճարել>: [13] Վասն
Tid1	27	Հրամանքն	պիտի	կատարես. զի զաշխարՀս
Tid1	29	Հարիւր տարի այլ	պիտի	ապրիս: [30] Ասաց Նոյ. Զորս
Tid2	29	տարի դեռեւս	պիտի	ապրիմ: [30] Ասէ Հրեշտակն
Tid2	37	եւ փայտն թէ	պիտի	ՋրՀեղեղ գայ յերկիրս
Tid2	38A	տեղիս Ջուր	պիտի	Հասնի. կամ դու որ զ
Tid2	38A	չինես դու	պիտի	ապրիս եւ մեք խեղդուիմք
Tid2	38A	ապա դու ու՞ր	պիտի	ցան ցանես եւ այգի տնկես

պղծագործ adjective

Tid1	23Y	զնոսա, եւ եղեն	պղծագործ	քան զշուն, այլ ոչ

պղծեմ adjective

Tid2	23	խառնակեցան եւ	պղծեցան	ընդ նոսա, իբրեւ զ

պճնեմ verb

Tid1	21Y	զարդարեցին եւ	պճնեցին	[21D] Իբրեւ տեսին
Tid1	22Y	[22Y] Եւ այնպիսի	պճնեալ	զգեստիւք եւ ազգի
Tid2	21	նա սկսան	պճնիլ	եւ զարդարիլ եւ

պուտ noun

AbCn1	6	ծնաւ Հազար եւ մի	պուտ	ունէր, զայն Հաբէլ ընտրեաց

պտղաբեր adjective

Creat1	47	եւ եցոյց նոցա զ	պտղաբերս	այնով լիանալ եւ
WdsAd	15	եւ զամենայն	պտղաբեր	տնկեաց ի նմա: [16] Եւ

պտուղ noun

AbCn1	2	եւ Հրամայեաց ի	պտղոյ	անտի բաժին Հանել Աստուծոյ
AbCn1	2	եւ գործել զերկիր, եւ զ	պտուղ	նոցա ուտել եւ լիանալ. եւ
AbCn2	2	զերկիր եւ ճաշակել ի	պտղոյ	նորա եւ լիանալ եւ ապրիլ. այլ է
AbCn2	2	ինձ յամենայն	պտղոյ	բաժին Հանել Աստուծոյ: [3]

Creat1	8	յամենայն	պտղոց	ծառերոյդ, բայց ի
Creat1	13	զի չրջէին եւ	պտղոյն	ուտելովն
Creat1	14	<ամենայն> ծառոյ	պտղոյ	ճաշակես, եւ <այս>
Creat1	14	եւ <այս> գեղեցիկ	պտղոյս	ոչ ճաշակես: [15] Ասէ
Creat1	15	եռ չուտել ի	պտղոյդ	իբրեւ ուտիցէք, ասէ
Creat1	16	չէր կերեալ ի	պտղոյդ	իբրեւ կերաւ
Creat1	17	ձեզ չուտել ի	պտղոյդ	զի Հաւասար լինիցիք
Creat1	18	Յայնժամ առեալ ի	պտղոյն	եւ կերաւ. ընդ ուտել
Creat1	18	կերաւ. ընդ ուտել	պտղոյն	մերկացաւ ի լուսոյն
Creat1	19	<ընդէ՞ր> կերար ի	պտղոյն	[20] Ասէ Եւայ. Զի
Creat1	20	զքաղցրութիւն	պտղոյդ	[21] Ասէ Ադամ. Ոչ կարեմ
Creat1	20	Զի քաղցրագոյն	պտուղ	է, առ եւ դու ճաշակեայ եւ
Creat1	25	[25] Եւ ապա առաւ զ	պտուղն	քննէր, եւ վախէր թէ
Creat1	30	Մինչեւ երեք ժամ	պտուղն	ի ձեռն քննութիւն արար
Creat1	30	խօսքով կերաւ զ	պտուղն	եւ մերկացաւ ի
Creat1	31	[31] Զի ոչ թէ	պտուղն	չար էր, քան զի չար
Creat1	31	էր, քան զի չար	պտուղն	ի դրախտի մէջն ոչ կայր
Creat1	33	կերեալ էին ի	պտղոյն	մերկացեալ ի լուսոյն
Creat1	37	մի թէ կերայ՞ք ի	պտղոյն	[38] Ասէ Ադամ. Այս կինս
Creat1	48	լուսոյ եւ	պտղոյ	դրախտին. բայց ոչ սովաւ
Creat1	48	...խարՀիս լոյս եւ	պտուղս	չեն Հաւասար լուսոյ եւ
Creat2	8	դրախտին բայց ի	պտղոյ	գիտութեան մի ուտիցէք
Creat2	8	զամենայն	պտուղ	դրախտին բայց ի պտղոյ
Creat2	13	յամենայն	պտղոյ	դրախտին. եւ ի մի ծառոյն
Creat2	16	ձեզ. երբ կերաւ ի	պտղոյ	անտի, նա այն մեծ
Creat2	18	եւ կերաւ ի	պտղոյն	եւ առժամայն մերկացաւ
Creat2	19	ընդէ՞ր կերեր ի	պտղոյդ	եւ մերկացար: [20] Ասէ
Creat2	20	խիստ քաղցր է	պտուղս	եւ բարեՀամ առ դու եւս
Creat2	25	լսեց Ադամ, էառ զ	պտուղն	ի ձեռն բայց վախէր
Creat2	27	...ւթեամբ առնէր զ	պտուղն	ի ձեռն մինչեւ երեք
Creat2	31	ինքն եւ կերաւ ի	պտղոյն	եւ մերկացաւ ի լուսոյն
Creat2	35	թէ մի ուտեր ի	պտղոյ	անտի. զի յորժամ ուտես
Creat2	38	ընդէ՞ր կերար ի	պտղոյն	[39] Ասէ Եւա. Տէր այս
Creat2	45	[45] Զի ոչ թէ	պտուղն	չար էր որ կերան եւ
Creat2	45	...երկացան. զի չար	պտուղն	ի՞նչ կանէր ի դրախտն
Creat2	45	ի դրախտն. զի	պտուղն	բարի էր բայց Աստուած զ
Creat2	45	Աստուած զայն	պտուղն	պագ եդիր Ադամայ: [46]
Creat2	51	զերկիր, եւ ի	պտղոյ	նորա կերակրիլ: [52] Իսկ
Exp1	4	ճաշակեցաք ի	պտղոյն	եւ ելաք ի դրախտէն, եւ
Exp2	4	օձին կերաք ի	պտղոյն	եւ արտաքսեցաք ի
Rep	6	զքաղցր ճաշակումն	պտղոցն	զբարի Հնչմունս Հրեղինացն
Rep	23	ոչ լայք զպսակեալս ի	պտղոց	ձերոց ընդէ՞ր ոչ լայք զ
Rep	27	եւ ասաց ուտել ի	պտղոյ	երկրին որ կայր մաւտ առ նոսա
Rep	54	երկիր ոչ տայ քեզ զ	պտուղ	իւր զի արեամբ արդարոյ
Rep	74	մեզ ճաշակել ի ձէնջ	պտուղ	քաղցրաՀամք Ո՞վ տաայ մեզ
Rep	75	աչք որ Հայեցայք ի	պտուղն	ընդէ՞ր ոչ խաւարեցայք [76]
Rep	77	Ով ձեռք որ Հատիք զ	պտուղն	ընդէ՞ր ոչ գաւսացայք [78] Եւ
Rep	87	աղաչել զՏէր տալ	պտուղ	իւղընձիւղ ի ծառոց դրախտին վասն

Tid1	10	*որդին բարի*	*պտուղն*	*Ենովք, եՀարց ի Հօրէն*
Tid1	11	*վասն ճաշակելոյ*	*պտղոյն*	*որ ելաւ ի դրախտէն*
Tid1	15	*մարդ ճաշակէր ի*	*պտղոյն*	*իսկ ինքն Ենովք ոչ*
Tid1	15	*բարձր Հայեցի ի*	*պտուղն*	*ծառերոյն. քանզի*
Tid2	10	[10] *Իսկ բարի*	*պտուղն*	*Ենովք, եՀարց ի Հօրէն*
Tid2	11	*ճաշակման*	*պտղոյն*	*եւ արտաքսելոյն ի*
Tid2	14	*որ անցանէր, նա ի*	*պտղոյն*	*ճաշակէր. եւ ինքն ոչ*
Tid2	14	*…ենեւին ուտէր ի*	*պտղոյն*	[15] *Այլ յերկաթէ գտակ*
Tid2	15	*եւ ոչ կերաւ ի*	*պտղոյ*	*անտի:* [16] *Վասն այն*
Tid2	15	*զի մի տեսցէ զ*	*պտուղ*	*ծառոյն. քանզի վաթսուն*
WdsAd	2	*մեզ յորոյ ուտել ի*	*պտղոյն*	*եւ յորոյ չուտել. (իսկ) մեք ոչ*
WdsAd	13	*ետ նմա յորոյ ուտել ի*	*պտղոյն*	*եւ յորոյ չուտել. իսկ նորա ոչ*

ջնջեմ **verb**

Exp1	26	[26] *Եւ որդին իմ*	*ջնջեսցէ*	*զձեռագիր քո, եւ*
Exp2	26	*անծինն ծնանի եւ*	*ջնջէ*	*զձեռագիր յանցանաց քոց*

ջոկեմ **verb**

Tid1	23Y	*մայր զորդին* <	*ջոկէր*>,	*ոչ քոյր զեղբայր, եւ*

ջուխտակ **noun**

AbCn1	4	*մի փոր կու ծնանէր*	*ջուխտակ*	*մին աղջիկ եւ մին տղայ:* [5]

ջուր **noun**

Rep	99	*ապականեալ կորիցեն ի*	*ջուրցն*	*Հեղեղէ* [100] *Եւ յելանել*
Tid1	24	*նոցա, եւ կամեցաւ*	*ջրով*	*խեղդել զնոսա:* [25]
Tid1	27	*ամենայն*	*ջրով*	*անցուցանելոց է, զ*
Tid1	38B4	*զտապանն թէ աստ*	*ջուրն*	*Հասանէ եւ այլ*
Tid1	38B8	*նա եւ ասէին երբ*	*ջուր*	*գայ Նոյ որ արտն կու վարի*
Tid1	38D4	*չինէր եւ աստ*	*ջուր*	*Հասանի Հարիւր կանգուն*
Tid1	38D9	*Նոյեայ. յեփ*	*ջուրն*	*յաշխարՀս կուլլվի եւ*
Tid1	42	*երկնից, եւ*	*ջուրն*	*ելանէր ի ներքուստ եւ*
Tid1	44	*օր բարձրացաւ*	*ջուրն*	*եւ կոխեաց զծայրս*
Tid1	44	*…անակն ի վերայ*	*ջրոյն*	*կեցաւ, եւ եկն դադարեաց*
Tid1	48	*էին. բայց դաշտք*	*ջրով*	*ծածկեալ էին:* [49]
Tid1	50	*զի այլ մի*	*ջրով*	*անցուցանել զաշխարՀս*
Tid2	26	*…ուսանել զնոսա*	*ջրով*	[27] *Վասն այն Հրամայեաց*
Tid2	27	*ամենեքեան*	*ջրով*	*խեղդին:* [28] *Եւ դու միայն*
Tid2	38A	*բարձր տեղիս*	*ջուր*	*պիտի Հասնի. կամ դու որ զ*
Tid2	42	*աղբերակունս եւ*	*ջուրք*	*գետերաց արտաՀոսեալ*
Tid2	50	*ոչ պատուՀասել*	*ջրով*	*զորդիս նորա:* [51] *Եւ ձայն*
Tid2	55	*դաշտն նա լի էր*	*ջրով*	[56] *Իբրեւ բազմացան*
WdsAd	3	*գիշեր Հաց ոչ եկեր եւ*	*ջուր*	*ոչ էարբ:* [4] *Եւ ասէ առ Տէր յ*

ջրասոյզ **adjective**

Tid2	38A	*տնկես թէ երկիրս*	*ջրասոյզ*	*լինի:* [38B] *Եւ ի*

ջրՀեղեղ **noun**

Rep	99	*կոտասան ամաց եկն*	*ջրՀեղեղն*	*եւ Նոյ առեալ զնոսա ի*
Tid1	37A	*ձայնէր փայտն թէ*	*ջրՀեղեղ*	*կու գայ:* [38Y] *Երբ*

Tid1	37Y	*թէ Ահաւասիկ*	*ջրհեղեղ*	*եկանէ եւ ապականէ զ*
Tid1	38B1	*ամենեցունց թէ*	*ջրհեղեղ*	*կու գայ. ամենայն*
Tid1	38B2	*որ ասէին*	*ջրհեղեղ*	*կու գայ:* [38B3]
Tid1	38B3	*Նոյեայ որ ասէ թէ*	*ջրհեղեղ*	*կու գայ:* [38B4]
Tid1	38B5	*մուտ ի տապանդ որ*	*ջրհեղեղ*	*կու գայ. զի յորժամ*
Tid1	38C	*ձայնն որ ասէին*	*ջրհեղեղ*	*կու գայ:* [38D3]
Tid1	38D8	...*եսջիք ի գալոյ*	*ջրհեղեղէն*	[38D9] *Եւ*
Tid1	39	*ձայնէր թէ*	*ջրհեղեղ*	*կու գայ:* [40] *Ամենայն*
Tid1	41	*իմացան զ*	*ջրհեղեղն*	*եւ մարդիք ոչ*
Tid1	54	*քո, այլ ոչ ածից*	*ջրհեղեղ*	*ի վերայ աշխարհիս. թէ*
Tid2	37	*փայտն թէ պիտի*	*ջրհեղեղ*	*գայ յերկիրս:* [38A]
Tid2	38D	*քո. զի լինի*	*ջրհեղեղ*	[38E] *Իսկ նա*
Tid2	38F	*դարձուցէ Տէր զ*	*ջրհեղեղ*	*պատուհասն:* [38G]
Tid2	39	*ի տապան. զի էհաս*	*ջրհեղեղն*	[40] *Իսկ գազանք եւ*
Tid2	57	[57] *Եւ յետ*	*ջրհեղեղին*	*ապրեցաւ Նոյ*
Tid2	59	*հաւատացեալս ի*	*ջրհեղեղէ*	*ցանկութեան*

սա **pronoun**

AbCn2	38	*պատուհասն այս է. թէ*	*սա*	*է եղբայրասպանն Կայէն:* [39]
Creat1	7	*ի մարմնոյ*	*սա*	*կոչեսցի կին:* [8] *Եւ տարեալ զ*
Creat1	38	*որ դու ստեղծեր*	*սայ*	*խաբեաց:* [39] *Դարձեալ Տէր*
Creat1	48	...*րախտին. բայց ոչ*	*սովաւ*	*մահ <լինիմք> եւ կամ*
Creat2	7	[7] *Եւ ասաց, ահա*	*սա*	*ոսկր յոսկերաց իմոց, եւ*
Creat2	7	*ի մարմնոյ իմոյ*	*սա*	*կոչեսցի կին:* [8] *Իսկ Տէր*
Creat2	37	*զոր դու ստեղծէր*	*սա*	*խաբեաց զիս:* [38] *Դարձեալ*
Creat2	39	*զոր դու ստեղծեր*	*սա*	*խաբեաց զիս:* [40] *Եւ*
Creat2	40	*Տէրն ի վերայ*	*սոցա*	*եւ ասէ. դու օձդ որ*
Tid2	27	*նոր Ադամ. զի*	*սոքա*	*ամենեքեան ջրով խեղդին*

Սադայէլ **name**

Creat1	4	...*իմեցին ի վերայ*	*Սադաէլի*	*եւ ամենայն*
Creat1	2Y	[2Y] *Իսկ չարն*	*Սադայէլ*	*եւ Բելիար դասագլուխ*
Creat2	1	*հրեշտակս զ*	*Սադայէլ*	*եւ զԲելիար եւ մեծ*
Creat2	5	*հպարտութեան*	*Սադայէլի*	*ըստեղծ զԱդամ, զի*

սագ **noun**

Tid1	21D	*դնէին եւ պէսպէս*	*սագէրս*	*սահմանեցին զոտս եւ զ*
Tid1	21Y	*եւ այլ պէսպէս*	*սագ*	*եւ երգարանս սահմանեցին*

սակաւ **adjective**

Creat1	22	*մերկացայ. դու*	*սակաւ*	*ճաշակեայ:* [23] *Ասէ Ադամ*
Creat2	22	*մերկացայ. դու*	*սակաւ*	*կեր:* [23] *Ասէ Ադամ. ոչ*
Exp1	6	*խափանեաց զայն*	*սակաւ*	*լոյսն. վասն այն կոծամք*
Exp1	14	*բանս, եւ ինքն*	*սակաւ*	*մի հեռացաւ. եւ հայէին*
Exp1	15	*խնդացին իբրեւ>*	*սակաւ*	*մի բարձրացաւ արեգակն*
Exp2	1	*անկաւ ի լուսոյն*	*սակաւ*	*մի ուրախացաւ ի վերայ*
Exp2	14	*ասաց Սատանայ եւ*	*սակաւ*	*մի հեռացաւ. իսկ Ադամ եւ*
Exp2	15	[15] *Իբրեւ*	*սակաւ*	*մի բարձրացաւ, եկն առ նա*

Rep	4	[4] Ապա դիւրացան	սակաւ	մի յերկիւղէ մահուն [5] Քանզի
Tid1	18	զի մարդն	սակաւ	էր, կանայք եւ աղջկունք

սահման **noun**

Tid1	42	եւ ծեփեաց. բացան	սահմանք	երկնից, եւ ջուրն
Tid2	42	եւ ապա բացան	սահմանք	երկնից. եւ պատառեցաւ

սահմանեմ **verb**

Rep	104	կարգեցաւ եւ	սահմանեցաւ	յառաջին սրբոցն եւ ի
Tid1	21D	Հնար իմացան եւ	սահմանեցին	զկարմրադեղն եւ զ
Tid1	21D	պէսպէս սազէրս	սահմանեցին	զոտս եւ զձեռս
Tid1	21Y	Կայենի, Հնարիւք	սահմանեցին	զկարմրադեղն եւ զ
Tid1	21Y	եւ < զվարսն>	սահմանեցին	եւ այլ պէսպէս
Tid1	21Y	սաց եւ երգարանս	սահմանեցին	զոտսն եւ զձեռսն
Tid1	22A	երգարանօք զոր	սահմանեցին	[22D] Այլ
Tid2	22	…նայեցին: [22] Եւ	սահմանեցին	զերգս եւ զքնարս

սաղաւարտ **noun**

Tid1	15	այլ երկաթի	սաղաւարտ	ի գլուխն եդեալ, զի

Սամայ **name**

Rep	29	եւ ծնաւ զԱբէլ եւ զ	Սամայն	քոյր նորա [30] Եւ յետ

սանձեմ **verb**

Rep	89	զազանին եւ ասաց	Սանձեա	զբերան քո եւ մի

սաստիկ **adjective**

Rep	5	եւ այն բաւթ	սաստիկ	վտանկէր զնոսա եւ էր այն
Rep	40	կալաւ անհնարին եւ	սաստիկ	տրտմութիւն զԱդամ եւ զ
Rep	81	կայր եւ քաղէին ոգիքն ի	սաստիկ	ցաւոյն որ կալեալ էր զանձն

սաստկանամ **verb**

Rep	61	[61] Եւ այնու առաւել	սաստկացաւ	սուգն Ադամայ եւ Եւայի

Սատանայ **name**

AbCn1	1	յետ խաբէութեան	Սատանայի	երբ հինգ օր պահեաց ծոմով
AbCn1	1	նորա ի ձեռաց	Սատանայի	[2] Եւ բերեալ զեղն
AbCn1	27	[27] Իսկ չարն	Սատանայ	իբրեւ եղեւ երեկոյն, սեւ
AbCn2	27	զնա: [27] Ապա	Սատանայ	եղեալ ի կերպս երկու ագռաւի
AbCn2	28	Եւ Կայէն ուսեալ ի	Սատանայէ	եւ առեալ զքարն եւ
Creat1	3	[3] Իսկ պիղծն	Սատանայ	ոչ կամեցաւ
Creat1	5	հպարտութեանն	Սատանայի	ստեղծ զԱդամ
Creat1	10	[10] Վասն այն	Սատանայ	նախանձեալ եմուտ յ
Creat1	11	ի դրախտն. եւ	Սատանայ	յահէն հրեշտակաց ոչ
Creat1	13	<խրատեալ> էր ի	Սատանայէ	այնչափ որսաց, որ զ
Creat1	2Y	էին դասուց	Սատանայի	մեծափառօք
Creat2	3	[3] Եւ պիղծն	Սատանայ	հիանայր եւ
Creat2	4	հարին զդասսն	Սատանայի	եւ թօթափեցին զ

Creat2	10	[10] *Իսկ պիղծն*	*Սատանայ*	*նախանձեալ վասն*
Creat2	12	*Իսկ ամենաչարն*	*Սատանայ*	*ուսոյց օձին եւ*
Creat2	54	…*էութենէ չարին*	*Սատանայի*	*եւ արժանի արասցէ*
Exp1	3	*եկն առ նա*	*Սատանայ*	*ի կերպ Հրեշտակի, եւ*
Exp1	7	*եւ լամք*: [7] *Ասէ*	*Սատանայ*	*զի՞նչ եառուք այն*
Exp1	9	*ոչ ինչ*: [9] *Ասէ*	*Սատանայ*	*Չի է, ընդէ՞ր ոչ*
Exp1	11	*ասել*: [11] *Ասէ*	*Սատանայ*	*զի՞նչ* <*տայք*> *ինձ*
Exp1	13	*մեր*: [13] *Իսկ*	*Սատանայ*	*ցուցանէր նոցա յ*
Exp1	14	[14] *Իբրեւ ասաց*	*Սատանայ*	*զայս բանս, եւ ինքն*
Exp1	15	*առ նոսա պիղծն*	*Սատանայ*	*ասէ. Տեսա՞յք զ*
Exp1	17	*եմք*: [17] *Իսկ*	*Սատանայ*	*բերեալ քար մի եւ եդ*
Exp1	20	[20] *Եւ առեալ*	*Սատանայ*	*զքարն, եւ տարեալ*
Exp1	21	*Ադամայ ի ձեռն*	*Սատանայի*	[22] *Մինչեւ յ*
Exp1	22	*որ խաբեցան ի*	*Սատանայէ*	*լացին եւ ողբացին*
Exp1	23	*թէ խաբեաց զքեզ*	*Սատանայ*	*վասն այն ասաց քեզ*
Exp1	23	*դու գերի ի ձեռն*	*Սատանայի*	*բայց ոչ թողում զ*
Exp1	23	*գերի ի ձեռն*	*Սատանայի*	*զի դու պատկեր իմ ես*
Exp1	26	*ի գերութենէ*	*Սատանայի*	*եւ տացէ քեզ զ*
Exp2	2	*Սատանայի. իսկ*	*Սատանայ*	*տարեալ զձեռագիր*
Exp2	2	*Ադամայ ի ձեռն*	*Սատանայի*	*իսկ Սատանայ տարեալ*
Exp2	3	…*ւախօսին եկեալ*	*Սատանայ*	*ի կերպս Հրեշտակի եւ*
Exp2	7	*զմեզ*: [7] *Ասէ*	*Սատանայ*	*Ի՞նչ տուիք այն*
Exp2	9	*որ տայաք*: [9] *Ասէ*	*Սատանայ*	*պարտ էր ձեզ ծառայ*
Exp2	11	*իմացաք*: [11] *Ասէ*	*Սատանայ*	*զի՞նչ տայք ինձ թէ*
Exp2	13	*մեր*: [13] *Իսկ*	*Սատանայ*	*ցոյց ետ նոցա յ*
Exp2	14	[14] *Զայս ասաց*	*Սատանայ*	*եւ սակաւ մի Հեռացաւ*
Exp2	15	*եկն առ նա*	*Սատանայ*	*եւ ասէ. տեսանէք զ*
Exp2	17	*մեր*: [17] *Իսկ*	*Սատանայ*	*բերեալ քար մի եւ եդ*
Exp2	23	…*զատիլն ի ձեռաց*	*Սատանայի*	[24] *Եւ եառւր Ադամայ*
Exp2	24	*խաբեաց զքեզ*	*Սատանայ*	*վասն այն որ ասաց թէ*
Tid1	22D	*եղանակօք. չարն*	*Սատանայ*	*այսպէս չարութիւն*

սար **noun**

AbCn1	40	…*բայրասպան է*: [40]	*Սար*	*եւ քար եւ ձոր ձայնէր եւ ասէր*
Tid2	44	*լերանցն եւ ի*	*սարերէն*	*էանց յիսուն*

սարսափեմ **verb**

Tid2	2	*դողդոջայ*	*սարսափի*	*եւ մորմոքի սիրտ իմ*

սարսեմ **verb**

Rep	3	*էին եւ աՀիւ մեծաւ*	*սարսեալ*	*տագնապէին մինչ որ լուսացաւ*

սգամ **verb**

AbCn1	52	*Աբէլի,> լային եւ*	*սգային*	*բազում ժամանակս*: [53] *Քանի*
Rep	26	[26] *Եւ այնպէս*	*սգացին*	*Ադամ եւ Եւայ անսուաղ եւ*
Rep	37	*այնպէս եւ յոյժ*	*սգացեալ*	*ելաց դառնապէս* [38] *Եւ*
Rep	97	*եւ դստերք նոցա*	*սգացին*	*զնոսա աւուրս երեսուն եւ*

սերմանեմ **verb**

Tid1	22D	*չարութիւն*	*սերմանեաց*	*ի միտսն Կայենի*

սերմն **noun**

Tid2	28	*եւ դու լինիս*	*սերմ*	*եւ Հայր աշխարհի*: [29] *Աւէ*

սերովբէ **noun**

Creat1	4	*յունաւոր*	*սերովբէից*	*մեծին Գաբրիէլի եւ*
Creat2	4	*ունաւոր*	*սերովբէիցն*	*եւ բազմաչեայ*

սեւ **adjective**

AbCn1	10.1D	*եւ եղ Հողմ եւ ամպ մի*	*սեւ*	*եկաւ ի վերայ դիզուն Կայենի եւ*
AbCn1	10.2	*այնպէս մնաց երեսն*	*սեւ*	[11] *Իսկ Հաբէլ մատուց զ*
AbCn1	27	*իբրեւ եղեւ երեկոյն*	*սեւ*	*գայլաքարաւ եւ քարածեծուքար մի*

սեւանամ **verb**

AbCn2	10	*եւ Կայէնի երեսքն*	*սեւացան*	*որպէս գործելի*: [11] *Իսկ Աբէլ*
AbCn1	10.1B	*նորա* [10.1B] *ամպ մի*	*սեւացեալ*	*եկն ի վերայ խոցոցն Կայենի*
AbCn2	10	*վասն որոյ ամպ մի*	*սեւացեալ*	*եկն ի վերայ Կայէնի որոտաց*

սեւացուցանեմ **verb**

AbCn1	10.2	*զԿայենի երեսն եւ*	*սեւացոյց*	*իբրեւ զգործելի, եւ այնպէս*

Սէթ **name**

AbCn1	59	<*աւետիս*> *վասն*	*Սեթայ*	<*ծննդեանն, եւ Սէթ*> *մխիթարեաց*
AbCn1	59	*Սեթայ* <*ծննդեանն, եւ*	*Սէթ*	> *մխիթարեաց զԱդամ եւ զկինն*
AbCn2	58	*վասն ծնանելոյն*	*Սեթայ*	*զոր եւ մխիթարութիւն ետ վասն*
Rep	31	*զանուն նորա*	*Սէթ*	*փոխանակ Հաբելի զոր սպան Կային*
Rep	42	*Աստուծոյ ծնան զ*	*Սէթ*	*որդի մխիթարութեան* [43] *Եւ ի*
Rep	87	*բուցեալ Եւայ առ զ*	*Սէթ*	*եւ գնաց աղաչել զՏէր տալ*
Rep	88	*ձակեցաւ ի վերայ*	*Սեթայ*	*եւ կամէր ուտել զնա* [89]
Rep	90	*Յայնժամ եթող զազանն զ*	*Սէթ*	*զոր կալեալ ուտէր եւ ասաց*
Rep	92	*եւ որդին Եւայ եւ*	*Սէթ*	*աղօթէին յանդիման դրախտին եկն ա*
Tid1	0	[0] ՎԱՍՆ ԱՒԵՏԵԱՑՆ	ՍԷԹԱՑ	ԶՈՐ ՊԱՐՏ Է ՄԵԶ ՈՒՆԿՆ ԴՆԵԼ [1
Tid1	3	*մխիթարիս ի*	*Սեթայ*	[4] *Եւ բազմանայ զաւակ*
Tid1	3	*զանուն նորա*	*Սէթ*	*որ թարգմանի մխիթարանք*
Tid1	4	*քո եւ զաւակ*	*Սէթայ*	*եւ նոքօք լցցին*
Tid1	4	*մի խառնակեսցեն*	*Սէթայ*	*զաւակքն ընդ Կայենայ*
Tid1	5	*աւետիս ետ վասն*	*Սէթայ*	*զեռ այլ զաւակ չունէր*
Tid1	6	…*նեւչորս այր որ*	*Սէթ*	*ծնաւ*: [7] *Երեսուն տարի էր*
Tid1	8	[8] *Իբրեւ ծնաւ*	*Սէթ*	*եւ այլ եղբայրքն նորա*
Tid1	9	*բազմացան ազգն*	*Սէթայ*	*եւ այլ եղբարքն. բայց*
Tid1	10	*կային*: [10] *Իսկ*	*Սեթայ*	*որդին բարի պտուղն*
Tid1	11	<*է*>: [11] *Աւէ*	*Սէթ*	*վասն ճաշակելոյ պտղոյն*
Tid1	17	*Իսկ այլ որդիքն*	*Սեթայ*	*եւ Ադամայ, իբրեւ տեսին*
Tid1	19	…*զումբ*: [19] *Ազգն*	*Սեթայ*	*եւ եղբայրք նորա ոչ*
Tid1	19	*կային ազգն*	*Սեթայ*	[20] *Այնչափ բարի մարդ*
Tid1	20D	*էին ի զաւակէն*	*Սէթայ*	*որ ի լերինն ճգնէին*

Tid1	22D	ընդ որդիս	Սեթայ	զամենեսեան խաբեցան
Tid1	22Y	ընդ որդւոցն	Սեթայ	զամենեսեան խաբեցին
Tid1	33	<ի զարմէն	Սեթայ	որ պահեալ է զ
Tid1	38B5	երեք աղջիկ առ ի	Սեթայ	զարմէն վասն որդւոց
Tid1	38B5	են, կոյս եւ զաւակ	Սեթայ	են. եւ մի ամուսնացին
Tid1	38D5	երեք աղջիկ առ	Սեթայ	զարմէն վասն որդւոց … եւ
Tid1	38D5	պղտիկ եւ զարմէն	Սէթայ	առ զնոսա վասն որդւոցդ
Tid2	0	[0] ՎԱՍՆ ԱՒԵՏԵԱՑՆ	ՍԷԹԱՑ	ՋՈՐ ԵՏ ԱՍՏՈՒԱԾ ԱԴԱՄԱՑ ՅԱՂԱԳՍ
Tid2	1	զանուն նորա	Սէթ	որ թարգմանի
Tid2	1	ետ զաւետիս վասն	Սէթայ	եւ ասաց Ադամայ թէ
Tid2	3	եւ անուն նորա	Սէթ	որ թարգմանի
Tid2	3	եւ մխիթարիս	Սէթաւ	[4] Եւ բազմանան զաւակ
Tid2	4	քո եւ զաւակ	Սէթայ	եւ նոքօք լցվի աշխարհս
Tid2	4	Կայէնի ընդ ազգն	Սէթայ	եւ այլ զաւակաց քոց նա
Tid2	6	…մնացեալ էր երբ	Սէթ	ծնաւ: [7] Քանզի Կայէն
Tid2	9	նա: [9] Իբրեւ ծնաւ	Սէթ	եւ բազմացան ծնունդքն
Tid2	9	ծնունդքն	Սէթայ	եւ այլ եղբարցն, ի բաց
Tid2	17	Իսկ այլ որդիքն	Սէթայ	եւ Ադամայ երբ տեսին որ
Tid2	19	խառնակիլ յազգն	Սէթայ	[20] Եւ նոքա ոչ տային
Tid2	33	ի դստերացն	Սէթայ	եւ անուն նորա Նեմզար. առ
Tid2	38C	կին ի զարմէն	Սէթայ	կոյս աղջկունս. որ են
WdsAd	1	ԲԱՆՔ ԱԴԱՄԱՑ ԱՌ	ՍԷԹ	[1] Աւէ Ադամ ցՍէթ. Որդեակ, ո
WdsAd	1	ՍԷԹ [1] Աւէ Ադամ ց	Սէթ	Որդեակ, ոչ է այս բնակութիւնս մ
WdsAd	3	ի դրախտէն: [3] Եւ	Սէթ	որդին մխիթարութեան զբանն զայ
WdsAd	5	ձեռին իւրում. եւ ետ ի	Սէթ	եւ ասէ. Այդ է մխիթարութիւն Հօր
WdsAd	6	Հօր քում: [6] Եւ	Սէթ	գոհանայր զտվողէն կենդանութեան
WdsAd	7	Եւ առեալ ճեղն զայն	Սէթ	տարաւ առ Հայրն իւր Ադամ, եւ
WdsAd	9	որդին իւր. Որդեակ իմ	Սէթ	այս ի այն ծառոյն է յորմէ
WdsAd	10	մեզ: [10] Եւ ասէ	Սէթ	զՀայրն. Հայր, գիտեա զի որպէս
WdsAd	11	Ադամ զԱստուած եւ զ	Սէթ	զորդին իւր. եւ փոխեցաւ բստ
WdsAd	12	…մանակաց անցելոց	Սէթ	զբանն ընդ Ենովս խօսեցաւ եւ աս

***Սէմ* name**

Rep	100	յաւագ որդին իւր ի	Սէմ	[101] Եւ նա առեալ տարաւ ի
Rep	101	կոչի Շամայ տուն որ է	Սեմայ	տուն [102] Եւ անդ
Tid1	38B5	են այսոքիկ	Սեմ	Քամ, եւ Աբէթ: [38B6] Իսկ Նոյ
Tid1	38D4	որդի այսինքն	Սեմ	Քամ, Աբէթ: [38D5] Եւ
Tid2	38C	եղեւ երեք որդի	Սեմ	Քամ, Աբեթ. եւ երեւեցաւ

***սէր* noun**

AbCn1	6	բայց ոչ մատոյց վասն	սիրոյ	եղբօրն. քանզի ասէր. երբ Հասանէ
AbCn2	25	եւ զեղբայրական	սէրն	իմ ինչպէ՞ս մոռանաս դու: [26]
Creat2	31	Իսկ Ադամ վասն	սիրոյն	կնոջն ոչ կարաց պահել
Creat2	32	խօսէր ընդ նոսա	սիրով	եւ Հանդարտութեամբ: [33]

***սիրելի* adjective**

AbCn2	8	Աստուծոյ ասելով	սիրելի	եղբայր իմ, դու մեծ ես եւ ես փո
AbCn2	23	եւ ասէր. եղբայր իմ	սիրելի	աղաչեմ զքեզ արձակեա զիս. եւ
Exp1	25	իմոյ զորդի իմ	սիրելի	որ եկեալ մարմնանայ ի

սիրեմ **verb**

AbCn1	15	*եղբօրն, եւ Աբէլ*	*սիրէր*	*զեղբայրն իւր, եւ Համապազ*
Creat1	24	*գքեզ յոյժ*	*սիրէ*	[25] *Եւ ապա առաւ զպտուղն*
Creat2	24	*ոչ մերկացին զի*	*սիրէ*	*գքեզ Աստուած:* [25] *Իբրեւ*

սիրտ **noun**

AbCn1	30	<*գի*> *կարօտ չմնայ ի*	*սրտիս*	*դու գիտես դատաստանն*
AbCn1	33	*եւ դու չաՀեա զ*	*սիրտ*	*ծնօղաց մերոց:* [34] *Իբրեւ*
AbCn1	43	*այն էր, որ ինչ*	*սիրտն*	*ուզէր եւ ուտել չկարէր, եւ իբր*
Creat1	3	*եւ Հպարտացաւ ի*	*սրտի*	*իւրում, եւ կամեցաւ զաթոռ*
Creat2	28	*անկանէր ի*	*սիրտն*	[29] *Երբ զմերկութիւն*
Rep	9	*Հանէր լեարդն այրէր*	*սիրտն*	*ճմլէր եւ աղիքն գալարէր* [10]
Rep	9	[9] *Եւ ի խորոց*	*սրտին*	*Հեղէր եւ յոգւոց Հանէր*
Rep	38	*Եւ ապա աղէկիզեալ*	*սրտիւ*	*եւ դառնացեալ Հոգով գնաց Ադամ*
Tid1	2	*արեամբ տեսանեմ*	*սիրտս*	*այրէ եւ կսկծայ. զայն*
Tid1	38D3	*նոցա ոչ ի*	*սիրտս*	*առնէին ոչ դառնէին ի*
Tid2	2	*եւ մորմոքի*	*սիրտ*	*իմ, եւ գալարին աղիք իմ*
Tid2	2	…*ղախեալ, նա ցաւի*	*սիրտ*	*իմ եւ արտասուք իմ իբրեւ*

սկիզբն **noun**

AbCn1	18	*զխորՀուրդն իւր:* [18]	*Սկիզբն*	*արար խաղալ ընդ եղբօրն իւր եւ*
AbCn2	18	*իւր:* [18] *Ապա*	*սկիզբն*	*արար խաղալ ընդ եղբօրն կշտի*
Tid1	34	*կնութիւն:* [34] *Եւ*	*սկիզբն*	<*արա*> *տապան շինելոյ*
Tid1	37A	*զաշխարՀս:* [37A]	*Սկիզբն*	*արար շինել զտապանն*
Tid2	37	*ընդ նմա:* [37] *Եւ*	*սկիզբն*	*արաւ տապան շինել*

սկսանիմ **verb**

Rep	7	*Ադամայ վասն որոյ*	*սկսաւ*	*լալ եւ ողբալ մեծակական*
Tid1	38B5	…*ուսնացաւ Նոյ եւ*	*սկսաւ*	*տապանն շինել երեք*
Tid1	38B7	*դարձցին:* [38B7] *Եւ*	*սկսաւ*	*Նոյ քարոզել թէ կամէր*
Tid1	38D8	…*ւթենէն:* [38D8] *Եւ*	*սկսեաց*	*քարոզել Նոյ եթէ*
Tid2	21	*մնացին. նա*	*սկսան*	*պճնիլ եւ զարդարիլ եւ*

սղոց **noun**

Tid1	37Y	*ուրաքն ձայնէր*	*սղոցն*	*ձայնէր, փայտն ձայնէր*
Tid1	38B2	*եւ չաղափին*	*սղոցին*	*եւ խիզարին որ ասէին*
Tid1	38D2	*եւ ուրաքին եւ*	*սղոցին*	*եւ չաղափին ձայնն որ*
Tid2	37	*տայր ուրաքն եւ*	*սղոցն*	*եւ փայտն թէ պիտի*

սողամ **verb**

Creat1	43	*որովայնի քում*	*սողասցիս*	*եւ Հող կերիցես զ*
Creat2	40	*որովայնի քոյ*	*սողալով*	*գնասցես եւ Հող*

սողուն **noun**

Rep	18	*անասունք Լացէք զիս*	*սողունք*	*եւ թռչունք Լացէք զիս ծառք*

սուգ **noun**

AbCn2	52	*եւ ողբալով. եւ մինչ*	*սուգ*	*կենային ի բազում ժամանակս*
AbCn2	57	*վասն կոծոյն եւ*	*սգոյն*	*իւրեանց այլ ոչ մերձեցան առ*

AbCn2	57	*զի մի այլ մեծ*	*սուգ*	*գայ ի վերայ ինքեանց վասն*
Rep	27	*զԱդամ եւ զԵւայ ի*	*սուգ*	*եւ ի լաց մխիթարեաց զնոսա եւ*
Rep	30	*զՀաբէլ եւ դարձեալ*	*սուգ*	*առին Ադամ եւ Եւայ ի վերայ*
Rep	41	[41] *Եւ յերկար*	*սգով*	*կացին ի տրտմութեան ամս Հարիւր*
Rep	61	*առաւել սաստկացաւ*	*սուգն*	*Ադամայ եւ Եւայի* [62] *Նախ զի*
Rep	72	*Այս ամենայն անմխիթար*	*սուգ*	*էր Ադամայ եւ դառն կսկիծ Եւայի*
Rep	78	*վայիւ եկեաց Ադամ*	*սգով*	*եւ տառապանաւք ամս ինն Հարեւր*
Tid2	2	*թէ այլ նոր*	*սուգ*	*բերէ ինձ:* [3] *Աւէ*
Tid2	2	*եւ ինձ մեծ*	*սուք*	*եղեն քան զելանելն իմ ի*

սուր **adjective**

AbCn1	27	*...ածեծուքար մի կայր*	*սուր*	*իբրեւ ածելի, այնով սպանին մինն*
AbCn1	27	*մինն զմիւսն եւ զ*	*սուր*	*քարն ի վայր ձգեաց:* [28] *Եւ Կա*
AbCn1	28	*ի նմանէ եւ առեալ զ*	*սուր*	*քարն, եւ եկեալ առ Աբէլ. Իսկ Աբ*
AbCn2	27	*նա ի կլափէն, եւ քարն*	*սուր*	*էր որպէս ածելի:* [28] *Եւ Կայէն*

սուր **noun**

Creat1	44	*եւ Հրեղէն*	*սրով*	*պաՀել զճանապարՀս*

սուրբ **adjective**

Exp1	25	*քումմէ, ի*	*սուրբ*	*եւ յանարատ կուսէն. զի*
Exp2	25	*Եւ մարմին առցէ ի*	*սուրբ*	*եւ յանարատ կուսէ. զոր ի*
Rep	102	*յետոյ ծնաւ Քրիստոս ի*	*սուրբ*	*Կուսէն Մարիամայ ի վերայ*
Rep	104	*սաՀմանեցաւ յառաջին*	*սրբոցն*	*եւ ի Հոգելի արանցն յաւուր*
Tid1	40	*ի տապանն, եւ*	*սուրբ*	*անասունքն եօթն եօթն*
Tid1	50	[50] *Իսկ անասնոց*	*սրբոց*	*եւ թռչնոց, որ եօթն*
Tid2	41	*երկու երկու ի*	*սրբոց*	*թռչնոց. եւ յանասնոցն*
Tid2	50	[50] *Ապա ի*	*սուրբ*	*կենդանեացն էառ յ*

սպանանեմ **verb**

AbCn1	14	*ընդ Աբելի, կամէր*	*սպանանել*	*զնա բայց ոչ գիտէր*
AbCn1	14	*զնա բայց ոչ գիտէր*	*սպանանել*	*զի այլ սպանումն ոչ էր*
AbCn1	26	*իրք մի գտցէ, եւ այնով*	*սպանանիցէ*	*զեղբայրն, եւ ոչ գիտէր թէ*
AbCn1	26	*գիտէր թէ որոյ տեղ է*	*սպանելոյ*	[27] *Իսկ չարն Սատանայ*
AbCn1	27	*իբրեւ ածելի, այնով*	*սպանին*	*մինն զմիւսն եւ զսուր քարն ի*
AbCn1	34	*մերոց:* [34] *Իբրեւ*	*սպանեաց*	*զեղբայրն, ուրախութեամբ*
AbCn1	45	*այլ ասաց Տէրն. Ով որ*	*սպանիցէ*	*զԿայէն, նա նորա*
AbCn1	49A	*այծ է նետիւ աղեղէն*	*սպան*	*զԿայէն:* [50Y] *ՊատուՀասն*
AbCn1	49D	*էր. նետիւ աղեղաւ*	*սպան*	*Կայեն. եւ պատուՀասու Տէր եղաւ*
AbCn1	49Y	*նետիւ աղեղան, եւ*	*սպան*	*զԿայէն:* [49D] *Ցանց գիտաց թէ*
AbCn1	57	*որ Կայէն զԱբէլ*	*եսպան*	*Կայէն զեօթն ցաւով կոծէր վայ*
AbCn2	14	*ընդ Աբէլի եւ կամէր*	*սպանանել*	*զնա բայց ոչ գիտէր թէ*
AbCn2	14	*ոչ գիտէր թէ որպէս*	*սպանցէ*	*զնա. զի դեռ չէր սպանումն*
AbCn2	24	*քեզ:* [24] *Մի*	*սպանաներ*	*զիս. զի ես ոչ թշնամի եմ քեզ*
AbCn2	26	*գիտէր թէ որով պիտի*	*սպանանել*	*զնա:* [27] *Ապա Սատանայ*
AbCn2	27	*Հարեալ զմիւսն եւ*	*սպան*	*զնա ի կլափէն, եւ քարն սուր էր*
AbCn2	45	*ինչ մարդ որ զԿայէն*	*սպանանէ*	*նա ցաւն առ սպանօղն*
AbCn2	48	*Կայէն եՀար նետիւ եւ*	*սպան*	*զնա:* [49] *Ապա ցաւն Կայէնի*

Rep	30	յետ երեսուն ամաց	սպան	Կային զՀաբէլ եւ դարձեալ սուգ
Rep	31	փոխանակ Հաբելի զոր	սպան	Կային [32] Եւ յառաջ քան զ
Rep	32	[32] Եւ յառաջ քան զ	սպանանելն	Կայենի զՀաբէլ յաւուր
Rep	35	եւ ետես զի	սպանեալ	էր Կային զԱբէլ զեղբայր
Rep	36	[36] Եւ թէ ո՞րպէս	եսպան	եւ կամ զի՞նչ աւրինակաւ այս
Rep	43	արուեստան [43] Եւ ի	սպանանելն	Կայենի զՀաբել եկն
Tid1	7	…ուսնացեալ, երբ	սպանեց	Կայէն զԱբէլ. եւ Աբէլ
Tid2	0	ՅԱՂԱԳՍ ԱԲԷԼԻ ԶՈՐ	ՍՊԱՆ	ԿԱՅԷՆ Ի ՄԽԻԹԱՐԵԼ ԶԱԴԱՄ ԵՒ ԶԵ
Tid2	8	[8] Եւ էր կոյս երբ	սպան	զնա: [9] Իբրեւ ծնաւ Սէթ, եւ

սպանաւղ adjective

Rep	49	Պահապան չես	սպանաւղ	ընդէ՞ր եղեր [50] Եւ
AbCn1	45	պատուհասն ի վերայ	սպանողին	անկանիցի: [46] Եւ այնպէս
AbCn2	36	երբ պահապան չէիր	սպանօղ	վասն է՞ր եղեր: [37] Վասն որոյ
AbCn2	45	նա ցաւն առ	սպանօղն	դարձցի: [46] Եւ ապրեցաւ

սպանումն noun

AbCn1	14	սպանանել, զի այլ	սպանումն	ոչ էր եղեալ: [15] Բայց Աբել
AbCn1	30	նմա: [30] Իբրեւ եկն ի	սպանումն	լալով ասաց Աբէլ. Եղբայր
AbCn1	52	Եւայ իբրեւ իմացան զ	սպանումն	Աբելի, <գնացին բերին
AbCn2	14	զնա. զի դեռ չէր	սպանումն	եղեալ ի վերայ երկրի: [15] Եւ
AbCn2	52	Ադամ եւ Եւայ զ	սպանումն	Աբէլի, գնացեալ բերին

սպասաւորեմ verb

Tid1	14	…ունեւչորս տարի	սպասաւորեաց	այգւոյն: [15]

սպասեմ verb

Creat1	43	գլխոյ եւ դու	սպասեսցես	նորա գարշապարի
Creat1	43	զաւակի> զորա, նա	սպասեսցէ	քում գլխոյ եւ դու
Creat2	41	զաւակի զորա, դու	սպասեսցես	զորա գարշապարին
Creat2	41	…րշապարին, եւ դա	սպասեսցէ	քում գլխոյ: [42] Եւ

սպիտակ adjective

Creat2	30	էր եւ իբրեւ	սպիտակ	մարգարիտ փայլէր: [31]

սպիտակադեղ noun

Tid1	21D	կարմրադեղն եւ զ	սպիտակադեղն	դնէին երեսս
Tid1	21Y	կարմրադեղն եւ զ	սպիտակադեղն	զերեսս

սպիտակացուցանեմ verb

Tid1	21Y	…րացուցանէին եւ	սպիտակացուցանէին	< զյունքն>

սպիտակափայլ adjective

Creat1	27	որպէս մարգարիտ	սպիտակափայլ	էր. քանզի

ստեղծանեմ verb

Creat1	5	Սատանայի	ստեղծ	զԱդամ Հողեղէն, զի
Creat1	1D	քան զաշխարհս	ստեղծեաց	ինն դաս Հրեշտակքն
Creat1	1Y	ԱԴԱՄԱՅ [1Y] Յորժամ	ստեղծ	Տէր Աստուած զերկինս եւ

Creat1	27	*իւր ձեռօքն էր*	*ստեղծեալ*	*եւ զարդարեալ:* [28]
Creat1	29	*այլ գեղեցիկ կին*	*ստեղծանել*	[30] *Մինչեւ երեք*
Creat1	38	*Այս կինս, որ դու*	*ստեղծեր*	*սայ խաբեաց:* [39]
Creat1	40	*Տէր, <այն օձն որ>*	*ստեղծեր*	*նա խաբեաց զիս:* [41]
Creat2	1	*ՄԵՐՈՅ* [1] *Նախ*	*ըստեղծ*	*Տէր Աստուած զդասս*
Creat2	5	*Սադայէլի*	*ըստեղծ*	*զԱդամ, զի Հողեղէն*
Creat2	37	*կինն զոր դու*	*ստեղծէր*	*սա խաբեաց զիս:* [38]
Creat2	39	*այս օձս զոր դու*	*ստեղծեր*	*սա՛ խաբեաց զիս:* [40] *Եւ*
Exp1	4	*տրտմինք, քանզի*	*ստեղծեալ*	*էր զմեզ Աստուած եւ*
Exp2	4	*եւ լամք զի*	*ստեղծեալ*	*էր զմեզ Աստուած, եւ*
Rep	95	*ընդ Ադամայ* [95] *Ի*	*ստեղծանելն*	*ընդ առաւաւտս ուրբաթուն*
Rep	95	*ժամու աւուրն*	*ստեղծաւ*	*Եւայ ի կողէն Ադամայ* [96]
Rep	95	*առաւաւտս ուրբաթուն*	*ստեղծաւ*	*Ադամ եւ յերրորդ ժամու*
WdsAd	2	*ի դրախտն էր:* [2] *Զի*	*եստեղծ*	*զմեզ Աստուած եւ եդ ի*
WdsAd	11	*Տեառն ի Հող յորմէ*	*ստեղծաւ*	[12] *Եւ յետ ժամանակաց*
WdsAd	13	*էր:* [13] *Եւ յորժամ*	*ստեղծ*	*Աստուած զՀայրն մեր եւ եդ զնա*

ստեղծող **noun**

AbCn1	9	*եւ ասաց. Դու, Տէր*	*ստեղծող*	*ամենայնի, գիտութիւն լիցի քեզ*
AbCn1	11	*ասէր. Տէր Աստուած*	*ստեղծօղ*	*եւ արարիչ ամենայն*
AbCn2	9	*Տէր եւ ասաց. դու Տէր*	*ստեղծօղ*	*ամենայնի. աՀա քրտամբք*
AbCn2	11	*եւ ասէ Տէր Աստուած*	*ստեղծօղ*	*եւ արարիչ ամենայն*
Creat2	49	*որ զպատճառն ի*	*ստեղծօղն*	*ասացին. վասն այն*
Tid1	38D7	*կենդանին*	*ստեղծօղ*	*ամենայնին տասն տարի*

ստեղծուած **noun**

WdsAd	12	*զազանաց էր եւ այլ*	*ստեղծուածոցն*	*եւ մեր բնակութիւնն յ*

ստեղծումն **noun**

Creat1	0	[0] *ՊԱՏՄՈՒԹԻՒՆ*	*ՍՏԵՂԾՄԱՆ*	*ԵՒ ՅԱՆՑՄԱՆՆ ԱԴԱՄԱՅ* [1Y]
Creat2	0	*ԵՒ ՃԱՌ, ՎԱՍՆ*	*ՍՏԵՂԾՄԱՆՆ*	*ԱԴԱՄԱՅ ԵՒ ՄԱՐԴԱՆԱԼՈՅՆ*

ստեմ **verb**

Rep	46	*քո* [46] *Եւ նա*	*ստեաց*	*Աստուծոյ եւ ասաց Ոչ*

ստուեր **noun**

Rep	21	*ինձ ի խաւարի եւ ի*	*ստուերս*	*մաՀու նստելոյս* [22] *Ի՞ւ*

սրբութիւն **noun**

Tid1	9	*Կայենի, այլ*	*սրբութեամբ*	*կային:* [10] *Իսկ*
Tid1	19	*ընդ նոսա, եւ*	*սրբութեամբ*	*կային ազգն Սեթայ*
Tid2	9	*զազգն Կայէնի եւ*	*սրբութեամբ*	*կային եւ ոչ*

վազեմ **verb**

AbCn2	28	*եւ առեալ զքարն եւ*	*վազեաց*	*ի վերայ եղբօրն:* [29] *Իբրեւ*

վաթսուն **numeral**

AbCn1	46	*մինչեւ ութ Հարիւր եւ*	*վաթսուն*	*տարի. յետ անճար մնաց*
Rep	79	*էգ որ էին ամենեքեան*	*վաթսուն*	[80] *Ժողովեցան որդովք եւ*

Rep	79	*եւ դստերք նորա*	*վաթսուն*	*զորս ծնեալ էր Եւայ*
Tid2	15	*ծառոյն. քանզի*	*վաթսուն*	*տարի ի մէջ այգւոյն*

***վաթսունեւչորս* numeral**

Tid1	14	*բարուԹեամբ*	*վաթսունեւչորս*	*տարի*
Tid1	15	*…ռերոյն. քանզի*	*վաթսունեւչորս*	*տարի այգեգործ*

***վախեմ* verb**

AbCn1	58	*ի կինն, ասէր Թէ*	*վախեմ*	*Թէ այլ չարագոյն զաւակ <ծնցի>*
Creat1	25	*քննէր, եւ*	*վախէր*	*Թէ կնոջ նման*
Creat2	25	*ի ձեռն բայց*	*վախէր*	*ուտել: [26] Իսկ Եւա լայր*
Creat2	29	*տեսանէր*	*վախէր*	*ուտել. երբ զ*
Tid2	2	*եւ լինի զաւակ*	*վախեմ*	*Թէ այլ նոր սուգ բերէ*

***վախճանեմ* verb**

Creat2	8	*ուտիցէք մահու*	*վաղճանեսջիք*	[9] *Վասն այն*

***վայ* noun**

AbCn1	57	*զեօԹն ցաւով կոծէր*	*վայ*	*եւ եղուկ լայր դառնապէս. իսկ*
Rep	12	*կենդանւոյս*	*Վայ*	*ինձ կենդանի մեռելոյս* [13]
Rep	12	*ածաստեղծ մարդոյս*	*Վայ*	*ինձ նախաստեղծ կենդանւոյս Վայ*
Rep	12	*զբանս եւ ասէր* [12]	*Վայ*	*ինձ աստուածաստեղծ մարդոյս Վայ*
Rep	13	*Վայ ինձ նախահաւրս*	*Վայ*	*ինձ առաջին մարդոյս* [14] *Վայ*
Rep	13	*ինձ մեռեալ հողոյս*	*Վայ*	*ինձ նախահաւրս Վայ ինձ առաջին*
Rep	13	*մեռելոյս* [13]	*Վայ*	*ինձ մեռեալ հողոյս Վայ ինձ*
Rep	14	*մեղաւք մեռելոյս*	*Վայ*	*ինձ զի զպատուիրանն յանցեայ*
Rep	14	*ինձ մահու գրաւելոյս*	*Վայ*	*ինձ մեղաւք մեռելոյս Վայ ինձ*
Rep	14	*առաջնորդիս կորստեան*	*Վայ*	*ինձ մահու գրաւելոյս Վայ ինձ*
Rep	14	*առաջին մարդոյս* [14]	*Վայ*	*առաջնորդիս կորստեան Վայ ինձ*
Rep	15	*խոնարհեցայ*	*Վայ*	*ինձ որ յառաջն Թագաւորէի եւ*
Rep	15	*որ աղքատացայ*	*Վայ*	*ինձ զի ի բարձրուԹենէ*
Rep	15	*յանցեայ* [15]	*Վայ*	*ինձ մեծատանս որ աղքատացայ Վայ*
Rep	16	*Վայ ինձ մահապարտիս*	*Վայ*	*ինձ Ադամայս* [17] *Վայ իմ կողա*
Rep	16	*Վայ ինձ յանցաւորիս*	*Վայ*	*ինձ մահապարտիս Վայ ինձ Ադամայս*
Rep	16	*Վայ ինձ մեղաւորիս*	*Վայ*	*ինձ յանցաւորիս Վայ ինձ*
Rep	16	*Վայ ինձ մոլորելոյս*	*Վայ*	*ինձ մեղաւորիս Վայ ինձ*
Rep	16	*ինձ կորուսելոյս*	*Վայ*	*ինձ մոլորելոյս Վայ ինձ*
Rep	16	*եւ տնանկացայ* [16]	*Վայ*	*ինձ կորուսելոյս Վայ ինձ*
Rep	17	*իմ կենաց կցորդիս*	*Վայ*	*ինձ որ մեղայ Աստուծոյ* [18]
Rep	17	*Վայ իմ կողածին Եւայիս*	*Վայ*	*իմ կենաց կցորդիս Վայ ինձ որ*
Rep	17	*ինձ Ադամայս* [17]	*Վայ*	*իմ կողածին Եւայիս Վայ իմ կենաց*
Rep	78	*Եւ այսպիսի լալով եւ*	*վայիւ*	*եկեաց Ադամ սգով եւ*
Rep	94	*գլուխ նորա եւ ասաց*	*Վայ*	*գլուխս վայ գլուխս եւ նա եւս*
Rep	94	*եւ ասաց Վայ գլուխս*	*վայ*	*գլուխս եւ նա եւս մեռաւ ընդ*

***վայելուչ* adjective**

Rep	73	*բուրաստան Ով*	*վայելուչ*	*այգի Ով աստուածատունկ*
WdsAd	15	*տնկեաց դրախտ*	*վայելուչ*	*եւ զամենայն պտղաբեր*

վայելչալի adjective

Rep	74	Հանգիստ ի քեզ վայրդ	վայելՋալի	[75] Ով աչք որ

վայելչութիւն noun

Rep	2	ւելոյր եւ փափագ	վայելչութեան	դրախտին նեղէր զնոսա
Rep	6	ածեալ յիշէին զվայրն	վայելչութեան	եւ զդրախտն
Rep	19	զտարամերժեալս ի	վայելՋութենէ	ձերմէ [ձ0] Ով
Rep	24	զմեզ յայնպիսի	վայելՋութեանցն	Ով կին ես զքեզ
Rep	18	ծառք ամենայն դրախտիդ	վայելՋութեան	[19] Ողբացէք զիս

վայր noun

AbCn1	18	որ կչտի <բռնեաց>	վայր	անկաւ եւ ոչ կարաց յաղթել զԱբէ
AbCn1	27	միւսն եւ զսուր քարն ի	վայր	ձգեաց։ [28] Եւ Կայէն ուսեալ ի
AbCn1	43	եւ իբր թէ ուտէր, ի	վայր	Հեղոյր։ [44] գ. Վեցերորդն
AbCn2	41	Հասանէր ուտել եւ ընդ	վայր	խուզէր։ [42] Հինգերորդ
Creat1	4	զնոսա եւ ի	վայր	տուին, որպէս զկարկուտ
Creat2	4	դիւաց. եւ ի	վայր	Հարին որպէս կարկուտ ի յ
Rep	6	Ջմտաւ ածեալ յիշէին զ	վայրն	վայելչութեան եւ զդրախտն
Rep	8	[8] Վասն զի տեսանէր զ	վայրս	դրախտին յանդիման աչաց իւրոց
Rep	74	մեզ Հանգիստ ի քեզ	վայրդ	վայելՋալի [75] Ով աչք որ
Tid1	42	եւ <ի> վերուստ ի	վայր	թափէր։ [43] Բազումք
Tid2	38G	գիտեմք զի ընդ	վայր	տանՋեցար եւ փոչիմանեալ

վայրենի adjective

AbCn1	47	[47] Իսկ <մորթ> մի <	վայրենի	էած եւ ծածկեաց զինքն
AbCn2	47	առ եալ մորթ մի	վայրենի	ի ծոցն, գնաց ի լեառն եւ եղեւ

վասն preposition

AbCn1	6	բայց ոչ մատոյց	վասն	սիրոյ եղբօրն. քանզի ասէր. երբ
AbCn1	17	էր աւելի քան զԿայէն	վասն	այնորիկ ոչ յայտնել կարէր Կայէն
AbCn1	36	յինէն։ [36]	Վասն	այն Հարցանէր Աստուած թերեւս
AbCn1	51A	կանանց իւրոց. եւ	վասն	երկիւղին եւ խոստովանութեան
AbCn1	51Y	ողորմեցաւ նմա Տէրն	վասն	բազում արտասուելոյ կնոՋն
AbCn1	57	լային եւ ողբային	վասն	զաւակացն իւրեանց։ [58] Մինչեւ
AbCn1	59	առաքեաց <աւետիս>	վասն	Սեթայ <ծննդեանն, եւ Սէթ>
AbCn2	3	Հանել Աստուծոյ։ [3]	Վասն	որոյ Ադամ պատուէր ետ զնոյն
AbCn2	6	ոչ մատոյց Աստուծոյ	վասն	եղբօրն թէ քոյն եւս Հասնին Հուն
AbCn2	8	եւ մեծարեաց զԿայէն	վասն	Աստուծոյ ասելով սիրելի եղբայր
AbCn2	10	ի վերայ Կայէնի	վասն	որոյ ամպ մի սեւացեալ եկն ի
AbCn2	17	ուժով էր քան զԿայէն	վասն	այն ոչ կարէր յայտնել զ
AbCn2	36	չէիր սպանօղ	վասն	է՞ր եղեր։ [37] Վասն որոյ եւթն
AbCn2	37	վասն է՞ր եղեր։ [37]	Վասն	որոյ եւթն պատժօք
AbCn2	47	Կայէն անճար մնաց	վասն	մաՀուն իւրոյ ապա Հնարս իմացաւ
AbCn2	54	ի նմանէ ծնելոցն	վասն	որոյ պիտէր յառաՋ Ադամ
AbCn2	55	այլ ոչ ոք մեռաւ	վասն	այն ոչ ի Հող դառնայր մարմինն
AbCn2	57	Կայէն պատուՀասեալ	վասն	կոծոյն եւ սգոյն իւրեանց այլ ոչ
AbCn2	57	գայ ի վերայ ինքեանց	վասն	զաւակացն։ [58] Իսկ Աստուած
AbCn2	58	եւ առաքեաց աւետիք	վասն	ծնանելոյն Սեթայ. զոր եւ

AbCn2	58	եւ մխիթարութիւն ետ	վասն	Աբէլի: [59] Որ եւ զձեզ
Creat1	1D	դաս Հրեշտակքն	վասն	ծառայութեանն
Creat1	5	Աստուած	վասն	Հպարտութեանն Սատանայի
Creat1	9	մեռանիք: [9] Իսկ	վասն	այն եդ զԱդամ ի
Creat1	10	Հրեշտակացն: [10]	Վասն	այն Սատանայ նախանձեալ
Creat1	17	Հասաւ: [17]	Վասն	այն ասաց ձեզ չուտել ի
Creat1	22	Եւայ. Շատ կերայ	վասն	այն մերկացայ. դու սակաւ
Creat1	32	խօսքն լսեց: [32]	Վասն	այնորիկ <մերկացան> ի
Creat1	36	[36] Ասէ Ադամ	Վասն	այն փախեայ եւ թաքեայ
Creat2	0	[0] ՊԱՏՄՈՒԹԻՒՆ ԵՒ ՃԱՌ	ՎԱՍՆ	ՍՏԵՂԾՄԱՆՆ ԱԴԱՄԱՑ ԵՒ ՄԱՐԴԱՆԱԼՈՑ
Creat2	3	փառաց իւրոց	վասն	որոյ Հպարտացաւ եւ ոչ
Creat2	9	…ղճանեսջիք: [9]	Վասն	այն պատուէր եդ ի վերայ
Creat2	10	նախանձեալ	վասն	Ադամայ, կամէր մտանել ի
Creat2	17	Հասաւ: [17]	Վասն	այն ասաց ձեզ չուտել. զի
Creat2	22	ես շատ կերայ	վասն	այն մերկացայ. դու սակաւ
Creat2	31	[31] Իսկ Ադամ	վասն	սիրոյն կնոջն ոչ կարաց
Creat2	32	լուսոյն: [32] Ապա	վասն	մերկութեան ամօթոյն
Creat2	47	աստուածութիւն	վասն	այն բարկացաւ Աստուած
Creat2	48	[48] Դարձեալ	վասն	այն եկն ի վերայ
Creat2	48	թէ ու՞ր ես Ադամ	վասն	այն Հարցանէր թերեւս
Creat2	49	…եղծօղն ասացին	վասն	այն բարկացեալ Աստուած
Creat2	53	Այսքան առ այս	վասն	Ադամայ: [54] Զոր Տէր
Exp1	2	կամ ցերեկ կայ	վասն	այն տրտմեցան իբրեւ մտաւ
Exp1	4	էք: [4] Ասէ Ադամ	վասն	այն տրտմինք, քանզի
Exp1	6	այն սակաւ լոյսն	վասն	այն կոծամք եւ լամք: [7]
Exp1	23	զքեզ Սատանայ	վասն	այն ասաց քեզ թէ մինչեւ
Exp1	23	որ ոչ ունի զմաՀ	վասն	այն այսպէս խաբէութեամբ
Exp2	0	[0]	ՎԱՍՆ	ԵԼԱՆԵԼՈՅՆ ԱԴԱՄԱՑ ԵՒ ԵՒԱՅԻ Ի
Exp2	2	գիշեր կու փոխի	վասն	որոյ իբրեւ մտաւ արեգակն
Exp2	2	չի լուսանայր	վասն	որոյ լացին եւ կոծեցին
Exp2	4	[4] Ասէ Ադամ	վասն	այն տրտմիմք եւ լամք զի
Exp2	9	զայդ ոչ արարիք	վասն	այն խաւար կալաւ զձեզ
Exp2	23	աւետեաց Ադամայ	վասն	մարդանալոյն Տեառն
Exp2	24	զքեզ Սատանայ	վասն	այն որ ասաց թէ մինչեւ
Exp2	27	ժամ մի Համարէր	վասն	աւետեացն Հրեշտակին: [28]
Rep	7	կորուսեալ Ադամայ	վասն	որոյ սկսաւ լալ եւ ողբալ
Rep	8	ծակական ձայնիւ [8]	Վասն	զի տեսանէր զվայրս դրախտին
Rep	30	նմա մերձենալ յԵւա	վասն	որդեծնութեան [31] Եւ ետ
Rep	34	փոխանակ դրախտին	վասն	որոյ ապաշաւէն եւ լան անդադար
Rep	34	ի կարծիս իմն անկաւ	վասն	բանին եւ զի յառաջ քան զպատմել
Rep	40	զԱդամ եւ զԵւայ	վասն	Հաբէլի որդւոյն իւրեանց [41]
Rep	43	մի Հարցանէք զԿայէն	վասն	Հաբէլի այլ Աստուած Հարցանէ զ
Rep	45	եւ արարն իսկ [45]	Վասն	զի եՀարց Աստուած զԿայէն թէ
Rep	47	[47] Եւ Աստուած	վասն	այն եՀարց զԿայէն որ զղջանայր
Rep	87	ի ծառոց դրախտին	վասն	առողջութեանն Ադամայ [88] Եւ
Rep	104	ի մէջ երկրի [104]	Վասն	այսորիկ կարգեցաւ եւ
Tid1	0	[0]	ՎԱՍՆ	ԱՒԵՏԵԱՑՆ ՍէԹԱՑ ԶՈՐ ՊԱՐՏ Է ՄԵԶ
Tid1	3	որչափ տրտմեցար	վասն	չարութեան Կայենին

Tid1	5	*աւետիս ետ*	*վասն*	*Սէթայ, դեռ այլ զաւակ չ*
Tid1	11	<*է*>: [11] *Ասէ Սէթ*	*վասն*	*ճաշակելոյ պտղոյն, որ*
Tid1	11	*ելաւ ի դրախտէն*	*վասն*	*այն տրտում է*: [12] *Իսկ*
Tid1	13	<*վճարել*>: [13]	*Վասն*	*այն ոչ ամուսնացաւ Ենովք*
Tid1	24	*Աստուած*: [24] *Իսկ*	*վասն*	*բազում մեղաց նոցա*
Tid1	30	*գիշերոյ անցանի*	*վասն*	*միոյ անցաւոր երազոյ*
Tid1	38B5	*ի Սեթայ զարմէն*	*վասն*	*որդւոց քոց, եւ անուանքն*
Tid1	38B7	*եւ ես աղաչեցի*	*վասն*	*ձեր դարձէք ի մեղաց եւ*
Tid1	38D5	*առ Սեթայ զարմէն*	*վասն*	*որդւոց … եւ անուանս ասաց*
Tid1	38D5	*Սէթայ. առ զնոսա*	*վասն*	*որդւոցդ եւ մի*
Tid1	38D8	*եւ ես աղաչեցի*	*վասն*	<*ձեր*> *դարձէք ի մեղացէ*
Tid2	0	[0]	*ՎԱՍՆ*	*ԱՒԵՏԵԱՑՆ ՍԷԹԱՑ ԶՈՐ ԵՏ ԱՍՏՈՒԱԾ*
Tid2	1	*եւ ետ զաւետիս*	*վասն*	*Սէթայ, եւ ասաց Ադամայ թէ*
Tid2	3	*եւ տրտմեցար*	*վասն*	*Կայէնի եւ Աբէլի նոյնչափ*
Tid2	10	*ի Հօրէն թէ*	*վասն*	*է՞ր լայք եւ միշտ*
Tid2	12	*ի դրախտէն*: [12]	*Վասն*	*որոյ Ենովք երբ լսեց զ*
Tid2	16	*պտղոյ անտի*: [16]	*Վասն*	*այն քաղցրացաւ Աստուած*
Tid2	17	*յերկինս, եւ*	*վասն*	*կուսութեան եւ պաՀուց*
Tid2	18	*զորեւ կոուէին*	*վասն*	*մարդոյ, եւ յափշտակէին ի*
Tid2	24	*բարկացաւ*	*վասն*	*մեղաց նոցա. եւ*
Tid2	25	*ամուսնանալ*	*վասն*	*անցաւոր աշխարՀիս*: [26]
Tid2	26	*է Աստուած*	*վասն*	*մեղաց մարդկան, եւ կամի*
Tid2	27	*զնոսա Ջրով*: [27]	*Վասն*	*այն Հրամայեաց Աստուած*
Tid2	38G	…*չիմանեալ ես եւ*	*վասն*	*անճարութեան քոյ*

***վաստակ* noun**

AbCn1	6	*նոցա Ադամ, թէ ի*	*վաստակոց*	*ձերոց* <*տասնէն*> *մին բաժին*
AbCn1	9	*ըստ արդար*	*վաստակոց*	*իմ մատուցի քեզ. իսկ դու*
Rep	53	*Գործել զերկիր*	*վաստակաւք*	*եւ աշխատանաւք* [54]

***վաստակեմ* verb**

AbCn1	2	*նմա նովաւ վարել եւ*	*վաստակել*	*եւ գործել զերկիր, եւ զպտուղ*
AbCn1	9	*զամենայն ինչ զոր*	*վաստակեցին*	*եւ գործեցի Հանի քեզ*
AbCn2	2	*ուսոյց նովաւ վարել եւ*	*վաստակել*	*եւ գործել զերկիր եւ ճաշակել*
AbCn2	9	*աՀա քրտամբք իմովք*	*վաստակեցի*	*եւ վարեցի, ձեռօքս ժողովեցի*
Rep	22	*ցանեմ զիա՞րդ*	*վաստակեմ*	*Զի՞նչ ուտեմ զի՞նչ*

***վատթար* adjective**

Rep	20	*եւ առաւել եւս*	*վաթար*	[21] *Ով արեգակն եւ լուսին*

***վարդ* noun**

Rep	6	*տնկոցն զպայծառութիւն*	*վարդիցն*	*եւ զանուշաՀոտութիւն*

***վարեմ* verb**

AbCn1	2	…*նդեցոյց նմա նովաւ*	*վարել*	*եւ վաստակել եւ գործել զերկիր,*
AbCn2	2	*իմ եւ ուսոյց նովաւ*	*վարել*	*եւ վաստակել եւ գործել զերկիր*
AbCn2	9	*իմովք վաստակեցի եւ*	*վարեցի*	*ձեռօքս ժողովեցի եւ ի յուս*
Tid1	38B8	*զայ Նոյ որ արտն*	*կու վարի*	*կամ որ տեղ այգի կու*

Tid1	38D9	*ապա Նոյ յորտեղ*	*կու վարէ*	*կամ որպէս կապրի*
Tid1	38D9	*Նոյ յորտեղ*	*կու վարէ*	*կամ որպէս կապրի*: [38D[10]
Tid2	20	*այլ ծեծէին եւ*	*վարէին*	*գնոսա*: [21] *Իսկ նոքա*

վարք **noun**

Tid1	21Y	*գծամն եւ* <*զ*	*վարսն*	> *սահմանեցին, եւ այլ*

վերանամ **verb**

AbCn1	13	*զգառն Աբելի եւ*	*վերացաւ*	*յերկինս*: [14] *Իսկ Կայէն*
AbCn1	51Y	*բժշկեցաւ ցաւն եւ*	*վերացաւ*	*պատուհասն Ղամեքայ*: [51A]
Creat1	9	…*ուիրանս Տեառն*	*վերանայր*	*փառօք ի վերինն*
Tid1	17	*եւ պահօք*	*վերացաւ*	*ի դրախտն, բազում*
Tid2	17	*տեսին որ Ենովք*	*վերացաւ*	*մարմնով յերկինս, եւ*

վերացուցանեմ **verb**

Tid1	16	*զի զնա մարմնով*	*վերացուցին*	*եւ եդին ի մէջ*

վերին **adjective**

Creat1	9	*փառօք ի*	*վերինն*	*Երուսաղէմ ի տեղի*
Creat2	46	*բարձրանայր ի*	*վերինն*	*Երուսաղէմ. զի փորձեաց*

վերնատուն **noun**

Tid1	39	*Եւ իբրեւ ել Նոյ ի*	*վերնատունն*	*երկու տախտակն եառ*
Tid2	34	*երեք տուն*	*վերնատուն*	*միջնատուն եւ*
Tid2	41	*եդ զԹուչունսն ի*	*վերնատունն*	*ի միջնատունն Նոյ*

վերջ **noun**

Tid2	31	[31] *Ասէ Նոյ*	*վերջն*	*մահ է եւ աշխարհս*

վեց **numeral**

Creat1	46	*մուԹն եւ խաւար*, <	*վեց*	*օր*> *անդ մնացին, առանց*
Creat1	47	[47] *Իսկ* <*հետ*	*վեց*	*աւուրն*> *ողորմեցաւ նոցա*
Creat2	50	*ծարաւած մինչեւ*	*վեց*	*օր*: [51] *Ապա դարձեալ*
Exp1	25	[25] *Եւ ի մտանել*	*վեց*	*դարուն, առաքեցից ի*
Exp1	27	*ուրախացաւ յոյժ*	*վեց*	*հազար* <*տարին*> *իբրեւ ժամ*
Exp2	24	…*ածուԹիւն. զոր ի*	*վեց*	*դարուն առաքեցից զ*
Exp2	27	*ուրախ եղեւ. զի*	*վեց*	*դարն իբրեւ ժամ մի*
Tid2	30	*Ասէ հրեշտակն*	*վեց*	*հարիւր տարեկան ես. այլ*

վեցերորդ **numeral**

AbCn1	44	*ի վայր հեղոյր*: [44] *զ*	*Վեցերորդն*	*պատուհասն այն էր, որ քուն*
AbCn2	43	*չէր մտանէր*: [43]	*Վեցերորդ*	*պատուհասն այն էր, զի*
Rep	27	*ապա յետ հինգ աւուրն ի*	*վեցերորդում*	*աւուրն եկեալ առ*
Rep	56	*զծառ ի հողմոց* [56]	*Վեցերորդ*	*Տատանեալ լիցիս իբրեւ զ*
Rep	67	*զրաւեցան* [67]	*Վեցերորդ*	*զի յԱստուծոյ ատարացան*

վիճակ **noun**

Rep	101	*Եւ նա առեալ տարաւ ի*	*վիճակն*	*իւր որ արդ եւս կոչի Ճամայ*

վիրաւորեմ **verb**

AbCn1	57	*Կայէն պատուհասիւ*	*վիրաւորեալ*	*իսկ Ադամ եւ Եւայ լային եւ*

վճարեմ **verb**

Tid1	10	[38D[10] *Եւ իբրեւ*	*վճարեցաւ*	*տասն տարին երեւեցաւ*
Tid1	12	*պիտի որդին* <	*վճարել*	> 13] *Վասն այն ոչ*
Tid1	38B9	*տնկէ*: [38B9] *Իբրեւ*	*վճարեցաւ*	*տասն տարի երեւեցաւ*
Tid2	12	*զայս նա ասաց ես*	*վճարեմ*	*զձեր պարտքն*: [13] *Եւ*

վնասեմ **verb**

Rep	89	*եւ մի համարձակիր*	*վնասել*	*զորդիդ իմ* [90] *Ցայնժամ*

վտանկեմ **verb**

Rep	5	*եւ այն բաւթ սաստիկ*	*վտանկէր*	*զնոսա եւ էր այն*
Rep	20	*զազանք տեսէք զիս զ*	*վտանկեալս*	*Ով անասունք հայեցարուք*
Rep	21	*Ողորմեցարուք ինձ*	*վտանկելոյս*	*Ողորմեցարուք ինձ*
Rep	73	*Ողորմեցարուք*	*վտանկելոյ*	*ի ձեր դիմաց* [74] *Ո՞վ*
Rep	81	*Ադամ* [81] *Եւ նա խիստ ի*	*վտանկի*	*կայր եւ քաղէին ոգիքն ի սաստիկ*

տագնապեմ **verb**

Rep	3	*աչիւ մեծաւ սարսեալ*	*տագնապէին*	*մինչ որ լուսացաւ եւ ծագեաց*

տախտակ **noun**

Tid1	39	…*նատունմն, երկու*	*տախտակն*	*ետ ի վերայ մէկ մէկու*
Tid1	39	*մէկ մէկու. իսկ*	*տախտակն*	*ձայնէր թէ Ջրհեղեղ*
Tid2	39	[39] *Եւ երկու*	*տախտակ*	*էառ ի ծառքն եւ եհար զ*
Tid2	39	*արձակեցաւ ի*	*տախտակէն*	*թէ, փախերուք եւ*
Tid2	39	*ծառքն եւ եհար զ*	*տախտակսն*	*նա ձայն արձակեցաւ ի*

տաղ **noun**

Tid2	22	*ազգի ազգի*	*տաղերօք*	*խաղօք եւ պարուք*

տամ **verb**

AbCn1	7	*իւր, զորն որ քամի*	*տուեալ*	*էր փունջ անէր, եւ զայն խուրձն*
AbCn1	35	*լրբութեամբ ասաց. Ո՞վ,*	*ետ*	*ինձ պահ որ խնդրես յինէն*: [36
AbCn1	37	*եւ եօթն պատուհաս*	*ետ*	*Կայենի*: [38] *ա. Մէկ պատուհասն*
AbCn2	2	*ինձ*: [2] *Եւ զեզն լծեալ*	*ետ*	*ի ձեռս իմ եւ ուսոյց նովաւ վարե*
AbCn2	3	*որոյ Ադամ պատուէր*	*ետ*	*զնոյն կատարել որդւոց իւրոց զի*
AbCn2	6	*զզերն եւ զպարարտն*	*տալ*	*Աստուծոյ բաժին. բայց ոչ մատոյց*
AbCn2	11	*քեզ բաժին, զի ի քո*	*տուեալ*	*բարի պարգեւաց քոց քեզ*
AbCn2	18	*թէ կարէ զետնով*	*տալ*	*եւ կապել զնա քանզի որչափ*
AbCn2	31	*քէն*: [31] *Այլ Կայէն ոչ*	*ետ*	*պատասխանի. ըմբռնեալ զքարն ի*
AbCn2	32	*թէ ինչպէս ճուղապ*	*կու տաս*	*ծնողացն իմոց. զի ինձէն խապար չ*
AbCn2	35	[35] *Աւէ Կայէն, ե՞րբ*	*տուիր*	*ինձ պահ, որ ինձանէ խնդրես. մի*
AbCn2	38	*եւ երթայր ձայն*	*կու տայր*	*կօտօչ. առաջին պատուհասն այս*
AbCn2	56	*նա ապա տեղ*	*ետուր*	*որ թաղեցին զԱբէլ ի գերեզմանի*
AbCn2	58	*զոր եւ մխիթարութիւն*	*ետ*	*վասն Աբէլի*: [59] *Որ եւ զձեզ*
Creat1	4	*զնոսա եւ ի վայր*	*տուին*	*որպէս զկարկուտ ի յ*

Creat1	8	է փառօք մեծ. եւ	ետ	պատուէր նոցա Տէր Աստուած
Creat1	15	Աստուած պատուէր	ետ	չուտել ի պտղոյդ. իբրեւ
Exp1	7	Սատանայ. զի՞նչ	ետուք	այն Հրեշտակին, որ զ
Exp1	11	<տայք> ինձ <թէ>	տամ	ձեզ աւետիք լուսոյ: [12]
Exp1	11	Սատանայ. զի՞նչ <	տայք>	ինձ <թէ> տամ ձեզ
Exp1	23	յԱստուծոյ	ետ	ի ձեռն Ադամայ, եւ ասէ. Մի
Exp1	26	Սատանայի, եւ	տացէ	քեզ զառաջին փառսն քո
Exp2	7	Սատանայ. Ի՞նչ	տուիք	այն Հրեշտակին որ եբեր
Exp2	8	ի՞նչ ունէաք որ	տայաք	[9] Ասէ Սատանայ պարտ
Exp2	11	տայք ինձ թէ	տամ	ձեզ զաւետիքն լուսոյ: [12]
Exp2	11	Սատանայ. զի՞նչ	տայք	ինձ թէ տամ ձեզ զ
Exp2	13	Սատանայ ցոյց	ետ	նոցա յարեւելս եւ ասաց
Exp2	24	Սատանայի: [24] Եւ	ետուր	Ադամայ զձեռագիրն
Rep	31	եծնութեան [31] Եւ	ետ	Ադամայ ճեւղ մի ի ծառոց դրախտին
Rep	54	Ձորրորդ Եւ երկիր ոչ	տայ	քեզ զպտուղ իւր զի արեամբ
Rep	74	աստուածատունկ Ո՞վ	տայ	մեզ Հանգիստ ի քե զվայրդ
Rep	74	անթառամք Ո՞վ	տայ	մեզ ճաշակել ի ձէնջ պտուղ
Rep	74	անուշաՀոտք Ո՞վ	տայ	մեզ տեսանել զձեզ
Rep	74	ծառք բարեբերք Ո՞վ	տայ	մեզ տեսանել զձեզ ծաղկունք
Rep	74	ձեր դիմաց [74] Ո՞վ	տայ	ինձ տեսանել զձեզ ծառք
Rep	74	քաղցրաՀամք Ո՞վ	տայ	մեզ մտանել ի քեզ դրախտ
Rep	86	զՏէր զի թերեւս	տացէ	ի ծառոյն աւծմանէ որ այնու աւծա
Rep	87	գնաց աղաչել զՏէր	տալ	պտուղ իւղընձիւղ ի ծառոց դրախտի
Rep	100	Նոյի ի տապանէն	ետ	զմարմինս նախաստեղծիցն յաւագ
Tid1	3	Ադամ, քանզի	տալոց	է քեզ Աստուած որդի, եւ
Tid1	5	...եշտակն աւետիս	ետ	վասն Սէթայ, դեռ այլ զաւակ չ
Tid1	22D	խնդալօվ եւ ծափս	տալօվ	եւ պարունելօվ
Tid1	22Y	եւ պարելով, ծափ	տալով	եւ փողս Հնչեցուցանել...
Tid1	37A	յորժամ կացինն	տայր	փայտին ձայնէր փայտն թէ
Tid1	39	երկու տախտակն	ետ	ի վերայ մէկ մէկու. իսկ
Tid1	51	ի Տեառնէ եւ ասաց	Տուր	ինձ նշան Հաշտութեան: [52]
Tid2	0	ԱՒԵՏԵԱՑՆ ՍԷԹԱՅ ԶՈՐ	ԵՏ	ԱՍՏՈՒԱԾ ԱԴԱՄԱՅ ՅԱՂԱԳՍ ԱԲԷԼԻ
Tid2	1	զՀրեշտակ իւր եւ	ետ	զաւետիս վասն Սէթայ, եւ
Tid2	3	[3] Ասէ Հրեշտակն	տալոց	է քեզ Աստուած բարի
Tid2	20	[20] Եւ նոքա ոչ	տային	թոյլ այլ ծեծէին եւ
Tid2	37	չինէին նա ձայն	տայր	ուրաքն եւ սղոցն եւ
Tid2	38E	Տէր եւ ասէ. Տէր	տուր	Համբերութիւն զի
Tid2	38G	...րոզես. եւ զինչ	տամք	քեզ զգին տապանիդ եւ
WdsAd	5	ի ձեռին իւրում. եւ	ետ	ի Սէթ, եւ ասէ. Այդ է մխիթարութ
WdsAd	13	եւ պատուէր	ետ	նմա յորոյ ուտել ի պտղոյն եւ յ

***տանիմ* verb**

Creat1	8	կին: [8] Եւ	տարեալ	զնոսա Տէր Աստուած, եւ
Creat2	8	Իսկ Տէր Աստուած	տարեալ	եդ զնոսա ի մէջ
Exp1	20	զքարն, եւ	տարեալ	թաղեաց ի գետն
Exp2	2	իսկ Սատանայ	տարեալ	զձեռագիր քարն
Rep	36	այս է զոր ասենս	Տարեալ	Կային զՀաբէլ յիւրատունկ
Rep	101	[101] Եւ նա առեալ	տարաւ	ի վիճակն իւր որ արդ եւս կոչի

Tid2	16	...ըձեալ զԵնովք	տարան	ի դրախտն. եւ է մինչեւ ց
WdsAd	7	ճեղն զայն Սէթ	տարաւ	առ Հայրն իւր Ադամ, եւ ասէ

տանջեմ verb

Rep	82	առաջի նոցա չարաչար	տանջեալ	ի Հիւանդութենէ իւրմէ [83]
Tid2	38G	զի ընդ վայր	տանջեցար	եւ փոչիմանեալ ես եւ

տապան noun

Rep	100	Եւ յելանել Նոյի ի	տապանէն	ետ զմարմինս նախաստեղծիցն
Rep	97	եւ եդին ի փայտեայ	տապանի	[98] Եւ պատուէին զ
Rep	99	Նոյ առեալ զնոսա ի	տապանին	զի մի ապականեալ կորիցեն ի
Tid1	10	Նոյի մտանել	տապանն	[38D11] Նոյ մինչեւ եւթն
Tid1	25	Աստուած Նոյի	տապան	չինել, եւ ամուսնանալ
Tid1	34	Եւ սկիզբն <արա>	տապան	չինելոյ. Հարիւր յիսուն
Tid1	37A	արար չինել զ	տապանն	եւ յորժամ կացինն
Tid1	37Y	...նացաւ: [37Y] Եւ ի	տապան	չինել, կացին ձայնէր
Tid1	38B1	բանէր ի վերայ	տապանին	[38B2] Ամենեքեան
Tid1	38B2	տեսանէին զձեւ	տապանին	լսէին զձայն
Tid1	38B4	վերայ չինէր զ	տապանն	թէ աստ Ջուրն Հասանէ
Tid1	38B4	չինեաց զ	տապանն	[38B5] Եկն Հրեչտակն առ
Tid1	38B5	եւ դու մուտ ի	տապանդ	որ Ջրհեղեղ կու գայ. զի
Tid1	38B5	ելանիցէք ի	տապանէն	եւ դու մուտ ի տապանդ
Tid1	38B5	Նոյ եւ սկսաւ	տապանն	չինել երեք որդիք
Tid1	38B9	Նոյ եւ ասէ մտիր ի	տապանն	[38B10] Ասէ Նոյ մինչեւ
Tid1	38C	տեսանէին զձեւ	տապանին	լսէին զձայնն
Tid1	38C1	բանէր ի վերայ	տապանին	Իսկ ամենեքեան
Tid1	38D4	...նային: [38D4] Նոյ	տապանն	ի վերայ բարձր բլրի
Tid1	38D5	ելանէք ի	տապանէն	[38D7] Իսկ աղաչէր զ
Tid1	40	եկին եւ մտաւ ի	տապանն	եւ սուրբ անասունքն
Tid1	42	[42] Եւ եմուտ Նոյ ի	տապանն	ինքն եւ որդիք իւր
Tid1	43	եւ մտանել ի	տապանն	ի ճանապարհին
Tid1	48	ամիս, բացեալ զ	տապանն	ետես զի լերինք եւ
Tid2	34	[34] Եւ չինեսցես	տապան	երեքհարիւր կանգուն
Tid2	37	Եւ սկիզբն արաւ	տապան	չինել ի վերայ բարձր
Tid2	38A	կամ դու որ զ	տապանդ	չինես դու պիտի ապրիս
Tid2	38B	ապա աւարտ եղեւ	տապանն	[38C] Իսկ Նոյի եղեւ
Tid2	38D	եւ ասաց. մուտ ի	տապան	քո. զի լինի Ջրհեղեղ:
Tid2	38D	որ ելանես ի	տապանէն	եւ արար այնպէս. եւ
Tid2	38G	տամք քեզ զգին	տապանիդ	եւ քակեմք եւ տուն
Tid2	38H	եւ մտանել ի	տապանն	իսկ Նոյ խնդրեաց
Tid2	38H	զորդիսն իւր ի	տապանն	[38I] Ցոր եմուտ ինքն եւ
Tid2	39	եւ մտէք ի	տապան	զի էհաս Ջրհեղեղն: [40]
Tid2	42·	...ենայն ի ներքս	տապանին	ապա ծեփեաց զ
Tid2	43	փախչիլ ի	տապանն	եւ ի նոյն խեղդեցան
Tid2	44	չուրջ եկեալ	տապանն	եւ գնացեալ Հանգեաւ ի
Tid2	47	Եւ բացեալ Նոյի զ	տապանն	եւ ետես զգլուխ
Tid2	48	ելաւ ինքն ի	տապանէն	եւ որդիքն իւր: [49] եւ

տապանակ **noun**

Tid1	44	*մի տարին*	*տապանակն*	*ի վերայ ջրոյն*
Tid1	45	*զպատուհան*	*տապանակին*	*եւ արձակեաց ագռաւ*

տառապանք **noun**

Rep	78	*Ադամ սգով եւ*	*տառապանաւք*	*ամս ինն հարեւր եւ*

տառապեմ **verb**

Rep	1	*զդրախտն հանապազ*	*տառապէին*	*փափաքանաւք ի դէմ դրախտին*
Rep	21	*Ողորմեցարուք ինձ*	*տառապելոյս*	*Ողորմեցարուք ինձ*

տասանորդ **noun**

AbCn1	9	*հանի քեզ բաժին եւ*	*տասանորդ*	*ըստ արդար վաստակոց իմ*

տասն **numeral**

AbCn1	6	*ի վաստակոց ձեռոց <*	*տասնէն*	*մին բաժին հանէք Աստուծոյ*
AbCn2	5	*ամենայն ընչից ձեռոց*	*տասնէն*	*զմէկն բաժին հանել Աստուծոյ*
Tid1	10	*իբրեւ վճարեցաւ*	*տասն*	*տարին երեւեցաւ*
Tid1	38B6	*զԱստուած*	*տասն*	*տարի համբերել եւ*
Tid1	38B6	*Նոյի մինչեւ ի*	*տասն*	*տարի թերեւս դարձցին*
Tid1	38B9	*Իբրեւ վճարեցաւ*	*տասն*	*տարի երեւեցաւ հրեշտակն*
Tid1	38D7	*ամենայնին*	*տասն*	*տարի համբերել. եւ*
Tid1	38D7	*…աչանացն Նոյին*	*տասն*	*տարի թերեւս դառնային ի*

տասներորդ **numeral**

Rep	71	*կսկիծ ընկալան* [71]	*Տասներորդ*	*զի զանդրանիկ որդին*

տատանեմ **verb**

Rep	56	[56] *Վեցերորդ*	*Տատանեալ*	*լիցիս իբրեւ զծով որ ծփի*

տարածեմ **verb**

AbCn2	11	*Աստուծոյ. եւ զձեռսն*	*տարածեալ*	*աղաղակեաց եւ ասէ Տէր*

տարակուսեմ **verb**

Rep	20	*հայեցարուք յիս ի*	*տարակուսեալս*	*Տեսէք զիս զ*
Rep	21	*Ողորմեցարուք ինձ*	*տարակուսելոյս*	*Ողորմեցարուք ինձ*

տարամերժեմ **verb**

Rep	19	*ձերմէ Ողբացէք զ*	*տարամերժեալս*	*ի վայելչութենէ*

տարբերեմ **verb**

AbCn2	31	*զքարն ի խոչակն եւ*	*տարբերեալ*	*խաղխղէր, եւ քարն փոքր էր*

տարեկան **adjective**

AbCn1	3	*Կայէն եղեւ երեսուն*	*տարեկան*	*ապա ծնաւ Աբէլ եւ քոյր նորա*
AbCn1	5	[5] *Երբ Աբէլ եղեւ քսան*	*տարեկան*	*խաշանց հովիւ եղեւ, իսկ*
Tid1	26	*զի հինգհարիւր*	*տարեկան*	*էր։* [27] *Եւ ասաց*
Tid2	7	*եւ Աբէլ քսան*	*տարեկան*	*էր։* [8] *Եւ էր կոյս երբ*
Tid2	30	*վեց հարիւր*	*տարեկան*	*ես. այլ եւս*

տարի **noun**

AbCn1	4	[4] Եւայ երեսուն	տարի	մի փոր կու ծնանէր Ջուխտակ
AbCn1	46	Հարիւր եւ վաթսուն	տարի	յետ անճար մնաց, մահուն
AbCn1	58	[58] Մինչեւ երկերիւր	տարի	Ադամ ոչ մերձեցաւ ի կինն, ասէր
AbCn2	46	Հարիւր յիսուն եւ երեք	տարի	զի զմահն կուզէր եւ ոչ մեռանէր
Exp1	27	վեց հազար <	տարին	> իբրեւ ժամ մի երեւեցաւ
Rep	29	Եւ յետ երեսուն	տարւոյ	դարձեալ մերձեցաւ Ադամ
Tid1	7	ծնաւ։ [7] Երեսուն	տարի	էր ամուսնացեալ, երբ
Tid1	7	եւ Աբէլ այն	տարին	կամէր ամուսնանալ, բայց
Tid1	10	վճարեցաւ տասն	տարին	երեւեցաւ հրեշտակն եւ
Tid1	14	վաթսունեւչորս	տարի	սպասաւորեաց այգւոյն
Tid1	15	վաթսունեւչորս	տարի	այգեգործ եղեւ եւ ոչ
Tid1	29	Հինգհարիւր	տարի	<ես>, չորս հարիւր տարի
Tid1	29	չորս հարիւր	տարի	այլ պիտի ապրիս։ [30] Ասաց
Tid1	30	Նոյ. Չորս հարիւր	տարին	իբրեւ զերազ գիշերոյ
Tid1	38B4	…բանայ. ութսուն	տարումն	չինեաց զտապանն
Tid1	38B6	զԱստուած տասն	տարի	համբերել եւ Աստուած
Tid1	38B6	մինչեւ ի տասն	տարի	թերեւս դարձցին։ [38B7] Եւ
Tid1	38B9	վճարեցաւ տասն	տարի	երեւեցաւ հրեշտակն առ
Tid1	38D4	եւ հարիւր	տարումն	չինեաց. դարձեալ
Tid1	38D7	ամենայնին տասն	տարի	համբերել. եւ Աստուած
Tid1	38D7	Նոյին. տասն	տարի	թերեւս դառնային ի
Tid1	44	մինչեւ ի մի	տարին	տապանակն ի վերայ
Tid1	56	երեք հարիւր	տարի	[57] Եւ երկու որդիքն
Tid2	6	հարիւր երեսուն	տարի	էր որ ամուսնացեալ էր
Tid2	7	Կայէն երեսուն	տարու	էր որ ամուսնացաւ. եւ
Tid2	15	քանզի վաթսուն	տարի	ի մէջ այգւոյն կեցաւ եւ
Tid2	29	[29] Ասէ Նոյ. քանի	տարի	դեռեւս պիտի ապրիմ։ [30]
Tid2	30	եւ յիսուն	տարի	ապրիս։ [31] Ասէ Նոյ. վերջն
Tid2	31	եւ յիսուն	տարին	իբրեւ երազ գիշերոյ
Tid2	38B	կատարել ութսուն	տարւոյն	ապա աւարտ եղեւ
Tid2	38H	[38H] Եւ յետ քսան	տարւոյն	հրամայեաց Աստուած
Tid2	44	եւ մինչ ի մէկ	տարի	չուրջ եկեալ տապանն, եւ
Tid2	57	եւ յիսուն	տարի	եւ անդ է գերեզմանն Նոյի

տեղի **noun**

AbCn1	26	եւ ոչ գիտէր թէ որոյ	տեղ	է սպանելոյ։ [27] Իսկ չարն
AbCn2	56	եւ թաղեցաւ, նա ապա	տեղ	եւոուր որ թաղեցին զԱբէլ ի
Creat1	5	զի լցուսցեն զ	տեղի	անկելոց հրեշտակացն։ [6]
Creat1	9	Երուսաղէմ ի	տեղի	անկեալ հրեշտակացն։ [10]
Creat1	46	ելեալ արտաքս ի	տեղի	մութն եւ խաւար, <վեց օր>
Creat2	5	լնուցու զ	տեղի	նորա։ [6] Եւ արկ զ
Creat2	50	[50] Եւ անկան ի	տեղի	մթին եւ աղջամղջին
Creat2	51	ի խաւարային	տեղեաց	եւ բերել ի լոյս
Exp1	7	ձեզ եհան ի մութ	տեղուոջէն	եւ եբեր ի լոյս։ [8]
Exp2	4	եւ անկաք ի	տեղիս	այս խաւար մթին։ [5] Ապա
Rep	35	Կային հեռացեալ էր ի	տեղւոջէն	[36] Եւ թէ ո՞րպէս եսպան

Rep	85	գիս եւ գքե գիմ ին	տեղի	[86] Բայց դու այժմ երթ
Tid1	38B8	կու վարի կամ որ	տեղ	այգի կու տնկէ: [38B9] Իբրեւ
Tid1	58	[58] Եւ անուն	տեղւոյն	կոչեցաւ Նախիջեւան. եւ
Tid2	38A	յայս քան բարձր	տեղիս	ջուր պիտի Հասնի. կամ

***տեսանեմ* verb**

AbCn1	18	կշտի բռնել փորձիլ, զի	տեսցէ	յուժն իւր յաղթել կարէ գնա
AbCn1	19	սստ եւ անդ, եւ	եւտես	մատն խաղողի բազում երկայն
AbCn1	21	պատեմ գքեզ	տեսանեմ	թէ կարես կորել գնա եւ
AbCn1	21	ի վերայ իմ	տեսցուք	զի ով կարէ կորել գնա: [22] Ե
AbCn1	37	ասիցէ: [37] Իբրեւ	եւտես	Տէրն որ այնպէս ասաց Կայէն
AbCn1	48Y	գնաց յորս եւ	տեսաւ	զԿայէն: [49Y] Իբրեւ տեսաւ
AbCn1	49Y	զԿայէն: [49Y] Իբրեւ	տեսաւ	Ղամէք, գիտաց թէ եղջիւր է. եՀար
AbCn1	51A	Ղամեքայ: [51A]	Ետես	Ղամեք եւ երկեաւ եւ
AbCn1	57	ծնօղքն Ադամ եւ Եւայ	տեսանէին	զԱբէլ արեամբ շաղախեալ եւ
AbCn2	19	սստ եւ անդ, եւ	եւտես	զխաղողի ճուղն որ ասմայ ասի
AbCn2	20	պատեմ ուռամբս	տեսանեմ	թէ կարես կորել գնա: [21]
AbCn2	21	անգամ պատէ զիս	տեսանեմք	թէ որս է զօրեղ եւ ուժով: [22]
AbCn2	48	գնաց յորս առնել. եւ	եւտես	զԿայէն եՀար նետիւ եւ սպան զն
AbCn2	51	…ասուացն: [51] Ջոր	եւտես	Աստուած զարտասուսն եւ զ
AbCn2	57	Ադամ եւ կինն իւր	տեսանէին	զԱբէլ արեամբ շաղախեալ
Creat1	6	Ադամ ի քնոյ	տեսաւ	զկին Հաւանեցաւ: [7] Եւ
Creat1	12	[12] Իբրեւ	եւտես	զօձն ի դրախտին, ուստի
Creat1	13	գնաց օձն եւ	տեսաւ	զԱդամ եւ զԵւայ, զի
Creat1	19	եկն Ադամ եւ	եւտես	զկինն մերկացեալ ի
Creat1	20	դու ճաշակեայ եւ	տես	զքաղցրութիւն պտղոյդ
Creat1	48	[48] Իսկ իբրեւ	տեսին	Ադամ եւ կին իւր < զլոյս
Creat2	6	Ադամ ի քնոյ	եւտես	զկինն եւ Հաւանեցաւ: [7] Եւ
Creat2	9	զի փորձեսցէ եւ	տեսցէ	թէ պաՀէին զպատուիրանն
Creat2	13	[13] Քանզի օձն	եւտես	զԵւա զի ճաշակէր յ
Creat2	19	Իսկ եկն Ադամ եւ	եւտես	զկինն մերկացեալ
Creat2	29	զմերկութիւն	տեսանէր	վախէր ուտել. երբ զ
Creat2	29	զգեղեցկութիւն	տեսանէր	խելքն ի գլխոյն
Creat2	32	տերեւովն, զի մի	տեսցէ	Աստուած. քանզի
Creat2	33	…ութեամբ: [33] Եւ	տեսեալ	Ադամայ եւ Եւայի զ
Creat2	47	Աստուած: [47] Ապա	եւտես	որ ոչ պաՀեաց զխրատն
Creat2	49	զտանեն: [49] Երբ	տեսաւ	Տէրն որ զպատճառն ի
Creat2	52	Իսկ նոքա իբրեւ	տեսին	զարեգակն եւ զլուսին
Exp1	2	զնոսա, այլ ոչ	տեսանեն	զլոյս. քանզի
Exp1	12	մի անգամ լոյս	տեսանիցեմք	քեզ ծառայ
Exp1	13	…եցարուք եւ անդ	տեսանիցէք	լոյս: [14] Իբրեւ
Exp1	14	արեւելից կողմն	տեսանէին	զնշան լուսանալոյն
Exp1	15	Սատանայ, ասէ	Տեսայ՞ք	զաւետիսն զի
Exp2	12	միւսանգամ լոյս	տեսանիցեմք	ծառայ լինիմք
Exp2	13	եւ ասաց. անտի	տեսանէք	զլոյս: [14] Ջայս
Exp2	14	ընդ արեւելս եւ	տեսանէին	զի նշան լուսոյ
Exp2	15	Սատանայ եւ ասէ	տեսանէք	զաւետիսն իմ որ
Rep	1	իման դրախտին զի միշտ	տեսանելով	զդրախտն Հանապազ

Rep	8	ձայնիւ [8] Վասն զի	տեսանէր	զվայրս դրախտին յանդիման
Rep	20	յիս ի տարակուսեալս	Տեսէք	զիս զթշուառականս
Rep	20	զլաց իմ Ով գազանք	տեսէք	զիս զվտանկեալս Ով անասունք
Rep	20	երկնից իջէք առ իս եւ	տեսէք	զլաց իմ Ով գազանք տեսէք զ
Rep	27	բանիւն Աստուծոյ եւ	տեսեալ	զԱդամ եւ զԵւայ ի սուգ
Rep	32	Ադամայ եւ ասաց թէ	Տեսի	գիշերս յերազի որ զարիւնն
Rep	34	ի դաշտի անդ եւ	տեսցուք	զդրախտն իմ զոր տնկեցի
Rep	35	Ադամ փութանակի եւ	ետես	զի սպանեալ էր Կային զԱբէլ զ
Rep	37	Եւ գնացեալ Ադամ	ետես	այնպէս եւ յոյժ սգացեալ
Rep	71	անդրանիկ որդին իւրեանց	տեսին	եղբայրասպան դատապարտեալ
Rep	74	Ո՞վ տայ մեզ	տեսանել	զձեզ տերեւք
Rep	74	Ո՞վ տայ մեզ	տեսանել	զձեզ ծաղկունք
Rep	74	[74] Ո՞վ տայ ինձ	տեսանել	զձեզ ծառք բարեբերք
Rep	93	եւ Հառաչանաւք եւ	տեսին	զԱդամ մեռեալ եւ արարին
Tid1	2	պատուՀասն	կու տեսանեմ	արտասուք կու
Tid1	2	զԱբէլ արեամբ	տեսանեմ	սիրտս այրէ եւ
Tid1	17	եւ Ադամայ, իբրեւ	տեսին	զԵնովք որ
Tid1	21D	[21D] Իբրեւ	տեսին	ազգն Կայենայ որ ոչ
Tid1	38B2	գնային եւ	տեսանէին	զձեւ տապանին
Tid1	38B3	եւ ասէին	տեսէք	զանգիտութիւնն Նոյեայ
Tid1	38C	գնային եւ	տեսանէին	զձեւ տապանին
Tid1	48	զտապանն	ետես	զի լերինք եւ բլուրք
Tid1	53	կողման: [53] Եւ	ետես	Նոյ նշան աղեղան կարմիր
Tid1	54	որդիս քո. երբ	տեսանեն	զաղեղն գիտասցեն
Tid2	2	զի զԿայէն	տեսանեմ	որ այնպէս ցաւագնեալ
Tid2	2	իմ. ապա զԱբէլ	տեսանեմ	արեամբ շաղախեալ, նա
Tid2	15	ի գլխոյն. զի մի	տեսցէ	զպտուղ ծառոյն. քանզի
Tid2	17	եւ Ադամայ երբ	տեսին	որ Ենովք վերացաւ
Tid2	47	Նոյի զտապանն եւ	ետես	զգլուխ լերանցն եւ
WdsAd	5	իմ: [5] Եւ առ ժամայն	տեսանէր	զՀրեշտակն, զի գայր եւ ունէր
WdsAd	8	նորա, եւ Հայեցեալ	տեսանէ	զճիւղն, զի (յ) այն ծառոյն էր

տեսիլ **noun**

Creat2	14	որ գեղեցիկ է	տեսլեամբ	[15] Ասէ Եւայ, զի
Rep	32	զՀաբէլ յաւուր միում	տեսիլս	պատմեաց Եւայ Ադամայ եւ

տեսութիւն **noun**

Creat1	32	կարէին ծածկել ի	տեսութենէն	Աստուծոյ. քանզի

տերեւ **noun**

Creat1	32	ծածկեցան թզենի	տերեւաւն	քանզի գիտէին
Creat1	32	քանզի գիտէին	տերեւի	ծածկելովն կարէին
Creat1	33	ի լուսոյն եւ	տերեւովն	ծածկեալ էին զ
Creat2	32	ծածկեցաւ ընդ	տերեւովն	զի մի տեսցէ Աստուած
Rep	6	զանթառամութիւն	տերեւոցն	եւ զքաղցր ճաշակումն
Rep	74	տեսանել զձեզ	տերեւք	անթառամք Ո՞վ տայ մեզ

տէր **noun**

AbCn1	9	եւ ասաց. Դու	Տէր	ստեղծող ամենայնի, գիտութիւն

AbCn1	10.1	[10.1] Եւ բարկացաւ	Տէր	ի վերայ Կայենի. [10.1Y] ափ մի
AbCn1	11	աղօթէր առ	Տէր	եւ ասէր. Տէր Աստուած, ստեղծօղ
AbCn1	11	առ Տէր եւ ասէր	Տէր	Աստուած, ստեղծօղ եւ արարիչ
AbCn1	34	երթայր. երեւեցաւ	Տէրն	ի ճանապարհին յիսուն
AbCn1	37	[37] Իբրեւ ետես	Տէրն	որ այնպէս ասաց Կայէն
AbCn1	45	…մայեաց, այլ ասաց	Տէրն	Ով որ սպանիցէ զԿայէն, նա նորա
AbCn1	49D	եւ պատուհասու	Տէր	եղաւ: [49A] Եւ Ղամէք գիտաց թ
AbCn1	51A	…անութեան եթող նմա	Տէր	Աստուած զպատուհասն Ղամեքայ
AbCn1	51Y	եւ ողորմեցաւ նմա	Տէրն	վասն բազում արտասուելոյ կնոջն
AbCn1	59	[59] Իսկ ողորմեցաւ	Տէր	եւ առաքեաց <աւետիս> վասն Սեթայ
AbCn2	9	յաղօթս առ	Տէր	եւ ասաց. դու Տէր ստեղծօղ
AbCn2	9	առ Տէր եւ ասաց. դու	Տէր	ստեղծօղ ամենայնի. ահա քրտամբք
AbCn2	10	այնպէս արա: [10] Եւ	Տէրն	բարկացեալ ի վերայ Կայէնի. վասն
AbCn2	11	աղաղակեաց եւ ասէ	Տէր	Աստուած ստեղծօղ եւ արարիչ
AbCn2	50	կինն բարի էր. առ	Տէր	աղաղակեաց, եւ այնչափ ելաց որ յ
Creat1	1D	իւրոյ: [1D]	Տէր	Աստուած յառաջ քան զ
Creat1	1Y	[1Y] Յորժամ ստեղծ	Տէր	Աստուած զերկինս եւ զ
Creat1	4	[4] Եւ հրամայեաց	Տէր	Աստուած յունաւոր
Creat1	6	…ակացն: [6] Եւ արկ	Տէր	Աստուած թմբրութիւն
Creat1	8	Եւ տարեալ զնոսա	Տէր	Աստուած, եւ եդ ի մէջ
Creat1	8	ետ պատուէր նոցա	Տէր	Աստուած եւ ասէ. Ուտելով
Creat1	9	զպատուիրանս	Տեառն	վերանայր փառօք ի
Creat1	15	[15] Ասէ Եւայ. Զի	Տէր	Աստուած պատուէր ետ չ
Creat1	34	ես Ադամ: [34] Ասէ	Տէր	զքո ձայնն լուայ, փախեայ
Creat1	35	թաքեայ: [35] Ասէ	Տէրն	ընդէ՞ր փախեար եւ
Creat1	37	ի քէն: [37] Ասէ	Տէրն	Զի լուսով ծածկեցի զձեզ
Creat1	39	[39] Դարձեալ	Տէր	խօսեցաւ ընդ կնոջն, եւ
Creat1	40	[40] Իսկ կին ասաց	Տէր	<այն օձն որ> ստեղծեր նա
Creat1	41	զիս: [41] Յայնժամ	Տէր	բարկացաւ նոցա, եւ ասաց
Creat1	47	ողորմեցաւ նոցա	Տէր	եւ առաքեաց զհրեշտակ իւր
Creat2	1	[1] Նախ ըստեղծ	Տէր	Աստուած զդասս հրեշտակաց
Creat2	4	[4] Եւ բարկացաւ	Տէրն	հրամայեաց ունաւոր
Creat2	8	կին: [8] Իսկ	Տէր	Աստուած տարեալ եդ զնոսա
Creat2	9	զպատուիրանն	Տեառն	եւ թէ ոչ զփչալից
Creat2	33	զոտնաձայնն	Տէրն	գալոյն Աստուծոյ զոր
Creat2	34	[34] Ասէ Ադամ	Տէր	զքո ձայնդ լուայ եւ
Creat2	37	[37] Ասէ Ադամ	Տէր	այս կինն զոր դու ստեղծէր
Creat2	38	իս: [38] Դարձեալ	Տէրն	խօսեցաւ ընդ Եւայի. թէ
Creat2	39	[39] Ասէ Եւա	Տէր	այս օձս զոր դու ստեղծեր
Creat2	40	[40] Եւ բարկացեալ	Տէրն	ի վերայ սոցա եւ ասէ. դու
Creat2	49	[49] Երբ տեսաւ	Տէրն	որ զպատճառն ի ստեղծօղն
Creat2	51	ողորմեցաւ	Տէրն	ի վերայ նոցա եւ առաքեաց
Creat2	54	Ադամայ: [54] Զոր	Տէր	Աստուած փրկեալ ազատեսցէ
Exp1	5	ողորմեցաւ	Տէր	եւ առաքեաց զհրեշտակ իւր
Exp1	6	ի վերայ մեր	Տէրն	եւ խափանեաց զայն սակաւ
Exp1	22	անօթի կացին եւ զ	Տէրն	աղաչեցին: [23] Եւ յետ եօթն
Exp1	23	ողորմեցաւ նոցա	Տէրն	եւ առաքեաց զհրեշտակ
Exp2	23	մարդանալոյն	Տեառն	Աստուծոյ եւ ազատիչն

Rep	20	ինձ որ երբեմն	տէր	էի ձեզ իշխան եւ թագաւոր եւ
Rep	83	ասէ Եւայ ցԱդամ	Տէր	իմ ասա զժամանակ իմ թէ յամեմ
Rep	86	այժմ երթ աղաչեա զ	Տէր	զի թերեւս տացէ ի ծառոյն
Rep	87	եւ գնաց աղաչել զ	Տէր	տալ պտուղ իւղընձիւղ ի ծառոց
Tid1	1	[1] Եւ քաղձրացաւ	Տէրն	ի վերայ Ադամայ, եւ
Tid1	31	Հրամանք	Տեառն	է, ոչ կարես արգելուլ
Tid1	38B10	խնդրեմ ի	Տեառնէ	[38C1] Ամենայն մարդ
Tid1	50	եւ կատարեաց	Տէր	զխնդիրքն նորա: [51] Եւ
Tid1	51	[51] Եւ խնդրեաց ի	Տեառնէ	եւ ասաց. Տուր ինձ նշան
Tid1	52	[52] Եւ ասաց	Տէրն	Հայեաց ի յարեւելից
Tid1	54	քաղցրացեալ է	Տէր	ի վերայ նոցա. զի այս
Tid2	1	ԱԴԱՄ ԵՒ ՁԵՒԱՑ [1] Եւ	Տէրն	քաղցրացաւ ի վերայ
Tid2	38E	նա աղաղակեաց առ	Տէր	եւ ասէ. Տէր տուր
Tid2	38E	առ Տէր եւ ասէ	Տէր	տուր համբերութիւն զի
Tid2	38F	զի դարձուցէ	Տէր	զՋրհեղեղ պատուհասն: [38G]
Tid2	38H	համբերել ի	Տեառնէ	մինչեւ եւթն օր յ
Tid2	59	փրկեսցէ	Տէր	Աստուած զամենայն
WdsAd	4	էարբ: [4] Եւ ասէ առ	Տէր	յաղօթելն իւրում. Ամենակալ
WdsAd	4	ամենակարող	Տէր	կատարեա ի բարի զխնդրուածս իմ
WdsAd	9	որմէ հրամայեաց մեզ	Տէրն	չուտել մեզ: [10] Եւ ասէ Սէթ ց
WdsAd	11	ըստ հրամանի	Տեառն	ի հող յորմէ ստեղծաւ: [12] Եւ

տիւ noun

WdsAd	3	եւ երթեալ զքառասուն	տիւ	եւ զքառասուն գիշեր հաց ոչ եկե
WdsAd	14	էառ, եւ զքառասուն	տիւ	եւ զքառասուն գիշեր ամենեւին ո

տղայ noun

AbCn1	4	մին աղջիկ եւ մին	տղայ	[5] Երբ Աբել եղեւ քսան տարեկա

տնազ noun

Tid1	38B1	ամենայն մարդ	տնազ	արարին զնա. իսկ Նոյ
Tid1	38C1	Ամենայն մարդ	տնազ	արարին զնոսա. իսկ Նոյ
Tid1	38D9	Եւ ամենեքեան	տնազ	առնէին բանին եւ
Tid2	38G	բազում բանիւ	տնազ	առնէին զՆոյ: [38H] Եւ յետ

տնազեմ verb

Tid1	38B3	կու գայ: [38B3]	Տնազէին	եւ ասէին տեսէք զ
Tid1	38B8	[38B8] Ամենեքեան	տնազէին	զնա եւ ասէին երբ

տնանկանամ verb

Rep	15	յառաջին թագաւորէի եւ	տնանկացայ	[16] Վայ ինձ

տնկեմ verb

Rep	34	զդրախտն իմ զոր	տնկեցի	փոխանակ դրախտին վասն որոյ
Tid1	14	Ենովք: [14]	Տնկեաց	այգի մեծ լի ամենայն
Tid1	38B8	կամ որ տեղ այգի	կու տնկէ	[38B9] Իբրեւ վճարեցաւ
Tid2	14	...սնացաւ: [14] Այլ	տնկեաց	այգի մի յօրինակ
Tid2	38A	ցանես եւ այգի	տնկես	թէ երկիրս Ջրասոյզ

WdsAd	15	[15] Եւ յետ այնորիկ	տնկեաց	դրախտ վայելուչ, եւ զամենայն
WdsAd	15	զամենայն պտղաբեր	տնկեաց	ի նմա: [16] Եւ կացեալ ի

տուն **noun**

Rep	101	տուն որ է Սեմայ	տուն	[102] Եւ անդ ամփոփեաց զ
Rep	101	արդ եւս կոչի Շամայ	տուն	որ է Սեմայ տուն [102] Եւ անդ
Tid2	34	եւ շինեա երեք	տուն	վերնատուն, միջնատուն եւ
Tid2	38G	եւ քակեմք եւ	տուն	շինեմք զփայտն նորա. եւ

տունկ **noun**

Creat1	41	փոխանակ անմահ	տնկոյս	փուշ բուսանի քեզ
Creat2	43	փոխանակ անմահ	տնկոցս	փուշ բուսանի քեզ
Rep	6	եւ զզուարճութիւն	տնկոցն	զպայծառութիւն վարդիցն եւ զ
Rep	18	Լացէք զիս ծառք եւ	տունկք	Լացէք զիս բոյսք եւ դալարք

տուող **noun**

WdsAd	6	[6] Եւ Սէթ գոհանայր զ	տվողէն	կենդանութեան զՔրիստոսէ, որ

տրտմիմ **verb**

Creat1	19	ի լուսոյն	տրտմեցաւ	Ադամ եւ ասէ. <ընդէ՞ր>
Exp1	2	կայ. վասն այն	տրտմեցան	իբրեւ մտաւ արեգակն
Exp1	4	Ադամ. վասն այն	տրտմինք	քանզի ստեղծեալ էր
Exp2	3	զԱդամ. ընդէ՞ր	տրտմիք	[4] Ասէ Ադամ. վասն այն
Exp2	4	Ադամ. վասն այն	տրտմիմք	եւ լամք զի
Exp2	24	այսպէս. մի	տրտմիր	Ադամ. խաբեաց զքեզ
Tid1	3	նմանէ. զի որչափ	տրտմեցար	վասն չարութեան
Tid2	3	դառնացար եւ	տրտմեցար	վասն Կայէնի եւ
Tid2	10	լայք եւ միշտ	տրտմիք	եւ ոչ ուրախանայք: [11]

տրտմութիւն **noun**

AbCn2	59	...թարեսցէ յամենայն	տրտմութեանց	ձերոց. Ամէն:
Creat1	42	բազմացուցից զ	տրտմութիւն	քո, ծնունդ քո
Creat1	42	եւ եղիցի քեզ	տրտմութիւն	զամենայն աւուրս
Creat2	42	արարեր զայդ	տրտմութեամբ	եւ ցաւօք ծնցիս
Creat2	52	կալաւ զնոսա	տրտմութեամբ	լացին զգիշերն
Rep	40	անհնարին եւ սաստիկ	տրտմութիւն	զԱդամ եւ զԵւայ վասն
Rep	41	յերկար սգով կացին ի	տրտմութեան	ամս հարիւր եւ քսան
Tid1	2	նեղութիւն եւ	տրտմութիւն	[3] Ասէ Հրեշտակն

տրտում **adjective**

Exp1	3	եւ ասէ. ընդէ՞ր	տրտում	էք: [4] Ասէ Ադամ. վասն
Tid1	10	մեր Ադամ ընդէ՞ր	տրտում	<է>: [11] Ասէ Սէթ. վասն
Tid1	11	վասն այն	տրտում	է: [12] Իսկ Ենովք ասէ ց

ց **preposition**

AbCn1	16	աւուր ասէ Կայէն	ց	եղբայր իւր. Գնասցուք ի դաշտն
AbCn2	16	աւուր ասէ Կայէն	ց	եղբայր իւր. Աբէլ գնասցուք ի դա
Creat1	43	Եւ դարձեալ ասաց	ց	օձն. Անիծեալ լիցիս յ

Creat2	42	*Եւ դարձեալ ասաց*	*ց*	*կինն. փոխանակ զի արարեր զ*
Exp2	3	*հրեշտակի եւ ասէ*	*ց*	*Ադամ. ընդէ՞ր տրտմիք։ [4] Ասէ*
Rep	34	*ի Կայենէ որ ասէր*	*ց*	*Հաբէլ թէ Եկ երթիցուք ի*
Rep	83	*[83] Յայնժամ ասէ Եւայ*	*ց*	*Ադամ Տէր իմ սաս զժամանակ իմ թ*
Tid1	12	*Իսկ Ենովք ասէ*	*ց*	*հայրն. Հօր պարտքն պիտի*
WdsAd	1	*Սէթ [1] Ասէ Ադամ*	*ց*	*Սէթ. Որդեակ, ոչ է այս բնակութի*
WdsAd	9	*...շակեաց։ [9] Եւ ասէ*	*ց*	*որդին իւր. Որդեակ իմ Սէթ. այս*
WdsAd	10	*մեզ։ [10] Եւ ասէ Սէթ*	*ց*	*հայրն. Հայր, գիտեա զի որպէս*

ցամաք **noun**

Rep	18	*զիս ծովք Լացէք զիս*	*ցամաք*	*Լացէք զիս հրեշտակք Լացէք*
Tid2	45	*զի բերցէ նշան*	*ցամաքի*	*եւ նա գնացեալ անկաւ ի*
Tid2	46	*եւ գնացեալ եգիտ*	*ցամաք*	*եւ եբեր զճուղ*

ցամաքեմ **verb**

AbCn1	53	*համապազ արիւնն ոչ*	*ցամաքէր*	*եւ ոչ հոսէր եւ ոչ որդնէր*
AbCn1	55	*ոչ հողանայր եւ ոչ*	*ցամաքէր*	*արիւնն Աբելայ։ [56] Մինչեւ*
AbCn2	53	*համապազ արիւնն ոչ*	*ցամաքէր*	*ոչ հօսէր եւ ոչ որդնէր. զի էր*
Tid1	48	*եւ բլուրք*	*ցամաքեալ*	*էին. բայց դաշտք*

ցայգ **noun**

Rep	60	*երկրի անդադար զ*	*ցայգ*	*եւ զցերեկ [61] Եւ այնու*

ցան **noun**

Tid2	38A	*դու ու՞ր պիտի*	*ցան*	*ցանես եւ այգի տնկես թէ*

ցանեմ **verb**

Rep	22	*քաղցեալ եմ Ո՞րպէս*	*ցանեմ*	*զիա՞րդ վաստակեմ Ջի՞նչ*
Tid2	38A	*ու՞ր պիտի ցան*	*ցանես*	*եւ այգի տնկես թէ*

ցանկամ **verb**

Creat2	18	*զխրատ օձին*	*ցանկացաւ*	*աստուածանալ*
Creat2	47	*զխրատ օձին եւ*	*ցանկացան*	*աստուածութիւն. վասն*

ցանկութիւն **noun**

Tid2	59	*ի Ջրհեղեղէ*	*ցանկութեան*	*աշխարհիս. Ամէն։*

ցաւ **noun**

AbCn1	51Y	*կնոջն, բժշկեցաւ*	*ցաւն*	*եւ վերացաւ պատուհասն Ղամեքայ*
AbCn1	57	*եսպան, Կայէն զեօթն*	*ցաւով*	*կոծէր վայ եւ եղուկ լայր*
AbCn2	45	*Կայէն սպանանէ, նա*	*ցաւն*	*առ սպանօղն դարձցի։ [46] Եւ*
AbCn2	49	*զնա։ [49] Ապա*	*ցաւն*	*Կայէնի անկաւ ի վերայ Ղամէքայ*
AbCn2	51	*եւ բժշկեաց զ*	*ցաւն*	*Ղամեքայ։ [52] Դարձեալ յորժամ*
Creat1	42	*չափ եղեցի, եւ*	*ցաւօք*	*կերիցես զաշխարհս, եւ*
Creat2	42	*տրտմութեամբ եւ*	*ցաւօք*	*ծնցիս եւ ծնունդ քո ի*
Rep	81	*քաղէին ոգիքն ի սաստիկ*	*ցաւոյն*	*որ կալեալ էր զանձն նորա*
Rep	86	*զանձն իմ զի դիւրանամ ի*	*ցաւոցս*	*[87] Եւ յարուցեալ Եւայ*

ցաւագնեմ **verb**

Tid2	2	*որ այնպէս*	*ցաւագնեալ*	*դողդոջայ*

ցաւէ **verb**

Rep	10	*գալարէր* [10] *Որովայնն*	*ցաւէր*	*երիկամունքն խորովէր եւ աչքն*
Rep	94	*Եւայ նոյնժամայն*	*ցաւեաց*	*գլուխ նորա եւ ասաց Վայ*

ցաւիմ **verb**

Tid2	2	*չաղախեալ, նա*	*ցաւի*	*սիրտ իմ եւ արտասուք իմ*

ցերեկ **adverb**

AbCn1	44	*ունէր ոչ գիշերն եւ ոչ*	*ցերեկն*	[45] *է. Եօթներորդն*
Exp1	2	*գիշեր լինի, կամ*	*ցերեկ*	*կայ. վասն այն տրտմեցան*
Exp2	2	*զի ոչ գիտէին թէ*	*ցերէկն*	*գիշեր կու փոխի. վասն*
Rep	60	*անդադար զցայգ եւ զ*	*ցերեկ*	[61] *Եւ այնու առաւել*

ցոյց **noun**

Exp2	13	[13] *Իսկ Սատանայ*	*ցոյց*	*ետ նոցա յարեւելս եւ*

ցորեան **noun**

AbCn1	7	*Կայենի, երբ հնձէր զ*	*ցորեանն*	*իւր, զորն որ քամի տուեալ էր*
AbCn1	7	*Իբրեւ հասին հունձքն*	*ցորենոյ*	*Կայենի, երբ հնձէր զցորեանն*
AbCn1	10.1Y	*հունձսն Կայենի*	*ցորենեացն*	*ցրուեաց, եւ կորոյս զ*
AbCn2	7	*Իբրեւ հասին հունձք*	*ցորենոյ*	*Կայէնին. նա զատեաց զ*
AbCn2	10	*նորա. եւ ոչ մնաց մի*	*ցորեան*	*եւ Կայէնի երեսքն սեւացան*

ցուցանեմ **verb**

Creat1	47	*լոյս աշխարհս, եւ*	*եցոյց*	*նոցա զպտղաբերս այնով*
Creat2	51	*լոյս աշխարհ. եւ*	*եցոյց*	*նմա գործել զերկիր, եւ*
Exp1	13	[13] *Իսկ Սատանայ*	*ցուցանէր*	*նոցա յարեւելից*
Tid2	54	[54] *Զի յորժամ*	*ցուցանեմ*	*զայն նշանն իմացին*

ցրուեմ **verb**

AbCn1	10.1B	*զամենայն խոցումսն*	*ցրուեաց*	*եւ կորոյս զամենայն* [10.1D]
AbCn1	10.1D	*խուցն Կայենին*	*ցրուեաց*	*եւ կորոյս զամենայն ինչս նորա*
AbCn1	10.1Y	*Կայենի ցորենեացն*	*ցրուեաց*	*եւ կորոյս զամենայն ինչս*
AbCn2	10	*եւ քամի ի նմանէ եւ*	*ցրուեաց*	*զամենայն հասկս նորա. եւ ոչ*

փախչիմ **verb**

Creat1	34	*քո ձայնն լուայ*	*փախեայ*	*թաքեայ:* [35] *Ասէ Տէրն*
Creat1	35	*Ասէ Տէրն. ընդէ՞ր*	*փախեար*	*եւ թաքեար:* [36] *Ասէ*
Creat1	36	*Ադամ. Վասն այն*	*փախեայ*	*եւ թաքեայ, զի մերկ էի*
Tid1	43	*...զումք կամեցան*	*փախչել*	*եւ մտանել ի տապանն, ի*
Tid2	39	*ի տախտակէն թէ*	*փախերուք*	*եւ մտէք ի տապան. զի*
Tid2	43	*...րդիկք կամեցան*	*փախչիլ*	*ի տապանն, եւ ի նոյն*

փակեմ **verb**

Tid1	42	*եւ որդիք իւր*	*փակեաց*	*զդուռն եւ* < *զհերձան*>

փայլեմ **verb**

Creat2	30	*մարգարիտ*	*փայլէր*	[31] *Իսկ Ադամ վասն*

փայտ noun

Tid1	37A	կացինն տայր	փայտին	ձայնէր փայտն թէ
Tid1	37A	փայտին ձայնէր	փայտն	թէ Ջրհեղեղ կու գայ
Tid1	37Y	սղոցն ձայնէր	փայտն	ձայնէր թէ Ահաւասիկ
Tid2	37	եւ սղոցն եւ	փայտն	թէ պիտի Ջրհեղեղ գայ յ
Tid2	38G	տուն չինեմք զ	փայտն	նորա. եւ այլ բազում

փայտեայ adjective

Rep	97	կտաւօք եւ եղին ի	փայտեայ	տապանի [98] Եւ պատուէին զ

փառաբանեմ verb

Creat1	2YD	բարեբանէին եւ	փառաբանէին	զԱստուած: [3] Իսկ

փառակից noun

Creat1	17	լինիցիք եւ	փառակից	եւ աթոռակից

փառաւոր adjective

Creat2	2	գովէին եւ	փառաւոր	առնէին զԱստուած: [3]

փառք noun

Creat1	2D	հրեշտակաց մեծ	փառօք	զարդարեալ. [2YD]
Creat1	8	Ադենայ, որ է	փառօք	մեծ. եւ ետ պատուէր նոցա
Creat1	9	Տեառն, վերանայր	փառօք	ի վերինն Երուսաղէմ ի
Creat1	16	աստուածութեան	փառացն	հասաւ: [17] Վասն այն
Creat2	1	զԲելիար եւ մեծ	փառօք	զարդարեաց զնոսա: [2]
Creat2	3	ընդ մեծութիւն	փառաց	իւրոց. վասն որոյ
Creat2	8	Ադինայ որ է	փառօք	լի եւ միջասահման. եդ
Creat2	16	անտի, նա այն մեծ	փառքին	հասաւ: [17] Վասն այն
Exp1	26	քեզ զառաջին	փառսն	քո: [27] Իբրեւ զայս
Exp2	26	զքեզ յառաջին	փառսն	քո: [27] Իբրեւ զայս
Tid2	17	հասաւ այնպիսի	փառացն	ըստ որում բազումք
WdsAd	2	յաստուածային	փառացն	(եւ) զրկեցաք ի դրախտէն: [3]
WdsAd	16	եւ աստուածային	փառացն	եւ լուսոյն արժանաւորեցաւ:

փափաք noun

AbCn1	46	անճար մնաց, մահուն	փափաք	ունէր, եւ ոչ մեռանէր: [47] Իս
Rep	2	յաւելոյր եւ	փափագ	վայելչութեան դրախտին նեղէր

փափաքանք noun

Rep	1	հանապազ տառապէին	փափաքանաւք	ի դէմ դրախտին [2] Եւ աւր

փափկութիւն noun

Rep	6	եւ զդրախտն	փափկութեան	զգեղեցկութիւն
Rep	19	զարտաքսեալս ի	փափկութենէ	ձերմէ Ողբացէք զ
Rep	24	զմեզ յայնպիսի	փափկութենէն	Ով կին ընդէ՞ր

փչալից adjective

Creat2	9	Տեառն. եւ թէ ոչ զ	փչալից	աշխարհն ժառանգեսցեն

փոխանակ preposition

AbCn2	50	*արիւն կաթեցաւ*	*փոխանակ*	*արտասուացն*: [51] *Զոր*
Creat1	41	*խրատոյ կնոջ քո*	*փոխանակ*	*անմահ տնկոյս փուշ*
Creat2	5	…*բերարն Աստուած*	*փոխանակ*	*Հպարտութեան*
Creat2	43	*կնոջ քոյ*	*փոխանակ*	*անմահ տնկոցս փուշ*
Rep	31	*զանուն նորա Սէթ*	*փոխանակ*	*Հաբելի զոր սպան Կային* [32]
Rep	34	*դրախտն իմ զոր տնկեցի*	*փոխանակ*	*դրախտին վասն որոյ ապաշաւեն*
Tid1	1	*լինի քեզ որդի*	*փոխանակ*	*Աբելի*: [2] *Ասաց Ադամ. Զ*

փոխանակ զի conjunction

Creat1	41	*եւ ասաց Ադամայ*	*Փոխանակ զի*	*արարեր զայդ, ոչ*
Creat1	42	*ընդ Եւայի, ասաց*	*Փոխանակ զի*	*արարեր զայդ*
Creat2	40	*ասէ. դու օձդ որ*	*փոխանակ զի*	*արարեր զայդ*
Creat2	42	*ասաց ցկինն*	*փոխանակ զի*	*արարեր զայդ*
Creat2	43	*առ Ադամ ասաց*	*փոխանակ զի*	*թողեր զպատուէր*

փոխանակեմ verb

Creat2	42	*ծնունդ քո ի մահ*	*փոխանակեսցի*	[43] *Եւ դարձեալ*

փոխեմ verb

Exp2	2	*գիշեր*	*կու փոխի*	*վասն որոյ իբրեւ մտաւ*
WdsAd	11	*զՍէթ զորդին իւր. եւ*	*փոխեցաւ*	*ըստ հրամանի Տեառն ի Հող յ*

փող noun

Tid1	22A	[22A] *Թմբկօք եւ*	*փողս*	*եւ քնարիւք եւ այլ*
Tid1	22D	*մարմնօվ եւ*	*փողիւ*	*եւ քնարիւ եւ այլ ազգի*
Tid1	22Y	*ծափ տալով եւ*	*փողս*	*հնչեցուցանելով, երկայն*

փոշիմանեմ verb

Tid2	38G	*տանջեցար եւ*	*փոշիմանեալ*	*ես եւ վասն*

փոր noun

AbCn1	4	*երեսուն տարի մի*	*փոր*	*կու ծնանէր Ջուխտակ, մին աղջիկ*
Rep	33	*ոչ լսէր եւ ոչ մնայր ի*	*փորն*	*այլ փախէր ի դուրս զարիւնն*
Rep	78	*եւ ապա հիւանդացաւ ի*	*փորոյն*	[79] *Եւ ժողովեցան առ Ադամ*

փորձեմ verb

AbCn1	18	*եւ կշտի բռնել*	*փորձիլ*	*զի տեսցէ յուժն իւր յաղթել*
AbCn1	22	*Եւ նա ուժով էր, այնու*	*փորձեաց*	*թէ ում ուժն աւելի* <է>: [23]
Creat2	9	*ի վերայ նոցա. զի*	*փորձեսցէ*	*եւ տեսցէ թէ պահէին*
Creat2	46	*Երուսաղէմ. զի*	*փորձեաց*	*զնա Աստուած*: [47] *Ապա*

փութանակի adverb

Rep	35	[35] *Եւ գնացեալ Ադամ*	*փութանակի*	*եւ ետես զի սպանեալ էր*

փութապէս adverb

Creat1	41	*իմոյ, այլ*	*փութապէս*	*լսեցեր զխրատոյ*
Creat2	18	*աստուածանալ*	*փութապէս*	*կտրեաց եւ կերաւ ի*
Creat2	47	*Աստուծոյ այլ*	*փութապէս*	*լսեցին զխրատ օձին*

փուճն noun

AbCn2	7	_ոտնակոխն եւ զ_	_փուճն_	_Հանեց բաժին Աստուծոյ. եւ_

փունջ noun

AbCn1	7	_որ քամի տուեալ էր_	_փունջ_	_անէր, եւ զայն խուրձն կապէր եւ_

փուշ noun

Creat1	41	_անմահ տնկոյս_	_փուշ_	_բուսանի քեզ. քրտամբ_
Creat2	43	_անմահ տնկոցս_	_փուշ_	_բուսանի քեզ. քրտամբք_

փոքր adjective

AbCn1	32	_ինձ։_ [32] _Քանզի քարն_	_փոքր_	_էր, <գժուարին մորթեաց մինչ ի_
AbCn2	8	_իմ, դու մեծ ես եւ ես_	_փոքր_	_ծառայ քոյ. յառաջ դու մատո զ_
AbCn2	31	_խազխզէր, եւ քարն_	_փոքր_	_էր եւ ոչ կորատէր։_ [32] _Նա լալ_
Tid1	38B5	_աղջկունքս դեռ_	_փոքր_	_են, կուս եւ զաւակ Սեթայ_
Tid1	38D5	_երեք աղջիկս_	_փոքր_	_էին եւ պզտիկ եւ զարմէն_

փախեմ verb

Rep	33	_ոչ մնայր ի փորն այլ_	_փախէր_	_ի դուրս զարիւնն Հաբելի_ [34]

փտեմ verb

AbCn2	53	_զի էր իբրեւ զքուն. ոչ_	_փտէր_	_եւ ոչ Հող լինէր։_ [54] _Քանզի_

փրկեմ verb

Creat2	54	_Զոր Տէր Աստուած_	_փրկեալ_	_ազատեսցէ զձեզ ի_
Tid2	59	_Որոց աղօթիւք_	_փրկեսցէ_	_Տէր Աստուած զ_

փրկութիւն noun

AbCn1	1	_Աստուծոյ եւ զ_	_փրկութիւն_	_նորա ի ձեռաց Սատանայի_
Rep	103	_Ադամայ եւ արար զ_	_փրկութիւն_	_ի մէջ երկրի_ [104] _Վասն_

քակեմ verb

Tid2	38G	_զգին տապանիդ եւ_	_քակեմք_	_եւ տուն շինեմք զ_

քաղեմ verb

Rep	81	_խիստ ի վտանկի կայր եւ_	_քաղէին_	_ոգիքն ի սաստիկ ցաւոյն որ կալեա_

քաղցնում verb

Creat2	50	_եւ աղջամղջին_	_քաղցած_	_եւ ծարաւած մինչեւ վեց_
Rep	22	[22] _Ի՞ւ ապրիմ զի ահա_	_քաղցեալ_	_եմ Ո՞րպէս ցանեմ զիա՞րդ_
Rep	23	_ընդէ՞ր ոչ լայք զ_	_քաղցեալս_	_ի բարեաց ձերոց ընդէ՞ր_

քաղցր adjective

AbCn1	12	_Հաճոյս։_ [12] _Իսկոյն_	_քաղցր_	_Հողմն Հնչեաց, եւ լոյս ծագեաց յ_
AbCn2	12	[12] _Նոյն ժամայն_	_քաղցր_	_Հողմն Հնչեաց եւ լոյս ծագեաց յ_
Creat1	20	[20] _Ասէ Եւայ. Զի_	_քաղցրագոյն_	_պտուղ է, առ եւ դու_
Creat1	32	_Հանդարտապէս, եւ_	_քաղցր_	_բարբառով խօսէր ընդ_
Creat2	20	[20] _Ասէ Եւա, խիստ_	_քաղցր_	_է պտուղս եւ բարեՀամ առ_
Rep	6	_տերեւոցն եւ զ_	_քաղցր_	_ճաշակումն պտղոցն զբարի_

քաղցրահամ **adjective**

Rep	74	*ճաշակել ի ձէնջ պտուղ*	*քաղցրահամք*	*Ո՞վ տայ մեզ մտանել ի*

քաղցրանամ **verb**

AbCn1	1	*յառաջաւոր ասենք*	*քաղձրացաւ*	*նմա Աստուած եւ առաքեաց*
Tid1	1	ՄԵՋ ՈՒՆԿՆ ԴՆԵԼ [1] Եւ	*քաղձրացաւ*	*Տէրն ի վերայ*
Tid1	54	*աղեղն գիտացեն*	*քաղցրացեալ*	*է Տէր ի վերայ*
Tid2	1	ՁԵԻԱՑ [1] Եւ Տէրն	*քաղցրացաւ*	*ի վերայ Ադամայ եւ*
Tid2	16	[16] Վասն այն	*քաղցրացաւ*	*Աստուած եւ*

քաղցրանուագ **adjective**

Rep	6	*հրեղինացն եւ զ*	*քաղցրանուագ*	*երգս հրեշտակացն զ*

քաղցրութիւն **noun**

AbCn2	37	*Աստուծոյ զնա*	*քաղցրութեամբ*	*յապաշխարութիւն*
Creat1	20	*…շակեայ եւ տես զ*	*քաղցրութիւն*	*պտղոյդ*: [21] *Աւէ*

Քամ **name**

Tid1	38B5	*են այսոքիկ Սեմ*	*Քամ*	*եւ Աբէթ*: [38B6] *Իսկ Նոյ*
Tid1	38D4	*այսինքն Սեմ*	*Քամ*	*Աբէթ*: [38D5] *Եւ դարձեալ*
Tid2	38C	*երեք որդի. Սեմ*	*Քամ*	*Աբեթ. եւ երեւեցաւ*

քամակ **noun**

AbCn1	23	*պատ ձեռներովն եւ*	*քամակովն*	*եւ ապա իմացաւ Աբէլ զ*

քամատար **adjective**

AbCn1	10.1B	*եւ ել հողմ ի նմանէ*	*քամայտար*	*արար զամենայն խոցունսն*
AbCn1	10.1Y	*ափ մի հողոյ նման*	*քամատարաց*	*զամենայն հունձսն*
AbCn2	7	*նա զատեաց զ*	*քամատարն*	*եւ զմնացեալ ոտնակոխն եւ*

քամատարեղ **adjective**

AbCn1	10.1D	*դիզուն Կայենի եւ*	*քամատարեղ*	*եւ ամենայն խուոցն*

քամի **noun**

AbCn1	7	*ցորեանն իւր, զորն որ*	*քամի*	*տուեալ էր փունջ անէր, եւ զայն*
AbCn2	10	*թնդաց. եւ ել հողմ եւ*	*քամի*	*ի նմանէ եւ ցրուեաց զամենայն*

քան **conjunction**

AbCn1	17	*Աբէլ ժիր էր աւելի*	*քան*	*զԿայէն, վասն այնորիկ ոչ յայտն*
AbCn2	17	*ապա Աբէլ ուժով էր*	*քան*	*զԿայէն վասն այն ոչ կարէր*
Creat1	1D	*Աստուած յառաջ*	*քան*	*զաշխարհս, ստեղծեաց ինն*
Creat1	2D	*դասն էր բարձր*	*քան*	*զամենայն դասս*
Creat1	2Y	*…բդարեալ, բարձր*	*քան*	*զամենայն հրեշտակք եւ զ*
Creat1	28	*է ինձ մեռանիլ*	*քան*	*թէ բաժանիլ եւ որոշիլ ի*
Creat1	29	*էր Աստուած*	*քան*	*զայն եւ այլ գեղեցիկ կին*
Creat1	31	*պտուղն չար էր*	*քան*	*զի չար պտուղն ի դրախտի*
Creat2	1	*եւ բարձր արար*	*քան*	*զամենայն հրեշտակս զ*
Creat2	11	*եւ իմաստուն*	*քան*	*զամենայն կենդանի*
Rep	32	*Կային* [32] *Եւ յառաջ*	*քան*	*զսպանանելն Կայենի զՀաբէլ*

Rep	34	*բանին եւ զի յառաջ*	*քան*	*զպատմելն Եւայի զերազն լուաւ*
Tid1	2	*պատուհաս էր ինձ*	*քան*	*զդրախտէն ի դուրս*
Tid1	23Y	*նոսա եւ չարացան*	*քան*	*զնոսա, եւ եղեն պղծագործ*
Tid1	23Y	*եղեն պղծագործ*	*քան*	*զշուն, այլ ոչ հայր զ*
Tid2	2	*մեծ սուք եղեն*	*քան*	*զելանելն իմ ի դրախտէն*
Tid2	17	*եղեւ թիւք աւելի*	*քան*	*զհինգ հարիւր եւ քսան*
Tid2	38A	*ասելով. թէ յայս*	*քան*	*բարձր տեղիս ջուր պիտի*

***քանզի* conjunction**

AbCn1	6	*վասն սիրոյ եղբօրն*	*քանզի*	*ասէր. երբ հաաանէ հունձն եղբօրն*
AbCn1	18	*իւր յաղթել կարէ զնա*	*քանզի*	*որ կշտի <բռնեաց> վայր անկաւ եւ*
AbCn1	32	*արասցէ ինձ։* [32]	*Քանզի*	*քարն փոքր էր, <դժուարին*
AbCn1	54	*որդնէր մարմինն։* [54]	*Քանզի*	*Աստուած Ադամայ ասաց հող*
AbCn2	18	*տալ եւ կապել զնա*	*քանզի*	*որչափ կուշտի բռնեցին, Կայէն ոչ*
AbCn2	32	*հալալութիւն առնէի*	*քանզի*	*բազում աշխատանք ունին յինձ*
AbCn2	54	*եւ ոչ հող լինէր։* [54]	*Քանզի*	*Աստուած նախ Ադամայ ասաց*
Creat1	16	*զձեզ նման էր*	*քանզի*	*չէր կերեալ ի պտղոյդ*
Creat1	27	*սպիտակափայլ էր*	*քանզի*	*նորաստեղծ էր, զի*
Creat1	32	*թզենի տերեւան*	*քանզի*	*գիտէին տերեւի*
Creat1	32	*Աստուծոյ*	*քանզի*	*համապազ երեւէր նոցա*
Creat2	13	*զԱդամ։* [13]	*Քանզի*	*օձն ետես զԵւա զի*
Creat2	32	*տեսցէ Աստուած*	*քանզի*	*համապազ գայր Աստուած*
Exp1	2	*տեսանեն զլոյս*	*քանզի*	*դրախտն համապազ լոյս*
Exp1	4	*այն տրտմինք*	*քանզի*	*ստեղծեալ էր զմեզ*
Exp2	2	*այլ ոչ լուսանայ*	*քանզի*	*դրախտն համապազ լոյս*
Rep	5	*յերկիւղէ մահուն* [5]	*Քանզի*	*ասաց Աստուած թէ մահու*
Tid1	3	*Մի երկնչիր Ադամ*	*քանզի*	*տալոց է քեզ Աստուած*
Tid1	15	*ծառերոյն*	*քանզի*	*վաթսուննեւչորս տարի*
Tid2	7	*երբ Սէթ ծնաւ։* [7]	*Քանզի*	*Կայէն երեսուն տարու էր*
Tid2	15	*զպտուղ ծառոյն*	*քանզի*	*վաթսուն տարի ի մէջ*

***քանի* adverb**

AbCn1	42	*այն էր, <որ*	*քանի*	> *ուտէր ոչ լիանայր։* [43] *Ե*
AbCn1	53	*ժամանակս։* [53]	*Քանի*	*որ թաղէին զմարմին Աբելի*
AbCn2	40	*…տուհասն այն էր, որ*	*քանի*	*ուտէր, ոչ կշտանայր։* [41]
Tid2	29	[29] *Աստ Նոյ*	*քանի*	*տարի զեռեւս պիտի ապրիմ*

***քաշեմ* verb**

Tid1	21D	*դեղէին յունքն*	*քաշէին*	*եւ յաչս ծարուր դնէին*
Tid1	21Y	< *զյունքն*>	*քաշեցին*	*եւ զաչսն դեղեցին եւ*

***քառասուն* numeral**

Tid1	44	[44] *Մինչեւ*	*քառասուն*	*օր բարձրացաւ ջուրն*
Tid1	45	[45] *Եւ յետ*	*քառասուն*	*աւուր Նոյ բացեալ զ*
Tid2	44	[44] *Մինչեւ*	*քառասուն*	*օր այնպէս*
WdsAd	3	*միտ առ, եւ երթեալ զ*	*քառասուն*	*տիւ եւ զքառասուն գիշեր հաց*
WdsAd	3	*զքառասուն տիւ եւ զ*	*քառասուն*	*գիշեր հաց ոչ եկեր եւ ջուր ոչ*
WdsAd	14	*զայս ի միտ էառ, եւ զ*	*քառասուն*	*տիւ եւ զքառասուն գիշեր*
WdsAd	14	*զքառասուն տիւ եւ զ*	*քառասուն*	*գիշեր ամենեւին ոչ*

քառասունեւերկու **numeral**

WdsAd	16	Հինգհարիւր եւ	քառասունեւերկու	ամ, եւ (յ)ետ այնորիկ

քար **noun**

AbCn1	27	մինն զմիւսն եւ զսուր	քարն	ի վայր ձգեաց: [28] Եւ Կայէն
AbCn1	28	եւ առեալ զսուր	քարն	եւ եկեալ առ Աբէլ. Իսկ Աբէլ լայ
AbCn1	31	Աստուծոյ: [31] Իբրեւ	քարիւն	կորէր <գխոչակն> եղբօրն
AbCn1	32	ինձ: [32] Քանզի	քարն	փոքր էր, <գժուարին մորթեաց մին
AbCn1	40	է: [40] Սար եւ	քար	եւ ձոր ձայնէր եւ ասէր. Կայէն
AbCn2	27	մինն քարասուրիկ	քար	մի, եւ նովաւ հարեալ զմիւսն եւ
AbCn2	27	զնա ի կլափէն, եւ	քարն	սուր էր որպէս ածելի: [28] Եւ
AbCn2	28	…տանայէ, եւ առեալ զ	քարն	եւ վազեաց ի վերայ եղբօրն: [29
AbCn2	31	ըմբռնեալ զ	քարն	ի խոչակն եւ տարբերեալ
AbCn2	31	խազխզէր, եւ	քարն	փոքր էր եւ ոչ կորատէր: [32] Ն
Exp1	17	Սատանայ բերեալ	քար	մի եւ եդ առաջի Ադամայ, եւ
Exp1	17	զձեռդ ի վերայ	քարին	եւ ասայ այսպէս
Exp1	19	ձեռն ի վերայ	քարին	եւ ասաց. Մինչեւ անծինն
Exp1	20	առեալ Սատանայ զ	քարն	եւ տարեալ թաղեաց ի
Exp2	2	զձեռագիր	քարն	թաղեաց ի գետն
Exp2	17	Սատանայ բերեալ	քար	մի եւ եդ առաջի Ադամայ եւ
Exp2	17	քո ի վերայ	քարիդ	եւ ասա այսպէս. մինչեւ
Exp2	20	ձեռացն ի վերայ	քարին	[2:] Այն եղեւ ձեռագիր
Rep	36	ծառով միոյ եւ առեալ	քար	մի գայլախազ եւ այնքան քարազոհ

քարազոհ **adjective**

Rep	36	մի գայլախազ եւ այնքան	քարազոհ	արար զանմեղ պատանին մինչ

քարածեծուքար **adjective**

AbCn1	27	սեւ գայլաքարաւ եւ	քարածեծուքար	մի կայր, սուր իբրեւ

քարասուրիկ **adjective**

AbCn2	27	եւ առեալ մինն	քարասուրիկ	քար մի, եւ նովաւ հարեալ զ

քարոզ **noun**

Tid1	38D9	առնէին բանին եւ	քարոզին	Նոյեայ. յետ Ջուրն յ

քարոզեմ **verb**

Tid1	38B7	[38B7] Եւ սկսաւ Նոյ	քարոզել	թէ կամէր Աստուած
Tid1	38D8	[38D8] Եւ սկսեաց	քարոզել	Նոյ եթէ Աստուած
Tid2	38E	Համբերութիւն զի	քարոզեցից	թերեւս դարձցին ի
Tid2	38F	ամս քսան զոր	քարոզէր	Նոյ ասելով, թէ
Tid2	38G	…ճարութեան քոյ	քարոզես	եւ զինչ տամք քեզ զ

քերովբէ **noun**

Creat2	4	եւ բազմաչեայ	քերովբէիցն	եւ ամենայն

քիրտն **noun**

Creat1	41	բուսանի քեզ	քրտամբ	երեսաց քոց կերիցես

քնար **noun**

Tid1	22A	*եւ փողս եւ*	*քնարիւք*	*եւ այլ երգարանօք զ*
Tid1	22D	*եւ փողիւ եւ*	*քնարիւ*	*եւ այլ ազգի ազգի*
Tid2	22	*զերգս եւ զ*	*քնարս*	*ազգի ազգի տաղերօք*

քննեմ **verb**

Creat1	25	*առաւ զպտուղն*	*քննէր*	*եւ վախէր թէ կնոջ նման*

քննութիւն **noun**

Creat1	28	*Իսկ Ադամ բազում*	*քննութիւն*	*արար, ասաց. Մի թէ*
Creat1	30	*պտուղն ի ձեռն*	*քննութիւն*	*արար, ասաց թէ ոչ*
Creat2	27	*Իսկ Ադամ բազում*	*քննութեամբ*	*առնէր զպտուղն*

քո **adjective**

AbCn1	11	*...տեղձեալ պարգեւաց*	*քոց*	*զոր բաշխեցեր մեզ. քո բաշխեալ*
AbCn2	8	*ես եւ ես փոքր ծառայ*	*քոյ*	*յառաջ դու մատո զբաժինն*
AbCn2	11	*բարի պարգեւաց*	*քոց*	*քեզ մատուցանեմ աղաչեմ եւ*
AbCn2	11	*բարերար կամաց*	*քոց*	[12] *Նոյն ժամայն քաղցր հողմն*
AbCn2	24	*հնազանդ հրամանաց*	*քոց*	*ես առանց քեզ ոչ կարեմ ժամ մի*
Creat1	41	*քրտամբ երեսաց*	*քոց*	*կերիցես զհաց քո. զի հող*
Creat1	42	*աւուրս կենաց*	*քոց*	[43] *Եւ դարձեալ ասաց ցօձն*
Creat1	43	*աւուրս կենաց*	*քոց*	*եղից զթշնամութիւն*
Creat1	43	*եւ որովայնի*	*քում*	*սողասցիս, եւ հող*
Creat1	43	*նա սպասեսցէ*	*քում*	*գլխոյ եւ դու սպասեսցես*
Creat2	40	*որովայնի*	*քոյ*	*սողալով գնասցես եւ հող*
Creat2	40	*ի վերայ լանջաց*	*քոց*	*եւ ի վերայ որովայնի քոյ*
Creat2	40	*աւուրս կենաց*	*քոց*	[41] *Եւ եդից զ*
Creat2	41	*եւ դա սպասեսցէ*	*քում*	*գլխոյ*: [42] *Եւ դարձեալ*
Creat2	43	*եւ լսեցեր կնոջ*	*քոյ*	*փոխանակ անմահ տնկոցս*
Creat2	43	*...րտամբք երեսաց*	*քոց*	*կերիցես զհաց քո. զի հող*
Exp1	16	*քեզ եւ աւետեաց*	*քոց*	*զի դու լուսաւորեցեր զ*
Exp1	25	*ի զաւակէ*	*քումմէ*	*ի սուրբ եւ յանարատ*
Exp2	16	*քեզ եւ աւետեաց*	*քոց*	*զի դու լուսաւորեցեր զ*
Exp2	25	*զոր ի զաւակէն*	*քումմէ*	*եղիցի որդին իմ, որդի*
Exp2	26	*յանցանաց*	*քոց*	*եւ դարձուցէ զքեզ յ*
Rep	52	*զարիւն եղբաւր*	*քոյ*	[53] *Երրորդ Գործել զերկիր*
Tid1	4	*այլ զաւակացն*	*քոց*	*ընդ ազգին Կայենայ. երբ*
Tid1	27	*զի ի զաւակէ*	*քումմէ*	*լցցի աշխարհս*: [28] *Աւէ*
Tid1	38B5	*վասն որդւոց*	*քոց*	*եւ անուանքն են այսոքիկ*
Tid2	4	*եւ այլ զաւակաց*	*քոց*	*նա նոքա եւս կործիչին հետ*
Tid2	38C	*առ երեք որդւոց*	*քոց*	*կին ի զարմէն Սէթայ կոյս*
Tid2	38G	*անճարութեան*	*քոյ*	*քարոզես. եւ զինչ տամք*
WdsAd	5	*է մխիթարութիւն հօր*	*քում*	[6] *Եւ Սէթ գոհանայր զավողէն*
WdsAd	7	*այս ի բնակութենէն*	*քումմէ*	(*է*): [8] *Եւ առեալ Ադամ զճիւղ*

քոյր **noun**

AbCn1	3	*ապա ծնաւ Աբէլ եւ*	*քոյր*	*նորա*: [4] *Եւայ երեսուն տարի մ*
Rep	28	*Կայէն եւ զԱբուսաքր*	*քոյր*	*նորա ընդ նմա եւ ասէ ծնայ մարդ*

Rep	29	*զԱբէլ եւ զՍամայն*	*քոյր*	*նորա [յ0] Եւ յետ երեսուն*
Tid1	23D	*եւ ոչ ճանաչեին զ*	*քորս*	*զեղբարս եւ զմարս*
Tid1	23Y	*<Ջոկէր>չ ոչ*	*քոյր*	*զեղբայր, եւ այնպիսի*
Tid2	23	*ոչ Հայելով զ*	*քոյր*	*եւ զդուստր: [24] Որ եւ*

***քուն* noun**

AbCn1	44	*...տուՀասն այն էր, որ*	*քուն*	*չունէր ոչ գիշերն եւ ոչ ցերեկն*
AbCn1	56	*որպէս կենդանի ի*	*քուն*	*երբ Ադամ մեռաւ, ապա թէ*
AbCn2	42	*որ յաչքն ամենեւին*	*քուն*	*չէր մտանէր: [43] Վեցերորդ*
AbCn2	53	*որդնէր. զի էր իբրեւ զ*	*քուն*	*ոչ փտէր, եւ ոչ Հող լինէր: [54*
Creat1	6	*զարթեաւ Ադամ ի*	*քնոյ*	*տեսաւ զկին Հաւանեցաւ*
Creat2	6	*զարթեալ Ադամ ի*	*քնոյ*	*ետես զկինն եւ*

***քսան* numeral**

AbCn1	5	[5] *Երբ Աբէլ եղեւ*	*քսան*	*տարեկան խաշանց Հովիւ եղեւ, իսկ*
AbCn2	4	*յիսուն ամաց եւ Աբէլ*	*քսան*	*ամաց, Կայէն Հողագործ էր եւ Աբէ*
Rep	30	*զամս Հարիւր եւ*	*քսան*	*եւ ապա Հրամանաւն Աստուծոյ*
Rep	41	*ամս Հարիւր եւ*	*քսան*	[42] *Մինչ որ Հրամանաւն Աստուծ*
Tid2	7	*...ւսնացաւ. եւ Աբէլ*	*քսան*	*տարեկան էր:* [8] *Եւ էր*
Tid2	17	*զՀինգ Հարիւր եւ*	*քսան*	*ոգի:* [18] *Բայց ազգին*
Tid2	38F	*ներեաց ամս*	*քսան*	*զոր քարոզէր Նոյ*
Tid2	38H	*զՆոյ:* [38H] *Եւ յետ*	*քսան*	*տարւոյն Հրամայեաց*

***քսանեւեւթն* numeral**

Tid1	38Y	*զԱստուած, զի*	*քսանեւեօթն*	*օր Համբերեսցէ*

***քսանեւչորք* numeral**

Tid1	6	*կանայք կային*	*քսանեւչորս*	*այր որ Սէթ ծնաւ*
Tid2	5	*...զմացան եւ եղեն*	*քսանեւչորք*	*արու մարդ եւ*

***Քրիստոս* name**

Creat2	0	*ԵՒ ՄԱՐԴԱՆԱԼՈՅՆ*	*ՔՐԻՍՏՈՍԻ*	*ԱՍՏՈՒԾՈՅ ՄԵՐՈՅ* [1] *Նախ*
Exp2	28	*ողորմեսցի*	*Քրիստոս*	*Աստուած ձեզ եւ մեզ*
Rep	102	*ուր յետոյ ծնաւ*	*Քրիստոս*	*ի սուրբ Կուսէն Մարիամայ ի*
Rep	103	*ուր խաչեցաւ*	*Քրիստոս*	*ի Հրէիցն ի վերայ գլխոյն Ադամայ*
Rep	104	*զնՋեցեալսն ի*	*Քրիստոս*	
WdsAd	6	*կենդանութեան զ*	*Քրիստոսէ*	*որ արար եւ կատարեաց զ*

***քրտումն* noun**

AbCn2	9	*ամենայնի. աՀա*	*քրտամբք*	*խմովք վաստակեցի եւ վարեցի*
Creat2	43	*բուսանի քեզ*	*քրտամբք*	*երեսաց քոց*

corrupt

Tid1	22D	*եւ ծապս տալով եւ*	*{պարունելով}*	*Հնչեցուցանելով*

PRINTED ON PERMANENT PAPER • IMPRIME SUR PAPIER PERMANENT • GEDRUKT OP DUURZAAM PAPIER - ISO 9706
ORIENTALISTE, KLEIN DALENSTRAAT 42, B-3020 HERENT